„Fragerecht“ und „Recht zur Lüge“

Europäische Hochschulschriften
Publications Universitaires Européennes
European University Studies

Reihe II
Rechtswissenschaft

Série II Series II
Droit
Law

Bd./Vol. 4021

PETER LANG
Frankfurt am Main · Berlin · Bern · Bruxelles · New York · Oxford · Wien

Florence Beck

„Fragerecht“ und „Recht zur Lüge“

Allgemeine Grundsätze und bereichsspezifische Besonderheiten der Anfechtbarkeit nach § 123 Abs. 1 Alt. 1 BGB bei einer Befragung des Täuschenden

PETER LANG
Europäischer Verlag der Wissenschaften

Bibliografische Information Der Deutschen Bibliothek
Die Deutsche Bibliothek verzeichnet diese Publikation in der Deutschen Nationalbibliografie; detaillierte bibliografische Daten sind im Internet über <http://dnb.ddb.de> abrufbar.

Zugl.: Marburg, Univ., Diss., 2004

D 4
ISSN 0531-7312
ISBN 3-631-52666-0

Vorwort

Die vorliegende Arbeit ist im Wintersemester 2003/04 vom Fachbereich Rechtswissenschaften der Philipps-Universität Marburg als Dissertation angenommen worden. Sie entstand im wesentlichen während meiner Tätigkeit als wissenschaftliche Mitarbeiterin am dortigen Institut für Verfahrensrecht.

Mein herzlicher Dank gilt meinem verehrten Doktorvater Prof. Dr. Wolfgang Voit, der die Arbeit angeregt und mir in Gesprächen wichtige Impulse gegeben hat. Ich danke ihm auch für die schöne und lehrreiche Zeit an seinem Institut.

Prof. Dr. Winfried Mummenhoff danke ich für die zügige Erstellung des Zweitgutachtens.

Schließlich danke ich den Menschen, die mich während der gesamten Zeit der Entstehung dieser Arbeit unterstützt haben, vor allem Stephan Marienfeld, meinen Eltern und Schwestern und Vera Pardemann. Für das Durchlesen und/oder ihre Gesprächsbereitschaft danke ich Isabel Lurch, Angela Kölbl, Reinmar Wolff und Christoph Janssen.

Die Arbeit ist Ende 2002 fertiggestellt worden, neue Rechtsprechung und Literatur konnte noch bis zum Sommer 2003 eingearbeitet werden.

Frankfurt am Main, im Juni 2004 — Florence Beck

Inhaltsverzeichnis

Teil 1: Einleitung

A. Gegenstand der Arbeit

Wenn jemand durch Täuschung des Erklärungsgegners zur Abgabe einer Willenserklärung gebracht wurde, soll er die Möglichkeit haben, die Bindungswirkung dieser Willenserklärung zu vernichten und zwar schon allein wegen der kausalen Täuschung. Dies legen für die deutsche Privatrechtsordnung die Regelungen der §§ 123 I Alt. 1, 142 I BGB grundsätzlich fest,[1] indem sie dem Getäuschten die Möglichkeit einer Anfechtung mit ex-tunc-Unwirksamkeitsfolge einräumen.

Von diesem Lösungsrecht des Getäuschten sieht das deutsche Zivilrecht nur sehr wenige Ausnahmen vor, in denen die Befugnis des Getäuschten zur Beseitigung des Rechtsgeschäfts eingeschränkt wird. Grundlage dieser Einschränkungen bilden in erster Linie spezialgesetzliche Regelungen wie § 1314 II Nr. 3 BGB, wonach die Ehe wegen der arglistigen Täuschung eines Ehegatten nur aufgehoben werden kann, wenn die Kenntnis der wirklichen Sachlage ihn „bei richtiger Würdigung des Wesens der Ehe“ von der Eingehung der Ehe abgehalten hätte.[2]

Über diese geschriebenen Ausnahmen von § 123 I Alt. 1 BGB hinaus hat die Rechtsprechung[3] mit breiter Unterstützung durch die Lehre[4] die Anfechtbarkeit wegen arglistiger Täuschung im Arbeitsrecht unter den Stichworten der „Gren-

---

1 Zu dem weniger weitreichenden Schutz des Getäuschten in Frankreich und Italien vgl. Lorenz, Unerwünschter Vertrag, S. 316, Fn. 607 (Fahrlässigkeit des Getäuschten als Ausschlußgrund).

2 Bis zum 30. 6. 1998 in § 33 I EheG geregelt.

3 BAG AP Nr. 2, 15, 31, 36; 40, 49 und 50 zu § 123 BGB; BAG BB 1970, 803; BAG JZ 1993, 844, 846; BAG NJW 2000, 2444, 2445; BAG NZA 2003, 848; LAG Düsseldorf BB 1972, 706; LAG Köln MDR 1996, 615 f.

4 AK-BGB-Hart § 123 Rn. 8; Däubler, CR 1994, 101, 103 f.; Degener, S. 40 ff.; Dütz, ArbR, § 3 II 1 d aa (Rn. 85 f.); Ehrich, DB 2000, 421; Erman-Palm, § 123 Rn. 20; Jauernig-Jauernig, § 123 Rn. 6; Gumpert, BB 1970, 803, 804; Hromadka/Maschmann, § 5 II 4. b) aa) (2c) (Rn. 161); Larenz/Wolf, BGB AT, § 37 II.1.a); Löwisch, ArbR, § 23 II. 2. (Rn. 1221); von Lübtow, FS für Bartholomeyczik, S. 249, 274; Medicus, BGB AT, § 49 II.1.b); MK-Kramer, § 123 Rn. 10; Neumann-Duesberg, JR 1967, 1, 3; Palandt-Heinrichs, § 123 Rn. 10; Reitemeier, S. 267 ff.; Soergel-Hefermehl, § 123 Rn. 18; Staudinger-Dilcher, § 123 Rn. 11 ff. und 26 ff.; Thüsing/Lambrich, BB 2002, 1146.

zen des Fragerechts" und eines „Rechts zur Lüge"[5] bei „unzulässigen" Arbeitgeberfragen eingeschränkt. Die „Unzulässigkeit" bestimmter vorvertraglicher Fragen wegen einer Überschreitung des „Fragerechts" wird dabei mit einem zu weitgehendem Ausforschen des Bewerbers oder mit ihrem diskriminierenden Charakter begründet.[6] Später wurde diese Beschränkung der Anfechtbarkeit teilweise auf „unzulässige" Fragen des Vermieters im Vorfeld von Verträgen über die Vermietung von Wohnraum erstreckt.[7] Praktischen Anlaß für die Einschränkungen des Anfechtungsrechts haben die besonders weitgehenden Fragen von Arbeitgebern und Vermietern geboten, welche in einer umfangreichen Judikatur Niederschlag gefunden haben.[8]

Aber auch bei anderen Vertragstypen kommt es zu umfassenden Befragungen zukünftiger Vertragspartner. So verlangen Kranken- und Lebensversicherungen von dem potentiellen Versicherungsnehmer umfassende Auskünfte über seine Gesundheit, seinen Lebenswandel und sonstige, als Risikofaktoren eingestufte persönliche Lebensumstände.[9] Auch Banken holen in großem Umfang vorver-

---

5 Dieser Begriff stammt von Larenz, Anm. zu BAG AP Nr. 15 zu § 123 BGB und hat von dort Eingang in den juristischen Sprachgebrauch gefunden vgl. z.B. MK-Kramer, § 123 Rn. 10 und die Zwischenüberschrift bei Hanau/Adomeit, F. III. 2. (Rn. 628 ff.).

6 Vgl. die Nachweise in den Fußnoten 3 und 4.

7 Dafür: AG Nürnberg WuM 1984, 295; AG Wiesbaden WuM 1992, 597 f.; AG Hamburg WuM 1992, 596; Lammel, § 535 Rn. 36; Lau, WuM 1978, 61 ff.; Schmidt-Futterer/Blank B 88 a (S. 107); Tinnefeld/Ehmann, S. 224. Unter Eingeschränkungen dafür: LG Köln WuM 1984, 297, 298 (Übertragbarkeit der arbeitsrechtlichen Beschränkung zulässiger Fragen zwar nicht in den Ergebnissen aber im Ansatzpunkt). Dagegen: Schmidt, DWW 1985, 302, 303.

8 Arbeitgeber fragten z.B. nach Krankheiten (BAG NJW 1964, 1197); Körperbehinderungen (BAG DB 1984, 2706;); einer Schwerbehinderung (BAG AP Nr. 19, 38, 40, 49 zu § 123 BGB); einer Schwangerschaft (EuGH DB 2001, 2451 ff.; BAG AP Nr. 31 und 36 zu § 123 BGB; BAG JZ 1993, 844, 846; BAG NZA 2003, 848); der letzten Menstruation (LAG Düsseldorf BB 1972, 706); dem letzten Geschlechtsverkehr (LAG Bremen DB 1960, 500); Vorstrafen (BAG AP Nr. 2 und 50 zu § 123 BGB; BAG BB 1970, 803); Stasitätigkeit (BAG AP Nr. 46 zu § 123, BAG BB 2001, 994, 996); dem früherem Arbeitgeber und der Dauer der früheren Beschäftigung (LAG Köln MDR 1996, 615). Wohnraumvermieter verlangten von ihren potentiellen Mietern z.B. Informationen über ihre Solvenz (AG Miesbach WuM 1987, 379); ihre Einkünfte und ihr Arbeitsverhältnis (LG Köln WuM 1984, 297; AG Gelsenkirchen WuM 1984, 299; AG Bonn WuM 1992, 597); das Vorliegen eines staatsanwaltlichen Ermittlungsverfahrens (AG Hamburg WuM 1992, 598); die familiären Beziehungen der Mieter zueinander (LG Landau WuM 1986, 133); das Bestehen eines früheren Mietverhältnisses mit demselben Vermieter (LG Braunschweig WuM 1984, 297) .

9 Schöffski, ZVersWiss. 1999, 265, 277 („unbegrenzter Datenhunger der Versicherungen"); vgl. etwa die von Weichert, VersR 1997, 1465, 1465 beschriebene Praxis einiger Lebensversicherungen, den potentiellen Versicherungsnehmer über seine sexuelle Ausrichtung zu befragen oder sie sonst in Erfahrung zu bringen und im Falle der Homosexualität des Antragstellers teilweise Beitragszuschläge wegen erhöhten Risikos zu verlangen.

tragliche Informationen ein, insbesondere im Vorfeld des Abschlusses von Darlehensverträgen.[10] Überhaupt ist die Erhebung vorvertraglicher Informationen durch Befragung des Verhandlungspartners im Wirtschaftsleben stark verbreitet und stellt keine exklusive Eigenart des Arbeits- oder Wohnraummietrechts dar.

Dennoch wird dem Kriterium der „Zulässigkeit" einer vorvertraglichen Befragung des Täuschenden für die Anfechtbarkeit nach § 123 I Alt. 1 BGB außerhalb des Arbeits- und Wohnraummietrechts weitestgehend keine Bedeutung beigemessen.[11] Es stellt sich die Frage, ob diese unterschiedliche Behandlung vorvertraglicher Befragungen und ihrer Auswirkungen auf das Anfechtungs-

---

[10] Zum vorvertraglichen Informationsinteresse von Kreditgebern Ehmann, AcP 184 (1984), 230, 287 f.; Weichert, NJW 2001, 1463, 1464.

[11] Nur für das Versicherungsrecht und auch insoweit nur vereinzelt, ist das Problem bisher angesprochen worden, jeweils aber ohne nähere Untersuchung: BK-Voit § 22 VVG Rn. 31 (Rechtsmißbräuchlichkeit der Anfechtung bei Lüge auf Frage, an deren Beantwortung der Versicherer keinerlei Interesse haben kann oder die er stellt, obwohl er unabhängig von der Antwort zu einem [abändernden] Vertragsabschluß verpflichtet ist); Prölss/Martin-Prölss, § 22 VVG Rn. 4 (bei „geradezu rechtswidrigen" Fragen scheide die Anfechtbarkeit aus, wann so eine Frage gegeben ist, läßt Prölss dabei offen) und Weichert, VersR 1997, 1465, 1466 (unter Rückgriff auf das BDSG und die europäische Datenschutzrichtlinie); OLG Köln VersR 1992, 1252 streift die Frage der Befugnis zu Gesundheitsfragen für die Konstellation der Neugestaltung bzw. des Neuabschlusses eines Versicherungsvertrags. Die Ausführungen von Hille, WuM 1984, 292, 294 lassen zwar eine Öffnung hinsichtlich sonstiger Vertragtypen erkennen („Die Begrenzung des Fragerechts durch das allgemeine Persönlichkeitsrecht enthält keine Momente, die sie als Besonderheit des Arbeitsrechts charakterisiert, sondern gilt ohne weiteres auch für andere Rechtsverhältnisse und damit auch im Mietrecht.") aber auch bei ihm wird die Begrenzung des Fragerechts nur für das Wohnraummietrecht relevant. Den einzigen Ausnahmefall, bei dem auch außerhalb des Arbeits- und Wohnraummietrechts die Zulässigkeit vorvertraglicher Informationserhebungen eine breitere Diskussion erfährt, bildet das 'Modethema' der genetischen Analyse von Antragstellern durch Versicherungen, vgl. etwa Schöffski, ZVersWiss. 1999, 265, 277 f. (Unklar, ob Krankenversicherungen nur nach „manifesten Erkrankungen oder auch nach Krankheitsdispositionen oder sogar nach erhöhten Wahrscheinlichkeiten für das Ausbilden einer Krankheit" fragen dürfen, wobei die Genomanalyse eine herausragende Rolle spiele); ausführlich zu dieser Sonderkonstellation unten, Teil 7 C. I. 1. Im übrigen hat die Rechtsprechung in bezug auf Versicherungsverträge eine gewisse Einschränkung der Anfechtbarkeit nach § 123 I Alt. 1 BGB erzielt, indem sie den Nachweis der erforderlichen Täuschungsabsicht des Antragstellers bei unzutreffenden Angaben über seinen Gesundheitszustand nur sehr zurückhaltend anerkennt, was mitunter etwas gekünstelt anmutet, vgl. z.B. OLG Jena VersR 1999, 1526, 1528 (keine Täuschungsabsicht, wenn der Antragsteller auf die Frage nach Vorerkrankungen eine geheilte Krebserkrankung verschweigt, weil aus seiner Sicht keine relevante Vorerkrankung vorliege); vgl. auch OLG Koblenz NVersZ 2001, 503 (Vermutung fehlender Arglist, wenn es sich um leichte oder als leicht empfundene Erkrankungen handelt).

recht des § 123 I Alt. 1 BGB richtig ist. Dafür kommt es darauf an, inwieweit die Einschränkung der Anfechtbarkeit nach § 123 I Alt. 1 BGB unter den Stichworten „Fragerecht“ und „Recht zur Lüge“ an bereichsspezifische Besonderheiten des Arbeits- und Wohnraummietrechts gebunden ist und in welchem Maße dafür Überlegungen ausschlaggebend sind, die keine solchen Besonderheiten darstellen.

Diese Frage bildet den Gegenstand der vorliegenden Untersuchung.

B. Vorgehensweise

Bei dieser Untersuchung wären grundsätzlich zwei verschiedene Vorgehensweisen denkbar. Zum einen könnte bei dem bekannten „Recht zur Lüge“ und der Beschränkung des „Fragerechts“ im Arbeits- und Wohnraummietrecht angesetzt und anschließend untersucht werden, ob sich die dortige Einschränkung des § 123 I Alt. 1 BGB auf Konstellationen außerhalb dieser Spezialbereiche übertragen läßt. Zum anderen könnte gleichsam 'noch mal von vorne' begonnen werden und zunächst unabhängig von der Diskussion der entsprechenden Einschränkung des § 123 I Alt. 1 BGB in den Spezialbereichen des Arbeits- und Wohnraummietrecht überlegt werden, inwieweit die Anfechtbarkeit wegen einer Befragung im Vorfeld der Täuschung einzuschränken ist.
Der erste Weg erscheint dabei für die genaue Trennung zwischen solchen Gesichtspunkten, die an die Besonderheiten des Arbeits- und Wohnraummietrechts anknüpfen und sonstigen Aspekten wenig erfolgversprechend. Bei der gewissermaßen „analogen“ Übertragung der Ergebnisse in diesen Spezialbereichen ergäben sich nämlich die gleichen Schwierigkeiten wie bei dem Versuch der Übertragung einer speziellen, gesetzlichen Ausnahmevorschrift auf sonstige Konstellationen im Wege einer Gesetzesanalogie. Die Schwierigkeiten bei einer solchen Gesetzesanalogie bestehen deswegen, weil bei der Interessenlage, an die solche Spezialregelungen anknüpfen, in der Regel bereichsspezifische Besonderheiten eine Rolle spielen, so daß es für die Übertragung auf einen anderen Fall, in dem diese bereichsspezifischen Besonderheiten nicht bestehen, an der Vergleichbarkeit fehlt.[12] Das gleiche gälte für die Übertragung der Einschränkung des § 123 I Alt. 1 BGB wegen unzulässiger Arbeitgeber- oder Wohnraumvermieterfragen auf sonstige Konstellationen vorvertraglicher Befragungen. Die Gründe, die im Arbeits- und Wohnraummietrecht ein „Recht zur Lüge“ rechtfertigen mögen, liegen vermutlich in sonstigen Konstellationen jedenfalls nicht in vollem Umfang vor und umgekehrt ist auch denkbar, daß außerhalb des Arbeits- und Wohnraummietrechts eigene Gründe für ein „Recht

[12]Vgl. Larenz/Canaris, S. 202 (Vergleichbarkeit als Voraussetzung einer Analogie).

zur Lüge“ greifen, die für die Sonderbehandlung vorvertraglicher Arbeitgeber- oder Vermieterfragen keine Rolle spielen. Die Vorgehensweise, vom „Recht zur Lüge“ und der Beschränkung des „Fragerechts“ im Arbeits- und Wohnraummietrecht auszugehen, erscheint deshalb für die Klärung des Untersuchungsgegenstands nicht erfolgversprechend.
Aus diesem Grund wird hier dem zweiten Weg der Vorzug gegeben. Um die Grenzen der Anfechtbarkeit nach § 123 I Alt. 1 BGB wegen einer vorvertraglichen Befragung unabhängig von der Diskussion des „Rechts zur Lüge“ im Arbeits- und Wohnraummietrecht zu untersuchen, soll deswegen quasi noch einmal 'bei Null' angefangen werden. 'Bei Null' kann in diesem Zusammenhang nur bedeuten, daß bei der Regelung des § 123 I Alt. 1 BGB selbst anzusetzen ist. Sie bildet als die gesetzliche Regel, von der Ausnahmen wegen einer Befragung im Vorfeld der Täuschung zu prüfen sind, den notwendigen und verläßlichen Ausgangspunkt der Untersuchung.
Das Problem der Auswirkungen vorvertraglicher Befragungen des Täuschenden ist dabei nicht darauf beschränkt, daß die Auslegung eines oder zwei bestimmter Tatbestandsmerkmale zu klären ist. Denn weder die „Abgabe einer Willenserklärung“ noch die „arglistige Täuschung“ oder das „Bestimmtwerden“ bieten einen ausreichenden Anknüpfungspunkt für die umfassende Untersuchung der Problematik. Es geht also nicht nur um die Klärung einzelner Begrifflichkeiten des § 123 I Alt. 1 BGB.
Deswegen soll allgemeiner an der Aussage des § 123 I Alt. 1 BGB angeknüpft werden, indem die Wertung ermittelt wird, die diese gesetzliche Regelung enthält (Teil 2 A, B). Als privatrechtliche Regelung verfolgt § 123 I Alt. 1 BGB den Zweck, die gegenläufigen Interessen der beteiligten Personen zu einem möglichst gerechten Ausgleich zu bringen.[13] Dabei setzt sie deren Interessen in ein bestimmtes Verhältnis zueinander. Darin liegt eine gesetzliche Abwägung der maßgeblichen Wertungskriterien für die Konstellation der Herbeiführung einer Willenserklärung durch Täuschung.[14] Durch Beleuchtung dieser Abwägung und ihrer Grundlagen kann die Wertung des § 123 I Alt. 1 BGB ermittelt werden. Diese bietet den geeigneten Ausgangspunkt für die Untersuchung der Grenzen der gesetzlichen Regel. Im Anschluß daran kann nämlich überlegt werden, inwieweit sich wegen einer vorvertraglichen Befragung des Täuschenden die grundsätzliche Situation, an die § 123 I Alt. 1 BGB wertungsmäßig anknüpft, in relevanter Weise verschieben kann. So können die Konstellationen ausgemacht werden, in denen eine Einschränkung der Anfechtbarkeit nach § 123 I Alt. 1 BGB zu vermuten ist (Teil 2 C).

---

[13] Vgl. BVerfGE 89, 241, 232 (Pflicht des Gesetzgebers zur Ausgestaltung der Privatrechtsordnung als ein Problem praktischer Konkordanz); Röthel, JuS 2001, 424, 426.
[14] Vgl. Voit, Jahrbuch Junger Zivilrechtswissenschaftler 1992, 89, 111 (Gesetze als Entscheidungen für bestimmte Kombinationen normativer Elemente).

Anschließend soll für diese Konstellationen untersucht werden, inwieweit sich die These einer entsprechenden Einschränkung der Anfechtbarkeit bestätigen läßt (Teile 3 - 6). Dabei wird der Sonderbehandlung von „Fragerecht“ und „Recht zur Lüge“ im Arbeits- und Wohnraummietrecht dadurch Rechnung getragen, daß jeweils am Ende eines Teils überlegt wird, ob sich in diesen Bereichen wirklich Besonderheiten ergeben, insbesondere eine (weitergehende) Einschränkung der Anfechtbarkeit nach § 123 I Alt. 1 BGB.

Teil 2: Die grundsätzliche Wertung der Regelung des § 123 I Alt. 1 BGB als Ausgangspunkt der Untersuchung

Für die Untersuchung der Erforderlichkeit von Ausnahmen zur Regel des § 123 I Alt. 1 BGB soll also zunächst ein Blick auf die Regel selbst geworfen werden. Im folgenden Teil wird untersucht, welche Wertungskriterien die gesetzliche Regelung des § 123 I Alt. 1 BGB auf welche Weise ins Verhältnis zueinander setzt. Im Anschluß daran wird überlegt, inwiefern sich die Situation, an die diese Wertung anknüpft, im Zusammenhang mit einer Befragung des Täuschenden in relevanter Weise verschieben kann. Auf diese Weise sollen die geeigneten Ansatzpunkte für die weitere Untersuchung bestimmt werden.

A. Vorrang des Lösungsinteresses des Getäuschten vor dem Bestandsinteresse des Täuschenden

Die Regelung der Anfechtbarkeit eines Rechtsgeschäfts wegen arglistiger Täuschung trifft eine Entscheidung zwischen den Interessen der Beteiligten an diesem Rechtsgeschäft, also dem Getäuschten und dem Täuschenden. Deren Interessen stehen sich zunächst in der gleichen Weise gegenüber wie dies bei allen Regelungen über Willensmängel in den §§ 116 ff. BGB der Fall ist: einerseits besteht ein Interesse des Erklärenden daran, nicht an einer ungewollten Willenserklärung festgehalten zu werden, andererseits hat der Erklärungsempfänger ein Interesse daran, in seinem Vertrauen auf den Bestand der Willenserklärung nicht enttäuscht zu werden.
Indem die Regelung des § 123 I Alt. 1 BGB dem Getäuschten ein Recht zur Lösung von dem Rechtsgeschäft gibt, verzichtet sie auf den Schutz des Vertrauens auf den Bestand des Rechtsgeschäfts seitens des Empfängers und schützt statt dessen das Bedürfnis des Getäuschten, sich von dem Vertrag lösen zu können. Dabei schränkt sie diesen Schutz des Lösungsinteresses des Erklärenden nicht in sachlicher Hinsicht, d.h. nach dem Gegenstand von Täuschung und Irrtum ein. Demgegenüber erstreckt sich die Anfechtbarkeit nach den §§ 119 f. BGB nur auf Irrtümer bei der Erklärung selbst (Erklärungs-, Inhalts-, Übermittlungsirrtum) und nur sehr beschränkt auf Motivirrtümer, bei denen nur der Spezialfall des Irrtums über eine verkehrswesentliche Eigenschaft zur Anfechtbarkeit führt (§ 119 II BGB). Die Anfechtbarkeit nach § 123 BGB gleicht das BGB auch nicht durch einen Schadensersatzanspruch des Erklärungsempfängers aus, wie dies für die §§ 119 f. BGB durch § 122 BGB geschieht.[1] Dieser Vorrang

[1] Heinrich, Formale Freiheit, S. 353 faßt diese unterschiedlichen Rechtsfolgen so zusammen, daß die Regelungen der §§ 119, 122 BGB nur eine *Verlagerung* der Selbstverantwortung für das eigene Verhalten im Rechtsverkehr weg von einer Vertragsbindung und hin zu einer

des Lösungsinteresses des Getäuschten hat nur in zeitlicher Hinsicht eine Grenze, welche § 124 BGB auf ein Jahr nach Entdeckung der Täuschung, bzw. dreißig Jahre nach Abgabe der Erklärung festsetzt. Der Vergleich zu § 121 BGB zeigt jedoch, daß selbst die zeitliche Begrenzung des Anfechtungsrechts aus der Perspektive des Berechtigten recht großzügig ausfällt.[2] Das Verhältnis von Lösungs- und Bestandsinteresse entscheidet § 123 I Alt. 1 BGB also mit weit größerer Deutlichkeit als bei den Willensmängeln der §§ 119 und 120 BGB zu Lasten des Bestandsinteresses.

B. Zugrundeliegende Wertungen

Wieso kommt § 123 I Alt. 1 BGB zu diesem eindeutigen Ergebnis? Schlüssel für die Ermittlung der ausschlaggebenden Wertungsgesichtspunkte für die Regelung des § 123 I Alt. 1 BGB kann nur die arglistige Täuschung sein, die den Willensmangel herbeigeführt hat. Das bewußte Erwecken des Irrtums des Verhandlungspartners erscheint für die Bewertung der Schutzwürdigkeit der kollidierenden Interessen in zweierlei Hinsicht ausschlaggebend:

I. Geringes Vertrauen des Erklärungsempfängers

Erstens ist das Vertrauen des arglistig Täuschenden in den Bestand des abgeschlossenen Rechtsgeschäfts wegen seiner Kenntnis des Willensmangels regelmäßig geringer, als dies bei einem arglosen Erklärungsempfänger der Fall ist.[3] Wenn er auch an die Anfechtbarkeit des Rechtsgeschäfts nicht denken mag, so kennt er doch die Umstände, aus denen sie sich ergibt. Das Vertrauen des Täuschenden auf den Bestand des Rechtsgeschäfts ist schon wegen dieses Wissens in tatsächlicher Hinsicht gering und deshalb wenig schutzwürdig.[4]
Die Bedeutung des geringen Vertrauens des Anfechtungsgegners für die gesetzliche Entscheidung zugunsten des Getäuschten verdeutlicht auch die Regelung des § 123 II S.1 BGB, in der das weitgehende Anfechtungsrecht des § 123

Schadensersatzpflicht seien. Dagegen komme es bei § 123 BGB zu einer *Durchbrechung* des Verantwortungsprinzips.

[2] Nach § 121 BGB kann das Anfechtungsrecht der §§ 119 f. BGB nur „unverzüglich" nach Kenntnis des Anfechtungsgrundes erfolgen.

[3] Zur grundsätzlichen Bewertung einer Abrede als Vertrauenstatbestand bezüglich ihrer Wirksamkeit, der Bedeutung dieses Wertungskriteriums für den Schutz des Bestandsinteresses und zur Verschiebung im Falles des Vorliegens vertrauensnegierender Umstände vgl. Heinrich, Formale Freiheit, S. 357 f.

[4] Canaris, Vertrauenshaftung, S. 503 ff. stellt für die Schutzwürdigkeit bezüglich eines Rechtsscheins fünf Voraussetzungen auf, deren erste die Gutgläubigkeit bildet; auch Heinrich, Formale Freiheit, S. 360 macht die Schutzwürdigkeit des Vertrauens von der Gutgläubigkeit des Vertrauenden abhängig, dennoch bestehendes Vertrauen bilde dann mangels Schutzwürdigkeit keinen Abwägungsfaktor.

BGB bei einer Täuschung durch Dritte nur dann eingeräumt wird, wenn der Erklärungsempfänger die Täuschung kannte oder zumindest kennen mußte. Für den Schutz des Vertrauens auf den Bestand des Rechtsgeschäfts ist also der Umfang dieses Vertrauens oder immerhin seine Nachvollziehbarkeit von Bedeutung.

II. Herbeiführung des Willensmangels durch den Täuschenden

Zweitens und entscheidend fällt für die Bewertung der Schutzwürdigkeit der Interessen von Anfechtungsberechtigtem und Erklärungsempfänger durch § 123 I Alt. 1 BGB ins Gewicht, daß es der Erklärungsempfänger ist, der den Willensmangel herbeiführt.[5]

1. Sphärengedanke im System der §§ 119 ff. BGB

Darin ist ein wichtiger Unterschied zur Konstellation bei der Anfechtbarkeit nach §§ 119 f. BGB zu sehen. Bei den §§ 119 f. BGB liegt der Grund für die Entstehung des Willensmangels nämlich regelmäßig in der eigenen Sphäre des Erklärenden,[6] sei es wegen einer allzu sorglosen und deswegen fehlerhaften Abgabe der Willenserklärung, sei es wegen der Auswahl eines letztlich unzuverlässigen Erklärungsboten oder wegen der ungenügenden Ermittlung der Eigenschaften des Vertragsgegenstands.

Im Gegensatz dazu kommt der Fehler bei der Anfechtung nach § 123 I BGB aus der Sphäre des Erklärungsempfängers. Die Unsicherheit, die sich aus einer Anfechtbarkeit des Rechtsgeschäfts ergibt, hat der Erklärungsempfänger in dieser Situation selbst herbeigeführt. Sein Bestandsinteresse ist deswegen im Vergleich zur Situation bei sonstigen Irrtümern des Erklärenden weniger schutzwürdig.[7]

Die Unterscheidung von Eigen- bzw. Fremdverantwortung für einen Willensmangel ist demnach für die Schutzwürdigkeit der Interessen der Vertragspartner von erheblicher Bedeutung. Sie bildet Grundlage und Legitimation des abgestuften Systems der Anfechtungsrechte nach §§ 119 f. BGB einerseits und nach § 123 I BGB andererseits.[8]

---

[5] Daß dies und nicht der Aspekt des geringen Vertrauens der entscheidende Gesichtspunkt für die Anfechtbarkeit ist, zeigt sich daran, daß die engen Voraussetzungen der §§ 119 f. BGB nicht großzügiger ausfallen, wenn der Erklärungsempfänger den Willensmangel kannte. Erst auf der Schadensersatzebene spielt das Vertrauen des Erklärungsempfänger wieder eine Rolle, § 122 II BGB.

[6] Larenz/Wolf, BGB AT, § 37 I (Rn. 1).

[7] V. Lübtow, FS für Bartholomeyczik, S. 249, 257; Reitemeier, S. 79.

[8] AK-BGB-Hart, § 123 Rn. 1, der den Gedanken der Verantwortungssphären damit umschreibt, daß danach zu unterscheiden ist, ob der Erklärende die Willenserklärung „riskiert“ oder sie ihm „aufgedrängt“ wird; Larenz/Wolf, BGB AT , § 37 I (Rn. 1); Reitemeier, S. 78.

2. Beeinträchtigung der rechtsgeschäftlichen Entschließungsfreiheit

Die Fremdverursachung durch das Erschleichen eines Rechtsgeschäfts im Wege der Täuschung stellt dabei eine unerlaubte Beeinträchtigung der Interessen des Getäuschten, namentlich seiner Entschließungsfreiheit,[9] dar.[10] Zu einer Beeinträchtigung der rechtsgeschäftlichen Entschließungsfreiheit kommt es nämlich nicht nur durch die Ausübung von Zwang zur Abgabe einer Willenserklärung oder zu ihrer Unterlassung, sondern auch durch eine mangelhafte Entscheidungsbasis. Die rechtsgeschäftliche Entschließungsfreiheit umfaßt die Freiheit, seinen Willen selbständig und aufgrund richtiger Informationen zu bilden.[11] Dies ist dann in Frage gestellt, wenn sich der Disponierende über den Inhalt und die Folgen seiner rechtsgeschäftlichen Disposition nicht im Klaren ist, weil er einem Irrtum unterliegt.

Die Beeinträchtigung der rechtsgeschäftlichen Entschließungsfreiheit des Getäuschten in Form einer Fehlvorstellung kann zwar für sich genommen seine Besserstellung gegenüber dem nach §§ 119 f. BGB Anfechtungsberechtigten nicht rechtfertigen, denn dort werden ähnliche Willensmängel vorausgesetzt. Im Unterschied zu den §§ 119 f. BGB ist aber bei § 123 I Alt. 1 BGB der Erklärungsempfänger für den Willensmangel verantwortlich.[12]

3. Rechtswidrigkeit

Dabei ist das Erwecken der Fehlvorstellung durch den Täuschenden im Normalfall des § 123 I Alt. 1 BGB rechtswidrig. Dies ergibt sich zwar noch nicht aus der Unwahrhaftigkeit der Täuschung als solcher, denn es existiert keine allgemeine Rechtspflicht, nur wahre Aussagen zu treffen.[13] Bei vorvertraglichen Informationshandlungen bestehen wegen der Bedeutung von Auskünften für die Entscheidung zum Vertragsschluß aber Besonderheiten. Denn schon vor Vertragsschluß treffen die Verhandlungspartner nach § 241 II BGB (n. F.[14]) iVm.

---

[9] Die rechtsgeschäftliche Entschließungsfreiheit des Getäuschten zu schützen, ist gerade der Zweck der Regelung des § 123 I Alt. 1 BGB: Mugdan I, S. 465; RGZ 134, 43, 55; BGHZ 51, 141, 147; LG Köln WuM 1984, 297, 298; Brossette, S. 136; Erman-Palm, § 123 Rn. 1; Fleischer, Informationsasymmetrie, 244; Heinrich, Formale Freiheit , S. 353; MK-Kramer, § 123 Rn. 1; Reitemeier, S. 86; RGRK-Krüger-Nieland § 123 Rn. 1; Soergel-Hefermehl, § 123 Rn. 1; Staudinger-Dilcher, § 123 Rn. 1.

[10] So auch Heinrich, Formale Freiheit, S. 354 mit Fußnote 169, demzufolge die Beeinträchtigung der Willensentschließungsfreiheit durch den Willensmangel bei § 123 BGB dem Erklärungsempfänger derart zuzurechnen ist, daß Verkehrs- und Vertrauensschutzelemente auf seiner Seite nicht ins Gewicht fallen.

[11] Larenz/Wolf. BGB AT, § 35 I (Rn. 1).

[12] S.o., unter II. 1.

[13] Hofmann, ZfA 1975, 1, 3; Neumann-Duesberg, JR 1967, 1, 2; in diese Richtung aber Erman-Ehmann, Anh. § 12 Rn. 647.

[14] Beide Regelungen (§§ 241 II und 311 II BGB) wurden mit Wirkung zum 1. 1. 2002 durch das Gesetz zur Modernisierung des Schuldrechts vom 26. 11. 2001 (BGBl. I S. 3138) neu

§ 311 II BGB (n. F.) Sorgfalts- und Rücksichtsnahmepflichten, insbesondere bezüglich der Unversehrtheit solcher Rechtsgüter, die durch die Vertragsverhandlungen den Einwirkungen des anderen in besonderer Weise ausgesetzt sind.[15] Den Einwirkungen durch den Verhandlungspartner ist das Rechtsgut der rechtsgeschäftlichen Entschließungsfreiheit immer dann besonders ausgesetzt, wenn bei den Verhandlungen noch Informationen ausgetauscht werden, die zur Grundlage der rechtsgeschäftlichen Entscheidung gemacht werden sollen. Damit ergibt sich aus den §§ 241 II, 311 II BGB eine vorvertragliche Pflicht dazu, den Verhandlungspartner nicht über solche Umstände zu täuschen, die erkennbar für seinen Entschluß bezüglich des Vertrages von Bedeutung sind.[16]

Etwas anderes folgt auch nicht daraus, daß bei der Täuschung dem Rechtsgut der Entschließungsfreiheit regelmäßig das eigene Interesse des Täuschenden an einem Vertragsabschluß und möglicherweise der Aushandlung günstiger Konditionen gegenübersteht. Dieses Interesse an einem – günstigen – Vertragsabschluß kann der Täuschende unter Umständen zwar nur im Wege der Täuschung wahren, wenn nämlich der Verhandlungspartner bei Kenntnis der wahren Umstände den Vertrag bzw. bei Vorenthalten einer bestimmten Information nicht oder immerhin nicht so abgeschlossen hätte. Das Interesse am Vertragsabschluß ist im Verhandlungsstadium aber grundsätzlich noch keine gesicherte Rechtsposition, sondern eine bloße Expektanz und vermag die vorvertragliche Pflicht zur Rücksichtnahme auf die rechtsgeschäftliche Entschließungsfreiheit des Vertragspartners deswegen nicht einzuschränken. Schon die Verletzung dieser Pflicht indiziert die Rechtswidrigkeit der Beeinträchtigung der Entschließungsfreiheit im Wege der Täuschung und im Normalfall des § 123 I Alt. 1 BGB wird auch kein Rechtfertigungsgrund vorliegen.[17]

Damit knüpft der Vorrang des Lösungsinteresses des Getäuschten vor dem Bestandsinteresse des Täuschenden nach § 123 I Alt. 1 BGB an die rechtswidrige Beeinträchtigung der Entschließungsfreiheit des Getäuschten durch den Täu-

---

eingeführt. Vor der ausdrücklichen gesetzlichen Regelung ergab sich das gleiche aus dem Grundsatz von Treu und Glauben (§ 242 BGB).

[15] So schon (zur alten Rechtslage, d.h. vor Einführung der §§ 241 II, 311 II BGB) RGZ 78, 239 ff (Linoleumrollen); Gernhuber, Das Schuldverhältnis, § 8 I 1 a und II 5; MK-Roth, § 242 Rn. 253; Teichmann, JA 1984, 709, 712.

[16] Entsprechendes galt nach § 242 BGB bereits für das alte Recht: Fleischer, Informationsasymmetrie, S. 254 ("Grundpflicht" zur subjektiven Wahrhaftigkeit der Beantwortung vorvertraglicher Fragen); Gernhuber, Das Schuldverhältnis, § 8 II 8 (S. 193) (Wahrheitspflicht bezüglich aller Äußerungen im Verlaufe von Vertragsverhandlungen); Lorenz, Unerwünschter Vertrag, S. 412; MK-Roth, § 242 Rn. 261; Neumann-Duesberg, JR 1967, 1, 2.

[17] Von der grundsätzlichen Rechtswidrigkeit der Täuschung bei § 123 I Alt. 1 BGB gehen deswegen auch aus: Erman-Palm, § 123 Rn. 20; Jauernig-Jauernig, § 123 Rn. 11; Neumann-Duesberg, UFITA 36 (1962), 101, 113; Palandt-Heinrichs, § 123 Rn. 10.

schenden an.[18] Die Bedeutung dieser Anknüpfung für die weitgehende gesetzliche Entscheidung zugunsten des Lösungsinteresses des Getäuschten wird dadurch verdeutlicht, daß die Ausführungen in den Motiven der ersten BGB-Komission zu § 123 BGB, der damals noch als § 103 des ersten Entwurfs des Bürgerlichen Gesetzbuchs diskutiert wurde, mit der folgenden Feststellung beginnen: "Die Rechtsordnung kann nicht gestatten, daß die freie Selbstbestimmung auf rechtsgeschäftlichem Gebiete widerrechtlich beeinträchtigt wird."[19] Solche Beeinträchtigungen können zwar in der gesetzlichen Regelung über Willensmängel nicht ausgeschlossen werden. Wegen ihrer Rechtswidrigkeit kann dem Betroffenen aber nicht zugemutet werden, sie bzw. ihre Folgen hinnehmen zu müssen. Damit legitimiert sich ein sehr weitreichendes Lösungsrecht des Getäuschten, wie es § 123 I Alt. 1 BGB einräumt.

4. Kein Gegenargument aus § 123 II S. 1 BGB

Der Bedeutung der widerrechtlichen Beeinträchtigung der Entschließungsfreiheit des Getäuschten durch den Erklärungsempfänger als wesentliche Grundlage der gesetzgeberischen Entscheidung des Konflikts zwischen Bestands- und Lösungsinteresse könnte man aber die Regelung des § 123 II S. 1 BGB entgegenhalten. Hierbei wird gerade ohne eine eigene Täuschung das weite Anfechtungsrecht nach § 123 BGB gegeben, sofern nur Kenntnis oder Kennenmüssen bezüglich der Täuschung besteht. So ist auch nach den Motiven das Anfechtungsrecht in diesen Fällen „bedenklich, weil nicht ausgeschlossen ist, daß der Erklärungs-empfänger ein Interesse daran hat, daß die vom Betrogenen ihm gegenüber übernommene Verbindlichkeit bestehen bleibt"[20]. Die Bedenken zeigen jedoch gerade, daß die Beeinträchtigung der Entschließungsfreiheit Anknüpfungspunkt des weitgehenden Vorrangs der Interessen des Getäuschten in § 123 I BGB ist. Es wird die Möglichkeit eines Interesses des Erklärungsempfängers am Bestand des Rechtsgeschäfts angesprochen, womit nur ein *schutzwürdiges* Interesse gemeint sein kann, wovon wiederum bei der Konstellation der eigenen Täuschung nach Absatz 1 keine Rede ist. Auch das Anfechtungsrecht nach § 123 II S. 1 BGB, welches auf die Voraussetzung einer eigenen Täuschung durch den Erklärungsempfänger verzichtet, ist nicht nur auf den Aspekt des geringen oder leichtfertigen Vertrauens des Erklärungsempfängers wegen seiner Kenntnis bzw. fahrlässigen Unkenntnis von der Täuschung zu stützen. Denn die

---

[18] So auch Neumann-Duesberg JR 1967, 1, 2; dem entspricht es auch, daß § 123 BGB allgemein als gesetzlich geregelte Sonderregelung der Verletzung vorvertraglicher Pflichten angesehen wird, vgl. BGH JZ 1990, 340, 341; Gernhuber, Das Schuldverhältnis, § 8 I 3. Zum Verhältnis der Rechte aus culpa in contrahendo und aus § 123 I Alt. 1 BGB vgl. einerseits BGH NJW 1998, 302, 303 f. (ein über den Vertragsabschlußschaden hinausgehender Vermögensschaden für cic-Haftung erforderlich); Erman-Palm, § 123 Rn. 8; andererseits Fleischer, AcP 200 (2000), 91, 112 f. (zusätzlicher Vermögensschaden nicht erforderlich).

[19] Mugdan I, S. 465.

[20] Mugdan I, S. 466.

Beeinträchtigung der Entschließungsfreiheit des Getäuschten beruht zwar im wesentlichen auf der Täuschung durch den Dritten, sie kann aber nur in Verbindung mit dem Abschluß des Rechtsgeschäfts zustandekommen. Indem der Erklärungsempfänger sich den Willensmangel des anderen Teils bewußt oder zumindest schuldhaft unbewußt zu Nutze macht, nimmt er damit an der Beeinträchtigung der rechtsgeschäftlichen Entschließungsfreiheit immerhin teil.[21] Letztlich kann also auch die Regelung des § 123 II S. 1 BGB nicht in Frage stellen, daß dem Abwägungsergebnis des § 123 I Alt. 1 BGB zugunsten des Lösungsinteresses des Getäuschten neben dem geringen Vertrauen des Erklärungsempfängers auch die rechtswidrige Beeinträchtigung der Entschließungsfreiheit durch eigenes Verhalten zu Grunde liegt.

C. Zutreffen der § 123 I Alt. 1 BGB zugrundeliegenden Wertungen bei einer Befragung des Täuschenden

Auf der Grundlage der bisherigen Ergebnisse kann nach Ansatzpunkten für die Untersuchung der Grenzen des § 123 I Alt. 1 BGB bei einer Befragung des Täuschenden gesucht werden. Wie sich gezeigt hat, ist die weitreichende Privilegierung des Lösungs- gegenüber dem Bestandsinteresse durch die Wertungsgesichtspunkte des geringen Vertrauens des Erklärungsempfängers und der rechtswidrigen Herbeiführung des Willensmangels durch den Täuschenden legitimiert. Wenn und soweit die Befragung des Täuschenden eine Verschiebung der Situation bewirkt, an die diese Wertungsgesichtspunkte anknüpfen, trifft die Wertung des § 123 I Alt. 1 BGB nicht mehr in vollem Umfang zu. Es ist dann die Legitimation des weitreichenden Anfechtungsrechts nach § 123 I Alt. 1 BGB in Frage gestellt, so daß Einschränkungen oder Ausnahmen von der Anfechtbarkeit nach dieser Regelung nahe liegen. Um die geeigneten Ansatzpunkte für die weitere Untersuchung zu ermitteln, ist deswegen zu klären, inwieweit eine Befragung des Täuschenden die normale Situation einer arglistigen Täuschung derart verschieben kann, daß die Wertungsgesichtspunkte des geringen Vertrauens des Erklärungsempfängers und der rechtswidrigen Herbeiführung des Willensmangels nicht mehr zutreffen.

I. Wertungsgesichtspunkt des geringen Vertrauens

Das Wertungskriterium des regelmäßig geringen Vertrauens des Erklärungsempfängers[22] hängt von seiner Kenntnis des Willensmangels ab. Es würde nur bei unbewußten Täuschungen fehlschlagen oder bei einer Unkenntnis der Bedeutung der Täuschung für die rechtsgeschäftliche Entschließung des anderen

[21] Heinrich, Formale Freiheit, S. 354, Fußnote 169 spricht von einer "Zurechenbarkeit der Täuschung" im Fall des § 123 II BGB.

[22] Dazu oben, unter B. I.

Teils. Diese Grenze findet sich im Wortlaut der Norm niedergeschlagen, denn § 123 I Alt. 1 BGB setzt nicht nur eine Täuschung voraus, sondern diese muß auch "arglistig", also wissent- und willentlich sein, auch in Bezug auf die Kausalität der Täuschung für die Willenserklärung.[23]
Eine Befragung des Täuschenden berührt seine Kenntnis vom Willensmangel des Vertragspartners aber nicht. Im Gegenteil, die Bedeutung einer Information für die Entschließung über den Vertragsabschluß wird durch eine ausdrückliche Befragung besonders deutlich.
Bezüglich des Wertungskriteriums des geringen Vertrauens ergeben sich also aus einer Befragung des Täuschenden keine Verschiebungen.

II. Wertungsgesichtspunkt der Herbeiführung des Willensmangels durch den Täuschenden

Anders könnte es sich aber hinsichtlich des Wertungskriteriums der Herbeiführung des Willensmangels durch den Täuschenden verhalten. Die Befragung könnte nämlich der Bewertung der Verursachung dieses Willensmangels als rechtswidrige Beeinträchtigung der Entschließungsfreiheit entgegenstehen oder zumindest die Rechtsgutsbeeinträchtigung relativieren. Dies ist unter den Gesichtspunkten eines Mitverschuldens des Erklärungsempfängers,[24] einer rechtlichen Beschränkung seiner rechtsgeschäftlichen Entschließungsfreiheit[25] und wegen der Betroffenheit besonderer schutzwürdiger Güter des Täuschenden durch die vorvertragliche Befragung[26] denkbar.

1. Mitverschulden des fragenden Teils

Wenn die Beeinträchtigung der rechtsgeschäftlichen Entschließungsfreiheit durch eine Täuschung auf eine vorvertragliche Befragung hin erfolgt, war ein eigenes Verhalten des Getäuschten für die Rechtsgutsbeeinträchtigung mitursächlich. Eine Verschiebung hinsichtlich der Wertungsgrundlage des § 123 I Alt. 1 BGB könnte sich deshalb aus dem Rechtsgedanken des § 254 I BGB ergeben. Zumindest in besonderen Verhandlungssituationen und bei bestimmten Fragen könnte ein Verstoß des Befragten gegen die vorvertragliche Wahrheitspflicht so naheliegend sein, daß wegen der Befragung der Gedanke der Eigengefährdung zum Tragen käme.
Dies ist nicht schon deswegen ausgeschlossen, weil es sich bei dem Anfechtungsrecht nach § 123 I Alt.1 BGB nicht um eine Regelung handelt, die einen Schadensersatzersatzanspruch begründet. § 254 I BGB gehört zwar zum allge-

---

[23] BGH LM Nr. 14 zu § 123 BGB; BGH NJW 1971, 1795, 1800; AK-BGB-Hart, § 123 Rn. 11; Enneccerus/Nipperdey, BGB AT 2, § 179 I 2; Erman-Palm, § 123 Rn. 27; Soergel-Hefermehl, § 123 Rn. 26, 29; Staudinger-Dilcher, § 123 Rn. 22 f.
[24] Vgl. dazu unten, unter 1.
[25] Vgl. dazu unten, unter 2.
[26] Vgl. dazu unten, unter 3. und 4.

meinen Schadensrecht und betrifft deshalb unmittelbar nur die Kürzung von Schadensersatzansprüchen. Wie bei einem Schadensersatzanspruch zielt der Anfechtungstatbestand des § 123 I Alt. 1 BGB aber darauf ab, dem Opfer einer Rechtsgutsbeeinträchtigung einen Ausgleich zu verschaffen.[27] Die Regelung des § 123 I BGB ist einem Schadensersatzanspruch dadurch so ähnlich, daß der Rechtsgedanke des § 254 I BGB trotz seiner Zugehörigkeit zum allgemeinen Schadensrecht Anwendung finden kann.[28]

Ist der Rechtsgedanke des § 254 BGB prinzipiell auf das Anfechtungsrecht wegen arglistiger Täuschung übertragbar, hängt seine Bedeutung für die Bewertung der Täuschung davon ab, ob der nachfragende Getäuschte die Verletzung seiner rechtsgeschäftlichen Entschließungsfreiheit überhaupt iSd. § 254 BGB mitverschuldet haben kann. Ein Mitverschulden in diesem Sinne setzt erstens voraus, daß das Verhalten des Getäuschten die Täuschung mitverursacht hat, zweitens in dieser Mitverursachung ein Verstoß gegen die eigenübliche Sorgfalt zu sehen ist und drittens der Schutzzweck des verworfenen Sorgfaltsgebots auf die Wahrung der eigenen rechtsgeschäftlichen Entschließungsfreiheit gerichtet ist.[29] Da im Rahmen des Anfechtungsrechts des § 123 I Alt. 1 BGB auf der Rechtsfolgenseite eine Kürzung nach Maßgabe der jeweiligen Mitverschuldensanteile nicht in Betracht kommt, sondern nur eine Behandlung nach dem „Alles-oder-Nichts-Prinzip" möglich ist, wäre für Auswirkungen auf die Anfechtbarkeit zudem das Überwiegen der Mitverantwortlichkeit des Getäuschten zu fordern.

Die erste genannte Voraussetzung, das Kriterium der Mitverursachung, ist bei einer vorvertraglichen Befragung des Täuschenden über den Gegenstand der späteren Täuschung ohne weiteres gegeben.

Zweifel bestehen aber bereits hinsichtlich der zweiten genannten Voraussetzung, wonach durch die vorvertragliche Befragung ein Verstoß gegen die eigenübliche Sorgfalt gegeben sein müßte. Eine entsprechende Sorgfaltswidrigkeit ist allenfalls dann zu erwägen, wenn es von dem Getäuschten besonders leichtgläubig war, an eine wahrheitsgemäße Beantwortung seiner Frage zu glauben, weil eine Täuschung besonders nahe lag. Dies kann sich z.B. aus der Intimität des erfragten Umstands und aus der offenkundigen Angewiesenheit des Befragten auf den verhandelten Vertrag bzw. die vertragliche Leistung ergeben. Durch so eine Naivität des Getäuschten bei seinem Vertrauen in eine vorvertragliche Information ist aber die Situation, an die die Wertung des § 123 I Alt. 1 BGB anknüpft, noch nicht verlassen. Während der Gesetzgeber bei der Anfechtbarkeit nach den §§ 119 I BGB vom (eingeschränkten) Schutz des Ver-

---

[27] Nämlich dem Getäuschten für die Verletzung seiner rechtsgeschäftlichen Entschließungsfreiheit, siehe oben, unter B. II.

[28] Zur Tendenz einer Erweiterung des § 254 BGB über Schadensersatzansprüche hinaus vgl. MK-Oetker, § 254 Rn. 20; Staudinger-Schiemann (1998), § 254 Rn. 20 ff.

[29] Vgl. Medicus, SchuldR. I, § 59 I. 2. a) und 3. (Rn. 676 und 678).

trauens des Erklärungsempfängers über den Schadensersatzanspruch des § 122 BGB in dessen Abs. 2 eine Ausnahme für fahrlässiges Vertrauen vorgesehen hat, gibt es hinsichtlich § 123 I BGB eine solche Einschränkung nicht. Vielmehr bringt § 123 I Alt. 1 BGB gerade zum Ausdruck, daß die Entstehung von Willensmängeln wegen einer Täuschung das Risiko des Urhebers der Täuschung ist. Auch ein besonders leichtgläubiger Getäuschter ist deswegen nach § 123 I Alt. 1 BGB geschützt.[30] Diese Wertung des § 123 I Alt. 1 BGB ist auch überzeugend, weil eine Naivität des Getäuschten, die im Vergleich zur Arglist des anderen Teils schwerer wöge, kaum vorstellbar ist. Da eine vorvertragliche Befragung des Täuschenden und das Vertrauen auf die Richtigkeit ihrer Beantwortung demnach keinen hinreichenden Verstoß gegen die eigenübliche Sorgfalt darstellen kann, scheidet eine Übertragung des Rechtsgedankens des § 254 I BGB aus. Ob die Befragung eventuell gegen Sorgfaltspflichten gegenüber dem *anderen* Teil verstößt, spielt dagegen im Rahmen des § 254 I BGB keine Rolle.[31]

Mangels Mitverschuldens ist es nicht denkbar, daß eine vorvertragliche Befragung des Täuschenden dazu führt, daß die Wertung des § 123 I Alt. 1 BGB wegen des Rechtsgedankens des § 254 I BGB nicht mehr zutrifft. Der Gedanke des Mitverschuldens des Getäuschten bildet demnach keinen geeigneten Anknüpfungspunkt für die weitere Untersuchung der Grenzen der Anfechtbarkeit nach § 123 I Alt. 1 BGB.

2. Keine Vertragsfreiheit hinsichtlich Frage- und Täuschungsgegenstand

Einen solchen Anknüpfungspunkt könnte aber der Gesichtspunkt der rechtlichen Beschränkung der rechtsgeschäftlichen Entschließungsfreiheit des fragenden Teils bieten. Wenn nämlich die Befragung auf die Ermittlung eines Umstands gerichtet ist, den der fragende Teil seiner Entscheidung über den Vertragsschluß gar nicht zu Grunde legen darf, könnte sich die Bewertung der Täuschung verschieben. Es fehlt dann möglicherweise an der Rechtswidrigkeit der Herbeiführung des Willensmangels, an die § 123 I Alt. 1 BGB anknüpft.

Eine Einschränkung der rechtsgeschäftlichen Entschließungsfreiheit ist zwar dem deutschen Zivilrecht wegen seiner Orientierung am Grundsatz der Privatautonomie prinzipiell fremd. In besonderen Konstellationen existieren aber Bindungen der Vertragsfreiheit, die der Berücksichtigung bestimmter Umstände bei der rechtsgeschäftlichen Entscheidung entgegenstehen können.[32] Namentlich ist dabei an eine Selbstbindung des fragenden Teils durch Rechtsgeschäft,

---

[30] BGH NJW 1971, 1795, 1798; BGH NJW 1997, 1845, 1847; Erman-Palm, § 123 Rn. 24; v. Lübtow, FS für Bartholomeyczik, S. 249, 259; MK-Kramer, § 123 Rn. 12.

[31] Zum Gesichtspunkt der fehlenden Rücksichtnahme gegenüber dem *anderen* Teil vgl. unten, unter 3. und 4.

[32] Zum Anwendungsbereich solcher Beschränkungen der Vertragsfreiheit vgl. unten, Teil 3 A. II. und B. I. und II.

insbesondere durch einen Vorvertrag zu denken. Weiter ist eine Selbstbindung des fragenden Teils durch die Inanspruchnahme des Vertrauens seines Verhandlungspartners auf das sichere Zustandekommen des Vertragsschlusses in Betracht zu ziehen. Schließlich kann die Vertragsfreiheit auch gesetzlichen Bindungen unterliegen, nämlich durch Diskriminierungsverbote.
Aus solchen rechtlichen Beschränkungen kann folgen, daß die Vertragsfreiheit des fragenden Teils schon von Rechts wegen nicht die Freiheit umfaßt, einen bestimmten Umstand zur Grundlage seiner rechtsgeschäftlichen Entscheidung zu machen. Insoweit kann es bereits vor der Täuschung an einer Vertragsfreiheit des fragenden Teils fehlen. Es ist deswegen zweifelhaft, ob eine Täuschung, die sich auf einen derart 'gesperrten' Umstand bezieht, die rechtsgeschäftliche Entschließungsfreiheit des Getäuschten noch verletzen kann.[33] Fehlt es aber an einer Rechtsgutverletzung durch die Täuschung, verstößt die Täuschung regelmäßig auch im Übrigen gegen keine vorvertragliche Pflicht, so daß das Wertungskriterium der *rechtswidrigen* Herbeiführung des Willensmangels in solchen Konstellationen nicht zuträfe.[34]
Wenn und soweit sich die Befragung und die Täuschung auf einen Umstand beziehen, den der Getäuschte seiner rechtsgeschäftlichen Entschließung ohnehin nicht zu Grunde legen darf, ist demnach zweifelhaft, inwieweit die Wertungsgrundlage des § 123 I Alt, 1 BGB noch zutrifft. Eine Beschränkung des Anfechtungsrechts im Zusammenhang mit einer Befragung[35] ist demzufolge immer dann in Betracht zu ziehen, wenn Befragung und Täuschung sich auf einen derart 'gesperrten' Umstand beziehen. Die rechtliche Beschränkung der Vertragsfreiheit hinsichtlich des Frage- und Täuschungsgegenstands bietet demnach einen geeigneten Ansatzpunkt für die weitere Untersuchung.[36]

3. Rechtfertigung der Täuschung als Verteidigung legitimer Interessen

Schließlich können von einer Befragung besondere, schutzwürdige Rechtsgüter des täuschenden Teils betroffen sein und dies könnte der Bewertung der Täuschung als widerrechtliche Rechtsgutverletzung entgegenstehen. Die Rechtswidrigkeit der Herbeiführung des Willensmangels ist nämlich in Frage gestellt, wenn die Befragung des Täuschenden seine schutzwürdigen Interessen bedroht und die Täuschung insoweit eine legitime Gegenwehr bildet. Das wäre denkbar, wenn der Täuschende hinsichtlich des erfragten Umstands ein Geheimhal-

---

[33] Zur Frage, ob dies ein Problem der Kausalität der Täuschung oder des Schutzbereichs des § 123 I Alt. 1 BGB ist, vgl. unten, Teil 3. A. I.

[34] Gleichzeitig ist das Interesse des Befragten am Vertragsabschluß in dieser Situation eine rechtlich geschützte Position, denn der fragende Teil ist insoweit ihm gegenüber rechtlich gebunden.

[35] Auf die Befragung kommt es in diesem Zusammenhang eigentlich nur insoweit an, als sie den Täuschungsgegenstand bestimmt, vgl. dazu unten, Teil 3 A. I. 4. c) bb) (2).

[36] Zu den Grenzen des § 123 I Alt. 1 BGB unter diesem Gesichtspunkt unten, Teil 3.

tungsinteresse hat, das besonders geschützt ist.
So ein Schutz des Geheimhaltungsinteresses des Befragten existiert insbesondere nach § 53 I BZRG für Informationen über Verurteilungen des Befragten und allgemeiner durch das Recht auf informationelle Selbstbestimmung, das aus Art. 2 I iVm. 1 I GG abgeleitet wird,[37] hinsichtlich aller personenbezogenen Daten über den Befragten. Die Täuschung könnte in diesen Fällen zur Verteidigung dieses Geheimhaltungsinteresses nach § 53 I BZRG oder als Notwehr nach § 227 I BGB gerechtfertigt sein. Soweit die Täuschung danach erlaubt ist, ein „Recht zur Lüge" also tatsächlich besteht, fehlt es an der Rechtswidrigkeit der Beeinträchtigung der Entschließungsfreiheit im Wege der Täuschung.
Da § 123 I Alt. 1 BGB aber an eine prinzipiell widerrechtliche Rechtsgutsbeeinträchtigung anknüpft,[38] ergäbe sich bei einem „Recht zur Lüge" eine relevante Verschiebung hinsichtlich der Wertungsgrundlage. Die Wertung des § 123 I Alt. 1 BGB träfe dann nicht mehr in vollem Umfang zu. Die Konstellation, daß eine Befragung besonders schutzwürdige Geheimhaltungsinteressen des Getäuschten betrifft, bildet also unter dem Aspekt einer Rechtfertigung der Täuschung als legitime Gegenwehr einen sinnvollen Ansatzpunkt für die weitere Untersuchung.[39]
In diesem Zusammenhang ist aber schon jetzt zu bedenken, daß die Verteidigung von besonders geschützten Geheimhaltungsinteressen an sich bereits dadurch erfolgen kann, daß der Befragte schlichtweg die Antwort verweigert. Eine Rechtfertigung der Täuschung erscheint deswegen zumindest nach § 227 I BGB im Hinblick auf das Tatbestandsmerkmal der „Erforderlichkeit" problematisch.[40]

4. Objektive Unangemessenheit der Befragung

Auch außerhalb der Frage einer Rechtfertigung der Täuschung könnten die rechtlich geschützte Interessen des Befragten, die durch die Befragung betroffen sind, namentlich sein Geheimhaltungsinteresse, für die Bewertung der Täuschung eine Rolle spielen. Wegen der rechtlichen Anerkennung[41] besonderer Geheimhaltungsinteressen des Befragten könnten nämlich vorvertragliche Befragungen, die diese Interessen objektiv gesehen übermäßig beschneiden, als Verstoß gegen die Rücksichtnahme, die Verhandlungspartner einander schulden, zu bewerten sein. Dies hätte zwar anders als das Fehlen einer Verletzung der rechtsgeschäftlichen Entschließungsfreiheit oder ihre Rechtfertigung noch nicht zur Folge, daß das Wertungskriterium einer rechtswidrigen Beeinträchtigung der Entschließungsfreiheit überhaupt nicht mehr zutrifft. Die Rechtsgut-

---

[37] Dazu unten, Teil 4 A. I. 1. und 2.
[38] S.o., unter B. II. 3.
[39] Zu den Grenzen des § 123 I Alt. 1 BGB unter diesem Gesichtspunkt unten, Teil 4.
[40] Genauer zur Frage eines „Notwehrrechts auf Lüge" unten, unter Teil 4 A.
[41] S.o., unter 3.

verletzung durch die Täuschung wäre aber wegen des gleichfalls pflichtwidrigen Verhaltens des Getäuschten immerhin relativiert. Eine gewisse Verschiebung hinsichtlich des Wertungsgesichtspunkts der widerrechtlichen Verletzung der rechtsgeschäftlichen Entschließungsfreiheit wäre demnach auch bei solchen pflichtwidrig überzogenen Befragungen gegeben. Die Legitimation der weitreichenden Privilegierung, die § 123 I Alt. 1 BGB vorsieht, wäre bei Konstellationen einer pflichtwidrig überzogenen Befragung des Täuschenden in Frage gestellt.[42] Die Pflichtwidrigkeit einer Befragung wegen einer überzogenen Beschneidung berechtigter Geheimhaltungsinteressen des Täuschenden bietet daher einen geeigneten Ansatzpunkt für die weitere Untersuchung der Grenzen des § 123 I Alt. 1 BGB im Zusammenhang mit vorvertraglichen Fragen.[43]
An eine solche Pflichtwidrigkeit der vorvertraglichen Befragung, die auf die Ermittlung besonders geschützter, geheimer Informationen gerichtet ist, ist insbesondere in solchen Situationen zu denken, in denen der Befragte seine Geheimhaltungsinteressen nicht selbst verteidigen kann und deswegen die Verantwortung des fragenden Teils für die objektive Ausgewogenheit des Ausgleichs der beiderseitigen Interessen bei der vorvertraglichen Informationserhebung steigt. Außerdem könnte sich die Pflichtwidrigkeit einer vorvertraglichen Befragung aus dem BDSG ergeben, wenn die Befragung als Datenerhebung iSd. Gesetzes zu qualifizieren ist. Dann unterliegt sie nämlich nach § 4 I BDSG dem grundsätzlichen Verbot der Datenverarbeitung.[44]

D. Ergebnis zu Teil 2: Anknüpfungspunkte für die Begrenzung der Anfechtbarkeit nach § 123 I Alt. 1 BGB

Die Klärung der grundsätzlichen Interessenabwägung des § 123 I Alt. 1 BGB und der zugrundeliegenden Wertungen läßt sich für die weitere Untersuchung fruchtbar machen. Auf der Grundlage der Wertung des § 123 I Alt. 1 BGB lassen sich zwei verschiedene Gesichtspunkte ausmachen, unter denen die Anfechtbarkeit nach § 123 I Alt. 1 BGB bei einer Befragung des Täuschenden ausscheiden könnte.

Zum einen kann auf Seiten des Getäuschten das Interesse an einer zutreffenden Entscheidungsgrundlage ausnahmsweise nicht schutzwürdig sein. Dazu kommt es, wenn der Getäuschte den erfragten Umstand bei seiner rechtsgeschäftlichen Entschließung ohnehin nicht zu Grunde legen darf. Soweit hinsichtlich des Täuschungsgegenstandes schon vor der Täuschung keine Vertragsfreiheit besteht, ist zweifelhaft, ob diese nach § 123 I Alt. 1 BGB geschützt werden muß.

---

[42] Allerdings nicht unter dem Gesichtspunkt des Mitverschuldens, vgl. oben, unter II. 1.
[43] Zu den Grenzen des § 123 I Alt. 1 BGB unter diesem Gesichtspunkt unten, Teil 5.
[44] Zu den Grenzen des § 123 I Alt. 1 BGB im Anwendungsbereich des BDGS unten, Teil 6.

Zum anderen kann sich eine relevante Verschiebung ergeben, wenn auf Seiten des Befragten in bezug auf den erfragten Umstand ein besonderes, schutzwürdiges Geheimhaltungsinteresse besteht. Namentlich geht es hier um die Regelung des § 53 I BZRG und um das Recht auf informationelle Selbstbestimmung. Die Geheimhaltung im Wege der Täuschung ist dann unter Umständen anders zu bewerten als im Normalfall des § 123 I Alt. 1 BGB. Insoweit ist zunächst denkbar, daß die Täuschung gerechtfertigt ist, insbesondere als Notwehr (§ 227 I BGB) gegenüber der Befragung. Aber auch ohne ein solches „Notwehrrecht zur Lüge" kann die rechtliche Anerkennung des Geheimhaltungsinteresses bezüglich eines Fragegegenstands immerhin dazu führen, daß die Befragung pflichtwidrig ist. Dann ist fraglich, ob die Täuschung in Reaktion auf die Befragung das weitreichende Lösungsrecht nach § 123 I Alt. 1 BGB rechtfertigen kann.

Hingegen erscheint eine weitere Untersuchung der Auswirkungen von Befragungen auf die Anfechtbarkeit nach § 123 I Alt. 1 BGB nicht erfolgversprechend, soweit sie an die Gesichtspunkte des Vertrauens des Täuschenden und des Mitverschuldens des Getäuschten anknüpft.

In Anlehnung an diese Ergebnisse läßt sich die These aufstellen, daß Grenzen der Anfechtbarkeit nach § 123 I Alt.1 BGB wegen einer Befragung des Täuschenden unter drei verschiedenen Gesichtspunkten existieren. Demgemäß orientiert sich die weitere Untersuchung an den folgenden klärungsbedürftigen Fragen:

Erstens stellt sich die Frage, wie sich das Fehlen von Vertragsfreiheit hinsichtlich des erfragten Gegenstands auf die Anfechtbarkeit nach § 123 I Alt. 1 BGB auswirkt und wann von einem solchen Fehlen der Vertragsfreiheit auszugehen ist. Dieser Problemkreis wird in Teil 3 der Arbeit behandelt.

Zweitens[45] wird zu klären sein, ob es wegen des Geheimhaltungsinteresses des Befragten ein „Recht zur Lüge" geben kann, wobei sich insbesondere die Frage

[45] Obwohl die Gesichtspunkte des Diskriminierungsschutzes und des Schutzes von Geheimhaltungsinteressen bei der Behandlung der Frage einer Einschränkung des § 123 I Alt. 1 BGB in der arbeitsrechtlichen Literatur oft miteinander gemischt werden (vgl. z.B. Borgaes, S. 114 f. und Däubler, CR 1994, 101, 103, die die arbeitsmarktpolitische Dimension der Begrenzung des arbeitsgeberseitigen Fragerechts hervorheben), worauf bereits Münch-Handb. ArbR. I-Buchner, § 41 Rn. 192 und 196 hingewiesen hat, erscheint eine solche Vermischung dieser beiden verschiedenen Aspekte einer genauen Untersuchung nicht dienlich, weswegen hier einer getrennten Untersuchung der Vorzug gegeben wird. Auch Thüsing/Lambrich BB 2002, 1146 sprechen in diesem Zusammenhang zutreffend davon, daß Differenzierungsverbote neben dem Schutz der Persönlichkeit des Arbeitnehmers einen „zweiten Begründungsstrang" für die Begrenzung des (arbeitgeberseitigen) Fragerechts darstellen.

nach einer Rechtfertigung gemäß § 227 I BGB stellt. Dabei ist auch zu beleuchten, wie sich ein solches „Recht zur Lüge“ auf die Anfechtbarkeit nach § 123 I Alt. 1 BGB auswirkt. Darauf wird in Teil 4 einzugehen sein.

Drittens stellt sich das Problem, ob die Befragung wegen einer übermäßigen Benachteiligung des Befragten im Hinblick auf das geschützte Geheimhaltungsinteresse pflichtwidrig sein kann und welche Folgen eine solche Pflichtwidrigkeit für die Anfechtbarkeit nach § 123 I Alt. 1 BGB hat. Diese Frage ist Gegenstand des fünften Teils der Untersuchung.

Weil vorvertragliche Befragungen im Anwendungsbereich des BDSG eigenen Regeln folgen, sollen daneben vorvertragliche Informationserhebungen, die dem BDSG unterfallen, in einem eigenen, sechsten Teil behandelt werden.

Teil 3: Keine Vertragsfreiheit hinsichtlich des Frage- und Täuschungsgegenstands

Zunächst soll die Konstellation untersucht werden, in der ein Umstand erfragt wird, den der fragende Teil bei seiner Entscheidung über den Vertragsschluß gar nicht zu Grunde legen darf. Dies führt, wie gesehen, zu einer Verschiebung der Bewertung der Herbeiführung des Willensmangels, da eine Verletzung der rechtsgeschäftlichen Entschließungsfreiheit durch die Täuschung in Frage gestellt ist. Eine solche Rechtsgutverletzung setzt § 123 I Alt. 1 BGB aber wertungsmäßig voraus.[1] Es liegt also die Vermutung nahe, daß im Zusammenhang mit Befragungen und Täuschungen über solche 'gesperrten' Umstände Ausnahmen von der grundsätzlichen Anfechtbarkeit nach § 123 I Alt. 1 BGB zu machen sind.

Im Grundsatz steht es dem fragenden Teil allerdings völlig frei, welche Umstände er bei seiner Entscheidung über ein Rechtsgeschäft heranziehen will. Die Vertragsfreiheit ist insoweit nicht sachlich eingeschränkt. Es kommt im Prinzip nur darauf an, was der Erklärende subjektiv für wichtig hält. In Ausnahmefällen existieren aber besondere rechtliche Bindungen, die es einem Verhandlungspartner untersagen, den Vertragsschluß wegen bestimmter Umstände zu verweigern bzw. den Vertragsinhalt wegen dieser Umstände umzugestalten. Zum einen sind solche Schranken der Vertragsfreiheit wegen einer gesetzlichen bzw. richterrechtlichen Bindung des fragenden Teils durch Diskriminierungsverbote, die ihm eine Benachteiligung des anderen Teils wegen bestimmter Eigenschaften verbieten, möglich. Zum anderen ist an eine Selbstbindung des Erklärenden zu denken, namentlich durch Vorvertrag, aber auch durch die Inanspruchnahme des Vertrauens des anderen Teils auf den als sicher dargestellten Vertragsschluß.

Im folgenden Teil soll untersucht werden, ob sich die Vermutung einer entsprechenden Schranke der Anfechtbarkeit bestätigen läßt. Bejahendenfalls wird zumindest in etwa der Bereich des Bestehens solcher relevanten Bindungen der Vertragsfreiheit zu klären sein, damit abgeschätzt werden kann, inwieweit die Anfechtbarkeit nach § 123 I Alt. 1 BGB bereits unter dem Gesichtspunkt des Fehlens der Vertragsfreiheit ausgeschlossen ist. Schließlich ist zu überlegen, inwieweit sich in den Bereichen des Arbeits- und Wohnraummietrechts Besonderheiten ergeben.

Bei der Klärung dieser Fragen soll zunächst auf die gesetzliche bzw. richterrechtliche Bindung der Vertragsfreiheit durch Diskriminierungsverbote eingegangen werden (A.) und anschließend auf die Bindung durch ein eigenes Verhalten des Erklärenden (B.).

[1] S.o., Teil 2 B. II.

A. Diskriminierungsverbote hinsichtlich des Fragegegenstands

Diskriminierungsverbote setzen der Vertragsfreiheit des Betroffenen eine Grenze insoweit, als er seine Entscheidung über den Vertragsschluß von bestimmten Umständen nicht abhängig machen darf. Solche Diskriminierungsverbote sieht das Gesetzesrecht nur ausnahmsweise und nur in spezialgesetzlichen Regelungen vor. Sie lassen sich nach ihrer Rechtsfolge, nämlich dem Umfang der Beschränkung der Vertragsfreiheit, in zwei verschiedene Typen einteilen.[2] Einerseits existieren *punktuelle*, das heißt beschränkte Verbote der Diskriminierung wegen einer *bestimmten* Eigenschaft der geschützten Person.[3] Andererseits gibt es Regelungen, die *umfassend jede* Diskriminierung ohne sachlichen Grund verbieten,[4] woraus sich bei Abwesenheit eines solchen sachlichen Grundes eine Pflicht zum Vertragsabschluß ergibt.[5] In beiden Fällen ist die rechtsgeschäftliche Entscheidung des Verbotsadressaten im Anwendungsbereich des Diskriminierungsverbots von vornherein nicht ganz frei. Er muß bei seiner Entscheidung über den Vertragsschluß bestimmte Punkte (*punktuelles* Diskriminierungsverbot) oder sogar alle sachwidrigen Punkte (*umfassendes* Diskriminierungsverbot) außer acht lassen. Die entsprechenden Umstände sind als Entscheidungsgrundlage gesperrt. Es ergeben sich deswegen die bereits dargelegten Zweifel an einer Verletzung der rechtsgeschäftlichen Entschließungsfreiheit, wenn eine vorvertragliche Befragung und die hierauf folgende Täuschung einen Gegenstand betreffen, der wegen eines Diskriminierungsverbots bei der Entscheidung über den Vertragsschluss nicht berücksichtigt werden darf.[6] Daraus folgt die Vermutung einer Beschränkung der Anfechtbarkeit nach § 123 I Alt. 1 BGB in diesem Zusammenhang.[7]

---

[2] Zu unterscheiden von der Einteilung der Diskriminierungsverbote nach der Rechtsfolge (d.h. in *punktuelle* bzw. *umfassende* Diskriminierungsverbote, s.u.) ist ihre Einteilung nach dem Anwendungsbereich, wonach auf bestimmte Vertragstypen beschränkte *speziellle/spezialgesetzliche* Diskriminierungsverbote von *allgemeinen* Diskriminierungsverboten ohne typusmäßige Beschränkung zu unterscheiden sind, wobei letztere mangels gesetzlicher Grundlage nur als ungeschriebenes Rechtsinstitut in Betracht kommt. Dazu s.u., unter A. II.

[3] Z.B. § 611 a BGB (bezüglich des Geschlechts eines [potentiellen] Arbeitnehmers).

[4] Z.B. § 5 PflVG.

[5] So eine Abschlußpflicht oder ein Kontrahierungszwang, grundlegend definiert von Nipperdey, S. 7 als „die auf Grund einer Norm der Rechtsordnung einem Rechtssubjekt ohne seine Willensbindung im Interesse eines Begünstigten auferlegte Verpflichtung, mit diesem einen Vertrag bestimmten oder von unparteiischer Seite zu bestimmenden Inhaltes abzuschließen", enthalten z.B. § 48 I und II BRAO und § 5 II und IV PflVG.

[6] Zur Frage verbleibender Vertragsfreiheit vgl. unten, I. 4. c) bb) (a) und (b).

[7] Für eine Unangemessenheit aller Vorschriften des BGB über Willenserklärungen im Zusammenhang mit den durch das Energiewirtschaftsgesetz regulierten Anschluß- und Versorgungsverträgen Siebert, FS für Niedermeier, S. 215, 232.

Denn obwohl der Wortlaut des § 123 I Alt. 1 BGB keine ausdrückliche Ausnahme für den Fall des Bestehens von Diskriminierungsverboten hinsichtlich des Täuschungsgegenstands vorsieht, ist nach dem oben gesagten zu überlegen, ob die Regelung nach ihrem wohlverstandenen Inhalt eine entsprechende Schranke enthält. Wenn dies der Fall ist, ist ein Blick auf den Anwendungsbereich von Diskriminierungsverboten im Privatrecht zu werfen. Schließlich sind eventuelle Besonderheiten im Arbeits- und Wohnraummietrecht zu klären.

I. Auswirkungen von Diskriminierungsverboten auf die Anfechtbarkeit nach § 123 I Alt. 1 BGB

Für eine Einschränkung der Anfechtbarkeit nach § 123 I Alt. 1 BGB im Zusammenhang mit Diskriminierungsverboten stellt sich zunächst die Frage, ob sich eine solche Einschränkung trotz des Fehlens einer ausdrücklichen Ausnahme in konstruktiver Hinsicht begründen läßt.

1. Entfallen einer Willenserklärung iSv. § 123 I Alt. 1 BGB

Beim Bestehen von Diskriminierungsverboten könnte schon in Zweifel zu ziehen sein, ob die Voraussetzung einer Willenserklärung des Getäuschten iSv. § 123 I Alt. 1 BGB gegeben ist. Solche Zweifel ergeben sich zwar noch nicht dem äußeren Eindruck nach. So unterscheidet sich etwa der Erwerb eines Bustickets trotz der Beförderungspflicht des § 22 PBefG[8] äußerlich nicht von dem Erwerb einer Kinokarte. Das gilt immerhin dann, wenn der Adressat die gesetzliche Verpflichtung zu Vertrag und/oder vertraglicher Leistung freiwillig erfüllt, er also nicht erst zu dem Vertragsabschluss und/oder der vertraglichen Leistung verurteilt wird.[9]

Wenn aber schon von Gesetzes wegen eine grundsätzliche Verpflichtung in bezug auf die vertragliche Leistung gegeben ist, wie es bei umfassenden Diskriminierungsverboten der Fall ist,[10] erscheint die Einordnung der Erklärung über die Einhaltung dieser Verpflichtung als Willenserklärung nicht unproblematisch. Die Willenserklärung des Getäuschten muß bei § 123 I Alt. 1 BGB nämlich rechtsgeschäftlicher Art sein, wie sich bereits aus dem Wortlaut, aber auch aus dem systematischen Standort der Regelung im Dritten Abschnitt des ersten

8 Bei § 22 PBefG handelt es sich um ein *umfassendes* Diskriminierungsverbot.

9 Zur Anwendung des § 894 ZPO bei der Klage gegen den Verbotsadressaten vgl. unten, Fn. 38. Kommt der Vertrag derart erst durch einen richterlichen Gestaltungsakt zustande, ist mangels rechtsgeschäftlicher Willenserklärung für eine Anfechtung durch den Verbotsadressaten kein Raum; die Lösung bei unzutreffender Tatsachengrundlage muß dann wohl über prozeßrechtliche Instrumente erfolgen.

10 Dann besteht ein Kontrahierungszwang, wenn nicht gerade ein sachlicher Grund zur Vertragsablehnung vorliegt (s.o.). Anders ist es bei punktuellen Diskriminierungsverboten, wie z.B. § 611 a BGB, weil dort das Gesetz noch keine grundsätzliche Pflicht zur vertraglichen Leistung vorsieht, sondern bloß einzelne Eigenschaften als Grundlage der rechtsgeschäftlichen Entscheidung sperrt.

Buchs des BGB („Rechtsgeschäfte") ergibt. So eine Willenserklärung liegt bei der Kundgabe des Willens zur Herbeiführung einer Rechtsfolge vor.[11] Wenn der durch ein Diskriminierungsverbot gebundene Verhandlungspartner sich freiwillig mit dem anderen Teil über den Vertragsabschluß und -inhalt einigt, gibt er seinen Willen zur Herbeiführung des Vertragsschlusses kund. Von daher scheint sich der äußere Eindruck eines normalen Rechtsgeschäfts mit normalen Willenserklärungen zu bestätigen.

Bei umfassenden Diskriminierungsverboten, wie z.B. § 22 PBefG, bei denen schon von Gesetzes wegen eine grundsätzliche Verpflichtung hinsichtlich der vertraglichen Leistung besteht, stellt sich aber die Frage, ob der Adressat der Regelung (bei § 22 PBefG z.B. das Busunternehmen, das durch den Busfahrer vertreten wird) durch seine Erklärung tatsächlich noch eine Rechtsfolge herbeiführt. Als herbeizuführende Rechtsfolge kommt nur der Vertrag mit dem Berechtigten in Betracht. Für die Fälle des Kontrahierungszwangs[12] ist aber bestritten worden, daß zwischen den Parteien überhaupt Verträge abgeschlossen werden, weil ihr Rechtsverhältnis auf Zwang und nicht auf einer Einigung bzw. einem Sich-Vertragen der Parteien beruht.[13] Zwischen den Parteien soll deswegen statt eines Anspruchs auf Abschluß eines Vertrages direkt das Bestehen eines gesetzlichen Schuldverhältnisses angenommen werden, das auf die „vertragliche" Leistung gerichtet ist.[14] Die Bezeichnung als Kontrahierungszwang wäre dann eigentlich verfehlt.[15]

In Konsequenz dieser Sichtweise des „Kontrahierungszwangs" könnte die Erklärung des Verpflichteten nicht mehr als Willenserklärung angesehen werden: Wenn der durch den Kontrahierungszwang Verpflichtete nämlich in Kenntnis seiner gesetzlichen Verpflichtung zu der „vertraglichen" Leistung erklärt, an den Berechtigten zu den üblichen bzw. angemessenen Bedingungen leisten zu wollen, läge darin lediglich die Mitteilung, der gesetzlichen Leistungsverpflichtung entsprechen zu wollen.[16] Die Erklärung wäre nicht auf die Herbeiführung einer neuen Rechtsfolge iSd. Eingehung einer vertraglichen Verpflichtung gerichtet. Als Willenserklärung iSv. § 123 I Alt. 1 BGB ließe sie sich deshalb nicht bewerten. Danach wäre ein Anfechtungsrecht des Getäuschten, der durch einen „Kontrahierungszwang" verpflichtet ist, immer dann ausgeschlos-

---

[11] Bork, BGB AT, § 15 A (Rn. 566); Musielak, § 2 II a (Rn. 43); Palandt-Heinrichs, Überbl. v. § 104 Rn. 2.

[12] D.h. im Falle eines umfassenden Diskriminierungsverbots, wenn es einen sachlichen Grund zur Vertragsablehnung nicht gibt (s.o.).

[13] Bülck, S. 1; Molitor, IheringsJB 73 (1923), 1, 32.

[14] Molitor, IheringsJB 73 (1923), 1, 32; vgl. auch Medicus, SchuldR. I, § 11 V (Rn. 85), der das aber letzlich ablehnt.

[15] Konsequent warnt Molitor, IheringsJB 73 (1923), 1, 32 vor der „zwecklosen und unsinnigen" Rechtsform des Vertragszwangs.

[16] Bydlinski, AcP 180 (1980), 1, 21.

sen, wenn die Parteien ihre Erklärungen in Kenntnis der Verpflichtung des Getäuschten abgegeben haben.[17]
Bei näherer Betrachtung zeigt sich jedoch, daß die Sichtweise von der direkten Leistungsverpflichtung in den Fällen des „Kontrahierungszwangs" nicht überzeugen kann, da ein Vertrag zwischen den Parteien auch in den Fällen des Kontrahierungszwangs aus mehreren Gründen erforderlich und sinnvoll ist.

a) Keine gesetzliche Entscheidung der Frage
Die Frage nach der Natur des Rechtsverhältnisses der Parteien beim „Kontrahierungszwang" beantwortet sich nicht schon durch das Bestehen einer gesetzlichen Vorgabe. Die Formulierungen einer Vielzahl spezialgesetzlicher Anordnungen, in denen jeweils direkt die Verpflichtung des Adressaten zu der „vertraglichen" Leistung festgelegt wird,[18] weisen zwar in die Richtung einer direkten gesetzlichen Leistungsverpflichtung. Es gibt aber auch spezialgesetzliche Anordnungen von „Kontrahierungszwängen", in denen ausdrücklich die Verpflichtung zum Vertragsschluß festgelegt wird,[19] ohne daß sachliche Differenzierungsgründe bzw. ein Differenzierungswille des Gesetzgebers ersichtlich wäre.[20] Letztlich ist deswegen anzunehmen, daß die Formulierungsunterschiede auf Zufälligkeiten beruhen und deswegen weder für noch gegen eine Bewertung der Vereinbarung der Parteien als Rechtsgeschäft sprechen.[21]

b) Erforderlichkeit einer näheren Ausgestaltung
Gegen die völlige Entbehrlichkeit der Ergänzung der gesetzlichen (bzw. richterrechtlichen) Kontrahierungsanordnung durch eine rechtsgeschäftliche Vereinbarung der Parteien fällt jedoch ins Gewicht, daß die gesetzlichen Regelungen nur die Hauptpflicht selbst betreffen, dabei aber die Frage nach dem Entgelt und den Nebenbedingungen nicht geregelt wird.[22] Die gesetzlichen Anordnungen sind damit für eine Regelung zwischen den Parteien „wie" zwischen Vertrags-

---

[17] Auch bei einem Vertragschluß in *Unkenntnis* einer etwaigen gesetzlichen Verpflichtung zur „vertraglichen" Leistung liefe nach dieser Sichtweise das Anfechtungsrecht nach § 123 I Alt. 1 BGB leer. Es lägen dann zwar neben der direkten Leistungspflicht aus dem „Kontrahierungszwang" rechtsgeschäftliche Willenserklärungen der Parteien vor, so daß § 123 I Alt. 1 BGB an sich griffe. Dieses Anfechtungsrecht würde dem Berechtigten allerdings wenig nützen, da er parallel zu seiner vertraglichen Leistungspflicht durch Gesetz zur Leistung verpflichtet wäre und diese Verpflichtung trotz der Beseitigung des Vertrags durch Anfechtung bestehen bliebe.
[18] Z.B. §§ 10 I S. 1 EnWG, 22 PBefG.
[19] Z.B. § 5 PflVG.
[20] Bydlinski, AcP 180 (1980), 1, 15.
[21] Bydlinski, AcP 180 (1980), 1, 15.
[22] Bydlinski, AcP 180 (1980), 1, 19.

partnern viel zu unpräzise.[23] Für die somit erforderliche Ausgestaltung des Rechtsverhältnisses kommen vor allem Erklärungen der Parteien in Betracht.[24] Diese Überlegung führt aber noch nicht zwangsläufig dazu, daß im Anwendungsbereich von „Kontrahierungszwängen" zwischen den Parteien Verträge geschlossen werden. Es wäre nämlich auch denkbar, einer Partei hinsichtlich der Konkretisierung des Rechtsverhältnisses ein einseitiges Bestimmungsrecht zuzubilligen, wobei dieses am sinnvollsten wohl zu Gunsten des Berechtigten greifen müßte.[25] Dann wäre allein *seine* Erklärung bei der Ausübung des Bestimmungsrechts als Willenserklärung iSv. § 123 I Alt. 1 BGB zu bewerten, nicht aber die entsprechende Erklärung des Verpflichteten.

c) Unfreiheit des Erklärenden

Ein Vertrag zwischen den Parteien ist auch nicht deshalb ausgeschlossen, weil der Kundgabe des Willens zum Vertragsabschluß auf Seiten des Verpflichteten nur noch rudimentäre Überreste einer rechtsgeschäftlichen Entschließungsfreiheit zugrunde liegen.[26] Die Entbehrlichkeit eines frei gebildeten Willens beim Erklärenden, der auf das abzuschließende Geschäft gerichtet ist, hat der Gesetzgeber bereits in der Regelung des § 123 I Alt. 2 BGB verdeutlicht. Es besteht in diesen Fällen nur eine unvollständige Vertragsfreiheit des Erklärenden, weil dieser sich zwar seines Erklärungsverhaltens und dessen rechtlicher Bedeutsamkeit bewußt ist, er aber den Geschäftswillen nicht frei gebildet hat. Bei § 123 I Alt. 2 BGB ist der Zwang, der auf den Erklärenden wirkt, sogar widerrechtlich. Nichts desto trotz wird die Erklärung zunächst als (schwebend) wirksame Willenserklärung behandelt. Das Gesetz erkennt also an, daß es neben der

---

[23] Busche, S. 248; Bydlinski, AcP 180 (1980), 1, 18 f.; ders., JZ 1980 378, 384; Heinrich, Formale Freiheit, S. 237; Larenz, SchuldRI, § 4 I a (S. 49). Mangels hinreichend präziser Bestimmung des Rechtsverhältnisses der Parteien scheidet auch eine Lösung über die Fiktion eines Angebots des Verpflichteten, wie Soergel-Wolf, Vor § 145 Rn. 51 sie bemühen will, aus; ablehnend dazu auch Staudinger-Bork (1996), Vor §§ 145 ff. Rn. 29.

[24] Denkbar aber wenig praktikabel wäre auch eine behördliche Konkretisierung der gesetzlichen Verpflichtung im jeweiligen Einzelfall, vgl. Bydlinski, AcP 180 (1980), 1, 19; dieser Lösung zuneigend hingegen Molitor, IheringsJB 73 (1923), 1, 29.

[25] Stampe, AcP 108 (1911), 42, 68; für den Fall einer Regelungslücke (hinsichtlich des Entgelts) umgekehrt für ein Bestimmungsrecht des *Verpflichteten* analog § 315 I BGB, das allerdings analog §§ 315 III BGB im Hinblick auf die Billigkeit des Leistungsbestimmungsrechts gerichtlicher Prüfung unterliegt BGHZ 41, 271, 274 ff.; kritisch dazu Bydlinski, JZ 1980, 378, 380 f.; nach Busche, S. 252 ff. soll eine Leistungsbestimmung analog § 315 III 2 HS. 2 BGB durch das Gericht möglich sein, wenn der Anbieter die Leistungsbestimmung verweigert. Ein einseitiges Bestimmungsrecht gleich welcher Partei ablehnend: Heinrich, Formale Freiheit, S. 236 f.

[26] Den Nachteil einer Behandlung der Leistungsbeziehung beim Kontrahierungszwang als Vertragsverhältnis sieht Kilian, AcP 180 (1980), 47, 81 deswegen in einer Aufweichung des Konsensprinzips, die damit einhergehe. Zum Umfang, in dem die Entschließungsfreiheit durch den Kontrahierungszwang ausgeschlossen wird vgl. I. 4. c) bb) (a) und (b).

Ausübung von Vertragsfreiheit noch andere Gründe dafür geben kann, einer Erklärung rechtsverbindliche Wirkung zuzusprechen.[27] Insbesondere die Aspekte des Vertrauens- und Verkehrsschutzes können insoweit eine Rolle spielen.

d) Inanspruchnahme von Vertrauen

Der Gesichtspunkt des Vertrauensschutzes greift auch bei solchen Erklärungen, die in freiwilliger[28] Befolgung eines Kontrahierungszwangs erfolgen.

Bei der Abgabe von Erklärungen im Rechtsverkehr nimmt der Erklärende das Vertrauen des anderen Teils in Anspruch, daß das Erklärte auch gelten soll. Bei dem Erklärungsempfänger entsteht durch das Leistungsversprechen eine entsprechende, konkrete Leistungserwartung.[29] Dabei spielt insbesondere das Vertrauen des Erklärungsempfängers auf die Vertragstreue des Erklärenden im Sinne einer im Kern ethischen Bindung an das gegebene Wort eine Rolle.[30]

Unter Rückgriff auf den bereits oben verwendeten Vergleich der Beförderung durch ein Busunternehmen mit dem Genuß eines Kinofilms zeigt sich, daß bei dem Busticket-Beispiel bezüglich der Inanspruchnahme von Vertrauen keine Unterschiede zu der Situation bei dem Erwerb einer Kinokarte ersichtlich sind. In beiden Fällen entsteht durch die Erklärung des Anbieters beim Kunden Vertrauen im Sinne einer konkreten Leistungserwartung. Das gilt ohne weiteres, wenn der Kunde die Existenz des gesetzlichen Kontrahierungszwangs nicht kennt.

Eine Inanspruchnahme des Vertrauens des Kunden liegt aber selbst dann vor, wenn der Kunde von dem Bestehen des Kontrahierungszwangs Kenntnis hat. In diesen Konstellationen mag zwar der Kunde bereits vor der Erklärung des Anbieters hoffen, daß der Anbieter seinen gesetzlichen Pflichten hinsichtlich der vertraglichen Leistung nachkommen werde. Zu einer konkreten Leistungserwartung verdichtet sich diese Hoffnung aber erst durch das Leistungsversprechen des Anbieters.[31] Erst dann ist aus der Sicht des Kunden klar, daß der Anbieter sich nicht auf einen (angeblichen) Ablehnungsgrund berufen oder sonst den Vertragsschluß ablehnen wird. Erst die Erklärung schafft den Vertrauenstatbestand des gegebenen Worts des Anbieters,[32] auf dessen Einhaltung der

---

[27] Bydlinski, AcP 180 (1980), 1, 8 nennt neben der Privatautonomie als weitere Gründe für die rechtliche Bindungswirkung von Willenserklärungen den Vertrauensschutz, die Vertragsgerechtigkeit und die Vertragstreue.

[28] Zur Situation, wenn der Kontrahierungszwang prozessual durchgesetzt wird vgl. oben, Fn. 9 und unten, Fn. 38.

[29] Vgl. Bydlinski, AcP 180 (1980), 1, 8.

[30] Vgl. Bydlinski, AcP 180 (1980), 1, 8, der diesen Aspekt allerdings als eigenen Gesichtspunkt von dem Gesichtspunkt des Vertrauens- und Verkehrschutzes trennen will.

[31] Bydlinski, AcP 180 (1980), 1, 21.

[32] Zur Anknüpfung dieses Vertrauens an die im Kern ethische Bindung an das gegebene Wort vgl. bereits oben und Fn. 30.

Kunde sich grundsätzlich verlassen darf. Erst dann kann überhaupt von einem Vertrauen die Rede sein, welches der Anbieter konkret *in Anspruch genommen* hat.
Unabhängig davon, ob der Kunde den Kontrahierungszwang kennt, liegt demnach bei dem Leistungsversprechen des Adressaten eines Kontrahierungszwangs eine Inanspruchnahme des Vertrauens des Kundens vor, so daß dieser Gesichtspunkt für eine Qualifizierung der Erklärung als rechtsgeschäftliche Willenserklärung spricht.[33]

e) Grundsätzliche Sachgerechtigkeit der gesetzlichen Rechtsgeschäftsregeln
Außerdem führt die Anwendung der Regeln über das Rechtsgeschäft im Prinzip zu sachgerechten Ergebnissen.[34] Dem durch einen Kontrahierungszwang Verpflichteten verbleibt immerhin noch der Rückgriff auf einen einstmals frei gebildeten Willen, da es hinsichtlich des Vertragsinhalts vorrangig auf die üblichen Lieferbedingungen des verpflichteten Anbieters ankommt.[35] Bei diesem Rückgriff ist er nicht weniger schutzwürdig als bei freien Erklärungen.
Das zeigt sich zum Beispiel bei einer Übung des Anbieters, Großkunden im Vergleich zu Einzelkunden günstigere Konditionen anzubieten. Wenn nun ein vollmachtloser Vertreter des Anbieters einem Einzelkunden, mit dem wegen eines Kontrahierungszwangs abgeschlossen werden muß, zu den vorteilhaften Großkundenkonditionen abschließt, hat der Anbieter ebenso wie bei jeder sonstigen Erklärung vollmachtsloser Vertreter ein schützenswertes Interesse daran, an diese Erklärung nicht gebunden zu werden. Im Falle einer Rechtsscheinsvollmacht hat der Berechtigte ebenso wie bei jeder sonstigen Willenserklärung aber ein schützenswertes Interesse daran, in seinem Vertrauen auf den Rechtsschein nicht enttäuscht zu werden, soweit der Rechtsschein dem Geschäftsherrn zurechenbar ist. Auch im Hinblick auf die Regelungen über die Geschäftsfähigkeit und die Willensmängel ergibt sich im Zusammenhang mit dem Rückgriff auf die üblichen Bedingungen des Anbieters im Prinzip die Sachgerechtigkeit der Anwendung der Regeln über die Rechtsgeschäfte.[36]
Hingegen ließen sich etwa Überlegungen hinsichtlich eines zurechenbaren Rechtsscheins kaum mit dem Erklärungsmodell einer rein gesetzlichen Leistungsbeziehung zwischen den Parteien des „Kontrahierungszwangs“ vereinbaren. Danach müßten vielmehr bereits durchgeführte Erfüllungsgeschäfte gege-

---

[33] Bydlinski, AcP 180 (1980), 1, 21.

[34] So auch Bydlinski, JZ 1980, 378 (in Teilbereichen aber Besonderheiten, z.B. hinsichtlich des Auslegens des Schweigens des Kontrahierungspflichtigen als Willenserklärung); Kilian, AcP 180 (1980), 47, 81.

[35] Heinrich, Formale Freiheit, S. 236; Medicus, SchuldR. I, § 11 I (Rn. 79); Soergel-Wolf, Vor § 145 Rn. 50; Staudinger-Bork (1996), Vorbem. zu §§ 145 ff, Rn. 15 und Bork, BGB AT, § 17 B IV (Rn. 665).

[36] Für eine Anwendung des jeweiligen Vertragsrechts auch Larenz, SchuldRI., § 4 I a (S. 49).

benenfalls kondiktionsrechtlich rückabgewickelt werden. Daß die Parteien vor diesem Erfüllungsgeschäft eine Vereinbarung getroffen haben, die dem äußeren Anschein nach und auch hinsichtlich des in Anspruch genommenen Vertrauens praktisch nicht von einem sonstigen Vertragsschluß unterschieden werden kann, müßte schlicht ignoriert werden. Bei diesem Ausblenden fallen aber notwendig Interessen der Beteiligten unter den Tisch, wie etwa der Schutz des Berechtigten in seinem Vertrauen auf die (Rechtsscheins-) Vollmacht eines Vertreters des Verpflichteten. Demnach lassen sich nur durch die Qualifizierung der Vereinbarung der Parteien als Rechtsgeschäft interessengerechte Ergebnisse erzielen.

Insgesamt ist deswegen die Sichtweise einer ausschließlich gesetzlichen causa des Gütertauschs bei den Fällen des Kontrahierungszwangs abzulehnen. Der Kontrahierungszwang verpflichtet also seinen Adressaten zur Abgabe einer Willenserklärung im Hinblick auf den geschuldeten Vertrag.[37] Zu der vertraglichen Leistung wird er erst auf Grund dieses Vertrages verpflichtet.[38] Durch die Erklärung über den Vertrag gibt der Verpflichtete also seinen Willen zur Herbeiführung einer rechtlich relevanten Folge kund, nämlich den Abschluß des Vertrages. Damit ist seine Erklärung als Willenserklärung iSv. § 123 I Alt. 1 BGB zu bewerten.[39]

Das Anfechtungsrecht des Getäuschten, der mit dem Täuschenden wegen eines Kontrahierungszwangs ohnehin abschließen mußte, scheitert deswegen nicht an der Tatbestandvoraussetzung einer Willenserklärung.

2. Entfallen der Kausalität der Täuschung für die Willenserklärung des Getäuschten

Der Getäuschte muß nach § 123 I Alt 1 BGB gerade durch die Täuschung zu seiner Willenserklärung "bestimmt" worden sein, das heißt, daß die Täuschung

[37] Heute ganz überwiegende Meinung, vgl. Heinrich, Formale Freiheit, S. 237 f.; Larenz, SchuldR I, § 4 I a (S. 49); Medicus, SchuldR. I, § 11 V (Rn. 85); MK-Kramer, Vor § 145 Rn. 12; Staudinger-Bork (1996), Vor §§ 145 ff. Rn. 29.

[38] Die prozessualen Schwierigkeiten, die gegen diese Sichtweise eingewendet wurden, lassen sich vermeiden, indem die Verbindung der Klage auf Vertragsschluß mit der Klage auf die vertragliche Leistung zugelassen wird, vgl. Larenz, SchuldR I, § 4 I a (S. 49 f.); Medicus, SchuldR. I, § 11 V (Rn. 85); für die Möglichkeit einer sofortigen Klage auf die vertragliche Leistung, bei der der Vertrag durch richterlichen Gestaltungsakt nach § 894 ZPO zustande kommt, Heinrich, Formale Freiheit, S. 238 (unter Verweis auf die entsprechende Handhabung bei der Wandlung); ebenso Kilian, AcP 180 (1980), 47, 82; Bork, BGB AT, § 17 B IV (Rn. 673): Weg über § 888 ZPO nur, wenn der Berechtigte mangels näherer Informationen das Angebot nicht hinreichend konkretisieren kann; für eine Behandlung nach § 888 ZPO hingegen Siebert, FS für Niedermeier, S. 215, 231.

[39] Anders ist es, wenn der Kontrahierungszwang prozessual durchgesetzt wird, vgl. oben, Fn. 9.

kausal für die konkrete Willenserklärung gewesen sein muß. Das ist der Fall, wenn die Täuschung beim Verhandlungspartner einen Irrtum verursacht hat, der seinerseits ursächlich für die Abgabe der Willenserklärung war.[40] Es muß also feststehen, daß der Getäuschte ohne Täuschung und Irrtum eine Willenserklärung diesen Inhalts überhaupt nicht, nicht in der konkreten Form oder nicht zum gleichen Zeitpunkt abgegeben hätte.[41]

Ob die Täuschung eine solche notwendige Bedingung[42] der Willenserklärung des Getäuschten in ihrer konkreten Gestalt ist, könnte jedenfalls dann in Zweifel zu ziehen sein, wenn im Falle eines umfassenden Diskriminierungsverbots wegen des Fehlens eines sachlichen Ablehnungsgrundes ein Kontrahierungszwang besteht. Die Ursächlichkeit könnte deswegen entfallen, weil der Getäuschte beim Vorliegen eines Kontrahierungszwangs rechtlich gesehen ohnehin nicht die Möglichkeit hat, den Vertragsschluß abzulehnen.[43]

Trotz seiner rechtlichen Verpflichtung zum Vertragsabschluß hat der Verpflichtete jedoch in tatsächlicher Hinsicht die Möglichkeit, den Vertragsschluß abzulehnen. Der Begünstigte kann den Vertragsschluß dann zwar im Wege einer Klage durchsetzen,[44] der klageweise erwirkte Vertragsschluß ist mit dem Vertragsschluß infolge einer Täuschung aber nicht identisch. Das ergibt sich schon hinsichtlich des Zeitpunkts, ab dem ein Vertrag besteht. Demnach ist die Täuschung für den Erfolg in seiner *konkreten* Gestalt, nämlich die Abgabe der Willenserklärung als Ergebnis der Vertragsverhandlungen, notwendige Bedingung. Vor diesem Hintergrund kann die Kausalität der Täuschung für die Willenserklärung nicht wegen der Verpflichtung des Getäuschten zum Abschluß des Vertrages abgelehnt werden. Anders liegt es nur, wenn der Getäuschte bei Kenntnis der wahren Sachlage die gleiche Erklärung abgegeben hätte. So eine Gleichgültigkeit des Getäuschten gegenüber einem bestimmten Umstand kann im Anwendungsbereich von Diskriminierungsverboten auftreten, wenn dem Getäuschten klar ist, daß er ohnehin zum Abschluß zu den üblichen Bedingungen verpflichtet ist. Wenn der Getäuschte sich aber schon die Mühe macht, nachzufragen, wird es ihm im Regelfall auch auf den jeweiligen Umstand ankommen. Die faktische Beurteilung des Geschehens im Rahmen der Äquivalenztheorie steht also der Kausalität nicht entgegen.

---

40 V. Lübtow, FS für Bartholomeyczik, S. 249, 256; vgl. bereits die Motive der ersten BGB-Komission bei Mugdan I, S. 208 bzgl. des Vorläufers von § 123 BGB im BGB-Entwurf, wonach der zivilrechtliche Betrug „ohne Irrtum nicht denkbar ist".

41 BGH NJW 1964, 811; Erman-Palm, § 123 Rn. 26; v. Lübtow, FS für Bartholomeyczik, S. 249, 256; Soergel-Hefermehl, § 123 Rn. 20; Staudinger-Dilcher, § 123 Rn. 19.

42 Äquivalenztheorie oder sog. condicio-sine-qua-non-Formel, vgl. Musielak, § 6 V b (Rn. 467).

43 Vgl. Bydlinski, JZ 1980, 378, 382 (Unbeachtlichkeit eines Irrtums, der wegen eines Kontrahierungszwangs bei „verständiger Würdigung" nicht hätte kausal sein dürfen).

44 Zur prozessualen Behandlung der Kontrahierungspflicht vgl. schon oben, Fn. 38.

Auch aus der Anwendung des Adäquanzkriteriums ergibt sich nichts anderes. Das Bestehen von Diskriminierungsverboten macht die Willenserklärung nicht zur völlig unwahrscheinlichen, inadäquaten Folge der Täuschung. Insoweit ist ohnehin ein weiter Maßstab anzulegen, es kommt nicht darauf an, ob die Beweggründe des Getäuschten nachvollziehbar sind, also bei verständiger Würdigung der Situation als vertragsrelevant eingestuft würden.[45]
Das Bestehen eines Diskriminierungsverbots führt auch nicht dazu, daß § 123 I Alt. 1 BGB mangels Zurechnungszusammenhangs zwischen Täuschung und Willenserklärung scheitert. Der Zurechnungs- oder auch Rechtswidrigkeitszusammenhang im Rahmen zivilrechtlicher Kausalitätsüberlegungen sieht eine Beschränkung der Verantwortlichkeit für eine Verletzung oder einen Schaden derart vor, daß die Schaffung der Gefahr dieser Folgen durch das ursächliche Verhalten gegen ein Gebot verstoßen haben muß, das gerade auf die Vermeidung solcher Verletzungen oder Schäden gerichtet ist.[46] Insoweit könnten beim Bestehen von Diskriminierungsverboten Zweifel bestehen, ob es sich bei der durch die Täuschung geschaffenen Gefahr überhaupt um ein gebotswidriges, also rechtlich mißbilligtes Risiko handelt. Entscheidend ist aber, daß die Täuschung die „Gefahr" der Abgabe der *konkreten* Willenserklärung auch dann geschaffen hat, wenn ein solches Diskriminierungsverbot besteht. Nach dem eindeutigen Wortlaut des § 123 I Alt. 1 BGB ist die Folge, die durch die Täuschung verursacht werden muß, zunächst nicht die Verletzung der rechtsgeschäftlichen Entschließungsfreiheit, sondern lediglich die Abgabe einer Willenserklärung. Eine solche liegt, wie gesehen,[47] auch in der Erklärung einer durch Diskriminierungsverbote gebundenen Person. Vor dem Hintergrund dieses eindeutigen Wortlauts kann die Bestimmung des anderen Teils zur Abgabe einer Willenserklärung nicht deswegen abgelehnt werden, weil die Täuschung möglicherweise nicht die Gefahr einer Verletzung der rechtsgeschäftlichen Selbstbestimmung geschaffen hat.

Mithin läßt sich eine Einschränkung des Anfechtungsrechts nicht auf das Fehlen der Kausalität der Täuschung für die Willenserklärung stützen.

3. Entfallen der Arglist auf Seiten des Täuschenden

Nach heute fast einhelliger Ansicht ist das Tatbestandsmerkmal der Arglist gegeben, wenn der Täuschende die Unrichtigkeit seiner Angaben kennt (Täu-

---

[45] BGH NJW 1971, 1795, 1798; BGH NJW 1997, 1845, 1847; Palandt-Heinrichs, § 123 Rn. 24; Soergel-Hefermehl, § 123 Rn. 23; Staudinger-Dilcher, § 123 Rn. 20. Gegen ein Entfallen der Kausalität bei § 123 wegen der gebotenen Unbeachtlichkeit des Täuschungsgegenstands bei „verständiger Würdigung des Falles" auch v. Lübtow, FS für Bartholomeyczik, S. 249, 259.

[46] Erman-Schiemann, § 823 Rn. 2.

[47] Vgl. oben, unter I. 1.

schungsvorsatz[48]), einen entsprechenden Irrtum des anderen Teils will und sich über die Kausalität des Irrtums für die Abgabe einer Willenserklärung bewußt ist (Motivierungsbewußtsein).[49] Dabei genügt jeweils Eventualvorsatz.[50] Derart verstanden bietet das Tatbestandsmerkmal der Arglist für eine Einschränkung des § 123 I Alt. 1 BGB im Zusammenhang mit Diskriminierungsverboten aber keinen Anknüpfungspunkt. In Betracht käme höchstens ein Entfallen des Motivierungsbewußtseins des Täuschenden, wenn dieser wegen des Diskriminierungsverbots davon ausging, daß der andere Teil ohnehin in Erfüllung seiner Rechtspflicht zu den üblichen Bedingungen mit ihm abschließen werde. Weil der andere Teil sich aber die Mühe gemacht hat, den fraglichen Umstand durch die Befragung im Vorfeld seiner Entscheidung über den Vertragsschluß zu ermitteln, ist der Täuschenden sich in aller Regel zumindest der Möglichkeit bewußt, daß die entsprechende Antwort der rechtsgeschäftlichen Entschließung des anderen Teils zu Grunde gelegt werden soll. Von daher wird das Motivierungsbewußtsein kaum je fehlen.
Ein Entfallen der Arglist im Zusammenhang mit Diskriminierungsverboten ließe sich deswegen nur dann begründen, wenn zum doppelten Vorsatz ein weiteres Element des Arglistbegriffs träte. Das ist in der älteren Rechtsprechung des BGH und des BAG teilweise bejaht worden, indem neben dem Vorsatz eine verwerfliche Gesinnung, böse Absicht oder sonst unlautere Motive des Täuschenden verlangt wurden,[51] an denen es bei der unwahren Beantwortung einer unzulässigen Frage fehle.[52]

a) Wortlautauslegung

Ein solches moralisches Element des Arglistbegriffs erscheint dem Wortlaut nach auch nachvollziehbar, da nach dem allgemeinen Sprachempfinden bei der Bezeichnung eines Verhaltens als „arge List" eine moralische Verurteilung als

---

[48] Der Täuschungsvorsatz wird vielfach bereits als Element der Täuschung und nicht erst als eines der Arglist angesehen, vgl. z.B. MK-Kramer, § 123 Rn. 8, Auswirkungen hat diese Aufspaltung des subjektiven Tatbestands des § 123 I Alt. 1 BGB aber nicht.

[49] BGH LM Nr. 14 zu § 123 BGB; BGH NJW 1971, 1795, 1800; AK-BGB-Hart, § 123 Rn. 11; Enneccerus/Nipperdey, BGB AT 2, § 179 I 2; Erman-Palm, § 123 Rn. 27; Soergel-Hefermehl, § 123 Rn. 26, 29; Staudinger-Dilcher, § 123 Rn. 22 f.

[50] BGH NJW 1971, 1795, 1800; BGH NJW-RR 1991, 411, 412; MK-Kramer, § 123 Rn. 8; Palandt-Heinrichs § 123, Rn. 11; RGRK-Krüger-Nieland, § 123 Rn. 12.

[51] BGH LM Nr. 9 zu § 123 BGB (keine Arglist bei wohlmeinender Absicht des Täuschenden „zum Besten" des Getäuschten).

[52] BAG AP Nr. 2 und 15 zu § 123 BGB; BAG FamRZ 1993, 537, 539 (Täuschung bei Verneinung der Frage nach der Schwangerschaft einer Stellenbewerberin teils als nicht arglistig teils als nicht rechtswidrig bezeichnet – kein Anfechtungsrecht); dem folgend: RGRK-Krüger-Nieland, § 123 Rn. 14; Pawlowski, BGB AT, § 4 II. 2. a) (Rn. 529a). Vgl. auch für die Behandlung als zivilrechtlicher Dolus/Betrug vor Erlaß des BGB die Voraussetzung einer „böslichen Absicht" RGZ 23, 103, 137.

gemeine, heimtückische oder böswillige Täuschung durchaus mitschwingt.[53] Die Täuschung über einen Umstand, wegen dessen nicht diskriminiert werden darf, könnte danach als nur „listig" aber nicht „arg" für ein Anfechtungsrecht nach § 123 I Alt. 1 BGB ausscheiden.

b) Historische Auslegung

Einem Verwerflichkeitserfordernis der Arglist bei § 123 I Alt. 1 BGB steht aber die Entstehungsgeschichte der Regelung entgegen. Die „arglistige Täuschung" wurde erst durch die zweite BGB-Kommission an Stelle der ursprünglichen Formulierung eingefügt, wonach ein „Betrug" erforderlich war. Dadurch sollte verdeutlicht werden, daß es im Rahmen des damaligen § 103 des BGB-Entwurfs als Vorgänger des heutigen § 123 BGB nicht auf das Vorliegen einer vermögensmäßigen Schädigung des anderen Teils bzw. einer solchen Absicht ankommen sollte.[54] Es war also ein Schutz der rechtsgeschäftlichen Entschließungsfreiheit als solcher gewollt, der unabhängig von irgendwelchen vermögensmäßigen Interessen greifen sollte. Anhaltspunkte dafür, daß durch die Verwendung des Ausdrucks „arglistig" ein Verwerflichkeitskriterium das Erfordernis eines Vermögensschadens ersetzen sollte, gibt es hingegen keine. Insbesondere wurde das Begriffspaar der arglistigen Täuschung nicht eigens für die Regelung des § 123 BGB so zusammengesetzt, sondern man griff auf die etwas mißglückte, aber eingebürgerte deutsche Bezeichnung des römisch-rechtlichen *dolus malus* zurück.[55] Bei der actio de dolo malo des römischen Rechts kam es nur auf die objektive Verbotenheit der List an, hingegen nicht auf ihre moralische Bewertung.[56] In der deutschen Rechtswissenschaft hatte sich aber die Übersetzung als „arge List" oder eben als „arglistige Täuschung" eingebürgert, bei denen jeweils die Unsittlichkeit des Verhaltens zumindest mitschwingt.[57] Beim Rückgriff auf das Begriffspaar der arglistigen Täuschung hat der Gesetzgeber diesen Unterton jedoch nicht bedacht. Es ging ihm ausweislich des Protokolls der entsprechenden Verhandlung der zweiten BGB-Kommission nur darum, Mißverständnissen durch die Verwendung des Begriffs „Betrug" vorzubeugen, da eine Erforderlichkeit von Vermögensschäden für das Anfechtungsrecht nicht gewollt war.[58] Die Entstehungsgeschichte der Regelung spricht deswegen dagegen, im Rahmen des Tatbestandsmerkmals der Arglist eine sittliche oder moralische Bewertung der Täuschung vorzunehmen.[59]

53 Reitemeier, S. 154; Soergel-Hefermehl, § 123 Rn. 25.
54 Protokolle der 2. BGB-Komission, Mugdan I, S. 249.
55 V. Lübtow, FS für Bartholomeyczik, S. 249, 265 ff; MK-Kramer, § 123 Rn. 9; Reitemeier, S. 154.
56 V. Lübtow, FS für Bartholomeyczik, S. 249, 265 f.
57 V. Lübtow, FS für Bartholomeyczik, S. 249, 263.
58 Protokolle der 2. BGB-Kommission, Mugdan I, S. 249.
59 V. Lübtow, FS für Bartholomeyczik, S. 249, 269; Reitemeier, S. 155.

c) Teleologische Auslegung

Auch der Schutzzweck der Regelung steht einer Einschränkung des Anwendungsbereichs des § 123 I Alt. 1 BGB hinsichtlich solcher Täuschungen, denen lautere Motive zu Grunde liegen, entgegen.[60] Denn die rechtsgeschäftliche Willensentschließungsfreiheit des Getäuschten ist nicht deswegen weniger schutzwürdig, weil der Täuschende es „gut gemeint" hat bzw. das erschlichene Rechtsgeschäft „zum Besten" des Getäuschten ist. Vielmehr muß die Entscheidung, was das Beste für den Getäuschten ist, diesem selbst überlassen bleiben.[61] Hingegen wäre es nach dem Schutzzweck der Regelung an sich möglich, bei solchen Täuschungen, bei denen wegen des Eingreifens von Diskriminierungsverboten kein Schutzbedarf besteht, eine arglistige Täuschung abzulehnen. Für eine differenzierte Behandlung solcher Täuschungen gegenüber sonstigen nicht verwerflichen Täuschungen gibt aber das Tatbestandsmerkmal der Arglist nichts her. Der Wortteil „arg" ließe zwar für sich genommen eine Verwerflichkeitsprüfung noch zu, für eine Differenzierung zwischen dem allgemeinen Fehlen einer solchen Verwerflichkeit und seinem Fehlen im Spezialfall von Diskriminierungsverboten fehlt aber bei der Voraussetzung einer „arglistigen Täuschung" jeglicher Anhaltspunkt. Im Wege einer Auslegung des Tatbestandsmerkmal der Arglist kann deswegen das Ergebnis nur ein allgemeines Verwerflichkeitserfordernis oder gar keines sein.

Ein allgemeines Verwerflichkeitserfordernis scheidet wie gesehen aber wegen der eindeutigen Ergebnisse der historischen und teleologischen Auslegung aus. Eine Auslegung des Tatbestandsmerkmals der Arglist in dem Sinne, daß es jeweils beim Eingreifen von Diskriminierungsverboten hinsichtlich des Frage- und Täuschungsgegenstand ausschiede, ist deswegen nicht möglich.

Es ergibt sich damit insgesamt, daß die Regelung des § 123 I Alt. 1 BGB ihrem Wortlaut nach keine Einschränkung im Zusammenhang mit Diskriminierungsverboten zuläßt.

4. Teleologische Reduktion des § 123 I Alt. 1 BGB

Insoweit könnte aber der Wortlaut der Regelung über ihren Zweck, nämlich den Schutz der rechtsgeschäftlichen Entschließungsfreiheit des Getäuschten, hinausschießen. Der Wortlaut des § 123 I Alt. 1 BGB wäre dann hinsichtlich solcher Frage- und Täuschungsgegenstände, die der fragende Teil bei seiner Entscheidung über den Vertragsschluß wegen eines Diskriminierungsverbots nicht zu Grunde legen darf, teleologisch zu reduzieren.

---

[60] MK-Kramer, § 123 Rn. 9; Soergel-Hefermehl, § 123 Rn. 25; Reitemeier, S. 155.

[61] V. Lübtow, FS für Bartholomeyczik, S. 249, 272 f.; Medicus, BGB AT, § 49 I 2 (Rn. 789); MK-Kramer, § 123 Rn. 9; Soergel-Hefermehl, § 123 Rn. 25; Staudinger-Dilcher § 123 Rn. 24; für ein Entfallen der Arglist hingegen Palandt-Heinrichs, § 123 Rn. 11 und RGRK-Krüger-Nieland, § 123 Rn. 14.

a) Die Methode der teleologischen Reduktion

Bei der teleologischen Reduktion einer Norm wird ihr Anwendungsbereich entgegen ihrem Wortlaut gemäß der gesetzesimmanenten Teleologie eingeschränkt.[62] Sie unterscheidet sich von der einschränkenden teleologischen Auslegung dadurch, daß sie im Hinblick auf den Gesetzeszweck nicht nur einen möglichen engen Wortsinn wählt, sondern eine darüber hinaus gehende Einschränkung trifft.[63] Dies geschieht, indem der Normtext um ein einschränkendes Merkmal ergänzt wird, welches aus der gesetzesimmanenten Teleologie zu ermitteln ist.[64] Durch eine teleologische Reduktion könnten also Täuschungen über solche Umstände, die Gegenstand eines Diskriminierungsverbots sind, dem Anwendungsbereich des § 123 I Alt. 1 BGB entzogen werden.

b) Voraussetzungen der teleologischen Reduktion

Wegen der grundsätzlichen Verbindlichkeit des geschriebenen Rechts (Art. 20 III GG) ist die Abweichung vom Gesetzeswortlaut durch teleologische Reduktion an enge Voraussetzungen gebunden.[65] Eine teleologische Reduktion kommt nur dann in Betracht, wenn das Gesetz selbst durch das Bestehen einer Lücke das Hinausgehen über den Wortlaut erforderlich macht.[66] Die Erforderlichkeit der Beseitigung der Lücke ergibt sich aus dem Gesetz nur dann, wenn eine Unvollständigkeit vorliegt, die nicht vom Gesetzgeber beabsichtigt wurde, sondern planwidrig ist.[67]

---

[62] Bydlinski, Methodenlehre, S. 480; Larenz/Canaris, S. 210; Pawlowski, Methodenlehre, § 11 4 c (Rn. 493).

[63] Larenz/Canaris, S. 211; Schmalz, Methodenlehre, Rn. 342.

[64] Brandenburg, S. 54.

[65] Die Gesetzesbindung der rechtsprechenden Gewalt (Art. 20 III GG) ist wichtiger Bestandteil der Gewaltentrennung und des zugrundeliegenden Rechtstaatsprinzips; die engen Voraussetzungen einer teleologischen Reduktion finden ihre Grundlage also im Verfassungsrecht, wonach eine Abweichung vom Gesetzeswortlaut nicht der Willkür des Richters überlassen sein darf, BVerfGE 34, 269, 286 f.; Brandenburg, S. 55; vgl. auch Langenbucher, S. 23 ff. und 39 (zur entsprechenden Bindung hinsichtlich jeder richterlichen Rechtsfortbildung; der Richter darf sich wegen der Bindung an das Gesetz nur auf rechtliche, nicht aber auf rechtspolitische Argumente stützen).

[66] Larenz/Canaris, S. 191; Soergel-Hefermehl, Anh. zu § 133 Rn. 12; vgl. auch Langenbucher, S. 24 (Rechtfertigung der richtlichen Fortbildung des geschriebenen Rechts aus dessen notwendig lückenhafter Natur). Hingegen genügt es für eine Abweichung vom Wortlaut des einfachen Gesetzesrechts noch nicht, wenn sich dessen Lückenhaftigkeit ausschließlich aus der Verfassung ergibt. Der Richter hat dann aber die Möglichkeit, die einschlägige einfachgesetzliche Regelung im Wege der konkreten Normenkontrolle dem Bundesverfassungsgericht vorzulegen, vgl. Röthel, JuS 2001, 424, 427 f.

[67] Bydlinski, Methodenlehre, S. 473; Canaris, Die Feststellung von Lücken, § 3 (S. 16); Larenz/Canaris, S. 194; Soergel-Hefermehl, Anh. zu § 133 Rn. 12. Zur Verpflichtung des Richters, den Justizgewähranspruch des rechtssuchenden Bürgers aus Art. 19 IV GG bei

So eine ausfüllungsbedürftige Lücke kann zum einen darin bestehen, daß eine nach dem Gesetzeszweck erforderliche Regelung fehlt.[68] Diese sog. "offene Lücke"[69] kann durch das Mittel der Analogie geschlossen werden.[70] Zum anderen kann eine Lücke darin bestehen, daß eine Regelung ein einschränkendes Merkmal vermissen läßt und ihr Anwendungsbereich deswegen über den teleologisch gebotenen hinausgeht.[71] Solche sogenannten "verdeckte Lücken"[72] sind im Wege der teleologische Reduktion zu schließen, indem ein einschränkendes Merkmal hinzugefügt wird.[73]
Weil das Bedürfnis nach Rechtssicherheit eine Aufweichung des Tatbestandes zum bloßen Ausgangspunkt von Billigkeitserwägungen verbietet,[74] ergibt sich als weitere Voraussetzung einer teleologischen Reduktion, daß sie für eine abstrakt beschreibbare Fallgruppe vorzunehmen ist, es sich also nicht um reines Billigkeitsdenken handelt.[75]

c) Ergänzung des § 123 I Alt. 1 BGB um das Fehlen von Diskriminierungsverboten hinsichtlich des Täuschungsgegenstands

Eine teleologische Reduktion des § 123 I Alt. 1 setzt demnach voraus, daß diese Regelung für eine abstrakt bestimmbare Fallgruppe nach der Gesetzesteleologie eine planwidrige, "verdeckte" Lücke aufweist. Die Regelung des § 123 I Alt. 1 BGB muß also ein einschränkendes Merkmal vermissen lassen, so daß ihr Anwendungsbereich über den teleologisch gebotenen hinausgeht und sie durch Hinzufügung eines einschränkenden Merkmals zu reduzieren ist.

aa) Abstrakte Bestimmung der Fallgruppe

Mit den Fällen des Bestehens von Diskriminierungsverboten hinsichtlich des Frage- und Täuschungsgegenstands wäre bereits eine Fallgruppe gefunden, die sich abstrakt bestimmen läßt. Ein Diskriminierungsverbot hinsichtlich des Täuschungsgegenstands besteht bei *punktuellen* Diskriminierungsverboten, wenn über die bestimmte gesperrte Eigenschaft getäuscht wird.[76] Bei *umfassenden*

Lücken des geschriebenen Rechts durch Rechtsfortbildung zu erfüllen Langenbucher, S. 23 f.

[68] Soergel-Hefermehl, Anh. zu § 133 Rn. 12.

[69] Larenz/Canaris, S. 198; Soergel-Hefermehl, Anh. zu § 133 Rn. 12.

[70] Larenz/Canaris, S.202.

[71] Soergel-Hefermehl, Anh. zu § 133, Rn. 12.

[72] Bydlinski, Methodenlehre, S. 480; Larenz/Canaris, S. 198; Soergel-Hefermehl, Anh. zu § 133 Rn. 12.

[73] Bydlinski, Methodenlehre, S. 480; Larenz/Canaris, S. 210 f.

[74] Das Bedürfnis nach Rechtssicherheit ist wegen des verfassungsrechtlichen Rechtsstaatsprinzips bei der Rechtsanwendung zu berücksichtigen.

[75] Bydlinski, Methodenlehre, S. 480; Schmalz, Methodenlehre, Rn. 315.

[76] Z.B. bei § 611 a BGB bei Fragen und Täuschungen hinsichtlich des Geschlechts eines Bewerbers.

Diskriminierungsverboten besteht ein Diskriminierungsverbot hinsichtlich des Täuschungsgegenstands immer dann, wenn es sich dabei nicht gerade um einen „sachlichen Grund“ handelt, wegen dessen der Verbotsadressat den Vertragsabschluß ausnahmsweise ablehnen dürfte bzw. eine nachteilige Vertragsgestaltung zulässig wäre. Für diese Konstellationen müßte § 123 I Alt. 1 BGB eine planwidrige Lücke vorweisen.

bb) Bestehen einer planwidrigen Lücke des § 123 I Alt. 1 BGB

Eine Reduktion des § 123 I Alt. 1 BGB hinsichtlich solcher Täuschungen, deren Gegenstand einem Diskriminierungsverbot unterfällt, setzt neben dem Fehlen einer entsprechenden Einschränkung nach dem (ausgelegten) Wortlaut der Regelung voraus, daß dies im Widerspruch zur Gesetzesteleologie steht und damit eine planwidrige Lücke des gesetzlichen Tatbestandes vorliegt.

(1) Auseinanderklaffen von Zweck und Wortlaut der Regelung

Ein Widerspruch zwischen dem Fehlen einer solchen Einschränkung und der Gesetzesteleologie kann sich aus dem Gesichtspunkt des Schutzes der Vertragsfreiheit als Zweck des Anfechtungsrechts nach § 123 I Alt. 1 BGB ergeben. Daß die Regelung des § 123 I Alt. 1 BGB den Schutz der rechtsgeschäftlichen Entschließungsfreiheit vor Verletzungen durch vorvertragliche Täuschungen bezweckt, wurde bereits in Teil 2 gezeigt.[77] Ein Auseinanderklaffen zwischen diesem Gesetzeszweck und dem Fehlen einer Einschränkung der Regelung für Täuschungsgegenstände, die einem Diskriminierungsverbot unterfallen, ergibt sich, wenn dem Adressat eines solchen Diskriminierungsverbotes in dessen Anwendungsbereich die Vertragsfreiheit ohnehin schon von Rechts wegen entzogen ist, so daß sie durch die Täuschung nicht mehr verletzt werden kann. Die rechtlich geschützte Vertragsfreiheit setzt sich zusammen aus Abschluß-, Inhalts- und Formfreiheit, wobei letztere durch eine Täuschung kaum beeinträchtigt werden kann, weswegen sie für den Schutzzweck des § 123 I Alt. 1 BGB keine Rolle spielt und im folgenden außer Acht bleibt.

(a) Ausschluß der Abschlußfreiheit durch Diskriminierungsverbote

Beim Bestehen von Diskriminierungsverboten läßt sich ohne Schwierigkeiten das Fehlen von Abschlußfreiheit, als der Freiheit, zu bestimmen, ob und mit wem ein Vertrag geschlossen werden soll,[78] konstatieren.

Beim Eingreifen eines *umfassenden* Diskriminierungsverbots darf der Verbotsadressat einen Vertragsschluß nicht ablehnen, es sei denn aus einem sachlichen Grund, der nach objektiven Kriterien zu bestimmen ist. Die Entscheidung des Verpflichteten über den Vertragsschluß ist damit nicht selbstbestimmt, sondern

---

[77] S.o., Teil 2. B. II.

[78] Heinrich, Formale Freiheit, S. 224.

gerade staatlich reguliert.[79] Abschlußfreiheit im rechtlichen Sinne hat in dieser Situation nur der andere Vertragspartner,[80] der durch das Abschlußverbot begünstigt wird.

Auch durch *punktuelle* Diskriminierungsverbote, die nur die Diskriminierung wegen bestimmter Eigenschaften des Begünstigten verbieten, wird die Abschlußfreiheit ausgeschlossen. Dabei ist lediglich ein im Vergleich zu der Lage bei Kontrahierungszwängen geringerer Bereich der Abschlußfreiheit entzogen. Der Adressat eines *punktuellen* Diskriminierungsverbots darf einen Vertragsschluß nicht wegen der speziellen sachwidrigen Gründe, die das *punktuelle* Diskriminierungsverbot sperrt, ablehnen.[81] Er ist aber nicht umfassend und nur unter dem Vorbehalt eines sachlichen Ablehnungsgrundes zum Vertragsabschluß verpflichtet.

Die Abschlußfreiheit ist dem Adressaten eines Diskriminierungsverbotes also entzogen, wenn und soweit er seiner Entscheidung über den Abschluß einen Umstand zu Grunde legen will, der einem Diskriminierungsverbot unterfällt.[82] Im Anwendungsbereich von Diskriminierungsverboten ist eine Abschlußfreiheit des Verpflichteten von vornherein nicht gegeben.[83]

(b) Ausschluß der Inhaltsfreiheit durch Diskriminierungsverbote

Trotzdem könnte der Schutzzweck des § 123 I Alt. 1 BGB greifen, wenn dem Adressaten eines Diskriminierungsverbots immerhin noch die Inhaltsfreiheit verbliebe, so daß zumindest eine partielle Beeinträchtigung des Rechtsguts der Vertragsfreiheit durch die Täuschung denkbar wäre.

(aa) Aktuelle Vertragsgestaltungsfreiheit

Diskriminierungsverbote schränken aber neben der Abschlußfreiheit auch die Gestaltungsfreiheit ein.[84] Denn die Einschränkung der negativen Abschlußfrei-

---

[79] Heinrich, Formale Freiheit, S. 225 bezeichnet diese Regulierung als „unmittelbare Abschlußkontrolle"; zum Anwendungsbereich dieser Abschlußkontrolle siehe unten, unter A. II.

[80] Der allerdings iaR. aus tatsächlichen Gründen nicht frei über den Abschluß entscheiden kann.

[81] Bei § 611 a BGB bildet das Geschlecht des Stellenbewerbers diesen bestimmten sachwidrigen Grund.

[82] Gegen eine derartige Sperrung der Abschlußfreiheit im Anwendungsbereich von Diskriminierungsverboten läßt sich auch nicht einwenden, daß das Diskriminierungsverbot des § 611 a BGB für den Fall einer unzulässigen Diskriminierung bei der Arbeitsplatzbewerbung keinen Einstellungsanspruch, sondern nur einen Schadensersatzanspruch gibt. Das mußte bei § 611 a BGB nämlich im Interesse des Arbeitnehmers, der an Stelle des diskriminierten Bewerbers eingestellt wurde, so geregelt werden.

[83] Anders nur, soweit ein „sachlicher Grund" zur Vertragsablehnung zur Grundlage der Abschlußentscheidung gemacht werden soll. Das unterfällt aber nicht mehr der oben bestimmten Fallgruppe, für die die teleologische Reduktion untersucht wird, vgl. 4. c) aa).

heit ergibt nur in Kombination mit einer Beschränkung der Gestaltungsfreiheit Sinn,[85] da die Pflicht zum Vertragsabschluß sonst einfach durch das Stellen unangemessener, inakzeptabler Bedingungen umgangen werden könnte.[86] Folgt aus einem *umfassenden* Diskriminierungsverbot mangels sachlichen Grundes zur Vertragsablehnung ein Kontrahierungszwang, ist deswegen die Abschlußverpflichtung auf einen Abschluß zu den üblichen bzw. zu angemessenen Bedingungen gerichtet.[87] Und bei Diskriminierungsverboten bezüglich bestimmter Eigenschaften (*punktuelle* Diskriminierungsverbote) darf diese Eigenschaft nicht zum Anlaß eines negativen Abweichens von den üblichen bzw. angemessenen Bedingungen genommen werden. Im Anwendungsbereich von Diskriminierungsverboten ist demnach nicht nur die Diskriminierung durch Verweigerung eines Vertragsschlusses, sondern auch die Diskriminierung durch eine unübliche bzw. unangemessene Ausgestaltung des Vertragsinhalts verboten. Die Kenntnis eines Umstands, für den ein Diskriminierungsverbot greift, kann insoweit für die Inhaltsfreiheit des Verpflichteten keine Rolle spielen.

Dennoch verbleibt dem Adressaten eines Diskriminierungsverbots in der Situation des Vertragsabschlusses ein Rest vertraglicher Inhaltsfreiheit insoweit, als es ihm im Grundsatz nicht verboten ist, einen Vertragspartner wegen des gesperrten Umstands gegenüber den üblichen oder angemessenen Bedingungen zu *bevorzugen*. Diskriminierungsverbote dienen dem Schutz des Kunden, der auf eine vertragliche Leistung angewiesen ist, vor Benachteiligung beim Zugang zu dieser Leistung. Im Falle einer Bevorzugung besteht zunächst einmal kein Schutzbedarf.

In diesem Zusammenhang muß aber jeweils genau überlegt werden, ob die Bevorzugung eines Vertragspartners oder einer bestimmten Gruppe von Vertragspartnern nicht in Wirklichkeit eine verbotene Benachteiligung der übrigen Vertragspartner ist. Das liegt auf der Hand, wenn es bezüglich der Eigenschaft, die den Gegenstand eines *punktuellen* Diskriminierungsverbots bildet, nur zwei verschiedene Gruppen gibt: Die Diskriminierung von Frauen oder Behinderten kann nicht deswegen erlaubt sein, weil sie sich auch in die Bevorzugung von Männern oder Nichtbehinderten umformulieren läßt. Aber auch außerhalb solch eindeutiger Fälle kann eine Bevorzugung in Wirklichkeit eine verbotene Be-

---

[84] Bork, BGB AT, § 17 B IV (Rn. 665); Bydlinski, AcP 180 (1980), 1, 5; Heinrich, Formale Freiheit, S. 235; Kilian, AcP 180 (1980), 47, 77; Larenz, SchuldR I, § 4 (S. 42); Medicus, SchuldR. I, § 11 I (Rn. 79).

[85] Larenz, SchuldR I, § 4 (S. 42); Soergel-Wolf, Vor § 145 Rn. 50.

[86] Bork, BGB AT, § 17 B IV (Rn. 665); Busche, S. 252; Bydlinski, AcP 180 (1980), 1, 5; Heinrich, Formale Freiheit, S. 235; Medicus, SchuldR. I, § 11 I (Rn. 79); Soergel-Wolf, Vor § 145 Rn. 50; Staudinger-Bork (1996), Vorbem. zu §§ 145 ff, Rn. 15.

[87] Medicus, SchuldR. I, § 11 I (Rn. 79); Soergel-Wolf, Vor § 145 Rn. 50; Staudinger-Bork (1996), Vorbem. zu §§ 145 ff, Rn. 15 und Bork, BGB AT, § 17 B IV (Rn. 665); in diese Richtung schon Nipperdey, S. 61, vgl. auch seine Definition des Kontrahierungszwangs auf S. 7 (hier wörtlich zitiert in Fn. 5).

nachteiligung sein, hierfür kommt es auf den Anteil der bevorzugten Personengruppe an den Vertragspartnern des Befragten an.[88] Denn dies spielt bei der Feststellung der üblichen Vertragsbedingungen eine Rolle. So wird man einem selbständigen Taxifahrer trotz des *umfassenden* Diskriminierungsverbots des § 22 PersBefG nicht verbieten können, türkischen Fahrgästen einen Preisnachlaß zu gewähren. Anders sieht es hingegen aus, wenn er deutsche Fahrgäste auf diese Art und Weise bevorzugt, da diese einen höheren Anteil seiner Kunden ausmachen werden, so daß diese Bevorzugung zu seinen üblichen Vertragsbedingungen gehört. Ausländische Fahrgäste werden dann nämlich im Vergleich zu den üblichen Vertragsbedingungen benachteiligt. Zeigt sich demnach anhand dieser Überlegungen die Erlaubnis gewisser Bevorzugungen trotz des Eingreifens eines Diskriminierungsverbots, besteht diesbezüglich ein Rest aktueller Vertragsgestaltungsfreiheit des Verbotsadressaten.

Vor diesem Hintergrund kommt eine teleologische Reduktion des § 123 I Alt. 1 BGB nicht in Betracht, wenn und soweit die Täuschung gerade diesen Rest aktueller Vertragsgestaltungsfreiheit verletzt hat. Insoweit sind zwei Konstellationen denkbar. Zum einen kann die erlaubte Bevorzugung im Wege der Täuschung erschlichen werden, zum anderen kann die Bevorzugung durch die Täuschung vereitelt werden. Im Fall des Taxifahrers, der türkischen Fahrgästen Preisnachlässe gewährt, läge die erste Konstellation z.B. vor, wenn ein italienischer Fahrgast sich als Türke ausgäbe, um so den günstigeren Fahrpreis zu erschleichen. Die zweite Konstellation wäre dann gegeben, wenn sich umgekehrt ein türkischer Fahrgast als Italiener ausgäbe und deshalb den vollen Fahrpreis zahlte. In der ersten Konstellation verletzt die Täuschung die trotz des Diskriminierungsverbots verbleibende Gestaltungsfreiheit, so daß eine teleologische Reduktion des § 123 I Alt. 1 BGB ausscheidet. In der zweiten Konstellation wird es auf das Anfechtungsrecht aus § 123 I Alt. 1 BGB kaum je ankommen, da zum einen eine Veränderung des Vertragsinhalts zu Gunsten des Täuschenden noch im Wege eines Änderungsvertrags erreicht werden kann, dem der Täuschende sich kaum entgegensetzen wird, und zum anderen eine Anfechtung des Getäuschten unwahrscheinlich ist, da dieser ja durch die Täuschung wirtschaftlich besser gestellt wird.[89]

---

[88] Dieses Kriterium paßt nur beim praktisch relevantesten Fall der Vielzahl von Verträgen eines Anbieters über eine vertragliche Leistung, da dies Voraussetzung für das Bestehen *üblicher* Vertragsbedingungen ist. Schließt eine Person den Vertrag hingegen nur ein Mal ab, kann ihm eine Bevorzugung gegenüber der *angemessenen* Vertragsbedingungen nicht verwehrt sein, auch wenn er insoweit an eine gesperrte Eigenschaft anknüpft. Verkauft z.B. jemand sein privates Kfz, so kann ihm ein gegenüber dem Marktpreis günstigerer Sondertarif für einen deutschen Kaufinteressenten (zur Frage eines allgemeinen Verbots ethnischer Diskriminierungen vgl. unten, unter II. 2. b) aa)) nicht verboten werden.

[89] Falls der hypothetische Fall einer Verweigerung des Täuschenden gegenüber einer solchen Änderung wirklich einmal eintreten sollte, greift wie in der ersten Konstellation wegen der Verletzung der Vertragsinhaltsfreiheit der Schutzzweck des § 123 I Alt. 1 BGB ein. Es

Zusammenfassend ist festzustellen, daß dem Adressaten eines Diskriminierungsverbots aktuelle Vertragsgestaltungsfreiheit nur insoweit verbleibt, als er bestimmte Personen oder Personengruppen gegenüber den üblichen bzw. angemessenen Bedingungen bevorzugen[90] möchte. Dies läßt sich relativ leicht feststellen, wenn es nach der Täuschung zum Abschluß eines unüblich bzw. unangemessen günstigen Vertrages kommt. In diesen Fällen bleibt es bei dem Anfechtungsrecht nach § 123 I Alt. 1 BGB.
Zu bedenken ist, daß die Bevorzugung wegen einer durch ein Diskriminierungsverbot gesperrten Eigenschaft, wie sie in dem Taxifahrerbeispiel gezeigt wird, eine Ausnahmekonstellation darstellt. Weitaus häufiger wird nach einem gesperrten Umstand gefragt, weil der fragende Teil diese Information einer verbotenen negativen Diskriminierung zu Grunde legen will. Da es insoweit an aktueller Vertragsgestaltungsfreiheit des Verbotsadressaten fehlt, spricht im Regelfall einiges für eine teleologische Reduktion des § 123 I Alt. 1 BGB bei einer Täuschung über einen durch Diskriminierungsverbot gesperrten Umstand.

(bb) Rückgriff auf frühere Vertragsgestaltungen
Dennoch besteht auch außerhalb der Konstellationen der erlaubten Bevorzugung ein Überrest an Vertragsinhaltsfreiheit des Verbotsadressaten. Für den Inhalt des abzuschließenden Vertrages sind nämlich die bei vorherigen Vertragsabschlüssen praktizierten, also üblichen Vertragsbedingungen des Verpflichteten maßgeblich.[91] Die Vorgaben des Diskriminierungsverbotes werden also durch ein freies Verhalten des Verbotsadressaten konkretisiert, sofern sich eine entsprechende Übung feststellen läßt. Dadurch wird dem in anderen Fällen zum Ausdruck gebrachten Willen hinsichtlich der Vertragsgestaltung Rechnung getragen.[92] Wenn etwa der Verbotsadressat Großkunden andere Bedingungen anbietet als Einzelkunden, dann verpflichtet ihn ein einschlägiges Diskriminierungsverbot nur zu einem dieser Übung entsprechenden Vertragsschluß, je nachdem um was für einen Vertragspartner es sich handelt.[93] Der Rückgriff auf die üblichen Vertragsgestaltungen des Verbotsadressaten wird durch die Täuschung über den Gegenstand eines Diskriminierungsverbots aber nicht gestört.

---

fehlt insoweit an den Voraussetzungen einer teleologischen Reduktion des § 123 I Alt. 1 BGB.

90 Zu den Anforderungen an eine erlaubte Bevorzugung vgl. oben.

91 Vgl. oben, Heinrich, Formale Freiheit, S. 236; Medicus, SchuldR. I, § 11 I (Rn. 79); Soergel-Wolf, Vor § 145 Rn. 50; Staudinger-Bork (1996), Vorbem. zu §§ 145 ff, Rn. 15 und Bork, BGB AT, § 17 B IV (Rn. 665).

92 Heinrich, Formale Freiheit, S. 236.

93 Heinrich, Formale Freiheit, S. 236. Dabei ist eine solche Üblichkeit *nicht* zu berücksichtigen, wenn die Übung selbst gegen das Diskriminierungsverbot verstößt, so kann sich z.B. ein Arbeitgeber wegen § 611 a BGB nicht darauf berufen, daß es seinen üblichen Gepflogenheiten entspricht, weiblichen Arbeitnehmerinnen nur das halbe Gehalt zu zahlen etc.

Die Übung selbst kann schon deswegen nicht tangiert sein, weil sie der Täuschung zeitlich vorhergeht. Auch der Rückgriff auf die frühere Übung wird durch die Täuschung über den Gegenstand eines Diskriminierungsverbots nicht gestört, soweit die Übung nicht selbst gegen das Diskriminierungsverbot verstieß und der Rückgriff damit ohnehin versperrt ist. Denn der Rückgriff auf die übliche Behandlung eines Umstands als Differenzierungskriterium bei der Vertragsgestaltung (z.B. die Unterscheidung zwischen Groß- und Einzelkunden) kommt nur dann in Betracht, wenn das Kriterium nicht selbst durch ein Diskriminierungsverbot gesperrt ist. Ein zulässiges Differenzierungskriterium liegt deswegen niemals in einer Eigenschaft, hinsichtlich derer ein Diskriminierungsverbot besteht. Die Täuschung über eine Eigenschaft, die einem Diskriminierungsverbot unterfällt, stört damit auch nicht den *zulässigen* Rückgriff des Verbotsadressaten auf seine Gepflogenheiten bei der Vertragsgestaltung. Der Rest der Vertragsgestaltungsfreiheit, der im Anwendungsbereich von Diskriminierungsverboten noch besteht, wird durch die Täuschung über einen Umstand, hinsichtlich dessen ein Diskriminierungsverbot besteht, nicht berührt.

Vielmehr kommt eine Verletzung der rechtsgeschäftlichen Entschließungsfreiheit grundsätzlich erst dann in Betracht, wenn neben dem Umstand, der dem Diskriminierungsverbot unterfällt, über weitere Umstände getäuscht wird. Bezieht sich die Täuschung ausschließlich auf den Gegenstand eines Diskriminierungsverbots, dann verletzt sie die Vertragsinhaltsfreiheit grundsätzlich nicht.

Insgesamt läßt sich mithin feststellen, daß solche Täuschungen, die sich auf den Gegenstand eines Diskriminierungsverbots beziehen, die rechtsgeschäftliche Entschließungsfreiheit grundsätzlich nicht weiter beeinträchtigen, als es im Anwendungsbereich von Diskriminierungsverboten schon von Rechts wegen gegeben ist. Dann greift aber der Schutzzweck des § 123 I Alt. 1 BGB, wonach die Beeinträchtigung der rechtsgeschäftlichen Entschließungsfreiheit des Getäuschten durch das Verhalten des Täuschenden ausgeglichen werden soll,[94] in diesen Fällen nicht. Indem § 123 I Alt. 1 BGB seinem Wortlaut nach auch dann greift, wenn bezüglich des Täuschungsgegenstands ein Diskriminierungsverbot besteht,[95] schießt deswegen der Wortlaut der Regelung über ihren Schutzzweck hinaus. Ein Auseinanderklaffen zwischen Normtext und Normzweck ist im Grundsatz gegeben.

Eine Ausnahme ergibt sich lediglich dann, wenn der Verbotsadressat den Täuschenden infolge der Täuschung hinsichtlich des gesperrten Umstands über die üblichen bzw. angemessenen Vertragsbedingungen hinaus bevorzugt.[96] Für diese Ausnahmekonstellation scheidet eine teleologische Reduktion aus, da die Täuschung dann die verbleibende Vertragsfreiheit des Verbotsadressaten verletzt.

---

[94] Vgl. dazu oben, Teil 2 B. II.

[95] Vgl. dazu oben A. I. 1. - 3.

[96] Zur insoweit verbleibenden Vertragsfreiheit vgl. oben, unter (b) (aa).

(2) Kein entsprechender gesetzlicher Plan

Es ist nicht ersichtlich, daß der Gesetzgeber bei der Normierung des § 123 I Alt. 1 BGB an die besondere Konstellation beim Bestehen von Diskriminierungsverboten gedacht und das grundsätzliche Hinausschießen der Regelung über ihren allgemeinen Schutzzweck bewußt hingenommen hätte. Ein solcher entgegenstehender gesetzlicher Plan läßt sich weder den Gesetzesmaterialien noch der Gesetzessystematik entnehmen.

Damit weist der Anfechtungstatbestand des § 123 I Alt. 1 BGB eine planwidrige, ausfüllungsbedürftige Lücke auf, die im Wege einer teleologischen Reduktion in Anlehnung an den Gesetzeszweck zu schließen ist. Der Tatbestand ist also um einen ungeschriebenen Ausschlußgrund zu ergänzen, so daß ein Anfechtungsrecht desjenigen, der zur Abgabe einer Willenserklärung durch arglistige Täuschung bestimmt worden ist, nur besteht, wenn nicht der Täuschungsgegenstand wegen des Eingreifens eines Diskriminierungsverbots ein unzulässiges Differenzierungskriterium bildet. Das ist bei *punktuellen* Diskriminierungsverboten der Fall, wenn über das bestimmte verbotene Differenzierungskriterium getäuscht wird und bei *umfassenden* Diskriminierungsverboten immer, wenn nicht gerade über einen Umstand getäuscht wird, der einen sachlichen Grund zur Vertragsablehnung bzw. zu einer nachteiligen Vertragsgestaltung bildet. Eine Rückausnahme von der teleologischen Reduktion des § 123 I Alt. 1 BGB bei Täuschungen über gesperrte Umstände besteht lediglich für die Konstellation einer erlaubten Bevorzugung wegen der Täuschung über den gesperrten Umstand.[97]
Die grundsätzlich ausfüllungsbedürftige Lücke besteht allerdings nicht nur hinsichtlich der hier interessierenden vorvertraglichen Befragung bezüglich solcher Eigenschaften, die von einem Diskriminierungsverbot erfaßt sind und der darauf folgenden Täuschung, sondern sie besteht grundsätzlich auch, wenn der entsprechenden Täuschung keine Frage vorhergegangen ist. Wenn der Täuschungsgegenstand nicht durch die Befragung vorgegeben ist, ist die Einschränkung des Anfechtungsrechts aber keine Auswirkung der vorvertraglichen Befragung des Täuschenden mehr. Die teleologische Reduktion des § 123 I Alt. 1 BGB bei Täuschungen über durch Diskriminierungsverbote gesperrte Differenzierungskriterien reicht insoweit über den Gegenstand der vorliegenden Untersuchung hinaus.

II. Überblick über den Anwendungsbereich von Diskriminierungsverboten

Nachdem geklärt wurde, daß das Anfechtungsrecht nach § 123 I Alt. 1 BGB ausgeschlossen ist, wenn und soweit Frage- und Täuschungsgegenstand sich auf eine Eigenschaft des Befragten beziehen, hinsichtlich der es dem Getäuschten ohnehin verboten ist, ihn zu diskriminieren, ist zumindest überblicksartig der

---

97 Vgl. oben, unter (b) (aa).

Anwendungsbereich von Diskriminierungsverboten im Privatrecht zu klären. So kann der Bereich abgesteckt werden, der bereits im Zusammenhang mit Diskriminierungsverboten der Anfechtbarkeit nach § 123 I Alt. 2 BGB entzogen ist.

1. Spezialgesetzliche Diskriminierungsverbote

Als Einschränkung der Vertragsfreiheit setzen die privatrechtlichen Diskriminierungsverbote im Prinzip eine gesetzliche Grundlage voraus.[98] Insoweit kommt vor allem den spezialgesetzlichen Anordnungen von Diskriminierungsverboten Bedeutung zu.

a) Verbot der Diskriminierung ohne sachlichen Grund (umfassende Diskriminierungsverbote)

Umfassende Verbote der Diskriminierung ohne sachlichen Grund ordnet das Gesetz meist in der Form von Abschlußpflichten an, von denen für den Fall des Bestehens eines sachlichen Grundes zur Vertragsablehnung eine Ausnahme getroffen wird.

Beispiele für solche ausdrücklich geregelten Abschlußpflichten bilden etwa § 10 I S. 1 und 2 EnWG, § 48 I und II BRAO und § 49 I und II BRAO, § 22 PersBefG und § 5 II PflVG.[99] Der Anwendungsbereich solcher gesetzlichen Kontrahierungszwänge ist dabei weitgehend auf solche Bereiche beschränkt, in denen eine gewünschte oder benötigte Leistung sinnvoll nur von einer eng begrenzten Gruppe von Anbietern oder sogar nur von einem einzigen Anbieter bezogen werden kann. In solchen monopolähnlichen Situationen begegnen die gesetzlichen Abschlußzwänge einem tatsächlichen Ungleichgewicht zwischen den Verhandlungspartnern, zu dem es kommt, weil der Abnehmer auf den Vertrag mit dem Anbieter, bzw. auf dessen vertraglich zu vereinbarende Leistung besonders angewiesen ist, wohingegen der Anbieter auf den Abschluß dieses einen Vertrages verzichten kann, wie z. B. im Energieversorgungs- und im Verkehrsrecht.[100]

An eine vergleichbare Interessenlage knüpft auch § 22 I und II GWB an, der Unternehmen mit besonderer Marktmacht ein Verbot der Diskriminierung ohne sachlichen Grund auferlegt.

Insgesamt ist aber festzuhalten, daß gesetzliche Diskriminierungsverbote umfassender Natur im Zivilrecht nur in Ausnahmefällen greifen.

---

[98] Staudinger-Bork (1996), Vorbem. zu §§ 145 ff. Rn. 16.

[99] Für weitere Beispiele vgl. die ausführliche Aufstellung bei Staudinger-Bork (1996), Vorbem. zu §§ 145 ff. Rn. 17.

[100] Medicus, SchuldR. I, § 11 II 2 (Rn. 81).

b) Verbot der Diskriminierung aufgrund bestimmter Eigenschaften (punktuelle Diskriminierungsverbote)

Noch weniger verbreitet sind gesetzliche Verbote der Diskriminierung aufgrund einer bestimmten Eigenschaft des Begünstigten (*punktuelle* Diskriminierungsverbote). Außerhalb der unmittelbar drittwirkenden verfassungsrechtlichen Regelung des Art. 9 III S. 2 GG, der die Benachteiligung eines Vertragsinteressenten wegen seiner Gewerkschaftszugehörigkeit verbietet,[101] sind als besondere Verbotstatbestände bislang die Regelungen des § 611 a I S. 1 BGB und des im Jahr 2001 eingeführten[102] § 81 II S. 2 Nr. 1 S. 1 SGB IX zu nennen. Beides sind Regelungen aus dem Bereich des Arbeitsrechts. Dabei verbietet § 611 a I S. 1 BGB es einem Arbeitgeber grundsätzlich, einen (potentiellen) Arbeitnehmer aufgrund seines Geschlechts zu diskriminieren. § 81 II S. 2 Nr. 1 S. 1 SGB IX untersagt grundsätzlich eine entsprechende Benachteiligung schwerbehinderter (potentieller) Arbeitnehmer wegen ihrer Behinderung.[103]

Insgesamt zeigt sich damit, daß die spezialgesetzlichen Diskriminierungsverbote im Privatrecht bislang nur einen sehr beschränkten Anwendungsbereich haben. In der Privatrechtsordnung, in der die Privatautonomie den Normalfall bildet, sind sie eine Ausnahmeerscheinung

c) Gesetzgebungsvorhaben

Allerdings ist in den nächsten Jahren wegen der Umsetzungsbedürftigkeit europäischer Anti-Diskriminierungsrichtlinien eine Verstärkung des spezialgesetzli-

---

[101] Zur unmittelbaren Drittwirkung des Art. 9 III S. 2 GG als Verbot, die Ausübung der Koalitionsfreiheit zu behindern, Jarass/Pieroth, Art. 9 Rn. 34; so eine Behinderung wäre bei einer Diskriminierung aufgrund der Gewerkschaftszugehörigkeit regelmäßig gegeben.

[102] Änderung des Sozialgesetzbuchs durch Gesetz vom 19. 6. 2001 mit Wirkung zum 1. 7. 2001, BGBl. I, 1046.

[103] Zur „Verdoppelung" des Schutzes Schwerbehinderter, nachdem neben die Quotenförderung des § 71 SGB IX (früher: § 14 SchwbG) das neue Diskriminierungsverbot des § 81 II SGB IX getreten, ist vgl. Thüsing/Lambrich, BB 2002, 1146, 1148. Vor der Einführung des § 81 II SGB IX bestand ein Diskriminierungsverbot im Hinblick auf den einzelnen behinderten Stellenbewerber hingegen nicht. Die Vorschriften des SchwbG dienten zwar dazu, einer arbeitgeberseitigen Diskriminierung aufgrund einer Behinderung des Arbeitnehmers entgegenzuwirken. Dabei wurde aber nicht die einzelne Diskriminierung verboten, sondern es bestand ausschließlich die Pflicht einen bestimmten Anteil der Arbeitsplätze durch Behinderte zu besetzen (§ 14 I SchwbG, heute § 71 I SGB IX). Die einzelne Verweigerung eines Vertragsschlusses mit einem behinderten Arbeitsplatzsuchenden verstieß gegen diese Pflicht nicht (BAG AP Nr. 30 zu § 123 BGB; Dütz, ArbR, § 3 II a aa (Rn. 93); Hromadka/Maschmann, § 5 Rn. 88; Heinrich, Formale Freiheit, S. 225 spricht in diesem Zusammenhang entsprechend von einer nur *mittelbaren* Abschlußkontrolle durch das SchwbG). In der einzelnen Verhandlungssituation folgte aus dem SchwbG demnach kein Diskriminierungsverbot. Im Verhältnis zwischen den Verhandlungspartnern unterlag die rechtsgeschäftliche Entschließungsfreiheit des Arbeitgebers insoweit von Rechts wegen keiner Beschränkung.

chen Diskriminierungsschutzes zu erwarten. Diese Richtlinien wurden auf der Grundlage des Art. 13 EGV[104] erlassen, der im Zuge des Amsterdamer Vertrages neu in das Vertragswerk eingefügt wurde.[105] Dabei kommt zur Zeit vor allem der Richtlinie 2000/43/EG des Rates vom 29. 6. 2000 zur Anwendung des Gleichbehandlungsgrundsatzes ohne Unterschied der Rasse oder der ethnischen Herkunft[106] Bedeutung zu, die gemäß Art. 18 S. 1 der Richtlinie bis zum 2. 12. 2003 umgesetzt werden muß und wonach die 'rassische' bzw. ethnische Diskriminierung durch Private bereits dann zu verbieten ist, wenn diese Privaten Güter oder Dienstleistungen einschließlich Wohnraum öffentlich anbieten (Art. 3 Buchst. h der Richtlinie).[107]

In Deutschland wurde auf den entsprechenden Umsetzungsbedarf bereits reagiert, indem das Justizministerium im Dezember 2001 einen Diskussionsentwurf für ein Gesetz zur Verhinderung von Diskriminierung im Zivilrecht[108] vorgelegt hat, durch das der Privatrechtsverkehr in umfangreicher Weise mit Diskriminierungsverboten belegt werden sollte (§ 319 a I BGB idF. des Diskussionsentwurfs).[109] Dabei wurde der Umsetzungsbedarf der Richtlinie bei weitem übertroffen, indem neben der ethnischen Diskriminierung auch eine Diskriminierung aus Gründen des Geschlechts, der Religion oder der Weltanschauung, einer Behinderung oder der sexuellen Identität verboten werden sollte. Für dieses erweiterte Diskriminierungsverbot wurde die Beweislastumkehr des Art. 8 der Richtlinie übernommen (§§ 319 c, 319 d I Nr. 2 BGB idF. des Diskussionsentwurfs), wonach es am Ablehnenden wäre, sich zu entlasten, wenn der andere Teil Tatsachen glaubhaft macht, die das Vorliegen einer Diskriminierung vermuten lassen. Dadurch ergäbe sich insgesamt eine so erhebliche Beeinträchtigung der Vertragsfreiheit, daß wegen Art. 2 I GG verfassungsrechtliche Bedenken angebracht wären.[110] Nach der scharfen Kritik von Seiten des Haus- und

---

[104] Die Regelung lautet: „Unbeschadet der sonstigen Bestimmungen dieses Vertrags kann der Rat im Rahmen der durch den Vertrag auf die Gemeinschaft übertragenen Zuständigkeiten auf Vorschlag der Kommission und nach Anhörung des Europäischen Parlaments einstimmig geeignete Vorkehrungen treffen, um Diskriminierung aus Gründen des Geschlechts, der Rasse, der ethnischen Herkunft, der Religion oder der Weltanschauung, einer Behinderung, des Alters oder der sexuellen Ausrichtung zu bekämpfen."

[105] Für eine Wahrscheinlichkeit weiterer Antidiskriminierungsrichtlinien auf der Grundlage des Art. 13 EGV Braun, JuS 2002, 424, 425.

[106] ABl. EG Nr. L 180, S. 22 ff., ebenfalls veröffentlicht in NJW 2001, Beilage zu Heft 37, S. 5 ff.

[107] Nickel, NJW 2001, 2668, 2669.

[108] Entwurf des Bundesministeriums der Justiz vom 10. 12. 2001; auszugsweise abgedruckt in DB 2002, 470 f.

[109] Im einzelnen zur Konzeption des Entwurfs Wiedemann/Thüsing, DB 2002, 463, 465 ff.

[110] Picker, JZ 2003, 540, 543 f. und Säcker, ZRP 2002, 287, 288 stützen ihre Bedenken gegenüber dem Entwurf zudem auf die Gewährleistung der Meinungsfreiheit nach Art. 5 I GG; die Meinungsfreiheit ist zwar durch Diskriminierungsverbote nicht unmittelbar betroffen, sie kann aber konterkariert werden, wenn ein Privater zwar seine Abneigung gegen-

Grundbesitzerverbands, der Bank- und Versicherungswirtschaft und von kirchlicher Seite,[111] einer verhaltenen Reaktion im Kabinett[112] sowie zurückhaltenden Stellungnahmen der neuen Bundesministerin der Justiz[113] erscheint eine Umsetzung des Diskussionsentwurfs in seiner ursprünglichen Form aber eher unwahrscheinlich.[114] Wegen der durch die Richtlinie 2000/43/EG begründeten Umsetzungspflicht ist in nächster Zeit aber jedenfalls mit dem Erlaß eines spezialgesetzlichen Verbots der 'rassischen' bzw. ethnischen Diskriminierung zu rechnen, soweit Leistungen und Güter öffentlich angeboten wurden.

2. Ungeschriebene Diskriminierungsverbote

Über die spezialgesetzlichen Diskriminierungsverbote hinaus werden allseits ungeschriebene Diskriminierungsverbote anerkannt, für die jedoch der genaue Anwendungsbereich und die Rechtsgrundlage streitig sind.

a) Ungeschriebenes umfassendes Diskriminierungsverbot in monopolähnlichen Situationen

Zunächst ist zu überlegen, inwieweit *umfassende* ungeschriebene Diskriminierungsverbote existieren, also das Verbot jedweder Diskriminierung ohne sachlichen Grund. Ein derartiges, *umfassendes* ungeschriebenes Diskriminierungsverbot wird zu Recht nur in monopolähnlichen Situationen in Betracht gezogen. Für die monopolähnlichen Situationen wird die grundsätzliche Existenz eines allgemeinen, umfassenden Diskriminierungsverbots allseits bejaht,[115] wobei aber differierende zusätzliche Voraussetzungen aufgestellt werden und auch hinsichtlich seiner Rechtsgrundlage Meinungsverschiedenheiten bestehen. Hinsichtlich der Frage der Rechtsgrundlage des Diskriminierungsverbots in diesen Fällen werden einerseits das allgemeine Gebot der guten Sitten, andererseits

---

über z.B. Franzosen äußern darf, zugleich aber mit ihnen Verträge schließen muß. Gegen den Entwurf auch Braun, JuS 2002, 424, da er darauf abziele, „die prinzipielle Trennung von Recht und Moral, die für den modernen Rechtsstaat grundlegend ist, gesetzlich aufzuheben und die Bürger im privaten Rechtsverkehr auf eine politisch verordnete Moral zu verpflichten"; ablehnend auch Adomeit, NJW 2002, 1622 f.; für die verfassungsrechtliche Zulässigkeit des Diskriminierungsschutzes nach dem Entwurf hingegen Baer, ZRP 2002, 290, 291 ff.; grundsätzlich zustimmend auch Neuner, JZ 2003, 57, 59 ff. und Wiedemann/Thüsing, DB 2002, 463, 464.

[111] Nachrichtenmagazin Focus vom 15. 4. 2002 (Heft 16), S. 58.

[112] Nachrichtenmagazin Focus vom 15. 4. 2002 (Heft 16), S. 58.

[113] Wiedergegeben bei Picker, JZ 2003, 540, 541.

[114] Picker, JZ 2003, 540, 541; Nachrichtenmagazin Focus vom 15. 4. 2002 (Heft 16), S. 58.

[115] RGZ 48, 114, 127; 132, 273, 276; BGHZ 63, 282, 285 f.; BGH NJW 1990, 761, 762 f.; grundlegend: Nipperdey, S. 61 ff.; Bezzenberger, AcP 196 (1996), 395, 405; Bydlinski, AcP 180 (1980), 1, 41 f.; Medicus, SchuldR. I, § 11 IV (Rn. 84); Soergel-Wolf, Vor § 145 Rn. 53; Soergel-Hönn/Dönneweg, § 826 Rn. 166; Larenz, SchuldR. I, § 4 I a (S. 46 f.); Staudinger-Bork (1996), Vorbem. zu §§ 145 ff. Rn. 22 ff.

eine Gesamtanalogie zu den spezialgesetzlichen Diskriminierungsverboten vertreten.[116]

Für die überblicksartige Klärung des Anwendungsbereichs des allgemeinen Diskriminierungsverbots spielt jedoch der Streit um seine Rechtsgrundlage keine Rolle, denn beide Ansätze kommen letztlich zu ähnlichen Kriterien für die Unzulässigkeit der Verweigerung eines Vertragsschlusses,[117] so daß die Voraussetzungen für das Eingreifen eines Diskriminierungsverbots im wesentlichen unabhängig von der zu wählenden Rechtsgrundlage zu bestimmen sind.

Bei monopolähnlichen Situationen sind die Voraussetzungen eines Diskriminierungsverbots, also die Sittenwidrigkeit einer Verweigerung des Vertragsabschlusses bzw. die Vergleichbarkeit mit den spezialgesetzlichen Kontrahierungszwängen bei der Lösung im Wege einer Gesamtanalogie erst dann gegeben, wenn der unterlegene Teil auf eine Leistung des anderen Teils in besonderer Weise angewiesen ist und keine zumutbare andere Möglichkeit des Erlangens dieser Leistung hat, die Machtungleichheit also einiges Gewicht hat; ein Kontrahierungszwang folgt dann wieder aus dem Diskriminierungsverbot, wenn kein sachlicher Grund die Ablehnung rechtfertigt.[118] Während sich diese Voraussetzungen durch den Blick auf die spezialgesetzlichen Anordnungen von Kontrahierungszwängen relativ problemlos ergeben, begegnet die Bestimmung des jeweils anzulegenden Maßstabs einigen Schwierigkeiten.

So spannt sich der Bogen des Angewiesenseins auf die Leistung von der Lebensnotwendigkeit[119] einer Leistung einerseits bis zu ihrer Einordnung als

---

[116] Entsprechend wird beim Fehlen eines sachlichen Ablehnungsgrundes ein Kontrahierungszwang einerseits auf einen Schadensersatzanspruch aus § 826 iVm. § 249 S. 1 BGB (BGH ZIP 1994, 1274, 1276; Nipperdey, S. 53 ff.; ihm folgend: Medicus, SchuldR. I, § 11 IV, V [Rn. 84 f.]; Soergel-Wolf, Vor § 145, Rn. 53) bzw. auf § 826 BGB als Ausgangspunkt eines quasinegatorischen Abwehr- oder Beseitigungsanspruchs (Bezzenberger, AcP 196 [1996], 395, 428 f.; Busche, S. 230 ff.; Staudinger-Bork (1996), Vorbem. zu §§ 145 ff, Rn. 22, 27 und Bork, BGB AT, § 17 B IV [Rn. 672]) oder auch allgemein auf das Verbot sittenwidriger Handlungen, welches sich als Gebot zum Vertragsabschluß auswirken können soll (Larenz, SchuldR. I, § 4 I a [S. 48]) gestützt und andererseits mit einer Gesamtanalogie zu den spezialgesetzlichen Kontrahierungszwängen (Staudinger-Oechsler [1998], § 826, Rn. 433) begründet.

[117] So wird für die Sittenwidrigkeit der Verweigerung des Vertragsschlusses im Rahmen oder unabhängig von § 826 BGB und für die Vergleichbarkeit der Fälle mit denen des spezialgesetzlichen Kontrahierungszwangs auf dieselben Überlegungen abgestellt. Dazu im folgenden.

[118] Staudinger-Bork (1996), Vorbem. zu §§ 145 ff, Rn. 22; dagegen nennt Busche, S. 198 als vier Grundvoraussetzungen eines allgemeinen Kontrahierungszwangs, den er seinem Sinn nach als Sicherung der Vertragsbegründungsfreiheit des Begünstigten versteht, neben seiner Abhängigkeit vom Anbieter die Verfolgung rechtlich geschützter Interessen durch den Begünstigten, die Vertragsgeneigtheit und die Leistungsfähigkeit des Anbieters.

[119] Soergel-Wolf, Vor § 145, Rn. 53.

"Normalbedarf"[120] andererseits.[121] Bezüglich der Frage der Ausweichmöglichkeit ließe sich ihr völliges Fehlen wegen einer rechtlichen oder tatsächlichen Monopolstellung[122] oder lediglich die Unzumutbarkeit der Ausweichmöglichkeiten schon wegen geringer Nachteile[123] fordern. Zu weit geht es in diesem Zusammenhang aber sicher, einen Kontrahierungszwang bereits anzunehmen, wenn jemand seine Verkaufsräume für den allgemeinen Geschäftsverkehr eröffnet hat und die Vertragsablehnung sachlich nicht begründen kann,[124] da es unangemessen wäre, die Gewährleistung der negativen Abschlußfreiheit in diesem Teilbereich komplett auszuschließen.[125] Denn auch in diesem Teilbereich ist die rechtsgeschäftliche Entschließungsfreiheit des Anbieters durch die Art. 12 und 14 bzw. 2 GG verfassungsrechtlich geschützt.
Wegen dieser grundrechtlichen Freiheitsgewährleistungen ist auch insgesamt der großzügigen Handhabung der genannten Voraussetzungen eines ungeschriebenen Diskriminierungsverbots insoweit eine Grenze gesetzt, als es stets um Ausnahmekonstellationen gehen muß, in denen dem Abschlußbedürftigen nicht anders zu helfen ist. Die Abgrenzung im einzelnen soll hier nicht weiter beleuchtet werden, da sie für die vorliegende Untersuchung nicht erforderlich ist. Es genügt vielmehr, festzuhalten, daß die Belastung von Privatpersonen mit einem Diskriminierungsverbot wegen einer Angewiesenheit des Abschlußwilligen auf die vertragliche Leistung Ausnahmecharakter hat. Für die Begründung eines Diskriminierungsverbots wegen der Monopolähnlichkeit der Situation genügt es demnach noch nicht, daß der Abschluß einer Versicherung, die Anmietung einer Wohnung, das Ausüben einer bezahlten Arbeit regelmäßig noch als "Normalbedarf" eines Durchschnittsmenschen anzusehen ist, da der Abschlußwillige in aller Regel Ausweichmöglichkeiten auf andere Versicherer, Vermieter, Arbeitgeber usw. hat.
Insgesamt ist festzuhalten, daß die Belastung von Privatpersonen mit einem ungeschriebenen *umfassenden* Diskriminierungsverbot unter dem Gesichtspunkt der Monopolähnlichkeit der Situation in hohem Maße Ausnahmecharakter hat,

---

[120] Bydlinski, AcP 180 (1980), 1, 37; ihm folgend Medicus, SchuldR. I, § 11 IV (Rn. 84); ablehnend Larenz, SchuldR.I, § 4 I a (S. 48 f.), der zumindest eine Notlage oder eine grundrechtsrelevante Situation verlangt.

[121] MK-Kramer, Vor § 145 Rn. 13 will darüber hinaus ein gesamtgesellschaftliches Interesse daran verlangen, daß der einzelne an den betreffenden Gütern teil hat.

[122] Soergel-Wolf, Vor § 145, Rn. 53; hingegen soll nach MK-Kramer, Vor § 145 Rn. 13 bereits die „Marktstärke" eines Anbieters ausreichen.

[123] In diese Richtung Medicus, SchuldR. I, § 11 IV (Rn. 84) (z.B. Fehlen eines anderen Bäkkers in zumutbarer Entfernung).

[124] So aber Tilmann, ZHR 141 (1977), 32, 76; in diese Richtung auch Larenz, SchuldRI, § 4 IV 3 (S. 65).

[125] Heinrich, Formale Freiheit, S. 232 f.; Staudinger-Bork (1996) Vorbem. zu §§ 145 ff. Rn. 24; Staudinger-Oechsler (1998) § 826 Rn. 440; OLG Celle OLGZ 1972, 281, 282 f. (Lebensmittelladen); BGH ZIP 1994, 1274, 1276 (Spielbank).

da insoweit strenge Anforderungen zu stellen sind, so daß der Anwendungsbereich des entsprechenden Diskriminierungsverbots als eng zu umreißen ist. Außerhalb der Konstellation monopolähnlicher Situationen bestehen keine ungeschriebenen Diskriminierungsverbote *umfassender* Natur.[126]

b) Ungeschriebene punktuelle Diskriminierungsverbote

Denkbar wäre aber, daß der Privatrechtsverkehr in größerem Umfang mit ungeschriebenen *punktuellen* Diskriminierungsverboten belastet ist. Diese sind im Vergleich zu *umfassenden* Diskriminierungsverboten weniger einschneidend, da sie nur die Diskriminierung wegen bestimmter Eigenschaften verbieten. Ungeschriebene *punktuelle* Diskriminierungsverbote könnten deshalb unabhängig von einer besonderen (monopolähnlichen) Situation der Verhandlungspartner existieren und auch allgemein, d.h. unabhängig vom Vertragstypus eingreifen. Das Bestehen solcher Diskriminierungsverbote wäre für die vorliegende Untersuchung von erheblicher Bedeutung. Ein Anfechtungsrecht bei Fragen nach und Täuschungen über alle derart gesperrten Differenzierungskriterien käme dann nämlich generell nicht in Betracht.

aa) Verbot der Diskriminierung aufgrund einer Eigenschaft iSv. Art. 3 III GG

Ein ungeschriebenes Verbot der Diskriminierung hinsichtlich bestimmter Eigenschaften ist als Ausfluß von Art. 3 III GG für die dort genannten Eigenschaften diskutiert worden.[127] Für die vorliegende Untersuchung hätte ein solches Verbot die Konsequenz, daß wegen der Befragung und Täuschung über eine Eigenschaft iSv. Art. 3 III GG das Rechtsgeschäft grundsätzlich nicht nach § 123 I Alt. 1 BGB angefochten werden könnte.

Konstruktiv ließe sich ein solches Diskriminierungsverbot aus dem Gebot der guten Sitten[128] oder als vorvertragliche Verhaltenspflicht aus dem Grundsatz von Treu und Glauben[129] begründen. Unabhängig davon, welcher dieser beiden Wege vorzugswürdig ist, können sie ein Diskriminierungsverbot nur begründen, wenn der verfassungsrechtlichen Gewährleistung des Art. 3 III GG tatsächlich eine entsprechende Bindung der Privaten zu entnehmen ist.

---

[126] Zur Ablehnung einer allgemeinen Bindung des privaten rechtsgeschäftlichen Verkehrs an Art. 3 I GG vgl. unten, unter b) aa) (2) (a).

[127] Für ethnische Diskriminierung bejaht von: Bezzenberger, AcP 196 (1996), 395, 410 ff.; Staudinger-Bork (1996), Vorbem. zu §§ 145 ff Rn. 24. Für einen vorvertraglichen Schutz vor der Diskriminierung wegen „askriptiver Persönlichkeitsmerkmale" (Geschlecht, „Rasse" und Behinderung), wenn der Verpflichtete seine Leistung öffentlich angeboten hat, Schiek, S. 399 ff.

[128] Bezzenberger, AcP 196 (1996), 395, 397 ff.; Heinrich, Formale Freiheit, S. 233; Larenz, SchuldRI, § 4 IV 3 (S. 65); Staudinger-Bork (1996), Vorbem. zu §§ 145 ff. Rn. 24 (jeweils für rassistische Diskriminierung).

[129] Schiek, S. 399 ff.

(1) Drittwirkung des Art. 3 GG

Eine Bindungswirkung des Art. 3 III GG im Verhältnis zwischen zwei privaten Teilnehmern am Rechtsverkehr ist aber nicht selbstverständlich. Denn zwischen zwei privaten Personen kann das verfassungsrechtliche Recht auf Gleichbehandlung, welches wie alle Grundrechte zunächst nur gegenüber dem Staat besteht, jedenfalls nicht unmittelbar eingreifen.[130] Es ist aber auch keine umfassende einfachgesetzliche Regelung ersichtlich, die das Recht auf Gleichbehandlung durch andere Private als Adressaten der Regelung vor Beeinträchtigungen durch Diskriminierungen im Rechtsverkehr schützt.

Das bedeutet aber nicht, daß die grundgesetzliche Gewährleistung der Gleichbehandlung durch Art. 3 I und III GG im Privatrecht keinerlei Wirkung entfalten kann. Die primäre Eigenschaft des Rechts auf Gleichbehandlung als Recht des Bürgers gegenüber dem Staat hindert nämlich eine gewisse Ausstrahlungswirkung dieses Grundrechts auf das Privatrecht nicht.[131] Dieser als mittelbare Drittwirkung bezeichnete Einfluß von Grundrechten auf das Privatrecht beruht auf den weiteren Grundrechtsfunktionen neben der Regulierung staatlichen Verhaltens. Die Grundrechte dienen auch der verfassungsrechtlichen Festlegung einer objektiven Wertentscheidung, die die Schutzwürdigkeit der gewährleisteten Position mit Verbindlichkeit für alle Rechtsbereiche festlegt,[132] und sie verpflichten den Staat zu einem Mindestschutz der grundrechtlich garantierten Positionen vor faktischen Beeinträchtigungen durch andere Bürger.[133] Die mittelbare Drittwirkung beruht zum einen auf der objektivrechtlichen Seite der Grundrechte und ihrem Einfluß auf die Auslegung des einfachen Rechts,[134] wobei insbesondere Generalklauseln und unbestimmte Rechtsbegriffe sog. Einfalltore für die grundrechtlichen Wertungen bilden und auf diese Weise die

---

[130] Die Lehre von der unmittelbaren Drittwirkung der Grundrechte im Privatrecht, die von Nipperdey begründet wurde, vgl. Enneccerus/Nipperdey, BGB AT 1, S. 93 ff wurde zwischenzeitlich auch vom BAG befolgt, vgl. BAGE 1, 185, 191 ff; 16, 95, 100 f, mittlerweile hat es diese Sichtweise aber wieder aufgegeben, vgl. BAGE 48, 122, 138 f. Die Annahme einer unmittelbaren Drittwirkung mißachtet die strukturellen Unterschiede von Bürger-Staat- und Bürger-Bürger-Verhältnis und beinhaltet eine Abkehr von dem im Privatrechtsverkehr geltenden Grundsatz der Privatautonomie. Schon aus diesen Gründen ist die Lehre von der unmittelbaren Drittwirkung der Grundrechte nicht haltbar und wird heute auch nahezu allgemein abgelehnt, vgl. nur Baston-Vogt, S. 18 f., 26 ff.

[131] Das Bestehen von Drittwirkung der Grundrechte in das Privatrecht ist allgemein anerkannt, vgl. nur BVerfGE 84, 192, 194 f.; Jarass/Pieroth, Vorb. vor Art. 1 Rn. 15. Uneinigkeit besteht hingegen über das "Wie" dieser Drittwirkung.

[132] BVerfGE 7, 198, 205 (Lüth); BVerfGE 81, 242, 254 (Handelsvertreter); BAGE 48, 122, 139; Baston-Vogt, S. 20; Brossette, S. 180; Pieroth/Schlink, § 4 II 2 (Rn. 76 ff.).

[133] Pieroth/Schlink, § 4 III 1 (Rn. 88 ff.); Staudinger-Hager (1999), § 823 Rn. C 5 (sog. Schutzgebotsfunktion der Grundrechte).

[134] BVerfGE 84, 192, 195; BVerfG NJW 1991, 2411 f.; eine Grenze verfassungskonformer Auslegung setzt die Bindung der Rechtsprechung an das einfache Gesetzesrecht, Röthel, JuS 2001, 424, 428 f.

Grundrechtsbindungen an die Privaten übermitteln.[135] Zum anderen ist die unmittelbare Bindung von Gesetzgebung und Justiz an die Grundrechte nach Art. 1 III GG ausschlaggebend, die diese Gewalten zum Schutz der Grundrechte des einzelnen auch gegenüber Beeinträchtigungen durch andere Private verpflichtet und somit die Grundrechtswirkung durch Gesetze und Rechtsprechung in das Verhältnis der Bürger zueinander vermittelt.[136]
Bei der derart begründeten mittelbaren Drittwirkung der Grundrechte in das Privatrecht ist aber stets zu bedenken, daß im Unterschied zum Bürger-Staat-Verhältnis die Besonderheit besteht, daß dem Bedürfnis nach einem Diskriminierungsschutz grundrechtlich geschützte Positionen anderer Privatpersonen gegenüberstehen können.[137] Solche Konflikte sind dann im Wege der praktischen Konkordanz nach dem Grundsatz der Verhältnismäßigkeit zu lösen.[138] In diesen Grenzen entfalten die Gewährleistungen des Art. 3 GG eine mittelbare Drittwirkung.[139]

(2) Abwägung von Gleichbehandlungsgebot und Vertragsfreiheit

Für die Entscheidung, ob es einem Privaten verboten ist, einen potentiellen Vertragspartner wegen bestimmter Eigenschaften abzulehnen, kommt es mithin auf eine Abwägung der Rechtspositionen der Beteiligten an.[140] Dabei geht es hier im wesentlichen um eine Abwägung zwischen der Vertragsfreiheit des Diskriminierenden aus Art. 2 I GG[141] und den Gewährleistungen aus dem verfassungsrechtlichen Gleichbehandlungsgrundsatz des Art. 3 I und III GG.

---

[135] BVerfGE 7, 198, 205 f.; BVerfGE 42, 143, 148; Baston-Vogt, S. 20, Fn. 46; Bezzenberger, AcP 196 (1996), 395, 402.

[136] BVerfGE 84, 192, 195; BVerfG NJW 1991, 2411, 2412; Canaris, Grundrechte und Privatrecht, S. 36 ff.; Bezzenberger, AcP 196 (1996), 395, 410; Baston-Vogt, Fn. 47, 48; Schnapp/Kaltenborn, JuS 2000, 939, 940. Die beiden Ansätze werden in der wissenschaftlichen Diskussion auch als konkurrierende Modelle behandelt, ihrer Kombination steht aber kein sachlicher Grund entgegen. Auf die genaue Begründung der mittelbaren Drittwirkung kommt es für die vorliegende Untersuchung ohnehin nicht an, da sie im Ergebnis übereinstimmend und allgemein anerkannt wird. Von einer Kombinierbarkeit der beiden Konzeptionen zur Begründung mittelbarer Grundrechtswirkung geht offenbar auch Baston-Vogt, S. 25 aus.

[137] Bezzenberger, AcP 196 (1996), 395, 410; Krause, JZ 1984, 656, 658.

[138] BVerfGE 7, 198, 220; BVerfGE 84, 192, 194; Bezzenberger, AcP 196 (1996), 395, 410; Krause, JZ 1984, 656, 661.

[139] Bezzenberger, AcP 196 (1996), 395, 407 ff.

[140] Bezzenberger, AcP 196 (1996), 395, 410.

[141] Bei bestimmten Verträgen sind sogar die speziellen Freiheitsgewährleistungen der Berufsausübung (Art. 12 GG) oder der freien Verfügung über das Eigentum (Art. 14 GG) betroffen, vgl. Krause, JZ 1984, 711, 717.

(a) Allgemeiner Gleichbehandlungsgrundsatz (Art. 3 I GG) und Vertragsfreiheit
Das Abwägungsgebot verbietet hier eine einseitige Lösung zu Lasten der Vertragsfreiheit. Deswegen kommt es nicht in Betracht, den Privaten über das Gebot der guten Sitten bzw. den Grundsatz von Treu und Glauben eine allgemeine Pflicht aufzuerlegen, andere Rechtsteilnehmer in Anlehnung an Art. 3 I GG gleich zu behandeln,[142] da dies die Vertragsfreiheit als Ausfluß von Art. 2 I GG völlig aufheben würde.[143]

(b) Spezielle Gleichbehandlungsgrundrechte (Art. 3 III GG) und Vertragsfreiheit
Hingegen könnte der grundgesetzlichen Werteordnung zu entnehmen sein, daß die Vertragsfreiheit ihre Grenze an den besonderen Gleichheitsgrundrechten des Art. 3 III GG findet. Diese speziellen Gleichheitsgrundrechte haben wegen ihrer konkreteren Ausgestaltung einen unbedingteren Geltungsanspruch als Art. 3 I GG.[144] Eine Bindung der Privaten an die punktuellen Diskriminierungsverbote über das Sittengebot bzw. den Grundsatz von Treu und Glauben würde die Vertragsfreiheit zwar empfindlich beschränken, sie jedoch nicht wie bei einem umfassenden Verbot willkürlicher Ungleichbehandlungen völlig ausschließen. Eine entsprechende Drittwirkung des Art. 3 III GG ergibt sich jedoch nur dann aus dem grundgesetzlichen Wertesystem, wenn sie einen verhältnismäßigen Ausgleich zwischen den betroffenen grundrechtlichen Gewährleistungen darstellt.[145] Das ist der Fall, wenn die Beschränkung der Vertragsfreiheit durch ein ungeschriebenes privatrechtliches Diskriminierungsverbot hinsichtlich der Eigenschaften, die Art. 3 III GG nennt, zum Schutz der Abgelehnten vor entsprechender Diskriminierung im Privatrechtsverkehr geeignet, erforderlich und angemessen ist.

(aa) Geeignetheit
Ein über das Sittengebot bzw. den Grundsatz von Treu und Glauben die Privaten bindendes Verbot, einen Vertragswilligen wegen einer Eigenschaft nach Art. 3 III GG abzulehnen, also ein entsprechender Vertragsabschlußzwang wäre ein geeignetes Mittel, um die Träger solcher Eigenschaften im zivilrechtlichen Verkehr vor entsprechenden Diskriminierungen zu schützen.

---

[142] Bei einer entsprechenden Bindung träfe die Privaten ein *allgemeines* und *umfassendes* Diskriminierungsverbot.

[143] Bezzenberger, AcP 196, 395, 403; Bydlinski, AcP 180 (1980), 1, 32 f.; Heinrich, Formale Freiheit, S. 233; mißverständlich in diesem Zusammenhang Larenz, SchuldR. I, § 4 IV 3 (S. 65): „deutliche Diskriminierung" iSd. Art. 3 GG als Sittenverstoß, nur im rein privaten Bereich Spielraum für die „Willkür" des einzelnen.

[144] Bezzenberger, AcP 196 (1996), 395, 407; Schiek, S. 399; vgl. auch Bork, BGB AT, § 17 IV (Rn. 671).

[145] Vgl. oben, unter 2. b) aa) (1).

(bb) Erforderlichkeit

Erforderlich ist der Kontrahierungszwang, wenn er das bei gleicher Effektivität mildeste Mittel zum Schutz des Abgelehnten vor Diskriminierung ist. Zur Abwehr der Diskriminierung bei der bestimmten Vertragsverhandlung kommen zwar evtl. konzessionsrechtliche Instrumente in Betracht.[146] Diese Instrumente greifen aber nur bei einer bestimmten Gruppe Privater, die einer Konzession überhaupt bedürfen, z. B. bei Gastwirten[147]. Außerdem geben sie dem Betroffenen keine Möglichkeit, bei einer Diskriminierung Rechte aus § 826 BGB bzw. c.i.c. geltend zu machen. Damit bieten die verwaltungsrechtlichen Möglichkeiten keinen ebenso effektiven Schutz vor Ungleichbehandlungen wie eine privatrechtliche Pflicht zu einem diskriminierungsfreien Verhalten.[148]

Die Konkretisierung des Sittengebots bzw. der vorvertraglichen Treuepflichten zu einem Verbot der Diskriminierung wegen solcher Eigenschaften, die Art. 3 III GG unterfallen, ist damit für den Schutz der Rechtsteilnehmer vor Diskriminierungen nach Art. 3 III GG durch andere Rechtsteilnehmer erforderlich.

(cc) Angemessenheit

Zweifelhaft erscheint jedoch die Frage, ob eine solche Beschneidung der Vertragsfreiheit zum Schutz vor Diskriminierung auch angemessen ist.

Dafür müßte bei einer Gesamtabwägung zwischen der Schwere des Eingriffs in die Vertragsfreiheit und dem Gewicht und der Dringlichkeit der ihn rechtfertigenden Gründe die Grenze der Zumutbarkeit gewahrt bleiben.[149] Die Bindung an Art. 3 III GG dürfte die Betroffenen also nicht übermäßig belasten.[150] Ausschlaggebend für die Angemessenheit einer solchen Bindung des rechtsgeschäftlichen Privatrechtsverkehrs ist damit eine Güterabwägung.[151] Zu vergleichen ist dabei die Beeinträchtigung der Teilnehmer am Privatrechtsverkehr durch eine Bindung an Art. 3 III GG mit der Beeinträchtigung des Diskriminierten, falls ihm der Schutz durch eine entsprechende Bindung versagt wird.[152]

---

[146] Z. B. der Widerruf einer Erlaubnis zum Betrieb einer Gaststätte gemäß § 15 II, III GaststättenG, vgl. Medicus, SchuldR. I, § 11 IV (Rn. 84); für diese konzessionsrechtliche Lösung bei der rassistischen Diskriminierung durch Gastwirte plädiert Kühner, NJW 1986, 1397, 1400.

[147] Vgl. § 2 GaststättenG.

[148] Staudinger-Bork (1996), Vorbem. zu §§ 145 ff. Rn. 24. Außerdem ist schon zweifelhaft, ob die Vertragsfreiheit etwa eines Gastwirts durch die Gefahr eines Verlusts seiner Konzession, auch wenn damit regelmäßig erst nach einer Reihe von Verstößen zu rechnen sein wird, weniger empfindlich beeinträchtigt wird als durch ein privatrechtliches Diskriminierungsverbot.

[149] BVerfGE 83, 1, 19.

[150] BVerfGE 83, 1, 19.

[151] BVerfGE 92, 277, 327.

[152] Genauer zur Güter- bzw. Interessenabwägung s.u., Teil 5 A. II. 4. b).

Ohne eine Bindung des Privatrechtsverkehrs an Art. 3 III GG müssten die Opfer entsprechende Diskriminierungen beim Abschluss und der Ausgestaltung von Rechtsgeschäften hinnehmen, ohne daß ihnen eine Gegenwehr offen stände. Durch eine entsprechende Diskriminierung im rechtsgeschäftlichen Verkehr werden die Betroffenen aber zumindest faktisch in dem grundrechtlich geschützten Interesse beeinträchtigt, nicht wegen ihres Geschlechts, ihrer Abstammung, ihrer Rasse, ihrer Sprache, ihrer Heimat und Herkunft, ihres Glaubens oder ihren religiösen oder politischen Anschauungen benachteiligt zu werden. Zur Bewertung der Intensität dieser Interessenbeeinträchtigung[153] kommt es darauf an, wie em-pfindlich den Betroffenen die diskriminierende Benachteiligung trifft. Die Diskriminierung im rechtsgeschäftlichen Privatrechtsverkehr hat für den Betroffenen zur Folge, daß er den von ihm angestrebten Vertrag entweder gar nicht oder bloß zu nachteiligen Bedingungen abschließen kann. Der darin liegende Nachteil des Diskriminierten ist im Grundsatz aber nicht überzubewerten, da sich der Betroffene normalerweise einen anderen Vertragspartner suchen kann, der ihn nicht wegen bestimmter Eigenschaften benachteiligt.[154] Die Ausweichmöglichkeit besteht im Grundsatz auch unabhängig davon, ob der Betroffene von seinem Verhandlungspartner wegen Eigenschaften nach Art. 3 III GG oder aus sonstigen Gründen diskriminiert wird.
Auf der anderen Seite steht die Vertragsfreiheit des Ablehnenden als Ausgestaltung der allgemeinen Handlungsfreiheit aus Art. 2 I GG[155]. Diese hat ihre Bedeutung gerade auch in der negativen Abschlußfreiheit im Privatrechtsverkehr, also in der Möglichkeit, Verträge abzulehnen.[156] Der Abschluß eines Vertrages begründet zwischen den Parteien eine besondere Rechtsbeziehung mit erheblichen Folgen für die Rechte und Pflichten zwischen den Beteiligten. So unterscheidet sich das Vertragsverhältnis vom Jedermannskontakt nicht nur durch das Bestehen der vertraglichen Leistungspflichten, sondern es entstehen zudem besondere Treue- und Rücksichtsnahmepflichten (§ 241 II BGB), auch wird das Vertrauen in den Vertragspartner besonders geschützt. Durch den Austausch von Rechten und Pflichten, die durch den Vertrag wechselseitig begründet werden, setzt der Vertragsschließende sich des weiteren in besonderer Weise dem Risiko einer Insolvenz seines Vertragspartners aus. Bei der Entscheidung darüber, wem der einzelne sich auf diese Weise besonders verpflichten und ausliefern will, muß er grundsätzlich frei sein. Nur so rechtfertigen sich die genannten weitreichenden Rechtsfolgen des Vertragsschlusses. Wenn ein

---

153 Für die Gegenüberstellung iRd. Abwägung müssen die beiderseitigen (hypothetischen) Einbußen bewertet werden, siehe dazu auch unten, Teil 5 A. II.4. b).

154 Kühner, NJW 1986, 1397, 1401.

155 In Teilbereichen wird Art. 2 I GG durch die spezielleren Gewährleistungen der Berufs- oder Eigentumsfreiheit aus Art. 12 I bzw. 14 I GG verdrängt, was dann aber keinen inhaltlichen Unterschied bedeutet.

156 Boemke, NJW 1993, 2083, 2084; Heinrich, Formale Freiheit, S. 232 f.

Teilnehmer am Privatrechtsverkehr einem anderen wegen einer bestimmten Eigenschaft nicht vertraut, ist das vor dem Hintergrund dieser Überlegungen zunächst zu respektieren. Er ist nicht durch ein Diskriminierungsverbot in ein Vertragsverhältnis zu zwingen. Durch ein ungeschriebenes punktuelles Diskriminierungsverbot in der Form einer Bindung an Art. 3 III GG würde jedoch genau solch ein Zwang begründet.
Eine Bindung des privatrechtsgeschäftlichen Verkehrs an Art. 3 III GG würde die Vertragsfreiheit nach Art. 2 I GG darüber hinaus nicht nur beeinträchtigen, soweit eine Diskriminierung wegen einer Eigenschaften nach Art. 3 III GG erfolgt. Eine Beschränkung der Möglichkeit zur freien, ja willkürlichen Ablehnung eines Vertragspartners auf die Fälle, in denen dieser Willkür keine Eigenschaft nach Art. 3 III GG als Anknüpfungspunkt dient, würde nämlich zu einem Begründungszwang für *alle* Verweigerungen von Vertragsschlüssen führen, sofern nicht offensichtlich ausgeschlossen ist, daß eine Eigenschaft nach Art. 3 III GG Anknüpfungspunkt ist. Die negative Vertragsabschlußfreiheit als Ausfluß von Art. 2 I GG wäre damit nicht nur bezüglich bestimmter Motivationen der Vertragsverweigerung aufgegeben, sondern sie wäre insgesamt durch einen Begründungszwang erheblich belastet. Eine solche Beschneidung der Handlungsfreiheit durch die Schaffung eines allgemeinen Verbots der Vertragsverweigerung wegen der Eigenschaften nach Art. 3 III GG kann mit Blick auf das grundsätzlich geringe Bedürfnis nach Diskriminierungsschutz im Privatrechtsverkehr im allgemeinen nicht hingenommen werden.[157] Die Güterabwägung ergibt demnach im Normalfall ein Überwiegen der Interessen der Betroffenen an ihrer unbeschnittenen Vertragsfreiheit, so daß ein ungeschriebenes Verbot der Diskriminierung wegen einer Eigenschaft iSd. Art. 3 III GG im Normalfall unverhältnismäßig erscheint.

Anders kann es liegen, wenn die Möglichkeit des Diskriminierten, sich einen anderen Vertragspartner zu suchen, versagt und deswegen der Ausschluß von einem (günstigen) Vertrag den Diskriminierten empfindlicher trifft als im Normalfall. Die faktische Beeinträchtigung der Interessen des Diskriminierten durch eine Art. 3 III GG-widrige Benachteiligung von Seiten eines Verhandlungspartners ist dann als besonders intensiv zu bewerten. Ein Fehlen von Ausweichmöglichkeiten stellt im Privatrechtsverkehr eine Ausnahmekonstellation

[157] Deswegen sind gegenüber dem Diskussionsentwurf des Bundesministeriums der Justiz über ein Gesetz zur Verhinderung von Diskriminierung im Zivilrecht vom Dezember 2001, der eine Diskriminierung aus Gründen des Geschlechts, der Religion oder der Weltanschauung, einer Behinderung oder der sexuellen Identität verbietet, verfassungsrechtliche Bedenken anzumelden; ebenso Braun, JuS 2002, 424; Picker, JZ 2003, 540, 543 f. und Säcker, ZRP 2002, 287, 288.

dar. Ein solcher Ausnahmefall liegt zum einen in der oben behandelten Fallgruppe der monopolähnlichen Stellung eines Anbieters vor.[158]
Zum anderen ist eine solche Ausnahme dann denkbar, wenn wegen einer weit verbreiteten Diskriminierungspraxis eine erhebliche[159] Gefahr besteht, daß alle potentiellen Vertragspartner einen Abschlußwilligen aus demselben Grund ablehnen oder sonst benachteiligen. Eine entsprechende Praxis läßt sich aber jedenfalls nicht im gesamten Zivilrechtsverkehr und wegen aller Eigenschaften iSv. Art. 3 III GG ausmachen. Vielmehr kommt eine solche Verbreitung diskriminierender Praxis nur hinsichtlich bestimmter Vertragstypen und einzelner Eigenschaften iSv. Art. 3 III GG vor. Prominentes Beispiel bildet die geschlechtsmäßige Diskriminierung im Arbeitsrecht. In diesem Zusammenhang hat der Gesetzgeber mit dem Erlaß des § 611 a BGB aber bereits ein spezielles Schutzinstrument geschaffen.
Daneben läßt sich darüber streiten, ob die Diskriminierung ethnischer Minderheiten im deutschen Privatrechtsverkehr allgemein bzw. immerhin hinsichtlich spezieller Bereiche wie z.B. der Wohnraummiete in einem Maße verbreitet ist, das bereits eine staatliche Regulierung geboten ist.[160] In diesem Zusammenhang steht eine Tätigkeit des Gesetzgebers wegen des Umsetzungsbedarfs aus der europäischen Richtlinie 2000/43/EG des Rates hinsichtlich der rassischen Diskriminierung bei öffentlich angebotenen Leistungen aber ohnehin bevor,[161] so daß das Problem eines ungeschriebenen Diskriminierungsverbots in diesem Zusammenhang an Bedeutung verliert.
Bezüglich der sonstigen Eigenschaften iSv. Art. 3 III GG ist eine weit verbreitete Diskriminierungspraxis hingegen nicht ersichtlich, wobei sicherlich nicht ausgeschlossen werden kann, daß eine solche Praxis sich noch herausbildet. Nicht angemessen erscheint es aber, der bloßen Möglichkeit künftiger Entwicklungen im Zivilrechtsverkehr, etwa der verbreiteten Diskriminierung bestimmter Bevölkerungsgruppen wegen ihrer Weltanschauung, schon jetzt durch die Begründung eines entsprechenden Diskriminierungsverbots zu begegnen.[162] Vielmehr ist ein so einschneidender Eingriff in die Vertragsfreiheit, wie er in einem Diskriminierungsverbot liegt, erst dann gerechtfertigt, wenn eine weit verbreitete Diskriminierungspraxis tatsächlich besteht. Schutzinstrumente sind in diesem Fall in erster Linie die Normierungen spezialgesetzlicher Diskrimi-

---

[158] Vgl. dazu oben, II. 2. a).

[159] Geringfügige bis mittlere Chancenunterschiede, etwa beim Zugang auf Wohnraum, sind in einer freiheitlichen Privatrechtsordnung noch hinzunehmen, vgl. LG Köln WuM 1984, 297, 299.

[160] Dafür: Bezzenberger, AcP 196 (1996), 395, 411 f.; Schiek, S. 399 ff.; Staudinger-Bork (1996), Vorbem. zu §§ 145 ff. BGB Rn. 24.

[161] S.o., bei II. 1. c).

[162] Im Ergebnis ebenso Picker, JZ 2003, 540, 544; a.A. Bezzenberger, AcP 196 (1996), 395, 411 f. (für ethnische Diskriminierung); Neuner, JZ 2003, 57, 59 ff.; und Schiek, S. 399 ff. (für Diskriminierung wegen Geschlecht, ‘Rasse’, Behinderung).

nierungsverbote.[163] Erst wenn diese unzureichend sind, ist an ein ungeschriebenes privatrechtliches Diskriminierungsverbot zu denken, welches das Sittengebot und der Grundsatz von Treu und Glauben wegen der Ausstrahlungswirkung des Art. 3 III GG begründen können.
Danach kommt außerhalb von monopolähnlichen Situationen ein ungeschriebenes Diskriminierungsverbot zur Zeit allenfalls im Zusammenhang mit ethnischen bzw. rassistischen Diskriminierungen in Betracht.[164] Ob und inwieweit ein solches tatsächlich zu bejahen ist, kann hier im Rahmen der überblicksartigen Klärung des Anwendungsbereichs von Diskriminierungsverboten offen bleiben, da eine entsprechende gesetzliche Regelung ohnehin bald bevorsteht.[165]
Hinsichtlich der sonstigen Eigenschaften iSv. Art. 3 III GG läßt sich ein ungeschriebenes Diskriminierungsverbot hingegen mangels feststellbarer Verbreitung einer entsprechenden Diskriminierungspraxis nicht begründen.
Insgesamt zeigt sich also, daß ein ungeschriebenes Diskriminierungsverbot außerhalb von monopolähnlichen Situationen bezüglich der in Art. 3 III GG genannten Differenzierungskriterien zwar ein geeignetes und erforderliches, aber ein mit Blick auf die Vertragsfreiheit des in Anspruch Genommenen unangemessenes Mittel zum Schutz der Betroffenen vor Diskriminierung ist. Die Interessenabwägung fällt damit im Grundsatz gegen ein ungeschriebenes Diskrimi-

---

[163] Daß durch solche speziellen Gesetze auch neuen Diskriminierungstendenzen begegnet werden kann, zeigt ein Blick in die USA: durch ein Gesetz des Bundesstaats Kalifornien wurde Versicherungen die Benachteiligung von Antragstellern aufgrund ihrer genetischen Dispositionen verboten. Angesprochen von Hofmann, Genomanalyse, S. 191 f. (zur Rechtslage in Deutschland hinsichtlich vorvertraglicher genetischer Tests vgl. unten, Teil 7 C. I). Picker, JZ 2003, 540, 544 f. zieht demgegenüber die Begründung von Diskriminierungsverboten anhand der Generalklausel des § 138 BGB wegen der größeren Flexibilität vor, wobei der Richter § 138 BGB anhand des aktuellen „Volksempfindens" zu konkretisieren habe. Dies ist aber unter dem Gesichtspunkt der Rechtssicherheit und -einheitlichkeit bedenklich, außerdem kommt es für die Konkretisierung einer Generalklausel wie § 138 BGB weniger auf ein vom Richter kaum feststellbares „Volksempfinden", als auf die Heranziehung gesetzgeberischer und verfassungsrechtlicher Wertungen an.

[164] Dafür: Bezzenberger, AcP 196 (1996), 395, 411 f.; Heinrich, Formale Freiheit, S. 233; Schiek, S. 399 ff.; Staudinger-Bork (1996), Vorbem. zu §§ 145 ff. BGB Rn. 24; die Abweisung von Besuchern einer öffentlichen Gaststätte wegen ihrer Hautfarbe als Erfüllung des Straftatbestands der Beleidigung wertend: BayObLG NJW 1983, 2040 f. Kritisch hingegen Kühner, NJW 1986, 1397, 1401, der jedenfalls ein privatrechtliches Abwehrrecht gegenüber einer rassistischen Diskriminierung ablehnt. Zur Zulässigkeit von Schildern mit Zugangsverboten für Ausländern an öffentlichen Gaststätten OVG Münster, GewerbeArch 1967, 118 f. (für Zulässigkeit nach Gaststättenrecht, jedenfalls wenn der Gastwirt aufgrund früherer Vorfälle in der Gastwirtschaft befürchten müsse, durch ausländische Gäste geschädigt zu werden); dagegen: Lohse, NJW 1985, 1677 ff.

[165] Vgl. oben, bei II. 1. c). Die unwahre Beantwortung einer Frage nach der ethnischen Identität eines Verhandlungspartners wird also spätestens ab Erlaß der entsprechenden gesetzlichen Regelung kein Anfechtungsrecht nach § 123 I Alt. 1 BGB mehr begründen.

nierungsverbot hinsichtlich der Eigenschaften iSv. Art. 3 III GG aus. Folglich kann außerhalb von monopolähnlichen Situationen ein solches Diskriminierungsverbot nicht über das Sittengebot und/oder den Grundsatz von Treu und Glauben iVm. der Drittwirkung des Art. 3 III GG den Privaten auferlegt werden.[166] Etwas anderes gilt allenfalls für die Diskriminierung aus ethnischen Gründen.

(3) Einbeziehung sonstiger Rechtspositionen des Diskriminierten in die Abwägung

Ein anderes Ergebnis ergibt sich auch nicht wegen der weiteren Rechtspositionen des Diskriminierten, die durch die Diskriminierung betroffen sein könnten. Zu denken wären insoweit an *seine* Vertragsfreiheit (Art. 2 I GG) und seine persönliche Ehre (Art. 2 I iVm 1 I GG).

(a) Vertragsfreiheit des Diskriminierten

Die Drittwirkung der verfassungsrechtlich garantierten Vertragsfreiheit, die sich entweder als Ausfluß der Handlungsfreiheit des Art. 2 I GG alleine oder als Facette des allgemeinen Persönlichkeitsrechts aus Art. 2 I iVm. 1 I GG bewerten läßt,[167] begründet keine Rechtsposition, die durch eine diskriminierende Verweigerung eines Vertragsabschlusses beeinträchtigt wäre. Denn der Schutzbereich der Vertragsfreiheit beschränkt sich darauf, daß der Berechtigte weder an der grundsätzlichen Möglichkeit der privatautonomen Lebensgestaltung durch das Abschließen von Verträgen noch bei seinem rechtsgeschäftlichen Verhalten im Einzelfall behindert werden darf.[168] Ein allgemeiner Anspruch auf Vertragsabschluß gegen jedermann scheidet hingegen aus, da er der Vertragsfreiheit der so in Anspruch Genommenen ein Ende setzten würde, diese jedoch selbst auch Vertragsfreiheit für sich beanspruchen können. Die Verweigerung eines Vertragsschlusses, gleich aus welchen Gründen, fällt daher nicht in den Schutzbereich der verfassungsrechtlichen Vertragsfreiheit des Abgewiesenen.

(b) Persönliche Ehre

Die Diskriminierung einer anderen Person im rechtsgeschäftlichen Verkehr wegen einer Eigenschaft iSv. Art. 3 III GG stellt auch keine Beeinträchtigung ihrer persönlichen Ehre dar. Das Rechtsgut der persönlichen Ehre, also das Recht auf

---

[166] Gegen Diskriminierungsverbote außerhalb von monopolähnlichen Situationen auch Bydlinski, AcP 180 (1980), 1, 33.

[167] Busche, S. 215.

[168] Schiek, S. 399 f. mißt hingegen der Vertragsfreiheit der Diskriminierten bei der Begründung privatrechtlicher Diskriminierungsverbote eine Bedeutung zu: die positive Vertrags- oder Handlungsfreiheit, die das GG garantiere, sei bei Angehörigen von Minderheiten wegen gesellschaftlicher Diskriminierung ohne solche Diskriminierungsverbote beeinträchtigt.

ein Mindestmaß an Achtung erwächst aus dem Menschenwürdeaspekt des allgemeinen Persönlichkeitsrechts (Art. 2 I GG iVm 1 I GG). Es entfaltet im Verhältnis zwischen Privaten mittelbare Drittwirkung und kann durch herabwürdigende Werturteile und durch unwahre Tatsachenbehauptungen beeinträchtigt werden.[169]

Wenn aber lediglich ein Vertragsabschluß abgelehnt wird und keine darüber hinausgehenden Aussagen getroffen werden, fehlt es jedenfalls an einer ausdrücklichen Herabwürdigung. Eine herabwürdigende Aussage hinsichtlich der Person des Abgewiesenen kann dann nur als konkludente Erklärung durch die Vertragsablehnung und die Begründung durch eine Eigenschaft nach Art. 3 III GG vorliegen. Darin könnte ein (Un-) Werturteil über den Abgelehnten liegen. Wegen der grundsätzlichen Anerkennung der negativen Abschlußfreiheit, erscheint es aber zweifelhaft, in der bloßen Vertragsverweigerung aus Gründen der Religion, der Abstammung usw. des Abgewiesenen ein konkludentes Werturteil zu sehen, welches herabwürdigend und damit verboten ist. Zu bedenken ist insoweit insbesondere die erhebliche Veränderung, die ein Vertragsschluß für das Rechtsverhältnis zweier Personen bewirkt: Viel stärker als beim Jedermannskontakt müssen die Interessen des anderen Teils berücksichtigt werden (§ 241 II BGB) und durch die zahlreichen wechselseitigen Pflichten sind die Vertragsparteien in besonderem Maße auf die Erfüllungsbereitschaft und Erfüllungsfähigkeit der anderen Seite angewiesen. Es ist legitim, selbst aussuchen zu wollen, wem man sich auf diese Weise anvertrauen und ausliefern will.[170] Im Grundsatz kann deshalb wohl kaum vertreten werden, daß das Mindestmaß an Achtung für einen Mitmenschen schon dann unterschritten ist, wenn man keinen Vertrag mit ihm schließen möchte.[171] Daran ändert sich nicht schon deshalb etwas, weil für diese Verweigerung Gründe maßgeblich sind, die in Art. 3 III GG genannt sind oder weil der Verweigernde durch ein öffentliches Angebot seine grundsätzliche Bereitschaft zum Vertragsschluß mit jedermann signalisiert hat (z.B. bei einem Geschäft oder einer Gaststätte).[172]

Anders liegt es erst, wenn bei der Gelegenheit der Vertragsverweigerung noch zusätzliche Aussagen getroffen werden, die auch konkludent, insbesondere in der *Form* der Vertragsablehnung vorliegen können. Dann beeinträchtigt aber

---

[169] Staudinger-Hager (1999), § 823 Rn. C 64.

[170] Vgl. dazu bereits oben, unter 2. b) aa) (2) (b) (cc).

[171] BayObLG NJW 1983, 2040, 2041; a.A. für rassistische Diskriminierung wegen eines dadurch ausgedrückten Unwerturteils hingegen Heinrich, Formale Freiheit, S. 233; Bezzenberger AcP 196 (1996), 395, 425; Staudinger-Bork (1996), Vorbem. zu §§ 145 ff. Rn. 24.

[172] In diese Richtung aber BayObLG NJW 1983, 2040, 2041; Lohse, NJW 1985, 1677, 1678 ff.; Medicus, SchuldR. I, § 11 IV (Rn. 84) (bei Verstößen aber nur für einen Schadensersatz in Geld, nicht für einen Kontrahierungszwang); Bydlinski, AcP 180 (1980), 44 f. Fn. 69 (ebenfalls nur für ein Schmerzensgeld).

nicht die Vertragsverweigerung als solche die Ehre des Diskriminierten, sondern die zusätzliche Aussage.[173]
Von daher führt auch die Einbeziehung des Rechtsguts der persönlichen Ehre des Diskriminierten zu keiner Verschiebung der Interessenabwägung.

Insgesamt ergibt sich demnach kein ungeschriebenes Diskriminierungsverbot hinsichtlich der Differenzierungskriterien des Art. 3 III GG.[174] Die Anfechtbarkeit nach § 123 I Alt. 1 BGB scheidet folglich nicht schon bei jeder Beantwortung einer Frage nach Eigenschaften iSd. Art. 3 III GG aus. Eine Ausnahme ist allenfalls für unwahre Behauptungen über die ethnische bzw. rassische Identität des Befragten zuzulassen.

bb) Verbot der Diskriminierung aufgrund einer grundrechtlich geschützten Tätigkeit

Ähnlich liegt es bei einer Diskriminierung wegen Tätigkeiten, die durch besondere Grundrechte geschützt werden. Solche Diskriminierungen im Wirtschaftsleben können zwar die Ausübung von Freiheitsgrundrechten behindern, weil der Betroffene spätere Nachteile im Wirtschaftsverkehr vermeiden möchte.[175] Ein entsprechendes Diskriminierungsverbot würde die Vertragsfreiheit aber mindestens ebenso massiv beeinträchtigen wie ein Diskriminierungsverbot hinsichtlich der Eigenschaften nach Art. 3 III GG.
Eine entsprechende Einschränkung der Vertragsfreiheit wäre aber genauso unangemessen wie im Zusammenhang mit Art. 3 III GG. Das gälte selbst bei einer Beschränkung des Diskriminierungsverbots auf Tätigkeiten des Diskriminierten, die einem *besonderen* Freiheitsgrundrecht, also nicht bloß dem *allgemeinen* Freiheitsgrundrecht des Art. 2 I GG unterfallen. Schon die besonderen Freiheitsgrundrechte schützen das menschliche Verhalten nämlich in so vielfältiger Weise, daß durch ein entsprechendes Diskriminierungsverbot die Privaten bei nahezu allen Verweigerungen von Vertragsabschlüssen genötigt wären, ihre Entscheidung zu begründen.
Eine Einschränkung der (negativen) Vertragsfreiheit und ihre Belastung mit einer allgemeinen Begründungspflicht erscheint aber solange unangemessen, wie

---

173 Es ist deswegen nur die zusätzliche Aussage, nicht aber die diskriminierende Vertragsverweigerung verboten und der Betroffene hat dann die gleichen Möglichkeiten wie bei einer Beeinträchtigung seiner Ehre unabhängig von einem Vertragsschluß: Er kann in zivilrechtlicher Hinsicht Schmerzensgeld erlangen, strafrechtlich gesehen eine Verurteilung wegen Beleidigung erreichen und unter Umständen eine Konzession des Anbieters verwaltungsrechtlich beseitigen lassen.

174 Staudinger-Bork (1996) Vorbem. zu §§ 145 ff. Rn. 24; Staudinger-Oechsler (1998), § 826 Fn. 440; vgl. auch OLG Celle OLGZ 1972, 281, 283 (Vorrang der Vertragsfreiheit vor dem Grundsatz der Gleichbehandlung).

175 Vgl. BVerfG NJW 1992, 2409, 2410: Behinderung der Meinungsfreiheit bei Nichtübernahme eines Auszubildenden wegen eines radikalen Schülerzeitungsartikels.

die Behinderung des Abschlußwilligen in seiner Grundrechtsausübung wegen des Bestehens von Ausweichmöglichkeiten vergleichsweise geringfügig ist.[176] So liegt es im Grundsatz außerhalb monopolähnlicher Situationen. Auch hinsichtlich der Differenzierung aufgrund grundrechtlich geschützter Verhaltensweisen fällt die Interessenabwägung deswegen zumindest zur Zeit gegen ein Diskriminierungsverbot aus.

Wenn sich in der Zukunft in speziellen Geschäftsbereichen eine starke Verbreitung der Diskriminierung wegen bestimmter, grundrechtlich geschützter Tätigkeiten entwickelt, ist eine auf dieses Problem abgestimmte gesetzliche Lösung zu fordern, ähnlich dem § 611 a BGB, nur nicht an einer Eigenschaft, sondern an einer grundrechtlich geschützten Tätigkeit anknüpfend. Bisher ist jedoch ein solcher Bedarf nicht ersichtlich.

Ein ungeschriebenes, allgemeines Verbot der Diskriminierung aufgrund von grundrechtlich geschützten Verhaltensweisen besteht nicht.[177]

3. Ergebnis zum Anwendungsbereich von Diskriminierungsverboten

Insgesamt ist der Anwendungsbereich von Diskriminierungsverboten im Privatrecht als sehr beschränkt zu umreißen. Sie bestehen dort nur unter den Voraussetzungen der spezialgesetzlich normierten Diskriminierungsverbote, bei monopolähnlichen Situationen und möglicherweise noch hinsichtlich ethnischer oder rassischer Diskriminierung. Wegen des Bestehens von Diskriminierungsverboten ist die Anfechtung also nur in einem ganz beschränkten Bereich ausgeschlossen.

III. Besonderheiten im Arbeits- und Wohnraummietrecht

Es schließt sich die Frage an, ob die Sonderbehandlung des „Rechts zur Lüge" im Bereich des Arbeits- und des Wohnraummietrechts gerechtfertigt ist, soweit sich der Ausschluß des Anfechtungsrechts des § 123 BGB im Zusammenhang mit Diskriminierungsverboten ergibt.

In konstruktiver Hinsicht besteht insoweit keine Besonderheit: die Grenze des Anfechtungsrechts wegen arglistiger Täuschung ergibt sich im Wege der teleologischen Reduktion des § 123 BGB aus dem Zweck dieser Regelung, so daß das Eingreifen von Diskriminierungsverboten auch dort zu einem Ausschluß des Anfechtungsrechts führt.[178]

---

[176] Vgl. Canaris, FS für Leisner, S. 411, 431 f. (für das Grundrecht der Meinungsfreiheit im Arbeitsrecht).

[177] Im Ergebnis ebenso: Boemke, NJW 1993, 2083, 284 f.; Canaris, FS für Leisner, 441, 431 f. (jeweils für die Meinungsfreiheit im Arbeitsrecht).

[178] Im Ergebnis weitgehend allgemein anerkannt, vgl. nur für die geschlechtlich diskriminierende Befragung von Stellenbewerberinnen, insbes. durch die Frage nach einer Schwangerschaft BAG AP § 123, Nr. 31; BAG JZ 1993, 844, 846; BAG NZA 2003, 848; Medicus, BGB AT, § 49 II 1 b (Rn. 793); Leipold, AuR 1971, 161, 163 (entsprechende Auswirkungen eines „Rechts auf Arbeit", das die Einstellungsentscheidung des Arbeitgebers rechtlich

Bereichsspezifische Besonderheiten des Arbeits- und Wohnraummietrechts könnten sich demnach nur insoweit ergeben, als diese Teilbereiche im Vergleich zum allgemeinen Privatrecht stärker von Diskriminierungsverboten dominiert sein könnten. Während das Bestehen von Diskriminierungsschutz im allgemeinen Zivilrecht den Ausnahmefall bildet (s.o.), könnte er im Zusammenhang mit Arbeits- und Wohnraummietverträgen den Regelfall darstellen.

1. Spezialgesetzliche Diskriminierungsverbote

Spezialgesetzliche Anordnungen einer generellen Verpflichtung zur sachgerechten Auswahl von Arbeitnehmern und Wohnraummietern bestehen nicht. Gleichwohl ist die Abschlußfreiheit insbesondere des Arbeitgebers besonderen Beschränkungen unterworfen.

a) Geltendes Recht

Das geltende Recht verbietet nach § 611 a BGB die Diskriminierung von Arbeitsplatzbewerbern aufgrund ihres Geschlechts und nach § 81 II S. 2 Nr. 1 S. 1 SGB IX ihre Benachteiligung wegen einer Behinderung (*punktuelle* Diskriminierungsverbote).[179]

Ein ähnliches Ergebnis wie durch ein Diskriminierungsverbot wird beim Betriebsinhaberwechsel nach § 613 a BGB herbeigeführt,[180] denn der Übergang des Arbeitsverhältnisses erfolgt ohne den Willen des Betriebserwerbers. Da der Vertrag danach aber ohne neuen Abschluß übergeht, spielt diese Konstellation für die Frage des Anfechtungsrechts des § 123 BGB keine Rolle. Genauso liegt es für § 78 a II BetrVG, der den Mitgliedern der Jugend- und Auszubildendenvertretung das Recht gibt, allein durch eine auf Weiterbeschäftigung gerichtete Willenserklärung ein Arbeitsverhältnis zu begründen[181].

Die Mitbestimmungsrechte des Betriebrats bzw. des Personalrats bei der Einstellung (§§ 99 I BetrVG. 75 Ziff. 1 BPersVG) verpflichten nicht zur Einstellung eines bestimmten Arbeitnehmers, sondern führen nur dazu, daß der Betriebsrat die Einstellung eines bestimmten Arbeitnehmers verhindern kann. Bloß einen Hinderungsgrund für einen Vertragsabschluß bilden auch die Abschlußverbote der §§ 25 I JArbSchG; §§ 3, 4, 6, 8 MuSchG, § 26 V, VI GefahrstoffVO; § 17 BSeuchG.

---

binde); kritisch Adam, ZTR 2003, 158, 159. Wegen § 81 II S. 2 Nr. 1 S.1 SGB IX grundsätzlich gegen ein Anfechtungsrecht bei einer arbeitgeberseitigen Frage an den Stellenbewerber nach einer Schwerbehinderung Düwell, BB 2001, 1527, 1529 f.; Franzen, RDV 2003, 1, 2; Jauernig-Jauernig, § 123 Rn. 6; Messingschlager, NZA 2003, 301, 305; Rolfs/Paschke, BB 2002, 1260, 1261; Thüsing/Lambrich, BB 2002, 1146, 1149; a.A. allerdings Schaub, NZA 2003, 299, 300 f.

[179] Vgl. dazu schon oben, II. 1. b).

[180] Hromadka/Maschmann, § 5 Rn. 84.

[181] Es handelt sich um ein Gestaltungsrecht, nicht um einen Kontrahierungszwang, vgl. Dütz, ArbR., § 3 II 2 a aa (6) (Rn. 98).

Insgesamt sind die spezialgesetzlichen Einschränkungen der Abschlußfreiheit des Arbeitgebers also mit Ausnahme von § 611 a BGB und § 81 II S. 2 Nr. 1 S. 1 SGB IX nicht so ausgestaltet, daß sie dem Arbeitgeber in der einzelnen Verhandlungssituation verbieten, einen Arbeitsplatzsuchenden abzulehnen.

b) Gesetzgebungsvorhaben

Im Bereich des Arbeitsrechts muß der gesetzliche Diskriminierungsschutz von Stellenbewerbern aber bis zum 2. 12. 2003 erheblich verstärkt werden. Das ergibt sich aus der Richtlinie 2000/78/EG des Rates vom 27. 11. 2000 zur Festlegung eines allgemeinen Rahmens für die Verwirklichung der Gleichbehandlung in Beschäftigung und Beruf[182].[183] Nach Art. 1 iVm. Art. 3 I Buchst. a) der Richtlinie muß der deutsche Gesetzgeber auch privaten Arbeitgebern verbieten, die Auswahl eines Stellenbewerbers von seiner Religion oder Weltanschauung, einer Behinderung, seinem Alter oder seiner sexuellen Ausrichtung abhängig zu machen. Bei der Umsetzung dieser Richtlinie wird der bundesdeutsche Gesetzgeber an der Kodifizierung von spezialgesetzlichen, punktuellen Diskriminierungsverboten nach dem Vorbild des § 611 a BGB kaum vorbeikommen. Damit steht dem deutschen Arbeitsrecht eine recht einschneidende Veränderung in bezug auf die Abschlußfreiheit der Arbeitgeber ins Haus.[184]

2. Ungeschriebenes Diskriminierungsverbot

Ein ungeschriebenes Diskriminierungsverbot bei Arbeits- und Wohnraummietverträgen ist unter dem Gesichtspunkt eines „Rechts auf Arbeit" bzw. eines „Rechts auf Wohnung" diskutiert worden.[185] Wenn ein solches Recht tatsächlich bestünde und auch gegenüber privaten Arbeitgebern und Vermietern (mittelbar) wirksam wäre, müßten diese die Ablehnung eines Bewerbers als Beeinträchtigung seiner Rechte jeweils durch einen sachlichen Grund rechtfertigen (*umfassendes* Diskriminierungsverbot).[186]

Das Bestehen eines „Rechts auf Arbeit" bzw. eines „Rechts auf Wohnung" im Privatbereich wird heute aber nicht mehr vertreten,[187] denn das käme einer vollständigen Aufgabe des Prinzips der Vertragsfreiheit im Wohnraummietrecht

---

[182] ABl. EG Nr. L 303, S. 16 ff.; ebenfalls veröffentlicht in NJW 2001, Beilage zu Heft 37, S. 8 ff.

[183] Ausführlich zu der Richtlinie und ihrer Bedeutung für das deutsche Arbeitsrecht Högenauer, passim.

[184] Högenauer, S. 234 f.; kritisch (bzgl. Frage, ob im vorvertraglichen Bereich eine solche Konsequenz aus der Richtlinie zuziehen ist) Bauer, NJW 2001, 2672, 2673.

[185] Vgl. z.B. Leipold, AuR 1971, 161, 163 ff.; als zu berücksichtigende Rechtsposition, wenn auch nicht als Einstellungsanspruch bewertet Borgaes, S. 114 das „Recht auf Arbeit".

[186] So Leipold, AuR 1971, 161, 166.

[187] MünchHandb. ArbR. I-Buchner, § 41 Rn. 32; Brossette, S. 141; Hromadka/Maschmann, ArbR Bd. 1, § 5 Rn. 84; vgl. auch Soergel-Fahse, § 227 Rn. 5.

und im Arbeitsrecht gleich.[188] Eine vollständige Regulierung dieser Bereiche hat der deutsche Gesetzgeber aber nicht gewollt. Auf die Schutzbedürftigkeit von Wohnraummietern und Arbeitnehmern hat der Gesetzgeber mit weitreichenden Einschränkungen der Inhaltsfreiheit bei diesen Verträgen reagiert.[189] Die Abschlußfreiheit bleibt hingegen im Grundsatz gewährleistet.[190] Auch der arbeitsrechtliche Gleichbehandlungsgrundsatz entfaltet vor Vertragsabschluß keine Wirkung.[191] Demnach ist es auch Arbeitgebern und Wohnraumvermietern nicht generell verboten, einen Bewerber z.B. wegen seiner politischen Anschauungen abzulehnen.[192]
Ein ungeschriebenes Diskriminierungsverbot ist demnach auch in den Spezialbereichen des Arbeits- und des Wohnraummietrechts auf die oben genannten Fälle der monopolähnlichen Situationen und auf rassistische Diskriminierung zu beschränken.

Insgesamt bestehen damit im Zusammenhang mit Diskriminierungsverboten in den Bereichen des Arbeits- und des Wohnraummietrechts keine bereichsspezifischen Besonderheiten, die die Sonderbehandlung des „Rechts zur Lüge“ rechtfertigen könnten. Zuzugeben ist nur, daß in diesen Bereichen monopolähnliche Situationen besonders häufig auftreten. Dennoch bilden sie auch im Arbeits- und Wohnraummietrecht den Ausnahmefall.

Eine wirkliche Besonderheit besteht nur hinsichtlich der spezialgesetzlichen Diskriminierungsverbote des § 611 a BGB und des § 81 II S. 2 Nr. 1 S. 1 S. 1 SGB IX. Wegen der Regelung des § 611 a BGB ist ein Anfechtungsrecht des Arbeitgebers aus § 123 I Alt. 1 BGB bei der Lüge einer Bewerberin auf die Frage nach dem Bestehen einer Schwangerschaft grundsätzlich ausgeschlossen.[193]

---

[188] Hingegen ist ein entsprechendes Recht im Verhältnis zum Staat denkbar; so sehen die Landesverfassungen von Bayern, Berlin, Bremen und Nord-Rhein-Westfalen ein „Recht auf Arbeit“ vor, vgl. Art. 166 II BayVerf, 12 I S. 1 BlnVerf, 8 BremVerf, 24 I VerfNRW. Aus dieser Garantie trifft den Staat aber nur eine allgemeine Verpflichtung zur Förderung der Beschäftigung, vgl. Hromadka/Maschmann, ArbR Bd. 1, § 5 Rn. 86.

[189] LG Köln WuM 1984, 297, 298 (für das Wohnraummietrecht).

[190] Für das Arbeitsrecht: Bauer, NJW 2001, 2672, 2673; Dütz, ArbR, § 3 II 2 a (Rn. 92); Hofmann, ZfA 1975, 1, 22; Hromadka/Maschmann, ArbR Bd. 1, Rn. 82. Für das Wohnraummietrecht: LG Köln WuM 1984, 297, 298; Bub/Treier, S. 59; Hille, WuM 1984, 292, 294.

[191] Brossette, S. 141; Dütz, ArbR, § 3 II 2 a bb (2) (Rn. 100).

[192] A.A. MünchHandb. ArbR. I-Buchner, § 39 Rn. 82 ff. (Bindung an Art. 3 III GG bei der Einstellungsentscheidung aber Rechtsfolge eines Verstoßes dagegen noch unklar); Hromadka/Maschmann, ArbR Bd. 1, Rn. 233; für eine Bindung des „sozial mächtigen“ Arbeitgebers an Art. 3 III GG Degener, S. 96.

[193] BAG AP Nr. 31 und 36 zu § 123 BGB; BAG JZ 1993, 844, 846. In Konsequenz des Urteils des EuGH vom 4. 10. 2001 in der Sache *Tele Danmark ./. M. Brandt- Nielsen* (DB 2001, 2451 ff.), wonach die Kündigung wegen einer verschwiegenen Schwangerschaft auch bei befristeten Arbeitsverhältnissen als geschlechtliche Diskriminierung verboten ist, kommen

Denn § 123 I Alt. 1 BGB ist insoweit teleologisch zu reduzieren, weil die Heranziehung dieses Umstandes bei der Entscheidung über die Einstellung dem Arbeitgeber als Geschlechterdiskriminierung nach § 611 a BGB verboten ist. Angesichts des neu eingeführten § 81 II S. 2 Nr. 1 S. 1 SGB IX gilt im Grundsatz das gleiche, wenn ein schwerbehinderter Stellenbewerber auf die vorvertragliche Frage nach einer Behinderung lügt.[194] Etwas anderes ergibt sich in beiden Fällen, wenn die Berücksichtigung des Geschlechts bzw. der Behinderung wegen besonderer Anforderungen des zu besetzenden Arbeitsplatzes ausnahmsweise zulässig ist (§ 611 a I S. 2 BGB, § 81 II S. 2 Nr. 1 S. 2 SGB IX).

IV. Ergebnis zur Schranke des § 123 I Alt. 1 BGB im Zusammenhang mit Diskriminierungsverboten

Sofern nach einem Umstand gefragt wird, der einem Diskriminierungsverbot unterfällt, folgt aus einer Lüge des Befragten kein Anfechtungsrecht nach § 123 I Alt. 1 BGB. Insoweit ist die Regelung anhand ihres Schutzzwecks teleologisch zu reduzieren.
Die Begrenzung des Anfechtungsrechts, die sich im Zusammenhang mit Diskriminierungsverboten ergibt, hat aber nicht nur in den speziellen Bereichen des Arbeits- und Wohnraummietrechts Bedeutung. Vielmehr bildet sie eine *allgemeine* Grenze der Anfechtbarkeit wegen arglistiger Täuschung.
Insgesamt ist wegen des Ausnahmecharakters von Diskriminierungsverboten im Privatrecht der Bereich, der dem Anfechtungsrecht des § 123 I Alt. 1 BGB in diesem Zusammenhang entzogen ist, als eng zu umreißen.

B. Selbstbindung des fragenden Teils

Eine Bindung des fragenden Teils, wonach er einen Umstand bei seiner Entscheidung über den Abschluß und die Ausgestaltung eines Rechtsgeschäfts nicht zu Grunde legen darf, kann sich auch aus seinem eigenen Verhalten ergeben. Dabei ist insbesondere an eine rechtsgeschäftliche Bindung durch einen Vorvertrag und an eine Selbstbindung durch Inanspruchnahme des Vertrauens auf den Vertragsschluß zu denken.

I. Rechtsgeschäftliche Bindung des fragenden Teils

Die 'Sperrung' eines Umstands bei der Entscheidung über den Abschluß eines späteren Vertrages kann sich durch ein früheres Rechtsgeschäft zunächst dann ergeben, wenn gerade diese Sperrung im ersten Vertrag vereinbart wird. Wegen

---

Thüsing/Lambrich, BB 2002, 1146, 1147 zutreffend zu dem Ergebnis, daß wegen § 611 a I S. 1 BGB eine vorvertragliche Frage nach einer Schwangerschaft einer Stellenbewerberin „endgültig und ohne Ausnahme verboten ist". Vor Erlaß des § 611 a BGB wurde die Frage nach der Schwangerschaft hingegen für zulässig gehalten, BAG AP § 123 BGB Nr. 15.

[194] Thüsing/Lambrich, BB 2002, 1146, 1149.

des Grundsatzes der Vertragsfreiheit (§ 311 I BGB[195]) ist ein Rechtsgeschäft mit dem Inhalt, daß bei einem späteren Rechtsgeschäft bestimmte Umstände nicht berücksichtigt werden dürfen, insbesondere nicht zum Nachteil der anderen Seite, an sich denkbar. Praktisch gesehen erscheint so ein Vertrag aber wenig wahrscheinlich.

Von größerer Relevanz ist demgegenüber die Selbstbindung durch Vorvertrag. Als Vorverträge werden Verträge bezeichnet, durch die sich die Parteien zum Abschluß eines späteren Hauptvertrags verpflichten.[196] Auch solche Verträge sind wegen der allgemeinen Gestaltungsfreiheit im Schuldvertragsrecht im Grundsatz zulässig.[197] Gleichwohl sind auch Vorverträge relativ selten, da sich im Wege der Auslegung eines „Vorvertrags" meist ergibt, daß bereits ein Hauptvertrag geschlossen wurde.[198]

Besteht wirklich einmal ein Vorvertrag, stellt sich das Problem, ob der fragende Teil im Falle des Bestehens eines solchen Vorvertrages im Hinblick auf Abschluß und Gestaltung des Hauptvertrages völlig gebunden ist oder ob ihm insoweit noch Freiräume verbleiben. Dies kann nur im Wege der Auslegung des einzelnen Vorvertrags ermittelt werden. Insbesondere im Hinblick auf die Vertragsgestaltungsfreiheit wird auch im Fall einer vorvertraglichen Bindung ein Rest rechtsgeschäftlicher Entschließungsfreiheit bestehen. Durch die Auslegung des Vorvertrags ist zu klären, ob der fragende Teil den erfragten Umstand bei seiner Entscheidung über Abschluß und/oder Ausgestaltung des Hauptvertrags noch berücksichtigen durfte.

Wenn nach Maßgabe des Vorvertrags eigentlich keine Freiräume mehr bestehen, ist in einem zweiten Schritt zu berücksichtigen, daß eine Änderung der tatsächlichen Verhältnisse nach Abschluß des Vorvertrags unter Umständen zu einem Rücktrittsrecht führen kann.[199] Bestehen Gegebenheiten, aus denen sich ein solches Rücktrittsrecht ergibt, dann steht es dem fragenden Teil frei, die Bindungswirkung des Vorvertrags deshalb zu beenden, d.h. er darf diese Gegebenheiten bei seiner rechtsgeschäftlichen Entschließung berücksichtigen. Insoweit kann die Herbeiführung eines Willensmangels mithin trotz Vorvertrags eine Verletzung der rechtsgeschäftlichen Entschließungsfreiheit darstellen.[200]

Ergibt sich aber aus der Auslegung des Vorvertrags und auch unter Berücksichtigung eines eventuellen Rücktrittsrechts, daß der fragende Teil den erfragten

---

[195] Früher: § 305 BGB.

[196] BGH NJW-RR 1992, 977; Jauernig-Jauernig, Vor § 145 Rn. 5; MK-Kramer, Vor § 145 Rn. 43.

[197] MK-Kramer, Vor § 145 Rn. 45.

[198] BGH NJW-RR 1989, 800, 801; Jauernig-Jauernig, Vor § 145 Rn. 5.

[199] MK-Kramer, Vor. § 145 Rn. 48 (Rücktrittsrecht aus § 242 BGB bei Tatsachen, die zur Kündigung eines Dauerschuldverhältnisses aus wichtigem Grund berechtigen würden).

[200] Wenn ein solches Rücktrittsrecht ausgeübt wird, entfällt die Bindung des Vorvertrags vollständig, so daß dann keine Begrenzung der Umstände besteht, die bei der Entscheidung über den Hauptvertrag zu Grunde gelegt werden dürfen.

Umstand bei seiner rechtsgeschäftlichen Entscheidung über den Hauptvertrag in keiner Weise berücksichtigen durfte, so scheidet eine Bewertung der Täuschung als Beeinträchtigung der rechtsgeschäftlichen Entschließungsfreiheit aus.

II. Selbstbindung durch Inanspruchnahme des Vertrauens auf den Vertragsabschluß

Die Verweigerung eines Vertragsabschlusses ohne triftigen Grund kann eine Verletzung vorvertraglicher Pflichten aus den §§ 241 II iVm. 311 II BGB n. F. darstellen, wenn der Verweigernde zuvor in dem anderen Vertragspartner das Vertrauen geweckt hat, daß der Vertrag zustande kommen werde.[201] Der Verweigernde haftet dem anderen Teil dann aus § 280 I iVm. § 311 II iVm. § 241 II BGB n. F.[202] Für die Rechtslage vor der Einführung der §§ 241 II, 280 I 311 II BGB in ihrer jetzigen Fassung durch das Gesetz zur Modernisierung des Schuldrechts[203] ergab sich das gleiche aus § 242 BGB als Haftung für culpa in contrahendo.[204] Dabei war streitig, ob sich die Schadensersatzpflicht auf Erfüllung des vorvertraglich in Anspruch genommenen Vertrauens, also auf einen Vertragsabschluß[205] richtet oder nur das negative Interesse[206] zu ersetzen ist. Innerhalb des neuen § 280 BGB, der wie die cic-Haftung zunächst auf das negative Interesse gerichtet ist, wird sich dieser Streit voraussichtlich fortsetzen. Unabhängig von der Entscheidung der Streitfrage hinsichtlich des zu ersetzenden Schadens im Falle einer Pflichtverletzung ist allseits anerkannt, daß das Verhalten des Privaten bei den Vertragsverhandlungen zu einer Selbstbindung führen kann, mit der Folge, daß er einen Vertragsschluß ohne sachlichen Grund nicht mehr ablehnen darf und insoweit seine Abschlußfreiheit einbüßt.

---

[201] Palandt-Heinrichs, § 311 Rn. 34.

[202] Palandt-Heinrichs, § 311 Rn. 21.

[203] Gesetz zur Modernisierung des Schuldrechts vom 26. 11. 2001 (BGBl. I S. 3138), in Kraft getreten am 1. 1. 2002.

[204] Palandt-Heinrichs, § 311 Rn. 11.

[205] Soergel-Wolf, Vor § 145 Rn. 55.

[206] Hromadka/Maschmann, ArbR Bd. 1, § 5 Rn. 93; Staudinger-Bork (1996) Vorbem. zu §§ 145 Rn. 28; dagegen Schiek, S. 398. Für eine Beschränkung auf den Vertrauensschaden spricht, daß der Geschädigte aus dem Rechtsgrund der cic. nur verlangen kann, so gestellt zu werden, wie er ohne Verletzung der vorvertraglichen Pflicht stehen würde. Die Sorgfaltswidrigkeit liegt aber nicht erst in der Enttäuschung des Vertrauens durch die Verweigerung eines Vertragsschlusses, sondern sie ergibt sich aus dem Zusammenwirken der ungerechtfertigten Inanspruchnahme des Vertrauens, daß ausnahmsweise nicht mehr mit dem Scheitern der Vertragsverhandlungen zu rechnen ist mit der späteren Enttäuschung dieses Vertrauens. Denkt man sich diese Pflichtverletzung in ihrer Gesamtheit weg, bestände kein Vertrag zwischen den Parteien. Der Geschädigte kann deswegen nur verlangen, so gestellt zu werden, wie er ohne die pflichtwidrige Erweckung seines Vertrauens auf den Vertragsschluß stände. Das gleiche müßte auch für die Haftung nach neuem Recht gem. §§ 280 I iVm. 311 II iVm. 241 II BGB n. F. gelten.

Eine solche Selbstbindung durch Inanspruchnahme von Vertrauen ist allerdings äußerst restriktiv zu handhaben. Denn grundsätzlich ist jeder Verhandlungspartner bis zum tatsächlichen Abschluß eines Vertrages frei, die Vertragsverhandlungen gleich aus welchen Gründen abzubrechen.[207] Damit muß der jeweils andere Teil in aller Regel rechnen.
Geschützt ist das Vertrauen auf einen Vertragsschluß deswegen im Grundsatz erst, wenn die Parteien bereits einen Vorvertrag abschließen. Nach §§ 311 II iVm. 241 II BGB n. F., also ohne einen solchen Vorvertrag, wird sich eine entsprechende Selbstbindung nur in Ausnahmekonstellationen ergeben. Voraussetzung dafür ist, daß ein Vertragsabschluß von einer Seite unzutreffend als völlig sicher dargestellt wird und so in zurechenbarer Weise Vertrauen auf das Zustandekommen des Vertrages weckt.[208] Wegen der grundsätzlichen Freiheit der Parteien bis zum Zeitpunkt des Vertragsschlusses sind daran hohe Anforderungen zu stellen.
Es ist damit also bereits selten, daß wegen der Inanspruchnahme von Vertrauen eine Selbstbindung eines Verhandlungspartners hinsichtlich seiner Abschlußfreiheit entsteht. Noch seltener wird sich daraus eine weitgehende Bindung hinsichtlich der Vertragsgestaltung ergeben. Eine Bindung in Bezug auf den Vertragsinhalt kann normalerweise erst durch ein Verhalten begründet werden, das bereits als rechtsgeschäftliche Willenserklärung auszulegen ist. Anders ist es eventuell, wenn der Vertragsschluß nur noch von einer bestimmten Entwicklung oder einem bestimmten Umstand abhängen soll. Aber auch dann bleibt zwischen der Auslegung des Verhaltens als bedingte oder befristete Willenserklärung und der gänzlichen Ablehnung einer Bindung kaum Platz für eine entsprechende Bindung aus Inanspruchnahme von Vertrauen.
Erst wenn der fragende Teil in beiderlei Hinsicht, also hinsichtlich Abschluß und Gestaltung des Vertrags, gebunden ist, fehlt es ihm an der rechtsgeschäftlichen Entschließungsfreiheit mit der Konsequenz, daß diese durch die Täuschung nicht mehr verletzt werden kann. Eine Selbstbindung des fragenden Teils, die für die rechtliche Bewertung der Herbeiführung des Willensmangels relevant wäre, läßt sich deswegen unter dem Gesichtspunkt der Inanspruchnahme von Vertrauen allenfalls in extremen Ausnahmefällen feststellen.
Selbst in diesen Ausnahmekonstellationen steht es dem Verpflichteten aber frei, wegen eines *triftigen Grundes* die Vertragsverhandlungen abzubrechen.[209] Diesen Überrest rechtsgeschäftlicher Entschließungsfreiheit kann die Herbeiführung eines Willensmangels verletzen, wenn er sich auf einen solchen *triftigen Grund* bezieht.

---

[207] BGH NJW 1967, 2199; BGH NJW 1996, 1884, 1885; BGH NJW-RR 2001, 381, 382; Palandt-Heinrichs, § 311 Rn. 34.

[208] BGH NJW 1970, 1840 f.; BGH NJW 1996, 1884, 1885; Palandt-Heinrichs, § 311 Rn. 35

[209] Palandt-Heinrichs, § 311 Rn. 34 (keine zu hohen Anforderungen an so einen triftigen Grund).

Insgesamt wird es also nur sehr selten dazu kommen, daß der fragende Teil wegen der Inanspruchnahme von Vertrauen auf den Vertragsschluß bei seiner rechtsgeschäftlichen Entscheidung einen Umstand überhaupt nicht beachten darf.

III. Auswirkungen auf die Anfechtbarkeit nach § 123 I Alt. 1 BGB

Soweit eine Selbstbindung des fragenden Teils dazu führt, daß er einen Umstand weder bei seiner Entscheidung über das 'Ob' noch bei seiner Entscheidung über das 'Wie' des Vertrages berücksichtigen darf, verletzt die Herbeiführung eines diesbezüglichen Willensmangels seine Vertragsfreiheit nicht. Sie fehlt dann nämlich schon von Rechts wegen.
Bei der Untersuchung der Auswirkung von Diskriminierungsverboten wurde bereits festgestellt, daß die Regelung des § 123 I Alt. 1 BGB für den Fall des Fehlens von Vertragsabschluß- und inhaltsfreiheit anhand ihres Schutzzwecks zu reduzieren ist. Dieser ist auf den Schutz der rechtsgeschäftlichen Entschließungsfreiheit gerichtet. Eine teleologische Reduktion des § 123 I Alt. 1 BGB ist deswegen auch vorzunehmen, wenn und soweit die Selbstbindung des fragenden Teils bewirkt, daß er einen Umstand weder bei seiner Entscheidung über den Abschluß noch bei seiner Entscheidung über die Gestaltung des verhandelten Vertrages heranziehen darf.

IV. Besonderheiten im Arbeits- und Wohnraummietrecht

In Bezug auf die Selbstbindung des fragenden Teils hinsichtlich seiner Entscheidung über den Vertragsschluß sind Besonderheiten für die Spezialbereiche des Arbeits- und Wohnraummietrechts nicht ersichtlich. Insbesondere stellt die Selbstbindung der Vertragsfreiheit eines Verhandlungspartners durch Rechtsgeschäft oder durch Inanspruchnahme von Vertrauen auch dann eine Ausnahme da, wenn es sich bei diesem Verhandlungspartner um einen Arbeitgeber oder Wohnraumvermieter handelt.

C. Ergebnis zu Teil 3

Die These des Bestehens von Grenzen der Anfechtbarkeit nach § 123 I Alt. 1 BGB unter dem Gesichtspunkt des Fehlens der Vertragsfreiheit hinsichtlich des Frage- und Täuschungsgegenstands ist zu bestätigen.

Im Grundsatz umfaßt die Vertragsfreiheit der Verhandlungspartner die uneingeschränkte Freiheit, selbst zu entscheiden, welche Umstände bei der rechtsgeschäftlichen Entschließung ausschlaggebend sein sollen. Es existieren aber Ausnahmekonstellationen, in denen ein Verhandlungspartner bestimmte Umstände bei seiner Entscheidung über Abschluß und Inhalt des Rechtsgeschäfts nicht berücksichtigen darf.

Namentlich handelt es sich dabei um die Fälle, in denen ein Verhandlungspartner durch Diskriminierungsverbote, aufgrund eines Rechtsgeschäfts oder wegen der Inanspruchnahme von Vertrauen in seiner Vertragsfreiheit beschränkt ist. Während bei Diskriminierungsverboten die Vertragsfreiheit hinsichtlich des Umstands, wegen dessen nicht diskriminiert werden darf,[210] umfassend ausgeschlossen ist, ist dies bei der Selbstbindung durch Rechtsgeschäft im Wege der Auslegung zu klären und bei der Inanspruchnahme von Vertrauen wertend zu ermitteln. Insgesamt haben entsprechende Schranken der Vertragsfreiheit einer Seite in hohem Maße Ausnahmecharakter. Diskriminierungsverbote bestehen im Privatrecht nur im Anwendungsbereich der spezialgesetzlich normierten Diskriminierungsverbote, bei monopolähnlichen Situationen und möglicherweise noch hinsichtlich ethnischer oder rassistischer Diskriminierungen. Auch Vorverträge, die die Vertragsfreiheit ausschließen, sind selten. Noch seltener ist eine entsprechende Selbstbindung unter dem Gesichtspunkt der Inanspruchnahme von Vertrauen.

Sofern sich ergibt, daß der erfragte Umstand weder bei der Entscheidung über das 'Ob' noch bei der Entscheidung über das 'Wie' des Vertragsschlusses berücksichtigt werden darf, folgt aus einer diesbezüglichen Lüge des Befragten grundsätzlich kein Anfechtungsrecht nach § 123 I Alt. 1 BGB. Insoweit ist die Regelung anhand ihres Schutzzwecks teleologisch zu reduzieren. Eine Ausnahme besteht nur dann, wenn der Verbotsadressat den Täuschenden wegen der Täuschung über den gesperrten Umstand gegenüber den üblichen bzw. angemessenen Vertragsbedingungen zulässigerweise bevorzugt.

Die Begrenzung des Anfechtungsrechts, die sich im Zusammenhang mit dem Fehlen von Vertragsfreiheit ergibt, bildet keine Besonderheit des Arbeits- und Wohnraummietrechts, sondern es handelt sich um eine *allgemeine* Grenze der Anfechtbarkeit wegen arglistiger Täuschung.

Insgesamt ist der Bereich, der dem Anfechtungsrecht des § 123 I Alt. 1 BGB im Zusammenhang mit den Grenzen der Vertragsfreiheit wegen Diskriminierungsverboten bzw. als Folge einer Selbstbindung des fragenden Teils entzogen ist, als eng zu umreißen.

---

[210] Bei *punktuellen* Diskriminierungsverboten also hinsichtlich der bestimmten gesperrten Eigenschaft und bei *umfassenden* Diskriminierungsverboten hinsichtlich aller Eigenschaften, wenn es sich nicht gerade um einen sachlichen Grund für eine Differenzierung handelt.

Teil 4: Die Täuschung als rechtmäßige Verteidigung rechtlich geschützter Interessen gegenüber der Befragung

Nachdem die widerrechtliche Beeinträchtigung der Entscheidungsfreiheit des anderen Teils maßgebliche Grundlage der Wertung des § 123 BGB bildet (s.o., Teil 2), läßt sich die These aufstellen, daß Grenzen der Anfechtbarkeit nach § 123 I Alt. 1 BGB bestehen, wenn die Befragung rechtlich geschützte Interessen des Täuschenden betrifft und die Täuschung lediglich eine legitime Gegenwehr bildet. Diese These soll im folgenden Teil untersucht werden.

Für eine Rechtfertigung der Täuschung als legitime Gegenwehr kommen vor allem die informationelle Selbstbestimmung als angegriffenes Rechtsgut und der Notwehrtatbestand des § 227 I BGB als Rechtfertigungsgrund in Betracht.

A. Rechtfertigung der Täuschung als Notwehr nach § 227 I BGB

Die Rechtmäßigkeit der Beeinträchtigung fremder Rechtsgüter im Rahmen der Gegenwehr gegenüber einer Bedrohung eigener, rechtlich geschützter Interessen wird im Zivilrecht vor allem durch den Rechtfertigungstatbestand der Notwehr (§ 227 BGB) geregelt. Bei der unwahren Beantwortung einer Befragung über private Lebensumstände könnte deswegen dieser Rechtfertigungsgrund einschlägig sein.[1] Dies setzt nach § 227 II BGB zunächst eine Notwehrlage des Befragten, also einen gegenwärtigen rechtswidrigen Angriff auf ein notwehrfähiges Gut voraus.

I. Zivilrechtliches Persönlichkeitsrecht auf informationelle Selbstbestimmung als notwehrfähiges Gut

Zunächst muß also ein rechtlich geschütztes Gut des Befragten als Gegenstand des Angriffs in Frage kommen. Dem doppelten Zweck[2] der Notwehr als Instrument der Bewährung der objektiven Rechtsordnung im Ganzen (sozialrechtlicher Aspekt) und der Ermöglichung der Verteidigung aller subjektiven Rechte (individualrechtlicher Aspekt) entsprechend ist der Kreis der nach § 227 I BGB notwehrfähigen Rechtsgüter weit zu ziehen: Gegenstand des Angriffs kann jedes rechtlich geschützte Interesse sein, sofern es sich nicht ausschließlich um

---

1 Entsprechend wird das „Recht zur Lüge" des Stellenbewerbers bei unzulässigen Arbeitgeberfragen in der Literatur überwiegend auf § 227 BGB gestützt, sofern die Rechtfertigung der Lüge überhaupt näher begründet wird, vgl. v. Lübtow, FS für Bartholomeyczik, S. 249, 275; MK-Kramer, § 123 Rn. 10; Musielak, § 5 VII a 1 (Rn. 375); Neumann-Duesberg, UFITA 1962, 101, 113; ders., JR 1967, 1, 3; Staudinger-Dilcher § 123 Rn. 27, 29.

2 Ganz h. M., vgl. nur (für § 32 StGB) BGHSt 24, 356, 359; Kratzsch, StV 1987, 224, 227; Roxin, Strafrecht AT, § 15 I. (Rn. 1).

ein Allgemeininteresse, sondern zumindest auch um ein Individualinteresse handelt.[3]
Bei einer Befragung des potentiellen Vertragspartners, die diesen zur Preisgabe persönlicher Lebensumstände drängt, ist als angegriffenes Gut an das Recht auf informationelle Selbstbestimmung als besondere Ausgestaltung des zivilrechtlichen allgemeinen Persönlichkeitsrechts zu denken.

1. Verfassungsrechtliche Grundlagen in Art. 2 I iVm. 1 I GG
Das allgemeine Persönlichkeitsrecht und die informationelle Selbstbestimmung haben im BGB zwar keine ausdrückliche Regelung gefunden, sie werden aber für das Zvilrecht aus Art. 2 I iVm 1 I GG abgeleitet.

a) Allgemeines Persönlichkeitsrecht
Aus der Garantie der freien Entfaltung der Persönlichkeit in Art. 2 I GG hatte die Rechtsprechung zunächst nur die allgemeine Handlungsfreiheit entnommen,[4] wonach das menschliche Verhalten grundsätzlich frei ist und die staatliche Einschränkung dieser Freiheit einer Rechtfertigung bedarf.[5] Bei der Auslegung der Gewährleistung der "freien Entfaltung seiner Persönlichkeit" stand mithin zunächst die "freie Entfaltung" im Vordergrund, der Begriff der "Persönlichkeit" wurde noch weniger berücksichtigt.[6] Es wurde aber bald deutlich, daß der Schutz dieser aktiven Freiheitsentfaltung nur im Zusammenspiel mit einem Persönlichkeitsschutz funktionieren kann. Dieser muß sich an der ambivalenten Persönlichkeit des Menschen orientieren, der einerseits Individualwesen, andererseits Sozialwesen ist.

aa) Schutz der individuellen Persönlichkeit
So braucht die Entfaltung des Bürgers in der Freiheit seines Verhaltens einen individuellen, abgeschirmten Bereich, in dem weder Staat noch Gesellschaft ihn kontrollieren oder sonst auf ihn zugreifen können.
Die Selbstfindung in einem Bereich rein privater Lebensgestaltung erfordert den Schutz solcher Verhaltensweisen, die so stark zur Persönlichkeit gehören, daß sie nicht mehr bloß Ausübung der allgemeinen Handlungsfreiheit, sondern auch Teil der persönlichen Identität sind.[7] Diese "individuelle Identität"[8] des Men-

---

3 Jauernig-Jauernig, § 227 Rn. 3; Kühl, Jura 1993, 57, 61 (für § 32 StGB); MK-Grothe, § 227 Rn. 4 ff.; Staudinger-Werner (1995), § 227 Rn. 3.

4 BVerfGE 6, 32, 36 f. (Elfes); BVerfGE 54, 143, 144; Erman-Ehmann Anh. § 12 Rn. 92; Jarass, NJW 1989, 857.

5 Jarass, NJW 1989, 857.

6 Zu den Anfängen einer mehr am Begriff der Persönlichkeit orientierten Auslegung: BVerfGE 27, 1, 6 (Mikrozensus) und BVerfGE 27, 344 (350f.).

7 Insbesondere die Selbstbestimmung im sexuellen und familiären Bereich. Hufen, JZ 1984, 1072, 1076 spricht insoweit von einem dem Kern der Menschenwürde und der Gewissensfreiheit nahem Sektor höchstpersönlicher Lebensgestaltung.

schen gehört zur Persönlichkeit im Sinne von Art. 2 I GG und ihre Entfaltung fällt damit unter seinen Schutz. Darüber hinaus wird dieser Schutz dadurch verstärkt,[9] daß der Mensch ohne einen wenigstens minimalen Rückzugsbereich für seine private Lebensgestaltung zu einem öffentlichen Objekt degradiert würde, was im Widerspruch zur Menschenwürdegarantie des Art. 1 I GG stände.[10]
Zur Entfaltung der individuellen Persönlichkeit ist es außerdem erforderlich, daß dem Menschen die Möglichkeit einer *informationellen* Abschirmung seines Lebens belassen wird. Der fremde Blick auf das eigene Leben bzw. schon die bloße Unsicherheit über die Möglichkeit eines solchen Blicks vermag die Freiheit zu einem Verhalten zwar nicht zu beenden. Sie kann jedoch zur Hemmung bis hin zum Verzicht auf die Rechtsausübung durch den Grundrechtsträger führen, der möglicherweise eine Verurteilung seines Verhaltens befürchtet.[11] Ein wirksamer Freiheitsschutz setzt damit die Existenz von Bereichen voraus, in denen der Bürger von den Blicken und Zugriffen des Staates "in Ruhe gelassen wird"[12] und bezüglich derer er selbst darüber entscheiden kann, was von seinem Verhalten nach außen dringen soll und was nicht. Eine Verfassungsordnung, die dem einzelnen Freiräume einräumen will, muß ihm also auch in informationeller Hinsicht eine Möglichkeit des Rückzugs eröffnen, in dem der Mensch nur sich selbst gehört und sich im Alleinsein bzw. im Zusammensein mit Vertrauten selbst finden kann.
Damit ergibt sich aus Art. 2 I iVm 1 I GG der Schutz der Persönlichkeitsentfaltung in einer Individualsphäre, in der der einzelne „in Ruhe" zu lassen ist, was sowohl für Verhaltensanforderungen, als auch für seine Überwachung gilt.[13]

---

[8] In Abgrenzung zur "sozialen Identität" des Menschen vgl. Steindorff, S. 25; Jarass, NJW 1989, 857, 859; Handb. StaatR.-Schmitt-Glaeser, § 129 Rn. 32 spricht in diesem Zusammenhang von "personaler Identität".

[9] Die Kontroverse über das Zusammenspiel von Art. 2 I und Art. 1 I GG im allgemeinen Persönlichkeitsrecht, für das einerseits die Grundlage in Art. 2 I GG gesehen wird, der von Art. 1 I nur verstärkt werde - vgl. z.B. Jarass, NJW 1989, 857; Sachs-Murswiek Art. 2 GG Rn. 63 und andererseits von einer gemeinsamen Begründung des Persönlichkeitsrechts durch beide Artikel ausgegangen wird (Baston-Vogt, S. 34 f.), ist im Ergebnis von untergeordneter Bedeutung, vgl. Staudinger-Hager (1999), § 823 Rn. C 4, da eine primäre Anknüpfung an Art. 1 I GG, die einem vollständigen Ausschluß der Einschränkbarkeit des Persönlichkeitsrechts nach sich zöge, nicht erwogen wird.

[10] Kunig, Jura 1993, 595, 603; Schlechtriem, DRiZ 1975, 65, 66. Vgl. zur Konkretisierung der Menschenwürdegarantie, aus der folgt, daß der Mensch ein Subjekt ist, das nicht zum bloßen Objekt der Staatsgewalt herabgewürdigt werden darf, BVerfGE 30, 1, 25; Jarass/Pieroth, Art. 1 Rn. 5.

[11] BVerfGE 27, 1, 6 f. (Mikrozensus); BVerfGE 65, 1, 43 (Volkszählung); Gallwas, NJW 1992, 2785; MK-Rixecker, § 12 Anh. Rn. 95; Rosenbaum, Jura 1988, 178, 180; Tinnefeld/Ehmann, S. 83.

[12] BVerfGE 27, 1, 6 (Mikrozensus).

[13] BVerfGE 27, 1, 6; BVerfGE 44, 197, 203; Jarass, NJW 1989, 857, 859.

bb) Schutz der sozialen Persönlichkeit

Wegen der Ambivalenz der menschlichen Persönlichkeit als Individual- und Sozialwesen muß der Schutz des Art. 2 I GG aber auch für die Entfaltung seiner "sozialen Identität"[14] greifen. Das Zusammenleben mit den Mitmenschen ist zwar in vielerlei Hinsicht bereits durch die besonderen Freiheitsgrundrechte – etwa die Versammlungsfreiheit des Art. 8 I GG - bzw. die allgemeine Handlungsfreiheit – die im Privatrecht zum Prinzip der autonomen Gestaltung der eigenen Verhältnisse (Privatautonomie) geführt hat – geschützt. Eine wesentliche Grundbedingung des Lebens in einer Gesellschaft ist jedoch nicht besonders berücksichtigt: die Darstellung des Menschen in seinem sozialen Umfeld. Die Haltung, die die Mitmenschen einer Person gegenüber einnehmen, ist jedoch für ihre Verwirklichung im gesellschaftlichen Zusammenleben von entscheidender Bedeutung.[15] Und diese Haltung bestimmt sich im wesentlichen danach, wie ein Mensch sich für Dritte darstellt. Der Schutz der Entfaltung der Persönlichkeit muß sich deswegen im Hinblick auf den sozialbezogenen Aspekt der Persönlichkeit des Menschen auch auf die Darstellung seiner selbst erstrekken. Art. 2 I GG ist demnach auch ein Abwehrrecht gegenüber solchen staatlichen Verhaltensweisen zu entnehmen, die den Einzelnen in der Öffentlichkeit in lächerlicher, verächtlicher oder in sonstiger, vom Betroffenen nicht gewollten und vielleicht unzutreffenden Weise erscheinen lassen. Die von Art. 2 I GG gewährleistete Entfaltung der Sozialpersönlichkeit umfaßt damit die Ungestörtheit der Selbstdarstellung des Menschen in der Gesellschaft.[16] Auch hier wird dieser Schutz durch das verfassungsrechtliche Bekenntnis zur Menschenwürde in Art. 1 I GG verstärkt, denn jedenfalls die vollständige Definition des Einzelnen gegenüber seinen Mitmenschen durch den Staat wäre mit dem Geltungs- und Achtungsanspruch des Menschen unvereinbar.

Dieses Recht aus Art. 2 I iVm 1 I GG auf Selbstverwirklichung der menschlichen Persönlichkeit durch Abschirmung einerseits und Selbstdarstellung andererseits hat das Bundesverfassungsgericht in Anlehnung an die Begrifflichkeiten, die der Bundesgerichtshof bei seiner thematisch einschlägigen Rechtsprechung in der Schachtbrief- und ähnlichen, darauf folgenden Entscheidungen[17] geprägt hat, als allgemeines Persönlichkeitsrecht bezeichnet. Während der In-

---

[14] Steindorff, S. 25; Handb. StaatR.-Schmitt-Glaeser, § 129 Rn. 32; Jarass, NJW 1989, 857, 859.

[15] Jarass, NJW 1989, 857, 859 spricht in diesem Zusammenhang von "einer zentralen Voraussetzung für das Tätigwerden der Person in den Beziehungen mit (nicht vertrauten) Dritten und für das Tätigwerden in der Öffentlichkeit.".

[16] BVerfGE 63, 131, 142; BVerfGE 35, 202, 220; BVerfGE 54, 148, 155; Erman-Ehmann, Anh. § 12 Rn. 94; Tinnefeld/Ehmann, S. 81; Jarass, NJW 1989, 857, 859; Jarass/Pieroth, Art. 2 Rn. 31.

[17] BGHZ 13, 334, 338 (Schachtbrief); BGHZ 24, 72, 77; BGHZ 26, 349, 355 (Herrenreiter); BGHZ 30, 7, 10 (Caterina Valente); BGHZ 35, 363, 367 (Ginseng).

halt dieses Rechts in der Verfassung angelegt ist, handelt es sich also beim allgemeinen Persönlichkeitsrecht in begrifflicher Hinsicht um eine Neuschöpfung der Rechtsprechung.[18]

b) Besonderes Persönlichkeitsrecht auf informationelle Selbstbestimmung

Der persönlichkeitsrechtliche Schutz eines Bereichs der privaten Lebensgestaltung, der mit den Begriffen Abschirmung und Selbstdarstellung nur grob umrissen ist, hat im Laufe der Zeit durch die richterliche Formulierung einzelner persönlichkeitsrechtlicher Schutzpositionen Konkretisierungen erfahren.[19]

aa) Entwicklung als besonderes persönlichkeitsrechtliches Schutzgut

Eine wesentliche tatbestandliche Präzisierung bildete sich mit dem Schutz des Einzelnen vor der ungewollten Erhebung, Verarbeitung und Veröffentlichung seiner persönlichen Geheimnisse durch den Staat heraus. Dabei wurde die Qualifikation einer personenbezogenen Information als geschütztes Geheimnis zunächst durch ihre Einordnung in bestimmte intime Persönlichkeitssphären festgelegt.[20] Später[21] knüpfte das Bundesverfassungsgericht weniger an die Einordnung in Sphären als an den Willen des Betroffenen an, der der Erhebung oder sonstigen Verarbeitung entgegenstehen könne; in objektiver Hinsicht war nur noch die Bezogenheit der Information auf seine Person erforderlich. Besonderen Schutz genießt in der verfassungsgerichtlichen Rechtsprechung aber nach wie vor ein unantastbarer Persönlichkeitskern, der der öffentlichen Gewalt schlechthin entzogen ist.[22]

Für das Bestimmungsrechts hinsichtlich personenbezogener Informationen als besondere Ausgestaltung des allgemeinen Persönlichkeitsrechts hat sich die Be-

---

[18] Degenhart, JuS 1992, 361, 362. Der Begriff des allgemeinen Persönlichkeitsrecht ist auch der allgemein anerkannte Name, unter dem die Auseinandersetzung über das Recht aus Art. 2 I iVm 1 I GG in der Lehre stattfindet, vgl nur Baston-Vogt, Der sachliche Schutzbereich des allgemeinen Persönlichkeitsrechts; Erman-Ehmann, Anh. § 12, Rn 1 ff; Jarass/Pieroth, Art. 2 Rn. 28 ff.

[19] Vgl. die Aufzählungen bei Degenhardt, JuS 1992, 361 f., Jarass, NJW 1989, 857, 858 f; Sachs-Murswiek, Art. 2 Rn. 68 ff.

[20] Sog. Sphärentheorie, vgl. BVerfGE 27, 1, 6 (Mikrozensus); BVerfGE 27, 344, 348 (Scheidungsakten); BVerfGE 32, 373, 379 ff. (Beschlagnahme von Krankenblättern); 44, 353, 366 f. (Beschlagnahme von Klientenakten einer Suchtberatungsstelle); Hubmann, Persönlichkeitsrecht, S. 268 ff. Zu den Persönlichkeitssphären als Schutzgut des Persönlichkeitsrechts vgl. auch BVerfGE 54, 148, 153 f. (Eppler).

[21] Zur Ablösung der Sphärentheorie durch den Ansatz der informationellen Selbstbestimmung Schlink, Der Staat 25 (1986), 233, 241 ff; Tinnefeld/Ehmann, S. 79 ff.

[22] BVerfGE 80, 367, 373 (Tagebuch); BVerfGE 84, 69, 84 (med.-psych. Gutachten über Fahreignung eines Haschischkonsumenten). Die fortwirkende Bedeutung der sphärenmäßigen Abstufung des Persönlichkeitsschutzes für die Abwägung zwischen staatlichem Informations- und persönlichem Geheimhaltungsinteresse betonen Degenhart, JuS 1992, 361, 364; Handb. StaatR.-Schmitt-Glaeser, § 129 Rn. 34 ff. und Tinnefeld/Ehmann, S. 80.

zeichnung "Recht auf informationelle Selbstbestimmung" eingebürgert. Im sog. Volkszählungsurteil des Bundesverfassungsgericht, welches für die Ableitung des Rechts auf informationelle Selbstbestimmung aus Art. 2 I iVm 1 I GG von maßgeblicher Bedeutung gewesen ist, definiert das Gericht dieses persönlichkeitsrechtliche Schutzgut als "die aus dem Gedanken der Selbstbestimmung folgende Befugnis des einzelnen, grundsätzlich selbst zu entscheiden, wann und innerhalb welcher Grenzen persönliche Lebenssachverhalte offenbart werden"[23]. Das Bundesverfassungsgericht machte in diesem Zusammenhang deutlich, daß für den Schutz eines ungestörten Bereichs der privaten Lebensgestaltung aus Art. 2 I iVm 1 I GG insbesondere auch der informationelle Aspekt von Bedeutung ist. Aus der Gewährleistung der Menschenwürde folgt in diesem Zusammenhang, daß der Mensch nicht zu einem bloßen Informationsobjekt gemacht werden darf, etwa durch die vollständige Rekonstruktion seine Persönlichkeitsbildes.[24]

bb) Informationelle Verfügungsbefugnis über Abschirmung und Darstellung der eigenen Person

Wie das allgemeine Persönlichkeitsrecht spiegelt auch der Spezialfall der informationellen Selbstbestimmung die Ambivalenz der menschlichen Persönlichkeit wider, indem sie Abschirmung einerseits und Selbstdarstellung andererseits schützt. Das Spezialitätsverhältnis zum allgemeinen Persönlichkeitsrecht ergibt sich daraus, daß die informationelle Selbstbestimmung insoweit ausschließlich die *informationelle* Verfügungsbefugnis schützt. Sie bietet also etwa keinen Schutz vor Zwängen hinsichtlich der familiären Selbstbestimmung, wenn es insoweit nicht um die Offenbarung oder Geheimhaltung der jeweiligen Umstände geht.

Die oben dargelegte Bedeutung der Möglichkeit zur Abschirmung und Darstellung des eigenen Lebens gegenüber anderen für die Entfaltung der Persönlichkeit zeigt sich im informationellen Bereich mit besonderer Deutlichkeit. Gerade hierbei geht es um die Möglichkeit der Geheimhaltung des eigenen Lebens, also der Abwendung von Hemmnissen[25] für die private Lebensgestaltung, die daraus folgen können, daß diese Lebensgestaltung anderen zur Kenntnis gelangt bzw. dies zu befürchten ist.

Auch der soziale Aspekt der menschlichen Persönlichkeit, der sich in der Begegnung mit anderen entfaltet, bedarf insbesondere eines Schutzes der diesbezüglichen informationellen Entscheidungen. Selbstdarstellung ist nämlich gerade Entscheidung über den Umgang mit Informationen über das eigene Leben. Der informationelle Aspekt des Persönlichkeitsrechts verlangt also, die Freiheit

---

[23] BVerfGE 65, 1, 42.

[24] Kunig, Jura 1993, 595, 603.

[25] BVerfGE 65, 1, 43; Gallwas, NJW 1992, 2785; Simitis, NJW 1984, 398, 400; vgl. dazu schon oben, bei 1. a) aa).

des einzelnen bei seinen Entscheidungen über die Darstellung seiner selbst zu schützen. Solche Störungen können nicht bloß durch staatlichen Zwang bei der Selbstdarstellung zustande kommen, sondern auch dadurch, daß der Staat dem Berechtigten bei der Offenlegung privater Umstände zuvorkommt.[26] Die staatliche Darstellung seiner Person kann nämlich anders ausfallen, als er das gegenüber diesem Empfänger wollte. Insbesondere wenn der Bürger nicht mehr mit hinreichender Sicherheit abschätzen kann, "wer was wann und bei welcher Gelegenheit" über ihn weiß,[27] kann dies seine Freiheit zur Selbstdarstellung gegenüber anderen, die auch das Verschweigen von Umständen und das Einnehmen von möglicherweise verschiedenen Rollen umfaßt,[28] grundsätzlich in Frage stellen.
Im Spezialbereich des Umgangs mit den Informationen über das eigene Leben bedeutet Schutz der freien Entfaltung der Persönlichkeit also die Selbstbestimmung über die Preisgabe oder Geheimhaltung persönlicher Lebenssachverhalte und über die Verwendung dieser Informationen im Sinne einer informationellen Verfügungsbefugnis.[29] Diese Verfügungsbefugnis ist der Schutzgegenstand des besonderen Persönlichkeitsrechts auf informationelle Selbstbestimmung.

cc) Gegenstand der informationellen Verfügungsbefugnis
Ein effektiver Persönlichkeitsschutz kann sich dabei nicht auf den Schutz der Verfügung über besonders intime Informationen beschränken, was nach der Überwindung[30] der Sphärentheorie der älteren verfassungsgerichtlichen Rechtsprechung[31] auch nicht mehr vertreten wird. Viele persönliche Informationen erscheinen zwar für sich genommen harmlos. Die Offenlegung dieser „harmlosen" Informationen bringt aber immer die Gefahr mit sich, daß sie in Verknüpfung mit anderen Informationen eine Aussagekraft erhalten, die der selbstbestimmten Entscheidung über Abschirmung und Selbstdarstellung zuwider

[26] Vgl. Schlink, Der Staat 25 (1986), 233, 246.
[27] So das Szenario einer Gesellschafts- und Rechtsordnung in BVerfGE 65, 1, 43, die es wegen Art. 2 I und 1 I GG durch Schutz der informationellen Selbstbestimmung zu verhindern gelte.
[28] Schlink, Der Staat 25 (1986), 233, 242f; Handb. StaatR.-Schmitt-Glaeser, § 129 Rn. 42 ff.
[29] Heute allgemein anerkannt, vgl. z.B.: BVerfGE 65, 1, 42 (Volkszählung); 78, 77, 84; Gounalakis/Mand, CR 1997, 431, 432; Jarass/Pieroth, Art. 2 Rn. 32; Sachs-Murswiek, Art. 2 Rn. 72; Schlink, Der Staat 25 (1986), 233, 248; Schmalz, Grundrechte, Rn. 425; Martins, S. 78 weist dabei zutreffend darauf hin, daß es sich letztlich um eine „eigentumsähnliche Grundrechtsposition" handelt, deren Bezugspunkt die „eigenen" Daten bilden.
[30] Vgl. dazu Schlink, Der Staat 25 (1986), 233, 241 ff; Tinnefeld/Ehmann, S. 79 ff.
[31] Vgl. BVerfGE 27, 1, 6 (Mikrozensus); BVerfGE 27, 344, 348 (Scheidungsakten); BVerfGE 32, 373, 379 ff. (Beschlagnahme von Krankenblättern); 44, 353, 366 f. (Beschlagnahme von Klientenakten einer Suchtberatungsstelle).

läuft.[32] Demnach gibt es ein in persönlichkeitsrechtlicher Hinsicht harmloses Datum nicht, sondern der Schutzbereich des Rechts auf informationelle Selbstbestimmung ist auf *alle* Informationen über die betroffene Person zu beziehen.[33] Die erhebliche Weite, die der Schutzbereich des Rechts auf informationelle Selbstbestimmung durch die Erstreckung auf alle „eigenen" Daten vorweist, wird durch die Qualifizierung des Rechts auf informationelle Selbstbestimmung als sogenanntes Rahmenrecht kompensiert. Diese Einordnung hat zur Folge, daß die bloße Beeinträchtigung des Schutzbereichs die Rechtswidrigkeit des zu Grunde liegenden Verhaltens noch nicht indiziert, sondern diese erst im Wege einer Interessenabwägung positiv festgestellt werden muß.[34] Das führt dazu, daß in ganz bagatellartigen Fällen, zum Beispiel der bloßen Zurkenntnisnahme offensichtlicher körperlicher Merkmale des Berechtigten, der Schutzbereich des Rechts auf informationelle Selbstbestimmung zwar betroffen ist, wegen der geringen Intensität der Beeinträchtigung die Rechtswidrigkeit des Eingriffs aber stets scheitert. Im Zusammenhang mit dieser Interessenabwägung, nämlich bei der Feststellung der Intensität der Beeinträchtigung, hat der Sphärengedanke der älteren verfassungsgerichtlichen Rechtsprechung nach wie vor Bedeutung.[35]

dd) Schutzrichtung der informationellen Selbstbestimmung

Was die Schutzrichtung des Rechts auf informationelle Selbstbestimmung betrifft, wurde früher zum Teil vertreten, es schütze nur vor der Erhebung, Speicherung, Verarbeitung der Daten mit den Mitteln der EDV.[36] Dem lag zu Grunde, daß das Bundesverfassungsgericht in seinem Volkszählungsurteil die besonderen Gefahren der informationellen Erschließung des Bürgers durch den Staat insbesondere mit den unüberschaubaren Möglichkeiten der elektronischen und vernetzten Verarbeitung und Nutzung von Daten begründet hatte.[37] Für die Beeinträchtigung der informationellen Abschirmung des einzelnen und seiner Selbstdarstellung kommt es aber nicht darauf an, ob bei der Erhebung der Daten

---

[32] BVerfGE 65, 1, 45; so auch schon Schlechtriem, DRiZ 1975, 65, 66 (Sammlung von Daten zur Herstellung eines Persönlichkeitsbildes).

[33] BVerfGE 65, 1, 45.

[34] Allgemeine Meinung, vgl. BGHZ 24, 72, 80; Bamberger/Roth-Bamberger, § 823 Anh. Rn. 55; Medicus, Bürgerliches Recht, § 24 II 2 d (Rn. 615) zum Persönlichkeitsrecht; wobei Canaris, JuS 1989, 161, 169 f. für eine typisierende Herausarbeitung der Schutzbereiche plädiert, um wenigstens teilweise zu einer Indikationswirkung zurückzufinden; in diese Richtung auch Ehman, JuS 1997, 193, 197.

[35] Vgl. BVerfGE 80, 367, 373 (Tagebuch); BVerfGE 84, 69, 84 (med.-psych. Gutachten über Fahreignung eines Haschischkonsumenten); Degenhart, JuS 1992, 361, 364; Handb. StaatR.-Schmitt-Glaeser, § 129 Rn. 34 ff.; Tinnefeld/Ehmann, S. 80.; zu den Folgen für die Interessenabwägung im Verhältnis von zwei Privaten vgl. unten, Teil 5 A. II. 4. b) aa) (2) (b).

[36] In diese Richtung etwa Krause, JuS 1984, 268, 271 f.

[37] BVerfGE 65, 1, 42 f.

oder ihrer Offenbarung gegenüber Dritten die Mittel der EDV verwendet werden.[38] Auch das BDSG, welches dem Schutz der informationellen Selbstbestimmung dient,[39] gilt nicht nur hinsichtlich der automatisierten Verarbeitung von Daten, sondern auch hinsichtlich ihrer Verarbeitung in einer nicht automatisierten Datei.[40] Der Schutz des Rechts auf informationelle Selbstbestimmung ist also nicht auf solche Informationsvorgänge beschränkt, bei denen die EDV eingesetzt wird.[41]

Nach alledem weist das Recht auf informationelle Selbstbestimmung dem Rechtsgutsträger die Verfügungsbefugnis über „seine" Informationen *umfassend* zu. Er hat also die Befugnis, über die Geheimhaltung oder Offenbarung der ihn betreffenden Informationen zu entscheiden. Der Staat darf ihn dabei nur soweit beschränken, wie das Recht auf informationelle Selbstbestimmung im Rahmen einer Interessenabwägung gegenüber anderen Interessen zurücktritt.

2. Drittwirkung des verfassungsrechtlichen Persönlichkeitsrechts auf informationelle Selbstbestimmung

Bei der vorvertraglichen Befragung des potentiellen Vertragspartners handelt es sich aber nicht wie im Volkszählungsurteil des Bundesverfassungsgerichts um staatliche Befragungen, welche die informationelle Selbstbestimmung stören könnten, sondern um solche durch private Personen. Diesen gegenüber kann das verfassungsrechtliche Recht auf informationelle Selbstbestimmung, welches wie alle Freiheitsgrundrechte ein Abwehrrecht gegenüber staatlichen Eingriffen bildet, jedenfalls nicht unmittelbar eingreifen.[42] Es ist aber auch keine umfassende[43] einfachgesetzliche Regelung ersichtlich, die das Recht auf informationelle Selbstbestimmung gegenüber anderen Privaten als Adressaten der Regelung vor Beeinträchtigungen durch Befragungen[44] schützt. Das bedeutet aber

[38] Schlink, Der Staat 25 (1986), 233, 248.

[39] Vgl. § 1 I BDSG und Martins, S. 80; Tinnefeld/Ehmann, S. 156.

[40] Vgl. dazu unten, Teil 6.

[41] Nachdem das Bundesverfassungsgericht die Bedeutung der modernen Datenverarbeitung für den Schutz der informationellen Selbstbestimmung in der Volkszählungsentscheidung offen gelassen hatte, zeigte es in der Entmündigungsentscheidung BVerfGE 78, 77, 84 (Entmündigung I), daß es darauf nicht ankam; ebenso die heute h. M., vgl. Gallwas, NJW 1992, 2785, 2787; Schlink, Der Staat 25 (1986), 233, 248; Schmalz, Grundrechte, Rn. 429.

[42] Zur nahezu allgemeinen Ablehnung der Lehre von der unmittelbaren Drittwirkung der Grundrechte im Privatrecht vgl. bereits oben, Teil 3 II. 2. b) aa) (1). Für eine unmittelbare Wirkung des Rechts auf informationelle Selbstbestimmung im Arbeitsrecht aber noch Linnenkohl, BB 1988, 57 ff.

[43] Der Anwendungsbereich des § 4 BDSG ist beschränkt, vgl. dazu unten, Teil 6 B. I.

[44] Der fünfzehnte Abschnitt des StGB enthält zwar geheimnisschützende Reglungen, etwa das Verbot der Verletzung des Briefgeheimnisses in § 202 StGB, für Befragungen hält er jedoch keine Strafnorm bereit.

nicht, daß für die Befragung eines Privaten durch einen anderen Privaten das Recht auf informationelle Selbstbestimmung aus Art. 2 I iVm 1 I GG keine Rolle spielen kann, womit es gegenüber dem Fragenden kein rechtlich geschütztes Interesse wäre und damit als nach § 227 BGB notwehrfähiges Gut ausschiede. Denn die grundrechtliche Gewährleistung der informationellen Selbstbestimmung entfaltet im Privatrechtsverhältnis der Bürger zueinander eine mittelbare Drittwirkung, weil sie als objektive Wertentscheidung bei der Auslegung von Generalklauseln und unbestimmten Rechtsbegriffen und durch die Grundrechtsbindung der Zivilgerichtsbarkeit ins Privatrecht ausstrahlt.[45] Während der Gesetzgeber in Erfüllung seiner Schutzpflicht aus Art. 2 I iVm. Art. 1 I iVm. Art. 1 III GG nur vereinzelte[46] Gesetze zum Schutz des Persönlichkeitsrechts gegenüber der Beeinträchtigung durch Private erlassen hat, hat die Rechtsprechung bei der Anwendung privatrechtlicher Normen dem Persönlichkeitsrecht im Privatrechtsverkehr erhebliche Geltung verschafft. Im Vordergrund steht dabei die Gewährung deliktischen Rechtsschutzes bei der Verletzung des "zivilrechtlichen allgemeinen Persönlichkeitsrechts". Dieses, aus der Drittwirkung des verfassungsrechtlichen allgemeinen Persönlichkeitsrechts nach Art. 2 I iVm 1 I GG abgeleitete private Rechtsgut ist vom Bundesgerichtshof erstmals im sogenannten Schachtbriefurteil vom 25. 5. 1954[47] als "sonstiges Recht" iSv § 823 I BGB anerkannt worden.[48] Diese Rechtsprechung setzte der Bundesgerichtshof trotz anfänglicher Kritik[49] fort[50] und fand bei der Verfassungsbeschwerde gegen die Soraya-Entscheidung[51] Bestätigung durch das Bun-

---

45 Zur mittelbaren Drittwirkung vgl. schon oben, Teil 3 II. 2. b) aa) (1).

46 Regelungen hinsichtlich zum Schutz der informationellen Selbstbestimmung finden sich im fünfzehnten Abschnitt des StGB (§§ 201-205 StGB) und im BDSG, dessen Vorgaben gemäß seines § 1 II Nr. 3 auch für „nicht öffentlichen Stellen, soweit sie die Daten unter Einsatz von Datenverarbeitungsanlagen verarbeiten, nutzen oder dafür erheben oder die Daten in oder aus nicht automatisierten Dateien verarbeiten, nutzen oder dafür erheben, es sei denn die Erhebung, Verarbeitung oder Nutzung der Daten erfolgt ausschließlich für persönliche oder familiäre Tätigkeiten" gelten. Zu den Fällen vorvertraglicher Befragungen, auf die das BDSG Anwendung findet vgl. unten, Teil 6 B. I

47 BGHZ 13, 334.

48 Die Gründe, die sowohl den BGB-Gesetzgeber, als auch das Reichsgericht von einem deliktischen Schutz der Ehre und sonstiger Persönlichkeitsrechte abgehalten hatten (vgl. Mugdan II, 1077, 1119 und RGZ 58, 24, 28 f.) waren nach Erlaß des am 23. Mai 1949 in Kraft getretenen Grundgesetzes nicht mehr ausschlaggebend.

49 Vgl. insbes. Larenz, NJW 1955, 521 ff.; ausführlich zum Meinungsstreit: Hubmann, Persönlichkeitsrecht, S. 113 ff.

50 BGHZ 24, 72, 76 ff.; später gewährte der BGH für Persönlichkeitsverletzungen entgegen dem Wortlaut der §§ 253, 847 BGB (a.F.) sogar Schmerzensgeld, vgl. BGHZ 26, 349 ff. (Herrenreiter); BGHZ 35, 363 ff. (Ginseng).

51 BGH NJW 1965, 685 f.

desverfassungsgericht.[52] Die Drittwirkung des verfassungsrechtlichen allgemeinen Persönlichkeitsrecht als deliktisch geschütztes zivilrechtliches allgemeines Persönlichkeitsrecht hat mittlerweile auch in der Lehre breite Anerkennung gefunden.[53] Dabei ist wegen der gemeinsamen Bezeichnung als allgemeines Persönlichkeitsrecht die Verschiedenheit von öffentlich-rechtlichem Mutterrecht und privatrechtlichem Schutzgut im Blick zu behalten.[54] Diese beiden verhalten sich zueinander wie jede grundrechtliche Wertentscheidung zu ihren Auswirkungen bei der Auslegung privatrechtlicher Regelungen:[55] Aus der Schutzgebotsfunktion des allgemeinen Persönlichkeitsrechts ergibt sich für seinen Schutz vor faktischen Beeinträchtigungen durch Private ein Untermaßverbot, welches die Rechtsprechung bindet.[56] Im Privatrechtsverkehr ergibt sich gegenüber dem öffentlichen Recht aber die Besonderheit, daß dem Schutz des Persönlichkeitsrechts Positionen anderer gegenüber stehen können, die ebenfalls grundrechtlich geschützt sind.[57] Der persönlichkeitsschützenden Rechtsprechung ist deswegen insoweit eine Obergrenze gesetzt, als sie in die Grundrechte anderer eingreift, die dadurch in ihrer Abwehrfunktion betroffen sind.[58] Daraus ergibt sich ein Übermaßverbot des staatlichen Persönlichkeitsschutzes.[59] Zwischen diesen verfassungsrechtlich vorgegebenen Punkten muß die Rechtspre-

---

[52] BVerfGE 34, 269 ff.; zur Drittwirkung des Persönlichkeitsrechts auch BVerfGE 54, 148, 154.

[53] Vgl. nur Bamberger/Roth-Bamberger, Anh. zu § 823 Rn. 2; Degenhardt, JuS 1992, 361, 362; Gallwas, NJW 1992, 2785, 2786; MK-Rixecker, § 12 Anh. Rn. 3; Sachs-Murswiek Art. 2 Rn. 67; Simon, JA 1985, 572, 573; Weichert, WuM 1993 723; dabei ist nach Erman-Ehmann Anh. § 12, Rn. 61 f. zwar das allgemeine Persönlichkeitsrecht kein "sonstiges Recht" iSd. § 823 I BGB, sondern liegt in einem "Mittelbereich" zwischen § 823 I BGB, der von der Vorstellung das Erfolgsunrechts beherrscht sei und § 823 II, den die Vorstellung des Verhaltensunrecht dominiere. Als Kompromißlösung stimmt letztlich aber auch er der Zuordnung des allgemeinen Persönlichkeitsrechts zu § 823 I BGB zu.

[54] Baston-Vogt, S. 115, 122 ff.; Ehmann, JuS 1997, 193, 197; Erman-Ehmann, Anh. § 12 Rn. 91; Jarass/Pieroth, Art. 2 Rn. 28; Rohlf, S. 18; dieser Unterscheidung steht Staudinger-Hager (1999), § 823 C 4 ff. kritisch gegenüber: sie dürfe nicht zur Mißachtung des Verfassungsrangs des allgemeinen Persönlichkeitsrechts, auch des zivilrechtlichen, führen, außerdem fehle ein kategorialer Unterschied.

[55] Baston-Vogt, S. 124;

[56] Ganz h.M., vgl. nur BVerfGE 73, 118, 201; BVerfG EuGRZ 1999, 104; Baston-Vogt, S. 64 ff.; Canaris, AcP 184 (1984), 201, 231 f.; Erman-Ehmann, Anh. § 12 Rn. 99; Jarass/Pieroth, Art. 2 Rn. 43 f.; Sachs-Murswiek, Art. 2 Rn. 59; Staudinger-Hager (1999), § 823 Rn. C 6

[57] Insbes. durch Art. 5, 14, 12, 2 GG, Ehmann, AcP 188 (1988), 230, 289; Gallwas, NJW 1992, 2785, 2787 ff.

[58] Baston-Vogt, S. 39.

[59] Baston-Vogt, S. 39 ff.

chung die Konfliktlösung im Wege der praktischen Konkordanz nach dem Grundsatz der Verhältnismäßigkeit bestimmen.[60]
Den innerhalb dieser Grenzen bestehenden Gestaltungsspielraum hat die Rechtsprechung ausgefüllt. Einerseits hat sie das Persönlichkeitsrecht als geschütztes Rechtsgut auch im Privatrecht, insbesondere als "sonstiges Recht" iSv. § 823 I BGB anerkannt. Andererseits hat sie durch die Einordnung des Persönlichkeitsrechts als "Rahmenrecht", dessen Verletzung die Rechtswidrigkeit noch nicht indiziert, sondern durch Güter- und Interessenabwägung positiv festgestellt werden muß,[61] die Möglichkeit eines einzelfallgerechten Ausgleichs zwischen Persönlichkeitsrecht und den weiteren konfliktbefangenen Grundrechten geschaffen. Dabei hat die Rechtsprechung sich um das Herausarbeiten von Richtlinien für die Güter- und Interessenabwägung bemüht, um dem Bedürfnis nach Rechtssicherheit und -einheitlichkeit nachzukommen.[62]
Dieser Weg der Rechtsprechung zur Gewährung von Persönlichkeitsschutz berücksichtigt Über- und Untermaßverbot und eröffnet dem Richter im Rahmen der Rechtswidrigkeitsprüfung die Ermittlung einer Konfliktlösung im Wege der praktischen Konkordanz, wobei ihm die höchstrichterliche Rechtsprechung Richtlinien[63] an die Hand gibt. Er steht damit mit den skizzierten verfassungsrechtlichen Vorgaben im Einklang. Die Drittwirkung des verfassungsrechtlichen allgemeinen Persönlichkeitsrechts als zivilrechtliches Schutzgut ist damit als verfassungsgemäße und verfassungsgerichtlich bestätigte Ausübung des staatlichen Gestaltungsspielraums durch richterliche Rechtsfortbildung zu bewerten. Als Konkretisierung des verfassungsrechtlichen Persönlichkeitsrechts ist damit auch die informationelle Selbstbestimmung im Privatrechtsverkehr als durch das zivilrechtliche allgemeine Persönlichkeitsrecht umfaßtes, geschütztes Rechtsgut anzuerkennen.[64]

---

60 BVerfGE 84, 192, 195; Staudinger-Hager (1999), § 823 Rn. C 6, C 10 f.; ausführlich dazu Baston-Vogt, S. 41 ff.; Degenhardt, JuS 1992, 361, 364; Gallwas, NJW 1992, 2785, 2786f., 2790; Tinnefeld/Ehmann, S. 92; das Abwägungsgebot betont auch BVerfG WuM 1991, 463, 464.

61 BGHZ 24, 72, 80.

62 Baston-Vogt, S. 30 spricht in diesem Zusammenhang von der Herausbildung gewohnheitsrechtlicher Verfestigungen bei einigen Gütern und Interessen.

63 Um das Herausarbeiten solcher Richtlinien, verschiedener Schutzbereiche oder Fallgruppen des Allgemeinen Persönlichkeitsrecht wurde sich auch seitens der Literatur bemüht, vgl. nur Ehmann, JuS 1997, 193, 194 ff.

64 Für eine mittelbare Drittwirkung des Rechts auf informationelle Selbstbestimmung auch die ganz h. M., vgl. z.B. Gounalakis/Mand, CR 1997, 431, 432; Simitis, NJW 1984, 398, 401; kritisch hingegen Ehmann, AcP 188 (1988), 230, 308, der die Drittwirkung des Rechts auf informationelle Selbstbestimmung auf die Fälle beschränken will, in denen die informationelle Verfügungsbefugnis eine „gegenständliche Verkörperung“ gefunden hat. So eine Beschränkung wird aber dem immateriellen Charakter des zu schützenden Persönlichkeitsinteresses nicht gerecht, vgl. Baston-Vogt, S. 364 und ist deswegen abzulehnen.

Damit ist das Interesse des Befragten an der Selbstbestimmung über die Offenlegung persönlicher Lebensumstände auch gegenüber einem privaten Verhandlungspartner, der eine vorvertragliche Befragung unternimmt, ein rechtlich geschütztes Interesse.[65] Folglich ist darin im Verhältnis zwischen den Verhandlungspartnern ein notwehrfähiges Gut iSv. § 227 BGB zu sehen.

3. Notwehrfähigkeit der informationellen Selbstbestimmung als sogenanntes Rahmenrecht

Etwas anderes könnte sich nur unter dem Blickwinkel ergeben, daß das zivilrechtliche Persönlichkeitsrecht auf informationelle Selbstbestimmung als *Rahmenrecht* zu qualifizieren ist, bei dem die Rechtswidrigkeit nicht durch die Beeinträchtigung indiziert ist, sondern im Wege einer Abwägung der beteiligten Interessen positiv festgestellt werden muß.[66] Daraus könnte geschlossen werden, daß es bei Eingriffen in das Persönlichkeitsrecht an einem Regel-Ausnahme-Verhältnis zwischen verbotenen und erlaubten Beeinträchtigungen fehlt, welches aber als unverzichtbare Voraussetzung des Notwehrrechts aus § 227 BGB angesehen werden könnte.[67] Es könnte als zu gefährlich und dem Rechtsfrieden abträglich anzusehen sein, wenn die erforderliche Interessenabwägung statt durch einen besonnenen Richter durch den Betroffenen in dem "dramatischen Stadium eines gegenwärtigen Angriffs" vorgenommen wird.[68]
Mit Blick darauf, daß es niemanden zuzumuten ist, die widerrechtliche Beeinträchtigung seiner rechtlich geschützten Güter hinnehmen zu müssen, kann diese Überlegung aber nur durchgreifen, sofern besondere Gegenwehrbefugnisse dem Betroffenen eine Verteidigung seines Persönlichkeitsrechtes in anderer Weise als durch Notwehr ermöglichen.[69] Solche besonderen Möglichkeiten zur Verteidigung des Persönlichkeitsrechts gibt die Rechtsordnung dem Betroffenen zwar teilweise, zum Beispiel durch die presserechtliche Befugnis zur Gegendarstellung,[70] diese decken aber nicht alle Facetten des Persönlichkeitsrechts ab und sind insbesondere im Zusammenhang mit dem Schutz der informationellen Selbstbestimmung vor vorvertraglichen Befragungen zu privaten Le-

---

[65] So für die Befragung im Vorfeld eines Arbeitsvertrages MK-Schwerdtner, (3. Aufl.) § 12 Rn. 240; im Ergebnis ebenso, indem sie ein „Recht zur Lüge“ aus § 227 BGB bejahen: v. Lübtow, FS für Bartholomeyczik, S. 249, 275; MK-Kramer, § 123 Rn. 10; Musielak, § 5 VII a 1 (Rn. 375); Neumann-Duesberg, UFITA 1962, 101, 113; ders., JR 1967, 1, 3; Staudinger-Dilcher § 123 Rn. 27, 29.

[66] Vgl. dazu oben, unter I. 2.

[67] So Adomeit, JZ 1979, 495, 500.

[68] So Adomeit, JZ 1979, 495, 500.

[69] Entsprechend will MK-v. Feldmann (3. Aufl.), § 227 Rn. 2 in der teilweise vergleichbaren Frage des Notwehrrechts bei Verteidigung subjektiver öffentlicher Rechte gegenüber der staatlichen Gewalt Einschränkungen der Notwehr davon abhängig machen, daß dem Betroffenen ausreichend andere Rechtsbehelfe zur Verfügung stehen.

[70] Vgl. dazu Löffler/Ricker, S. 167 ff.

bensumständen nicht ersichtlich. Ein hinreichender Selbstschutz vor Persönlichkeitsrechtsbeeinträchtigungen ist daher ohne § 227 I BGB nicht möglich. Die Gefahr einer unzutreffenden Interessenabwägung trägt ohnehin der Verteidiger selbst, denn sein Verhalten ist nicht nach § 227 I BGB gerechtfertigt, wenn die Beeinträchtigung seines Persönlichkeitsrechts mit Blick auf die beteiligten Interessen kein rechtswidriger Angriff i.S.d. Notwehrtatbestandes ist. Demnach scheitert die Notwehrfähigkeit des Interesses des Befragten an informationeller Selbstbestimmung nicht wegen des Charakters des Persönlichkeitsrechts als Rahmenrecht.[71]

Ein rechtlich geschütztes Gut des Befragten, dessen Verteidigung durch die unwahre Beantwortung der Frage nach § 227 I BGB gerechtfertigt sein könnte, ist mit dem zivilrechtlichen Persönlichkeitsrecht des Befragten auf informationelle Selbstbestimmung demnach gegeben.

II. Angriff auf die informationelle Selbstbestimmung durch die Befragung

Dieses Rechtsgut müßte durch die Befragung i.S.d. § 227 BGB angegriffen werden. Angriff ist die Verletzung oder Gefährdung eines notwehrfähigen Guts durch ein menschliches Verhalten.[72] Beim Rechtsgut der informationellen Selbstbestimmung ist eine Rechtsgutverletzung zum einen bei der Offenbarung eines persönlichen Umstands und zum anderen bei einer Zwangswirkung beim Umgang mit den „eigenen“ Informationen denkbar.[73] Für die Qualifizierung einer vorvertraglichen Befragung als Angriff ließe sich deswegen erstens daran anknüpfen, daß die Befragung auf eine Beantwortung und damit auf die Offenbarung eines persönlichen Umstands abzielt. Wenn bei einer Beantwortung der Frage eine Verletzung des Rechts auf informationelle Selbstbestimmung gegeben wäre, wäre die Befragung möglicherweise als Rechtsgutgefährdung und damit als Angriff iSv. § 227 I BGB zu qualifizieren. Als zweiter denkbarer Ansatzpunkt für die Qualifizierung der Befragung als Angriff ist zu überlegen, ob die informationelle Selbstbestimmung bereits durch den Entscheidungskonflikt[74], dem der Befragte bei vorvertraglichen Befragungen ausgesetzt wird, beeinträchtigt sein könnte. Durch die Befragung könnte also nicht bloß eine Rechtsgutgefährdung sondern bereits eine Rechtsgutverletzung gegeben sein. Weil die Frage, ob im Zeitpunkt der Täuschung ein Angriff in der Form einer Rechtsgut*gefährdung* oder in der Form einer Rechtsgut*verletzung* vorliegt, für

---

[71] So im Ergebnis auch OLG Düsseldorf NJW 1994, 1971, 1972; Kühl, Jura 1993, 57, 60; v. Lübtow, FS für Bartholomeyczik, S. 249, 275; MK-Kramer, § 123 Rn. 10; Musielak, § 5 VII a 1 (Rn. 375); Neumann-Duesberg, UFITA 1962, 101, 113; ders., JR 1967, 1, 3; Staudinger-Dilcher § 123 Rn. 27, 29.

[72] MK-Grothe, § 227 Rn. 2; Roxin, Strafrecht AT, § 15 III Rn. 6 (für § 32 StGB); Soergel-Fahse, § 227 Rn. 1; Staudinger-Werner (1996), § 227 Rn. 3.

[73] Siehe oben, I. 1. b) dd).

[74] Genauer dazu unten, unter 2.

den Umfang der nach § 227 I BGB erlaubten Gegenwehr bedeutsam sein kann,[75] werden die beiden Ansatzpunkte im folgenden getrennt untersucht.

1. Schaffung der Gefahr einer Rechtsgutsbeeinträchtigung durch die Beantwortung

Zunächst soll auf den Anknüpfungspunkt der Schaffung der Gefahr einer Rechtsgutsbeeinträchtigung bei der Beantwortung eingegangen werden. Bei vorvertraglichen Informationsforderungen kommt es erst dann zur Offenbarung persönlicher Umstände, wenn entsprechende Fragen des einen Verhandlungspartners durch den anderen auch beantwortet werden und zwar zutreffend. So eine Beantwortung bringt zwangsläufig eine gewisse Einbuße an informationeller Verfügungsbefugnis über die preisgegebenen persönlichen Lebenssachverhalte mit sich.[76] Soweit kommt es zwar nicht, wenn der Befragte den fragenden Teil täuscht. Im maßgeblichen Zeitpunkt der Täuschung als Notwehrhandlung ist aber immerhin die Gefahr einer Offenbarung persönlicher Umstände gegeben. Wenn in der Offenbarung der erfragten Umstände eine Beeinträchtigung des Rechts auf informationelle Selbstbestimmung zu sehen wäre und die Beantwortung die Gefahr dieser Rechtsgutsbeeinträchtigung geschaffen hätte, läge in der Befragung eine Rechtsgutgefährdung, was für einen Angriff iSv. § 227 BGB genügt.

a) Einbuße an informationeller Verfügungsbefugnis durch Antwort

Durch die vorvertragliche Erteilung einer personenbezogenen Information büßt der Befragte seine informationelle Verfügungsbefugnis über diese Information zum Teil ein. Jedenfalls gegenüber dem Verhandlungspartner kann er den entsprechenden Lebenssachverhalt nicht mehr erfolgreich abschirmen und ist auch bezüglich seiner Selbstdarstellung insoweit festgelegt. Die einmal erfolgte Preisgabe eines erfragten Umstandes kann faktisch nicht mehr rückgängig gemacht werden. Damit sind aber nur die unmittelbaren Auswirkung einer Information umrissen.

Erhebliches Gewicht können daneben jedoch insbesondere die mittelbaren Auswirkungen der Informationspreisgabe haben, nämlich wenn die Information über den Verhandlungspartner an Dritte gelangt, was mit oder ohne Wissen des Befragten denkbar ist. Auch wenn sich regelmäßig aus Treu und Glauben eine Verschwiegenheitspflicht des Verhandlungspartners über die personenbezogenen Informationen ergibt, kann der Befragte sich doch nicht sicher sein, daß diese Verpflichtung auch eingehalten wird. Schon durch die Gefahr der Weitergabe seiner personenbezogenen Daten ist der Befragte in seiner informationellen Selbstbestimmung gestört. Seine Entscheidung über Abschirmung und Selbstdarstellung gegenüber anderen ist dann nämlich von vornherein mit der

---

75 Genauer dazu unten, unter 1. d) und unter 2. a) cc).

76 Dazu sogleich, unter a).

Unsicherheit belastet, daß diese anderen bereits Kenntnisse über sein persönliches Leben haben.[77]
Die vorvertragliche Erteilung einer Auskunft über persönliche Lebenssachverhalte setzt demnach nicht nur gegenüber dem Verhandlungspartner der informationellen Selbstbestimmung insoweit ein Ende, sondern sie belastet auch die informationelle Selbstbestimmung im Verhältnis zu Dritten.

b) Beantwortung als Ausübung des Rechts auf informationelle Selbstbestimmung

Trotz dieser Einbuße an informationeller Verfügungsbefugnis liegt in der Offenbarung persönlicher Lebensumstände grundsätzlich keine Beeinträchtigung des Rechts auf informationelle Selbstbestimmung, sondern es handelt sich dabei im Prinzip gerade um eine *Ausübung* dieses Rechts in der Form einer Selbstdarstellung gegenüber dem Verhandlungspartner. Daß die Ausübung des Rechts auf informationelle Selbstbestimmung im Wege der Selbstdarstellung dem Berechtigten eine Abschirmung als andere Ausübung dieses Rechts unmöglich macht, liegt in der Natur des Selbstbestimmungsrechts.[78] Eine Grenze besteht nur, soweit die informationelle Selbstbestimmung ihre Rechtsgrundlage in Art. 1 I GG hat, deretwegen der Dispositionsbefugnis über die „eigenen" Informationen Grenzen gesetzt sind,[79] als nicht die Gesamtpersönlichkeit preisgegeben und damit einer Abschirmung entzogen werden darf. Abgesehen von diesem Extremfall, der bei einer vorvertraglichen Befragung kaum eintreten wird, liegt damit in der Offenbarung persönlicher Lebensumstände gegenüber dem Verhandlungspartner im Prinzip keine Beeinträchtigung des Rechts auf informationelle Selbstbestimmung.

c) Besonderheiten bei Fehlvorstellungen oder Zwang

Etwas anderes ergibt sich aber, wenn der Betroffene bei seiner Entscheidung über die Preisgabe „seiner" Informationen nicht frei ist und die Selbstdarstellung gegenüber dem Verhandlungspartner deswegen nicht als Ausübung seines Rechts auf informationelle Selbstbestimmung angesehen werden kann. Das ist der Fall, wenn der Befragte sich bei seiner Entscheidung über die Offenbarung des erfragten Umstands von Fehlvorstellungen oder Zwängen leiten läßt.[80]

---

[77] Es ergibt sich dann die Situation, die im Volkszählungsurteil (BVerfGE 65, 1, 43) als problematisch ausgemacht wurde, daß nämlich der einzelne nicht mehr weiß, „wer was wann und bei welcher Gelegenheit" über ihn weiß.

[78] Genauso ermöglicht die Eigentumsfreiheit dem Eigentümer auch die Aufgabe seines Eigentums, etwa durch Übereignung und kann die allgemeine Handlungsfreiheit dazu genutzt werden, sich durch Rechtsgeschäfte zu binden.

[79] Vgl. Jarass/Pieroth, Art. 1 Rn. 8 (Art. 1 I GG nicht disponibel).

[80] Entsprechend schließen im Anwendungsbereich des BDSG Zwänge und Fehlvorstellungen des Betroffenen gem. § 4 a I S. 1 und 2 BDSG die Wirksamkeit einer datenschutzrechtlichen Einwilligung aus. Die Einwilligung büßt dann ihre Legitimationsfunktion als eigene

Im Zusammenhang mit vorvertraglichen Befragungen ist insbesondere zu überlegen, inwieweit sich aus der typischen Koppelung von Informationspreisgabe und den Chancen auf einen Vertragsschluß eine selbstbestimmungsrelevante Zwangslage ergibt. Die Verweigerung der Information wird nämlich häufig zum Scheitern der Vertragsverhandlungen führen,[81] wohingegen die Beantwortung der Frage zumindest die Möglichkeit eines Abschlusses birgt. Der Befragte ist sich dieses Zusammenhangs in aller Regel bewußt, was sich auf seine Entscheidung über die Preisgabe des erfragten Umstands auswirkt.
Das bedeutet im Grundsatz aber noch nicht, daß der Befragte faktisch keine andere Wahl hat, als die vorvertraglichen Fragen zu beantworten. Denn grundsätzlich kann er die Gefährdung der weiteren Vertragsverhandlungen hinnehmen und/oder sich einen weniger neugierigen Vertragspartner suchen oder aber ganz auf den Abschluß eines Vertrages der verhandelten Art verzichten.[82]
Anders kann es aber liegen, wenn der Befragte die vertragliche Leistung dringend benötigt und er keine sinnvollen Ausweichmöglichkeiten auf einen anderen Vertragspartner hat, weil es entweder keinen anderen Anbieter der benötigten Leistung gibt oder die anderen Anbieter ähnliche Informationsforderungen stellen. Es stellt sich hier das Problem der Bestimmung des Maßstabs, ab welcher Grenze die Angewiesenheit des Befragten auf die vertragliche Leistung so erheblich und seine Ausweichmöglichkeiten auf einen anderen Anbieter bereits derart schlecht sind, daß die Koppelung von Befragung und Vertragschancen bereits eine wirkliche Zwangslage bedeutet. Unterhalb dieser Schwelle gibt die Koppelung von Befragung und Fortgang der Vertragsverhandlungen dem Befragten bloß die zulässige Möglichkeit, sich eine bestimmte Ausübung seiner informationellen Selbstbestimmung durch Vorteile hinsichtlich des Fortgangs der Verhandlungen „bezahlen" zu lassen.[83]

d) Rechtsgutsbeeinträchtigung im Täuschungszeitpunkt als Voraussetzung eines „Notwehrrechts zur Lüge"

Auf dieses Abgrenzungsproblem kommt es für das Bestehen eines „Rechts zur Lüge" aus § 227 BGB aber letztlich nicht an, soweit für das Vorliegen der Not-

---

Ausübung des Rechts auf informationelle Selbstbestimmung ein, vgl. dazu Teil 6 B. II. 1. a) bb).

[81] Gumpert, BB 1970, 803, 804; Pellegrini, S. 121; Reitemeier, S. 271.

[82] Zu eng in diesem Zusammenhang Simitis-Simitis, § 4 a BDSG, Rn. 2 ff., Rn. 65, der generell eine Ausübung der informationellen Selbstbestimmung in der Form einer datenschutzrechtlichen Einwilligung schon dann ablehnen will, wenn der Informationserhebende die Vereinbarung einer vertraglichen Leistung an die Erteilung der datenschutzrechtlichen Einwilligung koppelt.

[83] Vgl. Kilian, CR 2002, 921, 927 (Inhaber des informationellen Verfügungsrechts kann dieses Recht kommerzialisieren); zu eng ist demgegenüber die Gegenansicht von Simitis-Simitis, § 4 a BDSG, Rn. 2 ff., Rn. 65 (bzgl. Spezialfall der datenschutzrechtlichen Einwilligung).

wehrlage an die Schaffung der Gefahr einer Rechtsgutsbeeinträchtigung durch die Beantwortung angeknüpft wird. Denn ein Angriff in der Form einer bloßen Rechtsgut*gefährdung* kann letztlich ein solches „Recht zur Lüge“ ohnehin nicht begründen.
Zwar reicht im Hinblick auf das Tatbestandsmerkmal eines Angriffs iSv. § 227 BGB eine Rechtsgut*gefährdung* im Zeitpunkt der Notwehrhandlung aus. Bildet aber die Befragung eine bloße Gefährdung der informationellen Selbstbestimmung, so scheitert ein „Notwehrrecht auf Lüge“ am Tatbestandsmerkmal der Erforderlichkeit der Verteidigungshandlung. Erforderlich iSd. § 227 BGB ist nämlich nur das jeweils relativ mildeste Mittel, also die Verteidigung, welche bei größtmöglicher Schonung der Rechtsgüter des Angreifers den Angriff so effektiv wie möglich beendet.[84] Im Verhältnis zur vorvertraglichen Lüge bildet die Verweigerung der Auskunft ein solches milderes Mittel zur Abwehr der Beeinträchtigung der informationellen Selbstbestimmung durch Preisgabe des erfragten Umstands.[85] Die Lüge beeinträchtigt nämlich den Fragenden in seiner rechtsgeschäftlichen Entschließungsfreiheit,[86] während das bloße Schweigen auf die vorvertragliche Befragung keine Rechtsgüter des Fragenden verletzt.
Das Schweigen als milderes Mittel scheidet auch nicht als unzumutbare Verteidigungshandlung aus. Unzumutbar ist eine Verteidigungshandlung, wenn der Verteidigende dabei Einbußen an rechtlich geschützten Interessen hinnehmen muß, während dies bei einem anderen Verteidigungsmittel nicht der Fall wäre.[87] Der Befragte gefährdet durch die Verweigerung der Antwort jedoch nur seine Vertragschancen. Diese bilden aber außerhalb des Anwendungsbereichs von Diskriminierungsverboten keine rechtlich geschützte Position.
Keine Einbuße an rechtlich geschützten Interessen durch die Verweigerung einer Antwort ergibt sich unter dem Gesichtspunkt eines Eingeständnisses. Die Verweigerung einer Antwort ist nämlich nicht als konkludentes Eingeständnis in Bezug auf den erfragten Umstand zu bewerten und bringt deswegen keine entsprechende Einbuße an informationeller Verfügungsbefugnis mit sich. An so ein Eingeständnis könnte zwar bei Suggestivfragen zu denken sein, z.B. „Sie

---

[84] BGH GA 1956, 49; Erman-Hefermehl, § 227 Rn. 12; Jescheck, Strafrecht AT, § 32 II 2 b und c (zu § 32 StGB); Kühl, Jura 1993, 118, 120 (zu § 32 StGB); Palandt-Heinrichs, § 227 Rn. 7.

[85] Eher sprachlicher Natur ist dann das Problem, ob es sich bei der Auskunftsverweigerung überhaupt noch um ein Verteidigungsmittel handelt: lehnt man dies ab, dann führt das Genügen der Auskunftsverweigerung zur Wahrung der informationellen Selbstbestimmung eben dazu, daß eine Verteidigung überhaupt nicht erforderlich ist. Jedenfalls scheitert eine Rechtfertigung der Lüge daran, daß sie nicht erforderlich ist.

[86] S. o. Teil 2, B II.

[87] Soergel-Fahse, § 227 Rn. 36; bekanntester Fall der Unzumutbarkeit eines milderen Mittels ist die „schimpfliche Flucht“, bei der das Interesse des Verteidigers an der Wahrung seiner Ehre beeinträchtigt würde, Enneccerus/Nipperdey, BGB AT 2, § 240 II 5; BGH NJW 1980, 2263; Palandt-Heinrichs, § 227 Rn. 7 a; Erman-Hefermehl, § 227 Rn. 12.

sind doch schwanger?“ oder „Sie sind doch rechtsradikal?“. In diese Richtung wurde früher im Zusammenhang mit dem „Recht zur Lüge“ im Arbeitsrecht argumentiert.[88] Zumindest heute greifen diese Überlegungen aber nicht mehr durch. Spätestens seit dem Volkszählungsurteil des Bundesverfassungsgerichts hat eine zunehmende Sensibilisierung der Bevölkerung hinsichtlich der Belange des Informationsschutzes stattgefunden. Gegenüber Fragen nach persönlichen Informationen besteht immer mehr Mißtrauen. Die Verweigerung einer Antwort kann durch dieses Mißtrauen ebenso motiviert sein wie durch das Vorliegen eines typischerweise als nachteilig angesehenen Lebenssachverhalts. Vor diesem Hintergrund bedeutet der Hinweis, daß ein persönlicher Lebenssachverhalt den Verhandlungspartner nichts angehe, kein „Eingeständnis“ bestimmter Gegebenheiten, selbst wenn vorher eine Suggestivfrage gestellt wurde. Der Verhandlungspartner kann an die Verweigerung einer vorvertraglichen Auskunft deswegen nur Vermutungen knüpfen.[89] Es werden aber keine personenbezogenen Daten offenbart. Das Recht auf informationelle Selbstbestimmung schützt den Berechtigten aber nicht vor Vermutungen seiner Mitmenschen. Die Möglichkeit entsprechender Vermutungen des Verhandlungspartner lassen die Antwortverweigerung als milderes Verteidigungsmittel deswegen nicht mit Blick auf die informationelle Selbstbestimmung des Befragten unzumutbar erscheinen. Demnach scheitert ein „Notwehrrecht auf Lüge“ an der Erforderlichkeit dieser Lüge zur Abwehr der Gefahr einer Rechtsgutsbeeinträchtigung durch eine zutreffende Beantwortung und der damit verbundenen Rechtsgutsbeeinträchtigung.[90]

Eine Rechtfertigung der Lüge nach § 227 BGB als erforderliche Notwehr kann damit nicht daran anknüpfen, daß die Befragung unter Umständen die *Gefahr* einer Verletzung der informationellen Selbstbestimmung bei der Antwort begründet. Ein „Notwehrrecht auf Lüge“ kommt damit nur in Betracht, wenn bereits der Entscheidungskonflikt bei der vorvertraglichen Befragung das Recht auf informationelle Selbstbestimmung *beeinträchtigt*, nicht aber wenn für eine Rechtsguts*beeinträchtigung* die unfreie Offenlegung des persönlichen Umstandes erforderlich ist. An einen Angriff durch die Schaffung einer Gefahr der Rechtsgutsbeeinträchtigung durch eine zutreffende Beantwortung der vorver-

---

88 Neumann-Duesberg, JR 1967, 1, 3; Nikisch, ArbR. I, S. 815; zurückhaltend ("nur selten") aber bereits Klein, AuR 1978, 266, 268.

89 Rudolph, S. 112: Der Arbeitgeber wird häufig folgern, daß eine erfragte negative Eigenschaft tatsächlich vorliegt. Auch so eine Vermutung will der Befragte häufig vermeiden, vgl. z.B. Pellegrini, S. 121. Das macht sie aber noch nicht zu einer Verletzung der informationellen Selbstbestimmung

90 Unter Hinweis auf die Antwortverweigerung als milderes Mittel lehnen Erman-Ehmann, Anh. § 12 Rn. 648 und Leipold, AuR 1971, 161, 163 eine Rechtfertigung der Täuschung nach § 227 BGB insgesamt ab.

traglichen Frage anknüpfend läßt sich ein „Notwehrrecht auf Lüge" demnach nicht begründen.

2. Rechtsgutsbeeinträchtigung schon durch das Bestehen einer Zwangslage

Ein „Notwehrrecht auf Lüge" kommt somit nur in Betracht, wenn bereits der Entscheidungskonflikt, dem der Adressat einer vorvertraglichen Befragung ausgesetzt ist, das Rechtsgut der informationellen Selbstbestimmung beeinträchtigt. Nur dann wäre unmittelbar bei der Befragung, also in dem Zeitpunkt der Täuschung bereits eine Rechtsgut*verletzung*[91] gegeben.

Die Koppelung der Befragung mit dem Fortgang der Vertragsverhandlungen kann unter besonderen Umständen, die noch genauer zu bestimmen sein werden,[92] für den Befragten als Zwangslage wirken. In diesem Fall besteht der Entscheidungskonflikt des Befragten bereits vor der Beantwortung und entfaltet schon dann seine Zwangswirkung. Von daher könnte im Zeitpunkt der Täuschung als potentieller Notwehrhandlung auch bereits eine *Beeinträchtigung* der informationellen Selbstbestimmung vorliegen und nicht bloß eine *Gefährdung* dieses Rechts gegeben sein.[93]

a) Entbehrlichkeit einer Manifestation der Zwangslage durch zutreffende Beantwortung

Es fragt sich, ob eine Beeinträchtigung des Rechts auf informationelle Selbstbestimmung überhaupt möglich ist, wenn der Betroffene noch nicht geantwortet hat, also noch keine persönlichen Umstände offenbart wurden. Das Recht auf informationelle Selbstbestimmung schützt die freie Entscheidung über die informationelle Abschirmung der eigenen Person und ihre Darstellung gegenüber

---

[91] Zur Erforderlichkeit einer Rechtsgutverletzung für ein „Recht zu Lüge" aus § 227 I BGB vgl. oben, 1. d)

[92] Vgl. die grobe Skizzierung oben, bei II. 1. c): Angewiesenheit auf die vertragliche Leistung bei gleichzeitigem Fehlen sinnvoller Ausweichmöglichkeiten.

[93] Für eine Persönlichkeitsverletzung bereits bei der Befragung (bzgl. unzulässiger Arbeitgeberfragen) v. Lübtow, FS für Bartholomeyczik, S. 249, 275; Rudolph, S. 112 und 120; Degener, S. 55 (wegen des "automatisch zur Antwort führenden Ablaufs der Befragung"); einen "Eingriff in die Individual- oder Intimssphäre" nimmt auch Soergel-Hefermehl, § 123 Rn. 18; vgl. auch BAG AP Nr. 2 zu § 123 BGB (indiskrete Befragung als „Einbruch in die rechtlich zu schützende Individualspähre" des Arbeitnehmers). Gegen eine Verletzung des Persönlichkeitsrechts bereits durch eine unzulässige Arbeitgeberfrage: MünchHandb. ArbR. I-Buchner, § 41 Rn. 195; Neumann-Duesberg, JR 1967, 1, 3; Leipold, AuR 1971, 161, 163 (noch auf das Rechtsgut der „Intimssphäre" abstellend, insoweit ist die Ablehnung eines Eingriffs jedenfalls konsequent). MK-Kramer, § 123 Rn. 10 und Staudinger-Dilcher § 123 Rn. 28 bejahen bei unzulässigen Arbeitgeberfrage einen Angriff iSv. § 227 BGB, ohne auf die Abgrenzung von Verletzung und Gefährdung einzugehen. Auch Erman-Ehmann, Anh. § 12 Rn. 648 legt sich bzgl. der Einordnung der Befragung als Verletzung oder Gefährdung nicht fest, lehnt aber eine Rechtfertigung der Lüge nach § 227 BGB mangels Erforderlichkeit ohnehin ab.

Dritten. Solange sich der Befragte der Zwangswirkung eines vorvertraglichen Entscheidungskonflikts noch nicht durch die Preisgabe der erfragten Umstände gebeugt hat, ist ein Verfügen über die Abschirmung oder Darstellung dieser Umstände an sich noch möglich. Von daher ließe sich eine Rechtsgutsbeeinträchtigung ablehnen, wenn es noch nicht zu einer Beantwortung gekommen ist. Aber schon vor dieser Beantwortung erschwert die Zwangslage des Befragten die freie Entscheidung beim Umgang mit „seinen" Informationen.[94] Und ein Recht ist nicht erst beeinträchtigt, wenn seine Ausübung unmöglich gemacht wird, sondern bereits wenn die Ausübung erheblich erschwert wird. Von dieser Warte aus müßte bereits die Zwangswirkung eines vorvertraglichen Entscheidungskonflikts „im Kopf" des Befragten für das Vorliegen einer Rechtsgutsbeeinträchtigung genügen.

aa) Beeinträchtigung der Willensentschließungsfreiheit als Teil der Selbstbestimmung

Wie die Selbstbestimmung im allgemeinen setzt sich auch die *informationelle* Selbstbestimmung aus Willensentschließungs- und Willensbetätigungsfreiheit zusammen. Ein wirksamer Selbstbestimmungsschutz muß deswegen neben der Freiheit, nach dem eigenen Willen zu handeln, auch die Freiheit umfassen, diesen eigenen Willen ungestört zu bilden.[95] Die Gewährleistung informationeller Selbstbestimmung bedeutet demzufolge nicht nur den Schutz des selbstbestimmten Umgangs mit den „eigenen" Informationen und das Verbot der Störung dieses Vorgangs durch Verfügungen Dritter oder des Staates über diese Informationen, sondern auch den Schutz des Entscheidungsprozesses, also der Willensbildung im Bereich des Umgangs mit diesen Informationen. Bei einer Zwangslage des Befragten ist die Freiheit dieses Willensbildungsprozesses erheblich gestört. Damit ist ein Bereich berührt, der zur Selbstbestimmung gehört.[96] Eine Beeinträchtigung der informationellen Selbstbestimmung scheint deswegen auch vor bzw. ohne der Offenbarung persönlicher Umstände möglich, wenn nur von dem Entscheidungskonflikt eine hinreichende Zwangswirkung ausgeht.

---

[94] Auch in der für den Inhalt des Rechts auf informationelle Selbstbestimmung grundlegenden Volkszählungsentscheidung (BVerfGE 65, 1, 45) ist die Rede von *Eingriffen,* "durch welche der Staat die Angaben personenbezogener Daten vom Bürger verlangt", wobei dort auch die Zulässigkeit des Drucks zur Erteilung einer Auskunft durch staatliche Zwangsmittel in Frage stand; dazu auch Krause, JuS 1984, 268, 271 (Auskunftszwang bei der Volkszählung als Eingriff in Art. 2 I GG, Recht auf informationelle Selbstbestimmung für die "Tragweite" des Eingriffs bedeutsam).

[95] Zur allgemeinen Selbstbestimmung: BVerfGE 73, 206, 237; Lackner/Kühl, § 240 Rn. 1 (Schutzgut des § 240 StGB sei die Freiheit der Willensentschließung und -betätigung).

[96] Die Frage, ab wann diese Einflußnahme als Eingriff zu qualifizieren ist soll hier zunächst zurückgestellt werden, da zunächst prinzipiell zu klären ist, ob die Schaffung eines Entscheidungskonflikts für sich genommen eine Verletzung der Selbstbestimmung sein kann.

bb) Keine entgegenstehende gesetzliche Entscheidung

Dagegen ließe sich einwenden, daß der Prozeß der menschlichen Willensbildung schwer faßbar ist und die Rechtsordnung aus diesem Grund erst dann ein Urteil über ihre Beeinträchtigung fällen könne, wenn bereits das Stadium der Willensausübung erreicht sei und deswegen die Selbst- bzw. Fremdbestimmung an einer objektiven Folge in der Außenwelt festgemacht werden kann.

Eine entsprechende gesetzgeberische Entscheidung könnten die selbstbestimmungsschützenden gesetzlichen Regelungen des § 240 I StGB und des § 123 I BGB zeigen, indem sie jeweils ein unfreies *Verhalten* voraussetzen. So liegt eine vollendete Nötigung (§ 240 I StGB) erst vor, wenn das Opfer das abgenötigte Verhalten unternimmt und bei einer versuchten Nötigung (§ 240 III StGB) muß der Täter immerhin auf ein solches Verhalten abzielen. Das bedeutet aber noch nicht, daß der Gesetzgeber nur in diesen Fällen die Selbstbestimmung als verletzt ansieht. Denn Strafnormen bilden innerhalb der Rechtsordnung jeweils die ultima ratio, die nicht bei allen Rechtsgutsbeeinträchtigungen, sondern nur bei den schlimmsten und gefährlichsten zum Einsatz kommt. Außerdem bestehen im Zusammenhang mit staatlichem Strafen besonders hohe Anforderungen an die Rechtssicherheit und eine Bestrafung bereits des vorgelagerten Nötigungserfolgs „im Kopf" des Bedrohten hinge von der richterlichen Einschätzung des rein innerlichen und undurchsichtigen Willensbildungsprozesses beim Opfer ab, was eine beträchtliche Unsicherheit mit sich brächte.

Auch beim zivilrechtlichen Selbstbestimmungsschutz durch das Anfechtungsrecht nach § 123 I BGB genügt die Einflußnahme auf die Willensbildung für sich genommen noch nicht, sondern es muß eine Willenserklärung fremdbestimmt abgegeben werden. Diese Einschränkung mußte aber schon im Hinblick auf den Regelungszusammenhang („Dritter Abschnitt. Rechtsgeschäfte; Erster Titel. Willenserklärung") getroffen werden: nur wenn sich die Fremdbestimmung in einer Willenserklärung manifestiert hat, kommt es nach dem Zivilrecht an sich zur Folge einer rechtsgeschäftlichen Bindung, die durch die besondere Regelung des § 123 I BGB beseitigt wird. Dem kann nicht entnommen werden, daß der Gesetzgeber nur solche Einwirkungen auf die (rechtsgeschäftliche) Selbstbestimmung als Rechtsgutsbeeinträchtigung gelten lassen will, die sich an einem unfreiwilligen Verhalten des Betroffenen festmachen lassen.

Insgesamt läßt sich die Erforderlichkeit einer Manifestierung interner Zwangswirkungen in der Außenwelt durch ein Verhalten des Betroffenen für die Bejahung einer Verletzung der Selbstbestimmung damit nicht auf gesetzliche Regelungen stützen. Dann können aber die praktischen Schwierigkeiten bei der Feststellung und Bewertung einer Zwangswirkung „im Kopf" des Betroffenen, die (noch) keine Auswirkungen in der Außenwelt ausgelöst hat, es nicht rechtfertigen, die *Beeinträchtigung* der in der informationellen Willensentschließungsfreiheit als bloße *Gefährdung* der informationellen Selbstbestimmung[97] zu behandeln.

cc) Sachgerechtigkeit eines Notwehrrechts schon bei Störung der Willensentschließungsfreiheit

Es erschiene auch nicht sachgerecht, allen Nötigungsopfern eine wirksame Selbstverteidigung durch Notwehr abzuschneiden. Das wäre aber die Folge, wenn man jeweils nur eine Rechtsgutgefährdung annehmen wollte, solange die Beeinträchtigung der Willensentschließungsfreiheit noch keine Manifestation in der Außenwelt gefunden hat.

Denn aus dem gleichen Grund wie bei der Lüge des vorvertraglich Befragten wäre dann auch jeder sonstigen Verteidigungshandlung, die sich gegen Rechtsgüter des Nötigenden richtet, die Rechtfertigung nach § 227 BGB versagt: es wäre dann nämlich jeweils gegenüber einer echten Verteidigungshandlung ein milderes Mittel, den Entscheidungskonflikt hinzunehmen und sich ihm einfach nicht zu beugen.[98] Als „Notwehr" dürfte sich der Betroffene danach also lediglich den Verhaltenswünschen des anderen Teils entziehen und müßte damit eventuell verbundene „Übel" eben erdulden. Eine echte Abwehr im Sinne einer Beendigung des Entscheidungskonflikts, der den Betroffenen unter Druck setzt, käme dann nur in Betracht, wenn die Übelszufügung für sich genommen ein Angriff ist und deswegen diesbezüglich ein eigenes Notwehrrecht besteht.[99] Daran fehlt es in allen Fällen, in denen sich die Rechtswidrigkeit der Drohung nicht aus der Rechtswidrigkeit des angedrohten Übels sondern aus der Verknüpfung von Verhaltensforderung und dem in Aussicht gestellten Übel ergibt.

Auf diese Weise würde das Selbstverteidigungsrecht des § 227 BGB der Opfer einer Nötigung in sachwidriger Weise beschnitten. Sie dürften dann die Beeinträchtigung ihrer Willensentschließungsfreiheit nicht beenden. Denn die Entscheidung für eine der Verhaltensalternativen, die ihnrn der Angreifer gibt, ist insoweit keine Abwehr, sondern eine Hinnahme des Angriffs auf die Freiheit der Nötigungsopfer.[100] Dabei kann es keinen Unterschied machen, ob die derart Bedrängten sich für die geforderte Verhaltensweise oder das angedrohte Übel entscheiden.

Eine solche Beschränkung des Betroffenen in seinem Selbstschutz nach § 227 I BGB widerspräche aber dem Ziel der Notwehrrechte, eine effektive Verteidigung eigener Rechte zu erlauben. Wenn sich für den Bedrängten eine Möglichkeit bietet, durch ein an sich rechtswidriges Verhalten den Entscheidungskon-

---

[97] Zur Willensentschließungsfreiheit als Teil der informationellen Selbstbestimmung vgl. oben, 2. a) aa).

[98] Zur Verweigerung der Antwort als milderes Mittel, soweit zur Begründung eines Angriffs an die Gefahr einer zutreffenden Beantwortung angeknüpft wird, vgl. oben, unter II. 1. d).

[99] Vgl. dazu Arzt, MDR 1965, 344.

[100] Suppert, S. 285 für die Situation des Opfers einer Nötigung oder Erpressung.

flikt zu beenden, indem er sich den Verhaltensforderungen nicht beugt und dennoch nicht den angedrohten Nachteil erleidet, so müssen ihm die Notwehrrechte der §§ 227 BGB und 32 StGB grundsätzlich offen stehen. Deswegen kann die Beeinträchtigung der Willensentschließungsfreiheit nicht wegen der praktischen Schwierigkeiten ihrer Feststellung vor der Manifestierung in der Außenwelt durch ein unfreies Verhalten als bloße Rechtsgutgefährdung behandelt werden. Nach alledem ist bereits die Beeinträchtigung der Willensentschließungsfreiheit als Beeinträchtigung des Selbstbestimmungsrechts anzusehen, so daß auch im Spezialfall der informationellen Selbstbestimmung eine Rechtsgutsbeeinträchtigung schon vor der Beantwortung vorliegen kann. Wenn der vorvertraglich Befragte sich also in einer Zwangslage befindet, die ihm hinsichtlich der Beantwortung faktisch keine Wahl läßt, dann ist seine informationelle Selbstbestimmung nicht erst im Zeitpunkt der unfreien Beantwortung, sondern schon vorher beeinträchtigt. Damit scheitert eine Beeinträchtigung des Rechts auf informationelle Selbstbestimmung zum Zeitpunkt der Täuschung nicht an der fehlenden Manifestation der Zwangslage durch eine (zutreffende) Beantwortung.[101] Eine solche Manifestation der Zwangslage ist keine Voraussetzung einer Beeinträchtigung des Rechts auf informationelle Selbstbestimmung. Bei einer Zwangslage des Befragten ist die informationelle Selbstbestimmung demnach unmittelbar durch die Befragungssituation und damit bereits im Zeitpunkt der Täuschung beeinträchtigt, so daß ein „Recht zur Lüge" aus § 227 I BGB von daher denkbar wäre.

b) Zwangslage wegen der Koppelung von Befragung und Vertrag

Eine Zwangslage bei der vorvertraglichen Befragung kann sich aus dem Interesse des Befragten am Fortgang der Vertragsverhandlungen ergeben, zu dem es meist nur bei Erfüllung der vorvertraglichen Informationswünsche des anderen Teils kommen wird.[102] Daß dieser Entscheidungskonflikt dem Befragten grundsätzlich die Möglichkeit zur Ausübung seiner informationellen Selbstbestim-

---

[101] Dabei ist die Rechtsgutsbeeinträchtigung vor der Beantwortung allerdings weniger intensiv, denn erst die Beantwortung macht die Verfügung über die Abschirmung oder Darstellung der preisgegebenen Daten gegenüber dem Verhandlungspartner unmöglich. Danach kann der Verletzungserfolg einer gegen die Selbstbestimmung gerichteten Angriffshandlung in zwei Stufen vorliegen: erstens die Zwangswirkung "im Kopf" des Rechtsgutsträgers, zweitens "in der Außenwelt" durch die unfreie Veröffentlichung der persönlichen Umstände. Die Rechtsgutsbeeinträchtigung wird demnach durch eine spätere Beantwortung der Frage bloß noch intensiviert.

[102] Gumpert, BB 1970, 803, 804; Pellegrini, S. 121; Reitemeier, S. 271. An sich denkbar ist auch ein Entscheidungskonflikt, der mit der Koppelung von Befragung und Vertrag nichts zu tun hat, etwa wenn der fragende Teil für den Fall der Verweigerung der Auskunft Prügel androht. Bei dem Notwehrrecht, das der Befragte in so einem Fall hat, handelt es sich aber nicht mehr um eine Auswirkung der vorvertraglichen Befragung, so daß diese Konstellation im Rahmen der vorliegenden Untersuchung außen vor gelassen werden kann.

mung bietet und er nur ausnahmsweise eine selbstbestimmungsrelevante Zwangslage darstellt, wurde bereits bei den Ausführungen zur Rechtsgutsbeeinträchtigung durch die Beantwortung der Frage ausgeführt.[103] Das ausnahmsweise Vorliegen einer Zwangslage kann sich wegen der Angewiesenheit des Befragten auf die vertragliche Leistung und dem Fehlen sinnvoller Ausweichmöglichkeiten ergeben. Es stellt sich hier wieder die dort angerissene Abgrenzungsfrage, von welcher Grenze an eine solche selbstbestimmungsrelevante Zwangslage anzunehmen ist. Aber auch hier kann diese Frage letztlich offen bleiben, da ein „Notwehrrecht auf Lüge" auch bei der Anknüpfung an eine unmittelbare Beeinträchtigung der informationellen Selbstbestimmung durch die Befragungssituation in jedem Fall scheitert.

c) Ursächlichkeit der Befragung für die Rechtsgutsbeeinträchtigung

Es zeigt sich nämlich, daß die vorvertragliche Befragung eines Verhandlungspartners für die Zwangslage, in der sich der Befragte wegen seines Bedürfnisses nach Abschluß des verhandelten Vertrages befinden kann, jedenfalls nicht ursächlich ist. Das wäre für einen Angriff iSv. § 227 I BGB aber erforderlich. Denn § 227 I BGB erlaubt eine Gegenwehr nur in Bezug auf Rechtsgüter des Angreifers, also desjenigen, der die Rechtsgutverletzung bzw. ihr Drohen verursacht hat.[104]

aa) Bestehen der Zwangslage schon vor der Befragung

Wenn bei der Befragung im Vorfeld eines Vertrages eine Zwangslage besteht, so liegt das daran, daß der Befragte die vertragliche Leistung des anderen Teils benötigt und es an einer sinnvollen Ausweichmöglichkeit auf andere Anbieter dieser Leistung fehlt.[105] Für die Ursächlichkeit der vorvertraglichen Befragung für diese Zwangslage wäre erforderlich, daß die Befragung nicht hinweggedacht werden kann, ohne daß die Zwangslage in ihrer konkreten Gestalt entfiele.[106] Die Notwendigkeit einer Leistung für den Befragten und auch die Marktsituation, die ihm das Ausweichen auf andere Anbieter versperrt, bestehen aber schon vor der Befragung. Die Befragung begründet weder die Notwendigkeit der vertraglichen Leistung noch die Marktsituation, sondern sie nutzt sie allenfalls aus. Die Zwangslage entfällt nicht, wenn die Befragung oder das sonstige Verhalten des fragenden Teils hinweggedacht werden. Eine Zwangslage des Befragten hinsichtlich des Vertragsschlusses kann deswegen an sich nicht ursächlich auf der Befragung beruhen.

---

[103] Vgl. dazu oben, bei II. 1. b).
[104] MK-Grothe, § 227 Rn. 10; Soergel-Fahse, § 227 Rn. 28.
[105] Vgl. oben, bei II. 1. c)
[106] Vgl. Musielak, § 6 V b (Rn. 467).

bb) Konkrete Gestalt der Selbstbestimmungsbeeinträchtigung

Die vorvertragliche Befragung könnte aber für die Rechtsgutverletzung in ihrer *konkreten* Gestalt ursächlich sein, so daß das Kausalitätserfordernis des § 227 BGB erfüllt wäre. Wenn eine vorvertragliche Befragung des in einer Zwangslage befindlichen Verhandlungspartners erfolgt, ist die Selbstbestimmungsstörung nämlich in zweierlei Hinsicht verschieden von der Selbstbestimmungsstörung, die ohne die vorvertragliche Befragung bestände.

Erstens wird die Beeinträchtigung Selbstbestimmung zu einer Fremdbestimmung. Indem der fragende Teil den Fortgang der Vertragsverhandlungen (konkludent) von der Beantwortung der Frage abhängig macht, bestimmt er den anderen Teil zur Beantwortung. Die Störung der Selbstbestimmung des befragten Teils wegen seiner Zwangslage im Hinblick auf den Vertragsschluß nimmt dadurch die konkrete Gestalt einer Fremdbestimmung des Befragten durch den Fragenden an.

Zweitens wird die Störung der allgemeinen Selbstbestimmung in Folge der Befragung zu einer Störung der *informationellen* Selbstbestimmung konkretisiert. Erst durch die vorvertragliche Befragung wird die Zwangslage des befragten Verhandlungspartners mit der Forderung nach der Preisgabe des erfragten Umstandes verbunden. Dabei handelt es sich um ein Verhalten, das den Umgang mit den „eigenen" Informationen betrifft. Während also ohne die Befragung eine *allgemeine* Störung der Entschließungsfreiheit des Befragten besteht, von dem die informationelle Selbstbestimmung nur unter anderem mitbetroffen ist, wird die Zwangslage durch die Befragung speziell gegen die informationelle Selbstbestimmung gerichtet, indem der Befragte zu einem bestimmten informationellem Verhalten gedrängt wird.

(1) Ausnutzen der Zwangslage als eigene Rechtsgutverletzung

Gegen die Bewertung der Ausnutzung einer Zwangslage zu einer Fremdbestimmung als eigene Verletzung der Selbstbestimmung könnten aber die Wertungen sprechen, die den gesetzlichen Regelungen, die an solche Zwangslagen anknüpfen, zu entnehmen sind. Dies könnte insbesondere den verschiedenen Schutzrichtungen dieser Regelungen und ihrem systematischen Ineinandergreifen zu entnehmen sein.

(a) Gesetzliche Unterscheidung des Ausnutzens einer Zwangslage von ihrer Begründung

Das Gesetz trifft in diesem Zusammenhang auf der einen Seite Regelungen wie die §§ 123 I Alt. 2 BGB und 240 I Alt. 2 StGB, bei denen für den Fall der Herbeiführung einer Zwangslage im Wege der Drohung ein Anfechtungsrecht gegeben bzw. Strafe angeordnet wird. Auf der anderen Seite stehen die Tatbestände des § 138 II Alt 1 BGB und des § 291 I Alt. 1 StGB, bei denen das Ausnutzen einer Zwangslage beim Vertragsabschluß nur im Falle einer besonderen

Benachteiligung des unterlegenen Teils mit Vertragsnichtigkeit beziehungsweise Strafbarkeit sanktioniert wird.
Vergleicht man diese Tatbestände, so fällt auf, daß der unterlegene Teil bei den Regelungen, die an die Herbeiführung der Zwangslage anknüpfen (§§ 123 I Alt. 1 BGB, 240 I Alt. 2 StGB) vor dem Abschluß eines unfreien Vertrags beziehungsweise der Vornahme eines sonstigen unfreiwilligen Verhaltens als solchem geschützt wird. Demgegenüber wird der unterlegene Teil durch die Regelungen bezüglich des Ausnutzens von Zwangslagen (§§ 138 II Alt. 1 BGB, 291 I Alt. 1 StGB) nur vor der vertraglichen Vereinbarung bestimmter, insbesondere vermögensschädlicher Regelungen geschützt.
Diese unterschiedliche Behandlung auf der Rechtsfolgenseite spiegelt die Verschiedenheit von Nötigungs- und Wuchertatbeständen in bezug auf ihre Schutzrichtung wider. So schützen die Regelungen der §§ 123 I Alt. 2 BGB, 240 I Alt. 2 StGB das Rechtsgut der freien rechtsgeschäftlichen bzw. allgemeinen Selbstbestimmung,[107] während die §§ 138 II Alt. 1 BGB und 291 Alt. 1 StGB das Vermögen[108] schützen. Der Vermögensschutz der Wuchertatbestände bezieht sich zwar auf solche Gefahren, die für das Vermögen aus der Beeinträchtigung der Selbstbestimmung des Rechtsgutträgers erwachsen, die Selbstbestimmung ist aber deswegen noch nicht Schutzgegenstand.

(b) Keine Intensivierung der Zwangslage durch ihre Ausnutzung
Von der Warte des Selbstbestimmungsschutzes aus gesehen ist ein Schutz vor der Ausnutzung einer bereits gestörten Selbstbestimmung zu einer Fremdbestimmung auch nicht geboten. Die Fremdbestimmung bedeutet diesbezüglich nämlich keine Intensivierung der bestehenden Beeinträchtigung. Mag zunächst auch der Gedanke nahe liegen, durch die Fremdbestimmung erreiche die bereits bestehende Beeinträchtigung der Selbstbestimmung eine andere, schädlichere Qualität, weil der normalerweise selbstbestimmte Bereich dann den Zwecken eines Dritten unterworfen wird. Gegen eine Intensivierung der Selbstbestimmungsbeeinträchtigung spricht jedoch eine rechtsgutsbezogene Betrachtungsweise. Führt eine Zwangslage dazu, daß die Selbstbestimmung schon fehlt, kann sie dem Betroffenen nicht mehr entzogen werden. Ob sich ein Dritter die Zwangslage für seine Zwecke zu Nutze macht, ist dabei für das Rechtsgut der

---

[107] Zu § 123 BGB: Mugdan I, S. 465; Soergel-Hefermehl, § 123 Rn. 1; MK-Kramer, § 123 Rn. 1. Zu § 240 StGB: Lackner/Kühl, § 240 Rn. 1; Schönke/Schröder-Eser, § 240 Rn. 1.

[108] Zu § 138 BGB: Soergel-Hefermehl, § 138 Rn. 70 (Schutz vor wirtschaftlicher Ausbeutung). Zu § 291 bzw. seiner alten Fassung als § 302 a StGB: Jakobs, FS für Peters (1974), 69, 86; Lackner/Kühl, § 291 Rn. 1 und Schönke/Schröder-Stree, § 302 a Rn. 2 (Schutzgut sei ausschließlich das Vermögen); dagegen aber Arzt, FS für Lackner, S. 641, 650, 653 f., seine Argumentation, wonach Vermögensschutz immer auch Schutz der Dispositionsfreiheit über das Vermögen und damit Freiheitsschutz sei, kann aber als Verwischung zweier von der Rechtsordnung getrennt behandelter Rechtsgüter nicht überzeugen.

Selbstbestimmung unerheblich. Für sonstige Interessen und Rechtsgüter des Betroffenen mag der Spezialfall einer Fremdbestimmung gegenüber einer sonstigen Selbstbestimmungsstörung größere Gefahren bergen, zumal wenn eine Kollision der Interessen von Bestimmten und Bestimmenden besteht.[109] Für das Rechtsgut der Selbstbestimmung als der Freiheit, seinen Willen ungestört zu bilden und danach zu handeln, macht dies keinen Unterschied. Die unterschiedlichen Schutzrichtungen von Nötigungs- und Wuchertatbeständen entsprechen also dem Schutzbedarf, der für das jeweils geschützte Rechtsgut besteht.

(c) Kein Gegenargument aus der Konstellation des „Drohens mit Unterlassen"

Der generellen gesetzlichen Unterscheidung der Schaffung von Zwangslagen gegenüber ihrem bloßen Ausnutzen[110] und der Folgerung der Ablehnung einer Selbstbestimmungsbeeinträchtigung durch das Ausnutzen von Zwangslagen ist entgegengehalten worden, daß auch im Fall des Drohens mit dem Unterlassen einer Handlung, bezüglich derer eine Rechtspflicht besteht, eine existierende Zwangslage vorgefunden werde, der selbstbestimmungsschützende Nötigungstatbestand dann aber nach ganz herrschender Meinung erfüllt ist.[111]

Gerade das Abgrenzungsproblem, welches sich bei der Ankündigung eines Unterlassens für den Fall der Nichterfüllung der Verhaltensforderung des Täters stellt und unter dem Stichwort des "Drohens mit Unterlassen" insbesondere in der strafrechtlichen Rechtsprechung[112] und Literatur[113] Beachtung gefunden hat, läßt sich aber nur unter Rückgriff auf die Verschiedenheit der Schutzrichtungen von Wucher- und Nötigungstatbestand sinnvoll bewältigen.

Zwar wird beim Bestehen einer Rechtspflicht zur Hilfe aus einer Zwangslage diese Zwangslage vom Täter als bereits bestehend vorgefunden. Vergleicht man

---

109 Vor diesen Gefahren wird das Vermögen durch die Wuchertatbestände des BGB und des StGB geschützt.

110 Auch nach Erman-Palm, § 123 Rn. 59; Soergel-Hefermehl, § 123 Rn. 40 und Staudinger-Dilcher § 123 Rn. 50 ist der Tatbestand des § 123 I Alt. 2 BGB erst bei der Begründung einer Zwangslage, nicht schon bei ihrem Ausnutzen gegeben. Ebenso MK-Kramer, § 123 Rn. 45, der aber eine analoge Anwendung des § 123 I Alt. 1 BGB auf die Fälle des Ausnutzens einer Zwangslage anregt. Dieser Vorschlag ist wegen der gezeigten Differenzierung durch die Rechtsordnung nicht nur nach Intensität, sondern auch nach der Entstehung der Zwangslage mangels Vergleichbarkeit der Fälle und wegen der Existenz der Wuchertatbestände mangels Fehlens einer planwidrigen Lücke abzulehnen. Gegen die Entstehung der Zwangslage als Abgrenzungskriterium von Nötigung und Wucher wegen der Behandlung der Ankündigung eines Unterlassens im Falle einer Rechtspflicht als Drohung Arzt, FS für Lackner, S. 641, 651. Durch eine solche Ankündigung wird der Druck auf die Opferpsyche jedoch intensiviert, die (verschärfte) Notlage also mitbegründet (s.u.).

111 Arzt, FS für Lackner, S. 641, 651.

112 Vgl. die Grundsatzentscheidung BGHSt 31, 195 ff.

113 Vgl. z.B. Roxin JuS 1964, 373 ff. und JR 1983, 333 ff. und Arzt, FS für Lackner, S. 641 ff.

aber die Zwangslage einer Person, die einen Anspruch[114] auf Hilfe aus dieser Zwangslage hat vor der Ankündigung des Täters, diesen Anspruch unter Umständen pflichtwidrig nicht zu erfüllen, mit der psychologischen Situation des Opfers nach dieser Ankündigung, so ergibt sich aus der Perspektive des Opfers eine Verstärkung der Zwangslage.[115] Befand sich das Opfer auch schon vorher tatsächlich gesehen in einer Zwangslage, war diese dennoch dadurch entschärft, daß die Beendigung der Zwangslage durch einen Dritten rechtlich abgesichert war. Kündigt dieser Dritte nun an, seine Pflicht nur unter einer Bedingung zu erfüllen, die er wegen seiner Verpflichtung so nicht stellen darf, dann verliert die rechtliche Absicherung ihren Wert, sofern sie nicht problemlos und zeitnah mittels obrigkeitlicher Hilfe durchgesetzt werden kann. Aus Sicht des Opfers ist die Zwangslage dann intensiviert,[116] weswegen der selbstbestimmungsschützende Nötigungstatbestand einschlägig ist.[117]
Besteht eine solche Rechtspflicht bezüglich des Verhaltens, dessen Unterlassen angedroht wird, nicht, dann kann eine Selbstbestimmungsbeeinträchtigung, die von der ursprünglichen Zwangslage verschieden wäre, grundsätzlich nicht angenommen werden.[118] Es handelt sich dann um die wuchertypische Situation

---

[114] Arzt, FS für Lackner, S. 641, 647 behauptet in diesem Zusammenhang die Möglichkeit "bruchteiliger Handlungspflichten", was das Kriterium der Rechtspflicht problematisch mache.

[115] So auch Schroeder, JZ 1983, 284, 287 (das für das Opfer positive Element der Zuweisung von Hilfe durch die Rechtsordnung werde durch den Täter "herausgebrochen"). Pelke, S. 171 nimmt eine Nötigung zur Vereinbarung eines bestimmen Vertragsinhalts an, wenn ein Kontrahierungszwang besteht, ansonsten handele es sich ausschließlich um einen Fall des Wuchers.

[116] Im Ergebnis ebenso Rengier, Strafrecht BT II, § 23 III 3 (Rn. 47); Zopfs, JA 1998, 813, 819 unter Verweis auf eine "Setzungsmacht" bezüglich des Übels aus "normativen Gründen".

[117] Eine entsprechende Rechtspflicht des fragenden Verhandlungspartners zur Befreiung des anderen Teils vom „vertragslosen Zustand" besteht nur, wenn sich aus einem umfassenden Diskriminierungsverbot mangels sachlichen Ablehnungsgrundes ein Kontrahierungszwang ergibt, in diesem Fall scheitert ein Anfechtungsrecht wegen arglistiger Täuschung aber bereits daran, daß § 123 I Alt. 1 BGB teleologisch zu reduzieren ist, weil mangels diesbezüglicher Vertragsfreiheit des Getäuschten der Wortlaut der Regelung über ihren Schutzzweck hinausschießt, vgl. oben, Teil 3.

[118] Wie hier Arzt, FS für Lackner, S. 641, 656; Zopfs, JA 1998, 813, 818; das "Autonomieprinzip" von Roxin, JuS 1964, 373, 377 und dessen spätere Modifikation in JR 1983, 333, 335; für eine Begrenzung der Behandlung als Nötigung auch Lackner/Kühl, § 240 Rn. 14; dagegen nehmen Haft, Strafrecht BT, S. 127; LK-Schäfer § 240 Rn. 53, 81 ff.; Schönke/Schröder-Eser § 240 Rn. 10 grundsätzlich die Möglichkeit einer Verwirklichung des Nötigungstatbestands durch Drohen mit Unterlassen an. Diese Sichtweise widerspricht aber der Systematik der Rechtsordnung, die den Tatbestand der Nötigung gerade vom Wuchertatbestand unterscheidet. Dabei kommt es nicht auf die Intensität der Zwangslage, sondern auf ihre Entstehung an. Zumindest mißverständlich in diesem Zusammenhang: BGHSt 31,195, 201 f.

des Ausnutzens[119] einer Zwangslage, ohne (weitere) Beeinträchtigung der Selbstbestimmung.[120] Damit ergibt sich aus dem Abgrenzungsproblem bezüglich des Drohens mit Unterlassen kein Einwand gegen die Feststellung einer in der Rechtsordnung angelegten Unterscheidung zwischen dem selbstbestimmungsschädlichen Begründen einer Zwangslage und ihrem wuchertypischen Ausnutzen, sondern es zeigt sich hier gerade das Zutreffen dieser Differenzierung.

(d) Schlußfolgerungen

Es schließt sich die Frage an, ob der unterschiedlichen Behandlung des Ausnutzens einer Zwangslage gegenüber ihrem Begründen durch das Gesetzesrecht die Wertung zu entnehmen ist, daß das Ausnutzen einer Zwangslage keine *eigene*, d.h. von der ursprünglichen Zwangslage verschiedene, Beeinträchtigung der Selbstbestimmung darstellen kann. Die gesetzlichen Nötigungs- und Wuchertatbestände enthalten zwar keine abschließende Regelung aller möglichen Selbstbestimmungsbeeinträchtigungen.[121] Sie treffen aber eine eindeutige Aussage bezüglich des Verhältnisses des Begründens bzw. des Ausnutzens einer Zwangslage und des insoweit erforderlichen Schutzes des Betroffenen. Dieser wird nach der Gesetzeslage gerade nicht vor dem Ausnutzen einer Zwangslage als solchem, sondern nur vor bestimmten, eng umrissenen Folgen eines solchen Ausnutzens geschützt. Demnach enthalten die §§ 138 II Alt. 1 BGB, 291 I Alt. 1 StGB zusammen mit den §§ 123 I Alt. 1 BGB, 240 I Alt. 2 StGB die gesetzliche Wertung, daß das bloße Ausnutzen einer bereits bestehenden Zwangslage keine eigene Verletzung des Selbstbestimmungsrechts des Betroffenen darstellt. Deswegen kann die Befragung nicht deshalb als kausale Verletzungshandlung bewertet werden, weil dabei die Zwangslage des Befragten zu einer Fremdbestimmung bezüglich der Informationspreisgabe genutzt wird.

---

[119] Eine andere Bewertung ergibt sich nur, wenn dem Opfer ein von dem Täter in Gang gesetztes Übel droht und der Täter dessen Beendigung unter bestimmten Bedingungen in Aussicht stellt (Vgl. Roxin, JR 1983, 331, 336 [„modifiziertes Autonomieprinzip"]; ihm folgend Tröndle/Fischer, § 240 Rn. 18; ähnlich Lackner/Kühl, § 240 Rn. 12; Schubarth, NStZ 1983, 312, 313; Staudinger-Dilcher § 123 Rn. 49 f. [keine Nötigung, wenn die Notlage unabhängig vom Drohenden besteht] und Zopfs, JA 1998, 813, 818 f., der das Kriterium der "Setzungsmacht" des Täters bezüglich des Übels betont.). In diesem Fall nutzt der Täter die selbst begründete Zwangslage aus, um das Opfer zum gewünschten Verhalten zu bewegen. Einen derartigen Fall betraf auch BGHSt 31, 195 ff, so daß auch unter Anwendung der hier vertretenen Kriterien eine Nötigung zu bejahen wäre.

[120] SK-Horn § 240 Rn. 16 spricht sogar von einer Erweiterung der Freiheit des Betroffenen, wenn keine Rechtspflicht zur bedingungslosen Hilfe aus der Zwangslage besteht. Ähnlich Jakobs, FS für Peters, 69, 82; Schroeder, JZ 1983, 284, 288: das Drohen mit einem Unterlassen sei bei Fehlen einer Rechtspflicht "in Wahrheit das Angebot eines Tuns".

[121] S.o., bei 2. a) bb).

(2) Konkretisierung der Zwangslage zu einer Störung der informationellen Selbstbestimmung

Hinsichtlich der Präzisierung der Zwangslage auf eine Beeinträchtigung speziell der informationellen Selbstbestimmung folgt aus der Wertung der gesetzlichen Unterscheidung des Ausnutzens von Zwangslagen von ihrer Begründung Ähnliches.

Das Ausnutzen einer Zwangslage ist nämlich ohne eine solche Konkretisierung gar nicht möglich, wird sie doch jeweils mit einer bestimmten Verhaltensforderung verknüpft und dadurch in einen konkreten Entscheidungskonflikt übergeleitet. Auch bei den Wuchertatbeständen wird die allgemeine Störung der Selbstbestimmung wegen der Zwangslage in die Störung der speziellen Freiheit zur Ablehnung des unausgewogenen Geschäfts umgewandelt. Dennoch liegt bei den Wuchertatbeständen kein Angriff auf die rechtsgeschäftliche Selbstbestimmung vor. Dies hätte sonst auch die eigenartige Folge eines Notwehrrechts gegenüber dem wucherischen Angebot.

Demzufolge kann auch nicht wegen der Konkretisierung der allgemeinen Selbstbestimmungsbeeinträchtigung auf einen Entscheidungskonflikt zwischen dem Verlust der Chancen auf den Vertragsschluß und der Preisgabe des erfragten Umstands ein Kausalzusammenhang zwischen der Rechtsgutsbeeinträchtigung und der Befragung bejaht werden. In dieser Konkretisierung der Zwangslage liegt nur die für eine Fremdbestimmung notwendige Verknüpfung der Zwangslage mit einer Verhaltensanforderung. Vor dem Hintergrund der gesetzlichen Trennung von Drohung und Wucher ist dieser Entscheidungskonflikt nicht als eine eigene, von der ursprünglichen Zwangslage verschiedene Beeinträchtigung der Selbstbestimmung zu bewerten.

Daß dadurch dann nicht mehr die *allgemeine* Entschließungsfreiheit, sondern speziell die *informationelle* Selbstbestimmung betroffen wird, vermag keine andere Beurteilung zu rechtfertigen, denn die informationelle Selbstbestimmung ist eine besondere Ausprägung der allgemeinen Selbstbestimmung. Die informationelle Selbstbestimmung ist als solche im Verhältnis zur allgemeinen Selbstbestimmung kein *anderes* Rechtsgut, sondern ein *spezielleres*, also ein bestimmter Teilbereich der allgemeinen Selbstbestimmung.[122]

Insgesamt ist das Ausnutzen der Zwangslage des Befragten zu vorvertraglichen Informationserhebungen damit nicht als kausale Verletzungshandlung hinsichtlich der Beeinträchtigung seiner informationellen Selbstbestimmung, die wegen der Koppelung von Vertragsschluß und Informationspreisgabe im Zeitpunkt der Täuschung bestehen kann, zu bewerten. Mangels Ursächlichkeit der Befragung für die Beeinträchtigung der Selbstbestimmung fehlt es an einer Verletzung von

[122] Wie das allgemeine Recht auf Selbstbestimmung findet auch das Recht auf *informationelle* Selbstbestimmung (zumindest z. T.) seine Rechtsgrundlage in Art. 2 I GG, vgl. dazu oben, unter A. I. 1.

Rechtsgütern des Befragten durch den Fragenden. Damit liegt kein Angriff des fragenden Verhandlungspartners vor, bezüglich dessen die Lüge des Befragten als erforderliche Verteidigungshandlung nach § 227 BGB gerechtfertigt wäre. Eine Rechtfertigung der Täuschung als Notwehr nach § 227 BGB scheidet folglich aus. Eine Einschränkung des Anfechtungsrechts wegen der Befragung über persönliche Lebensumstände läßt sich deswegen nicht auf den Rechtfertigungsgrund der Notwehr nach § 227 BGB stützen.

Im Ergebnis ist demnach festzuhalten, daß ein „Notwehrrecht auf Lüge" aus § 227 I BGB gegenüber vorvertraglichen Fragen ausscheidet.

B. Besonderer Rechtfertigungsgrund des § 53 I BZRG

Neben den allgemeinen Rechtfertigungsgründen, von denen nur § 227 I BGB in Betracht kam, ist an den besonderen Rechtfertigungsgrund des § 53 I BZRG zu denken. Dieser greift für vorvertragliche Befragungen, die auf die Ermittlung eventueller Verurteilungen des Befragten gerichtet sind. Danach ist es dem Verurteilten ausdrücklich erlaubt, sich als unbestraft zu bezeichnen, wenn die Verurteilung nicht in das Führungszeugnis oder nur in ein Führungszeugnis für Behörden aufzunehmen oder zu tilgen ist. Für die derart thematisch umrissene Information hat der Gesetzgeber die Rechtsstellung des Befragten durch die Spezialregelung des § 53 I BZRG gestärkt, so daß eine Täuschung insoweit ohne weiteres rechtmäßig ist.[123]

Andere Rechtfertigungsgründe hinsichtlich einer vorvertraglichen Täuschung sind nicht ersichtlich. Nachdem der allgemeine Rechtfertigungsgrund des § 227 I BGB scheitert, erweist sich § 53 I BZRG mithin als einziger Fall, in dem die Rechtsordnung die vorvertragliche Lüge als legitime Verteidigung der Interessen des Befragten anerkennt und somit der Begriff des „Rechts zur Lüge" tatsächlich zutrifft.

C. Auswirkungen der Rechtfertigung einer Täuschung auf die Anfechtbarkeit nach § 123 I Alt. 1 BGB

Nur in der Ausnahmekonstellation der Rechtfertigung einer Täuschung nach § 53 I BZRG fehlt es der Täuschung also an der Widerrechtlichkeit.[124] Nach den

---

[123] Götz/Tolzmann, § 53 BZRG Rn. 4.

[124] Obwohl eine Rechtfertigung der Täuschung nach § 227 I BGB im Grundsatz ausscheidet (s.o., Abschnitt A), ist eine Rechtfertigung als Notwehr allerdings denkbar, wenn bei der Befragung ein vom Scheitern der Vertragsverhandlungen verschiedenes Übel angedroht

Ergebnissen des Teils 2 der Arbeit, wonach die Regelung des § 123 I Alt. 1 BGB eine widerrechtlich Beeinträchtigung der Entscheidungsfreiheit des anderen Teils wertungsmäßig voraussetzt, ergibt sich insoweit die These einer Beschränkung der Anfechtbarkeit nach § 123 I Alt. 1 BGB nur für die Fälle des § 53 I BZRG. Es schließt sich die Frage an, ob sich die Vermutung einer entsprechenden Grenze der Anfechtbarkeit wegen arglistiger Täuschung bestätigen läßt.

I. Fehlen der Arglist des Täuschenden

In konstruktiver Hinsicht ist zunächst versucht worden, eine Einschränkung des Anfechtungsrechts aus § 123 I Alt. 1 BGB hinsichtlich gerechtfertigter Täuschungen zu erreichen, indem in das Tatbestandsmerkmal der „arglistigen" Täuschung ein Verwerflichkeitselement hineingelesen wurde. Wie bereits bei Teil 3 gesehen,[125] vermag eine solche Auslegung aber nicht zu überzeugen, so daß sie auch hier nicht weiter führt.

II. Teleologische Reduktion des § 123 I Alt. 1 BGB hinsichtlich rechtmäßiger Täuschungen

Da der Wortlaut des § 123 I Alt. 1 BGB keinen Anknüpfungspunkt für eine Einschränkung hinsichtlich rechtmäßiger Täuschungen gibt, ist auch hier wieder an eine teleologische Reduktion der Regelung zu denken.

Eine teleologische Reduktion des § 123 I Alt. 1 setzt voraus, daß für eine abstrakt bestimmbare Fallgruppe nach der Gesetzesteleologie eine planwidrige, "verdeckte" Lücke besteht.[126] Die Regelung des § 123 I Alt. 1 BGB muß also ein einschränkendes Merkmal vermissen lassen, so daß ihr Anwendungsbereich über den teleologisch gebotenen hinausgeht und sie durch Hinzufügung eines einschränkenden Merkmals zu reduzieren ist.

1. Rechtswidrigkeitskriterium als abstrakte Bestimmung der Fallgruppe

Mit den Fällen der rechtmäßigen Täuschungen wäre bereits eine Fallgruppe gefunden, die sich abstrakt bestimmen läßt. Für diese müßte § 123 I Alt. 1 BGB eine planwidrige Lücke vorweisen.

2. Bestehen einer entsprechenden Lücke des § 123 I Alt. 1 BGB

Eine Reduktion des § 123 I Alt. 1 BGB für die Konstellation einer rechtmäßigen Täuschung setzt voraus, daß die Regelung für diese Fallgruppe nicht eingeschränkt ist und damit eine Lücke des gesetzlichen Tatbestandes besteht.

---

wird, z.B. Prügel. Für diese Sonderkonstellationen gelten die Ausführungen in Abschnitt C. entsprechend.

[125] Vgl. oben, Teil 3 A. I. 3.

[126] Genauer zu den Voraussetzungen einer teleologischen Reduktion schon oben, Teil 3 A. I. 4. b).

Grundsätzlich wird die Täuschung im Vorfeld eines Vertragsabschlusses als Verstoß gegen vorvertragliche Rücksichtsnahmepflichten rechtswidrig sein.[127] Fälle einer Rechtfertigung der Täuschung sind aber möglich (s.o., Abschnitt B). Die Regelung des § 123 I Alt. 1 BGB trifft ihrem Wortlaut nach keine ausdrückliche Einschränkung auf eine Bestimmung zum Geschäftsabschluß durch widerrechtliche Täuschung.

3. Planwidrigkeit der Lücke

Dieses Fehlen einer einschränkenden Regelung kann eine ausfüllungsbedürftige planwidrige Lücke sein, wenn sich dies aus dem Sinn und Zweck der einzuschränkenden Norm, aus dem insoweit vorrangigen Zweck einer anderen Norm oder aus einem gesetzesimmanenten Prinzip, welches für bestimmte Fälle vorrangig ist, ergibt.[128] Zweck der Regelung des § 123 I Alt. 1 BGB ist der Schutz der Vertragsfreiheit des Getäuschten. Dieser Schutz erfolgt, indem dem Lösungsinteresse des Getäuschten entsprochen wird, er sich also nicht an einem Vertrag festhalten lassen muß, den er nur aufgrund von Täuschung durch seinen Vertragspartner eingegangen ist. Der Schutz des Lösungsinteresses des Erklärenden bei Täuschung und Drohung geht viel weiter als in den Fällen sonstiger Willensmängel. Dies kann nur unter dem Blickwinkel legitim sein, daß der Erklärungsempfänger die Fehlerhaftigkeit der Willenserklärung im Anwendungsbereich des § 123 I BGB selbst herbeigeführt hat und dies regelmäßig auch rechtswidrig ist.[129]

Ist das Verhalten des Täuschenden hingegen rechtmäßig, so erscheint der weitreichende Vorrang des Lösungsinteresses gegenüber dem Bestandsinteresse des Erklärungsempfängers unbillig. Dies zeigt insbesondere der Vergleich zu den §§ 119 ff BGB, bei denen der Willensmangel zwar oft aus der Sphäre des Erklärenden selbst stammen wird, in deren Rahmen der Erklärende aber auch das Risiko von Mißverständnissen und Pech grundsätzlich zumindest über die Schadensersatznorm des § 122 I BGB tragen muß. Insoweit schösse es über den durch § 123 I Alt. 1 BGB bezweckten Schutz des Lösungsinteresses des Getäuschten hinaus, wenn man diese Regelung auch auf den Ausnahmefall einer rechtmäßigen Täuschung anwendete.

Für diese Umgrenzung des Schutzzwecks des § 123 I Alt. 1 BGB spricht auch die Entstehungsgeschichte der Regelung, beginnen doch die Gesetzesmaterialien zu der Regelung mit der Feststellung, daß die *widerrechtliche* Beeinträchtigung der Entschließungsfreiheit durch die Rechtsordnung nicht hingenommen werden könne.[130] Dementsprechend war die Regelung des Anfechtungsrechts

[127] Neumann-Duesberg, JR 1967, 1, 2; Gernhuber, Das Schuldverhältnis, § 8 II 8 (S. 193); dazu ausführlich oben, Teil 2 B. II.

[128] Vgl. Larenz/Canaris, S. 211.

[129] Vgl. oben, Teil 2 B II.

[130] Mugdan I, S. 465.

bei Täuschung in den ersten Entwürfen zum BGB auch so gefaßt, daß die Widerrechtlichkeit als einschränkendes Tatbestandsmerkmal auch auf die Tatbestandsalternative der Täuschung zu beziehen war.[131]
In der Schlußfassung des § 123 I BGB war das Widerrechtlichkeitskriterium zwar unmißverständlich nur noch auf die Tatbestandsalternative der Drohung bezogen. Daraus ist aber nicht zu schließen, daß der Gesetzgeber den Anwendungsbereich des § 123 I Alt. 1 BGB eben auch auf die rechtmäßige Täuschung erstrecken wollte, was an sich ja denkbar wäre, etwa um dem Geschäftsverkehr die Unsicherheit bezüglich der Feststellung der Rechtmäßigkeit einer Täuschung zu ersparen. Der Blick in die Gesetzgebungsmaterialien zeigt nämlich, daß der Gesetzgeber von der Rechtswidrigkeit einer jeden arglistigen Täuschung ausging und deswegen die zusätzliche Voraussetzung der Widerrechtlichkeit insoweit für überflüssig hielt.[132] An die Möglichkeit einer arglistigen, aber dennoch rechtmäßigen Täuschung wurde schlicht nicht gedacht.[133] Der Gesetzgeber hat also nicht gerade unter Beachtung des Problems der Behandlung rechtmäßiger Täuschungen keine Sonderregelung getroffen, obwohl der Schutz nach § 123 I Alt. 1 BGB in diesen Fällen zu weit geht. Eine planwidrige Regelungslücke für die Fälle der rechtmäßigen Täuschungen liegt damit vor. Damit ist die Regelung des § 123 I Alt. 1 BGB durch das Hinzufügen eines Rechtswidrigkeitskriteriums zu reduzieren.[134]
Folglich ergibt sich eine Einschränkung des Anfechtungsrechts im Hinblick auf die Beantwortung von Fragen des Getäuschten insoweit, als die Täuschung durch ein „Recht zur Lüge" nach § 53 I BZRG gerechtfertigt ist. Die These des Bestehens von Grenzen der Anfechtbarkeit nach § 123 I Alt. 1 BGB bei rechtmäßigen Täuschungen, die in Teil 2 der Untersuchung erarbeitet und oben unter

[131] So lautete der § 101 I des der 1. Kommission vorgelegten Entwurfs: "Ist jemand zur Abgabe einer Willenserklärung von einem anderen widerrechtlich durch Erregung einer gegründeten Furcht bewogen oder durch Betrug verleitet worden, so ist die Willenserklärung unmittelbar wirkender Anfechtung unterworfen." (Mugdan I, S. LXXXIV); die 1. Kommission beschloß nach ihren Beratungen als § 103 I Entwurf I die Fassung: "Ist jemand zur Abgabe einer Willenserklärung von einem anderen widerrechtlich durch Drohung oder durch Betrug bestimmt worden, so kann er die Willenserklärung anfechten." (Jakobs/Schubert, S. 601); weniger eindeutig war bereits die Fassung im zweiten Entwurfstext, wo es in § 98 I hieß: "Wer zur Abgabe einer Willenserklärung durch arglistige Täuschung oder durch Drohung widerrechtlich bestimmt worden ist, kann die Erklärung anfechten." (Mugdan I, S. LXXXIV).

[132] Mugdan I, S. 965 (Bericht der XII. Kommission des Reichstags vom 12. 6. 1896).

[133] So auch v. Lübtow, FS für Bartholomeyczik, 249, 251, 273, 275; Neumann-Duesberg, JR 1967, 1, 2; Erman-Palm, § 123 Rn. 20; MK-Kramer, § 123 Rn. 10; Staudinger-Dilcher § 123 Rn. 26.

[134] So auch schon Neumann-Duesberg, JR 1967, 1, 2; v. Lübtow, FS für Bartholomeyczik, S. 249, 275 und die heute h. M., vgl. OLG Nürnberg VersR 200, 437, 438; Musielak, § 5 VII a 1 (Rn 375); Erman-Palm, § 123 Rn. 20; MK-Kramer, § 123 Rn. 10; Reitemeier, S. 156 f.; Staudinger-Dilcher § 123 Rn. 26 ff.

A. und B. auf die Fälle des § 53 I BZRG präzisiert wurde, läßt sich damit bestätigen.

D. Besonderheiten im Arbeits- und Wohnraummietrecht

Im Zusammenhang mit der Frage eines „Notwehrrechts auf Lüge“ aus § 227 BGB ergeben sich für das Arbeits- und Wohnraummietrecht keine Besonderheiten gegenüber den allgemeinen Überlegungen im Abschnitt A. Auch gegenüber dem Arbeitgeber scheitert ein entsprechendes Notwehrrecht am Kriterium der Erforderlichkeit der Täuschung als Verteidigungshandlung bzw. daran, daß eine eventuelle Zwangslage des Befragten im Hinblick auf den Vertrag vom Arbeitgeber nicht geschaffen, sondern allenfalls ausgenutzt wird.

Insbesondere führt nicht einmal im Anwendungsbereich des Betriebsverfassungsgesetzes die besondere, kollektivarbeitsrechtliche Regelung des § 94 I S.1 BetrVG[135] zum Vorliegen einer ausreichenden Notwehrlage. Bei Verstößen gegen die Verpflichtung zum Einholen der Zustimmung des Betriebsrats bezüglich eines Personalfragebogens ist die vorvertragliche Informationserhebung anhand des Fragebogens zwar schon wegen des Verstoßes gegen § 94 I S. 1 BetrVG widerrechtlich. Das „Notwehrrecht zur Lüge“ zur Verteidigung der informationellen Selbstbestimmung scheitert nichts desto trotz, weil die Lüge zur Vermeidung der Offenbarung privater Daten nicht erforderlich ist und eine eventuelle Zwangslage des Befragten nicht durch den fragenden Arbeitgeber herbeigeführt wurde. Knüpft man bei dem verteidigten Rechtsgut statt an das Recht auf informationelle Selbstbestimmung an das Zustimmungsrecht des Betriebsrats an, scheitert eine Rechtfertigung nach § 227 I BGB jedenfalls daran, dass dieses Zustimmungsrecht durch die Täusschung nicht wieder hergestellt oder vor weiterer Beeinträchtigung bewahrt wird.

Ein „Notwehrrecht zur Lüge“ des Stellenbewerbers gegenüber bestimmten Arbeitgeber- bzw. Vermieterfragen, wie es von der Literatur überwiegend angenommen wird,[136] soweit das „Recht zur Lüge“ überhaupt dogmatisch begründet

---

[135] Genauer zu den Pflichten des Arbeitgebers aus § 94 I S. 1 BetrVG vgl. unten, unter Teil 5 A. I. 2. a) aa), zu den Auswirkungen eines Verstoßes gegen § 94 I S. 1 BetrVG auf die Anfechtbarkeit nach § 123 I Alt. 1 BGB vgl. unten, unter Teil 5 B. III.

[136] V. Lübtow, FS für Bartholomeyczik, S. 249, 275; MK-Kramer, § 123 Rn. 10; Musielak, § 5 VII a 1 (Rn 375); Neumann-Duesberg, UFITA 1962, 101, 113; ders., JR 1967, 1, 3; Rudolph, S. 120; Staudinger-Dilcher, § 123 Rn. 27, 29.

wird,[137] ist deswegen abzulehnen.[138] Bereichsspezifische Besonderheiten kommen in diesem Zusammenhang nicht zum Tragen.

Auch im Hinblick auf die besondere Regelung des § 53 I BZRG ergibt sich gegenüber den allgemeinen Überlegungen im Abschnitt B keine Besonderheit, wenn die Frage nach den Vorstrafen im Vorfeld eines Arbeits- oder Wohnraummietvertrags gestellt wird. Die Frage nach den Vorstrafen des Bewerbers wird in diesen Bereichen nur praktisch besonders häufig vorkommen.

E. Ergebnisse zu Teil 4

Die These des Bestehens von Grenzen der Anfechtbarkeit nach § 123 I Alt. 1 BGB unter dem Gesichtspunkt der rechtmäßigen Verteidigung von Interessen gegenüber der Befragung läßt sich bestätigen. Allerdings ist eine vorvertragliche Täuschung nur ganz ausnahmsweise als eine solche rechtmäßige Verteidigung zu qualifizieren.

Den Art. 2 I und 1 I GG ist ein besonderes Persönlichkeitsrecht auf informationelle Selbstbestimmung zu entnehmen, das jedem Menschen die informationelle Verfügungsbefugnis über die Abschirmung und Darstellung des eigenen Lebens gegenüber anderen zuweist. Dieses Recht entfaltet mittelbare Drittwirkung in der privatrechtlichen Beziehung zwischen zwei Verhandlungspartnern. Es bildet ein nach § 227 BGB notwehrfähiges Gut.

Ein „Notwehrrecht auf Lüge“ aus § 227 I BGB gegenüber personenbezogenen vorvertraglichen Fragen besteht gleichwohl nicht.

Stellt man für die Notwehrvoraussetzung eines „Angriffs“ auf die Schaffung der Gefahr einer zutreffenden Beantwortung ab, so scheitert § 227 I BGB daran, daß dem Befragten mit der Verweigerung der Antwort ein milderes Verteidigungsmittel zur Abwendung der Rechtsgutsbeeinträchtigung zur Verfügung stände. Insoweit ist die Lüge deswegen keine erforderliche Verteidigungshandlung.

---

[137] Ohne eine solche Begründung gegen die Rechtswidrigkeit einer Täuschung bei unzulässigen Arbeitgeber- bzw. Vermieterfragen: Bamberger/Roth-Wendtland, § 123 Rn. 15; Brox/Rüthers, Rn. 63; Bub/Treier, Rn. 669; Erman-Palm, § 123 Rn. 20 f.; Hromadka/Maschmann, § 5 II 4. b) aa) (2c) (Rn. 161); Löwisch, ArbR, § 23 II. 2. (Rn. 1221); Jauernig-Jauernig, § 123 Rn. 11; Palandt-Heinrichs, § 123 Rn. 10.

[138] Im Ergebnis wie hier (bzgl. unzulässiger Arbeitgeberfragen) Erman-Ehmann, Anh. § 12 Rn. 648; Klein, AuR 1978, 266, 268; Leipold, AuR 1971, 161, 163; Reitemeier, S. 280.

Stellt man für einen „Angriff" hingegen auf die Beeinträchtigung der Willensentschließungsfreiheit im informationellen Bereich durch die Zwangslage ab, die wegen des Bedürfnisses des Befragten nach dem Fortgang der Vertragsverhandlungen bestehen kann, scheitert § 227 I BGB daran, daß die Zwangslage nicht durch ein Verhalten des fragenden Teil verursacht wurde. Zwangslagen bei vorvertraglichen Befragungen ergeben sich vielmehr aus der Angewiesenheit des Befragten auf die vertragliche Leistung in Verbindung mit dem Fehlen sinnvoller Ausweichmöglichkeiten. Beides beruht nicht auf einem Verhalten des fragenden Teils. Die Zwangslage wird durch die Befragung nicht begründet, sondern bloß ausgenutzt. Insoweit wird die gesetzliche Unterscheidung zwischen dem Begründen einer Zwangslage und ihrem Ausnutzen (§ 123 I Alt. 2 BGB und § 240 StGB einerseits und § 138 II BGB und § 291 I Alt. 1 StGB andererseits) relevant: Das Ausnutzen einer bestehenden Zwangslage zum Zwecke der Fremdbestimmung bedeutet keine zusätzliche Beeinträchtigung der Selbstbestimmung. Auch aus der Konkretisierung der Störung der allgemeinen Selbstbestimmung zu einer Störung gerade der informationellen Selbstbestimmung ergibt sich nichts anderes.

Ein „Recht zur Lüge" kann sich bezüglich der vorvertraglichen Fragen nach Vorstrafen des Befragten aus der Spezialregelung des § 53 I BZRG ergeben.

Für die Konstellation einer rechtmäßigen Täuschung ist die Regelung des § 123 I Alt. 1 BGB teleologisch zu reduzieren, so daß ein Anfechtungsrecht des Getäuschten nicht besteht.

Bereichsspezifische Besonderheiten im Arbeits- oder Wohnraummietrecht im Hinblick auf die Rechtfertigung der Täuschung bestehen nicht.

Teil 5: Die Anfechtbarkeit bei objektiv überzogenen Befragungen des Täuschenden

Wie gesehen, führen die schutzwürdigen informationellen Interessen des Befragten nur im Fall des § 53 I BZRG zu einem „Recht zur Lüge". Die Anerkennung der Verfügungsbefugnis des Befragten über „seine" Informationen als schutzwürdige Rechtsposition kann aber für die Frage, ob die unwahre Beantwortung einer vorvertraglichen Frage die weitreichende Privilegierung des Anfechtungsberechtigten nach § 123 I Alt. 1 BGB legitimiert, auch außerhalb von Rechtfertigungsgründen eine Rolle spielen. Statt die Befugnisse des Täuschenden auszuweiten, könnte diese Rechtsposition für eine Einschränkung des „Fragerechts" des Getäuschten wesentlich werden.

Wenn den Informationsinteressen des fragenden Teils rechtlich anerkannte Interessen des Befragten gegenüberstehen, die er bei der Beantwortung der Frage einbüßt,[1] ist die Lösung des Konflikts der beiderseitigen Interessen durch die Erhebung und Erteilung vorvertraglicher Informationen einer objektiven Angemessenheitskontrolle zugänglich. Durch die vorvertragliche Befragung trägt der fragende Teil seinem Verhandlungspartner eine bestimmte Lösung des Konflikts zwischen Informations- und Geheimhaltungsinteresse an. Dies könnte pflicht- oder sittenwidrig sein, wenn die Befragung auf eine überzogene Durchsetzung der Informationsinteressen des fragenden Teils auf Kosten des Interesses des Befragten an der Wahrung seiner informationellen Verfügungsbefugnis gerichtet ist.

Bei der Frage der Pflichtwidrigkeit einer objektiv überzogenen Befragung können die Ergebnisse von Teil 4 möglicherweise auch insoweit fruchtbar gemacht werden, als sich dort die Möglichkeit einer selbstbestimmungsrelevanten Zwangslage des Befragten in bezug auf den Vertrag bzw. die vertragliche Leistung gezeigt hat. Die Ausnutzung einer solchen Zwangslage zu einer überzogenen Befragung kann zwar – wie in Teil 4 gesehen – eine Lüge nicht als Notwehr rechtfertigen.[2] Es wäre aber denkbar, daß die Ausnutzung der Zwangslage zur Durchsetzung objektiv überzogener Informationswünsche gegen die Rücksichtsnahme verstößt, die Verhandlungspartner einander schulden. Im Falle einer pflichtwidrigen Befragung wäre die Verletzung der rechtsgeschäftlichen Entschließungsfreiheit wegen des gleichfalls pflichtwidrigen Verhaltens des Getäuschten relativiert, so daß eine gewisse Verschiebung hinsichtlich der

---

[1] Zu dieser Folge einer Beantwortung vgl. schon oben, Teil 4 A. II. 1. a) und hier unten, A. II. 4. b) aa) (1).

[2] Vgl. oben, Teil 4: die Beeinträchtigung der Selbstbestimmung durch die Zwangslage als solche wird nicht durch den Fragenden herbeigeführt und eine eventuelle Rechtsgutverletzung durch die zutreffende Beantwortung kann durch Schweigen als milderes Verteidigungsmittel abgewehrt werden.

Wertungsgrundlage der weitreichenden Anfechtbarkeit nach § 123 I Alt. 1 BGB gegeben wäre.[3]
Auf der Grundlage dieser Überlegungen läßt sich erstens die These aufstellen, daß die objektive Überzogenheit einer vorvertraglichen Befragung zumindest unter bestimmten Umständen zur Bewertung der Befragung als Pflichtenverstoß führen kann. Zweitens ist zu vermuten, daß bei Täuschungen auf eine derart pflichtwidrige Befragung Grenzen oder Ausnahmen von der Anfechtbarkeit nach § 123 I Alt. 1 BGB bestehen.

A. Pflichtwidrigkeit der überzogenen Befragung

Geklärt werden soll zunächst, ob die These zutrifft, daß eine vorvertragliche Befragung wegen ihrer objektiven Überzogenheit gesetzes-, sitten- oder sonst pflichtwidrig sein kann.

I. Bestehen rechtlicher Vorgaben für den Inhalt einer vorvertraglichen Befragung

Dafür ist zunächst Voraussetzung, daß rechtliche Vorgaben hinsichtlich des Inhalts vorvertraglicher Befragungen überhaupt bestehen. Dies soll wieder zunächst allgemein (1.) und anschließend für die Sonderbereiche des Arbeits- und Wohnraummietrechts (2.) beleuchtet werden, zuletzt wird überlegt, ob hinsichtlich sonstiger spezieller Vertragstypen Besonderheiten existieren (3.).

1. Allgemeine rechtliche Vorgaben für den Inhalt einer vorvertraglichen Befragung

Zuerst ist insoweit zu erwägen, ob allgemeine, d.h. unabhängig vom Vertragstyp anzuwendende spezialgesetzliche Vorgaben hinsichtlich vorvertraglicher Informationserhebungen bestehen.

a) Bestehen spezialgesetzlicher Vorgaben

Umfassende gesetzliche Grenzen der Informationserhebungsfreiheit, die dem Informationserhebenden hinsichtlich aller seiner vorvertraglichen Informationswünsche Vorgaben machen, bestehen nicht.

aa) Regelungen des Bundesdatenschutzgesetzes (BDSG)

Begrenzende Regelungen existieren lediglich im Sonderbereich des BDSG, dessen Anwendungsbereich sich aber auf Informationserhebungen zum Zwecke der automatisierten oder dateimäßigen Datenverarbeitung beschränkt (§ 1 II Nr. 3 BDSG). Auf die Behandlung vorvertraglicher Fragen im Anwendungsbereich des BDSG wird in Teil 6 genauer einzugehen sein. Außerhalb des BDSG fehlt

---

[3] Genauer zu den Auswirkungen der Pflichtwidrigkeit der Befragung auf die Anfechtbarkeit unten, unter B.

es an einer speziellen Regelung der Pflichten des fragenden Verhandlungspartners.

bb) § 241 II BGB n. F.

Insbesondere greift hier auch nicht die neu eingeführte[4] Regelung des § 241 II BGB. Danach wird jeder Teil eines Schuldverhältnisses zur Rücksicht auf die Rechte, Rechtsgüter und Interessen des anderen Teils verpflichtet. Ein Schuldverhältnis in diesem Sinne ist gemäß § 311 II BGB (n. F.) bereits im Anbahnungsverhältnis zu sehen, welches im Zeitpunkt der Befragung besteht. Daß § 241 II BGB nicht die richtige Rechtsgrundlage zur Begründung einer Verpflichtung des fragenden Teils auf die objektive Ausgewogenheit des vorvertraglichen informationellen Interessenausgleichs sein kann, ergibt sich aus der Abgrenzung der neuen Regelung zum verbleibenden Anwendungsbereich des allgemeinen Treu-und-Glauben-Grundsatzes, der seinen gesetzlichen Ausdruck in § 242 BGB findet. Durch § 241 II BGB hat der Treu-und-Glauben-Grundsatz eine spezielle Ausgestaltung nämlich nur bezüglich seiner Ergänzungsfunktion gefunden.[5] Dabei geht es um die Ergänzung der ausdrücklichen Pflichten innerhalb eines Schuldverhältnisses durch die Verpflichtung zu einem rücksichtsvollen Verhalten in bezug auf die berechtigten Interessen des anderen Teils. Weil die vorvertragliche Befragung, selbst wenn sie nach objektiven Maßstäben überzogen erscheint, die informationelle Selbstbestimmung nicht verletzt,[6] ist diese Ergänzungsfunktion des Treu-und-Glauben-Satzes jedenfalls nicht hauptsächlich betroffen. Vielmehr kann sich eine Verpflichtung auf eine objektiv zu bestimmende inhaltliche Angemessenheit der vorvertraglichen Befragung am ehesten der Schrankenfunktion des Treu-und-Glauben-Satzes entnehmen lassen. Danach dürfen Rechte nicht mißbraucht werden. Der Schwerpunkt eines eventuellen Vorwurfs der Treuewidrigkeit der Befragung wäre darin zu suchen, daß der fragende Teil unter dem Deckmantel des Schutzes seiner Vertragsfreiheit nach § 123 I Alt. 1 BGB Informationen erhebt, ohne daß er insoweit im Hinblick auf die Vertragsfreiheit als Schutzgut des § 123 I Alt. 1 BGB ein hinreichendes berechtigtes Interesse hätte. Von daher sind eventuelle Vorgaben hinsichtlich des Inhalts vorvertraglicher Fragen eher bei § 242 BGB als bei § 241 II BGB zu verorten.[7]

---

[4] Durch das Gesetz zur Modernisierung des Schuldrechts vom 26. 11. 2001 (BGBl. I S. 3138).

[5] Vgl. Bamberger/Roth-Grüneberg § 242 Rn. 31.

[6] Siehe oben, Teil 4 A. II.

[7] Hält man entgegen dem obig Gesagten für entscheidend, daß es bei einer zutreffenden Beantwortung zu einer Einbuße an informationeller Verfügungsbefugnis käme, verschiebt sich der Schwerpunkt wieder mehr auf die oben genannte Ergänzungsfunktion, so daß eine evtl. Verpflichtung auf die objektive Ausgewogenheit des informationellen Interessenausgleichs eher bei § 241 II BGB zu verorten wäre. Im Ergebnis macht diese Einordnung aber keinen Unterschied, weil es sich auch bei § 241 II BGB um eine Generalklausel handelt,

b) Bestehen inhaltlicher Vorgaben aus § 242 BGB

Außerhalb des BDSG könnten sich inhaltliche Vorgaben, die einer objektiv überzogenen vorvertraglichen Befragung entgegenstehen, also aus dem Gebot von Treu und Glauben des § 242 BGB ergeben. Treu und Glauben könnten solchen Fragen entgegenstehen, bei deren Beantwortung der Befragte eine erhebliche Einbuße bezüglich der Verfügungsgewalt über "seine" Informationen erleidet, wenn das Interesse des Fragenden, diese Information seiner Entscheidung über den Vertragsschluß zu Grunde zu legen, als vergleichsweise geringfügig zu bewerten ist.

aa) Auslegungsmethode bzw. Konkretisierungstechnik bei § 242 BGB

Das setzt aber voraus, daß die Generalklausel des Gebotes von Treu und Glauben aus § 242 BGB im Sinne einer Verpflichtung zur Einhaltung einer gewissen Ausgewogenheit beim Ausgleich der konkurrierenden Interessen auszulegen, respektive zu konkretisieren[8] ist.

(1) Grammatikalisch-historische Auslegung

Vom Wortlaut her ist bei der Regelung des § 242 BGB zunächst bei der Wortkombination "Treu und Glauben" anzusetzen. Die "Verkehrssitte" ist lediglich ein sekundäres objektives Merkmal bei der Feststellung des Maßstabes von Treu und Glauben, wie die Formulierung "mit Rücksicht auf" zeigt.[9] Mit dem Wortpaar Treu und Glauben verbindet zwar jedermann gewisse Vorstellungen, diese sind allerdings recht vage.[10] Im allgemeinen wird unter einem Treu und Glauben gemäßen Verhalten ein "anständiges" Verhalten im Geschäftsverkehr verstanden in dem Sinne, daß jeder in "Treue" zu seinem gegebenen Wort stehen und das Vertrauen, welches die unerläßliche Grundlage aller menschlichen Beziehungen bildet, nicht enttäuschen oder mißbrauchen soll.[11] Historisch geht das Wortpaar Treu und Glauben auf die bona fides, also die "gute Treue" des römischen Rechts zurück.[12] Diese bezeichnete einen rechtlichen Beurteilungsmaßstab, in den rechtsethische Elemente, die konkreten Umstände, der Ortsgebrauch und die Verkehrssitte einflossen.[13] Im Anschluß daran wird heute der

---

die am Grundsatz von Treu und Glauben orientiert ist (vgl. Bamberger/Roth-Grüneberg, § 241 Rn. 42; Palandt-Heinrichs, § 241 Rn. 1, 6) und die Konkretisierung dieser Generalklausel den gleichen Regeln zu folgen hat wie die des Treu-und-Glauben-Satzes des § 242 BGB selbst.

8 Den Begriff Konkretisierung bei Generalklauseln dem allgemeinen Ausdruck der Auslegung vorziehend Bydlinski, Methodenlehre, S. 583; ebenso Canaris, Die Feststellung von Lücken, S. 27.

9 Heinrich, Formale Freiheit, S. 396 f.

10 Larenz, SchuldR. I, § 10 I.

11 Larenz, SchuldR. I, § 10 I.

12 Medicus, SchuldR. I, § 16 (Rn. 124); Soergel-Teichmann, § 242 Rn. 37.

13 Soergel-Teichmann, § 242 Rn. 37.

Treu-und-Glauben-Satz verstanden als das Gebot der Befriedigung der Erwartung, daß jeder bei der Erfüllung seiner Pflichten und bei der Ausübung seiner Rechte die berechtigten Interessen des anderen mitberücksichtigt.[14] In diesem Zusammenhang werden im einzelnen Anforderungen wie Redlichkeit, Loyalität, Zuverlässigkeit, Gewissenhaftigkeit und Aufrichtigkeit genannt.[15] Als Ergebnis einer Wortlautauslegung des Treu-und-Glauben-Gebotes lassen sich damit nur Begriffe ermitteln, die selbst noch von so erheblicher Weite und Unbestimmtheit sind, daß sie als Grundlage einer Subsumtion im eigentlichen Sinne nicht taugen[16]: die Ausnutzung des Interesses des Verhandlungspartners am Vertragsabschluß zur Durchsetzung überzogener Informationswünsche mag zwar als unredliches Verhalten zu bewerten sein, das Schlagwort der Redlichkeit gibt aber kaum Aufschluß über die Maßstäbe, die an das Vertragsabschlußinteresse und die Überzogenheit zu stellen sind. Ebensowenig vermögen Begriffe wie Loyalität und die Rücksichtsnahme auf die Interessen des Verhandlungspartners bei der Bestimmung solcher Maßstäbe entscheidend weiterzuhelfen. Es zeigt sich hier das allgemeine Problem der Konkretisierung von Generalklauseln, daß ihre wörtliche Auslegung aufgrund des hohen Abstraktionsgrades des Regelungstextes wenig ergiebig ist.[17] Ebenso läßt sich das Ergebnis der grammatikalischen Auslegung nicht durch die Heranziehung der Zielvorstellungen des historischen Gesetzgebers präzisieren, denn diese sind nicht konkreter als die Formulierung des Tatbestandes selbst.

(2) Systematisch-teleologische Auslegung

Gegenüber der grammatikalischen und der historischen Auslegung haben deswegen die systematische und teleologische Auslegung in den Vordergrund zu treten,[18] wobei für eine Konkretisierung der Generalklausel nicht ihr eigener, gleichfalls unpräziser Gesetzeszweck dienen kann, wohl aber die gesetzesimmanente Teleologie, die sich vor allem auch in anderen Regelungen zeigen kann. Insgesamt muß deswegen der Treu-und-Glauben-Satz für seine Anwendung auf einen Lebenssachverhalt unter Heranziehung der Wertungen konkreterer Normen oder allgemeiner Rechtsprinzipien konkretisiert werden.[19] Durch diese Vorgehensweise rückt die Konkretisierung von Generalklauseln in die

---

[14] Heinrich, Formale Freiheit, S. 396; Soergel-Teichmann, § 242 Rn. 37.

[15] Heinrich, Formale Freiheit, S. 395 f.

[16] Ähnlich Canaris, Die Feststellung von Lücken, S. 26 f.: Begriffe wie "Treu und Glauben" seien keine festen subsumtionsfähigen Merkmale, sondern weisen "*nur die Richtung*, in der die Entscheidung zu suchen ist".

[17] Vgl. Bydlinski, Methodenlehre, S. 583; Heinrich, Formale Freiheit, S. 317; zur Konkretisierungsbedürftigkeit des § 242 BGB auch Larenz, SchuldRI, § 10 I; Soergel-Teichmann, § 242 Rn. 5.

[18] Vgl. Bydlinski, Methodenlehre, S. 583.

[19] Vgl. Bydlinski, Methodenlehre, S. 583; zur Begründung von Rechtsfortbildungen anhand von Regeln und Prinzipien vgl. Langenbucher, S. 36 ff.

Nähe der Rechtsfortbildung im Wege der Gesetzes- bzw. Rechtsanalogie.[20] Dem ist wegen der Gesetzesbindung der Gerichte nach Art. 20 III GG und dem rechtsstaatlichen Gebot der Rechtssicherheit durch entsprechend hohe Anforderungen Rechnung zu tragen.[21] In Anlehnung an die Voraussetzung einer Rechtsfortbildung ist deswegen die Vergleichbarkeit[22] des durch die konkretere Gesetzesnorm oder das Rechtsprinzip geregelten Falles mit dem nach § 242 BGB zu bewertenden Fall zu fordern, weiterhin das Fehlen[23] speziellerer einschlägiger Regelungen und schließlich die Planwidrigkeit[24] dieser "Lücke" im speziellen Gesetzesrecht in dem Sinne, daß nach der Konzeption des Gesetzes nicht genau die Pflicht, die nun unter Heranziehung der Generalklausel bestehen soll, ungewollt ist. Dem rechtsstaatlichen Gebot der Voraussehbarkeit und Einheitlichkeit richterlicher Entscheidungen ist über die argumentative Absicherung durch die Anwendung der genannten Kriterien hinaus dadurch Rechnung zu tragen, daß sich die Bewertung ihres Vorliegens so-

---

[20] Vgl. Bydlinski, Methodenlehre, S. 583, der von "Analogieüberlegungen" spricht; ähnlich Preis, Vertragsgestaltung, S. 148 („Rechtsfortbildung im Rahmen des § 242 BGB"); weitergehend Fastrich, Inhaltskontrolle, S. 65 ff. und 70 ff., der die Inhaltskontrolle von Verträgen auf eine Rechtsfortbildung auf der Grundlage des allgemeinen Prinzips von Treu und Glauben und nicht auf die Regelung des § 242 BGB stützen will. Für eine Trennung zwischen § 242 BGB und den Grundsätzen der Rechtsfortbildung auch Soergel-Teichmann, § 242 Rn. 9 f.; gegen eine Bewertung der Konkretisierung von Generalklauseln als Rechtsfortbildung Canaris, Die Feststellung von Lücken, S. 28. Zutreffend bewertet Preis, Vertragsgestaltung, S. 250 die Entscheidung zwischen § 242 BGB oder dem allgemeinen rechtsethischen Prinzip von Treu und Glauben (als Rechtsgrundlage einer Inhaltskontrolle) als sekundär, wenn nur die Anforderungen an eine Rechtsfortbildung eingehalten werden. Zu den Begriffen der Gesetzes- und Rechtsanalogie vgl. Bydlinski, Methodenlehre, S. 477 f.

[21] Vgl. Preis, Vertragsgestaltung, S. 250; auch Fastrich, Inhaltskontrolle, S. 72 will eine Bezugnahme auf § 242 BGB zulassen, sofern sie nicht der Umgehung der Voraussetzungen einer Rechtsfortbildung dient.

[22] Vgl. zu dieser Voraussetzung bei Gesetzes- und Rechtsanalogien Larenz/Canaris, S. 202.

[23] Auch Soergel-Teichmannn, § 242 Rn. 7 nennt die Lückenhaftigkeit des konkret regelnden Gefüges aus Vertragsbestimmungen und Gesetzesrecht als Legitimationsgrund für den richterlichen Eingriff auf der Grundlage des § 242 BGB. Zur entsprechenden Voraussetzung einer "Regelungslücke" bei Rechtsfortbildungen vgl. Larenz/Canaris, S. 191; Soergel-Hefermehl, Anh. zu § 133 Rn. 12 und oben, bei Teil 3 A. I. 4. b). Das Erfordernis einer Lücke erlangt bei der Konkretisierung von Generalklauseln allerdings keine eigenständige Bedeutung, da die Generalklausel beim Bestehen einer spezielleren Regelung sowieso im Wege der Konkurrenz verdrängt würde und deswegen schon gar nicht anwendbar wäre.

[24] Zur Voraussetzung der Planwidrigkeit der Lücke bei Rechtsfortbildungen vgl. Bydlinski, Methodenlehre, S. 473; Canaris, Die Feststellung von Lücken, § 3 (S. 16); Larenz/Canaris, S. 194; Soergel-Hefermehl, Anh. zu § 133 Rn. 12 und oben, bei Teil 3 A. I. 4. b).

weit als möglich[25] anhand abstrakt beschreibbarer Fallgruppen zu vollziehen hat.[26]

Die Beurteilung eines überzogenen vorvertraglichen Informationsverlangens als Verstoß gegen Treu und Glauben, hängt also davon ab, ob sich das Gebot der Einhaltung einer gewissen objektiven Ausgewogenheit oder "Gerechtigkeit" bei der Ausgestaltung der Lösung privater Interessenkonflikte zwischen Verhandlungspartnern der Wertung nach in der Rechtsordnung nachweisen und unter Berücksichtigung der genannten Voraussetzungen auf vorvertragliche Befragungen übertragen läßt. Bezüglich der Voraussetzung des Fehlens einer spezielleren Regelung läßt sich schon jetzt festhalten, daß außerhalb des BDSG keine solchen Regelungen bestehen.[27]

bb) Konkretisierung des § 242 BGB anhand eines allgemeinen Gerechtigkeitsgebots

Die Frage ist also zunächst, ob ein entsprechendes Gebot in der Rechtsordnung besteht, so daß es für die Konkretisierung der Pflichten des fragenden Teils aus § 242 BGB zu einer Angemessenheitspflicht im Hinblick auf vorvertragliche Befragungen herangezogen werden kann.

Zu erwägen ist die Existenz eines allgemeinen Rechtsprinzip des Inhalts, daß die Teilnehmer am Rechtsverkehr zur Wahrung einer objektiven Gerechtigkeit des Ausgleichs ihrer kollidierenden Interessen verpflichtet sind. Anhaltspunkte für ein solches Prinzip könnten die zivilgesetzlichen Regelungen bilden, anhand derer vertragliche Interessenausgleiche auf ihre Angemessenheit zu prüfen sind, etwa die Regelungen der §§ 307 ff. und 138 II BGB und zwingendes Schuldvertragsrecht wie z.B. die §§ 617 f. BGB.[28] Einem solchen Prinzip ließe sich die Pflicht entnehmen, dem Verhandlungspartner keine Einbußen zuzumuten, die mangels Kompensation durch einen Vorteil oder Legitimation durch eigene berechtigte Interessen nach objektiver Betrachtungsweise als ungerecht anzusehen sind. Wenn sich eine derartige, allgemeine Pflicht zur Einhaltung einer gewissen Gerechtigkeit des Interessenausgleichs feststellen ließe, dann könnte sie im informationellen Bereich die Begrenzung aller vorvertraglichen Fragen im Hinblick auf das Bestehen eines legitimen Interesses an der Information zur Folge haben. Es stellt sich also die Frage, ob den genannten Regelungen für das Ver-

---

[25] Unverzichtbar ist aber jeweils der zweite Schritt, nämlich die Klärung der Frage, inwieweit die grundsätzliche Bewertung der Treuepflichten nach den konkreten Umständen des Einzelfalls zutrifft.

[26] Zur entsprechenden Anforderung an eine Rechtsfortbildung vgl. Bydlinski, Methodenlehre, S. 480; Röthel, JuS 2001, 424, 426.

[27] S.o., unter 1. a).

[28] Zur induktiven Erschließung rechtlicher Prinzipien anhand verwandter Vorschriften vgl. Bydlinsiki, Methodenlehre, S. 478.

hältnis von Verhandlungspartnern eine Pflicht zur Herbeiführung eines zumindest annähernd gerechten Interessenausgleichs zu entnehmen ist.
Ein Blick auf die Zivilrechtsordnung in ihrer Gesamtheit zeigt aber den Ausnahmecharakter zwingenden Schuldvertragsrechts und auch der Anordnung richterlicher Inhaltskontrolle wie durch die §§ 307 ff. und 138 II BGB. Es handelt sich dort jeweils um besondere Interessenlagen, die sich etwa für die §§ 617 f. BGB aus der besonderen Interessenlage im Arbeitsvertragsrecht, bei den §§ 307 ff. aus den Besonderheiten von Formularverträgen und bei § 138 II BGB aus der Zwangslage, Unerfahrenheit, dem mangelnden Urteilsvermögen oder der Willensschwäche des Bewucherten ergeben. Im allgemeinen schlägt die Zivilrechtsordnung den Teilnehmern am Privatrechtsverkehr eine bestimmte Ausgestaltung ihrer vertraglichen Vereinbarungen nur unverbindlich vor, und es gibt auch keine allgemeine Rechtsgrundlage einer richterlichen Inhaltskontrolle. Wegen des Ausnahmecharakters läßt sich den Regelungen des zwingenden Schuldvertragsrechts und den Anordnungen der Inhaltskontrolle durch die §§ 307 ff. und 138 II BGB ein allgemeines Prinzip der Verpflichtung auf eine objektiv zu bestimmende Vertragsgerechtigkeit nicht entnehmen. Der Blick auf die Privatrechtsordnung zeigt vielmehr ihre Ausrichtung am Prinzip der Privatautonomie.
Die Privatautonomie ist der Zivilrechtsordnung als Rechtsprinzip durch Art. 2 I GG auch verfassungsrechtlich vorgegeben und wirkt sich dort als grundsätzliche Selbstgestaltung der eigenen Rechtsverhältnisse durch die Privaten aus.[29] Eine Unterwerfung des einzelnen unter einen objektiven Maßstab des angemessenen Interessenausgleichs, der hoheitlich zu bestimmen wäre, wäre aber das genaue Gegenstück zur eigenverantwortlichen Selbstgestaltung der rechtlichen Verhältnisse. Eine allgemeine Verpflichtung auf die objektive Angemessenheit des Ausgleichs privater Interessen wäre deswegen systemwidrig.
Eine solche Verpflichtung ist auch nicht erforderlich, um die Angemessenheit solcher Vereinbarungen sicher zu stellen.[30] Denn was die Gerechtigkeit betrifft, so kann sich die Rechtsordnung grundsätzlich auf den Ausgleich der Interessen im freien Wettbewerb verlassen, in dem jeder Beteiligte von Rechts wegen mit der gleichen Freiheit ausgestattet ist.[31] Dieses System beruht darauf, daß jedes

---

[29] Flume, BGB AT, § 1 1; Maunz/Dürig, Art. 2 Rn. 53; Langenfeld, Vertragsgestaltung, Rn. 436; zur Legitimation der Privatautonomie (auch) aus der Anerkennung der Handlungsfreiheit vgl. auch Fastrich, RdA 1997, 65, 67.

[30] Schon die Möglichkeit über objektives Recht auch nur im Durchschnitt gerechte Verträge herbeizuführen bezweifelnd: Rittner, AcP 188 (1988), 101, 128; für die größte Kompetenz der Betroffenen selbst auch MünchHandb. ArbR. I-Richardi § 14 Rn. 52.

[31] Für eine funktionale Beziehung von Vertragsfreiheit und Vertragsgerechtigkeit schon Schmidt-Rimpler AcP 147 (1941), 130, 149 ff., der bei diesem Aufsatz zwar die Begrifflichkeiten nationalsozialistischer Rechtslehre anwendet, später aber an seinen Ergebnissen festgehalten hat (ders., FS für Raiser, S. 3 ff.); zustimmend Heinrich, Fomale Freiheit, S. 190; ebenso MK-Kötz (3. Aufl.), Einl. AGBG Rn. 3; Wolf, Rechtsgeschäftliche Entschei-

Privatrechtssubjekt im Verhältnis zu den anderen versucht, die Wahrung der eigenen Interessen zu erreichen,[32] so daß es insgesamt zu einem Ausgleich kommt.[33] Diese Verteidigung der eigenen Interessen erfolgt zunächst bei der Ausgestaltung des einzelnen Vertrages, bei der jeder Verhandlungspartner in Ausübung seiner Vertragsgestaltungsfreiheit einen für ihn möglichst vorteilhaften Vertragsinhalt zu erreichen sucht.[34] Dabei dient jeweils die Möglichkeit des Nichtabschließens (negative Abschlußfreiheit) i.V.m. dem Interesse des anderen Teils am Vertragsabschluß als Druckmittel für ein Entgegenkommen.[35] Abgesichert wird die selbstregulierende Wirkung der Vertragsfreiheit weiter durch ihre Eigenschaft als privatrechtliches Ordnungsprinzip, in der sie die Angemessenheit von Verträgen durch das Bestehen von Wettbewerb herbeiführt.[36] Kann eine Partei wegen ihrer verhandlungsmäßigen Unterlegenheit aus wirtschaftlichen, intellektuellen oder sonstigen Gründen ihre Interessen bei der Ausgestaltung des einzelnen Vertragsinhalts nicht verteidigen, so bleibt ihr doch die Möglichkeit, ihre Vertragsabschlußfreiheit dazu zu nutzen, sich einen Vertragspartner mit vorteilhafteren Vertragsklauseln zu suchen.[37] Um im Wettbewerb bestehen zu können, wird deswegen auch ein Privater, der wegen seiner verhandlungsmäßigen Überlegenheit im Hinblick auf den einzelnen Vertrag den Inhalt eigentlich einseitig bestimmen könnte, ein Interesse an der Angemessenheit seiner Klauseln haben.[38] Das Wettbewerbskorrektiv wirkt dadurch immerhin auf solche Vertragsgestaltungen hin, die zwar nicht zwingend von dem einzelnen Betroffenen, wohl aber von dem Großteil bzw. dem Durchschnitt der potentiellen Vertragspartner, also von dem Markt, als akzeptabel angesehen werden.

---

dungsfreiheit, S. 73 f. („Richtigkeitschance" vertraglicher Vereinbarungen auf einen gerechten Interessenausgleich).

[32] Vgl. BVerfGE 89, 214, 232; Schmidt-Rimpler AcP 147 (1941), S. 130, 152; ders., FS für Raiser, S. 3, 5; Wolf, Rechtsgeschäftliche Entscheidungsfreiheit, S. 69.

[33] BVerfGE 103, 89, 100 (Ehevertrag); Schmidt-Rimpler FS für Raiser, S. 3, 5 f.; Bork, BGB AT, § 17 B III (Rn. 663); Coester-Waltjen AcP 190 (1990), 1, 14 f.; Larenz/Wolf, BGB AT, § 42 I (unter der Voraussetzung annähernd gleicher Verhandlungsstärke); Münch-Handb. ArbR. I-Richardi, § 14 Rn. 54; Rittner, AcP 188 (1988), S. 101, 128 und 134; Staudinger-Schmidt (1995) § 242 Rn. 465; Wolf, Rechtsgeschäftliche Entscheidungsfreiheit, S. 69; vgl. auch die Begründung des Regierungsentwurfs zum AGBG, BT-Drucks. 7/3919, S. 9.

[34] Zur Legitimation der Bindung an das Rechtsgeschäft durch diese Mitwirkung der Vertragspartner (sofern selbstbestimmt) vgl. Larenz/Wolf, BGB AT, § 42 III (Rn. 12).

[35] Schmidt-Rimpler, FS für Raiser, S. 3, 14.

[36] Adomeit, NJW 1994, 2467, 2468; Coester-Waltjen, AcP 190 (1990), 1, 17; Fastrich, Inhaltskontrolle, S. 82.

[37] Vgl. Rittner, AcP 188 (1988), 101, 132; Fastrich, Inhaltskontrolle, S. 218; Canaris, FS für Lerche, S. 873, 882.

[38] Fastrich, Inhaltskontrolle, S. 222; Schmidt-Rimpler, FS für Raiser, S. 3, 14.

Die Vertragsfreiheit sichert damit in zweifacher Weise die Herbeiführung gerechter oder „richtiger“ Verträge ab.[39] Trotz der Möglichkeit der Beeinträchtigung grundrechtlich geschützter Positionen im Zusammenhang mit Rechtsgeschäften ist ein staatlicher Eingriff in dieses System durch Überprüfung der objektiven Vertragsgerechtigkeit deswegen auch nicht unter dem Gesichtspunkt der Schutzgebotsfunktion der Grundrechte angezeigt. Wenn die Richtigkeitsgewähr der Vertragsfreiheit aber gerade auf der Wahrung der jeweils eigenen Interessen durch die Vertragspartner beruht, dann kann es die Rechtsordnung nicht als pflichtwidrig ansehen, wenn der Rechtsteilnehmer beim Aushandeln der Lösung von Interessenkollisionen den eigenen Nutzen über die objektive Gerechtigkeit stellt.[40] Eine entsprechende Bindung der Verhandlungspartner kommt deswegen nicht in Frage.
Kann man aber immerhin eine Außengrenze der privatautonomen Entscheidungsfreiheit im Hinblick auf die objektive Gerechtigkeit des Interessenausgleichs konstatieren? Dem ist entgegenzuhalten, daß die Selbstbestimmtheit der Privaten nicht nur eine Verpflichtung auf einen - nach objektiven Maßstäben - absolut gerechten Interessenausgleich ausschließt, sondern überhaupt das Anlegen eines objektiven Maßstabes an diesen Interessenausgleich verbietet. Denn aus der Selbstbestimmung folgt, daß die Vertragspartner und nicht das Recht die beteiligten Interessen wertend gegenüber stellen.[41] Den Interessenausgleich, den der fragende Verhandlungspartner dem anderen Teil durch die Befragung vorschlägt, hat daher allein der Befragte zu beurteilen, indem er darauf eingeht oder dies ablehnt. Das Recht hat sich hingegen einer Bewertung anhand objektiver Maßstäbe zu enthalten.[42]

---

[39] Vgl. Fastrich, Inhaltskontrolle, S. 81 und 222 f. (Fehlen des unmittelbaren Einflusses des Vertragspartners auf den Vertragsinhalt ist noch keine hinreichende Bedinungung für einen “Ausfall der Richtigkeitsgewähr”); Rittner, AcP 188 (1988), 101, 132; für eine grundsätzliche Richtigkeitsgewähr der Vertragsfreiheit trotz der Widrigkeiten der gegenwärtigen Umständen und des Zeitgeists (unter anderem ein von „Massenpsychosen gestärktes Konsumdenken“ der Verbraucher) auch Coester-Waltjen, AcP 190 (1990), 1, 17; gegen eine Richtigkeitsgewähr des Vertragsrechts Adomeit, NJW 1994, 2467, 2468, der unter der „Richtigkeit“ eines Rechtsgeschäfts aber wohl seine ideale Gerechtigkeit im objektiven Sinne versteht.

[40] Heinrich, Formale Freiheit, S. 364; zur Zweifelhaftigkeit der Bewertung solch eigennützigen Verhaltens als “Mißbrauch” der Vertragsfreiheit vgl. Fastrich, Inhaltskontrolle, S. 47.

[41] Heinrich, Formale Freiheit, S. 171; vgl. auch Canaris, FS für Lerche, S. 873, 884; Coester-Waltjen, AcP 190 (1990), 1, 14 f.; Staudinger-Schmidt (1995) § 242 Rn. 465; Kötz, Gutachten, A 29 f.; aus diesem Grund erfolgt auch grundsätzlich keine Äquivalenzkontrolle bei Austauschverträgen, mögen diese in objektiver Hinsicht auch noch so ungerecht erscheinen, vgl. Heinrich, Formale Freiheit, S. 363 f.; MK-Mayer-Maly/Armbrüster § 138 Rn. 112; Soergel-Hefermehl, § 138 Rn. 73.

[42] BVerfGE 103, 89, 100 (Ehevertrag; der Staat hat den vertragliche vereinbarten Interessenausgleich grundsätzlich zu respektieren); BVerfGE 81, 242, 254; Fastrich, Inhaltskontrolle, S. 37 und 41 f; ders., RdA 1997, 65, 67; Heinrich, Formale Freiheit, S. 171; Kötz, Gutach-

Damit läßt sich ein allgemeines rechtliches Prinzip, welches zur Einhaltung eines Mindestmaßes an Gerechtigkeit bei der Lösung privater Interessenkollisionen verpflichtete, nicht feststellen. Folglich kann es auch nicht zur Konkretisierung der vorvertraglichen Rücksichtsnahmepflichten des fragenden Teils aus § 242 BGB herangezogen werden.

cc) Konkretisierung des § 242 BGB anhand der Wertung der §§ 307 ff. BGB

Im Geschäftsverkehr bildet der Inhalt des vorvertraglichen Informationsverlangens selbst häufig keinen Verhandlungsgegenstand, sondern es wird der anderen Seite als feststehend vorgegeben. Bei massenhaften Abschlüssen gleichartiger Verträge durch den fragenden Teil wird das sogar die Regel sein.[43] Es ergibt sich dabei eine gewisse Ähnlichkeit zu der Situation, die bei der einseitigen Ausgestaltung des vertraglichen Interessenausgleichs durch die Verwendung von Allgemeinen Geschäftsbedingungen (AGB) besteht. Deswegen könnten bei vorvertraglichen Befragungen die gesetzgeberischen Wertungen der Inhaltskontrolle nach den §§ 307 ff. BGB[44] einschlägig sein, so daß sie bei der Konkretisierung der Pflichten des fragenden Teils aus § 242 BGB heranzuziehen wären.

(1) Vergleichbarkeit

Dafür müßten die Fälle der vorvertraglichen Befragungen und die in den §§ 307 ff. BGB geregelten Fälle einander derart ähneln, daß die der gesetzgeberischen Wertung der §§ 307 ff. BGB zugrundeliegenden Aspekte hier wie dort gleichermaßen zutreffen.[45] Für die Feststellung der Vergleichbarkeit bedarf es damit zunächst der Klärung der für die Regelung der §§ 307 ff. BGB maßgeblichen Wertungsgrundlage.[46]

(a) Der Inhaltskontrolle nach §§ 307 ff. BGB zugrundeliegende Wertung

Durch die Anordnung einer Inhaltskontrolle bezüglich bestimmter unbilliger Klauseln nach § 308 f. BGB und allgemein anhand des Maßstabs von Treu und

---

ten, A 1, A 29 f.; vgl. auch Drexl, S. 274 (keine Äquivalenzkontrolle, solange der Vertrag nur auf Selbstbestimmung beruht); MünchHandb. ArbR. I-Richardi, § 14 Rn. 56. Auch der durch das Schuldrechtsmodernisierungsgesetz mit Wirkung zum 1. 1. 2002 neu eingeführte § 275 III BGB wird sich wohl nicht als eine generelle anfängliche Äquivalenzkontrolle verstehen lassen können; da es für einen gesetzgeberischen Willen zu einer so einschneidenden Änderung an Anhaltspunkten fehlt.

43 Vgl. Simitis, § 4 BDSG Rn. 20, der für diese Situationen die Wirksamkeit einer datenschutzrechtlichen Einwilligung in Frage stellt.

44 Bis zum 31. 12. 2001: §§ 9 ff. AGBG.

45 Vgl. Larenz/Canaris, S. 202 (bzgl. Vergleichbarkeit als Voraussetzung einer Analogie).

46 Vgl. Larenz/Canaris, S. 202.

Glauben nach § 307 BGB wird die Vertragsfreiheit[47] in erheblich höherem Maße eingeschränkt, als dies bei Individualverträgen der Fall ist. Dabei zeigt die Formulierung des § 307 I BGB, der von einer unangemessenen Benachteiligung des Vertragspartners des Verwenders entgegen der Gebote von Treu und Glauben spricht, daß das Recht der allgemeinen Geschäftsbedingungen von einer Verpflichtung des Verwenders aus Treu und Glauben zum Stellen von angemessenen Klauseln ausgeht.[48] Die Verpflichtung auf ein Mindestmaß an objektiver Gerechtigkeit trifft ausschließlich den Verwender und schützt damit allein seinen Vertragspartner. Die gesetzlichen Regelungen geben also dem Interesse des Vertragspartners des Verwenders an der Vermeidung nachteiliger Verträge gegenüber der Inhaltsfreiheit der Parteien den Vorrang. Die Regelungen der §§ 307 ff. BGB bewerten damit das Verhältnis von Vertragsfreiheit und objektiver Vertragsgerechtigkeit in anderer Weise, als dies im allgemeinen Vertragsrecht nach dem BGB erfolgt,[49] und dies geschieht zu Gunsten eines objektiven Schutzes der Interessen des Geschäftspartners des Verwenders.

Dieser Verschiebung der gesetzgeberischen Wertung liegt die Überlegung zu Grunde, daß bei der Verwendung von AGB die Vertragsfreiheit in zweifacher Hinsicht versagt und sie deswegen die "Richtigkeit" des Vertrages nicht gewährleisten kann. Wie gleich gezeigt werden wird, kann die subjektive Freiheit der Parteien bei der Verwendung von AGB die „Richtigkeit" des Vertrages nämlich weder über den freien Interessenausgleich in der einzelnen Vertragsabschlußsituation noch über das Wettbewerbskorrektiv sicherstellen. Das Versagen der Richtigkeitsgewähr geht dabei zu Lasten des Vertragspartners des Verwenders, der seine eigenen Interessen bei dem Vertragsschluß nicht hinreichend wahren kann.[50]

---

[47] Als durch das AGBG (bzw. jetzt die §§ 307 ff. BGB) überholt ist die Bewertung der Verwendung von AGB als Rechtssetzung anzusehen, vgl. Fastrich, Inhaltskontrolle, S. 33 ff.; Wackerbarth, AcP 200 (2000), 45, 48; Wolf/Horn/Lindacher-Wolf, Einl. Rn.13.

[48] Vgl. auch Larenz/Wolf, BGB AT, § 41 I 1 a (Treu-und-Glauben-Grundsatz diene als Schranke der rechtsgeschäftlichen Privatautonomie dem Schutz des unterlegenen Vertragspartners, der sich den AGB des Verwenders fügen müsse). Zum Zeitpunkt des Aufstellens der AGB wird es zwar in aller Regel noch kein Sonderrechtsverhältnis zum späteren Vertragspartner geben. Dies läßt sich aber einer Verpflichtung des Verwenders auf Treu und Glauben nicht entgegenhalten, da in dem Zeitpunkt, in dem er die AGB seinem konkreten Vertragspartner stellt, ein Sonderrechtsverhältnis gegeben ist.

[49] Siehe dazu oben, bei 1. b) bb).

[50] Zur daraus resultierenden Gefahr unangemessener Belastungen des Vertragpartners des Verwenders durch die AGB des anderen Teils vgl. die Begründung des Regierungsentwurfs zum AGBG, BT-Drucks. 7/3919, S. 9; Adams, BB 1989, 781, 782; Langenfeld, Vertragsgestaltung, Rn. 442; MK-Basedow, Einl. AGBG, Rn. 3; Soergel-Stein, Einl. AGB-Gesetz Rn. 3; Ulmer/Brandner/Hensen-Ulmer, Einl. Rn. 4 und § 9 AGBG Rn. 1; Wolf/Horn/Lindacher-Wolf, Einl. Rn. 3.

In dieser Situation folgt aus dem Treuegebot der Mitberücksichtigung der Interessen des Verhandlungspartners, daß der Verwender bei der Vertragsgestaltung ausnahmsweise nicht nur seine eigenen Interessen, sondern auch die Interessen des Vertragspartners zu wahren hat.[51] Zum Schutz des Vertragspartners des Verwenders ist die Erfüllung dieser Verpflichtung des Verwenders im Wege einer Inhaltskontrolle der AGB auf ihre objektive Angemessenheit zu überprüfen.[52] Daneben dient die Inhaltskontrolle auch der Aufrechterhaltung der Integrität der Privatautonomie als zivilrechtliches Ordnungsprinzip, welches unabhängig von der Person des Vertragspartners durch ihren im Hinblick auf die Richtigkeitsgewähr funktionswidrigen Mißbrauch beschädigt wird.[53]

(aa) Versagen der Vertragsfreiheit bezüglich des einzelnen Vertragsschlusses
Das Versagen der Richtigkeitsgewähr der Vertragsfreiheit bei der Verwendung von AGB bezieht sich zum einen auf den Interessenausgleich bei dem einzelnen Vertragsabschluß.

Dort kommt es regelmäßig dazu, daß sich der Vertragspartner des Verwenders den vorformulierten Bedingungen unterwirft, die Gestaltung des Vertragsinhalts insoweit also einseitig bestimmt wird. Dies wäre jedoch noch nicht problematisch, wenn es sich dabei um eine mehr oder weniger zufällige Üblichkeit des Geschäftsverkehrs handelte. Denn nach der allgemeinen Rechtsgeschäftslehre ist es für ein Vertragsangebot gerade kennzeichnend, daß es aufgrund seiner Konkretheit mit einem schlichten "Ja" angenommen werden kann.[54] Ein Erfordernis vorheriger Verhandlungen stellt das BGB dabei nicht auf.[55] Eine Besonderheit ergibt sich aber, wenn die Gründe der Unterwerfung unter die AGB ihrer Verwendung immanent und damit vom Verwender herbeigeführt sind.[56] Als

---

51 Allgemein zum Treu-und-Glauben-Grundsatz als "immanente Grenze" der vertraglichen Gestaltungsfreiheit BVerfGE 89, 214, 233.

52 Zu diesem Schutzzweck des AGBG und zum Genügen einer *typischerweise* gegebenen Schutzbedürftigkeit des Vertragspartners vgl. Begründung des Regierungsentwurfs zum AGBG, BT-Drucks. 7/3919, S. 13; Fastrich, Inhaltskontrolle, S. 90 f.; Soergel-Stein, Einl. AGB-Gesetz Rn. 8; Staudinger-Coester (1998), § 9 AGBG Rn. 1; Ulmer/Brandner/Hensen-Ulmer, AGBG Einl. Rn. 29; Wolf/Horn/Lindacher-Wolf, Einl. Rn. 4; a.A. Langenfeld Rn. 445 (kein Schutz des Vertragspartners des Verwenders bezweckt).

53 Fastrich, Inhaltskontrolle, S. 90 f.; Heinrich, Formale Freiheit, S. 427; Staudinger-Coester (1998), § 9 AGBG Rn. 1 und 3; Wolf/Horn/Lindacher-Wolf, Einl. Rn. 14 f. (bei permanenter Verfehlung der Herbeiführung von Vertragsgerechtigkeit büße Vertragsfreiheit eine wesentliche Legitimationsbasis ein).

54 Fastrich, Inhaltskontrolle, S. 222; Palandt-Heinrichs, § 145 Rn. 1.

55 Coester-Waltjen, AcP 190 (1990), 1, 21; Fastrich, Inhaltskontrolle, S. 80; Zöllner, RdA 1989, 152, 157.

56 Vgl. Larenz/Wolf, BGB AT, § 42 III (Rn. 12): Wenn Beeinträchtigung der Entscheidungsfreiheit und Störung des Verhandlungsgleichgewichts Ursachen im Verantwortungs- und Herrschaftsbereich des Überlegenen haben, dann rechtfertigen sie eine Befreiung des Unterlegenen von seiner rechtsgeschäftlichen Bindung.

Ursache der fehlenden Einflußnahme des Kunden nennt die Begründung des Regierungsentwurfs zum AGBG einen "organisatorischen Vorsprung", den der Verwender vorformulierter Geschäftsbedingungen gegenüber seinem Vertragspartner habe.[57] Dieser Vorsprung ergebe sich aus der typischen Eigenschaft der vorformulierten Vertragsbedingungen als "in sich geschlossenes Ergebnis einer sorgfältigen Analyse der wirtschaftlichen Geschäftsrisiken [...], deren mögliche rechtliche Konsequenzen durch die in den AGB getroffenen Bestimmungen bereits im voraus juris-tisch bewältigt und - soweit nachteilig - in aller Regel von dem Verwender abgewendet werden."[58].

(α) Wirtschaftliche Interessenlage

Der Aufwand, den diese sorgfältige Ausarbeitung der AGB, oftmals unter Zuhilfenahme rechtskundiger Beratung, für den Verwender kostet, lohnt sich für ihn, da die AGB für eine Vielzahl[59] von Verträgen nutzt, vgl. § 305 I S. 1 BGB.[60] Jeder Vorteil, den er durch die günstige Formulierungen seiner AGB im einzelnen Vertrag erreicht, vervielfacht sich um die Anzahl der Verträge, bei denen er sie einbezieht.[61] Deswegen kann es für den Verwender ökonomisch sinnvoll sein, bei der Ausarbeitung der AGB einen Aufwand zu betreiben, der im Hinblick auf die Bedeutung des einzelnen Vertrages außer Verhältnis steht.[62] Anders stellt sich die Lage aus Sicht des Kunden dar. Er wird die Leistung des Verwenders häufig nur einmal in Anspruch nehmen wollen. Der Nachteil, den ihm eine bestimmte Formulierung der AGB des Verwenders bringt und der oftmals ohnehin nur bei der Verwirklichung eines bezogen auf den Einzelfall geringen Risikos eintritt, wiegt deswegen weniger schwer.[63] Eine genaue Analyse der AGB des Bestellers, für die häufig auch rechtskundiger Rat erforderlich wäre, bedeutet für den Kunden aber einen erheblichen zeitlichen und eventuell

---

[57] Begründung des Regierungsentwurfs zum AGBG, BT-Drucks. 7/3919, S. 13.

[58] Begründung des Regierungsentwurfs zum AGBG, BT-Drucks. 7/3919, S. 13.

[59] Eine Ausnahme von diesem Erfordernis läßt das Recht der Allgemeinen Geschäftsbedingungen seit der Änderung des AGBG durch Gesetz vom 19. 7. 1996 (BGBl. 1013), das der Umsetzung der EG-Richtlinie über mißbräuchliche Klauseln in Verbraucherverträgen 93/13 diente, bei Verbraucherverträgen zu, vgl. § 310 III Nr. 2 BGB (früher § 24 a Nr. 2 AGBG). Entsprechend liegt dem Schutz nach § 310 III Nr. 2 BGB iVm. 307 ff. BGB aber auch eine etwas andere Wertung zu Grunde, vgl. dazu unten, unter 3. a) aa) und Staudinger-Coester (1998), § 9 AGBG Rn. 5 f.

[60] MK-Basedow, Einl. AGBG Rn. 5; Staudinger-Schlosser (1998), Einl. zum AGBG Rn. 4.

[61] MK-Basedow, Einl. AGBG Rn. 5; Kötz, Gutachten, A 1, A 32; Fastrich, Inhaltskontrolle, S. 84; Staudinger-Schlosser (1998), Einl. zum AGBG Rn. 4; Wolf/Horn/Lindacher-Wolf, Einl. Rn. 3.

[62] Fastrich, Inhaltskontrolle, S. 84; Heinrich, Formale Freiheit, S. 427.

[63] Adams, BB 1989, 781, 784; Kötz, Gutachten, A 1, A 31 f; MK-Basedow, Einl. AGBG Rn. 5; Kötz, JuS 2003, 209, 212; Staudinger-Schlosser (1998), Einl. zum AGBG Rn. 4.

auch finanziellen Aufwand.[64] Weiter ist zu bedenken, daß durch die starke Verbreitung der Verwendung von AGB im Geschäftsverkehr, der Aufwand schon allein der Lektüre der AGB des Bäckers, des Supermarktes, des Beförderungsunternehmens usw. realistischerweise kaum geleistet werden kann.[65]
Neben diese hohen „Kosten" von Bemühungen des Vertragspartners des Verwenders um eine Veränderung bereits bestehender AGB treten die geringen Erfolgsaussichten solcher Bemühungen. Denn bei der vielfachen, standardmäßigen Verwendung von AGB ist von einer geringen Verhandlungsbereitschaft des Verwenders auszugehen.[66] Gleichzeitig büßt das Druckmittel der negativen Abschlußfreiheit des Vertragspartners des Verwenders an Schlagkraft ein. Denn der Kunde hat zwar grundsätzlich die Möglichkeit, auf andere Anbieter auszuweichen. Wegen der starken Verbreitung[67] branchenweiter in etwa einheitlicher AGB, wird er dabei aber häufig überall auf ähnliche AGB stoßen.[68] Selbst wenn dies ausnahmsweise nicht der Fall sein sollte, kann der Vertragspartner das nur durch eine vergleichende Analyse der AGB der konkurrierenden Anbieter herausfinden. So eine Analyse bedeutet allerdings wiederum einen erheblichen Aufwand,[69] der sich angesichts der geringen Wahrscheinlichkeit des Auffindens kundenfreundlicherer AGB kaum lohnt. Um nachteiligen AGB auszuweichen, müßte der Kunde daher häufig ganz von einem Vertragsschluß absehen. Wegen der branchenweiten Verwendung von AGB durch Anbieter von Leistungen, auf die der einzelne kaum verzichten kann, bietet der Verzicht auf einen Vertragsschluß ebenfalls keine Alternative.[70] Vor diesem Hintergrund gibt die negative Abschlußfreiheit dem Vertragspartner des Verwenders kaum ein Druckmittel bei der Durchsetzung der eigenen Interessen im Hinblick auf die Vertragsgestaltung zur Hand. Die Erfolgsaussichten von Verhandlungsbemühungen des Vertragspartners des Verwenders über die Änderung der AGB sind damit typischerweise schlecht.[71]
Der zeitliche und finanzielle Aufwand des Versuchs einer Einflußnahme auf den Inhalt der vorformulierten Klauseln lohnt sich für den Vertragspartner des

---

[64] Adams, BB 1989, 781, 783; Kötz, Gutachten, A 1, A 31 f; Kötz, JuS 2003, 209, 211; Staudinger-Schlosser (1998), Einl. zum AGBG Rn. 4; Wolf/Horn/Lindacher-Wolf, Einl. Rn. 3.
[65] Kötz, Gutachten, A 1, A 32.
[66] MK-Kötz (3. Aufl.), Einl. AGBG Rn. 3
[67] Vgl. die Begründung des Regierungsentwurfs zum AGBG, BT-Drucks. 7/3919, S. 10; MK-Basedow, Einl. AGBG Rn. 1; Soergel-Stein, Einl. AGB-Gesetz Rn. 3.
[68] Soergel-Stein, Einl. AGB-Gesetz Rn. 3.
[69] Genauer dazu sogleich, unter (a) (bb).
[70] Soergel-Stein, Einl. AGB-Gesetz Rn. 3; für Allgemeine Arbeitsbedingungen ebenso: Preis, Vertragsgestaltung, S. 274.
[71] MK-Kötz (3. Aufl.), Einl. AGBG Rn. 3.

Verwenders daher typischerweise nicht.[72] Der Vertragspartner des Verwenders ist also beim Abschluß des einzelnen Vertrages an Verhandlungen über den Inhalt der vorformulierten Klauseln durch geringe Erfolgsaussichten[73] und durch "prohibitiv hohe Transaktionskosten"[74] gehindert. Die Verwendung von AGB schafft damit eine wirtschaftliche Interessenlage, die den Verzicht des Vertragspartners auf Verhandlungen über eine Änderung des Klauselwerks vorgibt.

(β) Überrumpelungswirkung
Hinzu kommt eine gewisse Überrumpelungswirkung der Präsentation der Vertragsbedingungen als geschriebenes und feststehendes Ganzes[75] unter dem Druck der konkreten Abschlußsituation.[76] Die Verwendung von AGB bewirkt damit typischerweise eine besondere "Waffenungleichheit" bei den Vertragsverhandlungen.[77] Der Vertragspartner des Verwenders ist dadurch an einer Einflußnahme auf den Inhalt der AGB gehindert, so daß es insoweit zu einer einseitigen Inanspruchnahme der Vertragsgestaltungsfreiheit durch den Verwender kommt.[78] Wegen dieser inhaltlichen Ausgestaltung des Vertragsinhalts durch nur eine Partei versagt die Vertragsfreiheit in ihrer Funktion, bei dem einzelnen Vertrag durch die beiderseitige Wahrung der eigenen Interessen einen gerechten Vertrag herbeizuführen.

Die Verwendung von AGB führt insgesamt also typischerweise dazu, daß der freie Interessenausgleich bei dem einzelnen Vertragsausschluß die inhaltliche „Richtigkeit" des Vertrags nicht gewährleisten kann.

(bb) Scheitern des Korrektivs des freien Wettbewerbs
Des weiteren führt die Verwendung von AGB dazu, daß auch die selbstregulierende Wirkung der Vertragsfreiheit als privatrechtliches Ordnungsprinzip scheitert und deswegen nicht über das Bestehen von Wettbewerb angemessene Klauseln sicherzustellen vermag. Das Wettbewerbskorrektiv ist nämlich davon

---

[72] Kötz, Gutachten, A 1, A 31 ff.; MK-Kötz (3. Aufl.), Einl. AGBG Rn. 3; MK-Basedow, Einl. AGBG Rn. 5; Heinrich, Formale Freiheit, S. 427; Wolf-/Horn/Lindacher-Wolf, Einl. Rn. 3.

[73] Heinrich, Formale Freiheit, S. 426.

[74] MK-Kötz (3. Aufl.), Einl. AGBG Rn. 3.

[75] Soergel-Stein, Einl. AGB-Gesetz Rn. 3 ("Scheu vor der Macht des Gedruckten"); Staudinger-Coester (1998), § 9 AGBG Rn. 2 ("Scheinautorität des Gedruckten"); vgl. auch Coester-Waltjen, AcP 190 (1990), 1, 25 („Sogwirkung").

[76] Staudinger-Coester (1998), § 9 AGBG Rn. 2.

[77] Fastrich, Inhaltskontrolle, S. 84; Heinrich, Formale Freiheit, S. 427. Im Ergebnis allg. M., vgl. nur Soergel-Stein, Einl. AGB-Gesetz Rn. 4 und Wolf/Horn/Lindacher-Wolf, Einl. Rn. 4.

[78] Heinrich, Formale Freiheit, S. 426 f.; Soergel-Stein, Einl. AGB-Gesetz Rn. 3; Preis, Vertragsgestaltung, S. 274 (bzgl. Allgemeiner Arbeitsbedingungen).

abhängig, daß die negative Abschlußfreiheit der potentiellen Vertragspartner am Markt als Druckmittel wirkt. Im Hinblick auf AGB vermag sie diese Funktion aber nicht zu erfüllen.
Das liegt erstens daran, daß der Großteil der potentiellen Kunden des Verwenders von AGB seine Abschlußentscheidung nicht vom Verzicht auf einseitige AGB zugunsten von „richtigen" Individualverträgen abhängig macht. Deswegen kann der Markt keine Wirkung zugunsten von Individualverträgen und gegen die Verwendung von AGB entfalten.
Zweitens kann der Markt auch nicht die Kundenfreundlichkeit von AGB sicherstellen. Der Umstand, daß der Kunde den jeweiligen Vertrag im Gegensatz zum Verwender typischerweise nicht massenhaft abschließt, führt nämlich nicht nur zum Fehlen eines ökonomischen Anreizes für das Verhandeln über die AGB, sondern er verhindert regelmäßig auch einen Vergleich der AGB mit den Konditionen anderer Anbieter. Lohnt sich oftmals schon der zeitliche und finanzielle Aufwand der umfassenden Analyse der AGB *eines* Verwenders nicht,[79] so trifft das umso mehr für die Analyse der AGB mehrerer Konkurrenzanbieter einer Leistung und ihren Vergleich zu.[80] Dies führt dazu, daß die Kundenfreundlichkeit der AGB bei der Entscheidung über den Vertragsschluß regelmäßig nicht berücksichtigt wird.[81] Die Kundenfreundlichkeit von AGB hat demzufolge keinen realisierbaren Marktwert, so daß insoweit ein Wettbewerb fehlt.[82] Die geringe Bedeutung von AGB im Wettbewerb hat sich auch im Kartellrecht niedergeschlagen: § 2 II GWB ermöglicht die Freistellung von Konditionenkartellen vom Kartellverbot nach § 1 GWB und auch das Empfehlungsverbot des § 22 GWB in Absatz 3 Nr. 2 macht eine Ausnahme für Empfehlungen von AGB.[83]
Wenn aber ein Konditionenwettbewerb nicht stattfindet, dann kann der Anbieter die zusätzlichen Kosten[84], die ihm etwa durch eine kundenfreundliche Gerichtsstandvereinbarung entstehen, nicht durch Steigerung seines Absatzes amortisieren. Der Verwender kundenfreundlicher AGB muß deswegen eine geringere Gewinnspanne hinnehmen oder seine zusätzlichen Kosten durch Anhebung der Preise seiner Leistung abdecken,[85] was ihm gegenüber Konkurrenten, die wegen ihrer weniger kundenfreundlichen AGB zu Tiefstpreisen anbieten können, einen

---

79 Adams, BB 1989, 781, 784.
80 MK-Kötz (3. Aufl.), Einl. AGBG Rn. 3; MK-Basedow, Einl. AGBG Rn. 5; Ulmer/Brandner/Hensen-Ulmer, AGBG Einl. Rn. 6; Wackerbarth, AcP 200 (2000), 45, 70; vgl. auch Preis, Vertragsgestaltung, S. 274 (bzgl. Allgemeiner Arbeitsbedingungen).
81 Adams, BB 1989, 781, 783 f.
82 Drexl, S. 329; Heinrich, Formale Freiheit, S. 426; Soergel-Stein Einl. AGB-Gesetz Rn. 3; Staudinger-Schlosser (1998), Einl. zum AGBG Rn. 4; Wackerbarth, AcP 200 (2000), 45, 70; Wolf, Rechtsgeschäftliche Entschließungsfreiheit, S. 15.
83 Vgl. Fastrich, Inhaltskontrolle, S. 80.
84 Vgl. Wackerbarth, AcP 200 (2000), 45, 70 mit Fn. 94.
85 Adams, BB 1989, 781, 784.

Wettbewerbsnachteil bringt. Der Wettbewerb bewirkt damit insgesamt einen Anreiz für kundenunfreundliche AGB.[86] Es zeigt sich also, daß auch die Vertragsabschlußfreiheit bei der Verwendung von AGB in ihrer Funktion als privatrechtliches Ordnungsprinzip zur Herbeiführung angemessener Verträge durch die Freiheit von Markt und Wettbewerb versagt.[87]

(cc) Wirtschaftliche bzw. intellektuelle Überlegenheit des Verwenders
Über den beschriebenen organisatorischen Vorsprung durch die Verwendung von AGB hinaus ist in der Literatur[88] zur Begründung der Inhaltskontrolle nach §§ 307 ff. BGB auf eine *wirtschaftliche* Übermacht oder gar eine *intellektuelle*[89] Überlegenheit des Verwenders verwiesen worden, welche das Verhandlungsgleichgewicht störe.
Schon in der Begründung des Regierungsentwurfs zum AGBG heißt es aber diesbezüglich, daß das für das AGBG ausschlaggebende typische Verhandlungsungleichgewicht bereits durch den "organisatorischen Vorsprung" entstehe und diese lediglich "nicht selten" durch eine wirtschaftliche oder intellektuelle Unterlegenheit des Kunden verstärkt werde.[90] Das Bestehen einer Ungleichgewichtslage wirtschaftlicher oder intellektueller Art ist demnach ein von der Verwendung der AGB zu trennender Umstand, den die §§ 307 ff. BGB nicht voraussetzen.
Hinsichtlich der *wirtschaftlichen* Übermacht des Verwenders spricht gegen eine Einordnung als maßgeblicher Wertungsaspekt der Inhaltskontrolle nach den §§ 307 ff. BGB, daß Bestrebungen, wonach die Inhaltskontrolle auf Verbraucherverträge beschränkt werden sollte, sich nicht haben durchsetzen können.[91] Lediglich die Kataloge der §§ 308 f. BGB gelten nach § 310 I S. 1 BGB für Unternehmer nicht. Dadurch wird zum einen den Bedürfnissen des unternehmerischen Rechtsverkehrs Rechnung getragen.[92] Zum anderen wird den Unternehmern aufgrund ihrer geschäftlichen Erfahrenheit ein schnelleres Verstehen der AGB, eine größere Durchsetzungskraft beim Aushandeln von Änderungen und eine stärkere Gegenwehr vor Überrumpelungen zugetraut.[93] Den Schutz des

---

[86] Vgl. Adams, BB 1989, 781, 784; Kötz, JuS 2003, 209, 213; Staudinger-Schlosser (1998), Einl. zum AGBG Rn. 4; Wackerbarth, AcP 200 (2000), 45, 70 f.
[87] Heinrich, Formale Freiheit, S. 427; MK-Basedow, Einl. AGBG Rn. 5 f.
[88] Z.B. Lindacher, BB 1972, 297, 298 ff.; so immernoch Hromadka, FS für Dieterich, S. 251, 256.
[89] Bzw. die mangelnde geschäftliche und rechtliche Erfahrung des Kunden, vgl. Soergel-Stein, Einl. AGB-Gesetz Rn. 3.
[90] Begründung des Regierungsentwurfs zum AGBG, BT-Drucks. 7/3919, S. 13.
[91] Vgl. dazu Lieb, AcP 178 (1978), 196 f.; MK-Basedow, § 24 AGBG Rn. 2; Soergel-Stein, Einl. AGB-Gesetz Rn. 8.
[92] Vgl. Begründung des Regierungsentwurfs zum AGBG, BT-Drucks 7/3919, S. 14; Wolf/Horn/Lindacher-Wolf, Einl. Rn. 18.
[93] Vgl. Wolf/Horn/Lindacher-Wolf, Einl. Rn. 18.

§ 307 BGB genießen aber auch Unternehmer, was vorrangig durch die in wirtschaftlicher Hinsicht ungleiche Motivation zur Einflußnahme auf den Vertrag legitimiert ist. Damit beruht der Vorrang, den die §§ 307 ff. BGB der objektiven Vertragsgerechtigkeit gegenüber der Vertragsfreiheit einräumen, wertungsmäßig nicht auf einer wirtschaftlichen Übermacht des Verwenders.[94]
Ähnlich liegt es für die behauptete *intellektuelle* Überlegenheit des Verwenders. Diese Bezeichnung meint die größere Erfahrung des Verwenders von AGB im geschäftlichen und rechtlichen Verkehr, die häufig besteht. Jedoch ist auch diese Ungleichgewichtslage nur für Verbraucherverträge typisch, auf die sich das Recht der AGB gerade nicht beschränkt, indem es auch die Verträge zwischen Unternehmern der Inhaltskontrolle nach § 307 BGB unterwirft. Richtiger Kern des Aspekts der intellektuellen Überlegenheit ist nur die Benachteiligung des Vertragspartners des Verwenders bei der Analyse der AGB, welche aber bedingt ist durch den hohen, nicht lohnenden Aufwand einer solchen Analyse und die Überrumpelungswirkung der Präsentation der Geschäftsbedingungen als geschriebenes Ganzes unter dem Druck der konkreten Abschlußsituation. Eine darüber hinaus gehende intellektuelle Ungleichgewichtslage setzt die Inhaltskontrolle nach dem AGBG aber nicht voraus und sie liegt ihr auch nicht wertungsmäßig zu Grunde.[95]

Der Vorrang, den die §§ 307 ff. BGB der objektiven Vertragsgerechtigkeit gegenüber der Vertragsfreiheit einräumen, beruht also gänzlich auf dem organisatorischen Vorsprung durch die Verwendung von AGB, der typischerweise zu einer einseitigen Inanspruchnahme der Vertragsgestaltungsfreiheit durch den Verwender führt. Daraus ergibt sich wegen eines gleichzeitigen Versagens der ausgleichenden Wirkung des Wettbewerbs der Anbieter ein zweifaches Versagen der Vertragsfreiheit in ihrer Funktion der Gewährleistung der Gerechtigkeit oder „Richtigkeit" des vertraglichen Interessenausgleichs. Es handelt sich dabei nicht um ein Versagen der Vertragsfreiheit in jedem einzelnen Fall, sondern um ein typisches Versagen, von dem die gesetzliche Anordnung der Inhaltskontrolle von AGB in den §§ 307 ff. BGB generell bei jeder Verwendung von AGB ausgeht.[96]

---

[94] Vgl. Heinrich, Formale Freiheit, S. 427 und 461; Kötz, JuS 2003, 209, 210 f.; Langenfeld, Vertragsgestaltung, Rn. 445; Larenz/Wolf, BGB AT, § 42 V 4; Lieb, AcP 178 (1978), 196, 200; MK-Basedow, Einl. AGBG Rn. 4; Soergel-Stein, Einl. AGB-Gesetz Rn. 8; Staudinger-Coester (1998), § 9 AGBG Rn. 2; vgl. auch (zu Allgemeinen Arbeitsbedingungen) Preis, Vertragsgestaltung, S. 288.

[95] Fastrich, Inhaltskontrolle, S. 83; vgl. auch Heinrich, Formale Freiheit, S. 427; Langenfeld, Vertragsgestaltung, Rn. 445; MK-Basedow, Einl. AGBG Rn. 4; Soergel-Stein, Einl. AGB-Gesetz Rn. 8; Staudinger-Coester (1998), § 9 AGBG Rn. 2; vgl. auch (zu Allgemeinen Arbeitsbedingungen) Preis, Vertragsgestaltung, S. 288.

[96] Heinrich, Formale Freiheit, S. 427; Soergel-Stein, Einl. AGB-Gesetz Rn. 3 und 8; vgl. auch die Begründung zum Regierungsentwurf des Gesetzes zur Änderung des AGB-Gesetzes,

Aus diesem generellen, situativ bedingten Scheitern der Vertragsfreiheit ergibt sich ihre Einschränkung durch eine Verpflichtung des Verwenders aus Treu und Glauben zur Berücksichtigung der Interessen seines Vertragspartners und legitimiert sich die Inhaltskontrolle nach den §§ 307 ff. BGB.[97]

(b) Zutreffen der Wertung bei vorvertraglichen Befragungen

Auch bei vorvertraglichen Befragungen ist es selten, daß es zwischen den Verhandlungspartnern zu Verhandlungen bezüglich ihres Inhalts oder Umfangs kommt. Meistens werden die Fragen einfach gestellt und normalerweise auch beantwortet. In diesem Fall wird der Konflikt zwischen dem vorvertraglichen Informationsinteresse des Fragenden und dem Interesse des Befragten an der uneingeschränkten Aufrechterhaltung seiner informationellen Verfügungsbefugnis[98] in der Weise gelöst, die der fragende Teil durch den Umfang und den Inhalt der Befragung vorgeschlagen hat. Es kommt deswegen beim Stellen vorvertraglicher Fragen häufig zu einer Ausgestaltung der Lösung des Interessenkonflikts einseitig durch den fragenden Teil. Dem könnten die gleichen Aspekte zu Grunde liegen, die bei der Verwendung von AGB typischerweise zu einer einseitigen Bestimmung des Vertragsinhalts durch den Verwender führen. Dann müßte auch für die nicht rechtsgeschäftliche Lösung vorvertraglicher Konflikte der Interessen der Verhandlungspartner grundsätzlich eine Richtigkeitsgewähr bestehen und diese bei vorvertraglichen Befragungen typischerweise sowohl im Hinblick auf die einzelne Verhandlungssituation, als auch im Hinblick auf das Korrektiv des freien Wettbewerbs versagen.

(aa) Grundsätzliches Bestehen einer Richtigkeitsgewähr nicht rechtsgeschäftlicher Interessenausgleiche

Zweifel im Hinblick auf das grundsätzliche Bestehen einer Richtigkeitsgewähr könnten sich aus dem Umstand ergeben, daß es sich bei der Lösung des Konflikts der beteiligten Interessen im Zusammenhang mit der Erteilung vorvertraglicher Informationen nicht um einen Interessenausgleich im Wege einer

---

BT-Drucks. 13/2713, S. 5 und 8; sowie BGH NJW 1992, 2626; Börner, JZ 1997, 595; MK-Basedow, § 24 a AGBG Rn. 3 (überindividuell generalisierende Betrachtungsweise, keine Berücksichtigung der Umstände des einzelnen Vertragsschlusses).

97 Kötz, JuS 2003, 209, 213 betont, daß die gesetzliche Gewährleistung einer gewissen 'Mindestqualität' der AGB vom ökonomischen Standpunkt her wünschenswert ist, da ansonsten die Gefahr eines Marktversagens bestehen soll. Soweit Kötz aaO. anklingen läßt, bei den §§ 305 ff. BGB gehe es nur um die Vermeidung eines solchen Marktversagens und nicht um den Schutz des Vertragspartners des Verwenders vor unbilligen Klauseln, steht dem sowohl die Formulierung des § 307 BGB, der von einer unangemessenen Benachteiligung des Vertragspartners des Verwenders entgegen der Gebote von Treu und Glauben spricht, als auch der Wille des Gesetzgebers entgegen.

98 Zu der Einbuße an informationeller Verfügungsbefugnis durch Beantwortung einer vorvertraglichen Frage vgl. oben, Teil 4 A. II. 1 a) und unten, unter II. 4. b) aa) (1).

rechtsgeschäftlichen Vereinbarung handelt. Die Informationshandlungen der Parteien sind nämlich dem vorvertraglichen Bereich zuzuordnen und die Lösung des vorvertraglichen informationellen Interessenkonflikts ist *tatsächlicher* Natur. Bisher wurde aber nur die grundsätzliche Funktion der *Vertragsfreiheit* bei der Herbeiführung gerechter Lösungen von Interessenkonflikten geklärt.
Genau wie das Recht den Abschluß und die inhaltliche Ausgestaltung von Verträgen den Privaten überläßt, geht es aber auch für das sonstige Verhalten der Bürger vom Grundsatz der Handlungsfreiheit aus. Auch in seinem nicht rechtsgeschäftlichen Verhalten begegnet der Bürger kollidierenden Interessen seiner Mitmenschen, die häufig in den Schutzbereich eines Grundrechts fallen. Der Staat enthält sich aber insoweit grundsätzlich des Aufstellens von Regeln und dies, obwohl er zum Schutz grundrechtlich garantierter Positionen verpflichtet ist.[99] Nur bei besonderer Schutzbedürftigkeit eines Grundrechtsträgers bzw. einer Gruppe von Grundrechtsträgern greift der Staat in das Verhältnis der Bürger zueinander ein, wobei er sich vorrangig des Aufstellens von Schutzgesetzen bedient, aber auch der Rechtsprechung der Zivilgerichte.[100] Grundsätzlich wird in der Rechtsordnung also davon ausgegangen, daß die Privaten sich selbst voreinander schützen können. Dies geschieht, wie im rechtsgeschäftlichen Verkehr, durch die Wahrung der jeweils eigenen Interessen, welche die ausgleichende Wirkung der Handlungsfreiheit[101] der Privaten begründet. Wie bei der Ausgestaltung von Rechtsgeschäften bietet dabei die beiderseitige Möglichkeit, auf das einvernehmliche Zusammenwirken mit dem anderen zu verzichten, ein Druckmittel im Hinblick auf die Kompromißbereitschaft des anderen Teils. Bei der Lösung des vorvertraglichen informationellen Interessenkonflikts bedeutet das konkret, daß das beiderseitige Interesse an einem Vertragsschluß iVm. der beiderseitigen Möglichkeit eines Abbruchs der Vertragsverhandlungen beiden Seiten ein entsprechendes Druckmittel gibt. Die allgemeine Handlungsfreiheit erfüllt demnach genauso wie die Vertragsfreiheit bei kollidierenden privaten Interessen grundsätzlich die Funktion der Herbeiführung „richtiger" im Sinne angemessener, gerechter Lösungen. Die allgemeine Handlungsfreiheit hat also eine der Richtigkeitsgewähr der Vertragsfreiheit vergleichbare Ausgleichsfunktion.
Das Übereinstimmen der grundsätzlichen Richtigkeitsgewähr bei der rechtsgeschäftlichen wie bei der vorvertraglichen Bewältigung privater Interessenkon-

---

[99] Sog. Schutzgebotsfunktion der Grundrechte, vgl. Pieroth/Schlink, § 4 III 1 (Rn. 88 ff.); Staudinger-Hager (1999), § 823 Rn. C 5.

[100] Beispiele für Schutzgesetze bilden etwa die §§ 823 ff. BGB, sowie alle individualschützenden Strafrechtsnormen; für grundrechtsschützende Rechtsprechung vgl. z.B. die Entwicklung des zivilrechtlichen Schutzes vor Eingriffen in das allgemeine Persönlichkeitsrecht, dazu bereits oben, Teil 4. A. I.

[101] Wie der Spezialfall der Vertragsfreiheit findet auch die allgemeine Handlungsfreiheit ihre verfassungsrechtliche Grundlage in Art. 2 I GG.

flikte bezieht sich auch auf die unterstützende und gegebenenfalls korrigierende Wirkung des freien Wettbewerbs. Die ausgleichende Funktion von Markt und Wettbewerb betrifft zwar primär den *rechtsgeschäftlichen* Verkehr, wohingegen der vorvertragliche, informationelle Interessenausgleich tatsächlicher Art ist. Beim vorvertraglichen Informationstausch geht es aber um die Lösung eines Interessenkonflikts im Rahmen von Vertragsverhandlungen und um die Voraussetzung, die eine Seite für den Abschluß eines Rechtsgeschäfts aufstellt. Der Wettbewerb, der bezüglich des verhandelten Vertrages prinzipiell besteht, wirkt sich auch auf die Lösung solcher vorvertraglicher Interessenkollisionen aus. Als Beispiel mag dies die Kollision der Interessen bezüglich des Orts der Vertragsverhandlungen belegen. Zeigt sich der Anbieter einer Leistung hier besonders unflexibel, indem er etwa Verträge nur in seiner Bundeszentrale schließt, so werden sich die Abnehmer seiner Leistung eher für einen Anbieter entscheiden, mit dem sie vor Ort ins Geschäft kommen können. Die Bestimmung des Abschlußortes durch den Anbieter hat dann einen Marktwert, so daß sich der Wettbewerb diesbezüglich zu Gunsten der Interessen der Abnehmer an einem Vertragsabschluß vor Ort auswirken kann. Es besteht also auch für die Lösung von Interessenkollisionen im Vorfeld des Vertragsschlusses grundsätzlich Wettbewerb.

Damit führt die Handlungsfreiheit der Parteien auch bei Konfliktlösungen nicht rechtsgeschäftlicher Art im Vorfeld von Vertragsabschlüssen prinzipiell zu einem angemessenen Ausgleich der beteiligten Interessen, gegebenenfalls mittels des Korrektivs des freien Wettbewerbs. Eine grundsätzliche Richtigkeitsgewähr ist für die Lösung vorvertraglicher Interessenkollisionen also ebenso wie bei vertraglichen Vereinbarungen gegeben. Dies gilt im Prinzip auch für die Lösung des Interessenkonflikts bezüglich der Erteilung vorvertraglicher Informationen. Bei einer solchen Informationserteilung im Vorfeld eines Vertragsschlusses erfolgt eine Lösung des vorvertraglichen Konflikts zwischen dem Interesse des Informationserteilenden am Fortgang der Vertragsverhandlungen, sowie an der Wahrung seiner informationellen Verfügungsbefugnis einerseits und andererseits dem Interesse des Informationsempfängers an der Kenntnis eines Umstands als Grundlage seiner rechtsgeschäftlichen Entscheidung. Dabei hat die beiderseitige Handlungsfreiheit grundsätzlich ausgleichende Wirkung. Hinsichtlich des Ausgleichs der Interessen in bezug auf eine vorvertragliche Information, im folgenden als *vorvertraglicher informationeller Interessenausgleich* bezeichnet, besteht demnach im Prinzip eine Richtigkeitsgewähr.

(bb) Typisches Scheitern der Richtigkeitsgewähr bei vorvertraglichen Befragungen

Es schließt sich die Frage an, ob sich hinsichtlich der ausgleichenden Funktion der beiderseitigen Handlungsfreiheit deswegen eine Verschiebung ergeben kann, weil ein Verhandlungspartner im Wege einer vorvertraglichen Befragung die Erteilung einer bestimmten Information verlangt. Die Vergleichbarkeit mit den durch die §§ 307 ff. BGB geregelten Fällen setzt nämlich voraus, daß bei vorvertraglichen Befragungen typischerweise eine selbstbestimmte Entscheidung über die Offenlegung des erfragten Umstandes behindert ist und es zu einer einseitigen Bestimmung von Inhalt und Umfang der vorvertraglichen Informationspreisgabe durch den fragenden Teil kommt. Dann wäre die Richtigkeit des Ausgleichs der beteiligten Interessen auch bei vorvertraglichen Befragungen nicht durch die beiderseitige Freiheit zur Wahrung der jeweils eigenen Interessen gewährleistet, so daß in Anlehnung an die Wertung der §§ 307 ff. BGB eine Inhaltskontrolle des vorvertraglichen informationellen Interessenausgleichs zu erwägen wäre.

(α) Indizwirkung des häufigen Unterbleibens einer Einflußnahme des Befragten
Indiz für eine solche einseitige Ausgestaltung der vorvertraglichen Informationshandlungen durch den fragenden Teil könnte die Seltenheit tatsächlicher Verhandlungen über Inhalt und Umfang der vorvertraglich zu erteilenden Informationen sein.
Die Häufigkeit der Vornahme der durch die Befragung vorgeschlagenen Offenlegung persönlicher Umstände kann aber auch darauf beruhen, daß dem Informationswunsch des fragenden Teils Interessen des befragten Verhandlungspartners nach dessen eigenem Dafürhalten oftmals gar nicht entgegenstehen, etwa weil der erfragte Umstand ohnehin bereits veröffentlicht ist und der Befragte auch keine Verschlechterung seiner Chancen auf den Vertragsschluß durch die Offenlegung erwartet. Weiter kann die häufige Entscheidung zur Erfüllung der vorvertraglicher Informationswünsche schlicht eine weit verbreitete Bereitwilligkeit zur Aufgabe der Verfügungsbefugnis über die „eigenen" Informationen zu Grunde liegen.[102] Deswegen entfaltet die Häufigkeit des Unterbleibens von Verhandlungen über den Inhalt vorvertraglicher Informationserhebungen eine allenfalls geringe Indizwirkung für die Annahme eines Fehlens von Einflußnahmemöglichkeiten des Befragten auf die Ausgestaltung des vorvertraglichen informationellen Interessenausgleichs.

(β) Überrumpelungswirkung
Wie gesehen beruht das Fehlen einer Einflußnahme des Vertragspartners des Verwenders von AGB auf die Ausgestaltung der Klauseln in den Fällen der §§ 307 ff. BGB zum Teil auf der Überrumpelungswirkung der Konfrontation mit den AGB als geschriebenes und feststehendes Ganzes in der konkreten Abschlußsituation.[103] Diese Überrumpelungswirkung folgt aus der "Sogwirkung"[104] des vorformulierten Gedankens, dem nachzugeben in der konkreten

---

[102] Weichert, NJW 2001, 1463, 1466 und 1469.
[103] Vgl. dazu oben, (1) (a) (aa) (β).
[104] Coester-Waltjen, AcP 190 (1990), 1, 25.

Abschlußsituation als die am wenigsten aufwendige Reaktionsmöglichkeit naheliegt. Verstärkend hinzu tritt die "Scheinautorität des Gedruckten"[105], die dem vorformulierten Klauselwerk innewohnt.
Für den vorvertraglichen informationellen Interessenausgleich besteht insoweit ein Unterschied zu der Situation bei der Annahme von AGB, da sich der vorvertraglich Befragte mit den Fragen in jedem Fall auseinandersetzen muß. Während AGB beim Vertragsabschluß häufig gar nicht gelesen werden, müssen vorvertragliche Fragen inhaltlich zur Kenntnis genommen werden, da sie nur so beantwortet werden können. Gleichwohl stellt auch hier die schlichte Beantwortung die einfachste Reaktionsmöglichkeit des Befragten dar.
Auf eine "Macht des Gedruckten" ließe sich eine Überrumpelung des Befragten hingegen allenfalls im Spezialfall vorgedruckter Fragebögen stützen, was auch dort nicht zweifelsfrei ist.
Insgesamt läßt sich bei vorvertraglichen Befragungen eine Überrumpelungswirkung, die derjenigen bei der Verwendung von AGB vergleichbar wäre, noch nicht feststellen.

(γ) Wirtschaftliche Interessenlage

Wichtiger für die einseitige Ausgestaltung von Vertragsklauseln bei der Verwendung von AGB ist aber ohnehin die Herbeiführung einer wirtschaftlichen Interessenlage, die beim Verwender einen gesteigerten ökonomischen Nutzen der Formulierung des Klauselwerks bewirkt und bei seinem Vertragspartner zur Unwirtschaftlichkeit von Bemühungen um eine Mitgestaltung der Vertragsklauseln führt.[106] Eine ähnliche wirtschaftliche Interessenlage könnte im Hinblick auf vorvertragliche verlangte Informationen bestehen.

(αα) Kein Rationalisierungsvorteil des Fragenden

Durch AGB kann der Verwender seinen Aufwand bei der Ausgestaltung des Vertragsinhalts rationalisieren, während sich für seinen Vertragspartner der Versuch einer Einflußnahme auf das Klauselwerk aus ökonomischer Sicht meist nicht lohnt. Bei der Untersuchung eines vergleichbaren Fehlens der "Waffengleichheit" aus wirtschaftlichen Gründen bei vorvertraglichen Fragen kann auf einen Rationalisierungseffekt zu Gunsten des Fragenden nicht zurückgegriffen werden. Denn es soll hier ja zunächst geklärt werden, ob die Richtigkeitsgewähr bei vorvertraglichen Fragen allgemein, also unabhängig von ihrer vielfachen Verwendung[107] scheitert. Die wirtschaftliche Bewertung der Interessenlage der Verhandlungspartner im Hinblick auf vorvertraglich verlangte In-

---

[105] Staudinger-Coester (1998), § 9 AGBG Rn. 2; ähnlich Soergel-Stein, Einl. AGB-Gesetz Rn. 3.
[106] Vgl. oben (2) (a) (aa) (α).
[107] Zur Interessenlage bei vielfach verwandten vorvertraglichen Fragen vgl. unten, unter cc) (1) (c).

formationen könnte aber auch unabhängig vom Bestehen eines solchen Rationalisierungseffekts für eine typische Ungleichgewichtslage sprechen.

(ββ) Aufwand und Nutzen des fragenden Teils

Auf Seiten des fragenden Teils ergibt sich ein ökonomischer Nutzen der vorvertraglichen Befragung jedenfalls insoweit, als der erfragte Umstand für die problemlose und erfolgsversprechende Durchführung des verhandelten Vertrages von Bedeutung ist. Denn dann erhöht die Kenntnis des Umstands die Chancen der Richtigkeit – im Sinne einer ökonomischen Nützlichkeit – seiner Entscheidung über den Vertragsschluß.[108] Der Aufwand des Ausarbeitens eines Katalogs vorvertraglicher Fragen ist im Vergleich zur Formulierung verwendergünstiger AGB relativ gering. Allenfalls die Ermittlung derjenigen Kategorien von Informationen, die typischerweise hinsichtlich der Erfolgsaussichten des Vertrages aussagekräftig sind, kann gewisse Mühe und Kosten verursachen. Das Stellen vorvertraglicher Fragen lohnt sich damit für den fragenden Teil fast immer, insbesondere wenn die Beantwortung Aufschluß über die wirtschaftlichen Erfolgsaussichten des verhandelten Vertrages gibt.

(γγ) „Transaktionskosten" von Verhandlungsbemühungen des Befragten

Dem geringen Aufwand des fragenden Teils steht aber auf den ersten Blick auch ein geringer Aufwand des Befragten, der über den Inhalt und Umfang der vorvertraglichen Informationen verhandeln will, gegenüber. Es handelt sich bei vorvertraglichen Fragen nämlich nicht um komplizierte, für den juristischen Laien mitunter unverständliche Klauselwerke, sondern um Angaben, bei denen der Befragte leicht erkennen kann, ob er sie lieber geheim halten möchte. Das Stellen vorvertraglicher Fragen führt damit, anders als die Verwendung von AGB, nicht bereits zu erheblichen Mühen und hohen Kosten der Analyse des Vorschlags des Verwenders bzw. der Ausarbeitung eines eigenen, günstigeren Vorschlags.

Nicht lohnende, hohe "Transaktionskosten" könnten aber die eigentlichen Verhandlungsbemühungen des Befragten auslösen. Das könnte daraus folgen, daß das Verhandeln über die Notwendigkeit einer vorvertraglichen Information beim Verhandlungspartner bereits Mißtrauen wecken kann. Denn das Geheimhaltungsinteresse des Befragten kann nicht nur auf seinem Interesse an der Wahrung der uneingeschränkten Verfügungsbefugnis über "seine" Informationen beruhen, sondern auch auf der Erwartung, daß die betreffende Information den anderen von einem Vertragsschluß oder von günstigen Konditionen abhal-

---

[108] Genauer gesagt hat der fragende Teil ein ökonomisch begründetes Interesse daran, die wirtschaftlichen Einzelrisiken des verhandelten Vertrages zu überschauen, damit er so die wirtschaftlichen Erfolgsaussichten des Vertrags insgesamt einschätzen kann. Vgl. ausführlich dazu unten, unter II. 1. b) und Weichert, NJW 2001, 1463, 1464.

ten wird.[109] Die Möglichkeit einer derartigen Motivation eines Geheimhaltungsinteresses des Befragten ist für den fragenden Teil auch erkennbar. Deswegen können Bemühungen des Befragten um den Verzicht auf eine Frage den Vertragsschluß für seinen Verhandlungspartner weniger attraktiv erscheinen lassen. Der Befragte riskiert also bereits durch das Führen von Verhandlungen über die Notwendigkeit einer Information den Verlust der Chancen auf den Vertragsschluß bzw. auf günstige Konditionen. Diese Gefährdung der eigenen wirtschaftlichen Interessen durch die Verhandlungen über die vorvertraglich zu erteilenden Informationen spricht gegen die wirtschaftliche Vernünftigkeit von Verhandlungsbemühungen des Befragten, wenn sie nicht durch die Aussicht auf einen wirtschaftlichen Vorteil ausgeglichen werden. Dafür kommt es auf die Wahrscheinlichkeit eines Verhandlungserfolges und dessen wirtschaftlichen Nutzen für den Befragten an.

(δδ) Erfolgsaussichten von Verhandlungsbemühungen des Befragten
Die Erfolgsaussichten der Verhandlungen über die Notwendigkeit einer vorvertraglichen Information hängen erstens von der Schlagkraft der negativen Abschlußfreiheit des Befragten als Druckmittel bei den Verhandlungen und zweitens davon ab, für wie aussagekräftig der fragende Teil den erfragten Umstand hinsichtlich der wirtschaftlichen Erfolgsaussichten des Vertrages hält.
Für die Wirksamkeit der negativen Abschlußfreiheit als Druckmittel kommt es zum einen auf das Interesse des fragenden Teils am Vertragsabschluß an; dieses läßt sich aber nicht typisieren. Zum anderen hängt die Druckwirkung der negativen Abschlußfreiheit davon ab, ob dem Befragten tatsächlich Ausweichmöglichkeiten zur Verfügung stehen, bei denen er weniger weitgehenden vorvertraglichen Fragen begegnen würde. Grundsätzlich ist davon auszugehen, daß der Befragte nicht gezwungen ist, mit dem fragenden Teil zu kontrahieren. Auch eine Einheitlichkeit vorvertraglicher Fragen oder Fragenkataloge anderer potentieller Vertragspartner bildet nicht die Regel: es sind ebensogut singuläre Informationswünsche zum Beispiel eines Privaten bei der Veräußerung seiner Katze wie in etwa brancheneinheitliche Fragenkataloge, zum Beispiel bei Lebensversicherern, denkbar. Die Schlagkraft der negativen Abschlußfreiheit des Befragten als Druckmittel bei den Verhandlungen über vorvertragliche Fragen läßt sich damit ebenfalls nicht typisieren.
Ähnlich liegt es auch hinsichtlich des zweiten Kriteriums für die Bestimmung der Verhandlungsbereitschaft des fragenden Teils, also die Aussagekraft, die er dem erfragten Umstand hinsichtlich der Erfolgsaussichten der Vertragsdurchführung beimißt. Gegen die Wahrscheinlichkeit 'unwichtiger' vorvertraglicher Fragen spricht zunächst ihre ökonomische Unvernünftigkeit – warum sollte eine Partei die Vertragsverhandlungen durch solche Fragen in die Länge ziehen, denen sie für die Einschätzung des Vertragsrisikos wenig Gewicht beimißt? Zu

[109] Genauer zur Interessenlage des Befragten vgl. unten, unter II.

bedenken ist aber, daß vorvertraglichen Befragungen häufig keine dezidierte Risikoanalyse zu Grunde liegt, sondern sie sich oft erst spontan in der konkreten Verhandlungssituation ergeben. Denkbar sind daher sowohl solche Fragen, denen der fragende Teil viel Gewicht beimißt, als auch solche, die bei genauerem Überlegen für seine Abschlußentscheidung kaum ausschlaggebend sind. Diese Einschätzung durch den fragenden Teil ist aber ebenso wie sein Interesse am erfolgreichen Abschluß der Vertragsverhandlungen für seine Bereitschaft zu Kompromissen hinsichtlich der vorvertraglich verlangten Informationen ausschlaggebend.
Damit ist die Ausgangslage bei Verhandlungen über vorvertragliche Befragungen in zweifacher Hinsicht so offen, daß sich allgemeine Aussagen über die typische Bereitschaft zum Verzicht auf einzelne Informationen kaum treffen lassen. Es ergibt sich daraus im Hinblick auf die Erfolgsaussichten von Verhandlungsbemühungen des Befragten ein Unterschied zur Situation im Anwendungsbereich der §§ 307 ff. BGB, wo Verhandlungsbemühungen typischerweise wenig aussichtsreich sind.

(εε) Erreichbarer Vorteil des Befragten
Dennoch könnten sich Verhandlungsbemühungen des befragten Teils ähnlich wie bei AGB nicht lohnen, wenn der erreichbare Vorteil die oben beschriebenen Nachteile solcher Verhandlungen nicht aufwiegt. Der Nutzen, den der Befragte durch eine Einschränkung der vorvertraglich zu erteilenden Informationen seines Verhandlungspartners erreichen kann, beschränkt sich nach rein wirtschaftlicher Betrachtungsweise darauf, daß der Befragte von dem angestrebten Vertragsschluß nicht wegen des Gegenstands der nun unterbleibenden Frage ausgeschlossen werden kann. Dabei wird sich jedoch der fragende Teil auf Wunsch des Verhandlungspartners regelmäßig nur von solchen Fragen abbringen lassen, denen er für die Einschätzung des Vertragsrisikos wenig Gewicht beimißt. Bei solchen 'unwichtigen' Fragen ist es aber auch unwahrscheinlich, daß der Verwender wegen einer bestimmten diesbezüglichen Antwort bzw. der schlichten Verweigerung einer Beantwortung vom Vertragsschluß Abstand nimmt. Ein ökonomischer Nutzen der Verhandlungen über Inhalt und Umfang der vorvertraglich zu erteilenden Informationen ist damit im Hinblick auf das ökonomische Interesse am Abschluß des Vertrages kaum feststellbar. Die "Transaktionskosten" von Verhandlungen über vorvertragliche Fragen, die sich vor allem aus der Gefahr einer Verschlechterung der Vertragsabschlußchancen ergeben, werden dadurch nicht kompensiert.

Trotz ihrer Erfolgsaussichten, die zumindest nicht typischerweise besonders schlecht stehen, erweisen sich Verhandlungsbemühungen im Hinblick auf Inhalt und Umfang der vorvertraglich verlangten Informationen damit insgesamt als typischerweise unwirtschaftlich. Bei vorvertraglichen Befragungen besteht also eine Interessenlage der Verhandlungsparteien, die nach rein wirtschaftlicher Betrachtungsweise den Verzicht eines Versuchs der Einflußnahme durch den Befragten vorgibt. Insoweit ähnelt die Situation also derjenigen, die durch die Verwendung von AGB herbeigeführt wird.

(δ) Persönlichkeitsrechtliche Interessen des Befragten

Eine Vergleichbarkeit der Interessenlage bei vorvertraglichen Befragungen mit derjenigen in den Fällen der §§ 307 ff. BGB könnte gleichwohl daran scheitern, daß dort typischerweise ausschließlich wirtschaftliche Interessen des Vertragspartners betroffen sind, wohingegen hier sein persönlichkeitsrechtliches, also ein immaterielles Interesse an der Aufrechterhaltung der uneingeschränkten Verfügungsbefugnis über die "eigenen" Informationen ins Spiel kommt. Wenn der Befragte eine Einschränkung der vorvertraglich zu erteilenden Informationen erreicht, bleibt nämlich bezüglich des Gegenstands der entfallenden Frage seine persönlichkeitsrechtliche, informationelle Verfügungsmacht gewahrt, ohne daß er hierfür die Vertragsverhandlungen abbrechen müßte. Bezieht man also die persönlichkeitsrechtlichen Interessen des Befragten mit in die Erwägung ein, so läßt sich ein (zusätzlicher) Vorteil der Begrenzung der vorvertraglich zu erteilenden Informationen konstatieren.

Dadurch besteht ein Unterschied zur Akzeptanz unbilliger Vertragsklauseln bei der Verwendung von AGB. Dort spielen nämlich für die Interessenlage des Vertragspartners des Verwenders in aller Regel *ausschließlich* wirtschaftliche Interessen eine Rolle. Diese sprechen typischerweise gegen den Versuch einer Einflußnahme auf die AGB, da die Belastung durch nachteilige AGB meist weniger in Gewicht fällt als die Transaktionskosten von Verhandlungsbemühungen. Bei AGB gibt die Interessenlage die Entscheidung gegen Verhandlungen also bereits vor.

Demgegenüber treten bei vorvertraglichen Befragungen den wirtschaftlichen Interessen des Befragten solche persönlichkeitsrechtlicher Art entgegen. Diese kollidierenden Interessen des Befragten lassen sich nicht wie die wirtschaftlichen Interessen an günstigen Vertragsklauseln und an der Vermeidung hoher Transaktionskosten miteinander verrechnen. Daher gewinnen subjektive Einschätzungen der Situation durch den einzelnen Befragten für die Entscheidung über Verhandlungsbemühungen eine größere Bedeutung als beim Recht der AGB.[110] Die Gefahr der Beantwortung unbilliger überzogener Fragen hängt davon ab, ob der Befragte den Schutz seiner wirtschaftlichen Interessen über den Schutz seiner persönlichkeitsrechtlichen Interessen stellt. Die vorvertragliche Befragung gibt damit die Reaktion des Verhandlungspartners noch nicht in dem Maße vor, wie dies durch die Verwendung von AGB der Fall ist.

---

[110] Vgl. Kilian, CR 2002, 921, 927 (kein Zwang, bei der Ausübung des informationellen Verfügungsrechts wie ein „homo oeconomicus" zu entscheiden).

Insgesamt läßt sich demnach im Gegensatz zur Situation bei der Verwendung von AGB bei vorvertraglichen Befragungen keine typische Störung der beiderseitigen Wahrung der eigenen Interessen bei der Ausgestaltung des einzelnen vorvertraglichen informationellen Interessenausgleichs feststellen. Die beiderseitige Wahrung der eigenen Interessen kann deswegen grundsätzlich die Richtigkeit des freien Interessenausgleichs gewährleisten. Die Richtigkeitsgewähr ist demnach prinzipiell nicht von dem Wettbewerbskorrektiv und seiner Wirksamkeit hinsichtlich vorvertraglicher Befragungen abhängig.[111] Da es an einem typischen Scheitern der Richtigkeitsgewähr des freien Interessenausgleichs fehlt, treffen die Aspekte, die der Inhaltskontrolle nach den §§ 307 ff. BGB zu Grunde liegen, nicht allgemein für vorvertragliche Befragungen zu. Eine Konkretisierung des Treu-und-Glauben-Gebotes des § 242 BGB anhand der Wertung der §§ 307 ff. BGB zu einer Bindung hinsichtlich des Inhalts generell aller vorvertraglicher Befragungen scheidet damit mangels Vergleichbarkeit aus.[112]

(c) Zutreffen der Wertungen bei <u>allgemeinen</u> vorvertraglichen Fragenkatalogen

Eine Verschiebung könnte sich aber für solche vorvertragliche Informationen ergeben, die der fragende Teil für eine Vielzahl von Vertragsabschlüssen übereinstimmend verlangt. Derartige, standardisierte Informationswünsche im Rahmen von Vertragsverhandlungen sollen im folgenden in Anlehnung an das Recht der allgemeinen Geschäftsbedingungen als *allgemeine vorvertragliche Fragenkataloge* bezeichnet werden. Ebenso wie bei § 305 I S. 1 BGB meint „allgemein“ hierbei, daß der fragende Teil den Fragenkatalog für eine Vielzahl von Verträgen aufgestellt hat.[113] Bei derartigen Fragenkatalogen könnte sich

---

[111] Vgl. Fastrich, Inhaltskontrolle, S. 81 (Fehlen des unmittelbaren Einflusses des Vertragspartners auf den Vertragsinhalt als notwendige Bedingung für den “Ausfall der Richtigkeitsgewähr”).

[112] Hinsichtlich der parallelen Frage der Wirksamkeit einer datenschutzrechtlichen Einwilligung im Ergebnis a.A. Simitis-Simitis, § 4 a BDSG Rn. 2, 11 und 65, wenn er der Einwilligung im Falle ihrer Entgeltlichkeit generell ihre Legitimationswirkung abspricht und iRv. § 4 a BDSG ein Koppelungsverbot aufstellt, wonach eine datenschutzrechtliche Einwilligung schon deswegen unwirksam sein soll, weil ein Anbieter die Erbringung einer Leistung an die Erteilung der Einwilligung koppelt. Für eine solche Bevormundung der Bürger bei der Kommerzialisierung des Rechts auf informationelle Selbstbestimmung gibt es aber nach dem oben Gesagten keine Rechtfertigung; vielmehr ist die Einwilligung auch im Falle ihrer Entgeltlichkeit grundsätzlich gerade Ausdruck des Rechts auf informationelle Selbstbestimmung. Ebenfalls zurückhaltend gegenüber einem Schutz des Bürgers „vor sich selbst“ Fleck, BB 2003, 306, 309; Roßnagel-Globig, 4.7.B.I.2. (S. 643 f.).

[113] Nach § 305 I S. 1 BGB sind allgemeine Geschäftsbedingungen „alle für eine Vielzahl von Verträgen vorformulierten Vertragsbedingungen, die eine Vertragspartei (Verwender) der anderen Vertragspartei beim Abschluß eines Vertrages stellt.“. Im Gegensatz zur Qualifizierung von Geschäftsbedingungen als allgemeine Geschäftsbedingungen kommt es allerdings bei *allgemeinen vorvertraglichen Fragenkatalogen* nicht auf die genaue Formulie-

aufgrund der standardmäßigen Verwendung durch den fragenden Verhandlungspartner eine Verschlechterung der Einflußnahmemöglichkeiten des Befragten ergeben. Die Wertungen, die der Inhaltskontrolle nach §§ 307 ff. BGB und damit auch der gesetzlichen Annahme einer Treuepflicht des Verwenders von AGB zur Einhaltung eines Mindestmaßes an inhaltlicher Gerechtigkeit seiner Geschäftsbedingungen zu Grunde liegen, könnten deswegen bei allgemeinen vorvertraglichen Fragenkatalogen gleichermaßen gegeben sein. Erforderlich ist dafür neben dem grundsätzlichen Bestehen einer Richtigkeitsgewähr, die auch beim Interessenausgleich durch die Beantwortung vorvertraglicher Fragen im Grundsatz gegeben ist,[114] ihr typisches Scheitern.

(aa) Typisches Scheitern der Richtigkeitsgewähr

Es müßte also bei der Beantwortung allgemeiner vorvertraglicher Fragen in der einzelnen Verhandlungssituation die Wahrung der eigenen Interessen durch den Befragten gestört sein und auch der Wettbewerb angemessene Befragungen nicht sicher stellen können.

(α) Versagen der Wahrung der eigenen Interessen in der einzelnen Verhandlungssituation

Bei der vielfachen Verwendung vorvertraglicher Fragenkataloge ergeben sich bezüglich der Interessenlage der Vertragsparteien gegenüber der Lage bei sonstigen vorvertraglichen Befragungen mehrere Besonderheiten.

(αα) Rationalisierungsvorteil beim Fragenden

Zunächst verbessert sich die Lage des fragenden Teils dadurch, daß er seinen Fragenkatalog bei der mehrfachen Verwendung häufiger nutzen kann. Aus diesem Grund lohnt sich für ihn auch eine aufwendige Risikoanalyse, also die Ermittlung der typischen Aussagekraft von Umständen für die Erfolgsaussichten des Vertrages. Er kann dadurch seine vorvertraglichen Befragungen optimieren. Dafür kommt es anders als bei den AGB nicht auf die vielfache Verwendung der genau gleichen Formulierung an, sondern auf die übereinstimmende, vielfache Erfragung eines bestimmten Umstands, etwa des Familienstands des Verhandlungspartners. Der Begriff des „Fragenkatalogs" ist insoweit nicht als feststehendes Fragenformular mißzuverstehen: Es kommt weder auf die einheitliche Formulierung der Frage, noch auf ihre schriftliche Niederlegung an.
Wenn sich schon die individuelle vorvertragliche Befragung für den fragenden Teil lohnt, so gilt dies um so mehr für die Befragung unter Rückgriff auf einen allgemeinen vorvertraglichen Fragenkatalog.

---

rung oder gar Vorformulierung der vorvertraglichen Fragen an, der Begriff des „Fragenkatalogs" ist insoweit also weit zu verstehen, vgl. dazu unten, unter (α) (αα).

[114] Siehe oben, b) cc) (aa).

(ββ) Erfolgsaussichten von Verhandlungen über die Fragenkataloge

Weiter ergibt sich bei allgemeinen vorvertraglichen Fragenkatalogen eine Verschiebung hinsichtlich der Erfolgsaussichten diesbezüglicher Verhandlungsbemühungen seitens des Befragten.

Denn die vielfache Verwendung einer Frage im Vorfeld eines vielfach abgeschlossenen Vertrages steigert nicht nur den ökonomischen Nutzen einer dezidierten Risikoanalyse, sondern sie spricht auch dafür, daß der fragende Teil den erfragten Umstand typischerweise für ausschlaggebend bezüglich seiner Entscheidung über den Vertragsabschluß hält. Denn wenn er eine Antwort insoweit für "unwichtig" hielte, würde er aus Gründen der ökonomischen Vernünftigkeit wohl nicht jedesmal danach fragen. Er wird von daher kaum dazu bereit sein, auf Drängen des befragten Teils auf einzelne Informationen zu verzichten. Anders als bei sonstigen vorvertraglichen Befragungen ist also bei allgemeinen vorvertraglichen Fragenkatalogen typischerweise von einer geringen diesbezüglichen Kompromißbereitschaft des fragenden Teils auszugehen.

Hinzu kommt, daß das Druckmittel der negativen Abschlußfreiheit bei allgemeinen vorvertraglichen Fragenkatalogen eine Abschwächung erfährt. Grundsätzlich ist zwar von der Möglichkeit eines Ausweichens auf einen anderen Vertragspartner auszugehen. Ähnlich wie bei allgemeinen Vertragsbedingungen hat sich aber auch im Hinblick auf allgemeine Fragenkataloge in vielen Branchen eine in etwa bestehende Einheitlichkeit entwickelt,[115] so daß der Befragte häufig auch bei anderen Anbietern ähnlichen allgemeinen Fragenkatalogen ausgesetzt wäre. Selbst wenn es einmal anders liegt, wird der befragte Teil dies kaum bemerken. Denn angesichts der geringen Wahrscheinlichkeit des Auffindens kundenfreundlicherer allgemeiner Fragenkataloge lohnt sich der Vergleich der Fragenkataloge, welcher für den Befragten typischerweise mit einem erheblichen Aufwand verbunden ist,[116] nicht. Wegen der stark verbreiteten Nutzung standardisierter vorvertraglicher Fragenkataloge durch Anbieter, auf deren Leistung der einzelne kaum verzichten kann,[117] scheidet ein Verzicht auf alle Verträge mit den Verwendern allgemeiner vorvertraglicher Fragenkataloge ebenso aus, wie das im Hinblick auf AGB der Fall ist.[118] Angesichts dieser schlechten Ausweichmöglichkeiten des Verhandlungspartners des Verwenders allgemeiner vorvertraglicher Fragenkataloge kann seine negative Abschlußfreiheit kaum

[115] Vgl. Simitits-Simitis, § 4 a BDSG Rn. 3; vgl. auch Tinnefeld/Ehmann, S. 217 zum parallelen Problem der starken Verbreitung des Verlangens von Einwilligungserklärungen hinsichtlich der Übermittlung von Daten an Dritte im Vorfeld von Kredit- und Girokontoverträgen.

[116] Dazu sogleich genauer, unter (β).

[117] Etwa die Absicherung gegen Krankheiten oder die Teilnahme am Zahlungsverkehr, vgl. Simitits-Simitis, § 4 a BDSG Rn. 4.

[118] Vgl. Simitits-Simitis, § 4 a BDSG Rn. 3 f.

Druckwirkung im Hinblick auf Einschränkungen der vorvertraglichen Fragen entfalten.
Damit läßt sich eine schlechte Ausgangslage von Verhandlungsbemühungen des Befragten bei allgemeinen vorvertraglichen Fragenkataloge anders als bei sonstigen vorvertraglichen Befragungen typisieren. Die Erfolgsaussichten von Verhandlungen sind typischerweise schlecht.

(γγ) Persönlichkeitsrechtliche Interessen des Befragten
Sind aber die Erfolgsaussichten von Verhandlungen über den vorvertraglichen Fragenkatalog derart niedrig, so relativiert sich auch die Bedeutung des persönlichkeitsrechtlichen Vorteils, den der Verzicht auf vorvertragliche Informationen brächte. Denn er läßt sich im Verhandlungswege kaum mehr erreichen. Die Interessenlage des vorvertraglich Befragten bezüglich des Führens von Verhandlungen, die von der Kollision seiner wirtschaftlichen und persönlichkeitsrechtlichen Interessen geprägt ist, erfährt dadurch eine Verschiebung: während das Mißtrauen des Verhandlungspartners durch die Bemühungen um eine Einschränkung des Inhalts eines Fragenkatalogs mit einiger Sicherheit geweckt wird und dies die wirtschaftlichen Interessen des Befragen beeinträchtigt, ist das Erreichen einer Einschränkung der vorvertraglichen Befragung und die damit verbundene uneingeschränkte Aufrechterhaltung der informationellen Verfügungsmacht über persönliche Umstände in hohem Maße unwahrscheinlich. Die Kollision wirtschaftlicher und persönlichkeitsrechtlicher Interessen des Befragten ist daher bei allgemeinen Fragenkatalogen auf die Kollision des Bedürfnisses der Vermeidung eines wahrscheinlichen wirtschaftlichen Nachteils mit demjenigen an der Herbeiführung eines unwahrscheinlichen persönlichkeitsrechtlichen Vorteils zu präzisieren. Die Interessenlage bei allgemeinen vorvertraglichen Fragenkatalogen gibt deswegen die Reaktion des Befragten mit größerer Eindeutigkeit vor, als dies für individuelle vorvertragliche Befragungen der Fall ist. Angesichts der schlechten Erfolgsaussichten eventueller Bemühungen des Befragten um die Wahrung seines Persönlichkeitsrechts hängt sein Verhalten in viel geringerem Maße von seinen eigenen Prioritäten bei wirtschaftlichen und persönlichkeitsrechtlichen Interessen ab.
Der typische Verzicht des Befragten auf den Versuch einer Einflußnahme auf den Inhalt eines allgemeinen vorvertraglichen Fragenkatalogs ist damit durch die Interessenlage in ähnlichem Maße vorgegeben, wie das bei der Verwendung von AGB für Bemühungen um die Mitgestaltung der Vertragsklauseln der Fall ist. Es kommt deswegen im Hinblick auf den Inhalt und den Umfang des vorvertraglichen informationellen Interessenausgleichs zu einer einseitigen Festlegung durch den Fragenden, der durch die Verwendung eines allgemeinen vorvertraglichen Fragenkatalogs die Interessenlage des Befragten vorgegeben hat, die den Verzicht auf Verhandlungsbemühungen hinsichtlich der vorvertraglich

zu erteilenden Informationen typischerweise nahelegt.[119] Damit schlägt das System der formal gleichen Freiheit der beteiligten Parteien, welches durch beiderseitige Wahrung der eigenen Interessen bei der Ausgestaltung der Lösung ihrer privaten Interessenkollisionen die Richtigkeit dieser Lösung herbeiführen soll, fehl. Insoweit entspricht die Interessenlage bei allgemeinen vorvertraglichen Fragenkatalogen derjenigen bei AGB.

(β) Versagen des Korrektivs des freien Wettbewerbs

Für ein Versagen der Richtigkeitsgewähr des freien Interessenausgleichs wie in den Fällen der §§ 307 ff. BGB ist darüber hinaus erforderlich, daß auch die Mechanismen von Markt und Wettbewerb die Herbeiführung von – aus Sicht des Marktes – angemessenen Interessenausgleichen nicht sicherstellen können. Dies ist der Fall, wenn die Kunden bei ihrer Entscheidung für die Leistung eines Anbieters dessen allgemeinen vorvertraglichen Fragenkatalog nicht berücksichtigen und deswegen die Kundenfreundlichkeit zurückhaltender Fragen keinen Marktwert hat. Einen Marktwert können zurückhaltende Fragenkataloge nur haben, wenn die potentiellen Abnehmer bei ihrer Entscheidung zwischen verschiedenen Anbietern einer Leistung einen Vergleich der Fragenkataloge vornehmen.[120]

(αα) Kosten eines Vergleichs der allgemeinen vorvertraglichen Fragenkataloge

Einen solchen Vergleich kann der Vertragspartner des Verwenders allgemeiner vorvertraglicher Fragenkataloge grundsätzlich vornehmen, indem er sich bei allen oder immerhin beim Großteil der für ihn in Frage kommenden Anbietern nach den allgemeinen vorvertraglichen Fragenkatalogen erkundigt und sich erst im Anschluß daran entscheidet. Das ist für den potentiellen Vertragspartner des Verwenders zwar mit dem organisatorischen Aufwand der Kontaktierung aller oder immerhin einer Vielzahl der in Frage kommenden Anbieter verbunden. Gegenüber dem Vergleich der AGB verschiedener Anbieter hat er aber den Vorteil, daß ein Aufwand wie bei der Analyse juristisch ausgeklügelter Vertragsbedingungen nicht entsteht.[121]

Neben diesen organisatorischen Aufwand kann bei allgemeinen vorvertraglichen Fragenkatalogen aber ein weiterer Posten der „Kosten" ihres Vergleichs treten. Denn schon das Erfragen der üblicherweise vorvertraglich gestellten Fragen zu Vergleichszwecken kann das Risiko bergen, das Mißtrauen des An-

[119] Ebenfalls für einen Gleichlauf der Möglichkeit zur Einflußnahme auf den Vertragsinhalt einerseits und auf die vorvertragliche Informationserhebung andererseits, allerdings ohne Bezug auf das Recht der AGB und *allgemeine* Fragenkataloge: Simitis, NJW 1984, 398, 401; Simon, JA 1985, 572, 574.

[120] Vgl. Coester-Waltjen AcP 190 (1990), 1, 25 f.

[121] Zum geringeren Aufwand der Analyse vorvertraglicher Informationswünsche gegenüber AGB bereits oben, (1) (b) (χ) (ββ).

bieters zu wecken. Das ist der Fall, wenn die allgemeinen Fragenkataloge extra erfragt werden müssen und nicht als Fragebögen zusammen mit Antragsformularen oder sonstigen Angebotsunterlagen an Interessenten zur Durchsicht ausgehändigt werden. Letzteres wird aber eher die Ausnahme sein.
Wenn aber ansonsten die Anbieter um die Aufklärung über die standardisiert erhobenen vorvertraglichen Informationen explizit ersucht werden müssen, geht für den Kunden mit dem Vergleich der allgemeinen vorvertraglichen Fragenkataloge das Risiko einher, alle potentiellen Vertragspartner gegenüber einem Vertragsschluß mißtrauisch zu stimmen. Insgesamt verursacht der Vergleich der allgemeinen vorvertraglichen Fragenkataloge der Anbieter einer Leistung damit eine erhebliche Beeinträchtigung der eigenen Interessen des Befragten.

(ββ) Durch den Vergleich erreichbarer Vorteil
Erreichbarer Vorteil beim Auffinden sparsamerer Informationswünsche ist wieder die Möglichkeit der Geheimhaltung eines persönlichen Umstands bei gleichzeitiger Aufrechterhaltung der Chancen auf den Vertragsabschluß. Wirtschaftlichen Wert hat dabei nur die Wahrung der Chance auf den Vertragsabschluß. Wieso sollte aber der Kunde durch das Erfragen der allgemeinen vorvertraglichen Fragenkataloge zu Vergleichszwecken insgesamt seine Chancen auf einen vorteilhaften Vertragabschluß verschlechtern, nur wegen der ungewissen Möglichkeit, bezüglich eines einzelnen Vertrages nicht im Zusammenhang mit einer bestimmten Frage abgewiesen zu werden? Unter wirtschaftlichen Gesichtspunkten lohnt sich der Vergleich der allgemeinen vorvertraglichen Fragenkataloge daher im Regelfall ebensowenig wie diesbezügliche Verhandlungsbemühungen des Vertragspartners des Verwenders von AGB.
Lohnend ist der Vergleich der allgemeinen vorvertraglichen Fragenkataloge nur mit Blick auf die uneingeschränkte Wahrung der informationellen Verfügungsbefugnis über „eigene" Lebensdaten. Dieser Vorteil der uneingeschränkten Wahrung der Verfügungsbefugnis über persönliche Informationen spielt aber auf dem Markt kaum eine Rolle. Das kommt daher, daß dieser Vorteil wegen seiner persönlichkeitsrechtlichen und als solcher immateriellen Natur nur wenig greifbar ist. Der Großteil der potentiellen Vertragspartner des Anbieters einer vertraglichen Leistung versucht üblicherweise vor allem, sich im ökonomischen Sinne vernünftig zu verhalten. Deswegen werden die meisten Befragten eher ihre ökonomischen Interessen verfolgen, als diese im Interesse der Wahrung ihrer informationellen Verfügungsmacht außer Acht zu lassen.[122] Demgegenüber wird der Kunde, der zur Wahrung seiner informationellen Verfügungsbefugnis ein ökonomisch nachteiliges Verhalten wählt, eher die Ausnahme bilden. Dies ähnelt der Situation bei AGB insoweit, als die Masse der Kunden ihre Ent-

[122] Zum parallelen Problem der Verlockung der Veräußerung eigener Persönlichkeitsrechtsbestandteile gegen eine materielle Gegenleistung beim Verkauf eigener Daten vgl. Weichert, NJW 2001, 1463, 1469.

scheidung für den Anbieter einer Leistung ausschließlich von den Hauptbedingungen des Vertrages und nicht von den Regelungen in den AGB abhängig machen. Wenn aber der Großteil der Vertragspartner des Verwenders allgemeiner vorvertraglicher Fragenkataloge regelmäßig keinen Vergleich der Fragenkataloge mehrerer konkurrierender Anbieter vornehmen, hängt ihre Entscheidung für oder gegen den Abschluß eines Vertrages auch nicht von deren Umfang und Inhalt ab. Daraus folgt, daß die Kundenfreundlichkeit zurückhaltender vorvertraglicher Fragen keinen Marktwert hat, so daß der Wettbewerb insoweit nicht regulierend eingreifen kann.

(γγ) Wettbewerbsvorteil durch weitreichende Informationserhebungen

Gleichzeitig bringt die weitreichende vorvertragliche Befragung für den Verwender allgemeiner vorvertraglicher Fragenkataloge mit der Vorhersehbarkeit der Erfolgschancen des verhandelten Vertrages eine Erhöhung der Chance auf wirtschaftliche Richtigkeit seiner Entscheidung über den Vertragsschluß, also einen ökonomischen Vorteil.[123] Der Anbieter kann durch die Vermeidung von Fehlentscheidungen seine Gewinnspanne erhöhen bzw. die Preise seiner Leistung senken. Das bedeutet, daß der Anbieter durch sehr weitreichende, also kundenunfreundliche allgemeine vorvertragliche Fragenkataloge sogar einen Wettbewerbsvorteil erreichen kann. Es zeigt sich also, daß der freie Wettbewerb als Korrektiv zur Sicherstellung angemessener allgemeiner vorvertraglicher Fragenkataloge typischerweise versagt. Damit ist die Interessenlage bei allgemeinen vorvertraglichen Fragenkatalogen auch insoweit der in den §§ 307 ff. BGB vorausgesetzten vergleichbar.

(γ) Ausnahme für evident singuläre überzogene Befragungen

Anders als bei der Verwendung von AGB ergibt sich aber eine wertungsmäßig relevante Verschiebung dieser Ausgangslage, wenn völlig absurd überzogene Fragen gestellt werden.

Außergewöhnlich überzogene Bedingungen mögen bei der Verwendung von AGB nicht erkannt werden, weil juristische Fachsprache verwandt wird oder weil sie als Teil umfangreicher AGB überlesen werden. Fragt aber zum Beispiel der Kioskverkäufer vor seiner Entscheidung über den Verkauf einer Tageszeitung nach dem Familienstand oder dem Ausbildungsgrad seines potentiellen Kunden, so kann sich dieser der Erkenntnis der Überzogenheit dieser vorvertraglichen Frage kaum verschließen. Gleichzeitig ist es dann offenkundig, daß keiner der konkurrierenden Verkäufer von Tageszeitungen ähnlich überzogene Informationen verlangen wird. Der Befragte hat in dieser Situation ohne weiteres die Möglichkeit, auf andere Kioskverkäufer mit bescheideneren bzw. ohne vorvertragliche Informationswünsche auszuweichen. Es entfällt dann die Erfor-

123 Vgl. Steinbuch, GRUR 1987, 579, 581, ausführlich zum Informationsinteresse des fragenden Teils unten, unter II. 1. c).

derlichkeit eines eigens vorzunehmenden Vergleichs und die damit verbundene Beeinträchtigung eigener Interessen. Vor diesem Hintergrund kann die negative Abschlußfreiheit bei Verhandlungen mit dem Kioskverkäufer über die Notwendigkeit einer solchen vorvertraglichen Information als Druckmittel wirken. Deswegen kann bei evident singulären vorvertraglichen Fragen der Befragte seine Interessen auch dann selbst wahren, wenn die überzogene Frage Teil eines allgemeinen vorvertraglichen Fragenkatalogs ist.
Im Beispielsfall liegt es außerdem nahe, daß ein Großteil der potentiellen Kunden des neugierigen Kioskverkäufers unter diesen Bedingungen auf den Kauf seiner Zeitung an dessen Kiosk verzichtet. Die Frage aus dem allgemeinen vorvertraglichen Fragenkatalog hat dann einen Marktwert und ein diesbezüglicher Wettbewerb findet statt.
In der Ausnahmekonstellation evident singulärer überzogener Befragungen kann die formal gleiche Freiheit der Verhandlungspartner die „Richtigkeit" des vorvertraglichen informationellen Interessenausgleich demnach gewährleisten.
Als Kriterium für die Annahme einer entsprechend offensichtlichen Überzogenheit und Singularität von allgemeinen vorvertraglichen Fragen ist die Bedeutung des erfragten Umstands für den verhandelten Vertrag und seine Durchführung heranzuziehen. Läßt diese sich unter keinen erdenklichen Umständen nachvollziehen, so sind ähnliche vorvertragliche Fragen der Konkurrenten so unwahrscheinlich, daß der Kunde durch die Freiheit zur Wahl anderer Anbieter hinreichend geschützt wird. Die Wertungen, die der Inhaltskontrolle der §§ 307 ff. BGB zu Grunde liegen, treffen wegen des Funktionierens des Wettbewerbkorrektivs in diesen Fällen nicht mehr zu, so daß mangels Vergleichbarkeit mit den Fällen der AGB-rechtlichen Inhaltskontrolle die Herleitung einer Verpflichtung auf einen objektiven Gerechtigkeitsmaßstab anhand der §§ 307 ff. BGB ausscheidet. Im Interesse des Kunden ist dies aber nur restriktiv anzunehmen. Denn es ist nicht sachgerecht, den Kunden mit der Unsicherheit bezüglich des Inhalts der vorvertraglichen Fragen der konkurrierenden Anbieter zu belasten, wenn er doch gerade diese Unsicherheit nicht in ökonomisch sinnvoller Weise beseitigen kann.[124] Die Wertungsgrundlage der §§ 307 ff. BGB trifft deswegen im wesentlichen nur bei solchen völlig überzogenen allgemeinen vorvertraglichen Fragen nicht mehr zu, die Geschäfte des täglichen Lebens betreffen. Denn dort ist es für den Kunden offensichtlich, daß umfangreiche Informationserhebungen keinerlei Bedeutung für die erfolgreiche Durchführung des Vertrages haben und deswegen auch nicht von ähnlichen Bedingungen der konkurrierenden Anbieter auszugehen ist.

Abgesehen von dieser Ausnahme kann im Ergebnis festgehalten werden, daß es bei allgemeinen vorvertraglichen Fragenkatalogen wie bei der Verwendung von

[124] Zur Beeinträchtigung der eigenen Interessen beim Vergleich der vorvertraglichen Fragenkataloge siehe oben, bei (c) (aa) (β).

AGB dazu kommt, daß die formal gleiche Freiheit der Beteiligten dem Befragten weder eine eigene Wahrung seiner Interessen ermöglicht, noch eine Wahrung dieser Interessen über das Korrektiv des freien Wettbewerbs gewährleisten kann. Es kommt also zu einem zweifachen Versagen der Handlungsfreiheit bezüglich ihrer Funktion der Herbeiführung angemessener Lösungen privater Interessenkonflikte.

(bb) Schutzbedürftigkeit des Vertragspartners

Dieses Versagen der Richtigkeitsgewähr der formalen Handlungsfreiheit der Beteiligten führt wie bei der Verwendung der AGB zur Schutzbedürftigkeit des unterlegenen Teils, der seine Interessen nicht selbst verteidigen kann. Ein Unterschied zwischen der Schutzbedürftigkeit des Vertragspartners des Verwenders allgemeiner vorvertraglicher Fragenkataloge und dem Vertragspartner des Verwenders von AGB könnte sich nur daraus ergeben, daß bei der Verwendung von AGB ökonomische Belange des Vertragspartners bedroht sind, während es bei allgemein aufgestellten Fragenkatalogen um Belange persönlichkeitsrechtlicher Art geht. Dies spricht aber nicht gegen die Schutzbedürftigkeit des Befragten, da auch insoweit keine anderweitigen Schutzmechanismen eingreifen. Ferner ist das Persönlichkeitsrecht des Befragten gegenüber seinen wirtschaftlichen Interessen eher stärker zu schützen als weniger.[125] Jedenfalls widerspräche es der verfassungsrechtlichen Anerkennung des Persönlichkeitsrechts, den Vertragspartner des Verwenders in seinen ökonomischen Belangen vor den typischen Risiken der Vorformulierung von Bedingungen zu schützen, ihn aber gegenüber den vergleichbaren Gefahren für seine persönlichkeitsrechtlich geschützten Interessen schutzlos zu belassen.
Insgesamt führt das typische Scheitern der Richtigkeitsgewähr bezüglich des Ausgleichs der beteiligten Interessen bei der Beantwortung allgemeiner vorvertraglicher Fragenkataloge also zu einer Schutzbedürftigkeit des Vertragspartners des Verwenders, die derjenigen bei der Verwendung von AGB mindestens gleich steht.

(cc) Vorhersehbarkeit der Inhaltskontrolle für den Rechtsverkehr

Wegen der durch das Kriterium der allgemeinen, also für eine Vielzahl von Vertragsverhandlungen aufgestellten, vorvertraglichen Fragenkataloge genau bestimmten Fallgruppe, für die eine Einschränkung der Vertrags- und Informationserhebungsfreiheit besteht, geht mit dem Schutz des Vertragspartners des Verwenders keine größere Beeinträchtigung der Sicherheit des Rechtsverkehrs einher, als dies im originären Anwendungsbereich des Rechts der AGB der Fall

[125] Eine absolute Rangordnung zwischen den Grundrechten, wonach persönlichkeitsrechtliche Gewährleistungen stets Vorrang vor den Gewährleistungen der wirtschaftlichen Grundrechte genießen, besteht zwar nicht (vgl. dazu unten, unter II. 4. a) das Persönlichkeitsrecht hat aber durch seinen Menschenwürdeaspekt besonderes Gewicht.

ist. Hier wie dort werden die Vorgaben des Verwenders nämlich generell einer Inhaltskontrolle unterworfen. Die Voraussetzungen der Inhaltskontrolle sind also nicht durch eine unsichere Einzelfallbetrachtung festzustellen. Ausnahmen von der generellen Inhaltskontrolle allgemeiner vorvertraglicher Fragenkataloge sind neben den beschriebenen Fällen der evident singulär überzogenen Fragen entsprechend § 305 I S. 3 BGB zuzulassen, wenn die Fragen, obwohl es sich um Bestandteile des allgemeinen vorvertraglichen Fragenkatalogs des Verwenders handelt, im Einzelfall ausgehandelt worden sind.
Damit ist die Verpflichtung auf die objektive Angemessenheit im Hinblick auf allgemeine vorvertragliche Fragenkataloge und die Überprüfung ihrer Einhaltung im Wege der Inhaltskontrolle für den Rechtsverkehr in ähnlicher Weise vorhersehbar wie die Inhaltskontrolle von AGB, was in Fortschreibung der Wertung der §§ 307 ff. BGB hinzunehmen ist.

Die wertungsmäßige Vergleichbarkeit der Interessenlage bei allgemeinen vorvertraglichen Fragenkatalogen mit den durch die §§ 307 ff. BGB geregelten Fällen ist damit gegeben. Eine Ausnahme von der Vergleichbarkeit ergibt sich für solche vorvertraglichen Fragen, die zwar Bestandteil eines allgemeinen vorvertraglichen Fragenkatalogs sind, bei denen es sich aber offensichtlich um überzogene Einzelfälle handelt. Dies ist vor allem bei Geschäften des täglichen Lebens in Betracht zu ziehen. Außerdem hat in Übertragung der Wertung des § 305 I S. 3 BGB keine Inhaltskontrolle stattzufinden, wenn der vorvertragliche informationelle Interessenausgleich im Einzelfall ausgehandelt wurde.

(2) Kein entgegenstehender gesetzlicher Plan
Die Konkretisierung der Treuepflichten des fragenden Verhandlungspartners aus der Generalklausel des § 242 BGB anhand der §§ 307 ff. BGB setzt neben der Vergleichbarkeit der Interessenlage weiterhin voraus, daß kein gesetzlicher Plan entgegensteht. Das bedeutet, daß der Gesetzgeber nicht gerade unter Berücksichtigung der fraglichen Konstellation keine Regulierung des Verhältnisses der beteiligten Privaten wollte. Das Problem der Aufgabe der durch die informationelle Selbstbestimmung zugewiesenen Verfügungsmacht im Zusammenhang mit allgemeinen vorvertraglichen Fragenkatalogen im rechtsgeschäftlichen Privatrechtsverkehr hat der Gesetzgeber aber nicht bewußt ungeregelt gelassen, damit es hier zu keiner Einschränkung der formalen Freiheit komme. Insbesondere ist das BDSG nicht als insoweit abschließende Regelung zu verstehen. Dies stünde angesichts der Schutzbedürftigkeit des Vertragspartners des Verwenders bezüglich seiner durch das Grundrecht aus Art. 2 I und 1 I GG geschützten Positionen auch im Widerspruch zur verfassungsrechtlichen Schutzpflicht der staatlichen Gewalt. Das Problem des Entfallens der Richtigkeitsgewähr des Ausgleichs der beteiligten Interessen beim vorvertraglichen Informationsaustausch auf der Grundlage einseitig vorgefaßter standardisierter Befra-

gungen hat der Gesetzgeber nicht bedacht. Der Lücke im konkreteren Gesetzesrecht liegt also kein gesetzgeberischer Plan zu Grunde, der einer Gerechtigkeitspflicht aus § 242 BGB anhand der Wertungen der §§ 307 ff. BGB entgegenstehen könnte. Deswegen ist eine Konkretisierung der Treuepflichten des fragenden Teils aus § 242 BGB anhand der §§ 307 ff. BGB für die Fälle der allgemeinen vorvertraglichen Fragenkataloge zulässig.

(3) Ergebnis zur Konkretisierung des § 242 BGB anhand der §§ 307 ff. BGB

Damit kann durch die Konkretisierung der vorvertraglichen Treuepflichten anhand der Wertung der §§ 307 ff. BGB die Rechtsfolge der §§ 307 ff. BGB entsprechend auf allgemeine vorvertragliche Fragenkataloge übertragen werden. Der Gesetzgeber geht bei der Regelung des §§ 307 I BGB von einer Treueverpflichtung des Verwenders zur Einhaltung eines Mindestmaßes an objektiver Gerechtigkeit aus[126] und ordnet die Überprüfung der Erfüllung dieser Verpflichtung im Wege der Inhaltskontrolle gemäß der §§ 307 ff. BGB an.[127] Übertragen auf die Konstellation der allgemeinen vorvertraglichen Fragenkataloge ist die Treuepflicht des fragenden Teils aus § 242 BGB im Sinne einer Verpflichtung zur Wahrung eines Mindestmaßes an objektiver Gerechtigkeit hinsichtlich des durch die vorvertragliche Befragung vorgegebenen, vorvertraglichen informationellen Interessenausgleichs zu konkretisieren. Auch hier ist die Einhaltung dieser Verpflichtung im Wege einer Inhaltskontrolle des durch die allgemeinen vorvertraglichen Fragenkataloge angebotenen Interessenausgleichs zu überprüfen. Für die Fallgruppe der allgemeinen vorvertraglichen Fragenkataloge ist damit eine vorvertragliche Verpflichtung auf die Angemessenheit der Befragung aus § 242 BGB zu bejahen.[128]

Hingegen folgt bei individuellen[129] vorvertraglichen Befragungen und bei solchen Fragen, die zwar Bestandteil eines allgemeinen vorvertraglichen Fragen-

---

[126] Vgl. dazu oben, unter (1) (a).

[127] Eigentlich besteht die Rechtsfolge der §§ 307 ff. BGB zwar in der Unwirksamkeit der AGB. Diese hängt aber von einer Inhaltskontrolle ab, die damit quasi eine zwischengeschobene Rechtsfolge dieser Regelungen bildet. Während das Recht der AGB als Sanktionierung einer Verletzung dieser Verpflichtung die Nichtigkeit der entsprechenden AGB-Klausel anordnet, steht ein solches Instrument bei dem vorvertraglichen informationellen Interessenausgleich mangels rechtsgeschäftlicher Vereinbarung nicht zur Verfügung. Immerhin kann aber die Bewertung der vorvertraglichen Frage als Pflichtenverstoß dazu führen, daß dem fragenden Teil nach § 242 BGB die Ausübung des derart erlangten Anfechtungsrecht versagt ist (unzulässige Rechtsausübung, vgl. dazu unten, unter B. II.).

[128] Für die Umsetzung in der Praxis erscheint es dabei sachgerecht, die Zugehörigkeit einer vorvertraglichen Frage zu einem allgemeinen Fragenkatalog zu vermuten, wenn der fragende Anbieter Verträge der verhandelten Art massenhaft abschließt.

[129] In Übertragung der Wertung des § 305 I S. 3 BGB gilt das gleiche für die Ausnahmekonstellation, daß der informationelle Interessenausgleich trotz des grundsätzlichen Bestehens eines allgemeinen Fragenkatalogs im Einzelfall ausgehandelt wurde.

kataloges, aber offensichtlich singulär überzogen sind, keine Angemessenheitspflicht aus § 242 BGB. Die Wertungen der §§ 307 ff. BGB können mangels Vergleichbarkeit der Interessenlage insoweit nicht herangezogen werden.

dd) Konkretisierung des § 242 BGB anhand der Wertung des § 138 II BGB

Bei der Konkretisierung des § 242 BGB im Hinblick auf den Inhalt vorvertraglicher Fragen könnte auch der Wuchertatbestand des § 138 II BGB zu beachten sein, der als gesetzlich geregelten Spezialfall[130] eines Verstoßes gegen die guten Sitten die Ausnutzung bestimmter Schwächepositionen des Bewucherten zur stark unausgewogenen Ausgestaltung eines Vertrages angibt.[131] Diese Schwächepositionen qualifiziert der Wuchertatbestand näher als Zwangslage, Unerfahrenheit, Mangel an Urteilsvermögen oder erhebliche Willensschwäche einer Seite. Solche Gegebenheiten in der Person des unterlegenen Verhandlungspartners sind fast immer bereits im Stadium der Vertragsverhandlungen und bei eventuellen vorvertraglichen Befragungen gegeben. Wenn bei der Ungleichgewichtslage iSd. § 138 II BGB die guten Sitten der Vertragsgestaltungsfreiheit im Hinblick auf das Äquivalenzverhältnis eine Grenze setzen, könnten sie bei einer vorvertraglichen Befragung in so einer Ungleichgewichtssituation ebenfalls inhaltliche Grenzen ziehen. Weil der Maßstab des § 242 BGB im Vergleich zu dem Maßstab des Gebots der Einhaltung der guten Sitten enger ist,[132] bestünden die entsprechenden Grenzen hinsichtlich des Inhalts einer vorvertraglichen Befragung erst recht als vorvertragliche Treuepflichten.[133] Eine Konkretisierung der Verpflichtungen des Fragenden aus § 242 BGB zum Verbot einer stark überzogenen Befragung des anderen Teils unter Ausbeutung seiner Zwangslage, Unerfahrenheit, seines mangelnden Urteilsvermögens oder seiner Willensschwäche läßt sich aber auf § 138 II BGB nur stützen, wenn dieser Fall dem gesetzlich geregelten vergleichbar ist und kein gesetzlicher Plan entgegensteht.

---

[130] Das Spezialitätsverhältnis zwischen Wuchertatbestand und allgemeinem Sittenverstoß nach § 138 I ergibt sich aus dem Wortlaut des Abs. 2, der sich auf Abs. 1 bezieht und mit "Nichtig ist insbesondere" beginnt; ganz h.M., vgl. BGHZ 125, 135, 137; Bork, BGB AT, § 27 B I (Rn. 1158); Erman-Palm, § 138 Rn. 11; MK-Mayer-Maly/Armbrüster, § 138 Rn. 140; Soergel-Hefermehl, § 138 Rn. 73; gegen ein Spezialitätsverhältnis von Abs. 1 und 2 aber Heinrich, Formale Freiheit, S. 389 f.

[131] Zur geschichtlichen Entwicklung des einheitlichen Wuchertatbestands, der erst durch die Reichstagskommission Eingang in den Entwurf zum BGB fand (vgl. Mugdan I, S. 969 f.) vgl. Enneccerus/Nipperdey, BGB AT 2, § 192 I.

[132] Larenz, SchuldR. I, § 10 I (S. 128); Medicus, SchuldR. I, § 16 II 3 (Rn. 130).

[133] Bei einem Verstoß gegen entsprechende inhaltliche Vorgaben, so sie sich begründen lassen, stünden also ein Verstoß gegen vorvertragliche Treuepflichten und ein Sittenverstoß nebeneinander, vgl. Larenz, SchuldR. I, § 10 I (S. 128) (sittenwidriges Verhalten in einer Sonderverbindung immer zugleich ein Verstoß gegen Treu und Glauben).

(1) Vergleichbarkeit
Die erforderliche Vergleichbarkeit ist gegeben, wenn die für den Wuchertatbestand maßgebliche Wertungsgrundlage auch auf die Ausnutzung einer Schwächelage des Verhandlungspartners zu einer unangemessen weitgehenden vorvertraglichen Befragung zutrifft.

(a) Wertung des § 138 II BGB: Schutzbedürftigkeit des Unterlegenen wegen eines Scheiterns der Richtigkeitsgewähr
§ 138 II BGB erklärt eine Ausnutzung der Schwächeposition des Vertragspartners zur Vereinbarung von Leistung und Gegenleistung, die in einem "auffälligen Mißverhältnis" zueinander stehen, zu einem Verstoß gegen den (weiten[134]) Maßstab der guten Sitten. Während sich das Recht ansonsten einer Bewertung der Ausgewogenheit von rechtsgeschäftlichen Austauschverhältnissen enthält, knüpft es hier das Urteil eines Verstoßes gegen das "Anstandsgefühl aller billig und gerecht Denkenden"[135] daran an. Die Vertragsfreiheit der Parteien wird also durch eine Bindung an ein Mindestmaß an Austauschgerechtigkeit eingeschränkt.[136] Faktisch trifft diese Bindung vor allem den überlegenen Vertragspartner, der den Vertragsinhalt wegen der Schwächesituation des anderen Teils ansonsten weitgehend einseitig bestimmen könnte. Begünstigt von dieser Einschränkung und der Überprüfung ihrer Einhaltung durch die Äquivalenzkontrolle nach § 138 II BGB ist ausschließlich der unterlegene Vertragspartner, auf dessen Schutz sich der gesetzliche Wuchertatbestand beschränkt.[137] Die Nichtigkeitsanordnung des § 138 II BGB sanktioniert den Verstoß gegen diese Bindung der Vertragsfreiheit der Parteien.
Die Einschränkung der Vertragsfreiheit im Interesse des Schutzes der einen Partei kann nur durch die Schutzbedürftigkeit dieser Partei legitimiert sein. Zu dieser Schutzbedürftigkeit kommt es erst, wenn die formal gleiche Vertragsfreiheit der Parteien einen „richtigen" Interessenausgleich nicht sicherstellen kann.[138] Ein solches Scheitern der Richtigkeitsgewähr ergibt sich beim wucherischen Rechtsgeschäft aus der unterlegenen Verhandlungsposition des Bewucherten, die aus seiner Zwangslage, seiner Unerfahrenheit, seinem mangelhaften Urteilsvermögen oder seiner erheblichen Willensschwäche folgt.
Diese hindert ihn beim einzelnen Vertragsschluß an der Mitgestaltung des Vertragsinhalts. So wird etwa ein auf einer einsamen Landstraße liegengebliebener

---

[134] Im Gegensatz zu § 242 BGB stellt der Maßstab der guten Sitten nur die Mindestanforderungen an ein akzeptables Verhalten auf (Larenz, SchuldR. I, § 10 I [S. 128]).
[135] Zur entsprechenden Definition eines Sittenverstoßes vgl. BGHZ 10, 228, 232; BGHZ 69, 295, 297; Erman-Palm, § 138 Rn. 32; Palandt-Heinrichs, § 138 Rn. 2.
[136] Bork, BGB AT, § 27 B I (Rn. 1158); Erman-Palm, § 138 Rn. 1.
[137] Bork, BGB AT, § 27 B I (Rn. 1158); Heinrich, Formale Freiheit, S. 384; Larenz/Wolf, BGB AT, § 41 I 1 a; Soergel-Hefermehl, § 138 Rn. 70, 77.
[138] Vgl. Coester-Waltjen, AcP 190 (1990), 1, 16 und bereits oben.

Autofahrer nach Stunden des Wartens einen Kanister des benötigten Benzins auch zu einem völlig überhöhten Preis kaufen.[139] Denn seine Erfolgsaussichten bei diesbezüglichen Verhandlungsbemühungen gegenüber dem potentiellen Verkäufer, der die Lage erkennt,[140] sind wegen des praktischen Fehlens von Ausweichmöglichkeiten denkbar schlecht. Aufgrund dieser Zwangslage versagt die negative Abschlußfreiheit des potentiellen Benzinkäufers als Druckmittel bei der Ausgestaltung des Vertrages. Der Anbieter, der kein Ausweichen seines potentiellen Kunden auf einen Konkurrenten befürchten muß, hat es nämlich nicht nötig, ihm bei der Vertragsgestaltung entgegenzukommen. Bei den sonstigen Schwächelagen i.S.d. § 138 II BGB führen persönliche Defizite auf der Seite des Bewucherten dazu, daß dieser seine Interessen entweder schon gar nicht erkennt oder mit den Druckmitteln, die ihm bei der Mitgestaltung des Vertrages an sich zur Verfügung stehen, nicht umgehen kann.[141] Damit wird im Anwendungsbereich des Wuchertatbestands die Ausgewogenheit der vertraglichen Vereinbarung nicht schon durch die beiderseitige Wahrung der eigenen Interessen bei dem einzelnen Vertragsschluß sichergestellt.[142]

Außerdem kann in dieser Situation auch das Korrektiv des freien Wettbewerbs seine regulierende Wirkung nicht entfalten. So hilft das grundsätzliche Bestehen von Wettbewerb unter den Benzinanbietern dem potentiellen Käufer im Autopannenbeispiel mangels zumutbarer Ausweichmöglichkeit nicht weiter. Der Anbieter gelangt also wegen der Zwangslagensituation in eine Quasi-Monopolstellung und wie beim Monopolisten kommt es deswegen zu einer Störung der „Ordnungsfunktion der Vertragsfreiheit".[143] In den sonstigen Schwächelagen nach § 138 II BGB, namentlich dem mangelhaften Urteilsvermögen, der erheblichen Willensschwäche oder der besonderen Unerfahrenheit des Bewucherten, ist ihm wegen seiner persönlichen Defizite nicht zuzutrauen, daß er nicht mehr als den marktüblichen Preis für eine Leistung zahlt. Der urteils- oder willensschwache oder unerfahrene Bewucherte ist nicht in der Lage, den

---

[139] Es handelt sich hier um eine "Zwangslage" i.S.v. § 138 II, welche bei einer ernsthaften Bedrängnis des Bewucherten vorliegt, in der ihm das wucherische Rechtsgeschäft als "kleineres Übel" erscheint, vgl. Larenz/Wolf, § 41 III 8 b; MK-Mayer-Maly/Armbrüster, § 138 Rn. 149.

[140] Voraussetzung des § 138 II BGB ist seitens des Wucherers die Kenntnis der Ausbeutungslage des Bewucherten, vgl. MK-Mayer-Maly/Armbrüster, § 138 Rn. 154; Soergel-Hefermehl, § 138 Rn. 82.

[141] Vgl. Regierungsbegründung zum Ersten Gesetz zur Bekämpfung der Wirtschaftskriminalität, BT-Drucks. 7/3441, S. 41.

[142] Vgl. BVerfGE 89, 214, 233 („Darin [in § 138 II BGB] werden typische Umstände bezeichnet, die zwangsläufig zur Verhandlungsunterlegenheit des einen Vertragsteils führen"); MK-Mayer-Maly/Armrüster, § 138 Rn. 143 („ein die rationale ökonomische Disposition behindernder Faktor").

[143] Fastrich, Inhaltskontrolle, S. 233f.

Marktpreis einer Leistung zu erkennen oder aus der Kenntnis des Marktpreises vernünftige Schlüsse für sein Geschäftsverhalten zu ziehen.
Die Schwächepositionen des Bewucherten nach § 138 II BGB führen also zu einem zweifachen Scheitern der Vertragsfreiheit bezüglich ihrer Funktion der Herbeiführung „richtiger" Verträge. Daraus rechtfertigt sich eine gesetzliche Beschränkung der Vertragsfreiheit zum Schutz des unterlegenen Teils.
Das Scheitern der Richtigkeitsgewähr bei § 138 II BGB unterscheidet sich dabei von demjenigen bei der Verwendung von AGB. Denn die Regelungen über AGB betreffen einen Bereich, in dem das Versagen der Richtigkeitsgewähr der Vertragsfreiheit im Einzelfall nicht die Ausnahme bildet, sondern "gleichsam konstruktionsbedingt" der Regelfall ist.[144] Dem gegenüber regelt § 138 II BGB Fälle der normalerweise bestehenden Richtigkeitsgewähr, die wegen besonderer Umstände des Einzelfalls ausnahmsweise versagt.[145]

(b) Zutreffen der Wertung auf die Ausbeutung einer Schwächelage nach § 138 II BGB zu einer stark überzogenen Befragung
Das Scheitern der Richtigkeitsgewähr, welches die Wertungsgrundlage des § 138 II BGB bildet, müßte auch auf den vorvertraglichen informationellen Interessenausgleich mit einem iSd. § 138 II BGB „schwachen" Verhandlungspartner zutreffen. Die grundsätzliche Richtigkeitsgewähr hinsichtlich des vorvertraglichen informationellen Interessenausgleichs wird durch eine Zwangslage des Befragten, seine Unerfahrenheit, eines Mangels an seinem Urteilsvermögen und durch seine erhebliche Willensschwäche in Frage gestellt, wenn diese Schwächelagen dem unterlegenen Teil die Wahrung seiner eigenen Interessen ebenso versperrt, wie das im Hinblick auf den rechtsgeschäftlichen Interessenausgleich der Fall ist und es an einer Kompensation durch den Wettbewerb fehlt.

(aa) Zwangslage des Befragten
Hinsichtlich der Wahrung der eigenen Interessen bewirkt die Zwangslage des Befragten eine Verschlechterung seiner Verhandlungsposition auch hinsichtlich des Inhalts und Umfangs der vorvertraglich zu erteilenden Informationen. Denn wenn die negative Abschlußfreiheit mangels realer Ausweichmöglichkeiten des Befragten als Druckmittel wirkungslos ist, dann hat der fragende Teil auch hinsichtlich seiner vorvertraglichen Fragen keinen Anlaß zur Kompromißbereitschaft. Deshalb kann er bei einer Zwangslage seines Verhandlungspartners den vorvertraglichen informationellen Interessenausgleich ebenso diktieren, wie er

[144] Fastrich, Inhaltskontrolle, S. 74. Dort besteht deshalb die Möglichkeit, eine Ausnahme von dem Regelfall zu beweisen, vgl. § 305 I S. 3 BGB.
[145] Fastrich, Inhaltskontrolle, S. 74; zum Unterschied zwischen einer Unterlegenheit im Einzelfall und dem partiellen Versagen der Ordnungsfunktion des Vertrages in einem abgrenzbaren Bereich vgl. denselben, RdA 1997, 65, 67.

den Inhalt des rechtsgeschäftlichen Interessenausgleichs einseitig bestimmen kann. Der Wettbewerb, der im Hinblick auf die Sparsamkeit vorvertraglicher Informationserhebungen ohnehin kaum kompensierende Wirkung entfaltet, aber immerhin dem Verlangen evident singulär überzogener vorvertraglicher Informationen entgegenwirkt, hilft dem in einer Zwangslage befindlichen Verhandlungspartner nicht weiter. Das zeigt etwa das Autopannenbeispiel: Selbst wenn der Benzinverkäufer dem liegengebliebenen Autofahrer völlig überzogene vorvertragliche Fragen stellt, z.B. nach seinem Gesundheitszustand, kann sich der Autofahrer dem nicht entziehen, indem er auf einen anderen Benzinanbieter ausweicht. Bei einer Zwangslage des Befragten kann damit die formal gleiche Freiheit der Verhandlungspartner die Richtigkeit des vorvertraglichen informationellen Interessenausgleichs ebenso wenig gewährleisten, wie die Richtigkeit des rechtsgeschäftlichen Interessenausgleichs.

(bb) Mangelhaftes Urteilsvermögen und erhebliche Willensschwäche des Befragten

Auch die persönlichen Defizite eines mangelhaften Urteilsvermögens bzw. der erheblichen Willensschwäche des Befragten wirken sich auf den vorvertraglichen informationellen Interessenausgleich aus. Denn wenn der Mangel an Urteilsvermögen es einem Teil unmöglich macht, sich unter Abwägung der Vor- und Nachteile eines Geschäfts von vernünftigen Beweggründen leiten zu lassen,[146] dann kann er auch den informationellen Interessenausgleich, der ihm durch die vorvertraglichen Fragen des überlegenen Teils vorgeschlagen wird, nicht zutreffend bewerten. Und die verminderte Widerstandfähigkeit, die eine Seite bei der Erfüllung des Tatbestandmerkmals der Willensschwäche vorweist,[147] behindert sie genauso bei der Durchsetzung ihrer Interessen an sparsamen vorvertraglichen Informationserhebungen, wie bei der Wahrung ihrer wirtschaftlichen Interessen durch die rechtsgeschäftliche Vereinbarung eines ausgewogenen Verhältnisses von Leistung und Gegenleistung. In beiden Konstellationen kann der unterlegene Teil seine informationellen Interessen also nicht schon selbst wahren.

Auch eine kompensierende Wirkung des Wettbewerbs fehlt. Selbst wenn es einen informationellen „Marktpreis" in dem Sinne geben kann, daß offensichtlich ungewöhnlich überzogene Befragungen einen negativen Marktwert vorweisen, wird der Befragte, dem es am Urteilsvermögen mangelt, dies nicht bemerken. Und der willensschwache Befragte wird trotz eventueller Kenntnis von diesem

---

[146] So die Definition in der Begründung des Regierungsentwurfs zum Ersten Gesetz zur Bekämpfung der Wirtschaftskriminalität, durch das das Tatbestandmerkmal des Mangels an Urteilsvermögen in § 138 II BGB eingefügt wurde, vgl. BT-Drucks. 7/4331, S. 41; ebenso MK-Mayer-Maly/Armbrüster, § 138 Rn. 151 und Soergel-Hefermehl, § 138 Rn. 80.

[147] Begründung des Regierungsentwurfs zum Ersten Gesetz zur Bekämpfung der Wirtschaftskriminalität, BT-Drucks. 7/4331, S. 41; MK-Mayer-Maly/Armbrüster, § 138 Rn. 152.

Marktpreis weder auf einen anderen Anbieter ausweichen, noch den niedrigeren Marktpreis als Druckmittel zur Verhandlung über die zu erteilenden Informationen verwenden.
Damit kann auch bei mangelndem Urteilsvermögen bzw. bei erheblicher Willensschwäche einer Seite dic formal gleiche Freiheit der Verhandlungspartner die Richtigkeit des vorvertraglichen informationellen Interessenausgleichs nicht gewährleisten, so daß insowcit eine Vergleichbarkeit mit den durch § 138 II BGB geregelten Fällen gegeben ist.

(cc) Unerfahrenheit des Befragten
Das gleiche gilt für die Tatbestandsvariante der „Unerfahrenheit" des Bewucherten, die als erheblicher Mangel an Geschäfts- und Lebenserfahrung zu definieren ist.[148]
Zweifel hinsichtlich der Vergleichbarkeit könnten sich daraus ergeben, daß die daraus resultierende Unterlegenheit des Bewucherten intellektueller Art ist. Denn die Beurteilung der Frage, ob ein persönlicher Lebenssachverhalt gegenüber dem Verhandlungspartner preisgegeben werden soll, erfordert im Vergleich zur Beurteilung des Inhalts eines Geschäfts in geringerem Maße geschäftliche Erfahrung des Betroffenen.[149] Grund ist die meist unproblematische Durchschaubarkeit des Inhalts vorvertraglicher Fragen, die auch für geschäftlich unerfahrene Privatpersonen besteht.
In diesem Zusammenhang ist aber zu bedenken, daß auch das Austauschverhältnis, welches ja im Rahmen des § 138 II BGB kontrolliert wird, weit einfacher zu begreifen ist als das hinsichtlich komplizierten Nebenbedingungen der Fall ist. Die mit der „Unerfahrenheit" iSd. § 138 II BGB vorausgesetzte intellektuelle Unterlegenheit ist aber von so erheblichem Gewicht, daß sie selbst hinsichtlich des Austauschverhältnisses durchschlägt. Das Gleiche gilt für den vorvertraglichen informationellen Interessenausgleich.
„Unerfahrenheit" iSd. § 138 II BGB meint nämlich nur ganz extreme Fälle, in denen der Bewucherte mit dem Rechtsverkehr überhaupt nicht (mehr) vertraut ist, z.B. beim kürzlichen Zuzug des Bewucherten aus einem Land mit anderen Lebensbedingungen.[150] In dieser Situation mag der Befragte zwar noch erkennen, ob er etwas lieber für sich behielte, er kann aber nicht einschätzen, ob eine vorvertragliche Frage üblich ist oder es sich um eine Befragung handelt, die so überzogen ist, daß ihr Ausnahmecharakter für jeden anderen offenkundig wäre. Deswegen kann der unerfahrene Befragte seine negative Abschlußfreiheit nicht

---

[148] Begründung des Regierungsentwurfs zum Ersten Gesetz zur Bekämpfung der Wirtschaftskriminalität, BT-Drucks. 7/4331, S. 41; MK-Mayer-Maly, § 138 Rn. 150; Soergel-Hefermehl, § 138 Rn. 79.
[149] Dazu auch unten, unter 3 a) bb).
[150] Erman-Palm, § 138 Rn. 22; MK-Mayer-Maly/Armbrüster, § 138 Rn. 150.

als Mittel zur Durchsetzung sparsamer vorvertraglicher Informationserhebungen einsetzen.
Die „Unerfahrenheit" i.S.v. § 138 II BGB führt deswegen auch hinsichtlich des vorvertraglichen informationellen Interessenausgleichs dazu, daß die formal gleiche Freiheit der Verhandlungsparteien die Ausgewogenheit des Interessenausgleichs nicht gewährleisten kann. Die entsprechende Wertung des Wuchertatbestands trifft damit auch auf die Ausbeutung der Unerfahrenheit des Verhandlungspartners zur unbillig weitgehenden vorvertraglichen Informationserhebung zu.

Bei Schwächepositionen iSd. § 138 II BGB auf Seiten des Befragten ist damit insgesamt ein Scheitern der Richtigkeitsgewähr hinsichtlich des vorvertraglichen informationellen Interessenausgleichs ebenso festzustellen wie dies hinsichtlich des Austauschverhältnisses im Rahmen der rechtsgeschäftlichen Vereinbarung der Fall ist. Die Vergleichbarkeit, die für eine Konkretisierung des § 242 BGB anhand des § 138 II BGB erforderlich ist, ist damit gegeben.

(2) Kein entgegenstehender gesetzlicher Plan
Trotz der Übereinstimmung hinsichtlich des Scheiterns der Richtigkeitsgewähr könnte aber eine Konkretisierung des § 242 BGB anhand von § 138 II BGB ausscheiden, wenn ein gesetzlicher Plan besteht, der einer Übertragung der Wertung des § 138 II BGB entgegensteht.

(a) Beschränkungsfunktion des § 138 II BGB hinsichtlich der inhaltlichen Kontrolle von Verträgen
Die Regelung des § 138 II BGB bejaht zwar die Möglichkeit eines Scheiterns der Richtigkeitsgewähr aus bestimmten Gründen des Einzelfalls und reagiert darauf, indem sie gegebenenfalls die Nichtigkeit des Geschäfts anordnet. Dennoch könnte dem Wuchertatbestand zugleich eine Beschränkung der Beachtlichkeit verhandlungsmäßiger Imparität aus Gründen der einzelnen Verhandlungssituation entnommen werden.[151] Von der anderen Seite her gedacht könnte sich in dieser Hinsicht aus § 138 II BGB ergeben, daß Mißverhältnisse zwischen der rechtsgeschäftlich vereinbarten Leistung und ihrer Gegenleistung, selbst wenn sie auffällig sind, nur ausnahmsweise beachtlich sein sollen.[152] Beide Gegebenheiten sollen nach § 138 II BGB für die Wirksamkeit des Vertrages nämlich nur beachtlich sein, wenn sie zusammen auftreten. Der Wuchertatbestand enthält damit die gesetzliche Entscheidung, daß verhandlungsmäßige Un-

---

[151] Fastrich, Inhaltskontrolle, S. 219 f.
[152] Vgl. Drexl, S. 274; Staudinger-Sack (1996) § 138 Rn. 228; Preis, Vertragsgestaltung, S. 177; zur neuen Regelung des § 275 III BGB (eingeführt zum 1. 1. 2002 durch das Gesetz zur Schuldrechtsmodernisierung), der dieser Überlegung nicht entgegensteht, vgl. schon oben, Fn. 42.

gleichgewichtslagen im Einzelfall, also solche, die nicht schon „konstruktionsbedingt" aus dem verhandelten Vertrag folgen,[153] grundsätzlich unbeachtlich sein sollen. Das gleiche gilt für die Unausgewogenheit vertraglicher Austauschverhältnisse.

Obwohl die Regelung des § 138 II BGB eine Beschränkung der Vertragsfreiheit enthält, erweist sich somit, daß sie gleichzeitig Ausfluß und Beleg der gesetzgeberischen Entscheidung für den Grundsatz der Privatautonomie ist.[154] Die Funktionsbedingungen der Privatrechtsordnung, die an diesem Grundsatz ausgerichtet ist, würden in Frage gestellt, wenn die Privaten sich über die Wirksamkeit ihrer frei ausgehandelten Verträge nicht mehr sicher sein könnten, weil in großem Umfang Äquivalenzkontrollen stattfinden bzw. die Wirksamkeit des Vertrages schon bei jedem verhandlungmäßigem Ungleichgewicht zweifelhaft ist.[155] Der Wuchertatbestand bestimmt deswegen für ein Sittenwidrigkeitsurteil auf der Grundlage dieser Umstände enge Voraussetzungen: erstens müssen die Unausgewogenheit des Rechtsgeschäfts und das Verhandlungsungleichgewicht zusammen vorliegen, für sich genommen genügen diese Sittenwidrigkeitselemente nicht.[156] Zweitens müssen die Äquivalenzstörung und die Ungleichgewichtslage in der tatbestandlich geforderten Weise qualifiziert sein. Drittens setzt der Wuchertatbestand in subjektiver Hinsicht die Ausnutzung der Lage des Bewucherten seitens des Wucherers voraus, das heißt er muß die Lage erkennen und sie sich bewußt zu Nutze machen.[157] Allerdings ist das subjektive Kriterium nach der Rechtsprechung des BGH teilweise entwertet, da eine Vermutung für den Ausnutzungswillen des Wucherers sprechen soll, wenn objektiv nicht nur ein auffälliges, sondern ein besonders grobes Mißverhältnis der Leistungen festzustellen ist.[158] Die engen Voraussetzungen des § 138 II BGB zeigen, daß die Begrenzung der Vertragsfreiheit durch den Wuchertatbestand auf einen „Evidenzmaßstab, welcher der Vertragsfreiheit weiten Raum läßt"[159] beschränkt sein soll. Die Evidenz der Funktionsstörung der formal gleichen Freiheit durch

---

[153] Zur Verschiedenheit des Scheiterns der Richtigkeitsgewähr bei Verwendung von AGB im Vergleich zu seinem Scheitern im Anwendungsbereich des § 138 II BGB vgl. schon oben, bei (1) (a) und Fastrich, Inhaltskontrolle, S. 74.

[154] Zum Ausnahmecharakter des § 138 II BGB, bei dem besondere Ungleichgewichtslagen im Einzelfall entgegen ihrer grundsätzlichen Unbeachtlichkeit berücksichtigt werden, vgl. Adomeit, NJW 1994, 2467, 2468; Fastrich, Inhaltskontrolle, S. 218.

[155] Vgl. Fastrich,, Inhaltskontrolle, S. 218 und bereits Schmidt-Rimpler AcP 147 (1941), S. 130, 166f. (gegen eine allgemeine Richtigkeitskontrolle); zur Notwendigkeit einer Hinnahme verhandlungsmäßiger Ungleichgewichtslagen im Interesse der Rechtssicherheit BVerfGE 89, 214, 232 (Angehörigenbürgschaft). Zur grundsätzlichen Systemwidrigkeit einer objektiven Angemessenheitskontrolle schon oben, bei A. I. 1. b) bb).

[156] Das betonen auch BGHZ 87, 309, 318; Drexl, S. 274; Erman-Palm, § 138 Rn. 39.

[157] Soergel-Hefermehl, § 138 Rn. 82.

[158] BGH NJW-RR 1990, 1199; MK-Mayer-Maly/Armbrüster, § 138 Rn. 154.

[159] Fastrich, Inhaltskontrolle, S. 20.

die Schwächelage nach § 138 II BGB ergibt sich beim Vorliegen einer schweren Äquivalenzstörung, weil diese das verhandlungsmäßige Kräfteungleichgewicht deutlich belegt und sie ihrerseits leicht zu erkennen ist.
Eine bekannte Auswirkung der Beschränkungsfunktion des § 138 II BGB zeigt sich im Rahmen des § 138 I BGB: ein Sittenverstoß nach der Generalklausel des § 138 I BGB darf nämlich nicht angenommen werden, wenn *nur* die Ausnutzung einer Schwächeposition gegeben ist oder *nur* eine Äquivalenzstörung vorliegt, der Wuchertatbestand also nicht voll erfüllt ist.[160] Erst wenn neben die nicht vollständig verwirklichten Elemente des Wuchertatbestands ein *neues*, außerhalb des Tatbestands des Abs. 2 liegendes Sittenwidrigkeitselement tritt, ist ein Rückgriff auf die Generalklausel des Abs. 1 durch die Beschränkungsfunktion des § 138 II BGB nicht ausgeschlossen.[161]
Insgesamt zeigt sich also, daß die Regelung des § 138 II BGB der Bejahung eines Sittenverstoßes wegen der Unausgewogenheit eines Rechtsgeschäfts und der verhandlungsmäßigen Ungleichgewichtslage bei seinem Zustandekommen enge Grenzen setzt.[162] Außerhalb der seinerseits hohen Anforderungen des Wuchertatbestands kommt dies nur in Betracht, sofern weitere gewichtige Gründe die Beurteilung als Sittenverstoß rechtfertigen.[163] Bei der Anerkennung eines solchen gewichtigen Grundes ist mit Rücksicht auf die Beschränkungsfunktion des § 138 II BGB restriktiv zu verfahren.[164]

(b) Bedeutung für die Kontrolle des informationellen Interessenausgleichs

Es schließt sich die Frage an, ob diese Beschränkung der Kontrolle privater Vereinbarungen einer entsprechenden Überprüfung von vorvertraglichen informationellen Interessenausgleichen entgegensteht. Zu überlegen ist dafür zunächst, ob die Beschränkungsfunktion des § 138 II BGB hinsichtlich der Inhaltskontrolle vorvertraglicher Fragen überhaupt anzuwenden ist.

---

[160] Ausnahmen bei besonders "nachdrücklicher" Verwirklichung eines Wucherelements will MK-Mayer-Maly/Armbrüster, § 138 Rn. 142 machen; ebenso für ein besonders starkes Mißverhältnis Hrodmaka/Maschmann, § 14 Rn. 64. Über den Umweg des § 138 I BGB führt dies aber zu einer Anwendung des "Sandhaufen-Theorems" auf den Wuchertatbestand, was als willkürliche Veränderung der gesetzlichen Regelung und im Hinblick auf die Rechtssicherheit abzulehnen ist, vgl. Soergel-Hefermehl, § 138 Rn. 72.

[161] RGZ 93, 27, 29; BGH NJW 1957, 1274; BGHZ 125, 135, 137; BGH MDR 2001, 1105, 1106 (verwerfliche Gesinnung als zusätzliches Sittenwidrigkeitsmerkmal beim wucherähnlichen Geschäft); Erman-Palm, § 138 Rn. 39; Soergel-Hefermehl, § 138 Rn. 73, 83, 160.

[162] Vgl. Fastrich, RdA 1997, 65, 67.

[163] Fastrich, Inhaltskontrolle, S. 19 f.; Soergel-Hefermehl, § 138 Rn. 73.

[164] Fastrich, Inhaltskontrolle, S. 20. In Betracht kommt etwa eine besondere Verwerflichkeit der Gesinnung der begünstigten Vertragspartei, RGZ 93, 27, 29 (Streben nach übermäßigem Gewinn unter Ausnutzung der allgemeinen Kriegsnot); BGH NJW 1957, 1274; Fastrich, Inhaltskontrolle, S. 19

Gegen eine Verbindlichkeit der Beschränkungsfunktion spricht jedenfalls noch nicht, daß hier die rechtlichen Vorgaben aus § 242 BGB für den Inhalt der Befragung untersucht werden, also nicht (bloß) die Frage eines Sittenverstoßes. Auch wenn der Verhaltensmaßstab des § 242 BGB, zu dessen Konkretisierung § 138 II BGB hier herangezogen wird, gegenüber dem des Sittengebots enger ist, kann die Wertung des § 138 II BGB nur als ganze, d.h. unter Berücksichtigung auch der Beschränkungsfunktion der Regelung des § 138 II BGB herangezogen werden. Aus § 138 II BGB kann für die Konkretisierung des § 242 BGB nämlich nicht mehr gezogen werden, als dieser Regelung in Wirklichkeit innewohnt, so daß ihre immanente Beschränkungsfunktion im Prinzip berücksichtigt werden muß.

(aa) Anwendbarkeit der Beschränkungsfunktion auf den informationellen Interessenausgleich

Trotzdem könnte die Anwendbarkeit der Beschränkungsfunktion des § 138 II BGB bezüglich der Kontrolle vorvertraglicher Fragen abzulehnen sein, weil es sich bei dem vorvertraglichen informationellen Interessenausgleich um einen Interessenausgleich nicht rechtsgeschäftlicher Art handelt. Der Wuchertatbestand verdeutlicht zunächst nur in bezug auf *rechtsgeschäftliche* Vereinbarungen die Begrenzung der Beachtlichkeit verhandlungsmäßiger Imparität im Einzelfall (s.o.). In dieser Beschränkungsfunktion bezweckt die Regelung die Gewährleistung von Vertragsfreiheit, insbesondere durch Wahrung der erforderlichen Verläßlichkeit vertraglicher Bindungen.[165] Dieser Zweck würde aber vereitelt, wenn die vorvertragliche Informationserhebung bei jeder Ungleichgewichtslage im Einzelfall zwischen den Verhandlungspartnern zu einer Verletzung der vorvertraglichen Treuepflichten und der guten Sitten geraten könnte. Das ergibt sich daraus, daß die Bewertung einer Befragung als Verstoß gegen die vorvertraglichen Treuepflichten zur Folge haben kann, daß der Getäuschte sein Anfechtungsrecht nicht ausüben darf, weil dies als unzulässige Rechtsausübung gegen § 242 BGB verstieße.[166] Die Beeinträchtigung seiner Vertragsfreiheit im Wege der Täuschung wird dann nicht rückgängig gemacht. Eine uneingeschränkte Berücksichtigung von Ungleichgewichtslagen im Einzelfall brächte damit eine erhebliche Verunsicherung der Vertragsparteien hinsichtlich des Schutzes ihres Vertrauens auf die Richtigkeit der Informationen des anderen Teils, die sie bei ihrer Entscheidung über den Vertragsschluß zu Grunde legen. Zum Schutz der Vertragsfreiheit, den die Beschränkungsfunktion des § 138 II BGB bezweckt, ist der Grundsatz der Unbeachtlichkeit verhandlungsmäßiger Ungleichgewichtslagen im Einzelfall deswegen auch auf den vorvertraglichen informationellen Interessenausgleich anzuwenden.

---

[165] S.o., unter (a).

[166] Vgl. ausführlich dazu unten, unter B. II.

(bb) Schwere Äquivalenzstörung

Eine Kontrolle des Vertragsinhalts unter Rückgriff auf die Wertung des § 138 II BGB setzt deswegen voraus, daß neben der verhandlungmäßigen Ungleichgewichtslage aufgrund von einer Schwächeposition des Befragten ein auffälliges Mißverhältnis von Leistung und Gegenleistung gegeben ist oder sonstige gewichtige Gründe die Beurteilung als Pflichtenverstoß rechtfertigen.

Das Kriterium einer schweren Äquivalenzstörung ließe sich auf die vorvertragliche Informationserhebung anwenden, wenn es auch dort um den Tausch von Vorteilen gegen Nachteile ginge. Im Rahmen so eines Austauschverhältnisses könnte es dann zu einem auffälligen Mißverhältnis kommen.

Auf den ersten Blick scheint so ein Austauschverhältnis auch bei vorvertraglichen Informationsvorgängen die entscheidende Rolle zu spielen, gibt doch der Befragte die persönliche Information nur preis, um seine Chancen auf einen Vertragsabschluß zu erhalten bzw. zu verbessern. Dann käme es für die Feststellung eines auffälligen Mißverhältnisses auf einen Vergleich zwischen der persönlichkeitsrechtlichen Einbuße durch Preisgabe einer Information und der dafür erhaltenen Vertragsabschlußchance an.

Anhand der Situation bei einer Vielzahl von Bewerbern um einen Vertragsschluß zeigt sich jedoch, daß das Verhältnis von Preisgabe der Information und Erhöhung der Vertragsabschlußchancen nicht den Kern der Sache trifft. Denn bei einer Vielzahl von Bewerbern bezüglich eines Vertrags, der von der anderen Seite nur wenige Male abgeschlossen wird, kann der Anbieter dem Bewerber für die Beantwortung seiner Frage keine ebenso hohe Chance auf den Vertragsschluß bieten wie bei wenigen Bewerbern. Der Anbieter dürfte deswegen gerade in der Situation, in der er für einen oder wenige Vertragsschlüsse eine Vielzahl von Interessenten hat, besonders wenig weit gehende Fragen stellen. Das widerspräche seinem legitimen Interesse an der Auswahl der idealen Vertragspartner in so starkem Maße, daß dies nicht aufgrund von § 242 BGB von ihm gefordert werden kann. Es zeigt sich also, daß die Idee eines Austauschverhältnisses von Informationspreisgabe gegen Vertragsabschlußchance auf den vorvertraglichen informationellen Interessenausgleich nicht paßt.

Eine Bewertung der Ausgewogenheit oder Gerechtigkeit des vorvertraglichen informationellen Interessenausgleichs muß sich vielmehr an einem Vergleich des Geheimhaltungsinteresses des Befragten mit dem Interesse des Fragenden an der Kenntnis des erfragten Umstands bei seiner Entscheidung über den Vertragsschluß orientieren.[167] Besteht zwischen diesen Interessen der Beteiligten, soweit sie berechtigt erscheinen, bei einer vorvertraglichen Frage ein auffälliges Mißverhältnis[168] zu Lasten des Befragten, so wäre ein entsprechender vorvertraglicher informationeller Interessenausgleich grob unausgewogen. Das Verhältnis von Geheimhaltungs- und Informationsinteresse ist aber kein *Aus-*

---

[167] Vgl. schon oben, Anfang von Teil 5.

[168] Zur Abwägung dieser Interessen vgl. unten, unter II. 4.

*tausch*verhältnis, wie § 138 II BGB es voraussetzt. Das Kriterium des grob inäquivalenten *Austausch*verhältnisses läßt sich demnach auf vorvertragliche Befragungen nicht anwenden. Demnach steht die Beschränkungsfunktion des § 138 II BGB einer Bewertung überzogener vorvertraglicher Fragen als Verstoß gegen § 242 BGB entgegen, wenn nicht ein anderes gewichtiges Pflichtwidrigkeitsmerkmal zu der verhandlungsmäßigen Ungleichgewichtslage hinzutritt.[169]

(cc) Vorliegen eines anderen gewichtigen Pflichtwidrigkeitsmerkmals: Starkes Mißverhältnis von Geheimhaltungs- und Informationsinteresse

Es schließt sich daher die Frage an, ob ein solches, zusätzliches und hinreichend gewichtiges Pflichtwidrigkeitselement wegen der Unausgewogenheit des Ausgleichs von Geheimhaltungs- und Informationsinteresse gegeben sein kann, insbesondere wenn insoweit ein auffälliges und offenkundiges Mißverhältnis besteht.

Für das Genügen eines solchen Mißverhältnisses als zusätzliches Pflichtwidrigkeitselement spricht die Vergleichbarkeit mit der Situation bei einem stark unausgewogenen Austauschverhältnis. In beiden Fällen kommt es nämlich dazu, daß nur die überlegene Partei ihre wesentlichen Interessen im Hinblick auf einen privaten Interessenausgleich wahren kann. Wenn dieser Interessenausgleich nicht durch ein Austauschverhältnis geprägt ist, treten eben andere Interessen als das Interesse an einer ausreichenden Gegenleistung in den Vordergrund. Die krasse Unausgewogenheit hinsichtlich der wesentlichen Interessen belegt das verhandlungsmäßige Ungleichgewicht in vergleichbarem Maße wie die Unausgewogenheit eines Austauschverhältnisses.

Ein Unterschied ergibt sich möglicherweise hinsichtlich der Erkennbarkeit bzw. Meßbarkeit dieses Belegs, was nach der Wertung des § 138 II BGB, wonach die Inhaltskontrolle von Verträgen aufgrund des Bestehens einer Ungleichgewichtslage im Einzelfall auf einen Evidenzmaßstab zu beschränken ist, eine wichtige Rolle spielt. Denn die Bestimmung des Verhältnisses des berechtigten Geheimhaltungsinteresses zum berechtigten Informationsinteresse erweist sich regelmäßig als komplexer,[170] als dies hinsichtlich des Verhältnisses von Leistung und Gegenleistung der Fall ist. Dennoch sind auch im Zusammenhang mit den Parteiinteressen bezüglich vorvertraglich erfragter Informationen eindeutige Konstellationen denkbar, in denen das Geheimhaltungsinteresse das berechtigte Informationsinteresse in bezug auf einen persönlichen Umstand offensichtlich ganz erheblich überwiegt. Als Beispiel ist wieder auf die Frage nach Gesundheitsdaten durch den Benzinverkäufer auf einsamer Landstraße zu verweisen. Hier ist offensichtlich, daß der Benzinverkäufer die Lage des Autofahrers aus-

[169] Vgl. oben unter cc) (2) (a) zum entsprechenden Erfordernis eines zusätzlichen gewichtigen Sittenwidrigkeitsmerkmals im Rahmen des § 138 I BGB, wenn der Wuchertatbestand nicht in vollem Umfang vorliegt.

[170] Vgl. dazu unten, unter II. 4.

nutzt, um sich Informationen zu verschaffen, an denen er kein berechtigtes Interesse hat.[171] Das Ausnutzen der Schwächelage ist dabei auch genauso offensichtlich wie beim Durchdrücken eines völlig überhöhten Preises in dieser Situation.
Damit kann sich insgesamt aus einem krassen Mißverhältnis bezüglich des Ausgleichs von Geheimhaltungs- und Informationsinteresse ein hinreichend gewichtiges zusätzliches Pflichtwidrigkeitsmerkmal ergeben. Aus der Beschränkungsfunktion des § 138 II BGB ist in diesem Zusammenhang aber zu folgern, daß die Unausgewogenheit hinsichtlich des Ausgleichs von Geheimhaltungs- und berechtigtem Informationsinteresse nur in evidenten Fällen genügt.

(3) Beschränkung auf Schwächepositionen iSd. § 138 II BGB
Es fragt sich, ob die Inhaltskontrolle dabei auf Schwächepositionen iSd. § 138 II BGB zu beschränken ist, oder ob auch andere Störungen des Verhandlungsgleichgewichts genügen. Die Inhaltskontrolle des informationellen Interessenausgleichs bei allgemeinen vorvertraglichen Fragenkatalogen und beim Bestehen von Schwächelagen nach § 138 II BGB deckt zwar, zumindest außerhalb von eventuellen Besonderheiten bei bestimmten Vertragstypen,[172] den Großteil der Konstellationen ab, in denen der Befragte wegen des Scheiterns der Richtigkeitsgewähr zu schützen ist. Trotzdem kann es in Einzelfällen auch außerhalb dieser Konstellationen zu Störungen der Richtigkeitsgewähr kommen.
Gegen eine Inhaltskontrolle des informationellen Interessenausgleichs wegen eines solchen Einzelfalls spricht die oben genannte Beschränkungsfunktion des § 138 II BGB. Etwas anderes kann sich allenfalls aus der Schutzgebotsdimension des Rechts auf informationelle Selbstbestimmung ergeben.[173] Wie das Bundesverfassungsgericht in seiner Entscheidung vom 19. 10. 1993 zur Angehörigenbürgschaft festgestellt und in späteren Entscheidungen bekräftigt hat, ist unter Rückgriff auf die §§ 138, 242 BGB zum Schutz der Grundrechte eines unterlegenen Verhandlungspartners eine Inhaltskontrolle jenseits des Wuchertatbestands möglich, wenn erstens die Ungleichgewichtslage für den überlegenen Verhandlungspartner und den Rechtsverkehr als Folge einer typisierbaren Fallgestaltung vorhersehbar war und zweitens der unterlegene Teil durch das Rechtsgeschäft ungewöhnlich belastet wird.[174] Die Anwendung dieser Kriterien führt hinsichtlich vorvertraglicher informationeller Interessenausgleiche aber nicht zu einer zusätzlichen Inhaltskontrolle. Denn es sind zwar relevante Un-

[171] Genauer zur Bestimmung der Berechtigung iSd. Schutzwürdigkeit eines Informationsinteresses des fragenden Teils, vgl. unten II. 2. b).
[172] Vgl. dazu unten, unter 2. und 3.
[173] Vgl. dazu schon oben, Teil 4. A. I. 2.
[174] BVerfGE 89, 214, 232 (Angehörigenbürgschaft); zuletzt bekräftigt im Urteil vom 6. 2. 2001 BVerfGE 103, 89, 100 ff. (Ehevertrag).

gleichgewichtslagen denkbar. Nicht ersichtlich sind insoweit aber typisierbare Fallgestaltungen, die nicht bereits durch die Kontrolle allgemeiner Fragenkataloge und evtl. Besonderheiten bei bestimmten Vertragstypen[175] bzw. durch die Kriterien einer Schwächelage iSd. § 138 II BGB abgedeckt werden.
Wie das Bundesverfassungsgericht zutreffend betont hat, ist es für eine Inhaltskontrolle außerhalb des § 138 II BGB aber unverzichtbar, daß eine typisierbare Fallgestaltung vorliegt. Ansonsten wäre die Inhaltskontrolle für den Rechtsverkehr nicht ausreichend vorhersehbar. Wollte man auch außerhalb von solchen typisierbaren Fallgestaltungen die Einzelfallparität als Voraussetzung für die Kontrollfreiheit von Rechtsgeschäften fordern, würde ein kaum handhabbares Kriterium aufgestellt.[176] Dies würde den Rechtsverkehr so erheblich mit Rechtsunsicherheit belasten, daß die Vertragsfreiheit als privatrechtliches Ordnungsprinzip insgesamt in Frage gestellt wäre.[177] Die wenigen Fälle, in denen die Richtigkeitsgewähr wegen einer konkreten Ungleichgewichtslage außerhalb der Konstellationen nach § 138 II BGB scheitert, müssen im Interesse der Wahrung der Vertragsfreiheit als subjektives Recht der Privaten und als privatrechtliches Ordnungsprinzip hingenommen werden.[178] Diese Überlegungen greifen auch für den vorvertraglichen informationellen Interessenausgleich.[179] Damit läßt sich eine inhaltliche Kontrolle der vorvertraglichen Befragung nicht schon auf jegliche Ungleichgewichtslage im Einzelfall stützen, sondern es ist eine Schwächelage iSd. § 138 II BGB zu fordern.

Insgesamt läßt sich die Bindung des fragenden Verhandlungspartners durch § 242 BGB anhand der Wertung des § 138 II BGB also zu einem Verbot der Ausnutzung einer Schwächelage des anderen Teils iSd. § 138 II BGB zur Herbeiführung eines völlig unausgewogenen informationellen Interessenausgleichs konkretisieren. Ein Verstoß gegen die derart konkretisierten Pflichten aus § 242 BGB erfordert dabei eine Überzogenheit der Befragung, die völlig eindeutig, also evident ist. Des weiteren setzt ein Pflichtenverstoß ebenso wie im originären Anwendungsbereich des § 138 II BGB als subjektives Element die Kenntnis des überlegenen Teils von der Schwächelage und ihre bewußte Ausnutzung voraus. Will man der BGH-Rechtsprechung zur Vermutung des subjektiven Elements bei besonders groben Leistungsmißverhältnissen[180] folgen, wäre eine entsprechende Vermutung bei *besonders* grob überzogenen vorvertraglichen Befragungen anzunehmen.

---

[175] Vgl. dazu unten, unter 2. und 3.

[176] Adomeit, NJW 1994, 2467, 2468; Coester-Waltjen AcP 190 (1990), 1, 23; Fastrich, RdA 1997, 65, 67; Wolf, RdA 1988, 270, 272.

[177] Vgl. Dieterich; RdA 1995, 129, 131; Fastrich, RdA 1997, 65, 67.

[178] Vgl. BVerfGE 89, 214, 232 (Angehörigenbürgschaft).

[179] Vgl. oben, (2) (b) (aa).

[180] BGH NJW-RR 1990, 1199; MK-Mayer-Maly/Armbrüster, § 123 Rn. 154.

c) Ergebnis zum Bestehen allgemeiner rechtlicher Vorgaben für den Inhalt einer vorvertraglichen Befragung

Insgesamt ist damit festzuhalten, daß sich allgemeine rechtliche Vorgaben für den Inhalt vorvertraglicher Fragen außerhalb des Anwendungsbereichs des BDSG für zwei Fallgruppen ergeben und zwar jeweils aus § 242 BGB. Erstens bestehen solche rechtlichen Bindungen in bezug auf allgemeine vorvertragliche Fragenkataloge des fragenden Teils. Bei dem nach solch einem Katalog vorgeschlagenen vorvertraglichen informationellen Interessenausgleich darf der Befragte nicht unangemessen benachteiligt werden, sonst verstößt die Frage gegen § 242 BGB.[181] Zweitens sind kraß überzogene vorvertragliche Befragungen des Verhandlungspartners verboten, wenn er sich in einer Schwächelage iSd. § 138 II BGB befindet und der fragende Teil sich dies bei der Befragung bewußt[182] zu Nutze macht.

2. Besondere rechtliche Vorgaben für den Inhalt vorvertraglicher Befragungen im Arbeits- und Wohnraummietrecht

Nachdem sich gezeigt hat, daß sich schon aus allgemeinen Grundsätzen Vorgaben hinsichtlich des Inhalts vorvertraglicher Fragen ergeben können, soll untersucht werden, ob aus den bereichsspezifischen Besonderheiten des Arbeits- und Wohnraummietrechts zusätzliche Bindungen in bezug auf vorvertragliche Arbeitgeber- oder Vermieterfragen folgen. Solche zusätzlichen Bindungen wären insbesondere dann von Bedeutung, wenn danach auch außerhalb der Konstellationen der allgemeinen vorvertraglichen Fragenkataloge und der Schwächelagen nach § 138 II BGB eine Inhaltskontrolle der Fragen vorzunehmen wäre.

a) Besondere Vorgaben hinsichtlich der Fragen von Arbeitgebern

Bezüglich vorvertraglicher Informationserhebungen durch Arbeitgeber könnten sich besondere Vorgaben aus der Regelung des § 94 I BetrVG und aus § 242 BGB, der für das Arbeitsrecht möglicherweise in besonderer Weise zu konkretisieren ist, ergeben.[183]

aa) Pflichten des Arbeitgebers aus § 94 I BetrVG

Keine eigentliche Vorgabe inhaltlicher Art, aber doch eine Bindung hinsichtlich dessen, was der Arbeitgeber fragen darf, enthält die spezielle Regelung des § 94 I BetrVG. Danach bedarf die Befragung der Zustimmung des Betriebsrats, wenn sie durch Personalfragebögen erfolgt. Wann die Regelung des § 94 I BetrVG

---

[181] Zur Ausnahme für evident singuläre allgemeine Befragungen vgl. oben, cc) (1) (c) (aa) (χ).

[182] Zur Vermutung des Ausnutzungswillens bei besonders grob überzogenen Befragungen vgl. oben, unter 1. b) dd) (3) am Ende.

[183] Ein spezielles Gesetz zum Arbeitnehmerdatenschutz bzw. eine entsprechende spezielle Richtlinie, welche sich auf nationaler und europäischer Ebene in Planung befinden (vgl. die Berichte in RDV 2000, 184 und RDV 2001, 242), fehlt bisher.

eingreift, bestimmt sich also, abgesehen vom sachlichen Anwendungsbereich des BetrVG, nach dem Begriff des Personalfragebogens. Dieser ist zu definieren als formularmäßige Zusammenstellung von durch den Bewerber zu beantwortenden Fragen, die Aufschluß über die Person, Kenntnisse und Fertigkeiten des Befragten geben sollen.[184] Das Mitbestimmungsrecht nach § 94 I BetrVG ist dabei aber nicht auf Personalfragebögen im formellen Sinne beschränkt, bei denen der Bewerber die Auskünfte durch Ausfüllen des Bogens erteilt, sondern es umfaßt auch „Checklisten" von Fragen, die einem Bewerber standardisiert gestellt werden.[185] Wenn § 94 I BetrVG eingreift, folgt für den Arbeitgeber daraus die besondere rechtliche Vorgabe, keine Informationen zu erheben, soweit eine entsprechende Zustimmung des Betriebsrats fehlt.[186]

bb) Besondere Vorgaben für Arbeitgeberfragen aus § 242 BGB

Aus dem Treu-und-Glauben-Gebot des § 242 BGB könnten sich im Hinblick auf den Inhalt von Arbeitgeberfragen besondere Anforderungen ergeben. Insbesondere könnten die vorvertraglichen Rücksichtsnahmepflichten aus § 242 BGB im Vorfeld von Arbeitsverträgen auch bei individuellen Befragungen und bei offensichtlich ungewöhnlich überzogenen[187] Fragen aus einem allgemeinen vorvertraglichen Fragenkatalog unabhängig vom Vorliegen einer Schwächelage iSd. § 138 II BGB die Einhaltung eines Mindestmaßes an Angemessenheit gebieten.

(1) Gesetzliche Regelungen zum Schutz des Arbeitnehmers

Als Grundlage für eine entsprechende Konkretisierung des § 242 BGB wäre nach den Ergebnissen der bisherigen Untersuchung zunächst an eine Regelung zu denken, die allgemein eine Inhaltskontrolle von (individuellen) Arbeitsverträgen anordnet. Eine solche Regelung enthält das Arbeitsrecht jedoch nicht.[188]

---

[184] Fitting/Kaiser/Heither/Engels, § 94 BetrVG Rn. 6.

[185] Fitting/Kaiser/Heither/Engels, § 94 BetrVG Rn. 12; ErfK-Hanau/Kania, § 94 Rn. 2.

[186] Zu den Folgen einer insoweit pflichtwidrigen „Befragung" für die Anfechtbarkeit nach § 123 I Alt. 1 BGB vgl. unten, unter B. III; zur Ablehnung eines „Notwehrrechts zur Lüge" bei Verstößen gegen § 94 I BetrVG vgl. oben, unter Teil 4 D.

[187] Zur Fallgruppe der evident singulär überzogenen Befragungen vgl. oben, unter 1. b) cc) (1) (c) (aa) (γ).

[188] Keine legislatorische Umsetzung fand insbesondere der Vorschlag der Arbeitsgesetzbuchskommission, als § 3a I eines Arbeitsgesetzbuches eine „Richterliche Billigkeitskontrolle" von Arbeitsverträgen anzuordnen: „Sind bei Vereinbarungen der Arbeitsvertragsparteien über den Inhalt des Arbeitsverhältnisses die Belange des Arbeitnehmers nicht in angemessener Weise gewahrt worden und ergibt sich daraus ein offenbares Mißverhältnis der Rechte und Pflichten zwischen den Arbeitsvertragsparteien oder tritt ein solches Mißverhältnis später ein, so ist das Mißverhältnis durch Urteil zu beseitigen.", zit. nach MünchHandb. ArbR. I-Richardi, § 14 Rn. 57.

Es besteht aber eine hohe Regelungsdichte im Hinblick auf den Inhalt von Arbeitsverträgen. So treffen die arbeitgeberseitigen Fürsorgepflichten der §§ 617 f. BGB für die Ausgestaltung des Arbeitsvertrages unabdingbare (vgl. § 619 BGB) Vorgaben. Des weiteren kann die Frist für arbeitgeberseitige Kündigungen nach § 622 I BGB nur nach Maßgabe des § 622 V S. 1 BGB verkürzt werden und § 622 VI BGB verbietet die Vereinbarung einer im Vergleich zur arbeitgeberseitigen Kündigung längeren Kündigungsfrist bei der arbeitnehmerseitigen Kündigung. Auch von den Ansprüchen auf Urlaub und Urlaubsentgelt nach § 1 BUrlG kann gemäß § 13 I S. 3 BUrlG nicht durch eine anderweitige Vereinbarung abgewichen werden. Unabdingbar ist nach § 12 EntgeltfortzG auch der Anspruch auf Fortzahlung des Arbeitslohns an gesetzlichen Feiertagen nach § 2 I EntgeltfortzG und im Krankheitsfall nach § 3 I S. 1 EntgeltfortzG. Von den arbeitnehmerschützenden Regelungen des Arbeitszeitgesetzes kann nach § 12 ArbZG (nur) durch Tarifvertrag abgewichen werden. Des weiteren ergibt sich die Unabdingbarkeit solcher Regelungen, die dem Mindestschutz des Arbeitnehmers dienen, im Wege einer teleologischen Auslegung dieser Normen auch dann aus dem Gesetzesrecht, wenn es an einer ausdrücklichen Anordnung der Unabdingbarkeit fehlt, z.B. bei den Vorgaben des Kündigungsschutzgesetzes.[189]

Hinzu kommen Bindungen der Arbeitsparteien durch Mitbestimmung und Tarifverträge.[190] Hinsichtlich der Vorgaben durch Tarifverträge ordnet § 4 III TVG an, daß die tarifgebundenen Parteien nur zu Gunsten des Arbeitnehmers von dem Tarifvertrag abweichen können.

Das Arbeitsvertragsrecht ist damit in weiten Teilen und bezüglich vielfältiger Regelungsgegenstände von zwingendem Recht dominiert,[191] das ausschließlich arbeitnehmerschützend ist. Diese Beschränkungen der Vertragsgestaltungsfreiheit betreffen im Gegensatz zu den allgemeinen Regelungen der §§ 307 ff. BGB nicht nur formularvertragliche Vereinbarungen, sondern auch Individualverträge. Den zwingenden Regelungen des Arbeitsvertragsrechts könnte ein Rechtsprinzip zu entnehmen sein, wonach der Arbeitnehmer allgemein vor unbilligen Vertragsgestaltungen seitens des Arbeitgebers zu schützen ist, ohne daß es auf die Verwendung eines Formularvertrages ankäme.[192] So ein Arbeitnehmerschutzprinzip könnte dann die Grundlage einer Konkretisierung der arbeitgeberseitigen Pflichten aus § 242 BGB im Hinblick auf seine vorvertraglichen Fragen bilden.

---

[189] Allgemeine Ansicht, vgl. nur Dütz, ArbR, § 2 II 2 a (Rn. 47) und § 6 III 6 a dd (Rn. 323).

[190] Vgl. Hönn, Jura 1984, 57, 65.

[191] Zöllner, RdA 1989, 152, 157.

[192] Zur induktiven Erschließung rechtlicher Prinzipien anhand verwandter Vorschriften vgl. Bydlinski, Methodenlehre, S. 478.

(2) Verallgemeinerung zu einem Arbeitnehmerschutzprinzip
Die Vielzahl der arbeitnehmerschützenden Regelungen ergeben in ihrer Zusammenschau einen prinzipiellen Schutz des Arbeitnehmers vor unbilligen Vertragsgestaltungen, wenn ihnen als gemeinsamer Grundgedanke eine entsprechende, allgemeine Schutzbedürftigkeit des Arbeitnehmers zu Grunde liegt.[193] Das wäre der Fall, wenn der gesetzliche Schutz der Arbeitnehmerinteressen auf der Annahme eines vertragstypischen Scheiterns der Richtigkeitsgewähr beruht. Dann wäre eine allgemeine Schutzbedürftigkeit des Arbeitnehmers vor unbilligen Vertragsgestaltungen gemeinsamer Grundgedanke des Arbeitnehmerschutzrechts.
Den gesetzlichen Regelungen zum Arbeitnehmerschutz könnten aber auch ausschließlich die jeweilige gesetzliche Bewertung des einzelnen Regelungsgegenstands als besonders gefährlich zu Grunde liegen. Daß das Zivilrecht auch derartig motivierte Schranken der Vertragsgestaltungsfreiheit kennt, zeigt zum Beispiel die Regelung des § 276 II BGB. Wenn das Arbeitnehmerschutzrecht im wesentlichen auf solchen heteronomen Einzelwertungen beruht, so ließe es sich mangels gemeinsamen Grundgedankens nicht zu einem Arbeitnehmerschutzprinzip verallgemeinern.[194]

(a) Vielfältigkeit der gesetzlichen Vorgaben zum Arbeitnehmerschutz
Das arbeitnehmerschützende Gesetzesrecht trifft aber Vorgaben, die weitreichend die Vertragsgestaltungsfreiheit bezüglich vieler verschiedener Regelungsgegenstände beschränken, etwa hinsichtlich der Zulässigkeit arbeitgeberseitiger Kündigungen, dem Anspruch auf Erholungsurlaub oder der Entgeltfortzahlung an Feiertagen. Diese Vielfältigkeit läßt darauf schließen, daß den Einschränkungen der Vertragsfreiheit der Arbeitsparteien jedenfalls nicht nur die gesetzgeberische Bewertung der jeweiligen Regelungsgegenstände als besonders gefährlich zu Grunde liegt. Denn die Vertragsinhaltsfreiheit ist durch das arbeitnehmerschützende Recht so umfassend eingeschränkt, daß dafür schon von einer besonderen Gefährlichkeit quasi aller Regelungsgegenstände des Arbeitsvertrags ausgegangen werden müßte. Das ist aber bezüglich vieler Regelungsgegenstände nicht einsichtig: warum soll etwa eine vertragliche Vereinbarung über die Fortzahlung des Arbeitsentgelts an gesetzlichen Feiertagen für den Arbeitnehmer so außerordentlich gefährlich sein? Die Vielfältigkeit der arbeitnehmerschützenden Regelungen deutet also auf das Zugrundeliegen eines weiteren und letztlich ausschlaggebenden Wertungskriteriums hin. Dieses andere Wertungskriterium könnte in der gesetzlichen Grundannahme bestehen, daß der Arbeitnehmer seine Interessen bei dem freien Vertragsschluß nicht hinreichend wahren kann und diese Interessen deswegen durch objektives Recht zu

---

[193] Vgl. Bydlinski, Methodenlehre, S. 479; vgl. auch Larenz/Canaris, S. 204 f.
[194] Vgl. Fastrich, Inhaltskontrolle, 112 f., 156 ff.

schützen sind.[195] Die gesetzlichen Regelungen des Arbeitnehmerschutzes scheinen also Ausdruck der einheitlichen Wertungsgrundlage eines vertragstypischen Scheiterns der Richtigkeitsgewähr bei Arbeitsverträgen zu sein.

(b) Gemeinsame Wertungsgrundlage: Scheitern der Richtigkeitsgewähr
Es schließt sich die Frage an, ob eine solche Funktionsstörung der Privatautonomie im Arbeitsrecht tatsächlich gegeben ist.

(aa) Versagen der Vertragsgestaltungsfreiheit beim einzelnen Vertragsschluß
Der hohen Regelungsdichte im Arbeitsrecht steht im Tatsächlichen auch eine starke Verbreitung fehlender Mitgestaltung von Arbeitsverträgen seitens der Arbeitnehmer gegenüber.[196] Der Grund des weitgehenden Fehlens arbeitnehmerseitiger Mitgestaltung der Verträge liegt vor allem in der existentiellen Angewiesenheit des durchschnittlichen Arbeitnehmers auf einen Arbeitsplatz,[197] bei gleichzeitiger Ortsgebundenheit und damit einhergehender Beschränkung der Zahl potentieller Arbeitgeber.[198] Außerdem bewirkt das häufige Bestreben, eine drohende Arbeitslosigkeit zu vermeiden bzw. eine bestehende schnellstmöglich zu beenden, einen zeitlichen Druck bei der Arbeitsplatzsuche. Diese besondere Angewiesenheit des Arbeitsplatzsuchenden auf den einzelnen Vertragsschluß wird noch verschärft durch die chronische Unausgewogenheit des Arbeitsmarkts, bei dem in fast allen Bereichen mehr Arbeitsplatzsuchende als Arbeitsplätze vorhanden sind.[199]
Dem steht der Arbeitgeber gegenüber, für den der Abschluß des Arbeitsvertrages in aller Regel keine vergleichbare Bedeutung hat, sondern eine Disposition unter vielen bei der Unternehmensführung darstellt.[200] Er strebt daher bei den

---

[195] Für eine solche Bewertung des zwingenden Arbeitsrechts Dieterich, RdA 1995, 129, 131; Fastrich, Inhaltskontrolle, S. 185; Larenz/Wolf, BGB AT, § 42 V 1 a (Rn. 22); Wolf, RdA 1988, 270, 272.

[196] MünchHandb. ArbR.I-Richardi, § 14 Rn. 41; Heinrich, Formale Freiheit, S. 517.

[197] Dieterich, RdA 1995, 129, 135; Eichenhofer, JuS 1996, 857, 861; Fastrich, RdA 1997, 65, 77; ders., Inhaltskontrolle, S. 187; Heinrich, Formale Freiheit, S. 517; Hromadka, FS Dieterich, S. 251, 255 (Arbeitsplatz entscheidend für Lebensunterhalt und „sozialen Standort"); Hönn, Jura 1984, 57, 65; Hromadka/Maschmann, § 5 3 d bb (Rn. 120); Larenz/Wolf, BGB AT, § 42 V 1 (Rn. 20); Wolf, RdA 1988, 270, 272; vgl. auch Rudolph, S. 10 f; auch Medicus, JuS 1996, 761, 762 und Geißler, JuS 1991, 617, 621 sehen in der unterschiedlich starken Angewiesenheit von Arbeitnehmer und Arbeitgeber auf den Arbeitsvertrag den Grund für die Schutzbedürftigkeit des Arbeitnehmers. Kritisch Preis, Vertragsgestaltung, S. 286 unter Verweis auf die Existenzsicherung durch das Sozialsystem.

[198] Hromadka, FS Dieterich, S. 251, 255; Fastrich, Inhaltskontrolle, S. 187; Dieterich, RdA 1995, 129, 135; Wolf, Rechtsgeschäftliche Entschließungsfreiheit, S. 13.

[199] Fastrich, Inhaltskontrolle, S. 187; zu Besonderheiten bei gesuchten Fachkräften vgl. unten, unter (3) (c) (bb) (β).

[200] Hromadka, FS Dieterich, S. 251, 255; Hromadka/Maschmann, § 5 3 d bb (Rn. 120); vgl. auch Medicus, JuS 1996, 761, 762 und Geißler, JuS 1991, 617, 621.

Verhandlungen über den Abschluß eines Arbeitsvertrages den erfolgreichen Abschluß typischerweise nur in einem Maße an, wie das auch bei Verhandlungen über Verträge sonstiger Art der Fall ist.[201]
Vor diesem Hintergrund kann der Arbeitssuchende seine Wünsche im Hinblick auf die Bedingungen des Arbeitsvertrages kaum aufgrund der Möglichkeit durchsetzen, daß er sonst auf den Vertrag verzichten könnte. Wegen der geringen Ausweichmöglichkeiten des Arbeitsplatzsuchenden und seiner existentiellen Angewiesenheit auf einen Arbeitsplatz kann also seine negative Abschlußfreiheit im Hinblick auf die Ausgestaltung des Vertrages keine Druckwirkung entfalten.[202] Der Arbeitnehmer wird deswegen bei den Verhandlungen vor allem darauf hinwirken, einen erfolgreichen Abschluß herbeizuführen und seine Aussichten auf diesen Vertragsschluß in aller Regel nicht durch Verhandlungen über die genaue Ausgestaltung des Arbeitsvertrages gefährden.[203] Das versetzt den Arbeitgeber in die Lage, die Ausgestaltung des Vertrages weitgehend diktieren zu können, auch wenn es sich um einen Individualvertrag handelt. Die Ausgewogenheit von Arbeitsverträgen wird deswegen typischerweise nicht schon durch die beiderseitige Wahrung der eigenen Interessen bei der Vertragsgestaltung sichergestellt.

(bb) Keine Kompensation durch den freien Wettbewerb

Die Behinderung der Wahrung der eigenen Interessen des Arbeitnehmers bei der Vertragsgestaltung durch die typische Interessenlage im Arbeitsrecht ließe die Richtigkeitsgewähr noch nicht scheitern, wenn die Mechanismen von Markt und Wettbewerb dennoch angemessene Verträge sicher stellen könnten.[204] Die Angemessenheit der Bedingungen von Arbeitsverträgen kann der Markt aber nur gewährleisten, wenn diese Bedingungen für die Entscheidung des durchschnittlichen Arbeitsplatzsuchenden zwischen mehreren konkurrierenden Arbeitgebern ausschlaggebend sind, sie also einen Marktwert haben.
Diesbezüglich ergeben sich im Arbeitsrecht aber in zweierlei Hinsicht Probleme. Erstens haben einige Aspekte des Arbeitsvertrages für den durchschnittlichen Arbeitsplatzsuchenden eine so herausragende Bedeutung, daß er einen insoweit günstigen Arbeitsvertrag kaum wegen ungünstiger sonstiger Vertragsbedingungen ausschlagen wird.[205] Das betrifft regelmäßig vor allem die örtliche Lage des Arbeitsplatzes, das Gehalt und Inhalt und Umfang der beruflichen Tä-

---

201 Vgl. Larenz/Wolf, BGB AT, § 42 V 1 (Rn. 20).

202 Zu Ausnahmen bei gesuchten Fachkräften vgl. unten (cc).

203 Fastrich, Inhaltskontrolle, S. 187; ders., RdA 1997, 65, 77; Wolf, RdA 1988, 270, 272; vgl. auch Larenz/Wolf, BGB AT, § 42 V 1 (Rn. 20).

204 Zur zweifachen Absicherung der Richtigkeit von Verträgen durch die Vertragsfreiheit vgl. oben 1. b) bb).

205 Vgl. Fastrich, Inhaltskontrolle, S. 187; Larenz/Wolf, BGB AT, § 42 V 1 (Rn. 20); Wolf, Rechtsgeschäftliche Entschließungsfreiheit, S.13.

tigkeit. Die Arbeitnehmerfreundlichkeit der sonstigen Arbeitsvertragsbedingungen haben demgegenüber regelmäßig kaum Bedeutung für die Abschlußentscheidung des Arbeitnehmers und somit für den Arbeitgeber keinen realisierbaren Marktwert. Der Arbeitgeber kann daher seine zusätzlichen Kosten, z.B. durch eine arbeitnehmerfreundliche Risikoverteilung bei Beschädigung von Arbeitsmitteln durch den Arbeitnehmer, nicht durch die Möglichkeit niedrigerer Löhne amortisieren oder dadurch, daß er besonders „gute" (d.h. besonders befähigte, sonst geeignete) Arbeitnehmer rekrutieren kann. Indem die arbeitnehmerfreundlichen Arbeitsvertragsbedingungen zusätzliche Kosten auslösen, die nicht durch Vorteile kompensiert werden, bringen sie dem Arbeitgeber gegenüber anderen Arbeitgebern am Markt regelmäßig nur Nachteile.[206] Anders liegt es aber bezüglich der Hauptbedingungen des Arbeitsvertrages, etwa Lohn und Arbeitszeit, welche für die Auswahl des Arbeitsplatzes eine entscheidende Rolle spielen. Hier kann der Arbeitgeber durch die Arbeitnehmerfreundlichkeit seiner Bedingungen besonders „gute" Arbeitnehmer anwerben, wodurch er seine höheren Kosten wegen der geringeren Wahrung seiner eigenen Interessen bei der Vertragsgestaltung amortisieren kann, so daß am Ende sogar ein Gewinn des Arbeitgebers aus der Arbeitnehmerfreundlichkeit seiner Vertragsklauseln folgen kann. Von daher ist eine regulierende Wirkung des Marktes immerhin im Hinblick auf so wichtige Vertragsbedingungen wie den Arbeitslohn denkbar. Trotzdem überläßt der Gesetzgeber auch die Vereinbarung der Arbeitslohns nicht gänzlich der Vertragsfreiheit der Arbeitsvertragsparteien, sondern zieht durch § 4 III TVG zumindest für tarifgebundene Parteien Grenzen. Insoweit ließe sich das zweifache Scheitern der Richtigkeitsgewähr als Grundwertung der starken Regulierung des Arbeitsvertrags anzweifeln.

Die regulierende Wirkung der Abschlußfreiheit der Arbeitnehmer über den Wettbewerb der Arbeitgeber untereinander wird aber zweitens durch die anhaltende Unausgewogenheit des Arbeitsmarkts und die örtliche und zeitliche Gebundenheit des Arbeitsplatzsuchenden abgeschwächt, die die Zahl der potentiellen Arbeitgeber beschränkt.[207] Das führt dazu, daß die Konkurrenz der Arbeitgeber um die potentiellen Arbeitnehmer typischerweise eine geringere Rolle spielt, als dies bei ausgewogenen Marktverhältnissen der Fall wäre.[208] Wenn also eine kompensierende Wirkung des Wettbewerbs der Arbeitgeber zumindest im Hinblick auf „wichtige" Arbeitsvertragsbedingungen wie z.B. den Arbeitslohn grundsätzlich denkbar wäre, so wird diese Wirkung durch die geringe

[206] Das BAG nimmt entsprechend eine verhandlungsmäßige Ungleichgewichtslage auch in Zeiten der Vollbeschäftigung an, vgl. BAG, Urt. v. 16.3.1994, AP Nr. 18 (Bl. 1692) zu § 611 BGB (Ausbildungsbeihilfe).

[207] Hromadka, FS Dieterich, S. 251, 255; Fastrich, Inhaltskontrolle, S. 187; Dieterich, RdA 1995, 129, 135.

[208] Gegen einen Zusammenhang von Arbeitsmarktsituation und der Ausgestaltung von Vertragsbedingungen Preis, Vertragsgestaltung, S. 287.

Konkurrenz der Arbeitgeber untereinander stark abgeschwächt. Der Wettbewerb kann damit das Scheitern der Vertragsgestaltungsfreiheit der Arbeitsvertragsparteien bei der Herbeiführung angemessener Verträge in der einzelnen Verhandlungssituation nicht ausgleichen. Es zeigt sich also ein zweifaches Versagen der Vertragsfreiheit im Hinblick auf die Richtigkeitsgewähr bei Arbeitsverträgen.[209]

(cc) Typisierbarkeit des Scheiterns der Richtigkeitsgewähr

Dabei handelt es sich um ein *typisches* Scheitern der Richtigkeitsgewähr der vertraglichen Vereinbarung, das für alle Arbeitsverträge vermutet werden kann und sich nicht bloß aus besonderen Einzelfällen ergibt.[210] Gleichwohl sind von dem typischen Scheitern der Richtigkeitsgewähr Ausnahmen denkbar, wenn der Arbeitsvertrag tatsächlich ausgehandelt wurde oder bei gesuchten Fachkräften, bei denen der Wettbewerb zwischen den Arbeitgebern um diese Arbeitnehmer für die Angemessenheit der Verträge sorgt.[211] Indem der Gesetzgeber das Eingreifen der arbeitnehmerschützenden Regelungen allein von der Einordnung des Vertrages als Arbeitsvertrag abhängig macht, wird er solchen Ausnahmen zwar nicht gerecht. Er beugt sich dadurch aber lediglich der Notwendigkeit von Verallgemeinerungen bei der gesetzlichen Bewertung von Interessenkonflikten.[212] Auch die Möglichkeit „richtiger" und frei ausgehandelter Arbeitsverträge steht wegen des Ausnahmecharakters solcher Arbeitsverträge dem Ergebnis eines Scheiterns der Richtigkeitsgewähr der Vertragsfreiheit als gemeinsame Wertungsgrundlage des arbeitnehmerschützenden Rechts nicht entgegen. Es handelt sich dabei eben (nur) um ein *typisches* Scheitern der Richtigkeitsgewähr.

(c) Inhalt des Arbeitnehmerschutzprinzips

Damit ergibt die Zusammenschau der arbeitnehmerschützenden Regelungen im BGB und den arbeitrechtlichen Spezialgesetzen die prinzipielle Schutzbedürftigkeit und -würdigkeit des Arbeitnehmers vor unangemessenen Vertragsgestaltungen durch den Arbeitgeber, wobei es nicht auf die Verwendung von Formularverträgen ankommt. Anhand dieses Arbeitnehmerschutzprinzips ist der

---

209 Vgl. BVerfGE 77, 84, 116 f.; Dieterich, RdA 1995, 129, 135; Eichenhofer, JuS 1996, 857, 861 (ohne Beschränkung auf Nebenbedingungen); Fastrich, Inhaltskontrolle, S. 184 ff.; Larenz/Wolf, BGB AT, § 42 V 1 (Rn. 20); M. Wolf, RdA 1988, 270, 272; Zöllner, RdA 1989, 152, 156 f.

210 Vgl. Wolf, RdA 1988, 270, 272; Fastrich, RdA 1997, 65, 80 (generelle Beeinträchtigung der Ordnungsfunktion der Privatautonomie).

211 Zum Ausnahmecharakter solcher Konstellationen vgl. Dieterich, RdA 1995, 129, 135; Zöllner, RdA 1989, 152, 156.

212 Zwar hat demgegenüber der AGB-Gesetzgeber mit der Regelung des § 1 II AGBG (jetzt § 305 I S. 3 BGB) den Nachweis ausgehandelter Formularbedingungen mit der Folge eines Unterbleibens der Richtigkeitsgewähr zugelassen, mit Blick auf die Rechtssicherheit ist eine solche Vorgehensweise aber nicht zwingend.

Versuch unternommen worden, die Treuepflichten des Arbeitgebers zu einer allgemeinen Angemessenheitspflicht im Hinblick auf die Ausgestaltung des Arbeitsvertrages zu konkretisieren.[213] Diese Frage ist aber von der Konkretisierung der Arbeitgeberpflichten im Hinblick auf den Inhalt seiner vorvertraglichen Fragen an den Arbeitsplatzbewerber zu unterscheiden.

(3) Konkretisierung der vorvertraglichen Arbeitgeberpflichten aus § 242 BGB anhand dieses Prinzips

Die vorvertraglichen Treuepflichten aus § 242 BGB im Hinblick auf eine Befragung durch den Arbeitgeber können unter Rückgriff auf das Arbeitnehmerschutzprinzip konkretisiert werden, wenn die (individuelle) vorvertragliche Arbeitnehmerbefragung der arbeitgeberseitigen Ausgestaltung des Arbeitsvertrages als unmittelbarer Anwendungsbereich des Arbeitnehmerschutzprinzips vergleichbar ist und kein anderweitiger gesetzgeberischer Plan entgegensteht.

(a) Vergleichbarkeit – Scheitern der Richtigkeitsgewähr

Die wertungsmäßige Übereinstimmung setzt voraus, daß auch im Hinblick auf den vorvertraglichen informationellen Interessenausgleich die Richtigkeitsgewähr scheitert und der Arbeitnehmer deswegen ebenso vor dem „unrichtigen" vorvertraglichem Interessenausgleich zu schützen ist, wie das bei dem „unrichtigen" vertraglichem Interessenausgleich selbst der Fall ist.

Grundsätzlich gewährleistet die formal gleiche allgemeine Handlungsfreiheit der Verhandlungspartner die Richtigkeit des vorvertraglichen informationellen Interessenausgleichs.[214] Ein typisches Scheitern dieser Richtigkeitsgewähr der allgemeinen Handlungsfreiheit entsprechend demjenigen der Vertragsfreiheit bei der Gestaltung vertraglicher Vereinbarungen ergibt sich, wenn die typische Interessenlage im Arbeitsrecht den Arbeitnehmer an der Wahrung seiner Geheimhaltungsinteressen hindert und auch der Markt die inhaltliche Angemessenheit der vorvertraglichen Befragungen durch den Arbeitgeber nicht sicherstellt.

Was die Verteidigung der eigenen Interessen durch den einzelnen Arbeitnehmer betrifft, so ergibt sich Ähnliches wie bei der Ausgestaltung von Arbeitsverträgen: wegen der existentiellen Angewiesenheit auf Arbeitsplatz und -lohn wird der Arbeitsplatzsuchende in aller Regel den Abschluß eines insoweit akzeptablen Vertrages durch Verhandlungen über die vorvertraglich zu erteilenden In-

---

[213] Für eine allgemeine Angemessenheitskontrolle arbeitsvertraglicher Nebenbedingungen BAG AP Nr. 18 zu § 611 BGB (Ausbildungsbeihilfe); Fastrich, Inhaltskontrolle, S. 201; ders., RdA 1997, 65, 77 ff.; Hromadka/Maschmann, § 5 3 d bb (Rn. 120); Dieterich, RdA 1995, 129, 135; Wolf, RdA 1988, 270, 272; Zöllner, RdA 1989, 152, 156 ff.; dagegen: Preis, Vertragsgestaltung, S. 283 ff.

[214] Ausführlich dazu oben unter 1. b) cc) (1) (b) (aa).

formationen nicht gefährden wollen.[215] Dem gegenüber hat der Abschluß des Arbeitsvertrags für den Arbeitgeber regelmäßig nur die Bedeutung einer wirtschaftlichen Disposition unter anderen. Die Wirtschaftlichkeit dieser Disposition kann der Arbeitgeber durch möglichst weitreichende Informationen über den „Vertragsgegenstand" vorhersehen, den beim Arbeitsvertrag der Arbeitsplatzsuchende bildet.[216] Wegen der unausgewogenen Marktsituation im Arbeitsrecht und wegen der beschriebenen Nachrangigkeit von Inhalt und Umfang arbeitgeberseitiger Befragungen für die Abschlußentscheidung des Arbeitnehmers muß ein Arbeitgeber auch nicht befürchten, daß Arbeitnehmer wegen seiner überzogenen Fragen von einem Vertrag mit ihm absehen. Die negative Abschlußfreiheit des Arbeitnehmers bietet in dieser Situation auch hinsichtlich der vorvertraglich zu erteilenden Informationen kein Druckmittel. Unabhängig von der Unterscheidung zwischen individuellen Befragungen und allgemeinen vorvertraglichen Fragenkatalogen kann damit die formal gleiche Freiheit der Arbeitsvertragsparteien zur Wahrung der eigenen Interessen die Ausgewogenheit des vorvertraglichen informationellen Interessenausgleichs nicht sicherstellen.[217] Weil aber die vorvertragliche Befragung für die Abschlußentscheidung der meisten Arbeitnehmer keine Bedeutung hat, kann auch der Markt ihre Angemessenheit nicht sicherstellen.

Damit hat der Arbeitgeber die Möglichkeit, den informationellen Interessenausgleich im Vorfeld des Arbeitsvertrags ausschließlich nach seinen Vorstellungen zu diktieren.[218] Die besondere Interessen- und Marktlage im Arbeitsrecht führt demnach typischerweise dazu, daß die beiderseitige Handlungsfreiheit der Verhandlungspartner trotz ihrer formalen Gleichheit faktisch die Richtigkeit des vorvertraglichen informationellen Interessenausgleichs nicht sicherstellen kann.[219] Aus diesem Scheitern der Richtigkeitsgewähr des vorvertraglichen in-

---

[215] Vgl. Däubler, CR 1994, 101, 103; Rudolph, S. 12; zum faktisch geringen Einfluß des Arbeitnehmers auf den Ablauf der Einstellungsverhandlungen vgl. auch Klein, AuR 1978, 266, 272.

[216] Däubler, CR 1994, 101, 103; Hofmann, ZfA 1975, 1 f., 18 f.; Reitemeier, S. 270 f.; Rudolph, S. 11. Allgemein zum wirtschaftlichen Interesse an der Überschaubarkeit der Vertragsrisiken vgl. unten, unter II. 1 c).

[217] Allgemein für einen Gleichlauf des Fehlens der Einflußnahmemöglichkeiten hinsichtlich des Vertragsinhalts einerseits und der vorvertraglichen Verarbeitung von Daten andererseits Simitis, NJW 1984, 398, 401; Simon, JA 1985, 572, 574.

[218] Däubler, CR 1994, 101, 103; Rudolph, S. 12; Weichert, CR 1995, 361, 362 (im Zusammenhang mit dem Einfordern schriftlicher Datenschutzselbstauskünfte).

[219] In diese Richtung auch Klein, AuR 1978, 266, 269 (ausgefragter Bewerber mache nicht bloß ein „schlechtes Geschäft", sondern beantworte die Fragen des Arbeitgebers „wegen seiner Postion wirtschaftlicher Unterlegenheit"); Moritz NZA 1987, 329, 336 („besondere Interessenlage bei der Anbahnung eines Arbeitsverhältnisses" als Grundlage eines „Rechts zur Lüge") und Rudolph, S. 12 (Interessenlage im Vorfeld von Arbeitsverträgen bewirke Ungleichheit der „Machtpositionen" bei Bewerberfragen, Mißbrauch durch Arbeitgeber drohe).

formationellen Interessenausgleichs ergibt sich bezüglich dieses Interessenausgleichs eine vergleichbare Schutzbedürftigkeit des Arbeitnehmers, wie sie für die inhaltliche Ausgestaltung von Arbeitsverträgen besteht.[220]

(b) Kein entgegenstehender gesetzlicher Plan

Das Zivilrecht geht zwar zunächst von der Freiheit des Arbeitgebers aus, wie es grundsätzlich von der Freiheit aller Privaten ausgeht. Ein gesetzgeberischer Plan, der gerade einer Beschränkung der Freiheiten des Arbeitgebers bei der Befragung der Bewerber auf einen Arbeitsplatz entgegenstünde, liegt aber nicht vor.

(c) Verpflichtung des Arbeitgebers auf die Angemessenheit seiner vorvertraglichen Fragen

Damit können die Verpflichtungen des Arbeitgebers aus § 242 BGB hinsichtlich seiner vorvertraglichen Fragen anhand des Arbeitnehmerschutzprinzips konkretisiert werden.

(aa) Offenheit des Arbeitnehmerschutzprinzips

Anders als bei der Konkretisierung des § 242 BGB anhand der Wertungen der §§ 307 ff. bzw. 138 II BGB kann das Ergebnis der Konkretisierung der Pflichten des fragenden Teils hierbei nicht einfach aus den Anordnungen einer gesetzlichen Regelung abgelesen werden. Während die §§ 307 ff. bzw. 138 II BGB für Verträge eine Inhaltskontrolle anordnen,[221] läßt sich der gesetzlichen Anerkennung der besonderen Schutzbedürftigkeit des Arbeitnehmers bei seinen Vereinbarungen mit dem Arbeitgeber eine entsprechende Anordnung einer Inhaltskontrolle von Arbeitsverträgen nicht ohne weiteres entnehmen.

(bb) Verhältnismäßigkeit einer Inhaltskontrolle von Arbeitgeberfragen

Ob die Anerkennung der besonderen Schutzbedürftigkeit des Arbeitnehmers innerhalb des § 242 BGB dazu führt, daß dem Arbeitgeber hinsichtlich des Inhalts seiner vorvertraglichen Fragen Grenzen gesetzt sind, muß deswegen anhand der vagen Vorgaben der Generalklausel des § 242 BGB selbst geklärt werden. Diese beschränken sich auf die Aussage, daß der Arbeitgeber bei der vorvertraglichen Befragung die berechtigten Interessen des Arbeitnehmers, also auch sein Interesse an der Wahrung seiner informationellen Verfügungsbefug-

---

[220] Durch diese grundsätzliche Schutzbedürftigkeit des Arbeitnehmers ähnelt seine Situation derjenigen des Vertragspartners des Verwenders von AGB, weswegen Wolf, RdA 1988, 270, 276 eine Inhaltskontrolle arbeitsrechtlicher Verträge mit „§ 242 BGB in Verbindung mit den Rechtsgedanken des AGBG“ begründen will.

[221] Die eigentliche Rechtsfolge der §§ 307 ff. und 138 II BGB ist zwar die Unwirksamkeit der AGB bzw. des Vertrages, diese hängt aber von einer Inhaltskontrolle ab, die damit quasi eine zwischengeschobene Rechtsfolge dieser Regelungen bildet.

nis, zu berücksichtigen hat.[222] Ob aus dieser Rücksichtsnahmepflicht auch eine Bindung hinsichtlich des Inhalts vorvertraglicher Arbeitgeberfragen folgt, ist dadurch noch nicht gesagt. Das kann nur geklärt werden, indem die Interessen der Beteiligten zueinander ins Verhältnis gesetzt werden. Eine rechtliche Bindung des Arbeitgebers im Hinblick auf den Inhalt seiner vorvertraglichen Fragen ergibt sich demnach aus § 242 BGB, wenn die Einschränkung seiner Informationsinteressen durch eine Inhaltskontrolle seiner vorvertraglichen Fragen der gesetzlich anerkannten Schutzbedürftigkeit des Arbeitnehmers prinzipiell[223] in verhältnismäßiger Weise begegnet.[224] Eine Angemessenheitsverpflichtung hinsichtlich vorvertraglicher Arbeitgeberfragen muß dafür das geeignete, erforderliche, angemessene, mithin verhältnismäßige Mittel zum Schutz des Arbeitnehmers bilden.

(α) Geeignetheit

Eine Bindung des Arbeitgebers hinsichtlich des Inhalts seiner vorvertraglichen Fragen und die Überprüfung der Einhaltung dieser Bindung im Wege einer Inhaltskontrolle bezüglich dieses Interessenausgleichs müßte damit zunächst den Arbeitnehmer vor unangemessenen Einbußen an der Verfügungsmacht über „seine" Informationen effektiv zu schützen geeignet sein.

Wenn der Arbeitgeber ein Verbot inhaltlich überzogener Fragen einhält, liegt die Schutzwirkung dieses Verbots auf der Hand: er stellt dann gar nicht erst unangemessen weitgehende Fragen, so daß der Arbeitnehmer sich bei der Beantwortung auch nicht in unangemessenem Maße seiner informationellen Verfügungsbefugnis begibt. Auch wenn der Arbeitgeber unter Verstoß gegen eine solche Bindung nach § 242 BGB zu weitgehend fragt, entfaltet diese Bindung an sich eine Schutzwirkung. Bei einer unangemessenen und damit pflichtwidrigen Arbeitgeberfrage könnte der Arbeitgeber nämlich selbst im Falle einer Lüge des Arbeitnehmers den Arbeitsvertrag wegen § 242 BGB grundsätzlich nicht anfechten.[225] Das gibt dem Arbeitnehmer die Möglichkeit, seine informationelle Verfügungsbefugnis im Wege einer Lüge vor übermäßigen Einbußen zu schützen, ohne dabei den Arbeitsvertrag zu gefährden. Diese Möglichkeit des Arbeitnehmers, unter Wahrung seiner informationellen Interessen den Arbeitsplatz und -lohn zu erhalten, räumt die Gefahr der Hinnahme weitreichender Einbußen an der informationellen Verfügungsbefugnis wegen der typischen Interessenla-

---

[222] Vgl. dazu oben, unter (2) (c).

[223] Hierbei geht es also zunächst um die Frage des „Ob" einer Inhaltskontrolle, für die der folgende, etwas grobere Blick auf die beteiligten Interessen ausreicht, zur Frage des „Wie" der Angemessenheitskontrolle, die eine genauere Abwägung der beteiligten Interessen voraussetzt, s.u. unter II.

[224] Zur entsprechenden Voraussetzung einer allgemeinen Angemessenheitskontrolle arbeitsvertraglicher Nebenbedingungen vgl. Dieterich, RdA 1995, 129, 134; Zöllner, RdA 1989, 152, 159 (dort unter dem Stichwort „Übermaßverbot" untersucht).

[225] Vgl. dazu unten, unter B. II.

ge im Arbeitsrecht aus. Von daher ist die Geeignetheit eines Verbots unangemessen weitgehender Befragungen aus § 242 BGB zum Schutz der informationellen Selbstbestimmung des Arbeitnehmers zu bejahen.
Bedenken gegen die Effektivität ergeben sich aber aus der Befragungssituation. Anders als bei der Geltendmachung einer unzulässigen Ausgestaltung des Arbeitsvertrages, für die der Arbeitnehmer Bedenkzeit hat und sogar Beratung einholen kann, muß er bei der vorvertraglichen Befragung meist in Sekundenschnelle entscheiden, wie er sich verhält. Eine sanktionslose Lüge steht ihm aber nur offen, soweit die Befragung wegen ihrer Überzogenheit schon gegen § 242 BGB verstößt. Die Inhaltskontrolle, durch die ein solcher Verstoß zu ermitteln ist, setzt dabei eine umfassende Interessenabwägung[226] voraus, die den Arbeitnehmer in der spontanen Situation der vorvertraglichen Befragung oft überfordern wird.[227] Eine Lüge wird der Arbeitnehmer deswegen häufig nicht wagen, riskiert er doch die Anfechtbarkeit des Vertrages, wenn die Befragung entgegen seiner spontanen Einschätzung zulässig war.[228] Deswegen ist die Kontrolle des Inhalts von Arbeitgeberfragen im Rahmen von § 242 BGB als Schutzinstrument zu Gunsten des Arbeitnehmers aber noch nicht ungeeignet. Denn eine gewisse Schutzwirkung entfaltet die Inhaltskontrolle trotz der genannten Schwächen. Zur Verbesserung dieser Schutzwirkung ist die Rechtsprechung gefragt, durch die Entwicklung möglichst leicht handhabbarer Fallgruppen[229] für Rechtssicherheit zu sorgen, so daß der befragte Arbeitnehmer die Rechtslage abschätzen kann. Die Geeignetheit einer allgemeinen Bindung des Arbeitgebers hinsichtlich des Inhalts seiner vorvertraglichen Fragen und einer entsprechenden Inhaltskontrolle zum Schutz des Arbeitnehmers ist damit zu bejahen.

(β) Erforderlichkeit

Das allgemeine Verbot überzogener Arbeitgeberfragen im Rahmen des § 242 BGB müßte darüber hinaus auch erforderlich sein, also bei größtmöglicher

[226] Zu dieser Interessenabwägung s.u., unter II.

[227] Zur entsprechenden Verunsicherung des Arbeitgebers bezüglich der Zulässigkeit von Fragen vgl. Hümmerich, BB 1979, 428, 431.

[228] Vgl. auch Rudolph, S. 124, der ein Notwehrrecht des unzulässig befragten Arbeitnehmers bejaht aber die Effizienz dieses Abwehrrechts wegen mangelnder Kenntnis und Selbstbewußtsein bei der Arbeitnehmerschaft anzweifelt.

[229] Das ist in weitem Umfang auch bereits geschehen, vgl. etwa die Rechtsprechung des BAG zur „Einschlägigkeit" einer Vorstrafe des Arbeitnehmers: BAG AP Nr. 2 und 50 zu § 123 BGB; BAG BB 1970, 803; eine aktuelle Darstellung der Fallgruppen findet sich bei Adam, ZTR 2003, 158 ff. Zu den Kriterien, anhand derer diese Fallgruppen zu entwickeln sind, s.u. unter II. 4. b)

Schonung der Freiheit der Arbeitsvertragsparteien[230] den Arbeitnehmer bestmöglich schützen.
Keinen ausreichenden Schutz der informationellen Arbeitnehmerinteressen bildet das bestehende ausdrückliche Gesetzesrecht hinsichtlich der Arbeitgeberpflichten beim Umgang mit Arbeitnehmerdaten. Eine ausreichende Kompensation der typischen Schutzbedürftigkeit des Arbeitnehmers durch das BDSG scheitert von vornherein daran, daß der Schutz durch das BDSG auf Informationserhebungen zum Zwecke der automatisierten oder dateimäßigen Datenverarbeitung beschränkt ist (§ 1 II Nr. 3 BDSG). Dieser ist aber bei weitem nicht bei allen Befragungen im Vorfeld von Arbeitsverträgen gegeben.[231] Auch das Mitbestimmungsrecht bietet keinen ausreichenden Schutz des Arbeitnehmers. Zwar schreibt § 94 I BetrVG die Mitwirkung des Betriebsrats bei der Gestaltung von Bewerberfragebögen vor.[232] Der Schutz durch diese Regelung ist aber zweifach beschränkt: er gilt nur bei Arbeitgeberbetrieben mit Betriebsrat und beschränkt sich auf die vorvertragliche Befragung im Wege von Bewerberfragebögen. Damit schützen bestehende gesetzliche Regelungen den Arbeitnehmer noch nicht in ausreichendem Maße vor der vorvertraglichen Ausforschung seiner Person.
Kein effektiveres bzw. kein gleich effektives aber schonenderes Schutzinstrument ist in der Möglichkeit der Schaffung von gesetzlichen Verbotstatbeständen hinsichtlich einzelner Fragen zu sehen. Trotz der oben gezeigten Schwächen eines allgemeinen Verbots überzogener Arbeitgeberfragen wegen der schlechten Abschätzbarkeit der Zulässigkeit bestimmter Fragen für den Arbeitnehmer bieten punktuelle Frageverbote nämlich keinen gleichwertigen oder gar besseren Schutz. Die Schaffung einzelner gesetzlicher Verbotstatbestände bezüglich bestimmter Fragegegenstände könnte nämlich als punktueller Schutz dem generellen Scheitern der Richtigkeitsgewähr nicht in ausreichendem Maße begegnen.[233] Denn das Recht auf informationelle Selbstbestimmung weist dem Rechtsgutsträger nicht nur bezüglich bestimmter, besonders sensitiver Daten die Verfügungsmacht zu, sondern es erfaßt die gesamte Persönlichkeit. Auch die

---

[230] Auch der ausgefragte Bewerber kann ein Interesse an der Freiheit der Befragung haben, weil er hofft, wegen der offenbarten persönlichen Umstände gegenüber anderen Bewerbern den Vorzug zu erhalten.

[231] Trotz der Verschärfung des BDSG für die Datenerhebungen durch Private durch das BDSG-Reformgesetz verbleibt ein großer Teil der arbeitgeberseitigen Befragungen nach dem BDSG kontrollfrei, siehe dazu unten, Teil 6.

[232] Dazu s.o., unter a) aa).

[233] Zur entsprechenden Erforderlichkeit eines generellen Kompensationsinstruments bezüglich des generellen Scheiterns der Richtigkeitsgewähr des Arbeitsvertrages vgl. Fastrich, RdA 1997, 65, 75 ff. Auch im Anwendungsbereich des AGB-Rechts hat der Gesetzgeber sich nicht auf die besonderen Klauselverbote der §§ 308 f. BGB beschränkt, sondern dem allgemeinen Scheitern der Richtigkeitsgewähr mit § 307 I BGB auch ein allgemeines Mittel entgegengestellt.

Gefahr der Hinnahme unangemessen weitgehender Einbußen an der informationellen Verfügungsbefugnis im Vorfeld von Arbeitsverträgen beschränkt sich nicht auf bestimmte Daten. Dem kann nur durch ein allgemeines, nicht durch ein punktuelles Schutzinstrument begegnet werden.
Ein besserer Schutz der Arbeitnehmerinteressen als durch eine allgemeine Verpflichtung des Arbeitgebers auf die objektive Ausgewogenheit des vorvertraglichen informationellen Interessenausgleichs nach Treu und Glauben, also ein allgemeines Verbot überzogener Fragen aus § 242 BGB, ist demnach nicht ersichtlich.[234]
Im Vergleich zu dieser allgemeinen Verpflichtung auf die Ausgewogenheit des vorvertraglichen informationellen Interessenausgleichs ist aber zu überlegen, ob ein hinsichtlich des arbeitnehmerseitigen Schutzbedarfs gleich effektives aber milderes, weil freiheitsschonenderes Mittel denkbar ist. Zu überlegen ist insoweit, die arbeitgeberseitige Gerechtigkeitspflicht nur beim Entfallen der Richtigkeitsgewähr im *konkreten* Einzelfall anzunehmen und dafür jeweils dem Arbeitnehmer, der sich auf die Unzulässigkeit einer Anfechtung nach § 242 BGB berufen will, die Beweislast aufzuerlegen.[235] Gegen eine solche Vorgehensweise spricht aber, daß das Scheitern der Richtigkeitsgewähr des informationellen Interessenausgleichs im Vorfeld von Vertragsschlüssen die Regel und nicht die Ausnahme bildet.[236]
Dies läßt sich auch nicht durch den Hinweis auf die Fälle gesuchter Fachkräfte, bei denen die Richtigkeitsgewähr der Vertragsfreiheit funktioniert, widerlegen. Denn dabei handelt es sich gerade um Ausnahmekonstellationen, die der Situation eines „normalen“ Arbeitsplatzsuchenden nicht vergleichbar sind.[237] Ebenso haben die Fälle eines tatsächlich ausgehandelten und damit „richtigen“ vorvertraglichen informationellen Interessenausgleichs Ausnahmecharakter.[238]
Solchen Ausnahmen kann auch im Rahmen einer allgemeinen Inhaltskontrolle arbeitgeberseitiger Bewerberfragen hinreichend begegnet werden, indem dem Arbeitgeber die Möglichkeit eingeräumt wird, die Vermutung der gestörten Richtigkeitsgewähr zu widerlegen. Zwar lassen die arbeitnehmerschützenden Regelungen, aus denen sich das Arbeitnehmerschutzprinzip ergibt, einen sol-

---

[234] Eine Strafbewehrung der Angemessenheitsverpflichtung erscheint – jedenfalls bislang – als übermäßiger Schutz, vgl. Gumpert, BB 1970, 803, 804.

[235] Für eine solche Voraussetzung einer Inhaltskontrolle des *vertraglichen* Interessenausgleichs: Preis, Vertragsgestaltung, S. 283ff.; i. Erg. wohl ebenso Hanau/Adomeit, Arbeitsrecht, Rn. 38 ff., insb. Rn. 44 (Inhaltskontrolle nur bei Allgemeinen Arbeitsbedingungen).Gegen eine allgemeine Angemessenheitskontrolle auch MünchHandb. ArbR. I-Richardi, § 14 Rn. 66; Staudinger-Richardi (1999), § 611 Rn. 303 ff.; ähnlich Erman-Hanau, § 611 Rn. 240 (Widerlegbare Vermutung des Diktats vorformulierter [dann Inhaltskontrolle] und des Aushandelns individueller Arbeitsverträge).

[236] A.A. für den *vertraglichen* Interessenausgleich Preis, Vertragsgestaltung, S. 289.

[237] Vgl. Dieterich, RdA 1995, 129, 135; Zöllner, RdA 1989, 152, 156.

[238] Vgl. Zöllner, RdA 1989, 152, 156 (zum *vertraglichen* Interessenausgleich).

chen Nachweis mit der Folge der unbeschränkten Vertragsgestaltungsfreiheit nicht zu. Das ist aber eher als Konzession an die Rechtssicherheit im Arbeitsrecht denn als Annahme einer ausnahmslosen Schutzbedürftigkeit aller Arbeitnehmer vor unbilligen Verträgen zu verstehen. Im Vergleich zum Gesetzgeber unterliegt der Rechtsanwender bei der Ermittlung der Arbeitgeberpflichten aus § 242 BGB in geringerem Maße der Notwendigkeit von Verallgemeinerungen im Interesse der Rechtssicherheit, so daß er auch die Besonderheiten des einzelnen Falls berücksichtigen kann. Deswegen ist eine Ausnahme von dem Verbot inhaltlich überzogener Bewerberfragen zuzulassen,[239] wenn der Arbeitgeber den Nachweis eines ausgehandelten informationellen Interessenausgleichs bringt (z. B. indem er nachweist, daß er auf einige Informationen auf Wunsch des Bewerbers verzichtet hat, ebenso wenn der Bewerber selbst die Frage angeregt hat) oder belegt, daß die „Richtigkeit" der Lösung des vorvertraglichen informationellen Interessenkonflikts durch das Bestehen von Wettbewerb bei der Einstellung einer gesuchten Fachkraft gewährleistet wird.[240]
Eine derartige, widerlegliche Vermutung einer Angemessenheitspflicht bezüglich der vorvertraglichen Befragung des Bewerbers gewährleistet einerseits die ausreichende Erfüllung arbeitnehmerseitiger Bedürfnisse nach objektivem Schutz und schont andererseits die subjektiven Freiheiten der Verhandlungspartner so weit wie möglich. Sie ist damit das relativ mildeste Mittel zum Schutz der Arbeitnehmer vor unangemessenen Belastungen durch „unrichtige" informationelle Interessenausgleiche im Vorfeld von Vertragsschlüssen. Eine allgemeine Verpflichtung des Arbeitgebers auf die Ausgewogenheit des vorvertraglichen informationellen Interessenausgleichs, die im Falle einer verhandlungsmäßigen Gleichgewichtslage im konkreten Einzelfall nicht besteht, ist somit erforderlich.

(γ) Angemessenheit

Schließlich müßte ein allgemeines Verbot inhaltlich überzogener Arbeitgeberfragen iRd. § 242 BGB auch angemessen sein. Dafür kommt es auf eine Abwägung von Arbeitnehmer- und Arbeitgeberinteressen an, wobei die Bedeutung der Rechtsgüter und die Intensität der abgewehrten, sowie der erfolgenden Beeinträchtigung in die Überlegung einzubeziehen sind.[241]
Der Schutz der informationellen Verfügungsbefugnis des Arbeitnehmers, welche ihm durch das Persönlichkeitsrecht auf informationelle Selbstbestimmung aus Art. 2 I iVm. 1 I GG zugewiesen ist, erfolgt auf Kosten des Informationsinteresses des Arbeitgebers, das nach Art. 12 I und/oder 14 I GG bzw. nach Art. 2

---

[239] Sie bildet gegenüber einem ausnahmslosen Verbot überzogener Fragen ein milderes Mittel.

[240] Ebenso für die Inhaltskontrolle des *vertraglichen* Interessenausgleichs: Hromadka, FS Dieterich, S. 251, 258; Wolf, RdA 1988, 270, 273.

[241] Larenz, FS für Klingmüller, S. 235, 240 und 243 f.; Langer, S. 198; ausführlich zur Interessenabwägung unten, unter II.

I GG gewährleistet ist.[242] Ein Vergleich der Bedeutung dieser Grundrechte der Beteiligten ergibt nicht schon allgemein eine unangemessene Belastung des Arbeitgebers. Auch unter Berücksichtigung der Intensität der abzuwehrenden Beeinträchtigung des Arbeitnehmers im Vergleich mit der Beeinträchtigung des Arbeitgebers durch die Gerechtigkeitspflicht ergibt sich noch nicht von vornherein deren Unangemessenheit. Das angemessene Verhältnis der beteiligten Interessen kann und muß jeweils bei der Feststellung der Pflichtwidrigkeit einer arbeitgeberseitigen Befragung, das heißt im Rahmen der Inhaltskontrolle gewahrt werden. Unter dieser Bedingung ist ein allgemeines Verbot überzogener Arbeitgeberfragen nach § 242 BGB zum Schutz des Arbeitnehmers als angemessen im Sinne des Verhältnismäßigkeitsgrundsatzes zu bewerten.

Damit ergibt sich insgesamt die Verhältnismäßigkeit einer Verpflichtung des Arbeitgebers aus § 242 BGB auf die objektive Ausgewogenheit des vorvertraglichen informationellen Interessenausgleichs, den er durch seine vorvertraglichen Frage festlegt. Unverhältnismäßig, weil zum Schutz des Arbeitnehmers nicht erforderlich, ist eine solche Bindung des Arbeitgebers nur in den Fällen ausnahmsweiser Gleichgewichtslagen zwischen den Arbeitsvertragsparteien. Für diese Ausnahmekonstellationen ist das Bestehen einer Verpflichtung auf die Angemessenheit der Bewerberfragen aus § 242 BGB deswegen abzulehnen. Die Beweislast trägt insoweit der Arbeitgeber.

(4) Ergebnis

Insgesamt läßt sich die vorvertragliche Rücksichtsnahmepflicht des Arbeitgebers aus § 242 BGB daher anhand des Arbeitnehmerschutzprinzips auf eine allgemeine Verpflichtung zu objektiv ausgewogenen informationellen Interessenausgleichen im Vorfeld von Arbeitsverträgen und damit auf eine allgemeine Angemessenheitspflicht im Hinblick auf den Inhalt seiner vorvertraglichen Fragen konkretisieren.[243] Eine Ausnahme ist nur bei inhaltlich ausgehandelten Befragungen oder bei besonders gesuchten Arbeitskräften zuzulassen.

---

[242] Genauer dazu unten, unter II.

[243] So im Ergebnis auch die bekannte ganz h.M. zur Unzulässigkeit bestimmter Arbeitgeberfragen BAG AP Nr. 2, 15, 31, 36; 40, 49 und 50 zu § 123 BGB; BAG BB 1970, 803; BAG JZ 1993, 844, 846; BAG NJW 2000, 2444, 2445; LAG Düsseldorf BB 1972, 706; LAG Köln MDR 1996, 615 f.; AK-BGB-Hart § 123 Rn. 8; Däubler, CR 1994, 101, 103 f.; Degener, S. 40 ff.; Dütz, ArbR, § 3 II 1 d aa (Rn. 85 f.); Ehrich, DB 2000, 421; Erman-Palm, § 123 Rn. 20; Jauernig-Jauernig § 123 Rn. 6; Gumpert, BB 1970, 803, 804; Hromadka/Maschmann, § 5 II 4. b) aa) (2c) (Rn. 161); Larenz/Wolf, BGB AT, § 37 II.1.a); Löwisch, ArbR, § 23 II. 2. (Rn. 1221); von Lübtow, FS für Bartholomeyczik, S. 249, 274; Medicus, BGB AT, § 49 II.1.b); MK-Kramer, § 123 Rn. 10; Neumann-Duesberg, JR 1967, 1, 3; Palandt-Heinrichs, § 123 Rn. 10; Reitemeier, S. 267 ff.; Soergel-Hefermehl, § 123 Rn. 18; Staudinger-Dilcher § 123 Rn. 11 ff. und 26 ff.; Thüsing/Lambrich, BB 2002, 1146.

Die besondere Bindung des Arbeitgebers aus § 242 BGB hinsichtlich des Inhalts seiner vorvertraglichen Fragen gilt auch für individuelle Befragungen und offensichtlich ungewöhnlich überzogene Fragen aus einem allgemeinen Fragenkatalog, bei denen die arbeitgeberseitige Angemessenheitspflicht eine eigenständige Bedeutung neben der allgemeinen Angemessenheitspflicht bei allgemeinen vorvertraglichen Fragenkatalogen erhält. Es kommt auch nicht auf das Bestehen einer Schwächelage iSd. § 138 II BGB an. Die Sonderbehandlung[244] vorvertraglicher Arbeitgeberfragen durch Rechtsprechung und Literatur hat also einen zutreffenden Kern.

b) Besondere Vorgaben hinsichtlich der Fragen von Wohnraumvermietern
Im Wohnraummietrecht gibt es zwar keine spezialgesetzliche Regelung bezüglich vorvertraglicher Informationserhebungen wie § 94 I BetrVG, es könnten aber auch insoweit die vorvertraglichen Treuepflichten aus § 242 BGB in besonderer Weise zu konkretisieren sein. Denn auch im Wohnraummietrecht gibt es eine Vielzahl zwingender Regelungen, aus denen sich ein Rechtsprinzip des Schutzes des Wohnraummieters vor objektiv unangemessenen Gestaltungen des Mietvertrags ergeben könnte. Auch die zwingenden Regelungen des Wohnraummietrechts bestehen im Gegensatz zu den Vorgaben der §§ 307 ff. BGB unabhängig von der Verwendung von Formularverträgen. Wenn ein Rechtsprinzip des Schutzes des Wohnraummieters tatsächlich besteht, könnte es als Grundlage einer Konkretisierung der vorvertraglichen Pflichten des Vermieters aus § 242 BGB heranzuziehen sein. Eine bereichsspezifische Verpflichtung auf die inhaltliche Angemessenheit vorvertraglicher Fragen, auch soweit es sich um eine individuelle Befragung handelt und auch keine Schwächelage iSd. § 138 II BGB gegeben ist, kommt also ebenfalls im Wohnraummietrecht in Betracht.

aa) Bestehen eines Wohnraummieterschutzprinzips
Ein solches Prinzip kann sich aus der Vielzahl der gesetzlichen Regelungen zum Schutz des Wohnraummieters ergeben, wenn ihnen als gemeinsamer Grundgedanke die Anerkennung einer allgemeinen Schutzbedürftigkeit des Wohnraummieters zu Grunde liegt.

(1) Gesetzliche Regelungen zum Schutz des Wohnraummieters vor unbilligen Verträgen
Die Regelungen, welche Verträge über die Vermietung von Wohnraum betreffen, sind durch das Mietrechtsreformgesetz vom 19. 6. 2001[245] zum größten Teil in den §§ 549 - 577 a BGB zusammengeführt worden, wobei sie auch ergänzt wurden. Dabei handelt es sich fast ausschließlich um halbzwingendes Recht

[244] Vgl. dazu Teil 1.
[245] BGBl. I S. 1149, Inkraftgetreten am 1.9.2001.

zum Schutz des Wohnungsmieters: beinahe schon gebetsmühlenartig wiederholen die Regelungen in ihrem letzten Absatz die Unwirksamkeit abweichender Vereinbarungen zum Nachteil des Mieters.
Die zwingenden Regelungen greifen sehr weit in die Vertragsgestaltungsfreiheit der Wohnraummietvertragsparteien ein. So bestehen Vorgaben hinsichtlich des Rechts auf Mietminderung bei Fehlerhaftigkeit der Mietsache (§ 536 BGB[246]), der Vereinbarung von Vertragsstrafen des Mieters (§ 555 BGB: Unzulässigkeit[247]), der Zulässigkeit einer Abbedingung des Wegnahmerechts des Mieters nach § 539 II BGB[248] nur bei angemessenem Ausgleich (§ 552 II BGB[249]), der Höhe der Mietkaution (§ 551 BGB[250]), des Rechts auf Untervermietung von Wohnraum (§ 553 BGB[251]), der Rechte und Pflichten der Vertragsparteien hinsichtlich Maßnahmen zur Erhaltung, Modernisierung oder behindertengerechten Veränderung des Wohnraums (§§ 554 f. BGB[252]), bezüglich der Berechnung und Fälligkeit des Mietzinses (§§ 556 - 556 b BGB[253]) und seiner Erhöhung (§§ 557 - 561 BGB[254]), hinsichtlich des Wechsels der Vertragsparteien bei Tod des Mieters (§§ 563 - 564 BGB[255]), des Umfangs von Schadensersatzansprüchen bei verspäteter Rückgabe (§ 571 BGB[256]), des Kündigungsrechts des Vermieters (§§ 573 - 574 c, 575 a, 576 - 576 a BGB) bzw. des Erwerbers des vermieteten Wohnraums (§ 577 a BGB), des partiellen Verbots befristeter Mietverträge (§ 575 BGB), und bezüglich des Vorkaufsrechts des Mieters bei Verkauf des Wohnraums (§ 577 BGB[257]).
Damit zieht das zwingende Gesetzesrecht für den Inhalt von Mietverträgen über Wohnraum enge Grenzen, durch die der Mieter geschützt wird. Dieses umfassende soziale Wohnraummietrecht hat der Gesetzgeber auch bei der jüngsten Mietrechtsreform als bewährt angesehen und ein Wiedererstarken der Vertragsfreiheit nur an einzelnen Stellen dieses Bereiches angestrebt.[258] Insgesamt hat die Mietrechtsreform eher ein weiteres Zurückdrängen der Vertragsgestaltungsfreiheit im Interesse des Mieterschutzes bewirkt,[259] etwa bezüglich der Verschärfung der Grenzen für befristete Mietverträge.

---

[246] Altes Recht (bis 31.8.2001): § 537 BGB.
[247] Altes Recht (bis 31.8.2001): § 550 a BGB.
[248] Altes Recht (bis 31.8.2001): § 547 a I BGB.
[249] Altes Recht (bis 31.8.2001): § 547 a II BGB.
[250] Altes Recht (bis 31.8.2001): § 550 b BGB.
[251] Altes Recht (bis 31.8.2001): § 549 II BGB.
[252] Altes Recht (bis 31.8.2001): §§ 541 a f. BGB
[253] Altes Recht (bis 31.8.2001): § 4 MHG, §§ 551, 552 a BGB.
[254] Altes Recht (bis 31.8.2001): Geregelt im MHG.
[255] Altes Recht (bis 31.8.2001): §§ 569 - 569 b BGB.
[256] Altes Recht (bis 31.8.2001): § 557 BGB.
[257] Altes Recht (bis 31.8.2001): § 570 b BGB
[258] Begründung des Regierungsentwurfs, BT-Drucks. 14/4553, S. 35 f.
[259] Dies hat ihr viel Kritik eingebracht, vgl. nur Emmerich, NZM 2001, 777, 783.

Die halbzwingenden gesetzlichen Vorgaben für Wohnraummietverträge betreffen nicht nur einzelne Bereiche, die möglicherweise im Mietrecht eine besondere Bedeutung haben, wie etwa den Schutz des Fortbestands des Mietverhältnisses[260] durch die Vorschriften über die vermieterseitige Kündigung, sondern sie betreffen sehr viele verschiedene Regelungsgegenstände des Mietvertrages. Dies deutet darauf hin, daß den zwingenden Regelungen im Wohnraummietrecht jedenfalls nicht ausschließlich die besondere Brisanz einzelner Regelungsgegenstände zu Grunde liegt. Es ist auch nicht einzusehen, wieso zum Beispiel das Vertragsstrafeversprechen eines Mieters gefährlicher sein soll als die Vereinbarung einer Vertragsstrafe bei sonstigen Verträgen.[261] Von daher könnte der Vielzahl zwingender Einzelregelungen in den §§ 549 ff. BGB eher eine allgemeine Bewertung der spezifischen Situation beim Abschluß von Wohnraummietverträgen zu Grunde liegen. Der Gesetzgeber könnte allgemein davon ausgehen, daß die formale Gleichheit der Vertragsfreiheit der Parteien beim Wohnraummietvertrag die Richtigkeit des Vertrags nicht ausreichend sicherstellen kann, und daß deswegen eine einseitige Durchsetzung der Vermieterinteressen droht, vor der der Mieter zu bewahren ist.[262]

(2) Gemeinsame Wertungsgrundlage: Entfallen der Richtigkeitsgewähr

Im Wohnraummietrecht ergibt sich in bezug auf die Wahrung der eigenen Interessen in der einzelnen Verhandlungssituation eine ähnliche Lage wie im Arbeitsrecht.[263] Auch der Wohnungssuchende ist auf die Wohnung zur Befriedigung seines Grundbedürfnisses nach einer Unterkunft und einem Lebensmittelpunkt angewiesen.[264] Gleichzeitig ergibt sich ebenso wie bei der Arbeitsplatzsuche eine Beschränkung der Zahl der potentiellen Vertragspartner aus der typischen Gebundenheit des Wohnungssuchenden in bezug auf den Ort der Wohnung und den ungefähren Einzugstermin.[265] Hinzu kommt eine partielle Unausgewogenheit des Wohnungsmarkts,[266] auf dem vielerorts ein Mangel an er-

---

260 Zur diesbezüglichen Interessenlage vgl. Medicus, JuS 1996, 761, 763.

261 Fastrich, Inhaltskontrolle, S. 113.

262 So Fastrich, Inhaltskontrolle, S. 113 und Honsell, AcP 186 (1986), 115, 164; in diese Richtung auch Larenz/Wolf, BGB AT, § 42 V 2 (Rn. 24).

263 Zur Vergleichbarkeit der vertragstypischen Interessenlage im Arbeits- und Wohnraummietrecht vgl. auch Lau, WuM 1978, 61; Weichert, WuM 1993, 723, 724.

264 Geißler, JuS 1991, 617, 621; Larenz/Wolf, BGB AT, § 42 V 2 (Rn. 23); Simon, JA 1985, 450, 451; Weichert, WuM 1993, 723, 724; Wolf, Rechtsgeschäftliche Entschließungsfreiheit, S. 13; vgl. auch Eichenhofer, JuS 1996, 857, 862.

265 Fastrich, Inhaltskontrolle, S. 116: Wolf, Rechtsgeschäftliche Entschließungsfreiheit, S. 13.

266 Vgl. MK-Voelskow, Vor § 535 Rn. 58 (unvermeidbare Spannungen auf Teilmärkten, geringe Flexibilität des Wohnungsmarkts wegen langer Produktionsdauer); es handelt sich heute aber nicht mehr um eine echte Marktstörung wie in weiten Teilen des Arbeitsmarktes, vgl. Emmerich, NZM 2001, 777, 783; Honsell, AcP 186 (1986), 115, 124 ff. (Wo-

schwinglichen Wohnraum besteht.[267] Damit treffen auf Seiten des Wohnungssuchenden ebenso wie beim Arbeitsplatzsuchenden die existentielle Angewiesenheit auf die vertragliche Leistung und besondere Schwierigkeiten beim Ausweichen auf einen anderen Anbieter aufeinander. Dem steht der Vermieter gegenüber, für den der Mietvertrag ebenso wie der Arbeitsvertrag für den Arbeitgeber typischerweise nur eine wirtschaftliche Disposition unter anderen ist.[268] Vor diesem Hintergrund entfaltet die negative Abschlußfreiheit des Mietinteressenten auf den Vermieter fast keinen Druck, ihm bei der Ausgestaltung des Mietvertrages entgegenzukommen. Der Wohnungsinteressent, dem eine Wohnung den Räumlichkeiten, dem Mietzins und der Lage nach zusagt, wird in dieser Situation den Abschluß des Mietvertrages nicht durch Verhandlungen über nachteilige Nebenbedingungen, wie etwa einem Vertragsstrafeversprechen, gefährden.[269] Diese Ausgangslage bei Verhandlungen über den Wohnraummietvertrag bewirkt typischerweise, daß der Vertrag als ihr Ergebnis nur eine Wahrung der eigenen Interessen des Vermieters widerspiegelt, es hingegen an einer Wahrung der eigenen Interessen durch den Mieter fehlt.[270] Die formal gleiche Vertragsgestaltungsfreiheit der Mietvertragsparteien kann damit im Wohnraummietrecht die Angemessenheit der Mietverträge nicht sicherstellen.
Darüber hinaus ist ähnlich wie im Arbeitsrecht auch bei Mietverträgen über Wohnraum die regulierende Wirkung der Vertragsabschlußfreiheit der unterlegenen Partei vermittels der Mechanismen von Markt und Wettbewerb gestört. Denn neben der partiellen Unausgewogenheit des Wohnungsmarkts bewirkt die typische Gebundenheit des Wohnungssuchenden in bezug auf den Ort der Wohnung und den ungefähren Einzugstermin eine starke Begrenzung der Zahl der Vermieter, die um einen Abschluß mit ihm konkurrieren.[271] Die kompensierende Wirkung des Wettbewerbs wird hierdurch schon in Frage gestellt.
Hinzu kommt, daß für die meisten Wohnungssuchenden – ähnlich wie für den Großteil der Arbeitsplatzsuchenden – einige Hauptbedingungen des Wohraummietvertrages (Räumlichkeiten und Lage der Wohnung, Einzugstermin, der Mietzins) eine so herausragende Bedeutung haben, daß er auf den Abschluß eines diesbezüglich attraktiven Vertrages kaum wegen nachteiliger Nebenbedingungen verzichten wird.[272] Demzufolge kann auch der Wettbewerb der Ver-

---

hungsmangel nur in einigen Ballungsgebieten); Medicus, JuS 1996, 761, 763 (zumindest in den alten Bundesländern weitgehend funktionierender Wohnungsmarkt).

[267] Fastrich, Inhaltskontrolle, S. 115; MK-Voelskow, Vor § 535; Simon, JA 1985, 450, 451; Weichert, WuM 1993, 723.

[268] Fastrich, Inhaltskontrolle, S. 116; vgl. auch Geißler, JuS 1991, 617, 621 (keine dringliche Bedarfslage wie Mieter).

[269] Vgl. Honsell, AcP 186 (1986), 115, 164.

[270] Vgl. Larenz/Wolf, BGB AT, § 42 V 2 (Rn. 23).

[271] Fastrich, Inhaltskontrolle, S. 116.

[272] Honsell, AcP 186 (1986), 115, 164.

mieter von Wohnraum die Angemessenheit von Mietverträgen, jedenfalls im Hinblick auf die Nebenbedingungen, nicht sicher stellen.
Folglich führt die vertragstypische Interessenlage beim Abschluß von Verträgen über die Vermietung von Wohnraum typischerweise zu einem zweifachen Scheitern der Vertragsfreiheit in ihrer Funktion der Sicherstellung der Angemessenheit von Verträgen.[273] Die Vermutung einer gemeinsamen Wertungsgrundlage der mieterschützenden Regelungen, namentlich dem typischen Scheitern der Richtigkeitsgewähr bei Wohnraummietverträgen, läßt sich damit durch die typische Interessenlage beim Abschluß solcher Verträge bestätigen.

(3) Inhalt des Wohnraummieterschutzprinzips

Damit ist den mieterschützenden Regelungen in § 536 BGB und den §§ 549 ff. BGB als gemeinsamer Grundgedanke die Anerkennung der prinzipiellen Schutzbedürftigkeit und -würdigkeit des Wohnraummieters vor unangemessenen Ausgestaltungen der Vertragsbeziehungen durch den Vermieter zu entnehmen. Auf die Unterscheidung zwischen Formular- und Individualverträgen kommt es dabei nicht an.

bb) Konkretisierung der vorvertraglichen Vermieterpflichten aus § 242 BGB anhand dieses Prinzips

Die vorvertragliche Rücksichtsnahmepflicht des Vermieters von Wohnraum aus § 242 BGB kann hinsichtlich vorvertraglicher Befragungen anhand des Wohnraummieterschutzprinzips konkretisiert werden, wenn eine Vergleichbarkeit der Fälle gegeben und kein entgegenstehender gesetzlicher Plan ersichtlich ist.

(1) Vergleichbarkeit – Scheitern der Richtigkeitsgewähr

Die Vergleichbarkeit der vermieterseitigen Befragung im Vorfeld von Vertragsabschlüssen mit der Vertragsgestaltung durch den Vermieter als unmittelbarer Anwendungsbereich des Wohnraummieterschutzprinzips setzt die wertungsmäßige Übereinstimmung beider Konstellationen voraus. Diese ist gegeben, wenn die vertragstypische Interessenlage im Wohnraummietrecht die Richtigkeitsgewähr des vorvertraglichen informationellen Interessenausgleichs ebenso stört wie es im Hinblick auf den rechtsgeschäftlichen Interessenausgleich durch den Mietvertrag der Fall ist.
Die existentielle Angewiesenheit des Mietinteressenten auf die Wohnung verbunden mit den Schwierigkeiten, auf einen anderen Vermieter auszuweichen, bewirken ein Leerlaufen des Druckmittels der negativen Abschlußfreiheit des

---

[273] Fastrich, Inhaltskontrolle, S. 116; in diese Richtung auch Larenz/Wolf, BGB AT, § 42 V 2 (Rn. 23 f.) (Schutzbedürftigkeit des Mieters wg. seiner strukturellen Unterlegenheit); MK-Mayer-Maly/Armbrüster, § 138 Rn. 89 (Vermieter könne aufgrund seiner „stärkeren Position“ unbillige Verträge durchsetzen).

Mietinteressenten. Deswegen kann der Mietinteressent ein Entgegenkommen des Vermieters bei der Ausgestaltung des Mietvertrages nicht durchsetzen.
In dieser Situation vermag die negative Abschlußfreiheit des Mietinteressenten den Vermieter auch hinsichtlich seines vorvertraglichen Informationsverlangens kaum zur Kompromißbereitschaft zu motivieren. Ohne dieses Druckmittel kann der Mietinteressent seine informationellen Interessen aber nicht durchsetzen.[274] Er wird aber kaum sein existentielles Interesse an der Anmietung der Wohnung gefährden, um aussichtslose Verhandlungen über die vorvertraglich zu erteilenden Informationen zu führen. In dieser Situation wird der vorvertragliche informationelle Interessenausgleich durch die Vermieterfrage einseitig diktiert.[275] Eine *beiderseitige* Wahrung der Interessen der Mietvertragsparteien findet dabei so gut wie nicht statt.
Die Richtigkeitsgewähr des vorvertraglichen informationellen Interessenausgleichs hängt damit von einer kompensierenden Wirkung des Wettbewerbs zu Gunsten angemessen sparsamer Vermieterfragen ab. Wie beschrieben, ist der Wettbewerb zwischen den Vermietern aber ohnehin abgeschwächt und beschränkt sich weitestgehend auf die Hauptbedingungen des Mietvertrages, welche für die meisten Wohnungssuchenden eine herausragende Bedeutung haben. Der größte Teil der potentiellen Mieter wird auf den Abschluß eines insoweit attraktiven Vertrages kaum wegen der weitgehenden Vermieterfragen verzichten, und falls ihm mehrere akzeptable Angebote zur Auswahl stehen, wird er auch kaum wegen der Sparsamkeit des Informationsverlangens eines der in Frage kommenden Vermieter mit diesem abschließen. Deswegen hat die Kundenfreundlichkeit sparsamer vorvertraglicher Vermieterfragen keinen Marktwert, so daß eine kompensierende Wirkung des Wettbewerbs ausscheidet.
Die vertragstypische Interessenlage im Wohnraummietrecht stört damit die Richtigkeitsgewähr des vorvertraglichen informationellen Interessenausgleichs in vergleichbarem Maße wie die des rechtsgeschäftlichen Interessenausgleichs.[276] Vor solchen „unrichtigen" informationellen Interessenausgleichen ist

---

[274] Einen Zusammenhang zwischen der geringen Marktmacht der Mietbewerber und ihrer „intensiven Durchleuchtung" im Vorfeld von Mietverträgen sieht auch Simon, JA 1985, 450.

[275] Simon, JA 1985, 450, 451 f.

[276] Vgl. Simon, JA 1985, 450, 451 f.; ders., JA 1985, 572, 574; allgemein für einen Gleichlauf zwischen der Möglichkeit zur Einflußnahme auf den Vertragsinhalt und der Möglichkeit zur Einflußnahme auf die Datenverarbeitung Simitis, NJW 1984, 398, 401. Der Einwand des LG Köln WuM 1984, 297, 298, wonach es bei der Beschränkung des „Fragerechts" des Vermieters um eine Beschränkung der Abschlußfreiheit gehe, die aus den gesetzlichen Wertungen des mieterschützenden Rechts nicht abgeleitet werden könne, weil es vor allem die Vertrags*inhalts*freiheit betreffe, ist deswegen nicht überzeugend: hier wie dort geht es darum, der Gefahr unausgewogener Interessenausgleiche zu begegnen. Hingegen geht es bei der Begründung von Angemessenheitspflichten im Hinblick auf vorvertragliche Fragen nicht darum, unter Einschränkung der Abschlußfreiheit des Vermieters einen versteckten

der Wohnraummieter ebenso zu schützen wie vor „unrichtigen" Vertragsvereinbarungen.[277] Die Vergleichbarkeit der vorvertraglichen Befragungen durch Vermieter mit der vermieterseitigen Vertragsgestaltung als eigentlicher Anwendungsbereich des Wohnraummieterschutzprinzips ist damit gegeben.

(2) Kein entgegenstehender gesetzlicher Plan

Ein gesetzgeberischer Plan, der einer Beschränkung der Freiheiten des Vermieters bei der vorvertraglichen Befragung seiner potentiellen Mieter zu deren Schutz entgegenstünde, ist nicht ersichtlich.

(3) Verhältnismäßigkeit einer Inhaltskontrolle von Vermieterfragen

Damit können die Verpflichtungen des Vermieters aus § 242 BGB anhand des Wohnraummieterschutzprinzips konkretisiert werden. Zu einer besonderen Verpflichtung des Vermieters auf die objektive Ausgewogenheit des vorvertraglichen informationellen Interessenausgleichs, also einem Verbot inhaltlich überzogener vorvertraglicher Befragungen, führt dies nur, wenn eine solche Verpflichtung der Schutzbedürftigkeit des Mieters vor unrichtigen informationellen Interessenausgleichen in verhältnismäßiger Weise entspricht. Insoweit ergibt sich mutatis mutandis das Gleiche wie bei der arbeitgeberseitigen Angemessenheitspflicht. Eine Angemessenheitspflicht des Vermieters hinsichtlich des Inhalts seiner vorvertraglichen Fragen ist zum Schutz des Mieters geeignet und erforderlich, ihre Angemessenheit des Interessenausgleichs ist im Rahmen der Bestimmung der Zulässigkeit der einzelnen Fragen bei der Inhaltskontrolle sicherzustellen.

Ebenso wie im Arbeitsrecht ergeben sich aber für das Wohnraummietrecht zwei Ausnahmekonstellationen, wenn nämlich im Einzelfall der informationelle Interessenausgleich tatsächlich ausgehandelt ist oder wenn wegen eines lokalen Wohnungsüberflusses eine verhandlungsmäßige Unterlegenheit des Wohnungssuchenden ausscheidet. Eine Angemessenheitspflicht des Vermieters zum Schutz des Mieters ist in diesen Fällen nicht erforderlich. Die Beweislast trägt insoweit der Vermieter.

Abgesehen von diesen Ausnahmekonstellationen sind die vorvertraglichen Treuepflichten des Vermieters aus § 242 BGB hinsichtlich des Inhalts seiner

---

Vertragsabschlußanspruch zu begründen, denn der Vermieter soll ja alle bereits bekannten Umstände bei seiner Entscheidung über den Vertragsschluß zu Grunde legen dürfen. Er soll lediglich die vertragstypische Interessenlage im Vorfeld von Wohnraummietverträgen nicht zur unangemessen weitgehenden Erhebung von ihm noch unbekannten Umständen ausnutzen dürfen.

[277] Vgl. dazu oben, bei 1. b) cc) (1) (c) (bb).

vorvertraglichen Fragen demzufolge anhand der Wertungen des Mieterschutzprinzips zu einem Verbot inhaltlich überzogener Fragen zu konkretisieren.[278]

cc) Ergebnis

Insgesamt besteht damit eine besondere, bereichsspezifische Angemessenheitspflicht des Vermieters aus § 242 BGB hinsichtlich des Inhalts seiner vorvertraglichen Fragen. Anders liegt es nur bei tatsächlich ausgehandelten Informationserhebungen oder bei lokalem Wohnungsüberfluß. Die besondere Angemessenheitspflicht des Vermieters bezieht sich dabei auch auf individuelle Befragungen und auf Fragen aus einem allgemeinen Fragenkatalog, die offensichtlich ungewöhnlich überzogen sind. Insoweit hat die vemieterseitige Angemessenheitspflicht eine eigenständige Bedeutung neben der Angemessenheitspflicht bei allgemeinen vorvertraglichen Fragenkatalogen. Auch das Vorliegen Schwächelage iSd. § 138 II BGB ist nicht erforderlich.

Es zeigt sich damit, daß die Behandlung der Grenzen des Anfechtungsrechts nach § 123 I Alt. 1 BGB unter den Stichworten des „Fragerechts" und des „Rechts zur Lüge" als bereichsspezifische Besonderheit[279] des Arbeitsrechts und des Wohnraummietrechts immerhin zum Teil zutrifft.

3. Besondere rechtliche Vorgaben bei Befragungen im Vorfeld von Verbraucherverträgen

Es fragt sich, ob eine besondere Konkretisierung des § 242 BGB im Hinblick auf den Inhalt vorvertraglicher Befragungen auch bei anderen besonderen Vertragstypen geboten ist. Nach den bisherigen Ergebnissen der Untersuchung ist dabei an Vertragstypen zu denken, bei denen das Gesetz durch starke Regulierungen zum Schutz der Interessen einer Vertragspartei die Vertragsfreiheit einschränkt. Der Blick fällt hier auf die Verträge zwischen Verbrauchern und Un-

---

[278] Im Ergebnis ebenso die Rechtsprechung und Literatur zur Unzulässigkeit bestimmter Wohnraumvermieter-Fragen: BVerfG WuM 1991, 463, 464 (Verschweigen einer Entmündigung des Mieters durch den Vormund trotz vermieterseitige Frage); AG Nürnberg WuM 1984, 295, 295; AG Wiesbaden WuM 1992, 597, 598; AG Hamburg, WuM 1992, 598; Bub/Treier-Bub, Rn. 669; Hille, WuM 1984, 292, 294 (der aber das Persönlichkeitsrecht des Mieters so eng faßt, daß es von Vermieterfragen nur selten berührt werde); Lammel, § 535 Rn. 33, 36; Lau, WuM 1978, 61, 62; MK-Voelskow, Vor § 535 Rn. 61; Schmidt-Futterer/Blank, B 88 a; Simon, JA 1985, 572, 574; Soergel-Heintzmann, §§ 535, 536 Rn. 12; Staudinger-Emmerich (1995), Vorbem. zu §§ 535, 536 Rn. 184; Staudinger-Sonnenschein, (1997) § 564 Rn. 128. Gegen eine Beschränkung der Zulässigkeit vermieterseitiger Fragen hingegen LG Landau WuM 1986, 133; Schmidt, DWW 1985, 302, 303; eher kritisch aber letztlich offen LG Köln, WuM 1984, 297, 298 f.

[279] Vgl. dazu oben, Teil 1.

ternehmen. Auch für Verbraucherverträge[280] existiert nämlich eine Vielzahl von Regelungen, die unabhängig von der Verwendung von Formularverträgen einseitig den Verbraucher begünstigen. Hieraus könnten sich für die vorvertraglichen Treuepflichten des Unternehmers nach § 242 BGB im Hinblick auf seine vorvertraglichen Fragen im Vorfeld von Verbraucherverträgen Besonderheiten ergeben.

a) Konkretisierung des § 242 BGB anhand der Wertung des § 310 III iVm. den §§ 307 ff. BGB

Als verbrauchervertragsspezifische Regelung, die zur Konkretisierung der vorvertraglichen Treuepflichten im Hinblick auf vorvertragliche Fragen herangezogen werden könnte, ist zunächst an § 310 III BGB zu denken, der für vorformulierte Vertragsbedingungen im Vorfeld von Verbraucherverträgen auf die Inhaltskontrolle nach §§ 307 ff. BGB verweist. Dabei weitet die durch das AGBG-Änderungsgesetz vom 19. 7. 1996[281] zunächst als § 24 a AGBG[282] eingeführte Regelung für Verbraucherverträge den Anwendungsbereich der Inhaltskontrolle der §§ 307 ff. BGB auf vorformulierte Einzelverträge aus, § 310 III Nr. 2 BGB. Es entfällt demnach das Kriterium der Vielzahl von Fällen, für die die Geschäftsbedingungen vorformuliert sein müssen.[283] Übertragen auf die vorvertraglichen Unternehmerfragen könnte sich aus den § 310 III iVm. den §§ 307 ff. BGB also eine Verpflichtung auf die Angemessenheit unternehmerseitiger Fragen im Vorfeld von Verbraucherverträgen ergeben, auch wenn es sich um individuelle[284] Befragungen handelt. Eine Konkretisierung der vorvertraglichen Pflichten des Unternehmers anhand der Wertungen des § 310 III iVm. den §§ 307 ff. BGB setzt zunächst die wertungsmäßige Vergleichbarkeit von vorformulierten Vertragsbedingungen bei Verbraucherverträgen und Befragungen im Vorfeld solcher Verträge voraus.

---

[280] Als Verbraucherverträge sollen hier in Übereinstimmung mit der allgemeinen Verwendung des Begriffs und der Legaldefinition des § 310 III BGB Verträge zwischen einem Unternehmer und einem Verbraucher gelten.

[281] BGBl. I S. 1013.

[282] Zusammen mit dem Großteil der Regelungen des AGBG mit Wirkung zum 1. 1. 2002 durch das Gesetz zur Schuldrechtsmodernisierung in das BGB aufgenommen.

[283] Vgl. Regierungsbegründung zum AGBG-Änderungsgesetz, BT Drucks. 13/2713, S. 5.

[284] Die Verbreitung solcher individueller Unternehmerfragen ist allerdings als gering einzuschätzen, denn ein Unternehmer wird bei Verträgen, die er gewerbs- oder berufsmäßig abschließt, sehr selten nur bezogen auf einen einzelnen Vertragsschluß nach einem bestimmten Umstand fragen (auf die übereinstimmende Formulierung kommt es nicht an, s.o.). Zur geringen praktischen Bedeutung bereits des unmittelbaren Anwendungsbereichs des § 24 a Nr. 2 AGBG (jetzt § 310 III Nr. 2 BGB) vgl. MK-Basedow, § 24 a AGBG Rn. 47.

aa) Der Inhaltskontrolle nach § 310 III iVm. den §§ 307 ff. BGB zugrundeliegende Wertung

Die Regelung des § 310 III BGB wurde zum Zwecke der Umsetzung der EG-Richtlinie über mißbräuchliche Klauseln[285] getroffen (zunächst als § 24 a AGBG, s. o.), welche ihrerseits nach ihrem Erwägungsgrund 4 der Harmonisierung des einschlägigen Rechts der Mitgliedstaaten im Interesse eines einheitlichen Binnenmarktes und dem Verbraucherschutz dient. Während im ursprünglichen Anwendungsbereich des AGBG ausschließlich einer situativ begründeten Unterlegenheit des Vertragspartners des Verwenders von AGB begegnet wird, tritt hier also mit der Schutzbedürftigkeit des Verbrauchers eine rollenspezifische[286] Unterlegenheit hinzu.[287]

Deswegen genügt nach der Regelung des § 310 III Nr. 2 BGB schon das weniger intensive situative Verhandlungsungleichgewicht, das vorformulierte Einzelvertragsbedingungen im Verhältnis zu AGB verursachen. Diese Entschärfung der situativen Unterlegenheit folgt zum ersten aus dem Entfallen des Rationalisierungsvorteils des Verwenders.[288] Denn wenn der Verwender die Geschäftsbedingungen individuell für den einzelnen Vertrag vorformuliert, muß er hierfür einen vergleichbaren Aufwand betreiben wie sein Vertragspartner für die Durchsicht der Vertragsbedingungen und eventuelle Verhandlungen über ihre Änderung.[289]

Zum zweiten kommt es bei einer individuellen Formulierung von Geschäftsbedingungen mit geringerer Wahrscheinlichkeit zu einer diesbezüglichen ungefähren Brancheneinheitlichkeit. Dann läßt sich aber auch ein Versagen der negativen Abschlußfreiheit des Vertragpartners als Druckmittel bei den Verhandlungen nicht feststellen, und es ist von einer höheren Verhandlungsbereitschaft des Befragten auszugehen. Die Erfolgsaussichten von Verhandlungsbemühungen des Vertragspartners steigen dadurch, so daß sich seine diesbezüglichen Kosten in höherem Maße lohnen.[290] Die ökonomische Interessenlage, die mit der Verwendung individueller Geschäftsbedingungen einhergeht, gibt den Verzicht des Vertragspartners auf die Mitgestaltung des Vertragsinhalts damit weit weniger eindeutig vor als dies im originären Anwendungsbereich des Rechts der AGB der Fall ist.

---

[285] Richtlinie 93/13/EWG des Rates vom 5. 4. 1993 über mißbräuchliche Klauseln in Verbraucherverträgen, Abl. EG Nr. L 095, S. 29 ff.

[286] Hommelhoff/Wiedemann, ZIP 1993, 562, 565.

[287] Zur entsprechenden Aufspaltung des Schutzzwecks des AGBG Heinrich, Formale Freiheit, S. 461; Ulmer/Brandner/Hensen-Ulmer § 24 a Rn. 2; vgl. auch Damm, JZ 1994, 161, 166 und Staudinger-Coester (1998), § 9 AGBG Rn. 5 f.

[288] Fastrich, Inhaltskontrolle, S. 100.

[289] Fastrich, Inhaltskontrolle, S. 101.

[290] MK-Basedow, § 24 a AGBG Rn. 47; vgl. auch Preis, Vertragsgestaltung, S. 276 (zu Arbeitsbedingungen): der mögliche Vertragsverwender sei beim vorformulierten Einzelvertrag eher in der Lage und bereit, seine Vorstellung zur Disposition zu stellen.

Der Überrumpelungseffekt der Präsentation der Geschäftsbedingungen als geschriebenes und feststehendes Ganzes unter dem Druck der konkreten Abschlußsituation, auf dem die geringe Einflußnahme des Vertragspartners des Verwenders auf den Vertragsinhalt darüber hinaus beruht, bleibt indes auch bei der einmaligen Verwendung von Geschäftsbedingungen bestehen. Einzuschränken ist dies nur, soweit die einmalig verwendeten AGB eventuell einen geringeren Anschein der Unumstößlichkeit erwecken, als das bei massenweise verwendeten Vertragsvordrucken der Fall sein mag.

Eine situative Unterlegenheit des Vertragspartners des Verwenders vorformulierter Einzelvertragsklauseln ist damit zwar gegeben, sie ist aber im Vergleich zum ursprünglichen Anwendungsbereich des AGBG weniger intensiv.[291]

Das rollenspezifische Verhandlungsungleichgewicht, welches daneben tritt, folgt zum einen daraus, daß es auf der einen Seite des Verbrauchervertrages den professionellen Anbieter einer Leistung gibt,[292] der typischerweise geschäftsgewandt ist, während auf der anderen Seite der Verbraucher[293] als häufig geschäftlich unerfahrene Partei steht. Wegen dieser „intellektuellen" Unterlegenheit des Verbrauchers ergibt sich eine Verschiebung des an sich vergleichbaren Aufwands von individueller Vorformulierung und der Durchsicht der Vertragsbedingungen. Denn der professionelle Anbieter kann die Formulierung von Vertragsbedingungen aufgrund seiner Geschäftserfahrenheit typischerweise mit relativ geringem Kosten- und Zeitaufwand betreiben. Demgegenüber wird der Verbraucher wegen seiner Geschäftsunerfahrenheit für die Analyse der Geschäftsbedingungen häufig viel Zeit aufwenden und für ein abschließendes Verständnis ihrer Konsequenzen oftmals auf juristischen Beistand angewiesen sein, was zu erheblichen Kosten führen kann. Dies gilt um so mehr für Bemühungen um Änderungen der Geschäftsbedingungen.

Zum anderen besteht bei dem Verbrauchervertrag eine rollenspezifisch unterschiedliche Angewiesenheit auf den Vertragsabschluß: während der Verbraucher den Vertrag zur Befriedigung seiner persönlichen Bedürfnisse abschließen will, hat der Unternehmer typischerweise nur das wirtschaftliche Interesse der

---

[291] Wegen dieser geringeren Intensität des situativen Ungleichgewichts wird eine Inhaltskontrolle vorformulierter Einzelvertragsklauseln außerhalb des § 310 III Nr. 2 BGB zum Großteil abgelehnt, vgl. BGH ZIP 1987, 1439, 1440 f.; Coester-Waltjen, AcP 190 (1990), 1, 20 f.; Fastrich, Inhaltskontrolle, S. 100 ff.; Staudinger-Coester (1998), § 9 AGBG Rn. 6; Larenz/Wolf, BGB AT, § 42 V 4 b (aber bei weiteren Umständen [z.B. Unübersichtlichkeit der Geschäftsbedingungen] eine Störung des Verhandlungsgleichgewichts bejahend).

[292] Unternehmer definiert § 14 I BGB in etwa, wenn auch nicht ganz, übereinstimmend zum Gewerbetreibenden nach Art. 2 c) der EG-Richtlinie als Person oder rechtsfähige Personengesellschaft, die beim Abschluß des Rechtsgeschäfts "in Ausübung ihrer gewerblichen oder selbständigen beruflichen Tätigkeit handelt".

[293] Ebenfalls in etwa übereinstimmend definieren § 13 BGB und Art. 2 b) Verbraucher als natürliche Person, die einen Vertrag zu einem Zweck abschließt, der nicht zu ihrer gewerblichen oder (selbständigen) beruflichen Tätigkeit zu rechnen ist.

Gewinnerzielung.[294] Dabei ist der Unternehmer wegen des Umfangs seines Geschäftsbetriebs mit einer Vielzahl anderer Vertragspartner auf den Abschluß mit dem einzelnen Verbraucher in aller Regel nicht angewiesen.[295] Durch diese unterschiedlichen wirtschaftlichen Interessen am Vertragsschluß weist die rollenspezifische Unterlegenheit des Verbrauchers gegenüber dem Unternehmer neben dem intellektuellen auch einen wirtschaftlichen Aspekt auf.

Insgesamt beruht damit die Inhaltskontrolle nach den § 310 III BGB iVm. den §§ 307 ff. BGB auf der typischen verhandlungsmäßigen Unterlegenheit des Verbrauchers, die teils situativ, teils rollenspezifisch[296] bedingt ist. Diese behindert den Verbraucher bei der Wahrung seines Interesses an akzeptablen Vertragsbedingungen in der einzelnen Verhandlungssituation. Sie stört darüber hinaus die Sicherstellung angemessener Vertragsbedingungen über die Mechanismen von Markt und Wettbewerb,[297] so daß die Vertragsfreiheit ihrer Funktion der Gewährung von Vertragsrichtigkeit typischerweise versagt.[298]

bb) Zutreffen der Wertung bei Befragungen im Vorfeld von Verbraucherverträgen

Die Wertungen, die der Inhaltskontrolle nach § 310 III BGB iVm. den §§ 307 ff. BGB zugrunde liegen, müßten bei Befragungen des Verbrauchers im Vorfeld von Verbraucherverträgen gleichermaßen zutreffen.

Die individuelle Vorformulierung und ihre Folge der situativen Unterlegenheit des Vertragspartners lassen sich aber auf vorvertragliche Befragungen nicht anwenden. Da es insoweit nicht auf die genaue Formulierung ankommt,[299] ließe sich dieses Kriterium nur dadurch übertragen, daß ein *vorgefaßtes* Informationsverlangen gegeben wäre, also ein solches, das nicht erst im Verlauf der Verhandlung entsteht. Bei den derart beschriebenen Fällen läßt sich aber eine Ver-

---

[294] Larenz/Wolf, BGB AT, § 42 II 1 (Rn. 7).

[295] Larenz/Wolf, BGB AT, § 42 II 1 (Rn. 7), der darin ebenfalls eine wirtschaftliche Unterlegenheit sieht.

[296] Für eine primäre Anknüpfung an die *Situation* des Vertragschlusses und eine nur sekundäre Anknüpfung an die beteiligten *Personen* Staudinger-Coester (1998), § 9 AGBG Rn. 5.

[297] Zum Scheitern des Wettbewerbskorrektivs vgl. die Ausführungen zur entsprechenden Situation bei AGB, siehe oben, unter 1. b) cc) (1) (a) (bb).

[298] Vgl. Staudinger-Coester (1998), § 9 AGBG Rn. 5 f. Dabei unterscheidet sich allerdings die Inhaltskontrolle nach §§ 310 III iVm. 307 ff. BGB von der rein generalisierenden Betrachtungsweise im originären Anwendungsbereich des AGB, indem § 310 III Nr. 3 BGB die Berücksichtigung der konkreten Umstände des Vertragsschlusses erlaubt, vgl. dazu Regierungsbegründung zum AGB-Änderungsgesetz, BT-Drucks. 13/2713, S. 5 und 8; Heinrich, Formale Freiheit, S. 469; Ulmer/Brandner/Hensen-Ulmer Einl. Rn. 34 a; die konkreten Umstände können auch zur "Heilung" von AGB führen, vgl. Börner, JZ 1997, 595 ff. Der Gesetzgeber zeigt hierdurch, daß er von einer geringeren Treffsicherheit des typisierten Verbraucherschutzkriteriums für die reale Schutzbedürftigkeit im Einzelfall ausgeht, vgl. Staudinger-Coester (1998), § 9 AGBG Rn. 6.

[299] Vgl. dazu oben 1. b) cc) (1) (c) (aa).

schlechterung der Mitgestaltungsmöglichkeiten des Befragten nicht feststellen. Eine situative Unterlegenheit des Befragten bei vorgefaßten Fragen fehlt also.
Im Hinblick auf die rollenspezifische intellektuelle Unterlegenheit des Verbrauchers ist eine Übereinstimmung mit den Fällen des § 307 III BGB ebenfalls zweifelhaft. Während nämlich die Beurteilung von Geschäftsbedingungen geschäftliche Erfahrenheit oft voraussetzen wird, kann der Befragte unabhängig von seiner entsprechenden Erfahrenheit beurteilen, ob er einen persönlichen Lebenssachverhalt gegenüber dem Verhandlungspartner preisgeben will oder nicht. Damit hat die rollenspezifische intellektuelle Unterlegenheit des Verbrauchers im Hinblick auf die vorvertragliche Befragungen keine vergleichbaren Auswirkungen wie bei Vertragsbedingungen.
Bleibt noch die rollenspezifische wirtschaftliche Ungleichgewichtslage, welche durch die Angewiesenheit des Verbrauchers auf die vertragliche Leistung zur Befriedigung seiner persönlichen Bedürfnisse besteht. Diese unterschiedliche Angewiesenheit der Parteien auf den Vertragsabschluß kann auch im Hinblick auf vorvertraglich verlangte Informationen Verhandlungen beeinträchtigen, denn sie führt auch insoweit typischerweise zur Kompromißbereitschaft des Verbrauchers, während sie einer solchen auf Seiten des Unternehmers entgegen wirkt. Die Erfolgsaussichten von Verhandlungsbemühungen des Verbrauchers über die Erforderlichkeit einer vorvertraglichen Information sind dann gegenüber der Situation bei Nicht-Verbraucherverträgen verschlechtert.
Damit ähnelt die Situation bei Befragungen im Vorfeld von Verbraucherverträgen derjenigen bei vorformulierten Vertragsbedingungen bei solchen Verträgen nur insoweit, als auch hier die wirtschaftliche Ungleichgewichtslage zwischen Verbraucher und Unternehmer hinsichtlich des Interesses am Vertragsschluß die Richtigkeit des frei getroffenen informationellen Interessenausgleichs in Frage stellt.
Ob dies schon für die Vergleichbarkeit mit den durch § 310 III BGB geregelten Fällen reicht, erscheint allerdings zweifelhaft. Die wirtschaftliche Unterlegenheit des Verbrauchers bildet nämlich für § 310 III BGB jedenfalls nicht die hauptsächliche Wertungsgrundlage, sondern sie ist nur ein Aspekt von mehreren (s.o.). Wollte man diesen Einzelaspekt für die Kontrolle eines Interessenausgleichs genügen lassen, so müßten in der Konsequenz *alle* Verbraucherverträge einer Inhaltskontrolle unterworfen werden, unabhängig von der Verwendung vorformulierter Klauseln und selbst wenn sie auch dem Geschäftsunerfahrenen klar verständlich sind. Eine so weitreichende Regulierung kann die wirtschaftliche Ungleichgewichtslage aber kaum rechtfertigen.[300] Denn der Notwendigkeit eines Verbrauchervertrages zur Befriedigung individueller Bedürfnisse des Verbrauchers steht immerhin die wirtschaftliche Notwendigkeit des

[300] Gegen eine generelle Inhaltskontrolle von Verbraucherverträgen auch Fastrich, Inhaltskontrolle, S. 118 ff.; gegen eine allgemeine Schutzbedürftigkeit des Verbrauchers auch Zöllner, JuS 1988, 329, 332 f.

Unternehmers gegenüber, mit Kunden Verträge zu schließen. Von daher ist hier zunächst auf die regulierende Wirkung der Abschlußfreiheit zu verweisen. Auch wenn sich eine Wettbewerbswirkung zu Gunsten sparsamer vorvertraglicher Informationserhebungen nicht feststellen läßt,[301] so hat der Befragte immerhin die Möglichkeit, sich einen anderen Vertragspartner zu suchen. Ist eine vorvertragliche Frage schon für den einzelnen Unternehmer nicht üblich, weil sie nicht zu seinem allgemeinen vorvertraglichen Fragenkatalog gehört, wird sich erst recht eine Branchenüblichkeit dieser vorvertraglichen Frage nicht feststellen lassen. Anders als bei allgemeinen Fragenkatalogen muß der Verbraucher bei individuellen Befragungen deswegen nicht damit rechnen, überall auf ähnliche Anforderungen zu treffen. Damit hat die Ungleichgewichtslage wirtschaftlicher Art, die aus dem Bedürfnis des Verbrauchers nach der vertraglichen Leistung zur Befriedigung seiner persönlichen Bedürfnisse resultiert, noch kein so erhebliches Gewicht, daß sie für sich genommen eine Einschränkung des Informationsinteresses des Unternehmers begründen könnte.[302] Etwas anderes ergibt sich erst dann, wenn das Bedürfnis des Befragten ähnlich wie im Arbeits- und Wohnraummietrecht existentieller Natur ist und der Wettbewerb zwischen den Unternehmern dem Verbraucher keine ausreichende Ausweichmöglichkeit bietet.[303]

Das Zutreffen der Wertung der rollenspezifischen wirtschaftlichen Ungleichgewichtslage genügt damit für sich genommen für die Vergleichbarkeit mit den durch § 310 III BGB geregelten Fällen noch nicht. Eine Konkretisierung der vorvertraglichen Rücksichtsnahmepflichten nach § 242 BGB bei Unternehmerfragen im Vorfeld von Verbraucherverträgen kann deswegen nicht anhand der Wertung des § 310 III BGB iVm. den §§ 307 ff. BGB getroffen werden.

b) Konkretisierung des § 242 BGB anhand eines Verbraucherschutzprinzips

Damit lassen sich besondere Pflichten hinsichtlich unternehmerseitiger Fragen im Vorfeld von Verbraucherverträgen nur begründen, wenn die vorvertraglichen Rücksichtsnahmepflichten des Unternehmers anhand eines Verbraucherschutzprinzips konkretisiert werden können.

aa) Allgemeines Verbraucherschutzprinzip

Trotz einer Vielzahl verbraucherschützender Gesetzesregelungen bestehen aber bereits Zweifel, ob diese Regelungen zu einem einheitlichen Prinzip zusam-

---

301 Vgl. dazu oben, 1. b) cc) (1) (c) (aa) (β).

302 Von daher kann der Behauptung eines generellen Gleichlaufs zwischen den Einflußnahmemöglichkeiten hinsichtlich des Vertragsinhalts einerseits und der vorvertragliche Verarbeitung von Daten andererseits durch Simitis, NJW 1984, 398, 401 und Simon, JA 1985, 572, 574 in dieser Allgemeinheit letztlich nicht gefolgt werden.

303 Zu diesem Unterschied von Arbeits- und Wohnraummietrecht einerseits und Verbraucherschutzrecht andererseits auch Zöllner, JuS 1988, 329, 333.

mengefaßt werden können. Verbraucherschützende Vorgaben für Verbraucherverträge treffen neben dem § 310 BGB etwa die §§ 474 ff. BGB über den Verbrauchsgüterkauf, die §§ 491 ff. BGB[304] über Verbraucherdarlehensverträge und die § 312 f. BGB[305] über das Widerrufsrecht bei Haustürgeschäften, von deren Regelungen nicht zu Ungunsten des Kunden abgewichen werden kann (§§ 475 I, 506 und 312 f BGB). Nach diesen verbraucherschützenden Regelungen bestehen z.B. das Erfordernis detaillierter, schriftlicher Angaben (§ 492 BGB), ein befristetes Widerrufsrecht des Verbrauchers (§ 495 I BGB, § 312 BGB, jeweils iVm. § 355 I BGB) einschließlich einem Widerrufsbelehrungserfordernis (§ 495 I BGB, § 312 II BGB, jeweils iVm. § 355 II BGB). Weiterhin werden für Verbraucherdarlehen die Unwirksamkeit eines Einwendungsverzichts des Verbrauchers (§ 496 I BGB) festgelegt und das Wechsel- und Scheckverbot aufgestellt (§ 496 II BGB) sowie die Rechtsfolgen eines verbraucherseitigen Zahlungsverzugs geregelt (§§ 497 f. BGB). Einschränkungen der Vertragsgestaltungsfreiheit aus Gründen des Verbraucherschutzes treffen auch die Unabdingbarkeit einer Vielzahl von versicherungsnehmerschützenden Regelungen des Versicherungsvertragsgesetzes (§ 15 a VVG), die Regelungen über den Reisevertrag nach §§ 651 a ff. BGB, die nach § 651 m BGB nicht abbedungen werden können[306] und die Unabdingbarkeit aller Gewährleistungsrechte des Käufers nach § 475 I BGB, die in Umsetzung der europäischen Verbrauchsgüterkaufsrichtlinie[307] mit dem Gesetz über die Modernisierung des Schuldrechts vom 26. 11. 2001[308] mit Wirkung zum 1. 1. 2002 eingefügt wurde. Bei diesen verbraucherschützenden Regelungen wird aber zum Großteil nicht ausschließlich an das Bestehen eines Verbrauchervertrages angeknüpft, sondern es treten jeweils weitere Umstände dazu.[309] Bei § 310 III BGB und bei § 312 BGB ist dies die besondere Abschlußsituation.[310] Bei Verbraucherdarlehen (§§ 491 ff. BGB) sind die Verträge dem Inhalt nach wegen der sich beständig erweiternden Typenpalette im Kreditwesen für den Kreditnehmer besonders intransparent und weisen zudem eine besondere Gefahr der hoffnungslosen Ver-

---

304 Bis zum 31. 12. 2001 im Verbraucherkreditgesetz geregelt.

305 Bis zum 31. 12. 2001im Haustürwiderrufsgesetz geregelt.

306 Für die Einordnung des Reisevertragsrechts ins Verbraucherschutzrecht auch Fastrich, Inhaltskontrolle, S. 118; Medicus, JuS 1996, 761; zögernd Zöllner, JuS 1988, 329 („in gewissem Sinn" zum Verbraucherschutzrecht zu rechnen).

307 Richtlinie 1999/44/EG des Europäischen Parlamentes und des Rates vom 25. 5. 1999 zu bestimmten Aspekten des Verbrauchsgüterkaufs und den Garantien für Verbrauchsgüter, ABl. EG Nr. L 171.

308 BGBl. I S. 3138.

309 Vgl. auch Zöllner JuS 1988, 229, 332 (Ein Grundgedanke des Verbraucherschutzrechts lasse sich kaum ausmachen); Medicus, JuS 1996, 761, 766 f.

310 Vgl. Begründung des Regierungsentwurfs zum HaustürWG, BT-Drucks. 10/2876, S. 6; Drexl, S. 312 f. (zum HaustürWG).

schuldung auf.[311] Versicherungsverträge sind aufgrund der schlechten Greifbarkeit der Leistung des Versicherers für den geschäftsunerfahrenen Versicherungsnehmer besonders kompliziert zu durchdringen. Eine Ausnahme bilden möglicherweise die Regelungen der §§ 474 ff. BGB und der §§ 651 a ff. BGB bezüglich Kauf- und Reiseverträgen[312], die aber für sich genommen noch nicht zur Begründung eines allgemeinen Prinzips genügen können.
Aus diesen Regelungen die gesetzliche Anerkennung eines typischen Scheiterns der Richtigkeitsgewähr allgemein bei Verbraucherverträgen und die gesetzliche Anerkennung der daraus resultierenden allgemeinen Schutzbedürftigkeit der Vertragspartei in der Rolle des Verbrauchers zu folgern, erscheint deswegen insgesamt überzogen.[313] Ein Verbraucherschutzprinzip läßt sich in dieser Allgemeinheit dem Gesetz jedenfalls zum gegenwärtigen Zeitpunkt nicht entnehmen. Es kann deswegen auch keine Grundlage zur Konkretisierung des § 242 BGB im Hinblick auf unternehmerseitige Fragen bilden.[314]

bb) Besondere Verbraucherschutzprinzipien

Fehlt es nach alledem an einem allgemeinen Verbraucherschutzprinzip, so sind doch immerhin besondere Schutzprinzipien in speziellen Bereichen der verbraucherschützenden gesetzlichen Regelungen denkbar. Zu denken ist etwa an ein Versicherungsnehmerschutzprinzip, wonach der Versicherungsnehmer allgemein vor unbilligen Vertragsgestaltungen durch den Versicherer zu schützen wäre; als Grundlage eines solchen Prinzips kämen die halbzwingenden Regelungen des VVG und der Versicherungsaufsicht in Betracht. Auch ein spezielles Schutzprinzip zu Gunsten des Empfängers von Verbraucherkrediten auf der Grundlage der §§ 491 ff. BGB wäre zu erwägen.
Bei der Heranziehung solcher Prinzipien zur Konkretisierung der Pflichten des überlegenen Teils aus § 242 BGB hinsichtlich seiner vorvertraglichen Fragen ergäbe sich aber jeweils das gleiche Problem wie bei der Heranziehung der Wertung des § 310 III BGB: die rollenspezifische Unterlegenheit des Verbrauchers hat für den vorvertraglichen informationellen Interessenausgleich nur

---

[311] Vgl. Begründung des Regierungsentwurfs zum VerbrKrG, BT-Drucks. 11/5462, S. 2 und 11; vgl. auch Staudinger-Kessal-Wulf (2001), Einl. zum VerbrKrG Rn. 15; Drexl, S. 323 (Fehleinschätzung des Risikos auf Seiten des Verbrauchers als entscheidender Aspekt).

[312] Selbst bzgl. der §§ 651 a ff. BGB ergab sich die Notwendigkeit verbraucherschützenden Rechts z.T. aus den Besonderheiten des Reisevertragsrechts, die Reisenden sollten u.a. davor geschützt werden, daß die Reiseveranstalter als bloße Vermittler der Reise für Reismängel nicht zur Verantwortung gezogen werden konnten, vgl. die Begründung des Regierungsentwurfs zur Einführung der §§ 651 ff. BGB, BT-Drucks. 8/786 S. 10.

[313] Ablehnend auch Fastrich, Inhaltskontrolle, S. 118 ff.; Zöllner, JuS 1988, 329, 333.

[314] Insoweit wäre ohnehin nach den Überlegungen zu § 310 III BGB die Vergleichbarkeit von Vertragsgestaltung als unmittelbarem Anwendungsbereich des Verbraucherschutzprinzips und vorvertraglicher Befragung zu bezweifeln, denn die intellektuelle Ungleichgewichtslage spielt bei letzterer keine vergleichbare Rolle.

Folgen, soweit sie sich aus der unterschiedlich starken Angewiesenheit der Vertragsparteien auf den Vertragschluß ergibt. Diese wirtschaftliche Ungleichgewichtslage führt aber für sich genommen erst dann zu einem Scheitern der Richtigkeitsgewähr des informationellen Interessenausgleichs im Vorfeld des Verbrauchervertrags, wenn der Befragte auf die Leistung existentiell angewiesen ist und das Ausweichen auf andere Anbieter mit besonderen Schwierigkeiten verbunden ist. Eine typische existentielle Angewiesenheit des einzelnen auf den Abschluß eines privaten Versicherungsvertrags ist wegen der gesetzlichen Absicherung der Erfüllung der wichtigsten Versicherungsbedürfnisse, insbesondere durch die gesetzliche Krankenversicherung, jedenfalls zum gegenwärtigen Zeitpunkt jedoch noch nicht zu verzeichnen. Auch ist der Private typischerweise auf einen Verbraucherkredit nicht schon in vergleichbarem Maße angewiesen, wie das im Hinblick auf Arbeit und Wohnung der Fall ist.

Vor allem aber kann der Versicherungs- oder Kreditsuchende, der mit einer *individuellen* vorvertraglichen Frage konfrontiert wird, auf andere Anbieter ausweichen. Denn eine Brancheneinheitlichkeit ist eigentlich nur bei Fragen aus *allgemeinen* vorvertraglichen Fragenkatalogen denkbar.[315] Das Ausweichen auf andere Anbieter ist für den befragten Versicherungs- oder Kreditsuchenden typischerweise auch nicht mit so großen Schwierigkeiten verbunden, wie sie der Arbeits- und der Wohnungssuchende wegen seiner örtlichen und zeitlichen Gebundenheit und wegen der Unausgewogenheit von Arbeits- und Wohnungsmarkt hat. Davon mag es im Einzelfall Ausnahmen geben, wenn ein Versicherungssuchender als „schlechtes Risiko" besondere Mühen beim Abschluß eines Versicherungsvertrages hat oder wenn der Kreditsuchende wegen akuter Geldknappheit unter zeitlichem Druck steht. Das sind aber besondere Interessenlagen im Ausnahmefall, die sich nicht allgemein für die Situation im Vorfeld von Versicherungs- und Verbraucherkreditverträgen typisieren lassen. Insgesamt genügt die wirtschaftliche Ungleichgewichtslage zwischen Versicherungs- bzw. Verbraucherkreditnehmer und Unternehmer damit noch nicht, um für sich genommen ein typisches Scheitern der Richtigkeitsgewähr des informationellen Interessenausgleichs begründen zu können.

Selbst wenn man die gesetzliche Anerkennung spezieller Verbraucherschutzprinzipien, z.B. im Versicherungs- oder im Verbraucherdarlehensrecht unterstellt, könnten diese Prinzipien deshalb nicht auf das Problem des vorvertraglichen informationellen Interessenausgleichs übertragen werden. Denn insoweit fehlt ein typisches Scheitern der Richtigkeitsgewähr und damit auch eine vergleichbare Schutzbedürftigkeit. Eine Konkretisierung der vorvertraglichen Treuepflichten von Versicherern oder Kreditgebern aus § 242 BGB anhand von speziellen Verbraucherschutzprinzipien scheidet hier also aus.

---

[315] Siehe oben, bei 3. a) bb).

c) Ergebnis
Eine bereichsspezifische Verpflichtung von Unternehmern auf die objektive Ausgewogenheit des vorvertraglichen informationellen Interessenausgleichs im Vorfeld eines Verbrauchervertrages ergibt sich aus Treu und Glauben nicht. Insoweit wird der befragte Verbraucher durch die Verpflichtung des Fragenden auf die inhaltliche Angemessenheit seiner *allgemeinen* vorvertraglichen Fragenkataloge in ausreichendem Maße geschützt. Auch bezüglich sonstiger besonderer Vertragstypen ergeben sich hinsichtlich der vorvertraglichen Pflichten aus § 242 BGB in bezug auf den Inhalt vorvertraglicher Fragen keine Besonderheiten.

4. Ergebnis zur rechtlichen Bindung hinsichtlich des Inhalts einer vorvertraglichen Befragung
Im Ergebnis sind damit folgende vier Fallgruppen festzuhalten, bei denen wegen der rechtlichen Bindung des fragenden Teils nach § 242 BGB bezüglich des Inhalts seiner Fragen eine Inhaltskontrolle der vorvertraglichen Befragung grundsätzlich[316] vorzunehmen ist: Erstens vorvertragliche Befragungen auf der Grundlage eines *allgemeinen* vorvertraglichen Fragenkatalogs. Zweitens vorvertragliche Befragungen eines Verhandlungspartners, der sich in einer Schwächelage im Sinne von § 138 II BGB befindet.[317] Drittens vorvertragliche Befragungen von Stellenbewerbern durch Arbeitgeber und viertens vorvertragliche Fragen des Vermieters von Wohnraum an einen Mietinteressenten. Während die ersten beiden Fallgruppen der Inhaltskontrolle sich aus allgemeinen Grundsätzen ergeben, kommen bei der dritten und vierten Fallgruppe bereichsspezifische Besonderheiten des Arbeits- und Wohnraummietrechts zum tragen.
Außerhalb dieser vier Fallgruppen bestehen keine rechtlichen Bindungen bezüglich des Inhalts vorvertraglicher Fragen. Eine Inhaltskontrolle bezüglich der objektiven Ausgewogenheit des vorvertraglichen informationellen Interessenausgleichs, der durch die Befragung vorgeschlagen wird, findet insoweit nicht statt. Die Ausführungen im nun folgenden Teil zur Durchführung der Inhaltskontrolle haben also ausschließlich für die vier genannten Fallgruppen Bedeutung.

II. Inhaltskontrolle der vorvertraglichen Befragung
Wenn eine der Fallgruppen der Inhaltskontrolle gegeben ist, verstößt der fragende Teil durch eine vorvertragliche Befragung gegen seine Pflichten aus § 242 BGB, wenn die Inhaltskontrolle ergibt, daß die Befragung in unzulässiger Weise überzogen ist. Es schließt sich die Frage an, wie die Feststellung einer solchen Überzogenheit im Rahmen dieser Inhaltskontrolle zu erfolgen hat.

---

[316] Zu Ausnahmen vgl. oben, unter 1. b) cc) (3); 2. a) bb) (4) und 2. b) cc).
[317] Zur Beschränkung der Inhaltskontrolle bei dieser Fallgruppe auf einen Evidenzmaßstab vgl. oben, unter 1. b) dd) (2) (b) (cc) und unten, unter II. 5.

Insoweit helfen die Regelungen und Prinzipien, anhand derer die Konkretisierung des § 242 BGB zu inhaltlichen Bindungen bei vorvertraglichen Fragen erfolgte, kaum weiter: § 307 I BGB verbietet die „unangemessene" Benachteiligung entgegen der Gebote von Treu und Glauben; § 138 II BGB untersagt die Ausnutzung der Schwächelage zur Vereinbarung eines Austauschverhältnisses, in dem ein „auffälliges Mißverhältnis" besteht und die Prinzipien des Arbeitnehmer- und des Wohnraummieterschutzes sind noch vager, sie stehen nur allgemein einer unangemessenen Benachteiligung von Arbeitnehmern und Wohnraummietern unter Ausnutzung ihrer Unterlegenheit entgegen. In bezug auf das „Wie" der Inhaltskontrolle sind diese Vorschriften und Prinzipien also nicht wesentlich ergiebiger als die Generalklausel des § 242 BGB selbst, wonach auf die berechtigten Interessen des Verhandlungspartners Rücksicht zu nehmen ist. Nur hinsichtlich des anzuwendenden Maßstabs ergibt sich ein eigener Erkenntniswert insoweit, als bei der Fallgruppe der Schwächelagen iSv. § 138 II BGB die Inhaltskontrolle auf einen Evidenzmaßstab beschränkt ist.[318] Im übrigen folgt aus § 242 BGB iVm. den §§ 307 ff. BGB, § 138 BGB bzw. dem Arbeitnehmer- oder dem Wohnraummieterschutzprinzip nur, daß bei der Inhaltskontrolle die Interessen der Verhandlungspartner, die zueinander ins Verhältnis zu setzen sind, eine Rolle spielen. Erst im Hinblick auf diese Interessen können sich nämlich die „Unangemessenheit" des vorvertraglichen informationellen Interessenausgleichs, bzw. sogar ein „auffälliges Mißverhältnis" zeigen.
Für die Ermittlung der Kriterien, anhand derer das Verhältnis der beiderseitigen Interessen zu beurteilen ist, bietet § 242 BGB iVm. den §§ 307 ff. BGB, § 138 BGB bzw. iVm. dem Arbeitnehmer- oder dem Wohnraummieterschutzprinzip aber keine Anhaltspunkte. Es ist deswegen wieder nach konkreteren Normen oder allgemeinen Rechtsprinzipien zu suchen, anhand derer § 242 BGB hinsichtlich der Kriterien bei der Durchführung der Inhaltskontrolle zu konkretisieren ist.[319] Erst unter Rückgriff auf diese konkreteren Regelungen können die Interessen der Beteiligten abgewogen werden, so daß eine eventuelle Unausgewogenheit des vorvertraglichen informationellen Interessenausgleichs, den die Befragung vorgibt, offenbar wird. Als heranzuziehende Regelungen spielen hier vor allem die Grundrechte der Verhandlungspartner eine Rolle,[320] die als verfassungsrechtliche Festlegungen objektiver Wertentscheidungen bei der Ausle-

---

[318] Vgl. dazu schon oben, unter 1. b) dd) (2) (b) (cc) und unten, unter II. 5.

[319] Zur systematisch-teleologischen Auslegung von Generalklauseln vgl. schon oben, I. 1. b) aa).

[320] Vgl. Bydlinski, Methodenlehre, S. 583. Anders als Fastrich, Inhaltskontrolle, S. 280 ff. dies für die Inhaltskontrolle *vertraglicher* Vereinbarungen vorschlägt, kann bezüglich des informationellen Interessenausgleichs nicht in einer ersten Stufe überlegt werden, welche Regelung ohne die entsprechende vertragliche Vereinbarung gelten würde, da es insoweit an gesetzlichen Vorgaben fehlt.

gung zivilrechtlicher Generalklauseln zu berücksichtigen sind.[321] Dafür sind zunächst die einschlägigen Interessen der Verhandlungspartner festzustellen, wonach sie unter Rückgriff auf die Wertentscheidungen des Grundgesetzes auf ihre Schutzwürdigkeit hin zu bewerten und schließlich abzuwägen sind.[322] Auf der Abwägungsebene ist dabei zu berücksichtigen, ob sich dem einfachen Gesetzesrecht eine diesbezügliche Entscheidung entnehmen läßt.

1. Feststellung der abzuwägenden Interessen der Verhandlungspartner

Für die Interessenabwägung ist demnach zunächst zu überlegen, welche tatsächlichen Interessen der Verhandlungspartner von der vorvertraglichen Befragung betroffen sind.[323] Bei diesem ersten Schritt kommt es zunächst nur auf die Feststellung der tatsächlichen Interessen der Verhandlungspartner an, wobei Interesse hier im Sinne des allgemeinen Sprachgebrauchs als Bedürfnisse und Wünsche der beteiligten Personen verstanden werden soll. Erst wenn die tatsächlichen Interessen festgestellt sind, kann in einem zweiten Schritt[324] eine rechtliche Bewertung der Interessen vorgenommen werden.

a) Gemeinsame Interessen der Verhandlungspartner

Bei den beiderseitigen Interessen kann zwischen gemeinsamen und kollidierenden Interessen der Verhandlungspartner unterschieden werden. Gemeinsam ist den Verhandlungspartnern das Streben, einen Vertrag zu schließen und das Vertragsverhältnis so problemlos wie möglich zu gestalten. Dafür ist die beiderseitige, zumindest im groben zutreffende Kenntnis der vertragserheblichen Umstände erforderlich. Gemeinsam ist den Parteien also auch ein grundsätzliches Interesse an einem gewissen Mindestmaß an Informationsaustausch. Dabei soll sich der zeitliche und finanzielle Aufwand der vorvertraglichen Information aber in Grenzen halten.

b) Kollidierende Interessen der Verhandlungspartner

Trotz dieses gemeinsamen Interesses an einem Mindestmaß an vorvertraglicher Information kann es zu einer Kollision der Interessen der Verhandlungspartner im Hinblick auf den Umfang der vorvertraglichen Informierung kommen. Dabei will der Befragte regelmäßig möglichst wenig preisgeben, d.h. seine Interessen

---

[321] Zu dieser mittelbaren Drittwirkung der Grundrechte vgl. schon oben, Teil 3, A. II. 2. a) aa) (1).

[322] Vgl. Hubmann, FS für von Carolsfeld, S. 171, 177 (drei Gedankengänge bei der Abwägung: Auffinden der einschlägigen Gesichtspunkte, ihre Bewertung und ihre Abwägung); Ehmann, AcP 188 (1988), 230, 286 ff.; ders., RDV 1989, 64, 70; Schmalz, Methodenlehre, Rn. 300.

[323] Vgl. Hubmann, FS für von Carolsfeld, S. 171, 177.

[324] Siehe dazu unten, unter 2.

gehen auf möglichst sparsame vorvertragliche Informationserhebungen, wohingegen sich der fragende Teil i.d.R. möglichst weitgehend informieren will.

aa) Interesse des Befragten an der Wahrung seiner informationellen Verfügungsbefugnis

Das Interesse des Befragten an möglichst zurückhaltenden vorvertraglichen Fragen des anderen Teils ergibt sich zum einen im Hinblick auf die Wahrung der informationellen Selbstbestimmung über „seine" Daten.[325] Denn durch die Offenlegung eines Umstands begibt er sich eines Teils seiner informationellen Verfügungsbefugnis.[326]

bb) Interesse des Befragten an einem (günstigen) Vertragsschluß

Zum anderen kann sich ein Interesse des Befragten an der Sparsamkeit vorvertraglicher Fragen daraus ergeben, daß der Befragte den Vertrag abschließen will und zwar zu möglichst günstigen Konditionen. Dieses Interesse spielt für den vorvertraglich Befragten im Vergleich zur Wahrung seiner informationellen Verfügungsbefugnis sogar in aller Regel die wichtigere Rolle.[327]
Diesem Interesse des Befragten läuft eine vorvertragliche Informierung des anderen Teils zuwider, wenn zu erwarten steht, daß der potentielle Vertragspartner bei Kenntnis eines Umstandes auf den Vertragsschluß verzichten wird bzw. nur zu nachteiligen Konditionen abschließen wird. Das Vertragsabschlußinteresse geht dann auf möglichst zurückhaltende vorvertragliche Fragen. Anders liegt es allerdings, wenn der Befragte sich von der Offenbarung eines Umstands eine Verbesserung seiner Chancen auf einen (günstigen) Vertragsabschluß verspricht.[328] Dann folgt aus dem Vertragsabschlußinteresse kein Interesse an der Sparsamkeit der vorvertraglichen Fragen des anderen Teils.

cc) Interessen des fragenden Teils

Der fragende Teil hat regelmäßig ein Interesse an möglichst weitgehenden Informationen, weil Informationen seine Entscheidung über den Abschluß und die Ausgestaltung des verhandelten Vertrages absichern.[329] Durch ein Mehr an Informationen kann er die Konsequenzen aus dem Vertragsschluß besser einschätzen und diese Einschätzung seiner Entscheidung über „Ob" und „Wie" des

---

[325] Vgl. Ehmann, AcP 188 (1988), 230, 288; Moritz NZA 1987, 329, 331; Reitemeier, S. 270.
[326] Vgl. schon oben, bei Teil 4 A. II. 1. a).
[327] Hofmann, ZfA 1975, 1, 19 (für den Arbeitsplatzbewerber).
[328] Brossette, S. 142.
[329] Ehmann, AcP 188 (1988), 230, 287 f; Hofmann, ZfA 1975, 1, 18 f.; Präve, VersR 1992, 279; Reitemeier, S. 270 f.; Schöffski, ZVersWiss. 1999, 265, 277 (zum Informationsinteresse privater Krankenkassen).

Vertragsabschlusses zu Grunde legen.[330] Weiß etwa eine Krankenversicherung, daß der Vertragsinteressent Diabetiker ist, dann kann sie ihrer Entscheidung über den Abschluß einer Krankenversicherung ihre Erfahrungen mit an Diabetes erkrankten Versicherten zu Grunde legen und gegebenenfalls eine Versicherung nur zu entsprechend erhöhtem Beitrag abschließen bzw. sie gänzlich ablehnen.[331] Ein Mehr an Informationen erhöht für den fragenden Teil damit die Chance der Richtigkeit seiner Entscheidung für seine Zwecke, insbesondere ihre Wirtschaftlichkeit.[332]

2. Schutzwürdigkeit der Interessen

Soweit die Interessen der Verhandlungspartner kollidieren, ist zu überlegen, inwieweit sie als schutzwürdige Belange zu qualifizieren und deswegen bei der Interessenabwägung zu berücksichtigen sind.[333] Bei der Frage der Schutzwürdigkeit ist auf die objektiven Wertentscheidungen durch die verfassungsrechtlichen Grundrechtsgewährleistungen zurückzugreifen.

a) Schutzwürdigkeit der Interessen des Befragten

Bei den Interessen des Befragten ist zwischen seinem Interesse an der Wahrung seiner informationellen Verfügungsbefugnis einerseits und seinem Interesse an der Wahrung seiner Verhandlungsposition und einem (günstigen) Vertragsschluß andererseits zu unterscheiden.

aa) Persönlichkeitsrecht auf informationelle Selbstbestimmung

Durch die vorvertragliche Preisgabe persönlicher Lebenssachverhalte gegenüber dem Verhandlungspartner büßt der Befragte seine informationelle Verfü-

---

[330] Vgl. Steinbuch, GRUR 1987, 579, 581: Informationen als „der Stoff aus dem Entscheidungen gemacht werden können", vgl. für das Arbeitsverhältnis Hofmann, ZfA 1975, 1, 18 f. und Rudolph, S. 11; für private Krankenkassen Schöffski, ZVersWiss. 1999, 265, 277.

[331] Bzgl. des Informationsinteresses von Versicherungen bzgl. ihrer potentiellen Versicherungsnehmer spricht Schöffski, ZVersWiss. 1999, 265, 277 davon, daß prinzipiell von „einem unbegrenzten Datenhunger der Versicherungen" auszugehen ist. Bei Versicherungen ist zudem die Besonderheit zu berücksichtigen, daß die Bildung von Gefahrengemeinschaften, d.h. von Gemeinschaften Gleichgefährdeter gerade eine Grundlage des privaten Versicherungsrechts ist (BK-Voit, § 16 VVG Rn. 1) und eine Voraussetzung der angemessenen Prämiengestaltung und letztlich auch der dauerhaften Leistungsfähigkeit der privaten Versicherer ist. Für die Bildung dieser Gefahrengemeinschaften sind Informationen über das zu versichernde Risiko unerläßlich. Hinzu kommt, daß der Versicherer, der einen schriftlichen Fragebogen verwendet, wegen der ansonsten nach § 18 VVG drohenden Beschränkung seines Rücktrittsrechts (§ 16 VVG) gehalten ist, die relevanten Informationen *umfassend* zu erfragen.

[332] Zur Erhöhung der „Richtigkeitsquote" von Entscheidungen durch Information auch Breitfeld, S. 18; Steinbuch, GRUR 1987, 579, 582; vgl. auch Münch-Handb. ArbR. I-Buchner, § 41 Rn. 39.

[333] Howe, S. 39.

gungsbefugnis zum Teil ein, weil ihm im Verhältnis zum Vertragspartner eine Abschirmung anschließend nicht mehr möglich ist.[334] Daß das Interesse des Befragten an der unbeschränkten Aufrechterhaltung der informationellen Verfügungsbefugnis über „seine“ Daten durch das besondere Persönlichkeitsrecht auf informationelle Selbstbestimmung nach Art. 2 I iVm. 1 I GG geschützt ist, wurde bereits dargelegt.[335] Dieser Schutz ist dabei allerdings auf *personenbezogene* Informationen über den Befragten beschränkt. Das Geheimhaltungsinteresse bezüglich sonstiger Daten unterliegt hingegen keinem persönlichkeitsrechtlichen Schutz.

bb) Kein Schutz der Verhandlungsposition

Hingegen liegt dem Interesse des Befragten, seine Chancen auf einen (günstigen) Vertragsschluß nicht wegen der Offenbarung bestimmter Umstände einzubüßen, keine entsprechende Rechtsposition zu Grunde. Der Befragte hat nämlich kein Recht auf den einzelnen (günstigen) Vertragsabschluß. Die Chance auf einen Vertragsabschluß bildet noch keine schutzwürdige Rechtsposition.[336] Eine Ausnahme stellen insoweit nur die Konstellationen des Kontrahierungszwangs dar, um die es hier aber nicht geht.[337]

Demgegenüber will *Fleischer* das Interesse des Befragten an der Wahrung seiner Verhandlungsposition als schutzwürdige Rechtsposition allgemein anerkennen und aus diesem Grund Fragen verbieten, die auf die Offenlegung des „Entscheidungswerts“ gerichtet sind.[338] Mit dem ökonomischen Begriff des „Entscheidungswerts“ ist dabei das äußerste Entgegenkommen gemeint, zu dem ein Verhandlungspartner noch bereit wäre.[339] Der Grund für das Verbot der Ermittlung des „Entscheidungswerts“ des Verhandlungspartners liege darin, daß diesem sonst der Verhandlungsspielraum abgeschnitten werde. Eine solche Verbesserung der eigenen Verhandlungsposition auf Kosten der Verhandlungsposition des anderen Teils durch Ermittlung des gegnerischen „Entscheidungswerts“ verstoße gegen das Fairneßgebot bei Verhandlungen.[340] Danach könnten bestimmte Fragen unzulässig sein, auch wenn sie sich gar nicht auf die Ermittlung personenbezogener, d.h. persönlichkeitsrechtsrelevanter Daten richten,

---

[334] Vgl. schon oben, bei Teil 4 A. II. 1. a).

[335] Teil 4 A. I.

[336] Vgl. Brossette, S. 143; Breitfeld, S. 28 f (auch nicht nach Art. 14 I GG); Roos, S. 62 ff. (auch nicht nach Art. 12 I GG bei Stellenbewerber).

[337] In diesen Konstellationen scheitert das Anfechtungsrecht des Getäuschten aus § 123 I Alt. 1 BGB schon deswegen, weil die Regelung insoweit teleologisch zu reduzieren ist, vgl. oben, Teil 3 A. I. 4., auf die Frage der Sitten- oder Treuewidrigkeit der Befragung kommt es dann nicht mehr an.

[338] Fleischer, Informationsasymmetrie, S. 256 ff.

[339] Fleischer, Informationsasymmetrie, S. 258.

[340] Fleischer, Informationsasymmetrie, S. 256 ff.

wenn nur durch ihre Beantwortung der „Entscheidungswert“ des Befragten offengelegt würde.
Einem solchen Schutz der Verhandlungsposition als solcher gegenüber dem Verhandlungspartner begegnen aber wegen der Beherrschung des Privatrechts durch den Grundsatz der Vertragsfreiheit Bedenken. Es ist gerade eine Voraussetzung der Abschlußfreiheit, daß im vorvertraglichen Bereich Informationen erhoben werden und dies auch Auswirkungen auf die Verhandlungschancen der Beteiligten hat. Beiderseits geht es dabei gerade auch darum, den „Entscheidungswert“ abschätzen zu können, so daß man zu einem Kompromiß findet. Wieso dies ab einem bestimmten Grad unzulässig sein soll und wie dieser Grad zu bestimmen wäre,[341] ist nicht ersichtlich. Bei dem Versuch, die eigene Verhandlungsposition auf Kosten der anderen zu verbessern, handelt es sich um einen normalen Vorgang bei dem Aushandeln eines Vertrages. Dazu gehört es, daß die Parteien in einem freien „Wettbewerb“ miteinander um die Durchsetzung ihrer kollidierenden Interessen streiten. Die Richtigkeitsgewähr des Vertrages ergibt sich erst aufgrund dieses freien Wettstreits, der von der Rechtsordnung gerade gewollt ist. Er ist ohne die eigennützige Verfolgung der eigenen Interessen, wozu auch die Verbesserung der eigenen Verhandlungsposition gegenüber derjenigen des anderen Teils gehört, nicht denkbar.[342] In dieses System paßt es nicht, die Ermittlung von Informationen zur Verbesserung der eigenen Verhandlungsposition als Verstoß gegen das Gebot der Fairneß zu behandeln. Ein Schutz der Verhandlungsposition als solcher läßt sich mit der Vertragsfreiheit als dem dominierenden Prinzip des Privatrechts nicht vereinbaren.
Selbst in den Ausnahmekonstellationen, in denen die Privatrechtsordnung zum Schutz einer unterlegenen Partei vom Prinzip der Vertragsfreiheit abweicht, also etwa im Anwendungsbereich der Regelungen der §§ 307 ff. und 138 II BGB, knüpft dieser Schutz nicht an die schwer faßbare Rechtsfigur einer „unfairen“ Beeinträchtigung der Verhandlungsposition des anderen Teils an, sondern an die inhaltliche Unangemessenheit des Vertrages, den ein überlegener Verhandlungspartner unter Ausnutzung seiner verhandlungsmäßigen Überlegenheit durchgesetzt hat. Erst wenn eine – wie auch immer begründete – verhandlungsmäßige Unterlegenheit einer Seite sich in einem rechtlich nachteiligen Rechtsgeschäft niedergeschlagen hat, greift der Schutz der §§ 307 ff., 138 II BGB ein. Eine gesetzliche Anerkennung der Schutzbedürftigkeit der Verhandlungsposition als solcher ist hingegen nicht einmal für Ausnahmekonstellationen ersichtlich, da es an entsprechenden Regelungen fehlt. Der Gedanke, daß die Verhandlungsposition des einen Verhandlungspartners für sich genommen

---

[341] Fleischer, Informationsasymmetrie, S.256 ff. nennt die Frage des Arbeitgebers nach dem Vorgehalt.

[342] Zu der Funktion der Vertragsfreiheit, richtige Verträge herbeizuführen, vgl. schon oben, I. 1. b) bb).

ein gegenüber dem anderen Verhandlungspartner geschütztes Rechtsgut ist, vermag deshalb nicht zu überzeugen.[343]

b) Schutzwürdigkeit der Interessen des fragenden Teils

Das Informationsinteresse des fragenden Teils stellt einen schutzwürdigen Belang dar. Das ergibt sich aus den objektiven Wertentscheidungen, die den verfassungsrechtlichen Gewährleistungen in Art. 12 I bzw. 14 bzw. 2 I GG zu entnehmen sind.

aa) Kein Schutz nach Art. 5 I S. 1 Alt. 2 GG

Keine Stütze findet das Informationsinteresse in der verfassungsrechtlichen Gewährleistung, die vom Wortlaut her am naheliegendsten ist, nämlich in der Informationsfreiheit nach Art. 5 I S. 1 Alt. 2 GG. Denn der Schutzbereich der verfassungsrechtlichen Informationsfreiheit ist auf die Unterrichtung aus *allgemein zugänglichen* Quellen beschränkt. Allgemein zugänglich ist eine Informationsquelle nur, wenn sie dazu bestimmt und geeignet ist, der Allgemeinheit, d. h. einem individuell nicht bestimmbaren Personenkreis, Informationen zu verschaffen.[344] Der private Vertragsinteressent, an den der fragende Teil seine vorvertraglichen Fragen richtet, kann zwar eine Informationsquelle sein,[345] es fehlt aber an der Bestimmung zur Unterrichtung der Allgemeinheit.[346]

bb) Art 12 I GG

Das Interesse der Erhebung einer Information zum Zwecke der Entscheidung über einen Vertragsschluß kann in den Schutzbereich des Art. 12 I GG fallen, wonach u. a. die Freiheit der Berufsausübung geschützt ist.

Beruf im Sinne des Grundgesetzes ist jede erlaubte, auf Dauer angelegte Tätigkeit, die auf die Schaffung oder Erhaltung einer Lebensgrundlage gerichtet ist,[347] also auch die Tätigkeit des selbständigen Unternehmers.[348]

---

[343] Auch *Fleischer* will letztlich die Konsequenz einer Beschneidung des Anfechtungsrechts des Getäuschten nicht ziehen, wenn auf eine derart unzulässige Frage unwahr geantwortet wird (Fleischer, Informationsasymmetrie, S. 260). Dadurch zieht er im Hinblick auf die Konstellation einer Täuschung durch aktives Tun gar keine Konsequenz aus der von ihm behaupteten Unzulässigkeit der Frage und muß sich deswegen den Vorwurf der Inkonsequenz gefallen lassen.

[344] Ganz h. M., vgl. nur BVerfGE 27, 71, 83; BVerfGE 33, 52, 65; Ehmann, AcP 188 (1988), 230, 232; Jarass/Pieroth, Art. 5 Rn. 16; Tinnefeld/Ehmann, S. 364; für eine Einbeziehung auch der individuellen Informationsmöglichkeiten hingegen Langer, S. 140 ff.

[345] Vgl. Jarass/Pieroth, Art. 5 Rn. 15.

[346] A.A. Langer, S. 148; für einen unmittelbaren oder mittelbaren Schutz nach Art. 5 GG auch Brossette, S. 195.

[347] BVerfGE 97, 228, 252; Breitfeld, S. 13; Pieroth/Schlink, § 21 II. 1. a) (Rn. 810 ff.)

[348] BVerfGE 50, 290, 363; Breitfeld, S. 16; Degenhart, JuS 1990, 161, 165.

Als Berufsausübung schützt Art. 12 I GG die gesamte berufliche Tätigkeit,[349] also Form, Inhalt, Dauer und die Mittel, die bei der Tätigkeit eingesetzt werden.[350] Beim Unternehmer umfaßt die Berufsausübungsfreiheit demnach die gesamte Gründung und Führung von Unternehmen.[351] Zur Führung eines Unternehmens gehört auch der Abschluß von Verträgen, insbesondere mit Kunden.[352] Die Vertragsfreiheit des Unternehmers ist deshalb dem besonderen Freiheitsgrundrecht des Art. 12 I GG zuzuordnen, wenn und soweit der Abschluß dieser Verträge unternehmerisches Handeln ist, wenn es dem Unternehmer dabei also um die Verfolgung der Unternehmenszwecke geht.[353] Dem steht nicht entgegen, daß die Vertragsfreiheit im Grundsatz nach Art. 2 I GG geschützt wird, denn dieses allgemeine Auffanggrundrecht tritt hinter der spezielleren Gewährleistung des Art. 12 I GG zurück.[354]

Zur Erreichung der Unternehmenszwecke, insbesondere für die Erwirtschaftung von Gewinn, kommt es auf die Richtigkeitsquote der unternehmerischen Entscheidungen über Abschluß und Ausgestaltung der Verträge an. Daß diese wiederum von den Informationen abhängt, über die der Unternehmer im Zeitpunkt seiner rechtsgeschäftlichen Entscheidung verfügt, wurde bereits dargelegt.[355] Damit bedarf der Unternehmer vorvertraglicher Informationen, um den Unternehmerberuf sinnvoll auszuüben. Sofern es um Vertragsabschlüsse eines Unternehmers geht, die im Zusammenhang mit seiner unternehmerischen Tätigkeit stehen, ist das Informationsinteresse also entsprechend der objektiven Wertentscheidung des Art. 12 I GG als schutzwürdig anzuerkennen.[356]

Nicht erforderlich ist dabei, daß es sich bei dem Unternehmer um eine natürliche Person handelt, denn nach ständiger Rechtsprechung des Bundesverfas-

---

[349] V. Mangoldt/Klein/Starck-Manssen, Art. 12 Rn. 63.

[350] Breitfeld, S. 15; Jarass/Pieroth, Art. 12 Rn. 8.

[351] Sog. Unternehmerfreiheit, BVerfGE 50, 290, 363; v. Mangoldt/Klein/Starck-Manssen, Art. 12 Rn. 63; Breitfeld, S. 17 ordnet die Gründung eines Unternehmens der Berufswahlfreiheit zu und nur die Leitung des Unternehmens der Berufsausübungsfreiheit.

[352] Aber auch z.B. bei der Einstellung von Arbeitnehmern, vgl. Breitfeld, S. 17 f.; Roos, S. 65.

[353] Degenhart, JuS 1990, 161, 165; Handb. StaatsR.-Breuer, § 147 Rn. 63; Heinrich, Formale Freiheit, S. 86; Moritz, NZA 1987, 329, 331; vgl. auch BVerfGE 47, 285, 321 (gesetzliche Verpflichtung der Notare, für unbemittelte Personen im Armenrecht tätig zu werden als Einschränkung der Berufsausübung).

[354] BVerfGE 74, 129, 152; Brossette, S. 203; Degenhart, JuS 1990, 161, 165; Handb. StaatsR.-Breuer, § 147 Rn. 63; v. Mangoldt/Klein/Starck-Depenheuer, Art. 14 Rn. 100; a.A. v. Mangoldt/Klein/Starck-Manssen, Art. 12 Rn. 6: Behandlung der Vertragsfreiheit als unbenanntes Freiheitsgrundrecht, welches Art. 2 I GG unterfalle, sichere ihren eigenständigen materiellen Gehalt. Der materielle Gehalt der Vertragsfreiheit kann aber ebensogut unter Respektierung der systematischen Stellung des Art. 2 I GG als Auffanggrundrecht gesichert werden, Art. 2 I GG greift dann für die Freiheit von Verträgen, die weder unternehmerisches Handeln noch eigentümerische Dispositionen (dazu s.u.) darstellen.

[355] Vgl. oben, bei 1. c).

[356] Lorenz, VersR 1999, 1309, 1313 (zum Informationsinteresse des Versicherers).

sungsgerichts gewährleistet Art. 12 I GG die Berufsfreiheit auch im Hinblick auf juristische Personen iSd. Art. 19 III GG.[357] Der Schutz des Art. 12 I GG umfaßt in diesen Fällen die Freiheit, eine Erwerbszwecken dienende Tätigkeit auszuüben, insbesondere ein Gewerbe zu betreiben, soweit diese Tätigkeit ihrer Art nach in gleicher Weise von einer juristischen wie von einer natürlichen Person ausgeübt werden kann.[358] Zu beachten ist allerdings, daß bei der Tätigkeit von Großunternehmen der personale Grundzug[359] des Grundrechts zurücktreten kann, weswegen der Schutz geringer ausfallen kann als bei kleinen und mittleren Betrieben.[360]

Von den Fällen, in denen eine Inhaltskontrolle der vorvertraglichen Befragungen vorzunehmen ist, wird unter den Schutzbereich des Art. 12 I GG häufig die Fallgruppe der allgemeinen vorvertraglichen Fragenkataloge fallen, da solche vor allem bei Vertragsschlüssen im Rahmen einer unternehmerischen Tätigkeit Verwendung finden. Auch Arbeits- und Wohnraummietverträge werden auf der Seite des Arbeitgebers bzw. des Vermieters häufig als unternehmerische Tätigkeit dem Schutz des Art. 12 I GG unterliegen. Eine Schwächeposition iSd. § 138 II BGB des Vertragspartners des fragenden Teils ist bei Vertragsschlüssen, die für den fragenden Teil zur Berufsausübung gehören, denkbar. Wie stets bildet so eine Schwächeposition einer Seite aber den Ausnahmefall.

cc) Art. 14 I GG

Das Informationsinteresse des fragenden Teils fällt unter den Schutz der Eigentumsgarantie des Art. 14 I GG, wenn die Informationen zur Grundlage der Entscheidung über ein Rechtsgeschäft gemacht werden sollen, das eine eigentümerische Disposition darstellt.

Schutzfähiges Eigentum iSd. Art. 14 I GG sind alle eigentumsfähigen Positionen in ihrem konkreten, gesetzlich ausgestalteten Bestand. Eigentumsfähige Positionen sind dabei grundsätzlich alle privatrechtlichen vermögenswerten Rechte,[361] auch das Recht am eingerichteten und ausgeübten Gewerbebetrieb, und zwar mit allem, was den wirtschaftlichen Wert des Betriebs ausmacht,[362]

---

[357] BVerfGE 30, 292, 312; BVerfGE 50, 290, 363; BVerfGE 97, 228, 253.

[358] BVerfGE 30, 292, 312; BVerfGE 50, 290, 363.

[359] Zum Persönlichkeitsbezug des Grundrechts der Berufsfreiheit vgl. BVerfGE 30, 292, 334.

[360] BVerfGE 50, 290, 363 f.; v. Mangoldt/Klein/Starck-Manssen, Art. 12 Rn. 65 und 262; kritisch Breitfeld, S. 119 ff.: Fehlen des personalen Grundzugs bei Unternehmen werde unter Berücksichtigung der „volkswirtschaftlichen Dimension" ausgeglichen, so daß auch größere Unternehmen nicht weniger zu schützen seien).

[361] Breitfeld, S. 27; Pieroth/Schlink, § 23 II. 1. (Rn. 903).

[362] BGHZ 23, 157, 162 f.; Pieroth/Schlink, § 23 II. 1. (Rn. 905). Zurückhaltend insoweit das Bundesverfassungsgericht: der Schutz nach Art. 14 I GG könne jedenfalls nicht weiter gehen als der Schutz, den seine wirtschaftliche Grundlage genießt, vgl. BVerfGE 58, 300, 353. Bloße Interessen, Chancen oder Verdienstmöglichkeiten fallen aber nicht darunter,

nicht hingegen das Vermögen als solches.[363] Geschütztes Verhalten bei Art. 14 I GG ist die umfassende Herrschaft über diese Position, also nicht nur ihre Innehabung, sondern auch Nutzung des Eigentums und Verfügung darüber.[364] Insoweit hat das Grundrecht des Art. 14 I GG einen dynamischen, tätigkeitsorientierten Schutzbereich.[365] Daraus ergibt sich, daß auch ein Teilbereich der Vertragsfreiheit dem besonderen Schutz des Art. 14 I GG unterliegt,[366] und zwar die Freiheit, obligatorische oder dingliche Verträge über die Veräußerung, Nutzung oder Belastung von Eigentumspositionen abzuschließen.[367]

Für die Abgrenzung zu Vertragsschlüssen, die unter Art. 12 I GG fallen, ist nach den Kriterien, die das Bundesverfassungsgericht in seiner Mineralölbevorratungs-Entscheidung aufgestellt hat, darauf abzustellen, ob von dem Rechtsgeschäft eher die Freiheit der individuellen Erwerbstätigkeit oder eher die Innehabung und Verwendung vorhandener Vermögensgüter betroffen ist.[368] Denn während die Berufsfreiheit den Erwerb schützt, schützt die Eigentumsfreiheit das Erworbene.[369] Diese unterschiedliche Schutzrichtung der Art. 12 I GG und 14 I GG führen aber entgegen der zitierten verfassungsgerichtlichen Entscheidung nicht notwendig zu einem Ausschließlichkeitsverhältnis, sondern es sind durchaus Fälle denkbar, in denen ein Unternehmer in Ausübung seiner unternehmerischen Tätigkeit über sein Eigentum disponiert,[370] zum Beispiel wenn ein Unternehmer im Rahmen seiner unternehmerischen Tätigkeit in seinem Eigentum befindliche Räumlichkeiten vermietet.

Das Informationsinteresse des Eigentümers im Vorfeld von Verträgen über die Veräußerung, Nutzung oder Belastung von Eigentumspositionen unterliegt dem Schutz des Art. 14 I GG,[371] da die entsprechenden Informationen die Richtigkeitsquote auch im Hinblick auf die Verfügung über sein Eigentum zu seinen eigenen Zwecken erhöht.

---

denn im Unterschied zu Art. 12 I GG schützt Art. 14 I GG nicht den Erwerb sondern das Erworbene, vgl. BVerfGE 30, 292, 335.

363 BVerfGE 74, 129, 148; Pieroth/Schlink, § 23 II. 1. (Rn. 907).

364 Breitfeld, S. 29; Jarass/Pieroth, Art. 14 Rn. 6.

365 Breitfeld, S. 29.

366 Degenhart, JuS 1990, 161, 165 f.; vgl. auch Moritz, NZA 1987, 329, 331.

367 Heinrich, Formale Freiheit, S. 87 f.; v. Mangoldt/Klein/Starck-Depenheuer, Art. 14 Rn. 101, dabei greift der Schutz des Art. 14 I GG allerdings nur auf Seiten desjenigen, der schon vor dem Eintritt der Wirkung des Rechtsgeschäfts Eigentümer war, auf der Erwerberseite wäre Art. 14 I GG erst durch ein generelles Erwerbsverbot betroffen.

368 BVerfGE 30, 292, 335.

369 BVerfGE 30, 292, 335; von Münch/Kunig-Gubelt, Art. 12 Rn. 98.

370 Breitfeld, S. 29 f.; v. Mangoldt/Klein/Starck-Depenheuer, Art. 14 Rn. 99; vgl. auch von Münch/Kunig-Gubelt, Art. 12 Rn. 98.

371 Lorenz, VersR 1999, 1309, 1313 (zum Informationsinteresse des Versicherers); a.A. für das Informationsinteresse eines Arbeitgebers im Vorfeld eines Arbeitsvertrages, Roos, S. 66 (Schutz nur nach Art. 12 I GG).

Von den Fällen, in denen eine Inhaltskontrolle der vorvertraglichen Befragungen vorzunehmen ist, fallen unter den Schutzbereich des Art. 14 I GG regelmäßig die Fallgruppe der Befragungen durch die Vermieter von Wohnraum. Auch beim Abschluß von Arbeitsverträgen und bei Verträgen, in deren Vorfeld Fragen aus allgemeinen vorvertraglichen Fragenkatalogen gestellt werden, kann es sich um eigentümerische Dispositionen handeln, so daß ein Schutz nach Art. 14 I GG besteht. Eine nach § 138 II BGB relevante Schwächeposition des befragten Teils ist auch bei Verträgen, bei denen der Fragende nach Art. 14 I GG geschützt ist, denkbar. Dabei handelt es sich um Ausnahmefälle.

dd) Art. 2 I GG

Sofern der verhandelte Vertrag nicht unter die speziellen Gewährleistungen der Art. 12 I oder 14 I GG fällt,[372] greift die Gewährleistung des Art. 2 I GG als allgemeines Auffanggrundrecht.[373] Aus der allgemeinen Handlungsfreiheit ist als konkrete Ausprägung nämlich auch die Freiheit im wirtschaftlichen Verkehr abzuleiten.[374] Soweit Art. 2 I GG für ein Rechtsgeschäft eingreift, fällt auch das Interesse am Erhalt von Informationen, die der rechtsgeschäftlichen Entscheidung zu Grunde gelegt werden sollen, in den Schutzbereich.

In den Fällen der Inhaltskontrolle vorvertraglicher Fragen wird das Informationsinteresse meist bereits in den Anwendungsbereich der Art. 12 I GG oder 14 I GG fallen, da zumeist Unternehmer beteiligt sind, so daß die Gewährleistung des Art. 2 I GG keine Rolle spielt. Daß Art. 2 I GG zum Zuge kommt, ist im wesentlichen nur bei der Konstellation einer Schwächelage des Befragten im Sinne von § 138 II BGB denkbar.

3. Möglichkeit einer Auflösung der Interessenkollision

Wird im Rahmen von § 242 BGB eine Frage als angemessen erlaubt oder als unangemessen verboten, so werden jeweils die schutzwürdigen Belange einer Seite auf Kosten derjenigen auf der anderen Seite verwirklicht. Vor einer solchen, einseitigen Lösung ist nach dem Prinzip der praktischen Konkordanz zunächst nach einer Lösung zu suchen, bei der beiderseits die schutzwürdigen Belange gewahrt werden.[375]

Eine Lösung, die die beiderseitigen Interessen zu einem schonenderen Ausgleich bringt als das Verbot bzw. die Erlaubnis hinsichtlich bestimmter Fragen,

---

[372] Zum Vorrang der spezielleren Gewährleistungen von Art. 12 I und 14 I GG vgl. schon oben, Fn. 354.

[373] Lorenz, VersR 1999, 1309, 1313 (zum Informationsinteresse des Versicherers).

[374] BVerfGE 74, 129, 151 f.; 78, 232, 244; Degenhart, JuS 1990, 161, 165; vgl. auch Moritz, NZA 1987, 329, 331.

[375] Hesse, Verfassungsrecht, Rn. 72.

ist aber nicht ersichtlich.[376] Insbesondere werden die Interessen des befragten Teils an der Wahrung seiner informationellen Verfügungsbefugnis nicht schon dadurch gewahrt, daß den fragenden Teil eine vor- oder nebenvertragliche Verpflichtung trifft, über alle vorvertraglichen Informationen Stillschweigen zu bewahren. Der Befragte kann sich nämlich der Einhaltung dieser Verpflichtung nicht sicher sein. Außerdem gehen seine schutzwürdigen Interessen auch schon dahin, daß er die informationelle Verfügungsbefugnis im Verhältnis zum fragenden Teil wahrt.

4. Abwägung

Die Angemessenheit einer vorvertraglichen Frage ist nach einer Abwägung der beiderseitigen Interessen bei der vorvertraglichen Befragung zu bestimmen.[377] Nachdem die betroffenen Interessen der Verhandlungspartner und ihre Schutzwürdigkeit geklärt sind, sind sie deswegen gegeneinander abzuwägen.

a) Keine Möglichkeit einer abstrakten Abwägung

Für die Abwägung der schutzwürdigen Belange der Verhandlungspartner ist zunächst zu überlegen, ob sie schon abstrakt erfolgen kann.[378]

So eine abstrakte Abwägung setzt das Bestehen einer Rangordnung innerhalb der grundrechtlichen Gewährleistungen, die die Interessen der Verhandlungspartner schützen, voraus.[379] Eine Rangordnung zwischen den Grundrechten besteht aber nur in ganz eingeschränktem Umfang,[380] sie existiert vor allem im Hinblick auf die Gewährleistungen von Würde und Leben des Menschen durch Art. 1 I GG und 2 II S. 1 GG, denen der höchste Verfassungsrang zukommt.[381]

Weil das Persönlichkeitsrecht des Befragten teilweise auf der Menschenwürdegarantie beruht,[382] könnte ein abstrakter Vorrang seiner Interessen vor denen des anderen Teils anzunehmen sein, dessen Informationsinteresse „nur“ durch

---

[376] Vgl. Degener, S. 82 f.

[377] S.o. beim Anfang von II.

[378] Vgl. Larenz, FS für Klingmüller, S. 235, 247; Schmalz, Methodenlehre, Rn. 300.

[379] Vgl. Breitfeld, S. 125; Schmalz, Methodenlehre, Rn. 300.

[380] Howe, S. 42 ff.; Schmalz, Methodenlehre, Rn. 300; vgl. auch BVerfGE 34, 269, 282 (kein Rangverhältnis zwischen APR und Pressefreiheit); BVerfGE 35, 202, 225 f. (kein Rangverhältnis zwischen APR und Rundfunkfreiheit); BVerfGE 12, 45, 52 (kein Rangverhältnis zwischen Art. 12 III GG und Art. 3 II und III GG); BVerfGE 19, 135, 138 (kein Rangverhältnis zwischen Art. 4 und Art. 12 GG).

[381] BVerfGE 35, 202, 225 (Menschenwürde als Mittelpunkt des Wertesystems der Verfassung); BVerfGE 7, 377, 405 (freie menschliche Persönlichkeit als oberster Wert); Larenz, FS für Klingmüller, S. 235, 238; Schmalz Methodenlehre, Rn. 300.

[382] Zur Rechtsgrundlage des Rechts auf informationelle Selbstbestimmung in Art. 2 I und 1 I GG vgl. oben, Teil 4. A. I. 1.

die Art. 12 I und/oder 14 I GG bzw. 2 I GG gestützt wird.[383] Dem steht aber schon die Weite des Persönlichkeitsrechts auf informationelle Selbstbestimmung entgegen, das sich auf alle Daten mit Bezug zur eigenen Person bezieht.[384] Wegen der Eingliederung des individuellen Rechtsträgers in eine Gesellschaft müssen seiner Herrschaft über seine Daten insoweit Grenzen gesetzt werden, als sie Sozialbezug aufweisen. Diese Grenzen des persönlichkeitsrechtlich geschützten Bereichs sind gerade in Abwägung mit den Rechten anderer zu konkretisieren.[385] Ein abstrakter Vorrang des Rechts auf informationelle Selbstbestimmung gegenüber den Rechtspositionen ohne Menschenwürdegehalt ließe sich damit nicht vereinbaren und ist deswegen abzulehnen.[386]
Hinzu kommt, daß die Grundrechte der Art. 12 I und 14 I GG bei natürlichen Personen als Grundrechtsträgern von erheblicher Bedeutung für die freie Entfaltung der Persönlichkeit sind, so daß sie ebenfalls einen gewissen Menschenwürdegehalt vorweisen, obwohl es insoweit keines Rückgriffs auf Art. 1 I GG bedarf. Der Beruf als „Lebensaufgabe und Lebensgrundlage“ ist nämlich als besondere Form der Persönlichkeitsentfaltung anzusehen[387] und auch die Eigentumsgewährleistung hat ihre Bedeutung in der Sicherung einer materiellen Grundlage zur Ermöglichung einer freien Persönlichkeitsentfaltung[388].[389]
Da die abstrakte Abwägung wegen der grundsätzlichen Gleichrangigkeit der betroffenen Interessen zu keinem Ergebnis führt, kommt es für die Beurteilung der Angemessenheit einer vorvertraglichen Frage auf die konkrete Abwägung unter Berücksichtigung der Umstände des Einzelfalls an.

---

[383] Für Arbeitgeberfragen offenbar in diese Richtung: Däubler, Gläserne Belegschaften, Rn. 116 f. (Vorrang des Rechts auf informationelle Selbstbestimmung vor der Berufsausübungsfreiheit, anders erst, wenn Berufs*wahl* betroffen ist, weil Funktionsfähigkeit des Unternehmens bei Informationsverbot in Frage gestellt wäre.).

[384] Vgl. dazu oben, Teil 4. A. I. 1.

[385] Dabei spielt es im Ergebnis keine Rolle, ob diese Grenzziehung im Wege der Güterabwägung im Rahmen des Schutzbereichs des Rechts auf informationelle Selbstbestimmung oder im Rahmen der Rechtswidrigkeit einer Rechtsbeeinträchtigung vollzogen wird. Entscheidend ist letztlich nur, daß es im Rahmen der Drittwirkung von Persönlichkeitsrechten jeweils einer solchen Abwägung bedarf, vgl. z.B. BGHZ 24, 72, 80; BGHZ 73, 120, 124; BGH NJW 1991, 1532, 1533; Baston-Vogt, S. 366; Gallwas, NJW 1992, 2785, 2786; Gounalakis/Mand, CR 1997, 431, 432; Larenz, FS für Klingmüller, S. 235. Dazu auch bereits oben, Teil 4 I. 2.

[386] Im Ergebnis ebenso: Breitfeld, S. 125; Degener, S. 80 (grundsätzliche Gleichrangigkeit der Vertragsfreiheit des Arbeitgebers und des Persönlichkeitsrechts des Arbeitnehmers); Ehmann, AcP 188 (1988), 230, 289 f.; Hofmann, ZfA 1975, 1, 20; vgl. auch Howe, S. 42 ff.

[387] BVerfGE 7, 377, 397; BVerfGE 13, 181, 185; BVerfGE 50, 290, 362; v. Münch/Kunig-Gubelt, Art. 12 Rn. 98.

[388] BVerfGE 24, 367, 389, BVerfGE 50, 290, 339.

[389] Breitfeld, S. 116.

b) Kriterien bei der konkreten Abwägung

Aus dem Einzelfallbezug unter dem die Abwägung zu erfolgen hat, folgt eine Beschränkung der Möglichkeiten der vorliegenden Untersuchung, da hier nicht alle denkbaren Fragen im Vorfeld aller denkbaren Verträge durchgegangen werden können und sollen. Einer allgemeinen Untersuchung zugänglich ist aber die Frage, welche Kriterien bei der konkreten Abwägung eine Rolle zu spielen haben. Die Bestimmung solcher Kriterien erscheint auch im Hinblick auf ein Mindestmaß an Rechtssicherheit im Zusammenhang mit vorvertraglichen Befragungen unerläßlich.[390]

Ausschlaggebend für die Einzelfallabwägung muß dabei sein, in welchem Maß das eine oder das andere schutzwürdige Interesse nach den konkreten Umständen vom Verbot bzw. der Erlaubnis hinsichtlich einer Frage berührt wäre. Mit anderen Worten: es kommt darauf an, welches Interesse, wenn es zurücktreten müßte, die geringeren Einbußen erleiden würde.[391] Zu vergleichen sind hier also die Beeinträchtigung des Persönlichkeitsrechts durch Zulassung einer Frage mit der Beeinträchtigung der unternehmerischen, eigentümerischen bzw. sonstigen Vertragsfreiheit durch das Verbot einer Frage.[392]

aa) Beeinträchtigung des Persönlichkeitsrechts bei Zulassung einer Frage

Zur Beurteilung der (Un-)Angemessenheit des Ausgleichs der vorvertraglichen Interessen, der durch eine Befragung vorgegeben wird, ist deswegen zu überlegen, inwieweit der Befragte nach diesem Interessenausgleich auf seine informationelle Verfügungsbefugnis verzichten müßte. Es kommt also auf das Maß der Einbuße an informationeller Selbstbestimmung bei Beantwortung der Frage an.

(1) Beeinträchtigung

Durch die vorvertragliche Erteilung einer personenbezogenen Information büßt der Befragte seine informationelle Verfügungsbefugnis über diese Information zum Teil ein. Jedenfalls gegenüber dem Verhandlungspartner kann er den entsprechenden Lebenssachverhalt nicht mehr erfolgreich abschirmen und ist auch bezüglich seiner Selbstdarstellung insoweit festgelegt.[393] Damit sind aber nur die unmittelbaren Auswirkung einer Information umrissen.

---

[390] Im Interesse der Rechtssicherheit ist im übrigen auf die Entwicklung gefestigter Rechtsprechung zu bestimmten Konstellationen zu setzen, wie sie hinsichtlich bestimmter Arbeitgeberfragen bereits erfolgt ist, vgl. für das parallele Problem der Abwägung im Anwendungsbereich des BDSG Tinnefeld, NJW 1993, 1117, 1118. Zur verbleibenden Rechtsunsicherheit auch bei methodisch sauberen Interessenabwägungen vgl. Larenz, FS für Klingmüller, S. 235, 247.

[391] Hubmann, Persönlichkeitsrecht, S. 165; Langer, S. 198; Larenz, FS für Klingmüller, S. 235, 240 und 243 f.; vgl. auch Howe, S. 51. So auch die Lösung in BVerfGE 21, 239, 243 f.

[392] Vgl. Degener, S. 81.

[393] Vgl. schon oben, Teil 4 A. II. 1. a).

Erhebliches Gewicht können daneben aber insbesondere die mittelbaren Auswirkungen der Informationspreisgabe haben, namentlich wenn die Information über den Verhandlungspartner an Dritte gelangt, was mit oder ohne Wissen des Befragten denkbar ist. Auch wenn sich regelmäßig aus Treu und Glauben eine Verschwiegenheitspflicht des Verhandlungspartners über die personenbezogenen Informationen ergibt, kann der Befragte sich doch nicht sicher sein, daß diese Verpflichtung auch eingehalten wird. Schon durch die Gefahr der Weitergabe seiner personenbezogenen Daten ist der Befragte in seiner informationellen Selbstbestimmung gestört. Seine Entscheidung über Abschirmung und Selbstdarstellung gegenüber anderen ist dann nämlich von vornherein mit der Unsicherheit belastet, daß diese anderen bereits Kenntnisse über sein persönliches Leben haben.
Die vorvertragliche Erteilung einer Auskunft über persönliche Lebenssachverhalte setzt demnach nicht nur gegenüber dem Verhandlungspartner der informationellen Selbstbestimmung insoweit ein Ende, sondern sie belastet auch die informationelle Selbstbestimmung im Verhältnis zu Dritten.

(2) Bewertung
Es schließt sich die Frage an, wie die Intensität dieser Beeinträchtigungen des Rechts auf informationelle Selbstbestimmung zu bestimmen ist.

(a) Maßstab: Wahrung der Schutzzwecke des Rechts auf informationelle Selbstbestimmung
Dafür ist sich darauf zu besinnen, daß das Recht auf informationelle Selbstbestimmung nicht Selbstzweck ist, sondern daß sie der Menschenwürdegarantie und der Gewährleistung der freien Persönlichkeitsentfaltung dient, die die Selbstbestimmung des Bürgers über Abschirmung und Selbstdarstellung erfordert.
Eines abgeschirmten Bereichs bedarf es vor allem im Hinblick auf die Freiheitsgewährleistung, denn die Befürchtung eines fremden Blickes auf das eigene Leben kann zu einer Hemmnis der Rechtsausübung führen. Das ist insbesondere der Fall, wenn die Verurteilung des Verhaltens befürchtet wird. Das Recht auf informationelle Selbstbestimmung hat insoweit um so größere Bedeutung, je stärkere Hemmnisse das Fehlen der Möglichkeit zur informationellen Abschirmung für die persönliche Freiheit entfalten kann. Das hängt von der Beurteilung des Lebenssachverhalts durch andere ab. Außerdem ist insoweit zu überlegen, in welchem Bereich solche Hemmnisse die Persönlichkeitsentfaltung besonders empfindlich treffen.
Im Hinblick auf die Selbstdarstellung geht es darum, daß der Bürger sich im gesellschaftlichen Zusammenleben entfalten kann. Dafür ist die Haltung, die die anderen Mitglieder der Gesellschaft ihm gegenüber einnehmen, von entscheidender Bedeutung, und diese Haltung hängt wiederum maßgeblich von den In-

formationen ab, die über den Bürger bekannt werden. Deswegen soll der Einzelne seine Selbstdarstellung durch Preisgabe und Verwendung dieser Informationen im Grundsatz selbst kontrollieren. Das Recht auf informationelle Selbstbestimmung ist im Hinblick auf diesen Zweck um so stärker beeinträchtigt, um so wichtiger eine Information für die Haltung ist, die andere gegenüber dem Rechtsträger einnehmen.
Hier zeigt sich auch das Ineinandergreifen der Aspekte von Abschirmung und Selbstdarstellung, jeweils geht es um die Vermeidung einer nachteiligen oder sonst ungewollten Beurteilung durch andere. Nach den Zwecken des Rechts auf informationelle Selbstbestimmung ist also darauf abzustellen, ob und in welchem Umfang durch die Offenbarung eines persönlichen Lebenssachverhalts an den Verhandlungspartner eine solche Beurteilung droht.[394] Im Hinblick auf die Anknüpfung der Information spielt es dabei eine Rolle, wie wichtig der jeweilige Lebenssachverhalt für die Persönlichkeitsentfaltung ist. Dafür kommt es zum einen darauf an, welcher Lebenssachverhalt preisgegeben wird und zum anderen auf die Umstände, die bei der Verwendung und Verbreitung der Information eine Rolle spielen.[395]
Diese beiden Aspekte bei der Bestimmung der Intensität einer Beeinträchtigung des Rechts auf informationelle Selbstbestimmung lassen sich auch dem Volkszählungsurteil[396] des Bundesverfassungsgerichts entnehmen. Darin äußert das Bundesverfassungsgericht, daß es nicht nur auf den Bezugspunkt einer personenbezogenen Information ankommt und es deswegen auch keine Daten gibt, die per se belanglos sind.[397] Dem liegt die Überlegung zu Grunde, daß auch ein für sich gesehen belangloses Datum durch die Möglichkeit der Verknüpfung mit anderen Daten einen neuen Stellenwert bekommen kann.[398]

(b) Art des preiszugebenden Lebenssachverhalts

Die Art des preiszugebenden Lebenssachverhalts bietet damit zwar nicht den einzigen Aspekt bei der Bestimmung der Intensität der Einbuße an informatio-

[394] Entsprechend stellt BVerfGE 78, 77, 87 (Entmündigung I) zur Bestimmung der Schwere eines Eingriffs in die informationelle Selbstbestimmung darauf ab, daß die Bekanntmachung einer Entmündigung wegen Verschwendung oder Trunksucht „die Gefahr der sozialen Abstempelung hervorrufen" kann.

[395] Vgl. Rosenbaum, Jura 1988, 178, 182, der neben Art und Umfang der Daten auf die Art der Verarbeitung, insbesondere die Dauer der Speicherung, die denkbaren Verwendungszwekke und auf konkrete Mißbrauchsgefahren abstellen will.

[396] BVerfGE 65, 1, 45.

[397] BVerfGE 65, 1, 45.

[398] BVerfGE 65, 1, 45.

neller Selbstbestimmung durch die Preisgabe eines Umstands.[399] Dennoch spielt sie eine wichtige Rolle.[400]

(aa) Intimität

Insoweit besteht weitgehend ein Konsens dahingehend, daß der persönlichkeitsrechtliche Schutz um so weiter geht, je „intimer" eine Information ist.[401] Schon nach dem abgestuften Schutzsystem der Sphärentheorie unterliegen solche Lebenssachverhalte, die in die innerste Sphäre, nämlich die „Intimsphäre" fallen, im Gegensatz zu der weniger geschützten „Privatsphäre" und der kaum geschützten „Sozialsphäre" dem stärksten Schutz.[402] Die Unterteilung des Persönlichkeitsschutzes in drei unterschiedlich stark geschützte Sphären ist dabei zwar berechtigtermaßen auf Kritik gestoßen, weil es an einer klaren Abgrenzung der Sphären fehlt.[403]

Zu Recht festgehalten wird aber weithin an einem „Persönlichkeitskern", einem „Intimbereich"[404] oder auch einem letzten „unantastbaren Bereich privater Lebensgestaltung"[405], der besonders intime oder auch „höchstpersönliche"[406] Lebenssachverhalte unter einen besonders hervorgehobenen persönlichkeitsrechtlichen Schutz stellen soll.[407] Wenn dieser Kernbereich erreicht wird, wird ein staatlicher Eingriff per se für unzulässig gehalten,[408] weil eine Weitergabe der

---

[399] Vgl. BVerfGE 65, 1, 46; Aulehner, CR 1993, 446, 453; Rosenbaum, Jura 1988, 178, 182; Tinnefeld, NJW 1993, 1117, 1118.

[400] Vgl. Aulehner, CR 1993, 446, 453; Baston-Vogt, S. 369 mit Fn. 778; Hufen, JZ 1984, 1072, 1076; Rosenbaum, Jura 1988, 178, 182; für eine Bedeutung der Art der Daten auch BVerfGE 65, 1, 46; ablehnend Gounalakis/Mand, CR 1997, 431,437; ihnen folgend Ehman/Helfrich, Art. 8 Rn. 9 – diese Ablehnung wird sich aber wohl nur gegen die Behandlung der Art der Daten als besonders hervorgehobenes Kriterium bei der Bewertung einer Rechtsgutsbeeinträchtigung richten.

[401] Allerdings schwanken insoweit die Begrifflichkeiten, so spricht etwa Baston-Vogt, S. 369 in diesem Zusammenhang von der „Persönlichkeitsnähe" aber auch von der „Sensibilität" eines Datums.

[402] BGH NJW 1991, 1532, 1533; Degenhart, JuS 1990, 361, 364 (die Einordnung in die Sphären hänge aber vom vorherigen Verhalten des Berechtigten ab); vgl. auch BVerfGE 54, 148, 153 f. (persönlichkeitsrechtlicher Schutz nur hinsichtlich der „engeren Persönlichkeitssphäre": „Privat-, Geheim- und Intimsphäre") und BGHZ 24, 72, 79 (persönlichkeitsrechtlicher Schutz einer „Geheimsphäre"); BGHZ 27, 284, 290 f. („persönlichkeitsrechtliche Eigensphäre").

[403] MK-Schwerdtner (3. Aufl.), § 12 Rn. 216.

[404] Aulehner, CR 1993, 446, 453.

[405] BVerfGE 34, 238, 245; BVerfGE 80, 367, 373; BVerfGE 89, 69, 83.

[406] BVerfGE 80, 367, 374.

[407] Insoweit ist die Sphärentheorie nur relativiert worden, vgl. Aulehner, CR 1993, 446, 453.

[408] BVerfGE 34, 238, 245 (folgt aus der Unantastbarkeit des Persönlichkeitsrechts hinsichtlich des Menschenwürdegehalts und hinsichtlich des Wesensgehalts des Grundrechts aus Art. 2 I GG; insoweit findet keine Interessenabwägung statt); Geis, JZ 1991, 112, 117; Tinnefeld, NJW 1993, 1117, 118; allerdings hat das Bundesverfassungsgericht selbst bei Tage-

entsprechenden Informationen dem Betroffenen wegen ihres streng persönlichen Charakters unzumutbar ist[409]. Ansonsten soll der persönlichkeitsrechtliche Schutz um so höher ausfallen, je näher eine Information diesem Kernbereich steht.[410]

Für die Frage, wann ein Umstand besonders intim ist, bieten die gesellschaftlichen Gepflogenheiten in bezug auf Einordnung eines Lebenssachverhalts als intim oder privat einen ersten, häufig zutreffenden Anhaltspunkt. Im Rahmen von rechtlichen Überlegungen ist zu berücksichtigen, daß dem Aspekt der Intimität von Daten der Schutz der individuellen Persönlichkeit im Rahmen des Persönlichkeitsrechts (Art. 2 I GG iVm. 1 I GG) zu Grunde liegt. Die Intimität einer Information ist ein Maßstab dafür, inwieweit die individuelle Identität eines Menschen durch den Umgang der Information betroffen wird. Für die Einordnung eines Lebenssachverhalts als intim kommt es deswegen darauf an, ob der Lebenssachverhalt eher zur Existenz des Menschen als Individualwesen oder zu seiner Existenz als Sozialwesen zu zählen ist. Ausschlaggebend für den Bezug zur individuellen Existenz ist dabei, inwieweit bestimmte Verhaltensweisen so stark zur Persönlichkeit gehören, daß sie nicht mehr bloß Ausübung der allgemeinen Handlungsfreiheit, sondern auch Teil der individuellen Identität als Teil der ambivalenten menschlichen Persönlichkeit sind.[411] Es geht also um die Frage, inwieweit es bezüglich eines Lebenssachverhalts bereits erforderlich ist, dem Bürger einen Bereich zu gewährleisten, in dem er nur sich selbst gehört und „in Ruhe gelassen wird".[412] Von der anderen Seite her gedacht kommt es darauf an, welche soziale Bedeutung und Beziehung der Sachverhalt hat.[413]

---

buchaufzeichnungen eine Betroffenheit des Kernbereichs abgelehnt, wenn wegen der Bedeutsamkeit im Zusammenhang mit einer Straftat auch Belange der Gemeinschaft berührt sind, vgl. BVerfGE 80, 367, 374; kritisch dazu Geis, JZ 1991, 112, 116.

[409] BVerfGE 67, 100, 144; BVerfGE 76, 388; BVerfGE 77, 47; ähnlich schon BVerfGE 65, 1, 46.

[410] BVerfGE 89, 69, 83 f; Aulehner, CR 1993, 446, 453; vgl. auch BGH NJW 1991, 1532, 1533 (Keine Schutzbedürftigkeit bei der Veröffentlichung des Namens und der Anschrift eines Notfallarztes, weil es sich um Daten handelt, die von jedem ohne Mühe aus allgemein zugänglichen Quellen, etwa dem Telephonbuch entnommen werden können [der BGH bezeichnet die Daten deswegen als nicht „sensibel", nach den Begrifflichkeiten der vorliegenden Untersuchung sind sie nicht „intim"]).

[411] Hufen, JZ 1984, 1072, 1076 spricht insoweit von einem dem Kern der Menschenwürde und der Gewissenfreiheit nahen Sektor höchstpersönlicher Lebensgestaltung.

[412] Zu allem vgl. schon oben, Teil 4 A. I. 1.

[413] BVerfGE 65, 1, 46 (Volkszählung); BVerfGE 80, 367, 374 (Tagebuch); dabei spricht allerdings nicht jeder Sozialbezug gegen die Intimität eines Sachverhalts, etwa seine Bedeutung für vertraute Personen und seine Mitteilung an diese Personen, Geis, JZ 1991, 112, 116.

Damit ist immerhin ein grober Maßstab gefunden, anhand dessen sich etwa zeigt, daß Informationen über sexuelle Verhaltensweisen intimer sind als Informationen über berufliche Umstände.

(bb) Sensibilität

Die Sensibilität eines Datums stellt nicht unbedingt einen Gegenbegriff zu seiner Intimität dar. Gemeint sind damit Informationen über eine Person, die in besonderer Weise die Gefahr seiner Verurteilung durch die Gemeinschaft bergen. So ein Fall lag insbesondere dem ersten Entmündigungsbeschluß des Bundesverfassungsgerichts zu Grunde, bei dem die Schwere der Rechtsgutsbeeinträchtigung durch Bekanntmachung der Entmündigung wegen Verschwendung oder Trunksucht mit der Gefahr der sozialen Abstempelung des Betroffenen begründet wurde.[414] Das ist überzeugend, weil bei der Gefahr einer solchen Verurteilung durch Dritte die persönliche Freiheitsentfaltung und die Befugnis zur Selbstdarstellung besonders intensiv betroffen sind.

(cc) Präzisierung durch Rückgriff auf einfachgesetzliche Wertungen

Zur Gewährleistung möglichst großer Rechtseinheitlichkeit und -sicherheit zwischen den Parteien wäre es wünschenswert, die Kriterien der Intimität und Sensibilität noch zu präzisieren. In diesem Zusammenhang fällt der Blick auf zwei einfachgesetzliche Regelungen, die der deutsche Gesetzgeber in Erfüllung seiner Schutzpflicht aus den Art. 2 I und 1 I GG getroffen hat: § 53 BZRG und §§ 3 IX iVm. 4 a III bzw. 28 VI - IX BDSG .

(α) Besondere Arten personenbezogener Daten iSv. § 3 IX BDSG

Im Anwendungsbereich des Bundesdatenschutzgesetzes (BDSG) unterliegt der Umgang mit personenbezogenen Informationen besonderen Vorgaben, worauf später noch einzugehen sein wird.[415] Noch erhöhte, zusätzliche Anforderungen stellt das BDSG für den Umgang mit solchen Daten auf, bei denen es sich um „besondere Arten personenbezogener Daten“ iSd. § 3 IX BDSG handelt, vgl. §§ 4 a III, 28 VI - IX BDSG. Im Einzelnen geht es dabei um Angaben „über die rassische oder ethnische Herkunft, politische Meinungen, religiöse oder philosophische Überzeugungen, Gewerkschaftszugehörigkeit, Gesundheit oder Sexualleben“.

Der höhere Schutz, den das BDSG dem Recht auf informationelle Selbstbestimmung insoweit angedeihen läßt, knüpft offenbar an der Art der Informationen an. Der Gesetzgeber hat also die informationelle Selbstbestimmung hin-

---

[414] BVerfGE 78, 77, 87 (Entmündigung I), daneben spielten hier auch das sozialstaatlich motivierte Bestreben zur Wiedereingliederung des Betroffenen eine Rolle; in diese Richtung auch MK-Rixecker, § 12 Anh.: „Schadensträchtigkeit der Information“.

[415] Vgl. dazu unten, Teil 6.

sichtlich der Daten iSd. § 3 IX BDSG als besonders schutzbedürftig angesehen.[416]
Zum Ergebnis einer besonderen Schutzbedürftigkeit dieser Daten gelangt man auch beim Anlegen der oben herausgearbeiteten Kriterien, denn es handelt sich durchweg um Angaben, die besonders intim (etwa Gesundheit oder Sexualleben) oder besonders sensibel (etwa rassische oder ethnische Herkunft) oder beides (etwa die religiöse Überzeugung) sind. Die Sonderbehandlung der informationellen Selbstbestimmung in den genannten Bereichen im Rahmen des BDSG entspricht von daher auch der Konkretisierung der verfassungsrechtlichen Vorgaben des Persönlichkeitsrechts, die oben anhand der Begriffe von Intimität und Sensibilität einer Information getroffen wurde. Die Hervorhebung in § 3 IX BDSG knüpft dabei auch nicht an Besonderheiten des Regelungsbereichs des BDSG an, etwa der dateimäßigen Verarbeitung.
Daraus ergibt sich, daß die Wertung der datenschutzrechtlichen Sonderbehandlung der Angaben nach § 3 IX BDSG bei der Frage, ob eine besondere Schutzbedürftigkeit schon nach der Art des preiszugebenden Lebenssachverhalts angenommen werden kann, heranzuziehen ist. Die Einbuße an informationeller Verfügungsbefugnis im Rahmen eines vorvertraglichen informationellen Interessenausgleichs ist damit dann als besonders schwerwiegend einzustufen, wenn Angaben über die rassische oder ethnische Herkunft, politische Meinungen, religiöse oder philosophische Überzeugungen, Gewerkschaftszugehörigkeit, Gesundheit oder Sexualleben preisgegeben werden sollen.

(β) Fragen nach Vorstrafen – § 53 BZRG

Eine gesetzgeberische Wertung im informationellen Bereich enthält auch § 53 BZRG, wonach der Verurteilte sich als unbestraft bezeichnen darf, wenn eine Verurteilung nicht in das Führungszeugnis aufzunehmen ist oder getilgt wird. Der Gesetzgeber stellt damit das diesbezügliche Informationsinteresse des Geschäftspartners hinter das Interesse des Verurteilten an der Geheimhaltung der

---

[416] Duhr/Naujok/Peter/Seiffert, DuD 2002, 5, 10; insoweit deutlich die Begründung zum Regierungsentwurf bei der Einführung des § 3 IX BDSG, BT-Ducks. 14 /4329, S. 29: „Die Richtlinie sieht eine Reihe von Restriktionen im Zusammenhang mit der Verarbeitung sog. sensitiver Daten vor, die den Bürger in diesem empfindlichen Bereich besonders schützen sollen.“; bei der dort erwähnten Richtlinie handelt es sich um die europäischen Datenschutzrichtlinie vom 24.10.1995 (ABl. EG Nr. L 281 vom 23. 11.1995, S. 31 ff.) aus deren Art. 8 I die „besonderen Arten personenbezogener Daten“ eins zu eins übernommen wurden, vgl. dazu auch Erwägungsgrund 33 der Richtlinie: „Daten, die *aufgrund ihrer Art* geeignet sind, die Grundfreiheiten oder die Privatsphäre zu beeinträchtigen,..“ (Hervorhebung durch Verfasserin). Einen Widerspruch zwischen der Richtlinie und der Konzeption des deutschen Rechts auf informationelle Selbstbestimmung, innerhalb dessen ihrer Ansicht nach nicht nach der Art der Daten zu unterscheiden sei, sehen darin Gounalakis/Mand, CR 1997, 431,437; ihnen folgend Ehmann/Helfrich, Art. 8 Rn. 9.

Verurteilung zurück.[417] Dennoch läßt sich diese gesetzgeberische Wertung für die hier vorzunehmende Interessenabwägung kaum fruchtbar machen, denn sie betrifft nur den Spezialfall der Vorstrafen. Soweit die Regelung eingreift, kommt es aber auf eine Interessenabwägung gar nicht mehr an, weil ein Anfechtungsrecht des fragenden Teils bereits mangels Rechtswidrigkeit der Täuschung ausscheidet.[418] Der Regelung des § 53 I BZRG läßt sich auch nicht im Umkehrschluß entnehmen, daß das Informationsinteresse hinsichtlich solcher Vorstrafen, für die § 53 BZRG nicht greift, stets vorrangig wäre.[419] Denn insoweit ist davon auszugehen oder jedenfalls nicht auszuschließen, daß der Gesetzgeber durch § 53 I BZRG nur einen *Mindest*schutz des Vorbestraften festgeschrieben hat.[420]

(dd) Kein genereller Vorrang der informationellen Verfügungsbefugnis wegen der Art der Daten

Es schließt sich die Frage an, ob Daten denkbar sind, die so intim oder sensibel sind, daß der vorvertragliche Interessenausgleich schon deswegen unangemessen ist, weil er auf die Preisgabe solcher Daten gerichtet ist. Für diese Daten käme es dann nicht mehr auf die Abwägung mit den kollidierenden Belangen des fragenden Teils an.

Im Verhältnis von Bürger und Staat wird allgemein die Existenz von Daten bejaht, die wegen ihrer Zugehörigkeit zum „Persönlichkeitskern", „Intimbereich" oder auch einem letzten „unantastbaren Bereich privater Lebensgestaltung" per se dem staatlichen Eingriff entzogen sind. Beeinträchtigungen in diesem Bereich sind unzulässig, ohne daß es auf die Schutzwürdigkeit der kollidierenden Belange ankäme.[421]

Im Privatbereich ist es aber fraglich, ob ein solcher genereller Vorrang des Rechts auf informationelle Selbstbestimmung bezüglich der intimsten Daten denkbar ist.[422] Denn der umfassende Schutz des Kernbereichs im öffentlich rechtlichen Verhältnis hat seinen Grund in der absoluten Bindung des Staats an die Unantastbarkeit der Menschenwürdegarantie und des Wesensgehalts (Art. 19 II GG) des Persönlichkeitsrechts.[423] Eine entsprechende absolute Bindung besteht im Privatrechtsverhältnis aber nicht.

Jedenfalls bei der Problematik vorvertraglicher Informationen macht eine solche absolute Einschränkung auch keinen Sinn, da auch die möglichen Gegen-

[417] Medicus, BGB AT, Rn. 792. Dabei wird die Rechtsstellung des Vorbestraften generell verbessert, vgl. Götz/Tolzmann, § 53 BZRG Rn. 4.
[418] Vgl. dazu oben, Teil 4 B.
[419] Götz/Tolzmann, § 53 BZRG Rn. 9.
[420] Götz/Tolzmann, § 53 BZRG Rn. 13.
[421] Vgl. oben, bei (b) (aa).
[422] Dafür: BGHZ 73, 120, 124; Howe, S. 52.
[423] BVerfGE 34, 238, 245.

stände von Verträgen grundsätzlich keiner Beschränkung unterliegen. Sie können auch extrem intime Vorgänge betreffen. Entsprechend kann dann auch die Erhebung extrem intimer Lebenssachverhalte erforderlich sein. Wenn zum Beispiel ein Vertrag über die Behandlung einer Geschlechtskrankheit geschlossen werden darf, dann muß es auch erlaubt sein, den Patienten im Vorfeld des Behandlungsvertrages nach dieser Krankheit zu fragen.[424]

Demnach kann sich die Unangemessenheit eines vorvertraglichen informationellen Interessenausgleichs nicht schon aus der Intimität oder Sensibilität einer erfragten Information ergeben. Eine Abwägung mit den Belangen des fragenden Teils ist vielmehr auch bei besonders intimen oder sensiblen Daten unerläßlich.

(c) Verwendung der Daten

Neben der Art des Datums kommt es für die Bestimmung der Intensität der Einbuße an informationeller Verfügungsbefugnis hinsichtlich des preisgegebenen Sachverhalts darauf an, was der fragende Teil mit der entsprechenden Information machen wird, bzw. was er damit machen kann. Für die Beeinträchtigung des Rechts auf informationelle Selbstbestimmung hat das Bundesverfassungsgericht deswegen zutreffend auch den Umfang und die denkbaren Verwendungen der Daten und die Gefahr ihres Mißbrauchs als maßgebliche Aspekte angesehen.[425]

In diesem Zusammenhang kommt es vor allem darauf an, ob der Befragte befürchten muß, daß die preiszugebenden Lebenssachverhalte von seinem Verhandlungspartner an Dritte weitergegeben werden, so daß seine informationelle Verfügungsbefugnis nicht nur im Verhältnis zum Verhandlungspartner beschnitten wird. Auch wenn eine Weitergabe vorvertraglicher Informationen in aller Regel gegen dessen Rücksichtsnahmepflichten aus § 242 BGB verstößt, hat der Befragte doch keine Sicherheit, daß sein Verhandlungspartner diese Verpflichtung auch einhalten wird. Dies gilt um so mehr, als es sich bei der Weitergabe von Informationen um Verhaltensweisen handelt, die für den anderen Teil kaum nachprüfbar sind. Wenn aber der Befragte nicht kontrollieren kann und auch nicht weiß, an wen die vorvertraglichen Informationen mögli-

---

[424] Gegen einen absoluten Schutz hinsichtlich entsprechend intimer aber zugleich unverzichtbarer Informationen spricht auch der Gesichtspunkt des eigenen risikobehafteten Verhaltens des Interessenträgers, hier also des Befragten, den Howe, S. 53 und Larenz, FS für Klingmüller, S. 235, 240 hervorheben: wenn der Befragte sich nämlich um einen Vertrag bemüht, für den solche Informationen quasi unverzichtbar sind, dann führt er auf diese Weise die Gefahr der Erhebung solcher Informationen selbst mit herbei.

[425] BVerfGE 65, 1, 46; entsprechend sehen auch Baston-Vogt, S. 369 und Rosenbaum, Jura 1988, 178, 182 diese Aspekte als ausschlaggebend für die Intensität der Betroffenheit des Rechts auf informationelle Selbstbestimmung an.

cherweise weitergegeben werden, dann ist er in seiner Selbstdarstellung gegenüber Dritten empfindlich gestört.[426]
Eine Rolle muß es deswegen spielen, ob die Gefahr der unbefugten Weitergabe im konkreten Einzelfall hoch erscheint, etwa weil der Verhandlungspartner dadurch einen Nutzen erlangen kann.[427] Gegen die unbefugte Weitergabe kann in diesem Zusammenhang etwa das Bestehen besonderer, strafrechtlich bewehrter Verschwiegenheitspflichten des fragenden Teils sprechen, z.B. bei Ärzten.
Von Bedeutung ist es auch, ob der fragende Teil aufgrund des Umfangs der erhobenen Daten in die Lage versetzt wird, diese miteinander zu verknüpfen und die Informationen auf diese Weise mit einem zusätzlichen Aussagewert zu versehen.[428] Zu solchen Verknüpfungsmöglichkeiten wird es allerdings insbesondere dann kommen, wenn die Daten dateimäßig verarbeitet werden. Dann greifen aber die besonderen Regelungen des BDSG, auf die im folgenden Teil 6 einzugehen sein wird.

bb) Beeinträchtigung der Berufs-, Eigentums- oder sonstigen Vertragsfreiheit bei Verbot einer Frage

Wenn dem fragenden Teil eine bestimmte Frage als treuewidrig verboten wird, wird er in seinem Informationsinteresse beschnitten, welches dem Schutz der Art. 12 I und/oder 14 I GG bzw. 2 I GG unterliegt. Da es für die Interessenabwägung auf die Intensität der Beschneidung schutzwürdiger Interessen ankommt,[429] ist nun nach entsprechenden Bewertungskriterien zu suchen.

(1) Objektive Vertragserheblichkeit der Information

Soweit Rechtsprechung und Literatur im Zusammenhang mit der Behandlung von Fragerechtsbeschränkungen im Arbeits- und Wohnraummietrecht Kriterien für die Zulässigkeit von Fragen aufgestellt haben, ist mit wechselnden Nuancierungen jeweils auf die objektive Vertragserheblichkeit des erfragten Umstands abgestellt worden.[430]

---

[426] Es ergibt sich dann die Situation, daß der Befragte nicht mehr mit hinreichender Sicherheit abschätzen kann, „wer was wann und bei welcher Gelegenheit" über ihn weiß, was ihm wegen der Gewährleistungen der Art. 2 I und 1 I GG zu ersparen ist, BVerfGE 65, 1, 43.

[427] Entsprechend spielen nach Baston-Vogt, S. 369 und Rosenbaum, Jura 1988, 178, 182 Mißbrauchsgefahren dann eine Rolle, wenn sie *konkret* sind.

[428] Vgl. BVerfGE 65, 1, 45 (Volkszählung).

[429] S.o., am Anfang von 4. b).

[430] Vgl. z.B. BAG DB 1984, 2706 (Interesse des Arbeitgebers muß objektiv so stark sein, daß Interesse des Bewerbers am Schutz seines Persönlichkeitsrechts dahinter zurücktritt); BAG DB 1987, 1048, 1049 (Fragen des Arbeitgebers, an denen er ein objektiv gerechtfertigtes Interesse hat); AK-BGB-Hart, § 123 Rn. 9 (objektivierbarer Zusammenhang mit dem Mietverhältnis); Erman-Palm, § 123 Rn. 21 (objektive Erforderlichkeit einer Information nach der Eigenart des zu besetzenden Arbeitsplatzes); Hofmann, ZfA 1975, 1, 27 (Fakten, „welche objektiv und ohne weiteres einleuchtend dazu geeignet sind, das mit dem Ab-

(a) Objektivität
Das Anlegen eines objektiven Maßstabs erscheint vor dem Hintergrund der grundsätzlichen Systematik der §§ 119 ff BGB zunächst verwunderlich: während es bei einem Irrtum in der eigenen Sphäre nach § 119 II BGB auf die objektive Erheblichkeit einer Information für den Vertrag ankommt, soll das doch bei § 123 BGB wegen der Herbeiführung des Irrtums durch den Verhandlungspartner gerade nicht der Fall sein. Vielmehr soll dort jedes noch so objektiv unvernünftige Entschließungskriterium geschützt werden, wenn es nur subjektiv eine Rolle gespielt hat.[431] Unter diesem Gesichtspunkt erscheint es zunächst näherliegend, bei der Gewichtung der Beschneidung des Informationsinteresses auf ein *subjektives* Kriterium abzustellen, nämlich auf die Bedeutung, die gerade der fragende Teil dem erfragten Umstand beimißt. Danach wäre die Beschränkung des Informationsinteresses durch Verbot einer Frage um so gewichtiger zu bewerten, je wichtiger der fragende Teil den erfragten Umstand für seine Entscheidung über den Vertragsschluß bewertet.
Dagegen spricht aber, daß die beiderseitige subjektive Freiheit der Verhandlungspartner in den hier untersuchten Fallgruppen[432] in der wesentlichen Funktion versagt, die Richtigkeit des vorvertraglichen informationellen Interessenausgleichs zu gewährleisten. Wenn die subjektive Freiheit aber ihre Funktionen nicht in vollem Umfang erfüllt, dann ist sie auch nicht im selben Maße schutzwürdig wie eine „voll funktionsfähige" Freiheit. Vielmehr unterliegt sie dann den Beschränkungen, die sich daraus ergeben, daß die Herstellung richtiger oder gerechter Interessenausgleiche durch die Verpflichtung zur Angemessenheit bzw. die obrigkeitliche Überprüfung der Einhaltung dieser Angemessenheit erfolgen muß.
Die Inhaltskontrolle kann es aber nicht leisten, die hypothetische, subjektiv determinierte Richtigkeit herzustellen, die ein Interessenausgleich bei funktionie-

---

schluß des Arbeitsvertrages immer verbundene Risiko erheblich zu erhöhen"); Moritz, NZA 1987, 329, 331 (Gegebenheiten, „die objektiv geeignet sind, das in dem Arbeitsvertrag liegende Risiko zu erhöhen"); MünchHandb. ArbR.I-Buchner, § 41 Rn. 29 („Damit kommt es maßgeblich darauf an, welche **Daten** für eine sachgerechte Einstellungsentscheidung **geeignet und erforderlich** sind. Dabei ist nicht maßgeblich, welche Kriterien nach der subjektiven Vorstellung des Arbeitgebers in die Beurteilung einbezogen werden sollen", abzustellen sei vielmehr auf einen „**objektiven**, an den Werteintscheidungen der Rechtsordnung orientierten **Maßstab**.");Gola/Schomerus, § 28 Rn. 28 (aus objektiver Sich berechtigtes Interesse im Hinblick auf die ausstehende Personalentscheidung); die Einigkeit innerhalb der Literaturmeinungen hinsichtlich des Erfordernisses eines „sachlichen Zusammenhangs" zwischen dem zu besetzenden Arbeitsplatz und der gestellten Frage betont auch Kuznik, S. 156.

[431] Vgl. dazu oben, Teil 2 A.

[432] Also die unter II. ermittelten Fallgruppen, d.h.: allgemeine vorvertragliche Fragenkataloge, Befragungen im Vorfeld von Arbeits- und Wohnraummietverträgen und Schwächelagen des Befragten iSv. § 138 II BGB.

render Freiheit der Verhandlungspartner gehabt hätte. Denn die subjektive Richtigkeit besteht nicht in einem bestimmten Inhalt, sondern sie folgt aus dem Verfahren des wechselseitigen Ausgleichs der konkurrierenden Interessen.[433] Dieser Vorgang läßt sich aber bei der Inhaltskontrolle nicht simulieren. Für eine solche Simulation müßte man u.a. die subjektiven Wünsche und Vorstellungen einer Seite kennen und wissen, ob die andere Seite sich bei funktionierender Freiheit auf diese Wünsche eingelassen hätte. Wünsche, Vorstellungen, Kompromißbereitschaft und Verhandlungsergebnis lassen sich im Nachhinein aber praktisch nicht mehr aufklären.[434] Wegen dieser vielen Unbekannten ist eine Inhaltskontrolle anhand subjektiver Kriterien nicht durchführbar.

Das parallele Problem bei dem Scheitern der Gewähr subjektiver Richtigkeit bei *vertraglichen* Interessenausgleichen wird bei § 307 BGB und bei § 138 II BGB durch das Anlegen eines objektiven Maßstabs bei der Überprüfung der (Un-)ausgewogenheit der Vereinbarung gelöst.[435] Das erscheint wegen der oben dargelegten, unüberwindlichen Schwierigkeiten bei der Feststellung der hypothetischen subjektiven Richtigkeit auch als der einzig gangbare Weg.

Das Informationsinteresse des fragenden Teils ist vor diesem Hintergrund demnach nicht schon deswegen schutzwürdig, weil es subjektiv auf Seiten des fragenden Teils besteht, sondern seine Schutzwürdigkeit ist davon abhängig, ob es sich insoweit um ein objektiv berechtigtes, billigenswertes Interesse handelt.[436] Diese Frage ist anhand der einschlägigen Gewährleistungen der Art. 12 I und/oder 14 I bzw. 2 I GG zu klären.

---

[433] Vgl. dazu oben, bei I. 1. a) bb).

[434] So legt Breidenbach, S. 63 zutreffend dar, daß für eine Vertragsentscheidung „subjektiv unendlich viele Umstände wesentlich sein" können.

[435] Für § 9 AGBG: Ulmer/Brandner/Hensen-Brandner, § 9 Rn. 73; für § 138 II BGB: Erman-Palm, § 138 Rn. 15; allgemein für die Inhaltskontrolle von Verträgen; Fastrich, Inhaltskontrolle, S. 311.

[436] BAG DB 1984, 2706; Bauer/Baeck/Merten, DB 1997, 2534, 2535; Moritz, NZA 1987, 329, 331; vgl. auch Breidenbach, S. 63 ff., der das Gewicht des Informationsbedarfs eines Verhandlungspartners objektiv anhand des Zusammenhangs des Lebenssachverhalts zum konkreten Vertragszweck ermitteln will und nach dem die Rechtsordnung ein Informationsminimum schützt, das zur Betätigung der Willensfreiheit vorhanden sein muß und im Rahmen einer objektiv normativen Betrachtung ermittelt werden kann (wobei im Rahmen der von Breidenbach untersuchten vorvertraglichen Aufklärungspflichten auch von Bedeutung sein soll, ob die Wesentlichkeit einer Information für dei eigene Entscheidung dem anderen Teil erkennbar gemacht wurde. Dieser Aspekt ist aber genau genommen kein Aspekt des Informationsbedarfs, sondern ein solcher, der für das berechtigte Vertrauen als Kriterium der vorvertraglichen Aufklärungspflicht bzw. für die Frage des Verschuldens bei der Verletzung einer Aufklärungspflicht von Bedeutung ist.).

(b) Vertragserheblichkeit

Nach der wirtschaftlichen[437] Funktion der Gewährleistungen der Art. 12 und 14 GG und auch im Rahmen der Gewährleistung der Handlungsfreiheit auf wirtschaftlichem Gebiete nach Art. 2 I GG ist zunächst das Interesse des fragenden Teils an seinem wirtschaftlichen Nutzen aus dem Vertragsverhältnis legitim.[438] Entsprechend ist der Zweck eines Unternehmens grundsätzlich insoweit geschützt, als er auf die Erwirtschaftung von Gewinn gerichtet ist.[439] Damit die fragende Seite bei ihrer rechtsgeschäftlichen Entscheidung ihr wirtschaftliches Interesse wahren kann, ist sie auf bestimmte Informationen angewiesen, die es ihr ermöglichen, eine wirtschaftlich möglichst richtige Entscheidung zu treffen. Vertragserheblich sind danach solche Informationen, die für den wirtschaftlichen Nutzen des fragenden Teils aus dem Geschäft von Bedeutung sind.

(aa) Überschaubarkeit der Vertragsrisiken

Die wirtschaftlichen Erfolgsaussichten eines Geschäfts ergeben sich aus einer Gesamtschau der einzelnen, wirtschaftlichen Risiken und Chancen, die ein Vertragsverhältnis mit sich bringt. In diesem Zusammenhang hat *Hofmann* zutreffend daran erinnert, „daß die Übernahme vertraglicher Pflichten notwendigerweise auch immer die Übernahme von Risiken bedeutet",[440] wobei auch die „positiven Risiken", nämlich die Chancen, zu bedenken sind. Noch deutlicher wird dieses Risikomoment jeder vertraglichen Verpflichtung bei *Fikentscher*: „Jeder Vertrag, der Verbindlichkeiten hervorbringt, bürdet den Parteien Risiken auf. Die Vertragsrisiken der verschiedenen Parteien zusammengenommen stekken den sog. 'Vertragsinhalt' ab".[441] Um abzuschätzen, worauf er sich einläßt, kommt es für jeden Vertragsschließenden deswegen auf die Umstände an, die hinsichtlich der wirtschaftlichen Vertragsrisiken eine Rolle spielen. Die wirtschaftlichen Erfolgsaussichten eines Vertragsverhältnisses ergeben sich aus der Zusammenschau der wirtschaftlichen „Einzelrisiken".

Je besser ein Vertragsschließender bei seiner rechtsgeschäftlichen Entscheidung über die bestehenden Einzelrisiken Bescheid weiß, desto besser stehen deshalb seine Chancen auf eine wirtschaftlich richtige Entscheidung.

Vor dem Hintergrund dieser Überlegungen ergibt sich, daß die objektive Vertragserheblichkeit eines erfragten Umstands erstens von der Aussagekraft des Umstands für ein solches Einzelrisiko abhängt und zweitens von der Bedeutung

---

[437] Breitfeld, S. 119 ff. (die insbes. die „volkswirtschaftliche Dimension" dieser Grundrechte betont); Brossette, S. 212.

[438] Zur Bedeutung des personalen Grundzugs der Art. 12 und 14 GG siehe unten, bei bb) (2).

[439] Besonderheiten bestehen bei sog. „Tendenzbetrieben", also Gewerkschaften, Kirchen oder Parteien, bei denen mit der „Tendenzverfolgung" ein besonderer Unternehmenszweck besteht, der nach Art. 9 III, 140 und 21 GG auch verfassungsrechtlich geschützt ist, dazu Moritz, NZA 1987, 329, 332 f., vgl. dazu unten, bei bb) (2) (b).

[440] Hofmann, ZfA 1975, 1, 25; vgl. auch Kuznik, S. 153 f. und Moritz, NZA 1987, 329, 332.

[441] Fikentscher, Geschäftsgrundlage, S. 34.

dieses Einzelrisikos innerhalb der Gesamtschau der Einzelrisiken bei der Ermittlung der wirtschaftlichen Erfolgsaussichten des Geschäfts. Zusätzliches Gewicht erlangt das Interesse eines Unternehmers an der Absicherung seines wirtschaftlichen Nutzens an einem Geschäft, wenn die Beschneidung dieses Interesses die Funktionsfähigkeit des Unternehmens in Frage stellen würde,[442] z.B. wenn ein Arbeitgeber seine Stellenbewerber nicht mehr nach ihren fachlichen Fähigkeiten fragen dürfte.

(bb) Im wesentlichen ökonomischer Bewertungsmaßstab

Bei diesen Fragen handelt es sich in erster Linie um solche wirtschaftlicher Art. Bezüglich einzelner Aspekte lassen sich gleichwohl rechtliche Wertungen bezüglich der Legitimität des Strebens nach der Ausschaltung eines bestimmten Vertragsrisikos ausmachen. So zeigt etwa die Regelung des § 543 II Nr. 3 BGB, indem sie dem Vermieter für den Fall des Verzugs mit den Mietzahlungen ein Recht zur fristlosen Kündigung einräumt, daß die Befähigung eines Mietinteressenten zur regelmäßigen Zahlung des Mietzinses aus Sicht des Vermieters ein zu berücksichtigendes Einzelrisiko ist.[443] Auch die grundsätzliche Eignung eines Arbeitnehmers zu der Tätigkeit, die er im Rahmen eines Arbeitsverhältnisses ausüben wird, stellt aus Sicht des Arbeitgebers ein relevantes Einzelrisiko dar, wie die Ausnahmen der Diskriminierungsverbote in § 611 a I S. 2 BGB[444] und § 81 II S. 2 Nr. 1 S. 2 SGB IX[445] zeigen.

Über die Heranziehung solcher Wertungen in bezug auf einzelne Vertragsrisiken hinaus könnten rechtliche Überlegungen bei der Bemessung der objektiven Vertragserheblichkeit eines Umstands dann eine Rolle spielen, wenn das Recht dem Streben des fragenden Teils nach einer zutreffenden Einschätzung des wirtschaftlichen Vorteils eine Grenze zieht. In diese Richtung könnte für das Versicherungsvertragsrecht verlangt werden, daß ein Mindestmaß an Ungewißheit bestehen bleiben müsse, weil diese gerade dem Versicherungsvertrag sein charakteristischen Gepräge gebe. Wenn der Zweck der Personenversicherung gerade auf den Risikoausgleich gerichtet ist, könnte dies umfassenden Informationserhebungen und genauen Risikoberechnungen im Vorfeld des Versicherungsvertrages entgegenstehen.[446] Diesen Überlegungen ist aber entgegenzuhalten, daß die Vorhersehbarkeit von Gefahren selbst unter Ausschöpfung der

---

[442] Brossette, S. 213.

[443] Vgl. LG Köln WuM 1984, 297, 299.

[444] Danach ist eine unterschiedliche Behandlung aufgrund des Geschlechts zulässig, wenn „ein bestimmtes Geschlecht unverzichtbare Voraussetzung" für die Tätigkeit ist.

[445] Satz 2 erlaubt die unterschiedliche Behandlung wegen einer Behinderung, wenn „eine bestimmte körperliche Funktion, geistige Fähigkeit oder seelische Gesundheit wesentliche und entscheidende berufliche Anforderungen für diese Tätigkeit ist".

[446] Im Ergebnis ähnlich aber mehr mit der „sozialen Verantwortung" der Versicherer argumentierend Schöffski, ZVersWiss. 1999, 265, 278 ff (bzgl. Gentests).

modernsten Erkenntnismethoden[447] nicht derart genau ist, daß die Ungewißheit des Eintritts des Versicherungsfalls beseitigt wäre.[448] Daß es aber den Versicherungen verboten wäre, das Risiko vorvertraglich einzustufen und davon die Vertragskonditionen abhängig zu machen, läßt sich dem einschlägigen Gesetzesrecht weder ausdrücklich noch wertungsmäßig entnehmen.[449] Vielmehr beruht das private Versicherungsrecht gerade auf der Bildung von Gefahrengemeinschaften, also Gemeinschaften Gleichgefährdeter.[450] Nur durch die Bildung solcher Gefahrengemeinschaften können die privaten Versicherer eine dem Risiko angemessene Prämiengestaltung vornehmen und ihre auch im öffentlichen Interesse liegende dauerhafte Leistungsfähigkeit sicher stellen.
Demnach ist bei der Frage der objektiven Vertragserheblichkeit im Grundsatz ein ökonomischer Bewertungsmaßstab anzulegen. Soweit sich dem Gesetz eine Aussage hinsichtlich der Legitimität des Strebens nach der Ausschaltung eines bestimmten Einzelrisikos entnehmen läßt, ist dies aber zu berücksichtigen.
Weil das privatautonome Verhalten der Bürger im rechtsgeschäftlichen Verkehr im allgemeinen stark vom Streben nach dem wirtschaftlichen Nutzen aus Geschäften bestimmt wird, bildet die „Verkehrswesentlichkeit“,[451] eines Umstands für ein Geschäft eines bestimmten Typs in diesem Zusammenhang ein starkes Indiz. Dieses Indiz ist aber widerlegt, wenn wirtschaftliche Überlegungen zeigen, daß der Umstand in Wirklichkeit nicht aussagekräftig ist bzw. das Einzelrisiko unerheblich ist. Die Möglichkeit von Trugschlüssen und falschen Vorurteilen im Geschäftsverkehr ist nämlich nicht auszuschließen.

(cc) Bedeutung von Vertragstyp und Einzelfallbetrachtung
Diese Analyse der Vertragserheblichkeit eines Umstands hat in einem ersten Schritt am Vertragstyp anzuknüpfen. So läßt sich etwa allgemein konstatieren, daß die fachlichen Fertigkeiten eines Befragten für die Risiken eines Arbeitsvertrages eine Rolle spielen, nicht aber für den Abschluß eines Versicherungsvertrages. Auch die Legitimität des Interesses eines Vermieters an der Ausschaltung des Vertragsrisikos eines insolventen Mieters läßt sich anhand von § 543 II Nr. 3 BGB generell für alle Mietverträge feststellen. Und das Indiz der „Verkehrswesentlichkeit“ eines Umstands ist notwendig auf einen nur typusmäßig bestimmten Vertrag bezogen. Die Herausbildung solcher Grundsätze der (Un-) Erheblichkeit bestimmter Umstände für Verträge eines bestimmten Typs ist im Interesse der Rechtssicherheit auch geboten. Sie kann sich insbesondere an der typischen Bedeutung der ordnungsgemäßen Erfüllung von Haupt- und

[447] Zur Zulässigkeit von genetischen Tests vgl. unten, Teil 7 C I.
[448] Lorenz, VersR 1999, 1309, 1313.
[449] Ablehnend auch Lorenz, VersR 1999, 1309, 1313.
[450] BK-Voit, § 16 VVG Rn. 1.
[451] Im Sinne der Bedeutung, die der Geschäftsverkehr im Allgemeinen einem Umstand in Bezug auf Abschluß und Ausgestaltung eines Geschäfts des jeweiligen Typs einräumt.

Nebenleistungspflichten durch den Befragten und an der typischen Aussagekraft des erfragten Umstands für die Vorhersage dieser Verhaltensweisen orientieren.[452]
In einem zweiten Schritt ist aber jeweils zu überlegen, ob sich aus den Besonderheiten des konkret[453] verhandelten Vertrages ergibt, daß besondere Vertragsrisiken bestehen, sich die Aussagekraft einer Information hinsichtlich eines Vertragsrisikos verschiebt, oder sich die Bedeutung eines einzelnen Vertragsrisikos für die Erfolgsaussichten des Geschäfts insgesamt ändert.[454]

(dd) Augenmerk auf die objektive Aussagekraft eines Umstands
Besonderes Augenmerk ist bei der Bestimmung der objektiven Vertragserheblichkeit des erfragten Umstands jeweils der Frage zu widmen, inwieweit ein Umstand tatsächlich Aufschluß über Vertragsrisiken gibt.[455] Dabei ist insbesondere zu berücksichtigen, inwieweit der erfragte Umstand selbst eine solche Aussagekraft besitzt oder ob er eigentlich nur ein Indiz für einen solchen aussagekräftigen Umstand bildet, z.B. das Vorgehalt des Arbeitnehmers als Indiz für seine fachliche Befähigung.[456] Solche Indizien sind notwendig jeweils weniger aussagekräftig als der risikorelevante Umstand selbst, was bei der Bewertung der Schutzwürdigkeit des Informationsinteresses zu berücksichtigen ist.[457]

---

[452] Entsprechend setzt Moritz, NZA 1987, 329, 330 für die Bestimmung der Zulässigkeit von Arbeitgeberfragen bei den Hauptpflichten aus dem Arbeitsvertrag an. Breidenbach, S. 67 ff., der die Stärke des Informationsbedarfs im Rahmen des Bestehens einer Aufklärungspflicht des Verhandlungspartners bewertet, stuft den Informationsbedarf folgendermaßen ein: am stärksten ist er hinsichtlich solcher Tatsachen, die den intendierten Vertragszweck insgesamt in Frage stellen, etwas weniger stark ist er hinsichtlich solcher Umstände, die für den Vertragszweck von wesentlicher Bedeutung sind, auch wenn sie ihn nicht vereiteln können, kein Informationsbedarf ist hingegen anzuerkennen, wenn der fragliche Umstand bezogen auf den *konkreten* Vertragszweck nicht wesentlich ist, z.B. die allgemeinen Marktverhältnisse.

[453] Vgl. Moritz, NZA 1987, 329, 330; für die Bedeutung der konkret für diesen Vertrag zu fällenden Entscheidung bei der Bemessung des Informationsbedarfs auch Breidenbach, S. 63.

[454] Auf die Problematik, daß der befragte Teil mitunter nicht genügend Informationen über den verhandelten Vertrag und die Risiken für den fragenden Teil hat, um die Berechtigung seines Informationsinteresses zu beurteilen, hat für den Fall der Arbeitsplatzbewerbung Kuznik, S. 158 ff. hingewiesen.

[455] Vgl. dazu ausführlich MünchHandb. ArbR. I-Buchner, § 41 Rn. 34, der für das Arbeitsverhältnis die Bedeutung des Zeitmoments hervorhebt, wonach die Weiterentwicklung der Persönlichkeit des Bewerbers Informationen aus früheren Zeiten ihre Aussagekraft nehmen kann.

[456] Ein schutzwürdiges Informationsinteresse ist insoweit nur anzuerkennen, wenn das Vorgehalt im konkreten Fall Rückschlüsse auf die Qualifikation des Arbeitnehmers zuläßt, MünchHandb. ArbR. I-Buchner, § 41 Rn. 48.

[457] Vgl. MünchHandb. ArbR. I-Buchner, § 41 Rn. 93 (familiäre Bindung eines Arbeitsplatzbewerbers als wenig aussagekräftig für seine Versetzungsbereitschaft).

(2) Bedeutung des persönlichkeitsrechtlichen Gehalts von Art. 12 und 14 GG
Die Grundrechte der Art. 12 und 14 GG weisen neben ihrer Funktion als wirtschaftliche Grundrechte jeweils noch einen persönlichkeitsrechtlichen Gehalt auf, der auch als der personale Grundzug dieser Rechte bezeichnet wird.[458] Unter diesem Blickwinkel erklärt sich, wieso neben der Frage der objektiven Vertragserheblichkeit im Sinne der Bedeutung für den wirtschaftlichen Nutzen eines Vertrages in der Literatur zum Teil das Interesse an der Ausschaltung von Risiken nicht wirtschaftlicher Art als legitim angesehen worden ist.

(a) Dauerschuldverhältnisse mit engem persönlichen Kontakt
Das ist angenommen worden, wenn es sich um ein Dauerschuldverhältnis handelt, bei dessen Verwirklichung die Vertragspartner ständig und intensiv miteinander zu tun haben.
Die Besonderheiten solcher Dauerschuldverhältnisse hat *Degener* für das Arbeitsverhältnis durch die Unterscheidung von „arbeitgeberneutralen" und „arbeitgeberbestimmten" Arbeitsverhältnissen verdeutlicht.[459] Danach bilden die „arbeitgeberneutralen" Arbeitsverhältnisse den Grundtypus, bei dem die Beziehungen zwischen Arbeitnehmer und Arbeitgeber ihre Prägung im wesentlichen durch den schuldrechtlichen Austausch von Lohn und Arbeit erhält.[460] Demgegenüber bilden die „arbeitgeberbestimmten" Arbeitsverhältnisse einen Sondertypus, bei dem der Arbeitgeber mit seinem Arbeitnehmer eng zusammenarbeitet und/oder ihm ureigenste Aufgaben und Befugnisse überträgt.[461] Diese unterschiedlichen Vertragsinhalte führen dazu, daß auch bei der Bestimmung der schutzwürdigen Informationsinteressen des fragenden Teils Unterschiede bestehen. Beim „arbeitgeberbestimmten" Arbeitsverhältnis sollen wegen der Nähe in dem verhandelten Vertrag nämlich auch persönliche Fragen in weitergehendem Umfang erlaubt sein als beim „arbeitgeberneutralen".[462]
Diese Überlegungen überzeugen insoweit,[463] als bei Arbeitsverträgen, bei denen die Vertragspartner intensiv zusammenarbeiten sollen, der Persönlichkeitsbezug der Berufs- und/oder Eigentumsfreiheit des Arbeitgebers in den Vordergrund tritt. Gegenüber dem Grundtypus des Arbeitsverhältnisses gewinnt es in diesen Konstellationen an Bedeutung, daß auch der Arbeitgeber bei der Berufsausübung und der Eigentumsnutzung seine Persönlichkeit entfaltet und dabei Schutz verdient. Während die Interessen des Arbeitgebers in bezug auf ein Ar-

---

[458] BVerfGE 30, 292, 330; BVerfGE 50, 290, 363; v. Mangoldt/Klein/Starck-Manssen, Art. 12 Rn. 65 und 262
[459] Degener, S. 79.
[460] Degener, S. 79.
[461] Degener, S. 81 f.
[462] Degener, S. 81 ff.
[463] Als nach den Entwicklungen seit dem Volkszählungsurteil veraltet ist aber die strikte Unterscheidung von Arbeits-, Privat- und Geheimsphäre abzulehnen, die Degener, S. 65 ff, trifft.

beitsverhältnis, die im Rahmen der wirtschaftlichen Grundrechte der Art. 12 und 14 GG zu schützen sind, normalerweise mit dem Schutz seines wirtschaftlichen Nutzens aus dem Anstellungsverhältnis hinreichend abgedeckt sind, liegt es bei derart engen Arbeitsverhältnissen anders. Denn der Arbeitgeber wird dann bei seiner Persönlichkeitsentfaltung durch Ausübung seines Berufs bzw. der Nutzung seines Eigentums ständig mit dem Arbeitnehmer zu tun haben. Unabhängig von der Frage der wirtschaftlichen Erfolgsaussichten[464] des Geschäfts kann das seine Persönlichkeitsentfaltung empfindlich stören, wenn er mit dem Arbeitnehmer nicht zurecht kommt. Der Arbeitgeber hat aber aufgrund des personalen Grundzugs der Art. 12 und 14 GG ein berechtigtes, billigenswertes Interesse daran, eine solche Störung seiner Persönlichkeitsentfaltung zu vermeiden. Im Vorfeld solcher besonderer Arbeitsverhältnisse würde deshalb eine Bewertung des Informationsinteresses des Arbeitgebers ausschließlich nach objektiv zu bestimmenden, wirtschaftlichen Maßstäben seinen schutzwürdigen Belangen nicht gerecht.

Degener ist damit insoweit im Ergebnis Recht zu geben, als bei Arbeitsverträgen, die auf eine intensive Zusammenarbeit der Vertragsparteien gerichtet sind, der Arbeitgeber ein berechtigtes und billigenswertes Informationsinteresse auch insoweit hat, als es auf Umstände gerichtet ist, die für ihn persönlich für die Zusammenarbeit bedeutsam sind.

Ähnlich wie bei den „arbeitgeberbestimmten" Arbeitsverhältnissen liegt es auch bei anderen Dauerschuldverhältnissen, in deren Rahmen ein intensiver persönlicher Kontakt der Vertragsparteien angestrebt wird. Zu denken ist zum Beispiel an die Gründung einer BGB-Gesellschaft zur gemeinsamen Unterhaltung und Nutzung von Vermögensgegenständen oder an die Untervermietung eines Zimmers in der eigenen Wohnung. Im letzteren Beispiel greift dann allerdings das gegenüber Art. 14 GG speziellere[465] Grundrecht des Art. 13 GG, das ebenfalls einen starken Persönlichkeitsbezug vorweist[466].

Der erhebliche persönlichkeitsrechtliche Einschlag, den solche Dauerschuldverhältnisse mit einem intensiven Kontakt der Vertragsparteien vorweisen, ist bei der Bewertung der Berechtigung des Informationsinteresses jeweils zu berücksichtigen. Insgesamt ist besonders bei Privatleuten und kleinen bis mittleren Unternehmen auf der Seite des fragenden Teils zu überlegen, ob dieser Aspekt Bedeutung erlangt. Denkbar ist das unter Durchgriff auf die Anteilseigner und die Entfaltung ihrer Persönlichkeit auch bei juristischen Personen. Nur äußerst selten wird hingegen bei Großbetrieben auf der Seite des fragenden Teils ein derart enger persönlicher Kontakt bevorstehen. Bei solchen Großbe-

[464] Die von einer schlechten Zusammenarbeit in aller Regel zwar auch betroffen sein werden, die hier aber die schutzwürdigen Belange des Arbeitgebers nicht erschöpfend widerspiegeln.

[465] Jarass/Pieroth, Art. 13 Rn. 1.

[466] Jarass/Pieroth, Art. 13 Rn. 1.

trieben tritt der personale Einschlag der Berufs- und Eigentumsfreiheit denn auch naturgemäß zurück.[467]

(b) Unternehmensphilosophie

Neben der Konstellation von Dauerschuldverhältnissen mit besonders engem Kontakt der Vertragspartner spielt der personale Grundzug der Berufs- und Eigentumsfreiheit vor allem insoweit eine Rolle, als es dem Unternehmer bzw. den Anteilseignern eines Unternehmens erlaubt sein muß, eine bestimmte Unternehmensphilosophie festzulegen. Die Persönlichkeit entfaltet sich beim Betrieb eines Unternehmens gerade durch die Festlegung solcher Grundsätze. Und es ist denkbar, daß sich in der Konsequenz einer solchen Unternehmensphilosophie der Vertragsschluß mit Vertragspartnern wegen bestimmter Lebenssachverhalte ver- oder gebietet, z.B. wenn ein Unternehmen oder eine Stiftung es sich zum Ziel gesetzt hat, Wohnungen speziell an Alleinerziehende oder etwa Aidskranke zu vermitteln. Solche Ziele lassen sich nur erreichen, wenn die entsprechenden Informationen erhoben werden dürfen.

Bei der Berücksichtigung einer solchen Unternehmensphilosophie im Rahmen der Feststellung der Schutzwürdigkeit der Informationsinteressen des fragenden Teils ist aber Zurückhaltung angebracht, weil dieses subjektive Kriterium häufig kaum nachprüfbar ist und deswegen die Verwischung des grundsätzlich objektiven Maßstabs droht, der bei der Überprüfung der Angemessenheit einer Frage anzulegen ist. Der Gesichtspunkt einer bestimmten Unternehmensphilosophie ist deswegen nur in ganz eindeutigen Fällen zu berücksichtigen, wenn diese Unternehmensphilosophie sich bei der Unternehmensführung auch schon in der Vergangenheit erkennbar manifestiert hat. Bei neuen Unternehmen muß die Gründung erkennbar mit Bezug auf die Unternehmensphilosophie erfolgt sein. Das Gewicht des Persönlichkeitsbezugs ist im Hinblick auf die Unternehmensphilosophie danach zu bestimmen, wie wichtig sie für die Persönlichkeitsentfaltung des Unternehmers bzw. der Anteilseigner ist. Insgesamt wird der personale Grundzug im Zusammenhang mit einer Unternehmensphilosophie meist weniger Gewicht haben als im Zusammenhang mit einem angestrebten intensiven persönlichen Kontakt der Vertragspartner.

Eine Art Spezialfall einer Unternehmensphilosophie stellt die „Tendenzverfolgung" durch sog. „Tendenzbetriebe" und Religionsgemeinschaften dar, also Gewerkschaften, Kirchen und Parteien. Bei diesen greifen die besonderen Grundrechtsgewährleistungen der Art. 9 III GG (Gewerkschaften), 21 GG (Parteien) und 140 GG iVm. Art. 137 WRV mit Art. 4 GG (Kirchen). Vorvertragliche Fragen, die solche „Tendenzbetriebe" und Religionsgemeinschaften stellen, um bei der Durchführung des Vertrages die „Tendenzverfolgung" zu gewährleisten, stehen unter dem besonderen Schutz dieser speziellen Grundrechtsgewährleistungen. Wegen des Eingreifens dieser Grundrechte genießt die

[467] BVerfGE 50, 290, 363 f.; v. Mangoldt/Klein/Starck-Manssen, Art. 12 Rn. 65 und 262.

Tendenzverfolgung gegenüber sonstigen Unternehmensphilosophien größeren Schutz.[468]

cc) Zusammenfassung der Abwägungselemente

Insgesamt lassen sich deswegen als Elemente für die Ermittlung der Angemessenheit einer Frage im Wege der Interessenabwägung folgende Elemente festhalten: auf Seiten des Befragten die Intimität und die Sensibilität des erfragten Lebenssachverhalts, wobei insbesondere Daten iSd. Art. 3 IX BDSG intim bzw. sensibel sind, die geplante oder mögliche Verwendung der Information und auf Seiten des fragenden Teils die objektive Aussagekraft des Umstands für die wirtschaftlichen Erfolgsaussichten des Geschäfts. Des weiteren ist bei Dauerschuldverhältnissen, bei denen ein enger persönlicher Kontakt zwischen den Vertragsparteien vorgesehen ist, darauf abzustellen, ob der Umstand aus Sicht des fragenden Teils für die Zusammenarbeit bedeutsam ist.

Für die inhaltliche Überprüfung einer Frage, die in den Fällen der Inhaltskontrolle zu erfolgen hat,[469] sind die konkreten Umstände des Einzelfalls anhand dieser Kriterien zu untersuchen. Sodann sind die Ergebnisse bezüglich der einzelnen Kriterien im Rahmen einer Gesamtbetrachtung im Sinne eines „beweglichen Systems"[470] miteinander in Beziehung zu setzen und abzuwägen.

5. Unterschiedliche Maßstäbe bei den verschiedenen Fallgruppen der Inhaltskontrolle

Für die Inhaltskontrolle nach Treu und Glauben bei allgemeinen vorvertraglichen Fragenkatalogen und bei Befragungen im Arbeits- und Wohnraummietrecht einerseits und bei Schwächelagen iSv. § 138 II BGB andererseits gilt dabei ein unterschiedlicher Maßstab. Obwohl für die Interessenabwägung in allen Fällen die gleichen Abwägungskriterien maßgeblich sind, sind deswegen die Unterschiede im Auge zu behalten. Die Interessenabwägung bei den allgemeinen vorvertraglichen Fragenkatalogen sowie bei den Fragen von Arbeitgebern und Wohnraumvermietern dient einer Kontrolle der Angemessenheit des vorvertraglichen informationellen Interessenausgleichs. Dafür sind die Kriterien der Interessenabwägung, die unter 4. ermittelt wurden, umfassend zueinander ins Verhältnis zu setzen und abzuwägen. Wenn das Geheimhaltungsinteresse des Befragten gegenüber dem Informationsinteresse des fragenden Teils über-

---

[468] So wird die vorvertragliche Frage nach der Gewerkschafts-, Partei- oder Konfessionszugehörigkeit stets für zulässig gehalten, wenn es um die Anstellung bei einer Gewerkschaft, Partei oder Kirche geht, vgl. nur Moritz, NZA 1987, 329, 332. Die Anerkennung der Tendenzverfolgung als berechtigtes Interesse hat auch im BDSG Anerkennung gefunden, wo § 28 IX BDSG insoweit einen besonderen Erlaubnistatbestand vorsieht, vgl. dazu unten, unter Teil 6 B. II. 1. c) bb) (3).

[469] Zu den vier Fallgruppen der Inhaltskontrolle vorvertraglicher Fragen, s.o., unter I.

[470] Vgl. zum Begriff des „beweglichen Systems" Wilburg, S. 12 ff.; Breidenbach, S. 62.

wiegt, verstößt letzterer durch die Frage gegen seine Treuepflichten aus § 242 BGB. Aus Gründen der Rechtssicherheit ist in Zweifelsfällen aber jeweils gegen einen Pflichtenverstoß zu entscheiden.
Demgegenüber dient die Interessenabwägung bei der Inhaltskontrolle der Befragung eines iSv. § 138 II BGB „schwachen" Verhandlungspartners lediglich der Überprüfung anhand eines Evidenzmaßstabs. Ein Verstoß gegen die vorvertraglichen Treuepflichten aus § 242 BGB ist also erst anzunehmen, wenn zwischen Geheimhaltungs- und Informationsinteresse hinsichtlich des erfragten Umstands ein grobes Mißverhältnis besteht, weil das Geheimhaltungsinteresse insoweit offensichtlich viel schwerer wiegt als das Informationsinteresse. Insoweit ist wegen der Beschränkungsfunktion des § 138 II BGB restriktiv zu verfahren, d.h. die überzogene Befragung verstößt nur in ganz eindeutigen Fällen gegen § 242 BGB.

B. Auswirkungen auf die Anfechtbarkeit nach § 123 I Alt. 1 BGB

Wenn die Täuschung auf eine pflichtwidrige Frage hin erfolgt, ist die Sachgerechtigkeit der weitgehenden Privilegierung des Lösungsinteresses des Getäuschten gegenüber dem Bestandsinteresse des anderen Teils, die § 123 I Alt. 1 BGB vorsieht,[471] in Frage gestellt. Zu überlegen ist deshalb, inwieweit bei solchen pflichtwidrigen Befragungen eine Grenze der Anfechtbarkeit nach § 123 I Alt. 1 BGB besteht. Die Tatbestandsmerkmale der Regelung bieten insoweit keinen geeigneten Anknüpfungspunkt.

I. Keine teleologische Reduktion des § 123 I Alt. 1 BGB

Zu denken wäre deshalb zunächst an eine teleologische Reduktion des § 123 I Alt. 1 BGB. Anders als beim Fehlen von Vertragsfreiheit des Getäuschten (Teil 3) und bei der Rechtfertigung der Täuschung (Teil 4) erfolgt bei einer Täuschung auf eine pflichtwidrige Befragung jedoch eine widerrechtliche Beeinträchtigung der rechtsgeschäftlichen Entschließungsfreiheit des Getäuschten. Der Schutzzweck der Regelung des § 123 I Alt. 1 BGB ist also an sich betroffen. Demnach kommt eine teleologische Reduktion des § 123 I Alt. 1 BGB insoweit nicht in Betracht.

II. Anfechtung als unzulässigen Rechtsausübung (§ 242 BGB)

Wenn die Täuschung auf eine pflichtwidrige Befragung hin erfolgt, hat der Getäuschte jedoch durch ein eigenes unredliches Verhalten an der Entstehung des Anfechtungsrechts mitgewirkt. Die Ausübung des Anfechtungsrechts könnte ihm deshalb nach § 242 BGB verwehrt sein.

---

[471] Vgl. dazu oben, Teil 2. A.

Aus § 242 BGB folgt nämlich, daß die Ausübung einer Rechtsposition, die der Berechtigte durch ein eigenes unredliches Verhalten erworben hat, in der Regel unzulässig ist.[472] Die rechtliche Mißbilligung des früheren Verhaltens setzt sich hinsichtlich der Rechtsausübung regelmäßig fort, auch wenn diese für sich genommen nicht unredlich wäre.[473] Bei dieser Ausprägung des Grundsatzes von Treu und Glauben kommt der Rechtsgedanke, der auch § 162 I BGB zugrunde liegt und wonach eine durch unredliches Verhalten erworbene Rechtsstellung nicht schutzwürdig ist, zum Tragen.[474]
Aus diesen Überlegungen ergibt sich aber noch nicht ohne weiteres, daß die Anfechtung wegen der Täuschung nach einer pflichtwidrigen Befragung eine unzulässige Rechtsausübung darstellt. Denn das Anfechtungsrecht erlangt der Getäuschte ja nicht ausschließlich aufgrund seines eigenen pflichtwidrigen Verhaltens. Sondern es muß auch die Täuschung, also ein widerrechtliches[475] Verhalten des anderen Teils hinzukommen. Kommt ein Recht aber durch beiderseitiges Fehlverhalten zur Entstehung, so folgt aus Treu und Glauben nicht unbedingt die Mißbräuchlichkeit der Ausübung des Rechts durch den Berechtigten.[476] Vielmehr kommt es dann darauf an, ob das Verschulden des Berechtigten gegenüber dem des Verpflichteten überwiegt.[477]
Bei vorvertraglichen Befragungen wird man insoweit nach dem Verhalten des Täuschenden differenzieren müssen. Wenn er die pflichtwidrige Befragung zum Anlaß einer ausgiebigen Lügengeschichte nimmt, sich also nicht auf die bloße unwahre Beantwortung der Frage beschränkt, überwiegt sein Verschulden im Hinblick auf die Entstehung des Anfechtungsrechts. Die Anfechtung nach § 123 I Alt. 1 BGB durch den derart Getäuschten verstößt dann nicht gegen § 242 BGB.
Wenn der Befragte sich aber darauf beschränkt, die unzulässige Frage wahrheitswidrig zu beantworten, liegt es anders. Die Inhaltskontrolle von Fragen erfolgt nur in Konstellationen, in denen die Freiheit des Fragenden derjenigen des Befragten aus tatsächlichen Gründen überlegen ist.[478] Wenn der Befragte in dieser Situation mit einer Lüge auf die unangemessene Frage reagiert und sich dabei strikt auf die Beantwortung der Frage beschränkt, wiegt das Verschulden desjenigen, der seine Überlegenheit zu einer überzogenen Befragung ausgenutzt hat, vergleichsweise schwerer. Wenn sich der Getäuschte in diesen Fällen auf

---

[472] BGHZ 57, 108, 111; Erman-Werner, § 242 Rn. 80; Palandt-Heinrichs, § 242 Rn. 43.
[473] MK-Roth, § 242 Rn. 386; aus dem anstößigen Rechtserwerb ergibt sich demnach regelmäßig eine rechtshindernde Einwendung, Palandt-Heinrichs, § 242 Rn. 41. Insoweit fragt sich, ob die Bezeichnung als „unzulässige Rechtsausübung" gelungen ist, wegen ihrer verbreiteten Verwendung wird sie hier aber übernommen.
[474] Erman-Werner, § 242 Rn. 80.
[475] Rechtfertigungsgründe greifen außerhalb des § 53 I BZRG nicht, s.o. Teil 4.
[476] MK-Roth § 242 Rn. 387; vgl. BGH ZIP 1991, 315, 316 f.
[477] MK-Roth § 242 Rn. 387; vgl. BGH ZIP 1991, 315, 316 f.
[478] Vgl. oben, unter A.

den weitgehenden Schutz seines Lösungsinteresses nach § 123 I Alt. 1 BGB beruft, indem er anficht, erscheint dies deshalb treuewidrig.

III. Besonderheiten beim Verstoß der Befragung gegen § 94 I BetrVG

Ein Sonderproblem ergibt sich hinsichtlich der Bestimmung der Auswirkungen auf die Anfechtbarkeit, wenn die Befragung durch einen Arbeitgeber unter Verstoß gegen das Mitbestimmungsrecht des § 94 I BetrVG erfolgt ist. Es fragt sich, ob dieser Verstoß gegen *kollektives* Recht eine *individualrechtliche* Auswirkung derart hat, daß dem Getäuschten auch in diesen Fällen nach § 242 BGB die Ausübung des Anfechtungsrechts als unzulässige Rechtsausübung verwehrt ist.[479] Das ist umstritten.[480]

Wegen der Unterschiede zwischen kollektivem und individuellem Recht ließe sich insoweit vertreten, daß ein Verstoß gegen die Regelung des § 94 BetrVG Auswirkungen lediglich im Verhältnis von Arbeitgeber und Betriebsrat, nicht aber im Verhältnis von Arbeitgeber und Arbeitnehmer haben könne.[481] Jedenfalls könnte hinsichtlich der Abwägung des beiderseitigen Fehlverhaltens ein Überwiegen des Vorwurfs an den Arbeitnehmer schon daraus folgen,[482] daß sein Fehlverhalten das individualrechtliche Verhältnis betrifft, der Fehler des Arbeitgebers sich dagegen (nur) aus kollektivem Recht ergibt. Danach wäre die Ausübung des Anfechtungsrechts durch den Arbeitgeber trotz Fehlens einer nach § 94 I BetrVG erforderlichen Zustimmung des Betriebsrats nicht nach § 242 BGB abgeschnitten, wenn er eine individualrechtlich gesehen zulässige Frage gestellt hat.

Dafür spricht auf den ersten Blick, daß der Zweck des § 94 BetrVG darauf gerichtet ist, durch präventiven Schutz der informationellen Selbstbestimmung von Stellenbewerbern sicherzustellen, daß nur solche vorvertragliche Fragen gestellt werden, die nach individualrechtlicher Bewertung zulässig sind.[483] Das Mitbestimmungsrecht des Betriebsrats ist so gesehen nur ein Mitbeurteilungsrecht hinsichtlich der Einordnung einer Frage als individualrechtlich (un-) zulässig.[484] Dennoch entfaltet die Mitbestimmung nach § 94 I BetrVG eine eigene Schutzwirkung. Der Schutz der informationellen Selbstbestimmung vor individualrechtlich unzulässigen Fragen durch die Einschränkungen der Anfechtbarkeit ist nämlich durch die Unsicherheit der Stellenbewerber im Hinblick auf die Grenzen zulässiger Befragungen faktisch abgeschwächt. Deshalb sind sie in ih-

---

[479] Zur Ablehnung eines „Notwehrrechts zur Lüge“ bei Verstößen gegen § 94 I S. 1 BetrVG vgl. oben, unter Teil 4 D.

[480] Gegen eine Anfechtbarkeit in diesen Fällen MünchHandb. ArbR. III-Matthes, § 347 Rn. 31; dafür: BAG NJW 2001, 2444, 2445; ErfK-Hanau/Kaina, § 94 BetrVG Rn. 3.

[481] ErfK-Hanau/Kaina, § 94 BetrVG Rn. 3.

[482] Zur Maßgeblichkeit einer Abwägung iRd. § 242 BGB bei beiderseitigem Fehlverhalten vgl. schon oben, unter B. II.

[483] BAG NJW 2000, 2444, 2445; MünchHandb. ArbR. III-Matthes, § 347 Rn. 3.

[484] BAG NJW 2000, 2444, 2445.

rer informationellen Selbstbestimmung besser geschützt, wenn der Betriebsrat darauf hinwirkt, daß unzulässige Fragen im Personalfragebogen gar nicht auftauchen.
Will man diesen effektiveren Schutz nach § 94 I BetrVG durchsetzen, so erscheint es sinnvoll, dem Verstoß gegen kollektives Recht Auswirkungen auf das Individualrechtsverhältnis zuzugestehen. Erst dadurch bekommt ein Verstoß gegen § 94 I BetrVG für den Arbeitgeber nämlich fühlbare Auswirkungen. Dem Betriebsrat verbliebe bei Verstößen gegen § 94 I BetrVG ansonsten nur die Möglichkeit, durch ein arbeitsgerichtliches Verfahren nach § 23 III BetrVG vorzugehen. Das ist aber angesichts der Erforderlichkeit von „groben Verstößen" im Rahmen von § 23 III BetrVG nur ein schwaches Schwert zur Durchsetzung des Schutzes, den die Regelung des § 94 I BetrVG gewähren will. Der Schutzzweck des § 94 I BetrVG gebietet es deswegen, den Verstoß gegen diese kollektivrechtliche Vorschrift auch im individualrechtlichen Verhältnis von Arbeitnehmer und Arbeitgeber als Fehler des Arbeitgebers anzusehen und zwar als ein Fehler, der den des Arbeitnehmers überwiegt.[485] Bei einem Verstoß gegen § 94 I BetrVG im Rahmen der vorvertraglichen Befragung ist die Anfechtung demnach treuewidrig und als unzulässige Rechtsausübung nach § 242 BGB ausgeschlossen.[486]

C. Ergebnis zu Teil 5

Durch das Stellen vorvertraglicher Fragen, die nach objektiven Maßstäben überzogen erscheinen, verstößt der fragende Teil grundsätzlich nicht gegen seine Pflichten aus § 242 BGB. Eine Inhaltskontrolle vorvertraglicher Fragen findet im Grundsatz nicht statt.

Eine Ausnahme ergibt sich hinsichtlich vier Fallgruppen, bei denen sich aus § 242 BGB eine Verpflichtung zur inhaltlichen Angemessenheit der vorvertraglichen Fragen ergibt. Dabei handelt es sich um allgemeine vorvertragliche Fragenkataloge, Befragungen eines Verhandlungspartners in einer Schwächesituation iSd. § 138 II BGB, vorvertragliche Arbeitgeber- und vorvertragliche Vermieterfragen. Bei der Konkretisierung der vorvertraglichen Pflichten aus § 242 BGB kommen bei den ersten beiden Fallgruppen allgemeine Grundsätze und in den letzten beiden Konstellationen bereichsspezifische Besonderheiten zum Tragen. In den vier Fallgruppen sind die Fragen einer Inhaltskontrolle zu

---

[485] Das gilt wiederum nur, wenn die Täuschung des Befragten sich auf die unwahre Beantwortung der Frage beschränkt, also keine darüber hinaus gehenden Lügengeschichten erzählt werden, s.o. unter B. II.

[486] Im Ergebnis ebenso: MünchHandb. ArbR. III-Matthes, § 347 Rn. 31.

unterwerfen, wobei bei Schwächesituationen iSd. § 138 II BGB lediglich ein Evidenzmaßstab anzuwenden ist.

Diese Inhaltskontrolle hat im Wege einer Interessenabwägung zu erfolgen. Kriterien für diese Abwägung sind auf Seiten des Befragten die Intimität und die Sensibilität des erfragten Lebenssachverhalts, wobei insbesondere Daten iSd. § 3 IX BDSG intim bzw. sensibel sind, die geplante oder mögliche Verwendung der Information und auf Seiten des fragenden Teils die objektive Aussagekraft des Umstands für die wirtschaftlichen Erfolgsaussichten des Geschäfts. Des weiteren ist bei Dauerschuldverhältnissen, bei denen ein enger persönlicher Kontakt zwischen den Vertragsparteien vorgesehen ist, darauf abzustellen, ob der Umstand aus Sicht des fragenden Teils für diesen Kontakt bedeutsam ist. Die genannten Kriterien bilden bei der Abwägung ein „bewegliches System".

Soweit die Inhaltskontrolle die Unzulässigkeit der vorvertraglichen Frage ergibt, ist dem fragenden Teil die Ausübung des Anfechtungsrecht aus § 123 I Alt. 1 BGB grundsätzlich als unzulässige Rechtsausübung (§ 242 BGB) versperrt.

Teil 6: Besonderheiten im Anwendungsbereich des BDSG

Die vorvertragliche Befragung des Verhandlungspartners über persönliche Lebenssachverhalte ist in datenschutzrechtlicher Hinsicht als Beschaffen von Daten über den Betroffenen, also als Datenerhebung iSd. Legaldefinition des § 3 III BDSG[1] zu bewerten.[2] Für die Zulässigkeit solcher Datenerhebungen bestehen im Anwendungsbereich des BDSG besondere Vorgaben, deren Nichteinhaltung zur Rechtswidrigkeit der vorvertraglichen Befragung führen. Ist die Befragung danach rechtswidrig, kann dies nach den bisherigen Ergebnissen nicht ohne Folgen für die Anfechtbarkeit des Rechtsgeschäfts bleiben.[3]
Zu klären ist also, inwieweit spezielle datenschutzrechtliche Vorgaben für die Zulässigkeit einer vorvertraglichen Befragung bestehen. Insoweit ist besondere Aufmerksamkeit den Verschärfungen der gesetzlichen Anforderungen zu widmen, die sich durch das BDSG-Reformgesetz ergeben haben. Diese betreffen gerade auch die Datenerhebung durch nicht öffentliche Stellen.

A. Erweiterung des BDSG hinsichtlich der Datenerhebung durch nicht öffentliche Stellen

Das BDSG hat durch das BDSG-Reformgesetz hinsichtlich der Erhebung personenbezogener Daten durch nicht öffentliche Stellen[4] eine Erweiterung seines Anwendungsbereichs und eine Verschärfung seiner Vorgaben erfahren. Dies folgte aus dem Umsetzungsbedarf, der sich aus der Abweichung des alten

---

1 BDSG meint hier und im folgenden das BDSG in seiner neuen Fassung, die es durch das Gesetz zur Änderung des BDSG und anderer Gesetze vom 18. 5. 2001 mit Wirkung zum 23. 5. 2001 (BGBl. I, S. 904 vom 22. 5. 2001; im folgenden als BDSG-Reformgesetz bezeichnet) erhalten hat. Am 14. 1. 2003 wurde das BDSG neu bekanntgemacht (BGBl. I, S. 66 f. vom 24. 1. 2003), wobei vereinzelt auch spätere Änderungen des BDSG einbearbeitet wurden, die aber für den Gegenstand der vorliegenden Untersuchung keine Rolle spielen.

2 Daß die Daten, die sich der fragende Teil beschafft, in den Konstellationen des § 123 I Alt. 1 BGB letztlich falsch sind, spielt für die Qualifikation als Datenerhebung keine Rolle. „Personenbezogene Daten" definiert § 3 I BDSG nämlich als „Einzelangaben über persönliche oder sachliche Verhältnisse einer bestimmten oder bestimmbaren natürlichen Person", das Zutreffen der Angaben stellt demnach keine Voraussetzung eines Datums iSd. BDSG dar.

3 Vgl. dazu unten, unter C.

4 Nicht öffentliche Stellen definiert § 2 IV BDSG als „natürliche und juristische Personen, Gesellschaften und andere Personenvereinigungen des privaten Rechts", wobei Ausnahmen etwa für die Wahrnehmung von Verwaltungsaufgaben getroffen werden. Die im Rahmen dieser Untersuchung interessierenden Befragungen durch Private erfolgt also durch nicht öffentliche Stellen iSd. BDSG.

BDSG von den Vorgaben der europäischen Datenschutzrichtlinie[5] ergeben hatte.[6]

I. Erstreckung des § 4 I BDSG auf Datenerhebungen

Die Verschärfung des BDSG hinsichtlich der Datenerhebung ergibt sich in erster Linie aus der Aufnahme der Datenerhebung in den Katalog der nach § 4 I BDSG grundsätzlich verbotenen Verhaltensweisen.[7] Nach der alten Rechtslage galt das Verbot mit Erlaubnisvorbehalt des § 4 I BDSG hingegen nur für die Datenverarbeitung und -nutzung, nicht aber für die Erhebung von Daten.[8] Unter Geltung des alten Rechts bestimmte sich im – ohnehin sehr eingeschränkten[9] – Anwendungsbereich des BDSG bei nicht öffentlichen Datenverarbeitern die datenrechtliche Zulässigkeit einer Informationserhebung nur nach § 28 I S. 2 BDSG a.F., wonach die Daten nach Treu und Glauben und auf rechtmäßige Weise erhoben werden mußten. Das BDSG stellte damit bislang keine eigenen Anforderungen für die Erhebung von Daten durch Private auf, sondern es wiederholte nur das selbstverständliche Gebot der Einhaltung von Treu und Glauben und anderer rechtlicher Vorgaben.[10] Unter Geltung dieser wenig ergiebigen Regelung bestanden keine unmittelbaren besonderen datenschutzrechtlichen Anforderungen an die Datenerhebung, sondern nur das Gebot, keine Daten zum Zwecke einer datenschutzwidrigen dateimäßigen Verarbeitung erheben.[11] Damit genügte das BDSG a.F. nicht den Anforderungen der europäischen Datenschutzrichtlinie, da das Verarbeitungsverbot ihres Art. 7 nach der Terminologie

---

[5] Richtlinie 95/46/EG des Europäischen Parlaments und des Rates zum Schutz natürlicher Personen bei der Verarbeitung personenbezogener Daten und zum freien Datenverkehr vom 24. 10. 1995, ABl. EG 1995 Nr. L 281, S. 31 ff.

[6] Vgl. Begründung zum Regierungsentwurf des BDSG-Reformgesetzes BT-Drucks. 14/4329, S. 1 und 29. Dort auf S. 30 f. auch zu den Plänen einer umfassenden Neukonzeption des BDSG mit dem Ziel der Modernisierung und Vereinfachung (sog. „zweite Stufe" der Datenschutzreform), dazu auch Tauss/Özdemir, RDV 2000, 143, 144 und von Burgsdorff, S. 210 ff.; zu Recht hat Franzen, DB 2001, 1867 die Kapazitäten des Gesetzgebers zu nennenswerten Schritten in diese Richtung noch in der 14. Legislaturperiode angezweifelt. Eine baldige Neukonzeption des BDSG ebenfalls anzweifelnd: Gola/Jaspers, S. 6.

[7] Gola/Jaspers, S. 5; Thüsing/Lambrich, BB 2002, 1146, 1150. Diese Erweiterung ablehnend: Sutschek, RDV 2000, 107, 113. Seiner Kritik kann in dieser Schärfe aber nicht gefolgt werden, denn von der Statuierung eines „grundsätzlichen Verbots, sich seiner Sinnesorgane zu bedienen" kann keine Rede sein, werden von § 4 BDSG doch nur solche Datenerhebungen erfaßt, die zum Zwecke der automatisierten oder dateimäßigen Verarbeitung erfolgen und dies auch nur im nicht-persönlichen und nicht-familiären Bereich.

[8] Gola/Ordemann/Schomerus (6. Aufl.), § 4 BDSG Anm. 1.1.

[9] Vgl. dazu sogleich unter II.

[10] Auernhammer, § 28 BDSG Rn. 32; Ehmann, RDV 1999, 12, 14; Franzen, RDV 2003, 1; Gola/Ordemann/Schomerus (6. Aufl.), § 28 BDSG Anm. 4.1; Sutschet, RDV 2000, 107, 109; Wohlgemuth, Datenschutzrecht, Rn. 268.

[11] Gola/Ordemann/Schomerus (6. Aufl.), § 28 BDSG Anm. 4.1.

der Richtlinie (vgl. Art. 2 Buchst. b[12]) auch für das Erheben von Daten gilt und die Richtlinie eine Unterscheidung zwischen öffentlichen und nicht öffentlichen Datenverarbeitern nicht kennt. Es ergab sich deshalb hinsichtlich der Regelung des § 4 I BDSG a.F. Anpassungsbedarf.[13] Diesem ist durch die Erstreckung des § 4 I BDSG auch auf die Datenerhebung entsprochen worden.[14] Soweit die Datenerhebung durch eine nicht öffentliche Stelle nach § 1 II Nr. 3 BDSG dem Anwendungsbereich des BDSG unterfällt,[15] ist ihre Zulässigkeit nunmehr also vom Vorliegen eines besonderen Erlaubnistatbestands abhängig.

II. Erweiterte Anwendbarkeit des BDSG auf nicht öffentliche Datenverarbeiter

Abgesehen davon, daß das alte BDSG kein Verbot der Datenerhebung durch nicht öffentliche Stellen vorsah, war der Anwendungsbereich des BDSG für den Umgang mit Daten durch öffentliche Stellen auch im Übrigen sehr eingeschränkt.[16] Insbesondere wegen des engen Dateibegriffs des BDSG a.F. war der private Umgang mit Daten häufig keinen datenschutzrechtlichen Vorgaben unterworfen.[17] Die engen Grenzen des Anwendungsbereichs des BDSG a.F. für private Datenverarbeiter waren jedoch mit den Vorgaben der Datenschutzricht-

---

12 Danach bezeichnet die Richtlinie mit „Verarbeitung" von Daten „jeden mit oder ohne Hilfe automatisierter Verfahren ausgeführten Vorgang oder jede Vorgangsreihe im Zusammenhang mit personenbezogenen Daten wie das *Erheben*, das Speichern, die Organisation, die Aufbewahrung, die Anpassung oder Veränderung, das Auslesen, das Abfragen, die Benutzung, die Weitergabe durch Übermittlung, Verbreitung oder jede andere Form der Bereitstellung, die Kombination oder die Verknüpfung sowie das Sperren, Löschen und Vernichten;" [Hervorhebung durch Verfasserin].

13 Trotz des Ablaufens der Umsetzungsfrist bereits am 24. 10. 1998 kam eine vorgreifende Direktwirkung des Datenerhebungsverbots der Richtlinie nicht in Betracht, soweit es die Datenerhebung durch private Stellen betrifft. Denn eine solche Direktwirkung kommt nach noch herrschender Meinung nur im vertikalen Verhältnis zwischen Bürger und Staat, nicht aber im horizontalen Verhältnis zwischen den Bürgern in Frage, vgl. Jacob, RDV 1999, 1, 3. Die EU-Kommission hat wegen der Überschreitung der Umsetzungsfrist ein Vertragsverletzungsverfahren gemäß Art. 226 EGV gegen die Bundesrepublik Deutschland eingeleitet, vgl. JuS 2003, 304.

14 An der terminologischen Unterscheidung des Verarbeitens, Nutzens und Erhebens von Daten ist aber festgehalten worden, vgl. § 3 III-V BDSG. Wegen Art. 7 I der Datenschutzrichtlinie sind dem Verzicht auf das grundsätzliche Datenverarbeitungsverbot des § 4 I BDSG im Rahmen der „zweiten Stufe" der Datenschutzreform europarechtliche Grenzen gesetzt, in die Richtung eines solchen Verzichts aber die Ergebnisse der Voruntersuchungen des Gutachterausschusses, den das Bundesinnenministerium mit der Vorbereitung der „zweiten Stufe" der Datenschutzreform beauftragt hat, vgl. Roßnagel/Pfitzmann/Garstka, DuD 2001, 253 ff.

15 Dazu sogleich, unter II.

16 Im einzelnen dazu sogleich, insbesondere unter 1. - 3.

17 Siehe unten, unter 2.

linie, die eine Unterscheidung zwischen privaten und öffentlichen Datenverarbeitern nicht kennt, nicht zu vereinbaren.

1. Ausreichen der Beabsichtigung einer dateimäßigen Verarbeitung

Nach § 1 II Nr. 3 BDSG a.F. war die Anwendbarkeit des BDSG auf die Datenerhebung durch nicht öffentliche Stellen davon abhängig, daß die erhobenen Daten später in einer Datei iSv. § 3 II BDSG a.F. verarbeitet oder genutzt wurden. Der Anwendungsbereich der Richtlinie (Art. 3 I iVm. Art. 2 Buchst. b) gilt hingegen schon unabhängig von späteren Erfolgen einer dateimäßigen Verarbeitung oder Nutzung. Sie greift bei nicht automatisierten Datenerhebungen bereits, wenn die Speicherung in einer Datei *bezweckt* wird, außerdem für alle ganz oder teilweise automatisierten Erhebungen personenbezogener Daten (Art. 3 I iVm. Art. 2 Buchst. b der Richtlinie). Dementsprechend erweitert der neue § 1 II Nr. 3 BDSG den Anwendungsbereich des BDSG für die Datenerhebung durch nicht öffentliche Stellen insoweit, als es dafür nicht mehr auf die nachfolgende dateimäßige Verarbeitung ankommt, sondern schon ein entsprechender Zweck der Erhebung genügt.

2. Geringere Anforderungen an eine dateimäßige Verarbeitung

Gleichzeitig senkt die neue Fassung des § 1 II Nr. 3 BDSG die Anforderungen an diese dateimäßige Verarbeitung ab und gleicht sie dadurch an die Richtlinie an. Die nach § 1 II Nr. 3 BDSG a.F. erforderlichen Dateien, in oder aus denen die erhobenen Daten verarbeitet oder genutzt werden mußten, wurden nach § 3 II S. 1 BDSG a.F. in automatisierte (Nr. 1)[18] und nicht automatisierte Dateien (Nr. 2)[19] unterteilt, worunter nach § 3 II S. 2 BDSG a.F. keine Akten fielen.[20]

a) Automatisierte Datenverarbeitung

Demgegenüber kommt es nach Art. 3 I der Datenschutzrichtlinie im Falle der automatisierten Verarbeitung nicht mehr auf das Anlegen einer Datei an. Entsprechend dieser Vorgabe läßt § 1 II Nr. 3 BDSG statt der automatisierten Datei nun schon den „Einsatz von Datenverarbeitungsanlagen“ genügen. Die Anwendbarkeit des BDSG auf die Erhebung von Daten zum Zwecke ihrer EDV-mäßigen Bearbeitung hängt also nicht mehr davon ab, ob mit den Mitteln der

---

[18] Dort legaldefiniert als „eine Sammlung personenbezogener Daten, die durch automatisierte Verfahren nach bestimmten Merkmalen ausgewertet werden kann“.

[19] Dort legaldefiniert als „jede sonstige Sammlung personenbezogener Daten, die gleichartig aufgebaut ist und nach bestimmten Merkmalen geordnet, umgeordnet und ausgewertet werden kann“.

[20] Akten konnten dem Dateibegriff danach nur als automatisierte Datei unterfallen, wenn sie nämlich „durch automatisierte Verfahren umgeordnet und ausgewertet werden können“, § 3 II S. 2 BDSG a.F.

EDV eine Sammlung erstellt werden soll, die nach bestimmten Merkmalen ausgewertet wird.[21]

b) Akten und Aktensammlungen als nicht automatisierte Dateien

Bezüglich der nicht automatisierten Dateien wird in § 1 II Nr. 3 BDSG zwar am Bezug auf die Verarbeitung in oder aus solchen Dateien festgehalten.[22] Die Voraussetzungen für das Vorliegen einer solchen nicht automatisierten Datei werden aber durch § 3 II S. 2 BDSG gegenüber § 3 II S. 1 Nr. 2 und S. 2 BDSG a.F. abgesenkt. Die Ersetzung der Möglichkeit, die Sammlung nach bestimmten Merkmalen zu ordnen oder umzuordnen, durch ihre Zugänglichkeit und Auswertbarkeit nach bestimmten Merkmalen bei § 3 II S. 2 BDSG ist dabei nur eine Verdeutlichung, die an die Begrifflichkeiten der Datenschutzrichtlinie[23] angelehnt ist.[24] Indem aber der grundsätzliche Ausschluß von Akten vom Begriff der nicht automatisierten Datei (vgl. § 3 II S. 2 BDSG a.F.) aufgegeben wird, erweitert die Neuregelung in Anlehnung an Art. 2 Buchst. c der Datenschutzrichtlinie den Dateibegriff, so daß ihm Akten und Aktensammlungen auch dann unterfallen können, wenn sie sich nicht automatisiert umordnen und auswerten lassen. Nach nun geltendem Recht genügt es für die Anwendbarkeit des BDSG nach § 1 II Nr. 3 bereits, wenn sich die Akten als nicht automatisierte Datei iSd. § 3 II S. 2 BDSG subsumieren lassen.[25] Dadurch unterliegen Akten dem BDSG

---

[21] Die Unbeachtlichkeit der Dateiqualität im Falle automatisierter Verarbeitung hebt auch die Begründung des Gesetzesentwurfs BT- Drucks. 14/4329, S. 29 hervor. Zutreffend sehen Duhr/Naujok/Peter/Seiffert, DuD 2002, 5, 9 darin eine erhebliche Erweiterung des Anwendungsbereichs des BDSG. Die Regelung des § 1 II Nr. 3 BDSG geht über den Schutz der Richtlinie insoweit hinaus, als sie für die Anwendung des § 4 I BDSG auf die Erhebung von Daten schon die Bezweckung ihrer automatisierten Verarbeitung bzw. Nutzung genügen läßt, während für das Datenverarbeitungsverbot nach der Datenschutzrichtlinie aus Art. 7 iVm. Art. 3 I die automatisierte Verarbeitung, zu der nach der Terminologie der Richtlinie auch die Datenerhebung gehört (Art. 2 Buchst. b) bereits erfolgt sein muß. Dieses höhere Schutzniveau des BDSG ist insoweit nicht unproblematisch, als die Datenschutzrichtlinie neben dem Privatsphäreschutz auch die Befreiung des Wettbewerbs von den Hemmnissen uneinheitlicher nationaler Schutzniveaus bezweckt (vgl. Erwägungsgründe 7 und 9 der Richtlinie), andererseits spricht Art. 13 der Richtlinie, der nur Ausnahmen „nach unten" trifft, für die generelle Zulässigkeit von Ausnahmen „nach oben", so daß insgesamt doch von einer Mindestschutzrichtlinie auszugehen ist, die nur ein Mindestmaß an Privatsphäreschutz vorschreibt, in diese Richtung auch Simitis, DuD 2000, 714 [Regelungszwang aber keine Regelungssperre]).

[22] Für diesen Bezug genügt nunmehr bereits die Zwecksetzung (s.o., unter II. 1.).

[23] Als Datei definiert Art. 2 Buchst. c der Richtlinie "jede strukturierte Sammlung personenbezogener Daten, die nach bestimmten Kriterien zugänglich sind ...".

[24] Vgl. Begründung zum Regierungsentwurf BT-Drucks. 14/4329, S. 32. Ein weiterer Sinn ist in dieser Änderung der Formulierung deswegen auch nicht zu suchen, weswegen die diesbezügliche Kritik von Sutschet, RDV 2000, 107, 113 fehl geht.

[25] Vgl. Begründung zum Regierungsentwurf BT-Drucks. 14/4329, S. 32.

in weit stärkerem Maße als zuvor. Es genügt, wenn die Zugänglichkeit und Auswertbarkeit der Akte nach bestimmten Merkmalen gegeben ist. Das ist z.B. der Fall, wenn eine Sammlung von Personalakten nach dem Alphabet sortiert ist (Zugänglichkeit) und die einzelnen Akten eine sog. „Binnenstruktur" vorweisen, also eine innere Aufteilung nach festgelegten Kriterien enthalten (Auswertbarkeit), z.B. getrennt nach Lebenslauf, Fortbildung, Eingruppierung, Verträgen.[26] Die Änderungen in § 3 BDSG bewirken auch hinsichtlich der Verarbeitung in Akten eine starke Ausweitung des Anwendungsbereichs des BDSG auf nicht öffentliche Stellen.[27]

3. Wegfall der Privilegierung von Zwischen- und internen Dateien

Schließlich entfällt für Zwischendateien und nicht automatisierte Dateien, die nur intern verwendet werden sollen und nicht zur Übermittlung an Dritte bestimmt sind, die Privilegierung des § 1 III BDSG a.F., wonach die Anwendung der meisten datenschutzrechtlichen Regelungen einschließlich des Datenverarbeitungsverbots nach § 4 I BDSG ausgeschlossen war.[28]

4. Verschiebung der Beweislast bzgl. rein privater Datenverarbeitung

Weniger gewichtig[29] erscheint die Änderung, daß die Anwendbarkeit des BDSG nun nicht mehr positiv den geschäftlichen, beruflichen oder gewerblichen Zusammenhang der Datenverarbeitung voraussetzt, sondern negativ die Anwendbarkeit des BDSG bei nur persönlichen oder familiären Tätigkeiten ausschließt. Inhaltlich ist damit eine weitgehend identische Fallgruppe beschrieben.[30] Der nun negativen Formulierung ist aber eine Verschiebung der Beweislast vom Betroffenen, der aus einem Verstoß gegen das BDSG Rechte herleiten will, auf den Datenverarbeiter zu entnehmen.

Insgesamt hat das BDSG-Reformgesetz also die Voraussetzungen für die Anwendbarkeit des BDSG auf die Datenerhebung durch Private sowohl hinsichtlich der erforderlichen Art der dateimäßigen Verarbeitung bzw. Nutzung abge-

---

[26] Duhr/Naujok/Peter/Seiffert, DuD 2002, 5, 9; Fitting/Kaiser/Heither/Engels, § 83 BetrVG Rn. 21; Thüsing/Lambrich, BB 2002, 1146, 1150; zu weit (zur Richtlinie) Tinnefeld/Ehmann, S. 193: ausreichend, wenn die Deckblätter der Akten nach bestimmten Kriterien strukturiert sind. Es muß aber der *Inhalt* der Datei nach bestimmten personenbezogenen Kriterien strukturiert sein, vgl. Erwägungsgrund 27 der Datenschutzrichtlinie.

[27] Franzen, DB 2001, 1867.

[28] Auch diese Verschärfung des Datenschutzes folgte aus den Vorgaben der Datenschutzrichtlinie, die entsprechende Einschränkungen des Anwendungsbereichs nicht vorsieht, vgl. Begründung des Regierungsentwurfs, BT-Drucks. 14/4329, S. 31; Duhr/Naujok/Peter/Seiffert, DuD 2002, 5, 6 (die zutreffend die Folge von nicht beabsichtigten Härten im Einzelfall befürchten) und von Burgsdorff, S. 177.

[29] A.A. offenbar Franzen, DB 2001, 1867.

[30] Gola/Schomerus, § 1 BDSG Rn. 1.

senkt als auch dadurch, daß statt ihrer tatsächlichen Vornahme ihre Beabsichtigung bei der Erhebung genügt. Außerdem trägt der Verwender der Daten die Beweislast, wenn er sich auf einen Ausschluß des BDSG nach § 1 II Nr. 3 S. 2 BDSG berufen will.

B. Folgen für die datenschutzrechtliche Zulässigkeit vorvertraglicher Befragungen

Es schließt sich die Frage nach der datenschutzrechtlichen Zulässigkeit vorvertraglicher Befragungen an. Dafür kommt es erstens[31] auf die Anwendbarkeit des BDSG und zweitens[32] auf seine Vorgaben hinsichtlich vorvertraglicher Fragen an.
Insoweit zeigt sich, daß die Erweiterungen und Verschärfungen des BDSG bzgl. der Datenerhebung durch nicht öffentliche Stellen gerade auch die vorvertragliche Befragung von Verhandlungspartnern betreffen:[33]
Nach altem Recht kam es zu einer Anwendbarkeit des BDSG auf vorvertragliche Befragungen erst, wenn die erhobenen Daten später tatsächlich dateimäßig verarbeitet oder genutzt wurden, wobei das Anlegen von Akten und Aktensammlungen dafür grundsätzlich nicht ausreichte. Selbst wenn diese Voraussetzungen erfüllt waren, folgte aus der Anwendbarkeit des BDSG auf eine solche Befragung lediglich ihre Prüfung nach § 28 I S. 2 BDSG a.F., worin aber nur die ohnehin geltenden Gebote eines treue- und rechtmäßigen Verhaltens wiederholt und damit keine eigenen, speziell datenschutzrechtlichen Anforderungen an die vorvertragliche Befragung aufgestellt wurden.[34] Datenschutzrechtliche Besonderheiten ergaben sich danach allenfalls mittelbar, weil die Befragung zum Zwecke einer nach dem BDSG unzulässigen Datenverarbeitung rechtswidrig war.[35]
Demgegenüber ist die vorvertragliche Befragung im – erweiterten – Anwendungsbereich des BDSG nun dem grundsätzlichen Datenerhebungsverbot des § 4 I BDSG unterworfen.[36] Die Zulässigkeit solcher vorvertraglichen Befragungen hängt demnach vom Vorliegen eines besonderen Erlaubnistatbestands ab, der in der Einwilligung des Befragten oder in einer gesetzlichen Regelung, insbesondere § 28 I BDSG liegen kann. Weitere Anforderungen an eine zulässige

---

[31] Vgl. dazu unten, unter I.
[32] Vgl. dazu unten, unter II.
[33] Zur Qualifikation der vorvertraglichen Befragung als Datenerhebung durch nicht öffentliche Stellen bereits oben, Beginn von Teil 6.
[34] Vgl. Gola/Ordemann/Schomerus (6. Aufl.), § 4 BDSG Anm. 1.1; Wohlgemuth, BB 1996, 690, 692; im Ergebnis ebenso Ehrich, DB 2000, 421.
[35] Gola, RDV 2000, 202, 203; siehe dazu schon oben, unter A. I.
[36] Gola, RDV 2000, 202, 207.

Datenerhebung folgen aus § 4 II und III BDSG, sowie gegebenenfalls aus §§ 4 d und e BDSG. Wegen dieser Verschärfung der Vorgaben des BDSG erlangt die Frage der Eröffnung seines Anwendungsbereichs eine erhebliche Bedeutung für die Beurteilung der Rechtmäßigkeit der vorvertraglichen Befragung.

I. Anwendbarkeit des BDSG auf eine vorvertragliche Befragung

Die Anwendbarkeit des BDSG auf nicht öffentliche Datenverarbeiter richtet sich nach § 1 II Nr. 3 BDSG. Danach unterfällt die vorvertragliche Befragung den Vorschriften des BDSG, wenn nach personenbezogenen Daten gefragt wird und der fragende Teil entweder die Verarbeitung oder Nutzung der Daten unter Einsatz von Datenverarbeitungsanlagen oder ihre Verarbeitung oder Nutzung in oder aus nicht automatisierten Dateien bezweckt. Weiter darf die Befragung nicht ausschließlich persönlichen oder familiären Tätigkeiten dienen.

1. Personenbezogenes Datum als Fragegegenstand

Die Bewertung des Gegenstands einer vorvertraglichen Frage als personenbezogenes Datum richtet sich nach der Legaldefinition des § 3 I BDSG, wonach darunter Einzelangaben über persönliche oder sachliche Verhältnisse einer bestimmten oder bestimmbaren Person zu verstehen sind.[37] Die so umrissenen Informationen entsprechen denen, die das informationelle Selbstbestimmungsrecht der individuellen Verfügungsbefugnis zuweist. Das entspricht dem Zweck des BDSG, der auf den Schutz des Persönlichkeitsrechts auf informationelle Selbstbestimmung gerichtet ist, vgl. § 1 I BDSG.[38] Wie bei den Überlegungen zu Bindungen des Fragenden aus Treu und Glauben (§ 242 BGB) geht es hier damit um alle vorvertraglichen Fragen, die den Befragten zur Offenbarung persönlicher Lebenssachverhalte („eigener“ Daten) bringen sollen.

2. Beabsichtigung der automatisierten oder dateimäßigen Verarbeitung oder Nutzung der Information

Eine Einschränkung erfährt die Unterwerfung vorvertraglicher Befragungen unter das BDSG aber dadurch, daß der fragende Teil oftmals weder die automatisierte Verarbeitung oder Nutzung der erfragten Informationen, noch ihre Verarbeitung oder Nutzung in oder aus nicht automatisierten Dateien beabsichtigen wird. Der Normalfall einer vorvertraglichen Befragung ist am ehesten die bloß mündliche Befragung, bei der die Ergebnisse nicht festgehalten werden, sondern sie nur ad hoc der Entscheidung über den Vertragsschluß zu Grunde gelegt werden. In diesen Fällen ist das BDSG und damit auch das generelle Datenerhebungsverbot des § 4 I BDSG nach wie vor nicht anwendbar.

---

[37] Insoweit hat das BDSG-Reformgesetz keine Änderung gebracht und ist auch von der „zweiten Stufe“ der Datenschutzreform keine Änderung zu erwarten, vgl. Roßnagel/Pfitzmann/Garstka, DuD 2001, 253, 256.

[38] Martins, S. 80; Tinnefeld/Ehmann, S. 156.

Erfolgt die vorvertragliche Befragung allerdings im Wege standardisierter Fragebögen, so erstellt der informationserhebende Vertragspartner schon durch die Aufbewahrung der beantworteten Fragebögen eine Sammlung personenbezogener Daten, die gleichartig aufgebaut und nach bestimmten Merkmalen zugänglich ist und ausgewertet werden kann, also eine nicht automatisierte Datei iSd. BDSG. Die Aufbewahrung der ausgefüllten Fragebögen wird aber zumindest dann, wenn es zu einem Vertragsabschluß kommt, den Regelfall bilden, denn der informationserhebende Teil beugt auf diese Weise eventuellen Beweisschwierigkeiten bei einer späteren Anfechtung nach § 123 I Alt. 1 BGB vor.[39] Nachdem die Privilegierung nicht automatisierter Dateien, die ausschließlich zur internen Verwendung bestimmt sind, durch die Aufhebung des alten § 1 III BDSG entfallen ist, ist das grundsätzliche Datenverarbeitungsverbot des BDSG nun auf die Befragung durch standardisierte Fragebögen, die anschließend archiviert werden sollen, anzuwenden.

Gleiches gilt, wenn der fragende Teil die erhobenen Daten mit den Mitteln der EDV speichern will. Für eine solche automatisierte Verarbeitung greift nach der neuen Fassung des § 1 II Nr. 3 das BDSG unabhängig davon, ob mit den Mitteln der EDV eine Sammlung erstellt wird, die durch automatisierte Verfahren nach bestimmten Merkmalen ausgewertet werden kann.[40] Es reicht danach schon, daß der fragende Teil die Antworten seines Verhandlungspartners in den Computer eingibt oder dies bei der Befragung jedenfalls plant. Wegen der mittlerweile ausgesprochen starken Verbreitung der Speicherung von Informationen mit den Mitteln der EDV wird das in der Praxis dazu führen, daß ein beträchtlicher Teil der vorvertraglichen Befragungen nun als Datenerhebung zur automatisierten Verarbeitung dem BDSG unterfällt. Ob dieser unterschiedlichen Behandlung hand- bzw. maschinenschriftlicher Notizen des fragenden Teils gegenüber durch EDV abgespeicherte Notizen wirklich ein unterschiedliches Schutzbedürfnis zu Grunde liegt, wenn die EDV-Notiz nicht automatisiert ausgewertet werden kann, sei dahingestellt.

3. Keine ausschließlich persönliche oder familiäre Tätigkeit

Ausgeschlossen ist eine Anwendung des BDSG, wenn die Befragung im Vorfeld eines Vertrages stattfindet, der ausschließlich persönliche oder familiäre Tätigkeiten betrifft. Die Beweislast trägt insoweit der fragende Teil, was ihn aber in den einschlägigen Fällen normalerweise vor keine besonderen Schwierigkeiten stellen wird.

---

39 Wenn die Zusammenfassung standardisierter Personalfragebögen zu einer Sammlung nicht nur bei der Datenerhebung beabsichtigt war, sondern auch tatsächlich erfolgte, konnte auch nach altem Recht der Anwendungsbereich des BDSG eröffnet sein, vgl. Wohlgemuth, BB 1996, 690, 693.

40 Das war nach altem Recht gemäß §§ 1 II Nr. 3 iVm. 3 II S. 1 Nr. 1 BDSG a.F. noch erforderlich.

Für die Anwendbarkeit des BDSG auf vorvertragliche Befragungen ergeben sich aus der Datenschutznovelle also einige Ausweitungen. Der Normalfall einer vorvertraglichen Befragung, bei der die erhobene Information nur zur ad hoc Entscheidung über den Vertragsabschluß herangezogen wird, unterfällt dem datenschutzrechtlichen Verarbeitungsverbot mit Erlaubnisvorbehalt nach wie vor nicht. Gleiches gilt, wenn der fragende Teil sich die Antworten notiert und diese Notiz weder in eine nicht automatisierte Datei einordnet noch sich den Mitteln der EDV bedient. Eine Eröffnung des Anwendungsbereichs des BDSG ergibt sich nach § 1 II Nr. 3 BDSG aber schon, wenn der informationserhebende Teil standardisierte Fragebögen verwendet, deren spätere Sammlung er beabsichtigt. Schließlich genügt es für die Anwendbarkeit des BDSG bereits, wenn der fragende Teil die Antworten seines Verhandlungspartners mit den Mitteln der EDV aufnimmt.

II. Rechtsfolgen der Anwendbarkeit des BDSG auf eine vorvertragliche Befragung

Aus der Anwendbarkeit des BDSG auf eine vorvertragliche Befragung folgen besondere Anforderungen an ihre Zulässigkeit. Im einzelnen ergibt sich ihre generelle Erlaubnisbedürftigkeit (§ 4 I BDSG), ferner das Gebot der Direkterhebung (§ 4 II BDSG) und die Unterrichtungspflicht des § 4 III BDSG. Soweit eine automatisierte Datenverarbeitung iSv. § 4 d BDSG erfolgt, bestehen darüber hinaus die Pflichten zur Meldung und zur Vorabkontrolle nach § 4 d und e BDSG.

1. Erlaubnisbedürftigkeit der Datenerhebung nach § 4 I BDSG

Die Rechtmäßigkeit der vorvertraglichen Befragung hängt damit zunächst davon ab, ob ein besonderer Erlaubnistatbestand gegeben ist, als welchen § 4 I BDSG die Anordnung oder Erlaubnis der Datenerhebung durch das BDSG oder andere gesetzliche Regelungen oder die Einwilligung des Betroffenen vorsieht.
Als Erlaubnis durch Rechtsvorschrift kommt für die vorvertragliche Befragung des Verhandlungspartners grundsätzlich nur die Erlaubnis nach § 28 BDSG in Betracht, lediglich im Spezialbereich des Arbeitsrechts kann eine besondere Erlaubnisnorm in einer Regelung eines Tarifvertrags oder einer Betriebsvereinbarung bestehen, die dann gegenüber § 28 BDSG vorrangig ist. Auf das Vorliegen einer Erlaubnis durch Rechtsvorschrift kommt es für die Zulässigkeit der vorvertraglichen Informationserhebung nicht an, wenn und soweit sie schon wegen einer Einwilligung des Befragten erlaubt ist.

a) Erlaubnis durch Einwilligung des Befragten in die Datenerhebung

Der Betroffene, der in die Erhebung oder Verarbeitung seiner Daten einwilligt, übt dadurch grundsätzlich sein Recht auf informationelle Selbstbestimmung aus,[41] so daß dann keine Notwendigkeit eines objektiven Schutzes besteht.[42] Deswegen bildet die Einwilligung des Betroffenen einen Erlaubnistatbestand im Rahmen des § 4 I BDSG.

aa) Erklärung der Zustimmung zur Datenerhebung

Bei der vorvertraglichen Befragung ist die Datenerhebung, also die Beschaffung von Daten (§ 3 III BDSG) erst dann von Erfolg gekrönt, wenn der Betroffene auch antwortet. Wenn er aber antwortet, dann liegt darin zumindest konkludent[43] eine Erklärung der Zustimmung zur Datenerhebung, also eine Einwilligung[44]. Dem steht nicht entgegen, daß die Beantwortung in den Konstellationen des § 123 I Alt. 1 BGB inhaltlich nicht zutrifft, was schon daraus folgt, daß dies vom insoweit maßgeblichen Empfängerhorizont nicht zu erkennen ist. Ausnahmsweise liegt in der Beantwortung kein ausreichender Erklärungsgehalt hinsichtlich einer Zustimmung, wenn der Befragte die Zwecksetzung der automatisierten bzw. dateimäßigen Verarbeitung ersichtlich nicht erkennen konnte.

Wenn unter der Geltung des alten BDSG in der Literatur z.T. vertreten wurde, daß eine konkludente Erklärung für eine Einwilligung iSd. § 4 a BDSG bzw. § 4 II BDSG a.F. nicht genüge,[45] so war diese Ansicht schon früher als nicht praktikabel abzulehnen.[46] Diese Auslegung gilt vor dem Hintergrund der Datenschutzrichtlinie, die nur in besonderen Konstellationen eine ausdrückliche Einwilligung anordnet,[47] erst recht.[48] Den Gegnern einer Möglichkeit zur konkludenten Einwilligung ist aber insoweit Recht zu geben, als aus dem grundsätzlichen Schriftformerfordernis des § 4 a I S. 3 BDSG der Ausnahmecharakter konkludenter Einwilligungen zu folgern ist. Die Schriftform kann nur bei einer ausdrücklichen Einwilligung eingehalten werden. Bei der Annahme einer kon-

---

41 Geiger, NVwZ 1989, 35, 37.

42 Gola/Ordemann/Schomerus (6. Aufl.), § 4 BDSG Anm. 5.4 (ein ausschließlich objektiver Maßstab der datenschutzrechtlichen Zulässigkeit stünde im Widerspruch zur informationellen *Selbstbestimmung* als Schutzgut des BDSG); Roßnagel/Pfitzmann/Garstka, DuD 2001, 253, 258 (Einwilligung als „genuiner Ausdruck informationeller Selbstbestimmung").

43 Zur Entbehrlichkeit der Schriftform des § 4 a S. 3 BDSG aufgrund der Umstände bei vielen vorvertraglichen Befragungen vgl. unten, II. 1. a) dd). Für eine Abschaffung der Möglichkeit konkludenter datenschutzrechtlicher Einwilligungen iRd. „zweiten Stufe" der Datenschutzreform Simitis, DuD 2000, 714, 721. Das dürfte aber in dieser Allgemeinheit nicht praktikabel sein. Zur Situation bei besonderen Arten personenbezogener Daten vgl. unten, II. 1. a) ee).

44 Gola/Schomerus, § 4 a BDSG Rn. 2, die Terminologie entspricht insoweit der des BGB (§ 183 BGB).

45 Simitis/Damman/Geiger/Mallmann/Walz (4. Aufl.), § 4 BDSG Rn. 43.

46 Für die Möglichkeit einer konkludenten Einwilligung (nach altem Recht) OLG Frankfurt am Main CR 2001, 294, 296.

47 Dazu unten, unter II. 1. a) ee).

48 Tinnefeld/Ehmann, S. 215; weiterhin ablehnend aber Simitis-Simitis, § 4 a BDSG Rn. 46.

kludenten Einwilligung in die Datenerhebung ist deswegen restriktiv zu verfahren. Insbesondere ist zu überlegen, inwieweit der Betroffene den Schutz entbehren kann, den ihm bei einer ausdrücklichen Einwilligung in die Datenerhebung das Schriftformerfordernis des § 4 a I S. 3 BDSG gewährt. Dabei geht es vor allem um die Warnung des Betroffenen vor einer übereilten Entscheidung.[49] Er soll sich die Folgen seiner Erklärung überlegen können.[50] Bei der Datenerhebung im Wege der vorvertraglichen Befragung beschränken sich die Folgen der Einwilligung aber normalerweise darauf, daß die erhobenen Informationen dem fragenden Teil offenbart werden, der sie bei seiner Entscheidung über den Vertragsschluß zu Grunde legt und gegebenenfalls bei einer Anfechtung als Vergleichsgröße heranzieht. Diese Folgen liegen für den Befragten in aller Regel auf der Hand. Der Schutzzweck des § 4 a I S. 3 BDSG steht einer konkludenten Einwilligung deshalb regelmäßig nicht entgegen. In der Beantwortung einer vorvertraglichen Befragung wird deshalb in den allermeisten Fällen eine datenschutzrechtliche Einwilligung zu sehen sein.

Von daher könnte die Datenerhebung durch vorvertragliche Fragen im Großteil der Fälle durch eine Einwilligung iSv. § 4 I BDSG abgedeckt und in datenschutzrechtlicher Hinsicht damit stets erlaubt sein. Die Einwilligung des befragten Verhandlungspartners ist aber nur wirksam, wenn sie die Voraussetzungen des § 4 a BDSG erfüllt.

bb) Freie Entscheidung des Betroffenen (§ 4 a I S. 1 BDSG)

Nach Satz 1 des § 4 a BDSG ist für die Wirksamkeit einer Einwilligung in die Datenerhebung zunächst erforderlich, daß diese Einwilligung auf der „freien Entscheidung" des Befragten beruht.[51] Obwohl das alte BDSG eine solche Voraussetzung nicht ausdrücklich aufstellte, bestand auch nach der Rechtslage vor dem 23. 5. 2001 weitgehend Einigkeit darüber, daß die Freiwilligkeit Voraussetzung einer wirksamen Einwilligung war oder immerhin dem Datenverarbeiter die Berufung auf eine erzwungene oder erschlichene Einwilligung nach § 242 BGB verwehrt war.[52] Die Wirksamkeit der Einwilligung des vorvertrag-

---

49 OLG Frankfurt CR 2001, 294, 296; Fitting/Kaiser/Heither/Engels, § 83 BetrVG Rn. 27 (außerdem bezwecke das Schriftformerfordernis die Gewährleistung von Rechtssicherheit); Simitis-Simitis, § 4 a BDSG Rn. 35.

50 Simitis-Simitis, § 4 a BDSG Rn. 35.

51 Entsprechend verlangt die Datenschutzrichtlinie in ihrem Art. 2 Buchst. h für eine wirksame Einwilligung eine „Willensbekundung, die ohne Zwang, für den konkreten Fall und in Kenntnis der Sachlage erfolgt".

52 Für die Unwirksamkeit der Einwilligung: Handb. StaatsR.-Schmitt-Glaeser, § 129 Rn. 98; Simitis/Dammann/Geiger/Mallmann/Walz (4. Aufl.), § 4 BDSG Rn. 27; Wohlgemuth, Datenschutzrecht, Rn. 123; für die Rechtsmißbräuchlichkeit eines Berufens auf die Einwilligung: Gola/Schomerus, § 4 a BDSG Rn. 7 (an dieser Lösung auch für die neue Rechtslage festhaltend); gegen eine Maßgeblichkeit der Freiwilligkeit der Einwilligung hingegen

lich Befragten hängt damit ebenso nach dem altem wie nach dem neuen Recht davon ab, ob der Einwilligung eine freie Entscheidung zu Grunde liegt.[53]

(1) Unerheblichkeit der Ursache einer Unfreiheit

Das ausdrückliche Freiwilligkeitserfordernis des § 4 a I S. 1 BDSG setzt Art. 2 Buchst. h der Datenschutzrichtlinie um, wonach eine wirksame datenschutzrechtliche Einwilligung „ohne Zwang" erfolgen muß.[54] Nach dieser Formulierung könnte zu überlegen sein, ob es nicht nur auf das Fehlen von Freiheit des Einwilligenden ankommt, sondern auch darauf, ob eine andere Person, insbesondere der Verwender, den Einwilligenden aktiv „zwingt". Danach käme es für die Wirksamkeit der Einwilligung wie im Rahmen der Feststellung eines Angriffs auf die informationelle Selbstbestimmung des Befragten,[55] auf die Verursachung der Unfreiheit des Befragten an, womit wieder die Unterscheidung zwischen dem Begründen einer Zwangslage und ihrem Ausnutzen relevant würde.

Insoweit verschafft aber ein Blick auf die anderen beiden Textversionen der Datenschutzrichtlinie Klarheit. Sowohl in der französischen („manifestation des volonté, libre.."[56]) als auch in der englischen („freely given [...] indication"[57]) Textfassung kommt zum Ausdruck, daß es nur auf das Bestehen oder Fehlen von Freiheit ankommen soll, nicht aber auf die Ursache dieses Zustands.[58] Die deutsche Formulierung ist insoweit bloß etwas mißverständlich. Für die Frage der Wirksamkeit der Einwilligung des Befragten kommt es nur darauf an, ob eine Zwangslage besteht. Wie diese Zwangslage entstanden ist, spielt hingegen keine Rolle.

(2) Freiheit der Entscheidung

Frei ist die Entscheidung zur datenschutzrechtlichen Einwilligung, wenn der Betroffene alternative Entscheidungsmöglichkeiten hat.[59] Rein tatsächlich gese-

---

Schneider-Danwitz, S. 62 (für Gültigkeit einer abverlangten Einwilligung komme es nur auf die inhaltliche Angemessenheit an).

53 Gegen eine nennenswerte Änderung gegenüber der alten Rechtslage hinsichtlich den Anforderungen an die Freiwilligkeit einer datenschutzrechtlichen Einwilligung auch Duhr/Naujok/Peter/Seiffert, DuD 2002, 5, 13; Franzen, DB 2001, 1867, 1871. Für eine Verschärfung der Anforderungen an die Freiwilligkeit hingegen wohl Wohlgemuth, BB 1996, 690, 693 (bzgl. Datenschutzrichtlinie).

54 Vgl. Regierungsbegründung zum BDSG-Reformgesetz, BT-Drucks. 14/4329, S. 34.

55 Vgl. dazu oben, Teil 4 A. II.

56 Abgedruckt bei Ehmann/Helfrich, Anhang 1, S. 403.

57 Abgedruckt bei Ehmann/Helfrich, Anhang 1, S. 402.

58 Dammann/Simitis, Art. 2 Rn. 23.

59 Vgl. Handb. StaatsR.-Schmidt-Glaeser, § 129 Rn. 98.

hen hat aber der vorvertraglich Befragte immer die Möglichkeit, die Beantwortung zu verweigern.[60]
Durch eine solche Verweigerung gefährdet er zwar die Chancen auf einen Vertragsabschluß.[61] Daß der Befragte sich damit zwischen der Wahrung seiner informationellen Verfügungsbefugnis über den erfragten Umstand und der Wahrung seiner Chancen auf den Vertragsschluß entscheiden muß, beseitigt jedoch die Freiwilligkeit dieser Entscheidung noch nicht.[62] Denn die informationelle Selbstbestimmung eröffnet dem Rechtsgutsträger auch die Möglichkeit, die Verfügungsbefugnis zur Erlangung von Vorteilen einzusetzen, die nicht persönlichkeitsrechtlicher Art sind.[63] Dabei muß es dem Inhaber der Selbstbestimmung grundsätzlich sogar frei stehen, Entscheidungen zu treffen, die seinen Interessen nach objektiver Sichtweise entgegenlaufen.[64] Ob die vorvertraglichen Fragen des fragenden Teils inhaltlich überzogen sind, spielt daher für die Wirksamkeit der Einwilligung keine Rolle.
Zweifel gegenüber der Freiwilligkeit einer datenschutzrechtlichen Einwilligung sind anzumelden, wenn die theoretische Möglichkeit der Hinnahme einer Verschlechterung der Chancen auf den Vertragsabschluß für den Befragten faktisch keine Alternative zur Einwilligung in die Datenerhebung bildet.[65] In diesem Zusammenhang stellt sich die Frage nach dem Maßstab, an dem so eine faktische

---

60 Wenn er durch unwiderstehlichen Zwang zur Einwilligung bestimmt wird, insbesondere indem seine Hand beim Unterschreiben einer Einwilligung geführt wird, liegt schon keine Willenserklärung der Einwilligung vor, so daß es auf die Wirksamkeit nicht ankommt.

61 Weichert, WuM 1993, 723, 724; vgl. dazu schon oben, bei Teil 4 A. II. 1. d).

62 Duhr/Naujok/Peter/Seiffert, DuD 2002, 5, 13 (Ob die Verknüpfung von Vertragsschluß und Einwilligung bereits einen „sozialen Zwang" bewirke, der die Freiwilligkeit der Einwilligung beseitigt, müsse durch Abwägung im Einzelfall geklärt werden.), Kilian, CR 2002, 921, 928; vgl. dazu auch bereits oben, Teil 4 A. II. 1. d). Als zu weitgehend ist die Gegenansicht von Simitis-Simitis, § 4 a BDSG Rn. 64 f. abzulehnen, wonach ein generelles Koppelungsverbot iRv. § 4 a BDSG bestehen soll, d.h. eine datenschutzrechtliche Einwilligung soll schon deswegen unwirksam sein, weil der Abschluß eines Vertrages und die Gewährung irgendeiner vertraglichen Leistung (z.B. Versicherung, Internetzugang, Krankenhausaufenthalt) daran gekoppelt wurde. Die datenschutzrechtliche Zulässigkeit könne in diesen Situationen nur aus gesetzlichen Erlaubnistatbeständen folgen. In diese Richtung wohl auch Roßnagel-Holznagel/Sonntag, 4.8.B.IV.2.c) (S.698) (keine Freiwilligkeit, wenn dem Betroffenen „keine andere Wahl bleibt, um in den Genuß der entsprechenden Leistung zu gelangen" oder ein sonstiger „sehr starker Anreiz zur Einwilligung gesetzt wird"). Zurückhaltender Roßnagel-Globig, 4.7.B.I.2. (S. 643 f.).

63 Kilian, CR 2002, 921, 928.

64 Gola/Schomerus, § 4 a BDSG Rn. 9.

65 Schneider-Danwitz, S. 51 f. Ohne eine solche Einschränkung Kilian CR 2002, 921, 928, der als Grenze der Kommerzialisierbarkeit des Persönlichkeitsrechts durch Einwilligung nur die Unzulässigkeit (Art. 1 GG/§ 138 BGB) allumfassender, ausschließlicher Nutzungsvereinbarungen nennt, die den einzelnen den informationellen Dispositionen eines anderen völlig ausliefern.

Unfreiheit des Einwilligenden zu messen ist. Dafür wäre es einerseits denkbar, die Situation des Befragten an den Voraussetzungen einer Selbstbestimmungsbeeinträchtigung nach § 240 StGB zu messen.[66] Andererseits könnte die Freiwilligkeit der Einwilligung schon dann scheitern, wenn der Befragte wegen seiner verhandlungsmäßigen Unterlegenheit bei den vorvertraglichen Verhandlungen seine Interessen nicht hinreichend wahren kann.[67] Dabei ist als Konsequenz der Bejahung einer „freien Entscheidung" zu bedenken, daß dann der objektivrechtliche Schutz der informationellen Selbstbestimmung durch das Datenerhebungsverbot des § 4 I BDSG iVm. den Anforderungen der gesetzlichen Erlaubnistatbestände entfällt.

Bei Übertragung des Maßstabs des § 240 I StGB wäre dies bis zur Grenze eines „empfindlichen Übels" iSv. § 240 StBG gegeben, eine Überprüfung vorvertraglicher Befragungen also so lange ausgeschlossen, wie das Scheitern der Vertragsverhandlungen für den Befragten nicht schon ein solches „empfindliches Übel" wäre. Daran sind hohe Anforderungen zu stellen: Erforderlich ist ein Nachteil von solcher Erheblichkeit, daß von dem Bedrohten in seiner Lage nicht mehr erwartet werden kann, daß er der Drohung in besonnener Selbstbehauptung standhält.[68] Zweifel an der Sachgerechtigkeit einer so weitgehenden Bejahung einer „freien Entscheidung" iSd. § 4 a I BDSG ergeben sich aber wegen der Eigenschaft des § 240 I StGB als Strafrechtsnorm, innerhalb derer das Drohen eines „empfindlichen Übels" die Grenze bezeichnet, ab der eine Beeinträchtigung der Selbstbestimmung strafbar ist.[69] Die Strafandrohung als ultima ratio der Rechtordnung umfaßt aber nicht abschließend alle Fälle der beeinträchtigten Entschließungsfreiheit.[70]
Eine solche ist bereits gegeben, wenn der Betroffene wegen seiner verhandlungsmäßigen Unterlegenheit bei den vorvertraglichen Verhandlungen seine Interessen nicht hinreichend wahren kann. Zu so einer Unterlegenheit kommt es, wenn der Befragte der datenschutzrechtlichen Einwilligung vernünftigerweise weder durch das Ausweichen auf einen anderen Anbieter entgehen kann,

---

[66] OLG Hamm NJW 1987, 1034, 1035; Dörr/Schmidt, § 4 Rn. 3.

[67] In diese Richtung Bergmann/Möhrle/Herb, § 4 BDSG a.F. RN. 34 f.; Däubler, RDV 1999, 243, 249 („ohne Zwang" iSd. Richtlinie bedeute „mehr als die Abwesenheit von widerrechtlicher Drohung und arglistiger Täuschung"); ders., Gläserne Belegschaften, Rn. 157; Dammann/Simitis, Art. 2 Rn. 23 (zu Art. 2 Buchst. h Datenschutzrichtlinie); Duhr/Naujok/Peter/Seiffert, DuD 2002, 5, 13; Handb. StaatsR.-Schmidt-Glaeser, § 129 Rn. 98; Gola/Schomerus, § 4 a BDSG Rn. 6; Wohlgemuth, BB 1996, 690, 693 (zur Richtlinie); zu weit geht jedenfalls ein generelles Koppelungsverbot, wie Simitis-Simitis, § 4 a BDSG Rn. 64 f. es annehmen will (vgl. oben, Fn. 52).

[68] BGHSt 31, 195, 201.

[69] Hingegen greifen die Bußgeld- und Strafvorschriften der §§ 43 f. BDSG nicht schon bei jedem Verstoß gegen das Datenerhebungsverbot des § 4 I BDSG

[70] Vgl. dazu schon oben, Teil 4 A. II. 2. a) bb).

noch der Verzicht auf den verhandelten Vertrag eine tatsächliche Alternative bildet. Damit sind die gleichen Fälle angesprochen, in denen außerhalb des BDSG die Richtigkeitsgewähr des vorvertraglichen informationellen Interessenausgleichs mangels Druckwirkung der negativen Abschlußfreiheit des Befragten scheitert. Dort bildet die theoretische Ausweichmöglichkeit des Befragten aufgrund der vorvertraglichen Interessenlage bzw. wegen persönlicher Defizite des Befragten keine echte Alternative, wenn es sich um allgemeine vorvertragliche Fragenkataloge handelt,[71] bei vorvertraglichen Arbeitgeber- oder Wohnraumvermieterfragen[72] und bei Schwächelagen iSv. § 138 II BGB[73] des Befragten. Das daraus folgende Versagen der negativen Abschlußfreiheit des Befragten als Druckmittel bei Verhandlungen über den vorvertraglichen informationellen Interessenausgleich betrifft gleichermaßen die datenschutzrechtliche Einwilligung. Denn diese unterscheidet sich von dem informationellen Interessenausgleich außerhalb des Anwendungsbereichs des BDSG nur dadurch, daß der Interessenausgleich durch die datenschutzrechtliche Einwilligung in einer rechtsgeschäftlichen bzw. rechtsgeschäftsähnlichen[74] Erklärung Niederschlag findet.

Aus dem Fehlen einer vernünftigen Ausweichmöglichkeit des Befragten ergibt sich eine verhandlungsmäßige Unterlegenheit, weswegen er sein Interesse an der Geheimhaltung des erfragten Umstands gegenüber seinem Verhandlungspartner nicht durchsetzen kann.[75] Dadurch kann der informationserhebende Teil den Inhalt der datenschutzrechtlichen Einwilligung einseitig diktieren.[76] Dann bildet die Einwilligung des unterlegenen Teils aber keine Ausübung seiner in-

---

[71] Siehe oben, Teil 5 A. I. 1. b) cc) (1) (c), dort auch zur Ausnahme bei evident singulären Fragen aus allgemeinen Fragekatalogen, die hier gleichermaßen zu treffen ist.

[72] Siehe oben, Teil 5 A. I. 2., dort auch zu Ausnahmen bei ausgehandelten Informationserhebungen oder bei gesuchten Fachkräften/lokalem Wohnungsüberfluß.

[73] Siehe oben, Teil 5 A. I. 1. b) dd).

[74] Die ganz h.M. wendet im Ergebnis die Regeln über Rechtsgeschäfte zum großen Teil auch auf die Einwilligung (entsprechend) an, vgl. nur Simitis-Simitis, § 4 a BDSG Rn. 23; Gola/Schomerus, § 4 a BDSG Rn. 13 (§§ 125 f. BGB); hingegen nicht §§ 107, 112, 113 BGB, vgl. Tinnefeld/Ehmann, S. 214; Schneider-Danwitz, S. 54 (Einwilligung als Willenserklärung); mißverständlich Dörr/Schmidt, § 4 BDSG Rn. 2 (Anwendung der zivilrechtlichen Rechtsgeschäftsregeln trotz Bezeichnung als Realhandlung).

[75] Vgl. dazu im einzelnen oben, Teil 5 A. I.

[76] Zur Umgehung des objektiv-rechtlichen Datenschutzrechts durch solche einseitig diktierten „Einwilligungen" vgl. Roßnagel/Pfitzmann/Garstka, DuD 2001, 253, 258; Simitis, DuD 2000, 714, 721; Simitis-Simitis, § 4 a BDSG Rn. 4; Weichert, WuM 1993, 723, 724. Simitis will daraus den Schluß ziehen, daß die Einwilligung in der „zweiten Stufe" der Datenschutzreform nicht als gleichrangiger Erlaubnistatbestand neben den gesetzlichen Vorschriften zu behandeln sei (DuD 2000, 714, 721). Das wird aber dem Recht auf informationellen *Selbstbestimmung* als Schutzgut des BDSG nicht mehr gerecht, da die Einwilligung normalerweise eine Ausübung dieser Selbstbestimmung darstellt und grundsätzlich der Einwilligende seine Interessen dabei selbst hinreichend wahren kann.

formationellen Selbstbestimmung mehr, so daß die Legitimationswirkung der Einwilligung hinsichtlich der Schmälerung der informationellen Verfügungsbefugnis durch die Offenlegung des erfragten Umstands entfällt.[77]
Eine am Schutzzweck des BDSG und am Sinn der Einwilligung orientierte Auslegung des Tatbestandsmerkmals der „freien Entscheidung" iSd. § 4 a I S. 1 BDSG muß deswegen eine wirksame Einwilligung auch für die Fälle ausschließen, in denen mangels vernünftiger Ausweichmöglichkeit die formal gleiche Freiheit der Verhandlungspartner ihre inhaltliche Richtigkeit nicht gewährleisten kann. Die weitere Auslegung, wonach alle Drucklagen des Einwilligenden unterhalb der Schwelle des Drohens eines „empfindlichen Übels" iSv. § 240 I StGB unschädlich sind, wird dem Schutzbedürfnis des Betroffenen nicht in vollem Umfang gerecht. So ließe sich etwa das Scheitern von Vertragsverhandlungen nicht schon deswegen als „empfindliches Übel" ansehen, weil der Einwilligende mit allgemeinen Fragenkatalogen konfrontiert wird; dennoch bildet die datenschutzrechtliche Einwilligung in diesen Fällen keine echte Ausübung der informationellen Selbstbestimmung und kann deswegen eine Entbehrlichkeit des objektiv-rechtlichen Schutzes nach § 4 I BDSG nicht legitimieren.
Eine „freie Entscheidung" des Einwilligenden i.S.v. § 4 a I S. 1 BDSG fehlt damit nicht erst, wenn das Scheitern der Vertragsverhandlungen als mögliche Folge ihrer Verweigerung ein „empfindliches Übel" iSv. § 240 StGB darstellt, sondern bereits wenn der Einwilligende wegen seiner verhandlungsmäßigen Unterlegenheit bei den vorvertraglichen Verhandlungen seine informationellen Interessen nicht hinreichend verteidigen kann.[78] Wie bereits gesehen,[79] ist das bei allgemeinen vorvertraglichen Fragenkatalogen, bei Befragungen im Vorfeld von Arbeits-[80] und Wohnraummietverträgen[81] und bei Schwächelagen des Ein-

---

[77] Hingegen entfällt die Legitimationswirkung der Einwilligung nicht bereits bei jeder Koppelung der Einwilligung an eine vertragliche Leistung, wie Simitis-Simitis, § 4 a BDSG Rn. 65 das annehmen will. Das Recht auf informationelle Selbstbestimmung umfaßt gerade auch das Recht, sich eine bestimmte Ausübung dieses Rechts im weitesten Sinne „bezahlen" zu lassen (vgl. dazu bereits oben, Teil 4 A. II. 1. c)).

[78] Handb. StaatsR.-Schmidt-Glaeser, § 129 Rn. 98; vgl. auch Roßnagel/Pfitzmann/Garstka, DuD 2001, 253, 258, die zur Absicherung der Freiwilligkeit dafür plädieren bei den „Infrastrukturleistungen der zivilisatorischen Grundversorgung" das Angebot einer Alternative, bei der nur die notwendigen Daten verlangt werden, durch Gesetz sicher zu stellen. Weitergehend Simitis-Simitis, § 4 a BDSG Rn. 65 (generelles Koppelungsverbot).

[79] Vgl. oben, Teil 5. A. I.

[80] Für eine Einschränkung der „Freiwilligkeit" bei der Beantwortung vorvertraglicher Fragen durch einen Stellenbewerber auch Däubler, RDV 2003, 7, 10; Gola, RDV 2000, 202, 207; Weichert, DuD 2001, 264, 266; Wohlgemuth, BB 1996, 690, 693. Auf die Problematik der Freiwilligkeit datenschutzrechtlicher Einwilligungen im Arbeitsverhältnis allgemein weist schon die Begründung zu Art. 2 des geänderten Vorschlags der Datenschutzrichtlinie hin (abgedruckt bei Dammann/Simtis Art. 2, vor Rn. 1); ebenso Klug, RDV 1999, 109, 113

willigenden iSv. § 138 II BGB der Fall. Eine wirksame datenschutzrechtliche Einwilligung scheidet insoweit grundsätzlich aus.
Bei allgemeinen Fragenkatalogen und Fragen des Arbeitgebers bzw. des Vermieters von Wohnraum können sich dabei allerdings aus Besonderheiten des Einzelfalls Ausnahmen ergeben, in denen die beiderseitige Interessenwahrung funktioniert;[82] in diesen Fällen ist auch die datenschutzrechtliche Einwilligung wirksam.[83]

cc) Hinweispflicht des fragenden Teils nach § 4 a I S. 2 BDSG

Nach § 4 I S. 2 BDSG muß der Einwilligende auf den vorgesehenen Zweck der Erhebung, Verarbeitung oder Nutzung hingewiesen werden; daneben besteht auf Verlangen oder bei Erforderlichkeit nach den Umständen eine Pflicht zum Hinweis auf die Folgen einer Verweigerung der Einwilligung.

(1) Erfüllung der Hinweispflicht als Voraussetzung der Wirksamkeit der Einwilligung

Anders als § 4 a I S.1 für das Fehlen der Freiwilligkeit, bestimmt S. 2 keine Rechtsfolge für die Nichterfüllung dieser Pflicht. Von daher ist nicht ohne weiteres ersichtlich, ob die Wirksamkeit einer datenschutzrechtlichen Einwilligung

---

(Freiwilligkeit dabei Frage des Einzelfalls). Den Besonderheiten im Arbeitsrecht soll auf europäischer Ebene demnächst durch eine eigene Richtlinie zum Schutz von Arbeitnehmerdaten Rechnung getragen werden und auch innerhalb der geplanten „zweiten Stufe“ der Novellierung des BDSG sollen besondere Vorschriften zum Arbeitnehmerdatenschutz festgelegt werden, vgl. Hornung-Draus, RDV 2002, 34 f.; Gola/Klug, NJW 2003, 2420, 2423; eine solche Regulierung grundsätzlich befürwortend Grobys, BB 2003, 682, 683; kritisch hingegen Fleck, BB 2003, 306 ff.; in diesem Zusammenhang wird insbesondere eine Beschränkung der „Einwilligung“ des Arbeitnehmers als Rechtfertigungstatbestand diskutiert, vgl. Fleck, BB 2003, 306, 309. Im Ergebnis ebenfalls für eine Überprüfung der Datenerhebung anhand materieller Kriterien trotz formaler Einwilligung des Arbeitnehmers Fitting/Kaiser/Heither/Engels, § 83 BetrVG Rn. 28; Thüsing/Lambrich, BB 2002, 1146, 1150 mit Fn. 54 (die zwar betonen, daß eine Einwilligung des Arbeitnehmers wirksam sei, gleichzeitig aber an den materiellen Voraussetzungen der Rechtmäßigkeit vorvertraglicher Arbeitgeberfragen festhalten, was bei einer für wirksam gehaltenen Einwilligung inkonsequent ist); für eine Wirksamkeit datenschutzrechtlicher Einwilligungen von Arbeitnehmern Fleck, BB 2003, 306, 309 f.

81 Gegen die „Freiwilligkeit“ des Ausfüllens eines Fragebogens durch den Mietinteressenten auch Weichert, WuM 1993, 723, 724 und ders., DuD 2001, 264, 266.

82 Vgl. oben, Teil 5. A. I.

83 Hingegen will Däubler, RDV 1999, 243, 249 darauf abstellen, ob der Arbeitnehmer ein Eigeninteresse an der Datenverarbeitung hat, nur dann soll die Einwilligung wirksam sein. Das ist als Vermischung des „Ob“ einer Inhaltskontrolle hinsichtlich der Informationserhebung mit der Durchführung dieser Inhaltskontrolle abzulehnen. Die auffällige (Un-)Ausgewogenheit eines informationellen Interessenausgleichs bildet nur ein Indiz für die (Un-)Freiheit der Einwilligung.

überhaupt von der Erfüllung der Hinweispflicht abhängt. Denkbar wäre ein Umkehrschluß zur ausdrücklichen Anordnung der Unwirksamkeit nach S. 1, wonach eine Unwirksamkeit wegen Nichterfüllung der Hinweispflicht abzulehnen wäre.

Die Einfügung des § 4 a I S. 2 BDSG verfolgte aber den Zweck, die Vorgaben der Datenschutzrichtlinie umzusetzen, namentlich die Voraussetzung der „Kenntnis der Sachlage", die Art. 2 Buchst. h für eine wirksame Einwilligung aufstellt.[84] Deswegen ist S. 2 richtlinienkonform auszulegen, sofern sein Wortlaut es zuläßt. Wenn die Richtlinie die „Kenntnis der Sachlage" seitens des Einwilligenden als Wirksamkeitsvoraussetzung vorgibt,[85] dann muß auch die Erfüllung der Hinweispflicht nach S. 2 Wirksamkeitsvoraussetzung sein, wenn und soweit der Einwilligende sonst keine „Kenntnis der Sachlage" hat.

Die Voraussetzung der „Kenntnis der Sachlage" ist ihrerseits entsprechend ihrer Funktion innerhalb des Art. 2 Buchst. h Datenschutzrichtlinie auszulegen. Diese Funktion besteht nach der Begründung der Richtlinie darin, daß der Einwilligende sich eine Vorstellung von den Gefahren und Vorteilen der Datenerhebung und ihrer weiteren Verwendung machen und später seine Rechte auf eine eventuelle Berichtigung, Löschung oder Sperrung wahrnehmen können soll.[86] Das ist sichergestellt, wenn der Hinweis nach § 4 a I S. 2 BDSG erfolgt ist und auch der Hinweis nach HS. 2 gegeben wurde, denn der Einwilligende kann dann abschätzen, was mit seinen Daten geschehen soll und welche Folgen eine Verweigerung für ihn haben kann. Er hat dann „Kenntnis der Sachlage" i.S.d. Richtlinie. Genauso liegt es, wenn der Hinweis nach S. 2 zwar nicht gegeben wurde, der Einwilligende über die genannten Umstände aber trotzdem Bescheid weiß. In diesen Fällen ist ein Hinweis nach Maßgabe der Richtlinie für die Wirksamkeit der Einwilligung nicht erforderlich.[87] Wird der Einwilligende aber erst durch den Hinweis in „Kenntnis der Sachlage" versetzt, dann ist dieser Voraussetzung für die Wirksamkeit der Einwilligung.

---

84 Vgl. Begründung des Regierungsentwurfs zum BDSG-Reformgesetz, BT-Drucks. 14/4329, S. 34; Duhr/Naujok/Peter/Seiffert, DuD 2002, 5, 13.

85 Dammann/Simitis; Art. 2 Rn. 24.

86 Begründung zu Art. 2 des geänderten Vorschlags der Datenschutzrichtlinie, abgedruckt bei Dammann/Simitis Art. 2 vor Rn. 1.

87 Nach richtiger Auslegung des § 4 a I S. 2 BDSG ist dann eine Hinweispflicht abzulehnen; a.A. Simitis-Simitis, § 4 a BDSG Rn. 68, dessen Sichtweise (Einwilligung unwirksam, „solange die Betroffenen nicht über eine nicht nur ausreichende, sondern auch gerade von der verantwortlichen Stelle vermittelte Information verfügen") angesichts der Möglichkeit einer sicheren und offensichtlichen Kenntnis auf Seiten des Betroffenen und des Schutzzwecks des § 4 a I S.2 BDSG iVm. Art. 2 Buchst. h der Datenschutzrichtlinie schwer nachvollziehbar ist. Zum Inhalt der Hinweispflicht sogleich, unter (2) und Duhr/Naujok/Peter/Seiffert, DuD 2002, 5, 13.

(2) Inhalt der Hinweispflicht bei der vorvertraglichen Befragung

Inhaltlich bezieht sich die Hinweispflicht des § 4 a I S. 2 BGB auf den Zweck der Erhebung, Verarbeitung oder sonstigen Nutzung und, soweit nach den Umständen erforderlich oder auf Verlangen des Befragten auch auf die Folgen der Verweigerung der Einwilligung. Bei vorvertraglichen Befragungen wäre demnach regelmäßig darauf hinzuweisen, daß die Daten zum Zwecke der Entscheidung über Abschluß und Ausgestaltung des verhandelten Vertrages erhoben und evtl. gespeichert werden und gegebenenfalls darauf, ob eine Verweigerung der erfragten Information das Scheitern der Vertragsverhandlungen oder auch eine Verschlechterung der Vertragskonditionen zur Folge hätten. Häufig sind die entsprechenden Gegebenheiten für den Befragten auch ohne einen solchen Hinweis offensichtlich, da in den meisten Fällen die Erhebung der Daten der Entscheidung über den Vertragsschluß dient, der im Falle der Verweigerung der Einwilligung scheitern wird. Soweit die Zwecke der Datenerhebung für den Befragten derart auf der Hand liegen, ist ein Hinweis iSd. § 4 a I S. 2 BDSG überflüssig. Das Bestehen einer Hinweispflicht ist dann nach richtiger Auslegung des § 4 a I S. 2 BDSG abzulehnen.[88]

Wenn aber einmal aus der Perspektive des befragten Teils nicht ohne weiteres erkennbar ist, wozu die vorvertragliche Erhebung seiner Daten dienen soll, so ist seine Einwilligung unwirksam, wenn der Hinweis nach § 4 a I S. 2 BDSG unterbleibt. Das ist insbesondere denkbar, wenn der Bezug zum verhandelten Vertrag nicht klar ist. In diesen Konstellationen scheidet eine Erlaubnis der Datenerhebung durch Einwilligung aus, wenn kein ausreichender Hinweis erfolgt ist.

dd) Schriftform nach § 4 a I S. 3 BDSG

Nach § 4 a I S. 3 BDSG muß die Einwilligung des Betroffenen grundsätzlich schriftlich erfolgen.[89] Das bedeutet in Anlehnung an § 126 I BGB, daß die Einwilligung vom Betroffenen eigenhändig unterschrieben sein muß.[90] Ist diese Form nicht eingehalten, so folgt daraus die Nichtigkeit der Einwilligung. Dies ergibt sich je nach Einordnung der datenschutzrechtlichen Einwilligung als rechtsgeschäftliche oder rechtsgeschäftsähnliche Erklärung[91] unmittelbar oder analog aus § 125 S. 1 BGB.[92]

Eine Ausnahme von der Schriftform läßt die Regelung zu, soweit „wegen besonderer Umstände" eine andere als die Schriftform angemessen ist. Das ist bei

---

88 Duhr/Naujok/Peter/Seiffert, DuD 2002, 5, 13.

89 Das Schriftformerfordernis war bereits in § 4 II S. 2 BDSG a.F. enthalten; die Datenschutzrichtlinie enthält keine entsprechende allgemeine Formvorschrift.

90 Simitis-Simitis, § 4 a BDSG Rn. 35; Tinnefeld/Ehmann, S. 213 f.

91 Dazu schon oben, Fn. 74.

92 BGH CR 1994, 29; Gola/Schomerus, § 4 a BDSG Rn. 13; Simitis-Simitis, § 4 a BDSG Rn. 37; Tinnefeld/Ehmann, S. 214 mit Fn. 119.

konkludenten Einwilligungen der Fall, die wie gesagt nur in Betracht kommen, sofern die Schutzzwecke des § 4 a I S. 3 BDSG nicht entgegenstehen, was im Zusammenhang mit der Datenerhebung durch vorvertragliche Befragung regelmäßig kein Problem darstellt.[93] Ansonsten können „besondere Umstände" auch bei ausdrücklichen Einwilligungen das Schriftformerfordernis unverhältnismäßig erscheinen lassen. Das ist im Einzelfall zu untersuchen und kann sich etwa aus der besonderen Eilbedürftigkeit im Interesse des Betroffenen, insbesondere in Verbindung mit einem bloß telephonischen Kontakt oder aus einer langjährigen Geschäftsbeziehung ergeben.[94]
Insgesamt spielt das Schriftformerfordernis des § 4 a I S. 3 BDSG im Zusammenhang mit vorvertraglichen Befragungen eine geringe Rolle, weil eine hinreichende Einwilligung in den meisten Fällen in konkludenter Form vorliegen wird.

ee) Anforderungen des § 4 a III BDSG bei der Erhebung besonderer Arten personenbezogener Daten

Wenn sich die vorvertragliche Befragung auf die Erhebung besonderer Arten personenbezogener Daten iSd. § 3 IX BDSG richtet, also auf Daten über die rassische oder ethnische Herkunft, politische Meinungen, religiöse oder philosophische Überzeugungen, Gewerkschaftszugehörigkeit, Gesundheit oder Sexualleben, muß die Einwilligung sich gemäß § 4 a III BDSG ausdrücklich auf diese Daten beziehen.[95]
Angesichts dieser eindeutigen Regelung ist für eine konkludente Einwilligung kein Platz mehr, wenn eine vorvertragliche Befragung auf die Erhebung von Informationen gerichtet ist, die als besondere Arten personenbezogener Daten iSd. § 3 IX BDSG zu qualifizieren sind. An einer solchen ausdrücklichen Einwilligung in die Datenerhebung wird es bei vorvertraglichen Fragen aber häufig fehlen. Wenn eine ausdrückliche Einwilligung vorliegt, ist ihre Wirksamkeit zudem grundsätzlich von der Einhaltung der Schriftform des § 4 a I S. 3 BDSG abhängig.[96]
Soweit eine ausdrückliche, schriftliche Einwilligung des vorvertraglich Befragten erfolgt ist, stellt sich des weiteren die Frage, wie konkret die Daten in der Einwilligung bereits bezeichnet sein müssen. Nach dem Wortlaut ließe sich in-

---

93 S.o., II. 1. a) aa). Ablehnend insoweit Simitis-Simitis, § 4 a BDSG Rn. 45, der aber bereits die Möglichkeit einer konkludenten Einwilligung generell ablehnt.

94 Gola/Schomerus, § 4 a BDSG Rn. 13; Simitis-Simitis, § 4 a BDSG Rn. 47 f.

95 Die Regelung dient der Umsetzung des Art. 8 II Buchst. a) der Datenschutzrichtlinie, wonach bei den besonderen Arten von Daten eine „ausdrückliche" Einwilligung in die Verarbeitung der „genannten Daten" erforderlich ist (in Art. 8 I der Richtlinie werden als diese Daten genannt: „Daten aus denen die rassische oder ethnische Herkunft, politische Meinungen, religiöse oder philosophische Überzeugungen oder die Gewerkschaftszugehörigkeit hervorgeht, sowie von Daten über Gesundheit oder Sexualleben").

96 § 125 BGB (analog), vgl. dazu oben 1. a) dd).

soweit sogar vertreten, daß dabei keine Kategorisierung der Daten (z.B. durch die Bezeichnung als Gesundheitsdaten) erlaubt ist, denkbar wäre schließlich auch das Erfordernis einer konkreten Aufführung des jeweiligen Datums (z.B. Blinddarmentzündung).[97] So eine konkrete Einwilligung wäre aber kaum praktikabel, insbesondere sind die Daten bei der Datenerhebung im Zeitpunkt der Einwilligung normalerweise noch gar nicht bekannt. Es muß deswegen eine kategorische Bezeichnung des Datums genügen.[98]
Aber schon die Beschränkung auf ausdrückliche und schriftliche Einwilligungen wird in der Praxis im Großteil der Fälle dazu führen, daß das vorvertragliche Erfragen besonderer Arten personenbezogener Daten nicht durch eine wirksame datenschutzrechtliche Einwilligung gerechtfertigt ist. Typischerweise kommt es im Zuge der vorvertraglichen Befragung nämlich nur zu einer konkludenten Einwilligung.

ff) Ergebnis zum Erlaubnistatbestand der Einwilligung bei vorvertraglichen Befragungen

Demnach ergibt sich, daß die Datenerhebung im Wege der vorvertraglichen Befragung normalerweise durch eine Einwilligung des Befragten erlaubt ist.
Anders liegt es zum einen, wenn die Einwilligung mangels Freiwilligkeit nicht wirksam ist, § 4 a I S. 1 BDSG. Das ist bei den gleichen Konstellationen anzunehmen, bei denen die formale Freiheit der Verhandlungspartner die Richtigkeit des vorvertraglichen informationellen Interessenausgleichs auch außerhalb des Anwendungsbereichs des BDSG nicht sicherstellen kann und deswegen eine objektive Kontrolle vorzunehmen ist (allgemeine vorvertragliche Fragenkataloge, vorvertragliche Fragen im Arbeits- und Wohnraummietrecht, Befragungen bei Schwächelagen iSd. § 138 II BGB).
Zum anderen scheitert der Erlaubnistatbestand einer wirksamen Einwilligung bei der Erhebung besonderer Arten personenbezogener Daten iSd. § 3 IX BDSG, wenn die Einwilligung des Befragten nicht ausdrücklich und mit Bezug auf solche Daten erteilt wurde, wobei grundsätzlich die Schriftform des § 4 a I S. 3 BDSG einzuhalten ist. Die Einwilligung eines vorvertraglich Befragten wird im praktischen Geschäftsverkehr den Anforderungen der Ausdrücklichkeit und Schriftlichkeit häufig nicht genügen.
Ansonsten wird das grundsätzliche Schriftformerfordernis des § 4 a I S. 3 BDSG nur ganz ausnahmsweise die Wirksamkeit der Einwilligung in Frage stellen. Das gleiche gilt für die Hinweispflicht des § 4 a I S. 2 BDSG.

---

[97] Diese Frage werfen Duhr/Naujok/Peter/Seiffert, DuD 2002, 5, 14 auf.

[98] Duhr/Naujok/Peter/Seiffert, DuD 2002, 5, 14; Simitis-Simitis, § 4 a BDSG Rn. 84; dafür spricht auch die Bezugnahme des Art. 8 II Buchst. a der Datenschutzrichtlinie auf die in Absatz 1 „genannten Daten“, denn dort werden nur Kategorien festgelegt.

b) Erlaubnis durch besondere Rechtsvorschrift

Eine Ausnahme vom Datenerhebungsverbot sieht § 4 I BDSG für den Fall vor, daß eine „andere Rechtsvorschrift" die Datenerhebung erlaubt oder anordnet. So eine besondere Rechtsvorschrift, die die Datenerhebung rechtfertigen könnte, besteht jedenfalls nicht allgemein für vorvertragliche Datenerhebungen.

Eine Besonderheit ergibt sich aber für Befragungen im Vorfeld von Arbeitsverträgen, bei denen der Umgang des Arbeitgebers mit den Daten seiner Stellenbewerber häufig durch Tarifverträge oder Betriebsvereinbarungen geregelt ist. Beide sind wegen ihrer normativen Wirkung (§ 4 I S. 1 TVG, § 77 IV S. 1 BetrVG) als „andere Rechtsvorschrift" iSd. § 4 I BDSG zu bewerten.[99] Entsprechende Betriebsvereinbarungen sind dabei nicht selten, weil das Mitbestimmungsrecht des Betriebsrats hinsichtlich des Inhalts von Personalfragebogen (§ 94 I BetrVG)[100] häufig in der Form einer Betriebsvereinbarung ausgeübt wird.

Durch Tarifverträge und Betriebsvereinbarungen können die Erlaubnistatbestände des BDSG, insbesondere des § 28 BDSG, jedenfalls konkretisiert oder beschränkt werden.[101] Ob durch Regelungen in Tarifverträgen oder Betriebsvereinbarungen darüber hinaus der Schutz des BDSG unterschritten werden darf, indem vergleichsweise weitergehende Erlaubnistatbestände aufgestellt werden, ist umstritten.[102] Jedenfalls ist aber der Betriebsrat durch die allgemeinen Grundsätze des Arbeitsrechts und die grundgesetzliche Wertung zu Gunsten eines Schutzes der Persönlichkeit, die für die Betriebsparteien durch § 75 II BetrVG konkretisiert wird, so weitgehend gebunden,[103] daß ihm ein entsprechender Gestaltungsspielraum praktisch nicht verbleibt.[104] Beispiele, in denen der Betriebsrat eine nach dem BDSG unzulässige Datenverarbeitung wirksam erlauben kann, sind vor diesem Hintergrund kaum denkbar.[105]

Demnach werden wirksame Erlaubnistatbestände in Tarifverträgen oder Betriebsvereinbarungen, die Umgang des Arbeitgebers mit den Daten seiner Stel-

---

99 BAG RDV 1989, 199, 204; Fitting/Kaiser/Heither/Engels, § 94 BetrVG Rn. 4 und § 83 BetrVG Rn. 30; Fleck, BB 2003, 306, 307; Gola, RDV 2002, 109, 115 f.; Simitis-Sokol, § 4 BDSG Rn. 11; Wohlgemuth, Datenschutz für Arbeitnehmer, Rn. 214.

100 Vgl. dazu schon oben, Teil 5 A. I. 2. a) aa).

101 Fitting/Kaiser/Heither/Engels, § 83 BetrVG Rn. 30.

102 Dafür: BAG RDV 1989, 199, 204; Gola, RDV 2002, 109, 116. Dagegen: Simitis-Sokol, § 4 BDSG Rn. 17; Wohlgemuth, Datenschutz für Arbeitnehmer, Rn. 213 ff.

103 BAG RDV 1989, 199, 204; Tinnefeld/Ehmann, S. 139.

104 Gola RDV 2002, 109, 116; Simitis-Sokol, § 4 BDSG Rn. 11; in diese Richtung auch schon BAG RDV 1989, 199, 204, wenn es ausführt, daß die Interessenabwägung bei der Frage nach der Zulässigkeit einer Regelung der Betriebsvereinbarung der Interessenabwägung bei § 28 BDSG weitgehend entspricht, nur eben eine generalisierende Bewertung der Interessen erlaubt.

105 Gola, RDV 2002, 109, 116.

lenbewerber betreffen, häufig dem Erlaubnistatbestand des § 28 BDSG ähneln und jedenfalls nicht darüber hinausgehen.

c) Erlaubnis der Datenerhebung nach § 28 BDSG

Scheidet eine Rechtfertigung der vorvertraglichen Datenerhebung durch wirksame Einwilligung oder eine besondere Rechtsvorschrift aus, so hängt die datenschutzrechtliche Zulässigkeit der Befragung davon ab, ob der gesetzliche Erlaubnistatbestand des § 28 BDSG greift. Innerhalb dieser Regelung ist danach zu unterscheiden, ob es sich bei dem erfragten Datum um ein Datum „besonderer Art“ iSv. § 3 IX BDSG handelt, für das eine Rechtfertigung nur nach § 28 VI - IX BDSG in Betracht kommt, während die Erlaubnis der Erhebung sonstiger Daten sich nach § 28 I BDSG bemißt.

aa) Datenerhebung für die Zweckbestimmung eines vertragsähnlichen Vertrauensverhältnisses (§ 28 I S. 1 Nr. 1 Alt. 2 BDSG)

Nach § 28 I S. 1 Nr. 1 Alt. 2 BDSG ist die Erhebung personenbezogener Daten zulässig, wenn es der „Zweckbestimmung (...) eines vertragsähnlichen Vertrauensverhältnisses mit dem Betroffenen dient“. Die Neufassung des § 28 I S. 1 Nr. 1 BDSG durch das BDSG-Reformgesetz bleibt damit recht nah an seiner ursprünglichen Fassung in § 28 I S. 1 Nr. 1 BDSG a.F., wonach die Datenverarbeitung „im Rahmen der Zweckbestimmung eines (...) vertragsähnlichen Vertrauensverhältnisses mit dem Betroffenen“ zulässig war. Durch die Neuformulierung sollte lediglich der Gedanke der Zweckbestimmung verdeutlicht werden.[106]

Nach beiden Fassungen bildet also die Zweckbestimmung des vorvertraglichen Vertrauensverhältnisses den zentralen Begriff bei der Konturierung des Erlaubnistatbestands.[107] Dem liegt der Gedanke zu Grunde, daß der Verhandlungspartner, der durch die Anbahnung eines Rechtsgeschäfts ein vorvertragliches Schuldverhältnis eingeht, mit dem Umgang mit seinen Daten zur Erreichung der Zwecke des vorvertraglichen Schuldverhältnisses einverstanden ist.[108] Auf eine besondere Einwilligung kann deswegen verzichtet werden.[109] Die Zweckbestimmung des vorvertraglichen Vertrauensverhältnisses ist unter anderem darauf gerichtet, den Verhandlungspartnern ihre rechtgeschäftliche Entscheidung über Abschluß und Ausgestaltung des Vertrages zu ermöglichen.[110] Welche Daten sie für diese Zwecke erheben dürfen, ist mit Blick auf das verhandelte

[106] Begründung des Regierungsentwurfs zum BDSG-Reformgesetz, BT-Drucks. 14/4329, S. 42; Duhr/Naujok/Danker/Seiffert, DuD 2003, 5, 6.

[107] Gola/Schomerus, § 28 BDSG Rn. 13; vgl. auch Bergmann/Möhrle/Herb § 28 BDSG a.F. Rn. 93 (zum alten Recht).

[108] Vgl. Ehmann, RDV 1999, 12.

[109] Ehmann, RDV 1999, 12.

[110] Tinnefeld/Ehmann, S. 358; Gola/Schomerus § 28 BDSG Rn. 27.

Rechtsgeschäft und unter Abwägung der beiderseitigen Interessen zu ermitteln.[111] Als schutzwürdige Interessen, die bei dieser Interessenabwägung im Rahmen des Tatbestandsmerkmals der Zweckbestimmung zueinander ins Verhältnis zu setzen sind, sind auf Seiten des Befragten die Intimität und die Sensibilität der erhobenen Daten und ihre geplante oder mögliche Verwendung zu berücksichtigen. Auf Seiten des fragenden Teils geht es um die objektive Aussagekraft des Umstands für die wirtschaftlichen Erfolgsaussichten des Geschäfts und bei Dauerschuldverhältnissen, bei denen ein enger persönlicher Kontakt zwischen den Vertragsparteien vorgesehen ist, ist darauf abzustellen, ob der Umstand aus Sicht des fragenden Teils für die Zusammenarbeit bedeutsam ist.[112] Die Interessenabwägung gleicht von daher der Interessenabwägung bei der Inhaltskontrolle einer vorvertraglichen Befragung iRv. § 242 BGB. Es ergibt sich aber die Besonderheit, daß das Kriterium der geplanten Verwendung der Daten regelmäßig dem Interesse des Befragten an der Wahrung seiner informationellen Verfügungsbefugnis besonderes Gewicht verleiht, da der fragende Teil die automatisierte bzw. dateimäßige Verarbeitung/Nutzung der Daten anstrebt, die wegen der besonderen Verknüpfbarkeit und schlechten Kontrollierbarkeit von derart systematisierten und gespeicherten Daten für das Recht auf informationelle Selbstbestimmung mit besonderen Gefahren verbunden ist.[113] Außerdem spielen innerhalb des § 28 I S. 1 Nr. 1 BDSG besondere Arten von Daten, deren besondere Intimität oder Sensibilität durch § 3 IX BDSG bereits gesetzlich anerkannt sind, keine Rolle. Auf solche Daten ist § 28 I S. 1 Nr. 1 BDSG nämlich nicht anzuwenden, da insoweit die besonderen Erlaubnistatbestände der § 28 VI - IX BDSG als abschließende Sonderregelung vorgehen.[114]

Außerhalb der Interessenabwägung im Rahmen des Tatbestandsmerkmals der Zweckbestimmung könnten aus dem Gebot der richtlinienkonformen Auslegung zusätzliche Anforderungen des § 28 I Nr. 1 BDSG herzuleiten sein. Der entsprechende Ausnahmetatbestand der Datenschutzrichtlinie (Art. 7 Buchst. b) verlangt nämlich, daß die Datenerhebung „für die Durchführung vorvertraglicher Maßnahmen, die auf Antrag der betroffenen Person erfolgen", erforderlich ist. Der Erlaubnistatbestand der Richtlinie enthält damit drei Voraussetzungen, die sich in der deutschen Fassung so nicht wiederfinden: erstens die Erforderlichkeit, zweitens die Durchführung von Maßnahmen und drittens den Antrag des Betroffenen. Daraus könnte folgen, daß der Erlaubnistatbestand des § 28 I

---

[111] Vgl. Ehmann, RDV 1999, 12, 13; Gola/Jaspers, S. 21; Gola/Schomerus, § 28 BDSG Rn. 15 und 27; Simitis-Simitis, § 28 BDSG Rn. 121.

[112] Vgl. für die Arbeitgeberinteressen Fitting/Kaiser/Heither/Engels, § 83 BetrVG Rn. 28.

[113] Das hat das Bundesverfassungsgericht für die automatisierte Datenverarbeitung bereits im Volkszählungsurteil betont, vgl. BVerfGE 65, 1, 42.

[114] Vgl. dazu unten, unter 1. c) bb).

Nr. 1 BDSG korrigierend auszulegen ist oder sogar, daß er wegen des ranghöheren Europarechts nicht anzuwenden ist (sog. Anwendungsvorrang[115]).
Das ist aber nur der Fall, wenn § 28 I Nr. 1 BDSG durch seine im Vergleich zu Art. 7 Buchst. b schwächeren Voraussetzungen wirklich gegen die Vorgaben der Datenschutzrichtlinie verstößt. Dagegen spricht jedoch, daß § 28 I Nr. 1 BDSG von einem anderen Erlaubnistatbestand der Richtlinie, nämlich Art. 7 Buchst. f[116] abgedeckt ist. Das folgt daraus, daß bei § 28 I Nr. 1 BDSG ebenso wie bei Art. 7 Buchst. f der Richtlinie die Interessen der Beteiligten *umfassend* gegeneinander abzuwägen sind. Die Strenge der Voraussetzungen des Art. 7 Buchst. b der Richtlinie ist unter Berücksichtigung des Umstands zu lesen, daß dort gerade *keine vollständige* Interessenabwägung stattfindet, sondern bereits die Erforderlichkeit der Datenerhebung für die Durchführung der vorvertraglichen Maßnahme genügt.[117] Die vergleichsweise weniger strengen Ausgangsvoraussetzungen des Art. 7 Buchst. f der Richtlinie werden durch die Anordnung einer umfassenden Interessenabwägung einschließlich Prüfung der Angemessenheit ausgeglichen.[118] Auch bei § 28 I Nr. 1 BDSG ist nach richtiger Auslegung gerade eine vollständige Interessenabwägung vorzunehmen, nämlich innerhalb des Tatbestandsmerkmals der Zweckbestimmung (s.o.). Deswegen genügt es für die Vereinbarkeit dieser Regelung mit der Datenschutzrichtlinie, daß sie die großzügigeren Voraussetzungen des Art. 7 Buchst. f der Richtlinie erfüllt, was der Fall ist. Demnach liegt ein Widerspruch zwischen dem Erlaubnistatbestand des § 28 I Nr. 1 BDSG und den Vorgaben der Richtlinie überhaupt nicht vor. Es bedarf deshalb weder einer berichtigenden Auslegung noch scheidet eine Erlaubnis nach § 28 I Nr. 1 BDSG wegen eines Anwendungsvorrangs europäischen Rechts aus.

Insgesamt hängt also die Rechtfertigung einer vorvertraglichen Datenerhebung nach § 28 I S. 1 Nr. 1 Alt. 2 BDSG von einer Abwägung des schutzwürdigen Interesses des fragenden Teils an der Heranziehung der erfragten Information bei seiner rechtsgeschäftlichen Entscheidung gegenüber dem Interesse des anderen Teils an der Wahrung seiner informationellen Verfügungsbefugnis ab. Bei

---

[115] Koenig/Haratsch, Rn. 104 ff.

[116] Danach darf die Verarbeitung erfolgen, wenn sie erforderlich ist „zur Verwirklichung des berechtigten Interesses, das von dem für die Verarbeitung Verantwortlichen oder von dem bzw. den Dritten wahrgenommen wird, denen die Daten übermittelt werden, sofern nicht das Interesse oder die Grundrechte und Grundfreiheiten der betroffenen Person, die gemäß Artikel 1 Absatz 1 geschützt sind, überwiegen.“.

[117] Bei Art. 7 Buchst. B der Richtlinie bedarf es demnach keiner Prüfung der Verhältnismäßigkeit ieS. bzw. Angemessenheit, sondern es genügt die Qualifizierung der Datenerhebung als relativ mildestes Mittel.

[118] Dies ist der Einschränkung des Art. 7 Buchst. f („...,sofern nicht das Interesse oder die Grundrechte und Grundfreiheiten der betroffenen Person, die gemäß Artikel 1 Absatz 1 geschätzt sind, überwiegen.“) zu entnehmen.

der Untersuchung der Erlaubnis einer vorvertraglichen Befragung nach § 28 I Nr. 1 BDSG ist damit im wesentlichen die gleiche Interessenabwägung anzustellen wie bei einer Inhaltskontrolle des vorvertraglichen informationellen Interessenausgleichs im Rahmen des Gebots von Treu und Glauben (§ 242 BGB) außerhalb des BDSG.[119]

bb) Eigene Anforderungen bei „besonderen Arten personenbezogener Daten": § 28 VI-IX BDSG

Wenn und soweit der Gegenstand einer vorvertraglichen Befragung unter die „besonderen Arten von Daten" iSv. § 3 IX BDSG fällt,[120] scheidet eine Rechtfertigung nach § 28 I BDSG aus. Denn insoweit gehen die besonderen Erlaubnistatbestände der Absätze 6 - 9 vor.[121] Im Vergleich zu Absatz 1 stellen sie höhere Anforderungen auf. Im Hinblick auf vorvertragliche Befragungen spielt vor allem der Erlaubnistatbestand des § 28 VI Nr. 3 BDSG eine Rolle, in besonderen Konstellationen ist aber auch an die Erlaubnistatbestände der Absätze 7 und 9 zu denken.

(1) Erlaubnis der Datenerhebung nach § 28 VI Nr. 3 BDSG

§ 28 VI Nr. 3 BDSG erlaubt die Erhebung, Verarbeitung und Nutzung besonderer Arten personenbezogener Daten, wenn und soweit „dies zur Geltendmachung, Ausübung oder Verteidigung rechtlicher Ansprüche erforderlich ist" und kein Grund zu der Annahme besteht, daß ein entgegenstehendes schutzwürdiges Interesse des Betroffenen überwiegt.

(a) Erforderlichkeit zur Geltendmachung, Ausübung oder Verteidigung rechtlicher Ansprüche

Für die Rechtfertigung einer vorvertraglichen Befragung nach § 28 VI Nr. 3 BDSG stellt sich das Problem, auf welchen „rechtlichen Anspruch" die Datenerhebung zu beziehen ist. Der Begriff des rechtlichen Anspruchs ist in Anlehnung an § 194 I BGB zu definieren als das Recht einer Person, von einer anderen ein Tun oder Unterlassen zu verlangen.[122] Im Rahmen des § 28 VI Nr. 3

---

[119] Für das Arbeitsrecht hat schon Hümmerich, BB 1979, 428, 429 hervorgehoben, daß die Beschränkung des Fragerechts des Arbeitgebers innerhalb des BDSG (nach dem BDSG von 1977 nach § 23 BDSG a.F.) regelmäßig zu den gleichen Ergebnissen führt, wie das außerhalb des BDSG der Fall ist; ebenso Thüsing/Lambrich, BB 2002, 1146, 1150 (zum aktuellen BDSG).

[120] Also bei Angaben über die rassische und ethnische Herkunft, politische Meinungen, religiöse oder philosophische Überzeugungen, Gewerkschaftszugehörigkeit, Gesundheit oder Sexualleben.

[121] Dadurch wird Art. 8 der Datenschutzrichtlinie umgesetzt. Dazu und zum Regel-Ausnahmeverhältnis innerhalb des § 28 BDSG Duhr/Naujok/Peter/Seiffert, DuD 2002, 5, 14; Duhr/Naujok/Danker/Seiffert, DuD 2003, 5, 9 f.

[122] Gola/Schomerus, § 28 BDSG Rn. 70.

BDSG ist dabei großzügig zu verfahren, denn nach dem Schutzzweck der Regelung geht es darum, daß der Verwender nicht wegen des Datenverarbeitungsverbots an der praktischen Durchsetzung seiner Rechte gegenüber dem Betroffenen oder einem Dritten gehindert werden soll.[123] Das zeigt auch ein Blick auf den entsprechenden Erlaubnistatbestand der Datenschutzrichtlinie (Art. 8 II Buchst. e), der sich speziell auf die Rechtsdurchsetzung vor Gericht bezieht.

Im Zeitpunkt der vorvertraglichen Befragung bestehen zwischen den Parteien regelmäßig aber nur vorvertragliche Sorgfaltspflichten. Selbst wenn man diese als Ansprüche iSd. Regelung genügen ließe, besteht insoweit das Problem, daß die vorvertragliche Befragung nicht der Ausübung, Geltendmachung oder Verteidigung des Anspruchs auf sorgfältiges Verhalten dient.[124] An die vorvertraglichen Sorgfaltspflichten kann eine Rechtfertigung nach § 28 VI Nr. 3 BDSG also nicht anknüpfen.[125]

In Betracht kommt aber, daß eventuelle Anfechtungs- oder Kündigungsrechte des Verwenders einen „rechtlichen Anspruch" darstellen, für dessen Geltendmachung, Ausübung oder Verteidigung die Datenerhebung erforderlich ist. Da das Tatbestandsmerkmal des „rechtlichen Anspruchs" großzügig auszulegen ist (s.o.), genügen Anfechtungs- oder Kündigungsrechte ihrem Inhalt nach.[126]

Problematisch könnte aber sein, daß die Anfechtungs- oder Kündigungsrechte im Zeitpunkt der vorvertraglichen Befragung noch gar nicht entstanden sind. Wenn man § 28 VI Nr. 3 BDSG zusammen mit Art. 8 II Buchst. e Datenschutzrichtlinie liest, ist als Konstellation, auf die der Erlaubnistatbestand abzielt, zunächst an eine Verfolgung bereits bestehender eigener Rechte des Verwenders im Rahmen eines gerichtlichen Verfahren zu denken. Bei solchen Verfahren soll es nicht dazu kommen, daß entscheidungserhebliche Daten aus datenschutzrechtlichen Gründen nicht in das gerichtliche Verfahren eingeführt werden können.[127]

Die Beschränkung auf bereits bestehende Ansprüche ist aber weder nach § 28 VI Nr. 3 BDSG noch nach Art. 8 II Buchst. e der Datenschutzrichtlinie zwingend. So eine Beschränkung ergibt sich jedenfalls nicht aus dem Wortlaut die-

---

[123] Duhr/Naujok/Danker/Seiffert, DuD 2003, 5, 10; Ehmann/Helfrich, Art. 8 Rn. 36 (zur Datenschutzrichtlinie).

[124] Gola, RDV 2001, 125, 127; in diese Richtung aber wohl Simitis-Simitis § 28 Rn. 333, der unter Verweis auf Ansprüche aus dem vorvertraglichen Vertrauensverhältnis für Arbeitgeberfragen an einen Stellenbewerber eine Erlaubnis nach § 28 VI Nr. 3 BDSG annimmt, soweit „die Kenntnis der Gesundheitsdaten von unmittelbarer Relevanz für die konkret in Aussicht genommene Tätigkeit ist".

[125] Gola, RDV 2001, 125, 127.

[126] Zu eng und widersprüchlich insoweit Thüsing/Lambrich, BB 2002, 1146, 1151 f. indem sie das Vorliegen eines „rechtlichen Anspruchs" einerseits für das Anfechtungsrecht ablehnen, weil es sich um ein Gestaltungsrecht handelt, andererseits aber das arbeitsrechtliche Kündigungsrecht genügen lassen.

[127] Ehmann/Helfrich, Art. 8 Rn. 36 (zur Datenschutzrichtlinie).

ser Regelungen. Auch der Zweck der Regelungen, daß dem Verwender durch das Datenverarbeitungsverbot des § 4 I BDSG keine bestehenden Rechte faktisch abgeschnitten werden sollen, greift in bezug auf künftige „rechtliche Ansprüche". Die praktische Durchsetzung von Anfechtungs- und Kündigungsrechten wird durch datenschutzrechtliche Vorgaben nämlich nicht nur verhindert, wenn der Verwender die von ihm gespeicherten Daten nicht in einen Prozeß einführen darf. Vielmehr hindert auch das Verbot, erfragte Daten zu archivieren, bzw. sie unter einer solchen Zwecksetzung zu erheben, die Geltendmachung, Ausübung und Verteidigung von Rechten. Das Anfechtungsrecht entsteht schon durch die Täuschung bei der vorvertraglichen Befragung und zwar unabhängig davon, ob der fragende Teil dabei eine datenschutzrechtlich relevante Archivierung der Antwort plant. Der Getäuschte wird aber häufig erst durch eine solche Archivierung der Antwort in die Lage versetzt, das Anfechtungsrecht auch auszuüben und bei einem eventuellen Prozeß die ihm insoweit obliegende Beweispflicht zu erfüllen. Das ist z.B. der Fall, wenn der Getäuschte die vorvertraglichen Angaben des Täuschenden nicht ohne weiteres im Kopf behalten kann, etwa wegen der Vielzahl von Verträgen, die er abschließt. Dann hängt die Durchsetzung seines Anfechtungsrechts davon ab, daß er nicht nur eine normale vorvertragliche Befragung vornimmt, sondern die Antwort des Befragten auch archiviert.[128] Durch das Vorhaben einer solchen Archivierung wird die Befragung durch nicht öffentliche Stellen aber zu einer Datenerhebung, auf die das BDSG anzuwenden ist, so daß sie nach § 4 I BDSG grundsätzlich verboten ist.[129] Das Datenverarbeitungsverbot hätte in diesen Konstellationen also zur Folge, daß der Verwender seine Rechte praktisch nicht durchsetzen könnte. Genau dies wollen § 28 VI Nr. 3 BDSG und Art. 8 II Buchst. e Datenschutzrichtlinie verhindern. Eine Beschränkung des § 28 VI Nr. 3 BDSG auf bereits bestehende Rechte ist deswegen abzulehnen.[130] Für eine Rechtfertigung

---

[128] Wegen der Verschiedenheit einer schlichten Befragung von einer solchen, die dem Datenverarbeitungsverbot des § 4 I BDSG unterfällt, enthält die Anwendung des § 28 VI Nr. 3 BDSG auf künftige Anfechtungsrechte entgegen Franzen, RDV 2003, 1, 3 keinen Zirkelschluß.

[129] S.o., unter B. I. 2. (entsprechende Zwecksetzung als Voraussetzung der Anwendung des BDSG auf Datenerhebungen durch nicht öffentliche Stellen, § 1 II Nr. 3 BDSG).

[130] Teilweise ebenso Thüsing/Lambrich, BB 2002, 1146, 1152, die das „potenziell bestehende" Kündigungsrecht des Arbeitgebers für einen „rechtlichen Anspruch" ausreichen lassen wollen, sich dadurch aber in Widerspruch zu ihrer vorherigen Ablehnung des Ausreichens eines Anfechtungsrechts u.a. wegen des nur potenziellen Charakters des Anfechtungsrechts setzen. Gegen eine Erlaubnis nach § 28 IV Nr. 3 BDSG bei potentiellen Anfechtungsrechten aber für eine Erlaubnis nach § 28 VI Nr. 3 BDSG bei vorvertraglichen Fragen eines Versicherers bezüglich Vorerkrankungen (Informationserhebung bezwecke dann Prämienberechnung) Franzen, RDV 2003, 1, 3. Für gesundheitsbezogene Fragen des Arbeitgebers an einen Stellenbewerber lehnen Duhr/Naujok/Danker/Seiffert, DuD 2003, 5, 11 die Möglichkeit einer Erlaubnis nach § 28 IV Nr. 3 BDSG ab, werfen aber die Frage auf, ob nicht

der vorvertraglichen Datenerhebung darf allerdings nicht von vornherein ausgeschlossen sein, daß das Anfechtungsrecht entsteht, so daß z.B. die Erhebung solcher Daten, hinsichtlich derer ein Diskriminierungsverbot besteht,[131] nicht nach § 28 VI Nr. 3 BDSG gerechtfertigt sein kann.
Erforderlich ist die Datenerhebung, wenn bei einer einfachen Befragung ohne Archivierung das Anfechtungs- oder Kündigungsrecht wegen einer vorvertraglichen Täuschung weniger gut geltend gemacht, ausgeübt oder verteidigt werden könnte. Die Datenerhebung muß also das relativ mildeste Mittel zur Verfolgung des Anfechtungsrechts sein. Hinsichtlich der Geltendmachung und Ausübung trifft das zu, wenn der fragende Teil die vorvertraglichen Äußerungen des Täuschenden nicht ohne weiteres im Kopf behalten kann, insbesondere wegen der Vielzahl von Verträgen, die der Getäuschte schließt. Hinsichtlich der Verteidigung von Anfechtungs- und Kündigungsrechten ist insoweit zu überlegen, ob sich durch die Archivierung die Situation des Getäuschten im Hinblick auf die Erfüllung seiner Beweispflicht verbessert, was meist der Fall sein wird. Demnach ist es bei der vorvertraglichen Frage nach besonderen Arten von Daten zur Geltendmachung, Ausübung oder Verteidigung rechtlicher Ansprüche regelmäßig erforderlich, daß diese als Datenerhebung iSd. BDSG erfolgt.

(b) Interessenabwägung
Ob dies zur Rechtfertigung der Datenerhebung nach § 28 VI Nr. 3 BDSG führt, hängt aber noch vom Ergebnis der Interessenabwägung ab, die nach dieser Regelung vorzunehmen ist („... und kein Grund zu der Annahme besteht, daß das schutzwürdige Interesse des Betroffenen an dem Ausschluß der Erhebung, Verarbeitung oder Nutzung überwiegt“). Bei dieser Interessenabwägung sind wiederum auf Seiten des Befragten die Intimität und die Sensibilität der erhobenen Daten und ihre geplante oder mögliche Verwendung zu berücksichtigen und auf Seiten des fragenden Teils die objektive Vertragserheblichkeit des Umstands. Bei Dauerschuldverhältnissen, bei denen ein enger persönlicher Kontakt zwischen den Vertragsparteien vorgesehen ist, ist auch zu beachten, ob der Umstand aus Sicht des fragenden Teils für die Zusammenarbeit bedeutsam ist. Die besondere Intimität oder Sensibilität der Daten steht dabei wegen ihrer Qualifizierung als Daten besonderer Art iSv. § 3 IX BDSG bereits fest. Außerdem kommt als weiterer Aspekt die Frage hinzu, inwieweit die praktische Durchsetzung des Anfechtungsrechts auch ohne dateimäßige Archivierung der Antwort des Befragten Erfolg verspricht. Im Ergebnis kann die Interessenabwägung innerhalb des § 28 VI Nr. 3 BDSG deshalb nur zu Gunsten des fragenden Teils ausfallen, wenn das Datum eine erhebliche objektive Vertragserheblichkeit

---

eine richtlinienkonforme Auslegung des BDSG zur Zulässigkeit bestimmter Arbeitgeberfragen führen müsse.

[131] Zum Ausscheiden eines Anfechtungsrechts und der teleologischen Reduktion des § 123 I Alt. 1 BGB, die in diesen Konstellationen zu erfolgen hat vgl. oben, Teil 3 A. I. 4.

vorweist und für die Erfolgsaussichten bei der praktischen Durchsetzung des Anfechtungsrechts von einiger Bedeutung ist.

(2) Datenerhebung im Bereich der Gesundheitsversorgung (§ 28 VII BDSG)

Nach § 28 VII BDSG ist die Datenerhebung erlaubt, wenn dies zum Zwecke der Gesundheitsvorsorge, der medizinischen Diagnostik, der Gesundheitsversorgung oder Behandlung oder für die Verwaltung von Gesundheitsdiensten erforderlich ist und die Verarbeitung dieser Daten durch ärztliches Personal oder durch sonstige Personen erfolgt, die einer entsprechenden Geheimhaltungspflicht unterliegen.[132] Damit eine vorvertragliche Datenerhebung nach § 28 VII BDSG gerechtfertigt ist, ist demnach erstens erforderlich, daß ein Vertrag über eine unmittelbar gesundheitsbezogene Dienstleistung verhandelt wird.[133] Nicht erfaßt werden deswegen z.B. Krankenversicherungen, die nur mittelbar etwas mit medizinischen Diensten zu tun haben.[134] Zweitens muß die Datenerhebung durch Personal erfolgen, das den besonderen Geheimhaltungspflichten des § 203 StGB unterliegt.[135] Dadurch wird der Erlaubnistatbestand des § 28 VII BDSG auf wenige Ausnahmefälle beschränkt. Er greift z.B. bei Fragen eines Arztes vor Abschluß eines Behandlungsvertrags. Schließlich muß die Information für die medizinische Dienstleistung, die den Vertragsgegenstand bildet, erforderlich sein.

(3) Datenerhebung durch Tendenzorganisationen (§ 28 IX BDSG)

§ 28 IX S.1 BDSG erlaubt Organisationen, die politisch, philosophisch, religiös oder gewerkschaftlich ausgerichtet sind und keinen Erwerbszweck verfolgen, besondere Arten von Daten zu erheben, soweit dies für die Tätigkeit der Organisation erforderlich ist.[136] In § 28 IX S. 2 BDSG wird die Erlaubnis eingeschränkt auf die personenbezogenen Daten der Organisationsmitglieder und solcher Personen, die im Zusammenhang mit dem Tätigkeitszweck der Organisation regelmäßig Kontakte mit ihr unterhalten. Auch dieser Erlaubnistatbestand ist demnach recht eng gefaßt. Vorvertragliche Datenerhebungen fallen darunter nur, wenn der fragende Teil eine Tendenzorganisation ist, die Datenerhebung für die Tätigkeit der Organisation erforderlich ist[137] und es sich bei dem befragten Verhandlungspartner entweder um ein Mitglied oder um eine Person handelt, die im Zusammenhang mit dem Tätigkeitszweck regelmäßig Kontakt zu der Organisation unterhält[138]. Hier ist insbesondere an eine Befragung im

---

[132] Dieser Erlaubnistatbestand entspricht Art. 8 III Datenschutzrichtlinie.

[133] Die Aufzählung in dem Erlaubnistatbestand dient der umfassenden Bezeichnung privater Rechtsbeziehungen im unmittelbar medizinischen Sektor, Dammann/Simitis, Art. 8 Rn. 18 (zur insoweit wortlautgleichen Richtlinie).

[134] Dammann/Simitis, Art. 8 Rn. 18 (zur Richtlinie); Simitis-Simitis, § 28 BDSG Rn. 342; a.A. Duhr/Naujok/Danker/Seiffert, DuD 2003, 5, 11.

[135] Gola/Schomerus, § 28 BDSG Rn. 74.

Zusammenhang mit einem Antrag auf Mitgliedschaft und im Vorfeld eines Arbeitsvertrages zwischen dem Befragten und der Tendenzorganisation zu denken.[139] Bei solchen Verträgen wird die Erhebung der politischen Meinung, der religiösen oder philosophischen Überzeugung oder der Gewerkschaftszugehörigkeit des Bewerbers für die Tätigkeit der Organisation häufig erforderlich sein, so daß der Erlaubnistatbestand des § 28 IX BDSG im Vorfeld dieser speziellen Verträge greift.

d) Zusammenfassung zur Erlaubnis der Datenerhebung
Die Erlaubnis zu einer vorvertraglichen Datenerhebung ergibt sich regelmäßig aus einer Einwilligung des befragten Verhandlungspartners. Fehlt eine wirksame Einwilligung, so ist die Datenerhebung nur erlaubt, wenn dies aus einer besonderen Rechtsvorschrift oder § 28 BDSG folgt. Besondere Rechtsvorschriften spielen nur im Arbeitsrecht eine Rolle und zwar als Regelungen in Tarifverträgen oder Betriebsvereinbarungen. Dabei kann der Schutz des BDSG im Ergebnis nur konkretisiert oder verstärkt, nicht aber abgeschwächt werden.
Innerhalb der Erlaubnisnorm des § 28 BDSG ist danach zu unterscheiden, ob es sich bei den erfragten Daten um „besondere Arten von Daten" iSd. § 3 IX BDSG handelt, für die eine Rechtfertigung nur nach § 28 VI - IX BDSG in Betracht kommt, während sich die Erlaubnis der Erhebung sonstiger Daten nach § 28 I BDSG bemißt. Im Bereich des § 28 I BDSG kommt für die vorvertragliche Befragung eine Rechtfertigung nach § 28 I S. 1 Nr. 1 BDSG in Betracht, wenn die Datenerhebung der Zweckbestimmung des vorvertraglichen Vertrauensverhältnisses der Verhandlungspartner entspricht. Wann dies der Fall ist, ist im Wege einer Interessenabwägung zu bestimmen.
Für „besondere Arten von Daten" kann sich eine Rechtfertigung der Datenerhebung vor allem nach § 28 VI Nr. 3 BDSG ergeben, da die Datenerhebung oftmals für die spätere Geltendmachung und Verteidigung des Anfechtungsrechts erforderlich ist. Eine Rechtfertigung danach kommt aber nur in Betracht, wenn eine Interessenabwägung zu Gunsten des Informationsinteresses des fragenden Teils ausfällt.
In den Spezialbereichen von medizinischen Verträgen und Verträgen mit Tendenzorganisationen kann die vorvertragliche Erhebung „besonderer Arten von Daten" nach § 28 VII BDSG bzw. § 28 IX BDSG gerechtfertigt sein.

---

[136] Entspricht Art. 8 II Buchst. d Datenschutzrichtlinie.
[137] Simitis-Simitis, § 28 BDSG Rn. 358.
[138] Simitis-Simitis, § 28 BDSG Rn. 359.
[139] Duhr/Naujok/Danker/Seiffert, DuD 2003, 5, 13 nennen darüber hinaus u.a. Spender und Teilnehmer an Veranstaltungen der Organisation. Eine Sonderbehandlung hat das „Fragerecht" des Arbeitgebers bei Tendenzbetrieben auch schon in der Vergangenheit erfahren, auch außerhalb des BDSG, vgl. Teil 5 A. II. 4. b) bb) (2) (b).

Im Ergebnis wird sich aus der Erlaubnisbedürftigkeit der Datenerhebung nach dem neuen BDSG meist nichts anderes ergeben, als für die Zulässigkeit der vorvertraglichen Befragung nach § 242 BGB. Es besteht insoweit nämlich ein zweifacher Gleichlauf der Bewertung der Befragung nach BDSG und nach allgemeinem Recht. Erstens erfolgt eine inhaltliche Überprüfung des vorvertraglichen informationellen Interessenausgleichs wegen der Unwirksamkeit der Einwilligung in den gleichen Fällen, in denen sie auch außerhalb des BDSG erfolgt, weil insoweit ein Scheitern der Richtigkeitsgewähr vorliegt (allgemeine vorvertragliche Fragenkataloge, Fragen im Vorfeld von Arbeits- und Wohnraummietverträgen und bei Schwächelagen des Befragten iSv. § 138 II BGB). Zweitens gleicht die Interessenabwägung iRd. § 28 I S. 1 Nr. 1 bzw. innerhalb des § 28 VI Nr. 3 BDSG der Interessenabwägung bei einer Überprüfung nach § 242 BGB, so daß sich fast stets die gleichen Ergebnisse ergeben werden.[140] Verschiedene Ergebnisse werden sich eher ausnahmsweise ergeben, zu denken ist insbesondere an die Konstellation, daß die Einwilligung zwar frei ist, sie aber trotz ihres Bezugs auf „besondere Arten“ von Daten iSd. § 3 IX BDSG bloß konkludent vorliegt und deswegen den Anforderungen § 4 a III BDSG nicht genügt. In so einer Konstellation wäre der vorvertragliche informationelle Interessenausgleich im Rahmen des § 28 VI Nr. 3 BDSG materiell zu prüfen, während außerhalb des BDSG eine solche Überprüfung unterbliebe, wenn nicht zufällig gleichzeitig ein Fall der gescheiterten Richtigkeitsgewähr gegeben ist.

2. Datenerhebung beim Betroffenen (§ 4 II BDSG)

In § 4 II S. 1 BDSG wird der Grundsatz der Direkterhebung beim Betroffenen aufgestellt. Das bedeutet für die vorvertragliche Befragung, daß sie sich grundsätzlich nicht auf die Ermittlung personenbezogener Daten über einen Dritten richten darf. Dagegen wird allerdings nicht schon verstoßen, wenn Daten mit Doppelbezug erhoben werden, also solche, die sich sowohl auf den Befragten als auch auf einen Dritten beziehen.[141] Weist der Gegenstand einer vorvertraglichen Datenerhebung Personenbezug aber ausschließlich zu einer dritten Person vor, so ist sie grundsätzlich schon deswegen rechtswidrig.

Dies wird bei vorvertraglichen Befragungen jedoch praktisch fast nie eintreten, denn es wird kaum dazu kommen, daß im Vorfeld eines Vertragsschlusses nach personenbezogenen Daten ohne wenigstens Doppelbezug gefragt wird und diese Information auch noch kausal für die Entschließung zum Rechtsgeschäft *mit dem Befragten* wird.

Wenn es bei einer vorvertraglichen Datenerhebung doch einmal an einer Direkterhebung fehlt, ist zu überlegen, ob § 4 II S. 2 BDSG ausnahmsweise die

---

[140] Gegen eine relevante Veränderung des arbeitgeberseitigen Fragerechts im Ergebnis durch die BDSG-Novellierung auch Thüsing/Lambrich, BB 2002, 1146, 1152.

[141] Gola/Schomerus, § 4 BDSG Rn. 20 (keine „Dritterhebung“ ist deshalb z.B. die Frage nach dem Ehepartner in einem Personalfragebogen).

Datenerhebung ohne Mitwirkung des Betroffenen erlaubt.[142] Danach ist die „Dritterhebung“ erlaubt, wenn die Erhebung beim Betroffenen einen unverhältnismäßigen Aufwand erfordern würde und keine Anhaltspunkte dafür bestehen, daß überwiegende schutzwürdige Interessen des Dritten beeinträchtigt werden. Insoweit ist ein enger Maßstab anzulegen.

3. Unterrichtungspflicht des § 4 III BDSG

Nach § 4 III S.1 BDSG muß die verantwortlichen Stelle[143] den Betroffenen bei der Datenerhebung über ihre Identität (Nr. 1), die Zweckbestimmung der Erhebung, Verarbeitung oder Nutzung (Nr. 2) und die Kategorien von Empfängern, soweit der Betroffene nicht ohnehin nach den Umständen des Einzelfalls mit der Übermittlung an diese rechnen muß (Nr. 3), unterrichten. Eine Ausnahme von dieser Unterrichtungspflicht sieht die Regelung vor, wenn der Betroffene von den Angaben nach Nr. 1 - 3 bereits auf andere Weise Kenntnis erlangt hat. Ergänzt wird die Unterrichtungspflicht des Satz 1 durch Satz 3, wonach der Betroffene über die Folgen der Verweigerung von Angaben aufzuklären ist, wenn dies nach den Umständen des Einzelfalls erforderlich ist oder der Betroffene es verlangt. Die Unterrichtungspflicht des § 4 III BDSG ist demnach z.T. dekkungsgleich mit der Hinweispflicht des § 4 I S. 2 BDSG[144], auf deren Erfüllung es für die Wirksamkeit einer Einwilligung ankommt.[145]

Bei der vorvertraglichen Befragung wird die Unterrichtungspflicht auf Seiten des fragenden Teils nach § 4 III BDSG allerdings meistens entfallen, da die Identität des fragenden Teils und die Zweckbestimmung der Datenerhebung für den Betroffenen ohne weiteres ersichtlich sind.[146] Eine Übermittlung der vorvertraglichen Informationen an andere Empfänger, mit der der Betroffene nicht rechnen muß, wird regelmäßig nicht vorgesehen sein.[147] Auch die Folgen einer Verweigerung der Informationen wird bei vorvertraglichen Befragungen nach

---

[142] Im Zusammenhang mit vorvertraglichen Befragungen im Privatrechtsverhältnis kommt ausschließlich der Ausnahmetatbestand des § 4 II S. 2 Nr. 2 Buchst. b BDSG in Betracht. Nr. 2 Buchst. a Alt. 2 bezieht sich demgegenüber auf Fälle, wo gerade jemand anderes als der Vertragspartner befragt wird, z.B. eine Bank- oder eine Arbeitgeberauskunft eingeholt wird, Gola/Schomerus, § 4 BDSG Rn. 27.

[143] „Verantwortliche Stelle“ definiert § 3 VII BDSG als „jede Person oder Stelle, die personenbezogene Daten für sich selbst erhebt, verarbeitet oder nutzt oder dies durch andere im Auftrag vornehmen läßt“, bei einer vorvertraglichen Befragung also der Vertragspartner des Befragten.

[144] Vgl. dazu oben, bei II. 1. a) cc).

[145] Bei einer *wirksamen* Einwilligung ist den Anforderungen des § 4 III BDSG deswegen stets genügt, Gola/Schomerus, § 4 BDSG Rn. 40.

[146] Gola/Schomerus, § 4 Rn. BDSG 38.

[147] Etwas anderes ergibt sich nur ausnahmsweise, etwa bei der Weitergabe von Personaldaten an einen externen Personalberater, vgl. Gola/Schomerus, § 4 Rn. 34.

den Umständen meist derart auf der Hand liegen, daß es einer Aufklärung nach § 4 III S. 3 BDSG nicht bedarf.
Insgesamt wird damit das Unterbleiben einer Unterrichtung des Betroffenen nach § 4 III BDSG nur in den seltensten Fällen zur Rechtswidrigkeit einer vorvertraglichen Befragung führen.

4. Meldepflicht und Vorabkontrolle nach §§ 4 d und e BDSG

Für automatisierte Datenverarbeitungen, zu denen gemäß § 3 II BDSG auch die Erhebung personenbezogener Daten unter Einsatz von Datenverarbeitungsanlagen zählt,[148] sind durch die Regelungen in § 4 d I und V BDSG zusätzliche Vorgaben getroffen worden. Normalerweise betreffen diese die vorvertragliche Befragung nicht, da es bei der Datenerhebung regelmäßig nicht zum Einsatz von Datenverarbeitungsanlagen kommt. Die Pflichten der §§ 4 d und e BDSG werden für die vorvertragliche Befragung nur relevant, wenn sie im Wege eines elektronischen Fragebogens erfolgt, der vom Verhandlungspartner am Computer auszufüllen ist.
Nicht wegen der automatisierten Datenerhebung, aber wegen einer solchen Speicherung greifen Meldepflicht und Vorabkontrolle, wenn die Antworten des Befragten durch den fragenden Teil unter Einsatz von Datenverarbeitungsanlagen erfaßt, namentlich in den Computer eingegeben werden.

a) Meldepflicht nach §§ 4 d I und e BDSG

Nach § 4 d I BDSG besteht nun grundsätzlich die Pflicht zur Meldung der automatisierten Datenverarbeitung an die zuständige Aufsichtsbehörde.[149] Der Inhalt der erforderlichen Meldung ergibt sich aus § 4 e BDSG.
Wegen der beiden Ausnahmen, die die Absätze 2 und 3 für die Datenerhebung zu eigenen Zwecken treffen,[150] wird diese Meldepflicht allerdings praktisch nur

---

[148] Insoweit weist das BDSG nun terminologische Brüche auf, denn § 3 IV definiert als Verarbeiten von Daten ihr Speichern, Verändern, Übermitteln, Sperren und Löschen, wohingegen das Erheben von Daten nicht darunter fällt, sondern in § 3 III BDSG als das Beschaffen von Daten definiert wird. Damit ist nach § 3 BDSG die (automatisierte) Verarbeitung Oberbegriff für die Erhebung, während das Verarbeiten kein Oberbegriff für das Erheben ist. Diese inkonsequenten Begrifflichkeiten zeigen den mißglückten Versuch des Reformgesetzgebers, die unterschiedliche Terminologie von Datenschutzrichtlinie und (altem) BDSG miteinander zu verbinden. Für eine Anpassung des „antiquierten Verarbeitungsbegriffs" des BDSG an die Terminologie der Richtlinie im Rahmen der „zweiten Stufe" der Datenschutzreform Jacob, DuD 2001, 5, 8 f.

[149] Die Regelung dient der Umsetzung des Art. 18 der Datenschutzrichtlinie. „Verfahren automatisierter Verarbeitung", die den Anknüpfungspunkt der Meldepflicht bilden, sind alle Aktivitäten eines Verantwortlichen im Zusammenhang mit den Daten und unter Einsatz von Datenverarbeitungsanlagen. Bei mehreren Verarbeitungsschritten genügt aber eine einzelne Meldung (z.B. nur eine Meldung für die gesamte Kreditverwaltung eines Kreditinstituts), vgl. Duhr/Naujok/Peter/Seiffert, DuD 2002, 5, 19.

für die Datenerhebung zum Zweck der Übermittlung (vgl. Absatz 4) eine Rolle spielen, worum es aber bei der vorvertraglichen Befragung gerade nicht geht. So muß die Verarbeitung für eigene Zwecke nicht gemeldet werden, wenn ein Beauftragter für den Datenschutz bestellt worden ist,[151] wozu bei der automatisierten Verarbeitung nach § 4 f I S. 1 BDSG eine allgemeine Pflicht besteht, von der nur Datenverarbeiter entlastet sind, die weniger als fünf Arbeitnehmer mit der Verarbeitung der Daten beschäftigen (§ 4 f I S. 4 BDSG).[152] Genau für solche Datenverarbeiter, die also regelmäßig keinen Datenschutzbeauftragen haben und deswegen nicht auf die Ausnahme des § 4 d II BDSG zurückgreifen können,[153] trifft aber § 4 d III BDSG eine eigene Ausnahme, soweit der Betroffene in die Datenerhebung eingewilligt hat oder sie der Zweckbestimmung eines vertraglichen oder vertragsähnlichen Verhältnisses zwischen Datenverarbeiter und Betroffenem dient.[154] Insoweit ergibt sich ein partieller Gleichlauf der Entbehrlichkeit der Meldung und der Rechtmäßigkeit der Datenerhebung nach §§ 4 I, 28 I S. 1 Nr. 1 BDSG, wonach die Einwilligung (§ 4 I BDSG) und die Einhaltung der vertraglichen bzw. vertragsähnlichen Zweckbestimmung (§ 28 I S. 1 Nr. 1 BDSG) die Datenerhebung erlauben. Auch hinsichtlich des besonderen Erlaubnistatbestands des § 28 VI Nr. 3 BDSG wird sich regelmäßig im Ergebnis ein Gleichlauf mit der Meldepflicht ergeben. Die Rechtmäßigkeit einer ansonsten zulässigen Datenerhebung wird also am Fehlen einer Meldung nach § 4 d I BDSG höchstens dann Scheitern, wenn die Pflicht zur Bestellung eines Datenschutzbeauftragten nach § 4 f I S. 1 BDSG (noch) nicht erfüllt wurde oder wenn in den Fällen des § 4 d III BDSG ein anderer gesetzlicher Erlaubnistatbestand als die Einwilligung oder § 28 I S. 1 Nr. 1 BDSG bzw. § 28 VI Nr. 3 BDSG gegeben ist.[155]

---

[150] Eine erhebliche Bedeutung der beiden Ausnahmetatbestände der Absätze 2 und 3 erwarten auch Duhr/Naujok/Peter/Seiffert, DuD 2002, 5, 19.

[151] Zur Bedeutung dieser Ausnahme für die deutsche Privatwirtschaft: Franzen, DB 2001, 1867, 1869.

[152] Der Ausnahmetatbestand des Abs. 2 setzt dabei Art. 18 II Spiegelstrich 2 der Datenschutzrichtlinie um.

[153] Duhr/Naujok/Peter/Seiffert, DuD 2002, 5, 19 erwarten sogar, daß auch Unternehmen ohne Pflicht zur Bestellung eines Datenschutzbeauftragten einen solchen häufig bestellen werden, um so der Meldepflicht des § 4 d I BDSG zu entgehen.

[154] Diese Ausnahme ist an Art. 18 II Spiegelstrich 1 der Datenschutzrichtlinie angelehnt, wobei aber die Voraussetzung der Verarbeitungskategorien, „bei denen unter Berücksichtigung der zu verarbeitenden Daten eine Beeinträchtigung der Rechte und Freiheiten der betroffenen Person unwahrscheinlich ist“ keinen echten Niederschlag in der deutschen Umsetzung gefunden hat, so daß die Richtlinienkonformität des BDSG insoweit nicht unproblematisch erscheint.

[155] Zu den Auswirkungen eines Verstoßes gegen die Meldepflicht bei der Befragung auf die spätere Anfechtbarkeit, s.u. C. II.

b) Vorabkontrolle gemäß § 4 d V BDSG

§ 4 d V BDSG schreibt für die automatisierte Verarbeitung besonderer Arten personenbezogener Daten und solcher Daten, die zur Bewertung der Persönlichkeit des Betroffenen bestimmt sind, die Vorabkontrolle der Zulässigkeit durch den betrieblichen Datenschutzbeauftragten vor.[156] Die Pflicht zur Bestellung eines solchen Datenschutzbeauftragten besteht in den Fällen des § 4 d V BDSG unabhängig von der Anzahl der mit der Datenverarbeitung betrauten Arbeitnehmer, vgl. § 4 f I S. 6 BDSG.[157] Ausnahmen von der Kontrollpflicht sieht § 4 d V S. 2 a.E. BDSG vor, wenn der automatisierten Verarbeitung eine gesetzliche Verpflichtung oder eine Einwilligung des Betroffenen zu Grunde liegt oder diese der Zweckbestimmung eines Vertragsverhältnisses oder eines vertragsähnlichen Vertrauensverhältnisses dient. Auch hinsichtlich der Vorabkontrolle ergibt sich damit ein partieller Gleichlauf mit der Zulässigkeit der Datenerhebung nach Maßgabe der §§ 4 I, 28 I S. 1 Nr. 1 bzw. VI Nr. 3 BDSG. Nur wenn die genannten Erlaubnistatbestände nicht erfüllt sind, muß der Datenschutzbeauftragte im Wege der Vorabkontrolle das Vorliegen anderweitiger Erlaubnisnormen überprüfen.[158] Die Rechtswidrigkeit einer automatisierten Datenerhebung kann damit daraus folgen, daß ein anderer gesetzlicher Erlaubnistatbestand als § 28 I S. 1 Nr. 1 bzw. VI Nr. 3 BDSG zwar gegeben ist, der Kontrollpflicht aus § 4 d V BDSG aber nicht genügt wurde.[159]

5. Zusammenfassung zur datenschutzrechtlichen Unzulässigkeit einer vorvertraglichen Befragung

Insgesamt kann es also zur datenschutzrechtlichen Unzulässigkeit einer vorvertraglichen Befragung, die eine Datenerhebung iSd. BDSG darstellt, vor allem deswegen kommen, weil es an der Erlaubnis fehlt, die gemäß § 4 I BDSG erforderlich ist. Diese Erlaubnis wird zwar regelmäßig in Form einer konkludenten Einwilligung des Befragten in die Datenerhebung gegeben sein. Wenn aber eine solche Rechtfertigung mangels wirksamer Einwilligung ausscheidet, kommt es darauf an, ob ein gesetzlicher Erlaubnistatbestand greift, wobei im Sonderbereich des Arbeitsrechts an eine spezielle Erlaubnis durch Tarifvertrag oder Betriebsvereinbarung zu denken ist. Im Übrigen kommt es dabei vor allem auf § 28 I S. 1 Nr. 1 BDSG bzw. bei der Erhebung „besonderer Arten von Daten“

---

[156] Anders als bei der bloßen Meldepflicht geht es um die Prüfung der materiellen Zulässigkeit, vgl. Begründung des Regierungsentwurfs, BT-Drucks. 14/4329, S. 35.

[157] Danach trifft eine nicht öffentliche Stelle die Pflicht zur Bestellung eines Datenschutzbeauftragten schon deswegen, weil sie automatisierte Verarbeitungen vornimmt, die einer Vorabkontrolle unterliegen.

[158] Klug, RDV 2001, 12, 16; zum Prüfungsmaßstab auch Duhr/Naujok/Peter/Seiffert, DuD 2002, 5, 20 f.

[159] Zu den Rechtsfolgen einer unterbliebenen Vorabkontrolle für die spätere Anfechtbarkeit vgl. unten, unter C. II.

iSd. § 3 IX BDSG auf § 28 VI Nr. 3 BDSG an. Innerhalb dieser Erlaubnistatbestände ist jeweils eine Abwägung der schutzwürdigen Interessen der Verhandlungspartner vorzunehmen, die der Abwägung bei der Inhaltskontrolle des vorvertraglichen informationellen Interessenausgleich außerhalb des BDSG, also im Rahmen von § 242 BGB gleicht. Insgesamt ergibt sich meistens ein Gleichlauf zwischen der Erlaubnis vorvertraglicher Datenerhebungen nach Maßgabe des BDSG und der Zulässigkeit sonstiger vorvertraglicher Befragungen nach Maßgabe des § 242 BGB.[160]

Im Vergleich zur Erlaubnisbedürftigkeit nach § 4 I BDSG werden die Anforderungen der §§ 4 II und III, 4 d und 4 e BDSG nur selten zur datenschutzrechtlichen Unzulässigkeit einer vorvertraglichen Datenerhebung führen.

C. Auswirkungen auf die Anfechtbarkeit nach § 123 I Alt. 1 BGB

Wenn die Täuschung iRd. § 123 I Alt. 1 BGB als Antwort auf eine datenschutzrechtswidrige Befragung erfolgt, hat dies Auswirkungen auf die Anfechtbarkeit des Rechtsgeschäft. Die Ausübung des Anfechtungsrechts kann dem fragenden Teil dann nämlich als unzulässige Datennutzung (§ 4 I BDSG) oder als unzulässige Rechtsausübung (§ 242 BGB) verwehrt sein.

I. Unzulässigkeit der Anfechtung gemäß § 4 I BDSG

Die Erklärung der Anfechtung kann eine nach § 4 I BDSG unzulässige Datennutzung sein.

1. Anfechtung als „Nutzung" iSd. § 4 I BDSG

Die „Nutzung" von Daten bildet innerhalb des BDSG den Auffangtatbestand des Umgangs mit Daten.[161] Nach der Legaldefinition des § 3 V BDSG fällt darunter jede Verwendung personenbezogener Daten, soweit es sich nicht um Verarbeitung handelt. Die Verarbeitung ihrerseits definiert § 3 IV BDSG als das Speichern, Verändern, Übermitteln, Sperren und Löschen personenbezogener Daten.[162] Eine Verwendung von Daten iSd. § 3 V BDSG liegt vor, wenn die Daten mit einer bestimmten Zweckbestimmung ausgewertet, zusammengestellt, abgerufen oder auch nur zielgerichtet zur Kenntnis genommen werden.[163] Der Nutzungsbegriff ist demnach sehr weit. Erforderlich ist aber, daß der zweckge-

---

[160] Vgl. dazu oben, II. 1. d).

[161] Tinnefeld/Ehmann, S. 205; vgl. auch Simitis-Damann, § 3 BDSG Rn. 195.

[162] Demgegenüber fällt nach der Terminologie der Datenschutzrichtlinie die Datennutzung unter den Begriff der Datenverarbeitung (Art. 2 Buchst. b Datenschutzrichtlinie).

[163] Gola/Schomerus, § 3 BDSG Rn. 42.

richtete „Gebrauch“ der Daten überhaupt feststellbar ist, was eine Handlung mit erkennbarer Wirkung voraussetzt.[164]
Die Ausübung des Anfechtungsrechts erfolgt im Wege der Anfechtungserklärung (§ 143 I BGB), also einer Erklärung des Inhalts, daß der Anfechtungsberechtigte das Rechtsgeschäft wegen eines Willensmangels nicht mehr gelten lassen will.[165] Der Willensmangel als Anfechtungsgrund muß dabei nicht ausdrücklich dargelegt werden, aber immerhin für den Anfechtungsgegner erkennbar sein.[166] Das Anfechtungsrecht wegen arglistiger Täuschung wird demnach durch eine Erklärung des Getäuschten ausgeübt, aus der u.a. hervorgeht, daß eine Diskrepanz zwischen den vorvertraglich erhobenen und den tatsächlich zutreffenden Daten besteht. Hierfür ist ein Vergleich dieser Daten erforderlich, der eine zweckgerichtete Auswertung der Daten darstellt. Erkennbare Wirkung zeitigt dieser Vergleich in der Anfechtungserklärung. Die Anfechtungserklärung ist demzufolge eine Verwendung von Daten iSd. § 3 V BDSG, also eine „Nutzung“ iSd. § 4 I BDSG.

2. Anwendbarkeit des BDSG auf private Datennutzung (§ 1 II Nr. 3 BDSG)
Unter das grundsätzliche Verbot des § 4 I BDSG fällt die Ausübung des Anfechtungsrechts aber nur, wenn das BDSG auf diese private Datennutzung durch den Anfechtenden überhaupt anzuwenden ist. Das setzt gemäß § 1 II Nr. 3 BDSG voraus, daß die Nutzung unter Einsatz von Datenverarbeitungsanlagen oder in oder aus nicht automatisierten Dateien erfolgt. Bei der Klärung dieser Frage ist zwischen den unzutreffenden vorvertraglichen Informationen einerseits und den zutreffenden Daten, die der Anfechtungsberechtigte später erfährt, andererseits zu unterscheiden.
In den Konstellationen, in denen das BDSG auf die vorvertragliche Befragung anzuwenden ist, wird hinsichtlich der Nutzung der derart erhobenen Daten regelmäßig nichts anderes gelten. Die Befragung unterliegt ja erst wegen der Zielsetzung der automatisierten bzw. dateimäßigen Verarbeitung oder Nutzung der Informationen den Vorgaben des BDSG. Bei der Anfechtung greift der Anfechtungsberechtigte regelmäßig auf die derart gespeicherten Daten zurück. Anders liegt es nur in dem Ausnahmefall, daß die automatisierte bzw. dateimäßige Verarbeitung entgegen der ursprünglichen Zielsetzung unterbleibt und/oder bei der Anfechtung die derart verarbeiteten Informationen nicht herangezogen werden (z.B. in eine Personalakte, die angelegt wurde, gar nicht geschaut wird, weil der Anfechtungsberechtigte die vorvertraglichen Antworten noch im Kopf hat).
Demgegenüber liegt idR. keine automatisierte bzw. dateimäßige Verarbeitung hinsichtlich der in Wirklichkeit zutreffenden Daten vor, die bei der Anfech-

---

[164] Gola/Schomerus, § 3 Rn. 42.
[165] Palandt-Heinrichs, § 143 Rn. 3.
[166] Palandt-Heinrichs, § 143 Rn. 3.

tungserklärung ebenfalls zu Grunde gelegt werden. Normalerweise wird der Anfechtungsberechtigte diese Daten nur erfahren und daraufhin anfechten. Insoweit fehlt es also an einer Nutzung in oder aus Dateien bzw. unter Einsatz von Datenverarbeitungsanlagen.
Das BDSG ist demnach normalerweise auf die Anfechtungserklärung des fragenden Teils nur insoweit anzuwenden, als dadurch die vorvertraglich erhobenen (unzutreffenden) Daten genutzt werden.

3. Zweifel hinsichtlich der Nutzung als Daten iSd. BDSG
Bei der Verwendung der erfragten Daten im Rahmen der Anfechtungserklärung ist aber zweifelhaft, ob sie dabei wirklich noch als „personenbezogene *Daten*" iSd. BDSG genutzt werden. Insoweit ist die Definition durch § 3 I BDSG zwar weit, es genügen alle Einzelangaben über persönliche oder sachliche Verhältnisse einer natürlichen Person. Auf das Zutreffen der einzelnen Angabe kommt es dabei im Prinzip nicht an.[167] Bei der Anfechtungserklärung besteht aber die Besonderheit, daß sich der Erklärende und der Anfechtungsgegner bewußt sind, daß die vorvertraglich erhobenen Angaben falsch sind. Deswegen dienen die vorvertraglich gemachten Angaben bei der Anfechtungserklärung nicht als Angabe über die tatsächlichen persönlichen Lebenssachverhalte des Befragten. Vielmehr bilden sie nur eine Vergleichsgröße, damit die Diskrepanz zu den in Wahrheit zutreffenden Daten deutlich wird. Die Antworten des vorvertraglich Befragten werden bei der Anfechtungserklärung mithin nicht als Daten iSd. BDSG verwendet.
Demnach liegt in der Anfechtungserklärung zumindest in aller Regel letztlich keine Nutzung von „Daten" iSd. BDSG. Folglich greift das grundsätzliche Datennutzungsverbot des § 4 I BDSG regelmäßig nicht ein.
Bezüglich der Bewertung als Daten iSd. BDSG erscheint zwar auch der gegenteilige Standpunkt vertretbar, insbesondere wenn weniger die Aussagekraft der Information bei der konkreten Verwendung als die abstrakte Kategorie einer Information in den Vordergrund gestellt wird. Im Ergebnis spielt das aber für die Anfechtbarkeit nach § 123 I Alt. 1 BGB eine untergeordnete Rolle. Die Anfechtung wegen einer Täuschung, die auf eine rechtswidrige Frage hin erfolgt ist, scheidet nämlich im Großteil der Fälle auch dann aus, wenn – wie hier – ein Qualifizierung der Anfechtungserklärung als Datennutzung iSv. § 4 I BDSG abgelehnt wird. Dann ist die Ausübung des Anfechtungsrechts nämlich regelmäßig als unzulässige Rechtsausübung nach § 242 BGB gesperrt.

II. Anfechtung als unzulässige Rechtsausübung (§ 242 BGB)

Der Anfechtungsberechtigte hat in den Fällen der unzutreffenden Beantwortung einer datenschutzrechtswidrigen Befragung das Anfechtungsrecht durch ein eigenes rechtswidriges Verhalten herbeigeführt. Wenn die vorvertragliche Befra-

---

[167] Vgl. dazu schon oben, Fn. 2.

gung gegen § 4 I BDSG verstoßen hat, überwiegt grundsätzlich das vorwerfbare Fehlverhalten des fragenden Teils bei der Entstehung des Anfechtungsrechts das des Befragten. Ausnahmen ergeben sich erst, wenn der Befragten sich bei der Täuschung nicht auf die Beantwortung der datenschutzrechtswidrigen Befragung beschränkt, sondern weitergehende Lügengeschichten erzählt.[168] Wer im Anwendungsbereich des BDSG mit Daten umgeht, hat für das Vorliegen einer Erlaubnis Sorge zu tragen. Die Ausübung des Anfechtungsrechts durch den fragenden Teil nach seiner datenschutzrechtswidrigen Frage verstößt demnach als unzulässige Rechtsausübung gegen Treu und Glauben (§ 242 BGB).
Anders erscheint die Situation aber, wenn die datenschutzrechtliche Unzulässigkeit der vorvertraglichen Befragung sich lediglich aus einem Verstoß gegen die formalen Vorgaben der Meldepflicht und der Vorabkontrolle nach § 4 d und e BDSG ergeben. Bei solchen Verstößen muß im Einzelfall überlegt werden, ob das vorwerfbare Fehlverhalten des datenerhebenden Verhandlungspartners wirklich die Täuschung durch den Befragten überwiegt. Normalerweise wird das eher nicht der Fall sein. Regelmäßig führen Verstöße bei der vorvertraglichen Befragung gegen § 4 d und e BDSG deshalb zu keiner Beschneidung der Anfechtbarkeit wegen der Unzulässigkeit der Rechtsausübung nach § 242 BGB.

D. Ergebnis zu Teil 6

Demnach ist festzuhalten, daß die Anfechtung gemäß § 123 I Alt. 1 BGB grundsätzlich eine unzulässige Rechtsausübung darstellt, wenn und soweit die Täuschung als Antwort auf eine datenschutzrechtswidrige vorvertragliche Befragung erfolgt ist. Eine Ausnahme davon ergibt sich bei Verstößen gegen die formalen Vorschriften der §§ 4 d und 4 e BDSG. Ein relevanter Verstoß gegen Datenschutzrecht kann sich vor allem daraus ergeben, daß die nach § 4 I BDSG erforderliche Erlaubnis zur Datenerhebung fehlt.
Im Normalfall ist eine solche Erlaubnis zwar in Form einer konkludenten Einwilligung des Befragten in die Datenerhebung gegeben. Wenn aber eine Rechtfertigung mangels wirksamer Einwilligung ausscheidet, kommt es darauf an, ob eine Rechtsvorschrift greift, die die Datenerhebung erlaubt. Das kann im Spezialbereich des Arbeitsrechts durch eine Regelung in einem Tarifvertrag oder in einer Betriebsvereinbarung gegeben sein. Im Übrigen spielen hierfür vor allem § 28 I S. 1 Nr. 1 BDSG bzw. bei der Erhebung „besonderer Arten“ von Daten iSd. § 3 IX BDSG auf § 28 VI Nr. 3 BDSG eine Rolle. Innerhalb dieser Erlaubnistatbestände ist jeweils eine Abwägung der schutzwürdigen Interessen der Verhandlungspartner vorzunehmen, die der Abwägung bei der Inhaltskontrolle

[168] Zur Maßgeblichkeit einer Abwägung bei beiderseitigem Fehlverhalten und zur Situation, wenn der Befragte sich nicht auf die unwahre Beantwortung beschränkt vgl. oben, Teil 5 B. II.

des vorvertraglichen informationellen Interessenausgleichs außerhalb des BDSG, also im Rahmen von § 242 BGB gleicht.

Teil 7: Schluss

Zum Abschluß soll noch einmal ein Überblick über die Ergebnisse der Untersuchung gegeben, Fazit gezogen und ein Ausblick hinsichtlich verwandter Rechtsfragen und der Gebotenheit gesetzgeberischen Tätigwerdens unternommen werden.

A. Ergebnisse der Untersuchung

1. § 123 I Alt. 1 BGB schützt die rechtsgeschäftliche Entschließungsfreiheit des getäuschten Teils.[1]

2. Dabei wird dem Auflösungsinteresse des irrenden Teils in viel weitergehendem Maße der Vorrang gegenüber dem Bestandsinteresse des Verhandlungspartners eingeräumt, als dies bei den §§ 119-121 BGB der Fall ist.[2]

3. Wertungsgrundlage dafür ist das regelmäßig geringe Vertrauen des Täuschenden und vor allem die Herbeiführung des Willensmangels durch die Täuschung, die als rechtswidrige Beeinträchtigung der Vertragsfreiheit des anderen Teils zu bewerten ist.[3]

4. Fragen des Getäuschten müssen dann zu einer Einschränkung der Rechte aus § 123 I Alt. 1 BGB führen, wenn sich ihretwegen eine Verschiebung dieser Situation ergibt.[4]

5. Die Wertungsgrundlage des regelmäßig geringen Vertrauens des Täuschenden wird durch vorvertragliche Befragungen nicht berührt.[5]

6. Anders liegt es aber mitunter für die Wertungsgrundlage der rechtswidrigen Beeinträchtigung der Vertragsfreiheit durch den Täuschenden als Erklärungsempfänger. Im Zusammenhang mit einer Befragung kann sich erstens ergeben, daß eine Rechtsgutsbeeinträchtigung überhaupt nicht vorliegt. Zweitens können besonders schutzwürdige Gegeninteressen des Befragten durch eine Frage betroffen sein. Das kann dazu führen, daß die Beeinträchtigung der rechtsgeschäftlichen Entschließungsfreiheit des Getäuschten keine ausreichende

---

1 Teil 2 B. II.
2 Teil 2 A.
3 Teil 2. B.
4 Teil 2 C.
5 Teil 2 C I.

Grundlage für seine weitreichende Privilegierung nach § 123 I Alt. 1 BGB bietet.[6]

7. An einer Beeinträchtigung der rechtsgeschäftlichen Entschließungsfreiheit fehlt es, wenn hinsichtlich des Fragegegenstands überhaupt keine Vertragsfreiheit besteht, d.h. der Gegenstand der Befragung bei der Entscheidung über das Rechtsgeschäft keine Rolle spielen darf.[7]

8. Das ist der Fall, wenn der fragende Teil insoweit durch Diskriminierungsverbote, durch einen Vorvertrag oder durch die Inanspruchnahme eines besonderen Vertrauens des anderen Teils auf den Vertragsschluß gebunden ist.[8]

9. Sofern nach einem Umstand gefragt wird, der einem Diskriminierungsverbot unterfällt, folgt aus einer Lüge des Befragten grundsätzlich kein Anfechtungsrecht nach § 123 I Alt. 1 BGB. Insoweit ist die Regelung grundsätzlich anhand ihres Schutzzwecks teleologisch zu reduzieren. Etwas anderes gilt nur dann, wenn der Verbotsadressat den Täuschenden wegen der Täuschung über den gesperrten Umstand gegenüber den üblichen bzw. angemessenen Vertragsbedingungen zulässigerweise bevorzugt. Die Begrenzung des Anfechtungsrechts, die sich im Zusammenhang mit Diskriminierungsverboten ergibt, bildet keine Besonderheit des Arbeits- und Wohnraummietrechts, sondern es handelt sich um eine *allgemeine* Grenze der Anfechtbarkeit wegen arglistiger Täuschung. Wegen des Ausnahmecharakters von Diskriminierungsverboten im Privatrecht ist der Bereich, der dem Anfechtungsrecht des § 123 I Alt. 1 BGB unter diesem Gesichtspunkt entzogen ist, insgesamt als eng zu umreißen.[9]

10. Kein Anfechtungsrecht wegen arglistiger Täuschung ergibt sich auch, wenn ein Verhandlungspartner nach einem Umstand fragt, den er aufgrund einer Selbstbindung bei seiner rechtsgeschäftlichen Entschließung nicht berücksichtigen darf. Eine solche Selbstbindung des fragenden Teils, die bewirkt, daß er einen Umstand weder bei der Entscheidung über das ‘Ob’ noch bei der Entscheidung über das ‘Wie’ des Vertragsschlusses berücksichtigen darf, kann durch Rechtsgeschäft oder Inanspruchnahme von Vertrauen zustandekommen. In diesen Fällen schießt die Regelung des § 123 I Alt. 1 BGB über den Normzweck hinaus, so daß sie teleologisch zu reduzieren ist.[10]

---

[6] Teil 2 C II.
[7] Teil 3.
[8] Teil 3.
[9] Teil 3 A.
[10] Teil 3 B.

11. Eine besondere Schutzwürdigkeit des Gegeninteresses des Befragten ergibt sich hinsichtlich personenbezogener Daten. Den Art. 2 I und 1 I GG ist ein besonderes Persönlichkeitsrecht auf informationelle Selbstbestimmung zu entnehmen, das jedem Menschen die informationelle Verfügungsbefugnis über die Abschirmung und Darstellung des eigenen Lebens gegenüber anderen zuweist. Dieses Recht entfaltet mittelbare Drittwirkung in der privatrechtlichen Beziehung zwischen zwei Verhandlungspartnern. Es bildet ein nach § 227 BGB notwehrfähiges Gut.[11]

12. Ein „Notwehrrecht auf Lüge" aus § 227 I BGB gegenüber personenbezogenen vorvertraglichen Fragen besteht gleichwohl nicht.[12]

13. Stellt man für den „Angriff" auf das Schaffen der Gefahr einer Rechtsgutsbeeinträchtigung durch eine zutreffende Beantwortung ab, so scheitert § 227 I BGB daran, daß dem Befragten mit der Verweigerung der Antwort ein milderes Verteidigungsmittel zur Abwendung der Rechtsgutsbeeinträchtigung zur Verfügung steht. Insoweit ist die Lüge deswegen keine *erforderliche* Verteidigungshandlung.[13]

14. Stellt man hingegen auf die Beeinträchtigung der Willensentschließungsfreiheit im informationellen Bereich durch die Zwangslage ab, die wegen der Koppelung von Befragung und dem Fortgang der Vertragsverhandlungen bestehen kann, scheitert § 227 I BGB daran, daß die Zwangslage nicht durch ein Verhalten des fragenden Teil verursacht wurde. Zwangslagen bei vorvertraglichen Befragungen ergeben sich vielmehr aus der Angewiesenheit des Befragten auf die vertragliche Leistung in Verbindung mit dem Fehlen sinnvoller Ausweichmöglichkeiten. Beides beruht nicht auf einem Verhalten des fragenden Teils. Die Zwangslage wird durch die Befragung nicht begründet, sondern bloß ausnutzt. Insoweit wird die gesetzliche Unterscheidung (§§ 123 I Alt. 2 BGB und 240 StGB einerseits und §§ 138 II BGB und 291 I Alt. 1 StGB andererseits) zwischen dem Begründen einer Zwangslage und ihrem bloßen Ausnutzen relevant: Das Ausnutzen einer bestehenden Zwangslage zum Zwecke der Fremdbestimmung bedeutet keine zusätzliche Beeinträchtigung der Selbstbestimmung. Auch aus der Konkretisierung der Störung der allgemeinen Selbstbestimmung zu einer Störung gerade der informationellen Selbstbestimmung ergibt sich nichts anderes.[14]

---

[11] Teil 4 A. I.

[12] Teil 4. A. II., siehe dazu im einzelnen Thesen 13. und 14.

[13] Teil 4 A. II. 1.

[14] Teil 4. A. II. 2.

15. Ein „Recht zur Lüge“ kann sich bezüglich der vorvertraglichen Fragen nach Vorstrafen des Befragten aus der Spezialregelung des § 53 I BZRG ergeben.[15]

16. Für die Konstellation einer rechtmäßigen Täuschung ist die Regelung des § 123 I Alt. 1 BGB teleologisch zu reduzieren, so daß ein Anfechtungsrecht des Getäuschten nicht besteht.[16]

17. Bereichsspezifische Besonderheiten im Arbeits- oder Wohnraummietrecht im Hinblick auf die Rechtfertigung der Täuschung bestehen nicht.[17]

18. Die vorvertragliche Befragung kann wegen der objektiven Unausgewogenheit der darin vorgesehnenen Lösung des vorvertraglichen informationellen Interessenkonflikts gegen die Pflichten des fragenden Teils aus § 242 BGB verstoßen.[18]

19. Grundsätzlich muß der einzelne Private beim Interessenausgleich mit anderen Privaten dessen Interessen weder nach Treu und Glauben noch nach dem Sittengebot berücksichtigen. Durch beiderseitige Wahrung der eigenen Interessen kommt normalerweise ein Ausgleich zustande. Die formal gleiche Freiheit der Beteiligten führt dabei im Normalfall nicht nur zur „Richtigkeit“, im Sinne einer subjektiv determinierten Gerechtigkeit, des *rechtsgeschäftlichen* Interessenausgleichs, sondern sie bewirkt grundsätzlich auch eine solche „Richtigkeit“ des Interessenausgleichs bei der Erteilung einer vorvertraglichen Information.[19]

20. Eine Verpflichtung auf eine objektiv zu bestimmende Gerechtigkeit eines rechtsgeschäftlichen Interessenausgleichs kommt nur dann in Betracht, wenn die formal gleiche Vertragsfreiheit wegen einer Ungleichgewichtslage die Richtigkeit des Vertrags ausnahmsweise nicht gewährleisten kann. Das gleiche gilt für den vorvertraglichen informationellen Interessenausgleich.[20]

21. Die Konkretisierung der vorvertraglichen Pflichten aus § 242 BGB hat in systematisch-teleologischer Weise durch die Heranziehung konkreterer Wertungen gesetzlicher Regelungen oder Rechtsprinzipien zu erfolgen.[21]

---

[15] Teil 4 B.
[16] Teil 4 C. II.
[17] Teil 4 D.
[18] Teil 5.
[19] Teil 5. A. I. 1. b) bb) und cc) (1) (b) (aa).
[20] Teil 5 A. I. 1. b) cc) und dd) sowie 2. a) bb) und b).
[21] Teil 5 A. I. 1. b) aa).

22. Für eine Konkretisierung des Gebotes von Treu und Glauben zu einer Verpflichtung auf die objektive Ausgewogenheit des vorvertraglichen informationellen Interessenausgleichs, der durch eine vorvertragliche Befragung vorgegeben wird, lassen sich die Wertungen der §§ 307 ff. BGB (ehemals: §§ 9 ff AGBG) fruchtbar machen.[22]

23. Das gilt aber nicht generell für vorvertragliche Befragungen. Obwohl die wirtschaftliche Interessenlage des Befragten ähnlich wie bei der Verwendung von AGB gegen Verhandlungen über Inhalt und Umfang der vorvertraglichen Befragung spricht, hängt sein Verhalten in hohem Maße von seiner persönlichen Prioritätensetzung zwischen wirtschaftlichen und persönlichkeitsrechtlichen Interessen ab. Dagegen spielen bei den §§ 307 ff. BGB typischerweise nur wirtschaftliche Interessen eine Rolle, so daß sich dort die Interessenlage quasi durchrechnen und deshalb verallgemeinern läßt. Die Interessenlage bei vorvertraglichen Befragungen gibt deswegen das Nachgeben des Befragten nicht schon in so eindeutiger Weise vor, wie das bei der Verwendung von AGB im Hinblick auf die Vertragsgestaltung der Fall ist.[23]

25. Anders liegt es aber, wenn der fragende Teil bestimmte Informationen standardisiert im Vorfeld von Verträgen erhebt (hier als *allgemeine vorvertragliche Fragenkataloge* bezeichnet). Dadurch sinken die Aussichten auf einen Erfolg von Verhandlungsbemühungen. Denn im Verhältnis zu einmalig verlangten Informationen ist es in diesen Fällen wahrscheinlicher, daß wirtschaftlich vernünftige, also für aussagekräftig gehaltene Informationen verlangt werden. Außerdem muß der Befragte bei allgemeinen vorvertraglichen Fragenkatalogen damit rechnen, branchenweit auf in etwa einheitliche Anforderungen zu stoßen, so daß seine negative Abschlußfreiheit als Druckmittel bei den Verhandlungen über Inhalt und Umfang der vorvertraglichen Befragung versagt. Diese Störung der individuellen Interessenwahrung wird auch nicht durch den Wettbewerb aufgefangen, denn die kundenfreundliche Zurückhaltung hinsichtlich vorvertraglich verlangter Informationen hat keinen Marktwert. Es ergibt sich eine vergleichbare Interessenlage wie bei der Verwendung von AGB. Insoweit sind die Pflichten aus § 242 BGB anhand der Wertungen der §§ 307 ff. BGB zu einer allgemeinen Verpflichtung auf die objektive Ausgewogenheit des vorvertraglichen informationellen Interessenausgleichs zu konkretisieren, der in dieser Situation durch die Frage vorgegeben wird.[24]

26. Eine Ausnahme von der Verpflichtung auf die objektive Angemessenheit allgemeiner vorvertraglicher Fragenkataloge besteht, wenn es sich zwar um

[22] Teil 5 A. I. 1. b) cc).
[23] Teil 5 A. I. 1. b) cc) (1) (b).
[24] Teil 5 A. I. 1. b) cc) (1) (c).

Fragen aus einem allgemeinen vorvertraglichen Fragenkatalog handelt, diese aber so überzogen sind, daß ihre Singularität evident ist. In diesen Fällen kann der Befragte auf andere Anbieter mit kundenfreundlicheren Informationswünschen ausweichen. Die negative Abschlußfreiheit des Befragten vermag dann als Druckmittel bei den Verhandlungen über Inhalt und Umfang der Befragung zu fungieren. Anders als im Recht der AGB, das eine entsprechende Ausnahme nicht kennt, besteht auch nicht die Gefahr, daß eine derart überzogene allgemeine Frage überlesen wird, denn der Befragte muß ja antworten. Diese Ausnahme ist zu Gunsten des Befragten auf solche Fälle zu beschränken, in denen der singuläre Charakter des Informationsverlangens evident ist, weil die Bedeutung des erfragten Umstands für den verhandelten Vertrag und seine Durchführung unter keinen erdenklichen Umständen nachzuvollziehen ist. In diesen Fällen besteht außerdem ein (negativer) Marktwert des kundenunfreundlichen Informationsverlangens, so daß zusätzlich das Wettbewerbskorrektiv die Angemessenheit des vorvertraglichen informationellen Interessenausgleichs sicherstellt.[25]

27. Eine besondere Konkretisierung des § 242 BGB zu einer Verpflichtung zur Einhaltung einer Mindestgerechtigkeit bei vorvertraglichen informationellen Interessenausgleichen ergibt sich des weiteren aus § 138 II BGB. Danach dürfen keine völlig unangemessen weitgehende vorvertraglichen Fragen gestellt werden, wenn der befragte Verhandlungspartner sich in einer Schwächesituation nach § 138 II BGB befindet. Insoweit ist die Inhaltskontrolle der Frage aber auf einen Evidenzmaßstab zu beschränken.[26]

28. Außerhalb von Schwächelagen iSv. § 138 II BGB führen Einzelfall-Ungleichgewichtslagen zu keiner Überprüfung der Ausgewogenheit des vorvertraglichen informationellen Interessenausgleichs. Insoweit ist im Interesse der Rechtssicherheit hinzunehmen, daß die beiderseitige Freiheit in Ausnahmefällen keine „richtigen" Interessenausgleiche sicherzustellen vermag.[27]

29. Im Spezialbereich des Arbeitsrechts ist § 242 BGB anhand des Arbeitnehmerschutzprinzips im Sinne einer allgemeinen Angemessenheitspflicht bezüglich der vorvertraglichen Fragen des Arbeitgebers zu konkretisieren und zwar unabhängig von ihrer vielfachen Verwendung. Das Druckmittel der negativen Abschlußfreiheit versagt dabei nicht wegen der branchenweiten Übereinstimmung hinsichtlich des Inhalts vorvertraglicher Fragen aber wegen der existentiellen Angewiesenheit des Arbeitsplatzsuchenden auf einen Arbeitsvertrag bei gleichzeitiger Unausgewogenheit des Arbeitsmarkts. Eine kompensierende

[25] Teil 5 A. I. 1. b) cc) (1) (c) (aa) (γ).
[26] Teil 5 A. I. 1. b) dd).
[27] Teil 5 A. I. 1. b) dd) (3).

Wettbewerbswirkung besteht im Grundsatz nicht. Ausnahmen ergeben sich bei gesuchten Fachkräften und bei sonstigen Konstellationen, in denen der vorvertragliche informationelle Interessenausgleich ausgehandelt wurde.[28]

30. Auch im Wohnraummietrecht ist das Gebot von Treu und Glauben in besonderer Weise zu konkretisieren. Unter Rückgriff auf das Wohnraummieterschutzprinzip ergibt sich nach § 242 BGB eine allgemeine Verpflichtung des Vermieters von Wohnraum zur inhaltlichen Angemessenheit seiner vorvertraglichen Fragen, wobei es auf die vielfache Verwendung der Frage nicht ankommt. Wie im Arbeitsrecht führen existentielle Angewiesenheit auf die vertragliche Leistung in Verbindung mit den schlechten Ausweichmöglichkeiten zu einem Versagen des Druckmittels der negativen Abschlußfreiheit. Anders liegt es bei lokalem Wohnungsüberfluß und in sonstigen nachweisbaren Ausnahmefällen, bei denen der vorvertragliche informationelle Interessenausgleich ausgehandelt wurde.[29]

31. Hingegen kann im Vorfeld von Verbraucherverträgen die Verpflichtung des Unternehmers nach § 242 BGB im Hinblick auf seine Fragen mangels Vergleichbarkeit nicht anhand der Wertungen der §§ 310 III iVm. 307 ff. BGB (ehemals §§ 24 a iVm. 9 ff. AGBG) konkretisiert werden. Denn von der dort vorausgesetzten situativen, intellektuellen und wirtschaftlichen Unterlegenheit des Verbrauchers entfaltet im wesentlichen nur die wirtschaftliche Ungleichgewichtslage Folgen für den informationellen Interessenausgleich.[30]

32. Eine Konkretisierung der Verpflichtung des Unternehmers aus § 242 BGB im Hinblick auf unternehmerseitige Fragen im Vorfeld von Verbraucherverträgen anhand eines Verbraucherschutzprinzips scheidet ebenfalls aus. Aus den verbraucherschützenden gesetzlichen Regelungen läßt sich ein Verbraucherschutzprinzip in dieser Allgemeinheit (noch) nicht ableiten. Besondere Verbraucherschutzprinzipien, etwa in den Sonderbereichen des Versicherungs- oder des Verbraucherkreditrechts sind zwar denkbar. Insoweit fehlt es aber jedenfalls an der Anwendbarkeit auf den vorvertraglichen informationellen Interessenausgleich.[31]

33. In den vier Fallgruppen der Inhaltskontrolle (allgemeine vorvertragliche Fragenkataloge, Schwächelagen iSd. § 138 II BGB, Arbeitgeber- und Wohnraumvermieterfragen) hat diese Inhaltskontrolle nach Maßgabe des § 242 BGB im Wege einer Interessenabwägung zu erfolgen. Dafür ist auf die schutzwürdi-

---

28 Teil 5 A. I. 2. a) bb).
29 Teil 5 A. I. 2. b).
30 Teil 5 A. I. 3. a).
31 Teil 5 A. I. 3. b).

gen Interessen der Verhandlungspartner abzustellen. Dabei handelt es sich um das Interesse des Befragten an der Wahrung seiner informationellen Verfügungsbefugnis (Art. 2 I iVm 1 I GG) und um das Informationsinteresse des fragenden Teils (Art. 12 I und/oder 14 I GG bzw. 2 I GG).[32]

36. Die Abwägung kann nicht abstrakt erfolgen, sondern muß sich an den konkreten Umständen des Einzelfalls orientieren.[33]

37. Kriterien für die konkrete Abwägung im Einzelfall sind auf Seiten des Befragten die Intimität und die Sensibilität des erfragten Lebenssachverhalts, wobei insbesondere Daten iSd. § 3 IX BDSG intim bzw. sensibel sind, die geplante oder mögliche Verwendung der Information und auf Seiten des fragenden Teils die objektive Aussagekraft des Umstands für die wirtschaftlichen Erfolgsaussichten des Geschäfts. Des weiteren ist bei Dauerschuldverhältnissen, bei denen ein enger persönlicher Kontakt zwischen den Vertragsparteien vorgesehen ist, darauf abzustellen, ob der Umstand aus Sicht des fragenden Teils für diesen Kontakt bedeutsam ist. Die genannten Kriterien bilden bei der Abwägung ein „bewegliches System".[34]

38. Für die Inhaltskontrolle von allgemeinen vorvertraglichen Fragenkatalogen, Arbeitgeber- und Vermieterfragen einerseits und bei Schwächelagen iSd. § 138 II BGB andererseits gelten verschiedene Maßstäbe. Während die Inhaltskontrolle von allgemeinen vorvertraglichen Fragenkatalogen, Arbeitgeber- und Vermieterfragen bereits negativ ausfällt, wenn sich eine (zweifelsfreie) Unangemessenheit zu Lasten des Befragten ergibt, ist bei den Fällen der Inhaltskontrolle nach § 242 BGB iVm. der Wertung des § 138 II BGB lediglich ein Evidenzmaßstab anzuwenden.[35]

39. Wenn die Inhaltskontrolle die Unzulässigkeit der Frage und damit einen Verstoß gegen § 242 BGB ergibt, ist die Ausübung des Anfechtungsrechts dem Getäuschten regelmäßig nach § 242 BGB versperrt (unzulässige Rechtsausübung). Etwas anderes gilt nur, wenn der Befragte sich bei der Täuschung nicht auf die unwahre Beantwortung der unzulässigen Frage beschränkt hat.[36]

40. Durch die Änderungen des BDSG zum 18. 5. 2001 sind vorvertragliche Befragungen von Vertragspartnern im nicht-öffentlichen Bereich in stärkerem Maße vom BDSG erfaßt als früher. Ist eine vorvertragliche Befragung eine Da-

---

[32] Teil 5 A. II.
[33] Teil 5 A. II. 4. a).
[34] Teil 5 A. II. 4. b).
[35] Teil 5 A. II. 5.
[36] Teil 5 B.

tenerhebung durch nicht-öffentliche Stellen, auf die das BDSG anzuwenden ist, unterliegt sie nach dem neuen § 4 I BDSG einem grundsätzlichen Datenerhebungsverbot mit Erlaubnisvorbehalt.[37]

41. Grundsätzlich wird bei einer vorvertraglichen Befragung eine ausreichende Erlaubnis zur Datenerhebung in Form einer konkludenten Einwilligung des Befragten liegen. Eine wirksame datenschutzrechtliche Einwilligung scheitert aber mangels „freier Entscheidung" des Betroffenen (§ 4 a I S. 1 BDSG) in den gleichen Fällen, in denen auch außerhalb des Anwendungsbereichs des BDSG die formale Freiheit der Verhandlungspartner die Richtigkeit des vorvertraglichen informationellen Interessenausgleichs nicht sicherstellen kann und deswegen eine objektive Inhaltskontrolle vorzunehmen ist (allgemeine vorvertragliche Fragenkataloge, Arbeitgeber- und Wohnraumvermieterfragen, Befragungen bei Schwächelagen iSd. § 138 II BGB). Außerdem wird die Wirksamkeit der Einwilligung bei „besonderen Arten von Daten" (§ 3 IX BDSG) häufig daran scheitern, daß die Einwilligung in diesen Fällen gemäß § 4 a I S. 3 BDSG ausdrücklich zu erfolgen hat.[38]

42. Fehlt es an einer Rechtfertigung der Datenerhebung durch Einwilligung des Betroffenen, kann eine Rechtfertigung der vorvertraglichen Befragung vor allem nach § 28 I S. 1 Nr. 1 BDSG, bzw. bei der Erhebung „besonderer Arten von Daten" (§ 3 IX BDSG) nach § 28 VI Nr. 3 BDSG gegeben sein. Innerhalb beider Regelungen kommt es auf eine Interessenabwägung an, die der Interessenabwägung bei der Inhaltskontrolle des vorvertraglichen informationellen Interessenausgleichs außerhalb des BDSG nach § 242 BGB (in den oben genannten vier Fallgruppen) gleicht.[39]

43. Wenn die vorvertragliche Befragung gegen die Vorschriften des BDSG verstößt, stellt die Anfechtung grundsätzlich eine unzulässige Rechtsausübung dar (§ 242 BGB). Anders liegt es aber regelmäßig bei bloßen Verstößen gegen Formvorschriften, insbesondere die Verpflichtung zu Meldung und Vorabkontrolle nach §§ 4 d und e BDSG.[40]

---

[37] Teil 6 A.
[38] Teil 6 B. II. 1. a).
[39] Teil 6 B. II. 1. c)
[40] Teil 6. C.

B. Fazit

Insgesamt ist aus der Untersuchung das Fazit zu ziehen, daß es sich bei der Einschränkung der Anfechtbarkeit nach § 123 I Alt. 1 BGB im Zusammenhang mit vorvertraglichen Befragungen des Täuschenden nicht ausschließlich um eine bereichsspezifische Besonderheit des Arbeits- und Wohnraummietrechts handelt. Zwar trifft es zu, daß vorvertragliche Befragungen durch Arbeitgeber und Vermieter von Wohnraum grundsätzlich einer Inhaltskontrolle zu unterwerfen sind und bei unangemessenen Fragen eine spätere Anfechtung wegen einer wahrheitswidrigen Antwort ausscheidet. Die Unzulässigkeit einer vorvertraglichen Befragung und die entsprechende Beschränkung der Anfechtbarkeit wegen arglistiger Täuschung kann sich aber auch aus allgemeinen Grundsätzen ergeben, namentlich bei Diskriminierungsverboten und anderen rechtlichen Bindungen der Vertragsfreiheit des Getäuschten, bei allgemeinen vorvertraglichen Fragenkatalogen und wenn der Befragte sich in einer Schwächelage iSd. § 138 II BGB befindet. Die unterschiedliche Behandlung vorvertraglicher Befragungen und ihrer Auswirkungen auf die Anfechtbarkeit nach § 123 I Alt. 1 BGB durch die bisherige Rechtsprechung und Literatur für Arbeitgeber- und Wohnraumvermieterfragen einerseits und alle sonstigen vorvertraglichen Befragungen andererseits ist deshalb zum Teil verfehlt.

C. Ausblick

Abschließend soll noch ein Blick auf die Bedeutung der Ergebnisse für verwandte Rechtsfragen geworfen und die Frage angesprochen werden, ob sich ein gesetzgeberisches Tätigwerden hinsichtlich des Untersuchungsgegenstands empfiehlt.

I. Konsequenzen der Ergebnisse für verwandte Rechtsfragen

Als verwandte Rechtsfragen erscheinen besonders die Zulässigkeit vorvertraglichen Untersuchungen von Verhandlungspartnern und die Auswirkungen der Ergebnisse der Arbeit für andere Beendigungstatbestände interessant.

1. Vorvertragliche Untersuchungen, insbesondere genetische Tests

Neben vorvertraglichen Fragen bietet die medizinische[41] Untersuchung des Verhandlungspartners einen Weg der vorvertraglichen Informationsbeschaffung, der insbesondere im Vorfeld von Arbeits- und Versicherungsverträgen praktische Bedeutung hat. Ein Beispiel hierfür bildet die Praxis eines großen deutschen Pharma-Unternehmens, Auszubildende vor der Einstellung einem

[41] Im Arbeitsrecht werden darüber hinaus auch graphologische Gutachten der Handschrift von Stellenbewerbern vorgenommen, vgl. z.B. BAG EzA Nr. 22 zu § 123 BGB.

Drogen-Urintest zu unterziehen, wofür dieses Unternehmen im Herbst 2002 mit den „Big-Brother-Award“ der Deutschen Vereinigung für den Datenschutz ‘ausgezeichnet’ wurde.[42]
In der neueren Literatur wird im Zusammenhang mit vorvertraglichen Untersuchungen insbesondere diskutiert, inwieweit genetische Tests durch Arbeitgeber und Versicherungen zulässig sind.[43] Durch genetische Tests können spätere Krankheiten des Bewerbers teilweise vorausgesehen werden. Das Interesse von Arbeitgebern und privaten Kranken-, Lebens- oder auch Berufsunfähigkeitsversicherungen an entsprechenden Informationen liegt auf der Hand. Durch die ständig wachsenden Erkenntnismöglichkeiten genetischer Untersuchungsmethoden[44] bei einer gleichzeitigen Absenkung der Kosten solcher Untersuchungen wird die Möglichkeit vorvertraglicher genetischer Tests und damit auch die Frage ihrer Zulässigkeit in Zukunft noch an Bedeutung gewinnen. Praktisch gesehen ist das Problem der Zulässigkeit prädiktiver Gentests aber zumindest in bezug auf Versicherungsverträge vorerst entschärft, da die Mitglieder des Gesamtverbands der Deutschen Versicherungswirtschaft eine bis zum Jahr 2006 befristete Selbstverpflichtungserklärung abgegeben haben, auf solche Tests zu verzichten.[45] Auch in bezug auf Arbeitsverträge ist die praktische Relevanz vorvertraglicher genetischer Tests bislang gering.[46]

a) Parallelen zur vorvertraglichen Befragung
Die Situation bei dem Verlangen einer vorvertraglichen Untersuchung ist derjenigen bei einer vorvertraglichen Befragung in doppelter Hinsicht ähnlich. Erstens führt auch die Zustimmung des potentiellen Arbeit- bzw. Versicherungsnehmers zu der vorvertraglichen Untersuchung zumindest mittelbar zu einer Offenbarung persönlicher Lebensumstände, nämlich von Daten über die eigene gesundheitliche Verfassung bzw. genetische Disposition.[47] Zweitens wird bei Durchführung der Untersuchung der Aufforderung des Arbeitgebers bzw. des Versicherers zu einem bestimmten vorvertraglichem Interessenausgleich ebenso nachgegeben, wie das bei der Beantwortung einer vorvertraglichen Frage der

---

[42] Frankfurter Rundschau v. 26. 10. 2002, S. 1.
[43] Zur umfangreichen Literatur zu diesem ‘Modethema’ vgl. nur die Monographien von Berberich; Roos; Taupitz; Wiese; außerdem Herdegen, JZ 2000, 633, 635; Hofmann, S. 156 ff., 191 ff.; Lorenz, VersR 1999, 1309 ff.; Menzel, NJW 1989, 2041ff.; Präve, VersR 1992, 279 ff.; Schöffski, ZVersWiss. 1999, 265 ff.; Spranger, VersR 2000, 815 ff.; Vultejus, ZRP 2002, 70, 71.
[44] Der Bundesbeauftragte für den Datenschutz, Tätigkeitsbericht 2001-2002, S. 148.
[45] Bernd, VW 2001, 1940; auch vor dieser Selbstverpflichtung setzten die deutschen Versicherungsunternehmen in der Praxis bislang keine genetischen Untersuchungen ein, vgl. Spranger, VersR 2000, 815, 816; Schöffski, ZVersWiss. 1999, 265, 279.
[46] Roos, S. 107.
[47] Deutsch, VersR 1994, 1, 2 (genetische Untersuchung deshalb Beeinträchtigung der informationellen Selbstbestimmung).

Fall ist. Wegen dieser doppelten Parallelität lassen sich die Ergebnisse für die vorvertragliche Befragung mutatis mutandis auf das Verlangen einer vorvertraglichen Untersuchung des Verhandlungspartners übertragen.

b) Bislang kein Verbot der genetischen Diskriminierung

Die Berücksichtigung der genetischen Veranlagung beim Abschluß von Verträgen, insbesondere Arbeitsverträgen und Versicherungsverträgen kommt bislang in der Praxis kaum vor, was zudem durch die entsprechende Selbstverpflichtung der deutschen Versicherungswirtschaft abgesichert wird,[48] so daß es zumindest zur Zeit nicht verhältnismäßig erscheint, die Diskriminierung von Personen mit nachteiligen genetischen Dispositionen im Arbeits- und Versicherungsrecht durch entsprechende Diskriminierungsverbote zu untersagen.[49] Auch ein Verbot der Benachteiligung wegen der Ergebnisse sonstiger medizinischer Untersuchungen erscheint zum gegenwärtigen Zeitpunkt überzogen. Erst wenn eine Diskriminierung anhand von Untersuchungsergebnissen im Geschäftsleben starke Verbreitung findet, könnte ein Diskriminierungsverbot ein verhältnismäßiger Schutz der Betroffenen sein, wobei in erster Linie an ein gesetzlich festgelegtes Diskriminierungsverbot[50] zu denken wäre.

c) Verpflichtung auf die Angemessenheit des vorvertraglichen informationellen Interessenausgleichs

Zur Zeit kann sich die Unzulässigkeit des vorvertraglichen Verlangens genetischer oder sonst medizinischer Tests nur im Zusammenhang mit dem Persönlichkeitsrecht des zu Untersuchenden ergeben. Die Unzulässigkeit der Forderung von Versicherungen oder Arbeitgebern nach einem vorvertraglichem medizinischen Test kann demnach nur daraus folgen, daß dem Verhandlungspart-

---

48 Vgl. oben, Fn. 45.

49 Im Ergebnis ebenso: Taupitz, S. 30 ff. Zu den hohen Voraussetzungen von Diskriminierungsverboten wegen des Grundsatzes der Verhältnismäßigkeit vgl. schon oben, Teil 3 A. II. 2. b). Konsequenz eines entsprechenden Diskriminierungsverbots wäre nicht nur die Unzulässigkeit vorvertraglicher Gentests, sondern es wäre auch bei unwahren Antworten auf die Frage nach den Ergebnissen früherer Gentest kein Anfechtungsrecht gegeben, vgl. oben, Teil 3 A. I. 4. (teleologische Reduktion des § 123 I Alt. 1 BGB). Für die Schaffung eines gegen jedermann gerichteten ausdrücklichen und strafbewehrten Verbots, ohne besondere Befugnis die Analyse des Genoms eines anderen durchzuführen oder durchführen zu lassen oder Ergebnisse der Analyse des Genoms eines anderen zu verarbeiten und zu nutzen der Bundesbeauftragte für den Datenschutz, Tätigkeitsbericht 2001-2002, S. 148.

50 Nachdem im Koalitionsvertrag zwischen der SPD und Bündnis 90/die GRÜNEN von 1998 das Ziel des Schutzes der Bürger vor genetischer Diskriminierung insbes. durch Kranken- und Lebensversicherungen festgelegt wurde (vgl. Herdegen, JZ 2000, 633, 635), erscheint die Aufstellung entsprechender gesetzlicher Vorgaben nach Fortsetzung der rot-grünen Regierung im Jahr 2002 nicht unwahrscheinlich, konkrete Pläne in dieser Richtung fehlen – soweit ersichtlich – aber bisher.

ner dadurch eine übermäßige Einbuße an informationeller Selbstbestimmung zugemutet wird, so daß ein Verstoß gegen die Pflichten der Versicherung aus § 242 BGB, aus dem Sittengebot, bzw. bei Anwendbarkeit des BDSG aus § 4 I BDSG vorliegt. Bei der Prüfung eines Verstoßes gegen diese Pflichten können die Ergebnisse der Teile 5 und 6 übertragen werden.

aa) Grundsätzliche Richtigkeitsgewähr der beiderseitigen Freiheit

Bei Durchführung der vorvertraglichen Untersuchung kommt es wegen der Offenbarung persönlicher Lebensumstände gegenüber dem Verhandlungspartner zu einer Einbuße an informationeller Verfügungsbefugnis.[51] Wie bei der vorvertraglichen Befragung ist das allerdings im Prinzip noch kein Grund, die Forderung nach einer medizinischen Untersuchung generell einer materiellen Inhaltskontrolle zu unterwerfen. Vielmehr greift auch insoweit grundsätzlich die Richtigkeitsgewähr der beiderseitigen Freiheit der Verhandlungspartner und für den Anwendungsbereich des BDSG ergibt sich eine datenschutzrechtliche Erlaubnis wegen der „freien Entscheidung" des Betroffenen zu einer entsprechenden Einwilligung (§ 4 a BDSG). Wenn z.B. ein Hausratsversicherer im Vorfeld eines Vertragsabschlusses eine umfassende genetische Analyse des Antragstellers verlangen würde, steht es dem Antragsteller frei, die informationelle Selbstbestimmung über seine genetischen Daten zu wahren, indem er den Hausratsversicherer im Verhandlungswege von diesem Informationsverlangen abbringt bzw. sich eine andere Hausratsversicherung sucht.[52] Demnach besteht auch im Zusammenhang mit vorvertraglichen Untersuchungen im Grundsatz kein Anlaß, den informationserhebenden Teil auf eine objektiv zu bestimmende Gerechtigkeit des vorvertraglichen informationellen Interessenausgleichs zu verpflichten und die Einhaltung dieser Verpflichtung im Wege einer Inhaltskontrolle zu überprüfen.[53]

bb) Ausnahmekonstellation beim allgemeinen vorvertraglichen Verlangen von Untersuchungen und im Arbeitsrecht

Etwas anderes ergibt sich aber aus den gleichen Gründen wie bei vorvertraglichen Befragungen, wenn das Ansinnen einer vorvertraglichen Untersuchung des Verhandlungspartners als *allgemeines* vorvertragliches Informationsverlan-

---

[51] Vgl. Deutsch, VersR 1994, 1, 2; zum entsprechenden Effekt bei der Beantwortung einer Frage vgl. oben, unter Teil 4 A. II. 1. a).

[52] Das gleiche gälte auch, wenn es sich dabei um ein allgemeines vorvertragliches Informationsverlangen handelt, da genetische Tests im Vorfeld einer Hausratsversicherung in die Kategorie der evident singulären Informationswünsche fielen.

[53] *Insoweit* hat Spranger, VersR 2000, 815, 817 recht, wenn er feststellt, daß die die autonome Entscheidung eines privaten Versicherungsunternehmens, von einem Versicherungsnehmer einen vorvertraglichen genetischen Test zu verlangen, sich nicht am verfassungsrechtlichen Maßstab messen lassen muß.

gen oder im Vorfeld von Arbeitsverträgen erhoben wird.[54] Weil die formal gleiche Freiheit der Verhandlungspartner in diesen Situationen einen richtigen iSv. gerechten vorvertraglichen informationellen Interessenausgleich nicht sicherstellen kann, ist die überlegene Freiheit des Arbeitgebers bzw. der Versicherung in diesen Fällen im Interesse des Bewerbers bzw. Antragstellers einzuschränken. Aus § 242 BGB bzw. § 4 I BDSG iVm. § 28 VI Nr. 3 BDSG ergibt sich dann die Verpflichtung auf eine objektiv zu bestimmende Ausgewogenheit des vorvertraglichen informationellen Interessenausgleichs, den er durch sein Verlangen einer medizinischen Untersuchung vorgibt.[55] Die Einhaltung dieser Verpflichtung ist im Wege einer Inhaltskontrolle des vorvertraglichen informationellen Interessenausgleichs, der bei Durchführung der Untersuchung gegeben wäre, zu überprüfen. Demnach ist die Zulässigkeit vorvertraglicher Untersuchungen genetischer oder sonst medizinischer Art im Vorfeld von Arbeitsverträgen und regelmäßig auch im Vorfeld von Versicherungsverträgen, bei denen es sich meist um *allgemeine* vorvertragliche Informationswünsche handeln wird, von ihrer objektiven Angemessenheit im Hinblick auf die beiderseitigen informationellen Interessen abhängig.[56]

cc) Gemeinsamkeiten und Unterschiede bei der Abwägung iRd. Inhaltskontrolle
Bei dieser materiellen Überprüfung im Rahmen von § 242 BGB bzw. im Rahmen von § 28 VI Nr. 3 BDSG ist wieder im Wege einer Abwägung der beteiligten Interessen zu überlegen, ob bei Durchführung der Untersuchung ein angemessener Interessenausgleich gegeben wäre. Ausgangspunkt dieser Abwägung sind zunächst die gleichen Kriterien wie bei vorvertraglichen Befragungen, also die Intimität und die Sensibilität des erfragten Lebenssachverhalts, die

---

[54] Die Konstellation von vorvertraglichen Untersuchungen im Wohnraummietrecht spielt hingegen aus praktischen Gründen keine Rolle, da der Vermieter von Wohnraum ein entsprechendes Informationsinteresse kaum je haben wird. Auch die Ausnutzung einer Schwächelage iSd. § 138 II BGB zur vorvertraglichen Informationserhebung durch medizinische Untersuchung ist praktisch unwahrscheinlich, da zur Durchführung der vorvertraglichen Untersuchung einiger Organisationsaufwand erforderlich ist.

[55] Mangels „freier Entscheidung" (§ 4 a I S. 1 BDSG) des Betroffenen scheidet eine Rechtfertigung durch Einwilligung bei allgemeinen vorvertraglichen Fragenkatalogen und bei solchen im Vorfeld von Arbeitsverträgen aus, s.o. unter Teil 6 B. II. 1. a) bb). Einschlägiger Erlaubnistatbestand innerhalb des § 28 BDSG ist Absatz 6, weil es sich bei den Gesundheitsdaten, die durch die Untersuchung ermittelt werden sollen, um „ besondere Arten" von Daten iSd. § 3 IX BDSG handelt.

[56] Im Ergebnis ebenso: Der Bundesbeauftragte für den Datenschutz, Tätigkeitsbericht 2001-2002, S. 121 f. und Roos, S. 67 (beide zum Arbeitsrecht); bei dieser materiellen Überprüfung spielen im Rahmen der Interessenabwägung grundrechtliche Positionen in ihrer Ausstrahlungswirkung in das Privatrecht eine Rolle (vgl. dazu oben, unter Teil 5. A. II. 2. und 4.), so daß Spranger, VersR 2000, 815, 917 fehl geht, wenn er eine Bedeutung des Verfassungsrechts für die Frage der Zulässigkeit vorvertraglicher genetischer Tests im Privatversicherungsrecht generell und uneingeschränkt ablehnt.

geplante oder mögliche Verwendung der Information, sowie die objektive Aussagekraft der Information für die wirtschaftlichen Erfolgsaussichten des Geschäfts; bei Arbeitsverhältnissen mit einem besonders engen persönlichen Kontakt der Vertragsparteien spielt es daneben eine Rolle, ob der Arbeitgeber den zu untersuchenden Umstand für die Zusammenarbeit für bedeutsam hält.[57] Innerhalb dieser Abwägungselemente sind bei vorvertraglichen Untersuchungen aber einige Besonderheiten zu berücksichtigen, bzw. es tritt als zusätzlicher Aspekt das sogenannte „Recht auf Nichtwissen" dazu. Über diese Besonderheiten kann im Rahmen dieses Ausblicks nur ein Überblick gegeben werden.

In mehrfacher Hinsicht verleihen die Besonderheiten bei vorvertraglichen Untersuchungen dem Interesse des zu Untersuchenden an sparsamen vorvertraglichen Informationserhebungen im Vergleich zu der Lage bei vorvertraglichen Befragungen zusätzliches Gewicht. So sind die Daten, die durch eine vorvertragliche medizinische Untersuchung ermittelt werden, als Gesundheitsdaten stets besonders sensibel.[58] Gleichwohl gibt es auch innerhalb dieser Gesundheitsdaten noch Abstufungen im Hinblick auf ihre Sensibilität, so ist etwa die Offenbarung einer Kurzsichtigkeit weniger problematisch als die Offenbarung einer HIV-Infektion.
Des weiteren führt eine vorvertragliche Untersuchung im Vergleich zur Beantwortung einer vorvertraglichen Frage häufiger dazu, daß mehr Informationen erhoben werden, als eigentlich gebraucht werden. Von daher ist die Zulässigkeit der Untersuchung auch unter dem Blickwinkel zu beleuchten, inwieweit dabei unnötig viele Informationen erhoben werden, also auch solche, die keine objektive Vertragserheblichkeit vorweisen.
Außerdem ist die Aussagekraft der Erkenntnisse, die durch die Untersuchung gewonnen werden können, für vertragserhebliche Umstände zu berücksichtigen. Gerade bei genetischen Tests ist zu bedenken, daß die allermeisten Krankheiten nicht ausschließlich genetisch bedingt sind, sondern durch eine Kombination mehrerer Gene mit bestimmten Umweltfaktoren entstehen.[59] Die objektive Aussagekraft der Untersuchungsergebnisse für die Erfolgsaussichten von Versicherungs- oder Arbeitsverträgen ist demnach häufig gering.[60] Das fällt bei der Interessenabwägung zu Lasten des Informationsinteresses ins Gewicht.
Schließlich besteht bei vorvertraglichen Untersuchungen gegenüber vorvertraglichen Befragungen die Besonderheit, daß das Interesse des Bewerbers an sparsamen vorvertraglichen Informationserhebungen nicht nur als Interesse an der Wahrung der informationellen Verfügungsbefugnis nach Art. 2 I iVm 1 I GG

---

57 Zu den Abwägungselementen vgl. oben, Teil 5 A. II. 4. b).
58 Vgl. Roos, S. 61 (Daten über die genetische Veranlagung eines Menschen als Teil des absolut geschützten Kernbereichs der Persönlichkeit); ebenso Wiese, S. 79 f.
59 Berberich, S. 404 (multifaktoriell-polygenetischer Charakter der meisten Krankheiten).
60 Däubler, RDV 2003, 7, 9.

rechtlich geschützt wird, sondern daneben auch das sogenannte „Recht auf Nichtwissen" greift. Dieses Recht ergibt sich entweder als Teil[61] oder als Ergänzung[62] zum Recht auf informationelle Selbstbestimmung. Jedenfalls findet es als Ausprägung des Persönlichkeitsrechts seine Grundlage in Art. 2 I iVm. 1 I GG.[63] Es gewährleistet das Recht, Informationen über die eigene Person nicht zur Kenntnis zu nehmen.[64] Insbesondere im Zusammenhang mit genetischen Tests wird das „Recht auf Nichtwissen" virulent. Das Wissen um eine bestimmte genetische Disposition, insbesondere die hohe Wahrscheinlichkeit eines frühen Todes kann erhebliche Auswirkungen auf die Persönlichkeitsentfaltung haben.[65] Dem Betroffenen muß deshalb grundsätzlich das Recht zustehen, selbst zu entscheiden, ob er sich solchen Erkenntnissen aussetzt.[66] Bei vorvertraglichen Untersuchungen wird das „Recht auf Nichtwissen" berührt, denn selbst wenn dem Betroffenen die Ergebnisse nicht mitgeteilt werden, so wird er doch aus der Ablehnung seines Versicherungsantrags, bzw. aus der Festlegung besonders hoher Prämien seine Schlüsse in bezug auf das Untersuchungsergebnis ziehen.[67] Im vorvertraglichen Schuldverhältnis zwischen den Verhandlungspartnern entfaltet das „Recht auf Nichtwissen" eine mittelbare Drittwirkung, so daß es in den Fällen der Inhaltskontrolle bei der Abwägung zu berücksichtigen ist. Es verleiht dem Interesse desjenigen, der untersucht werden soll, an der Vermeidung dieser Untersuchung zusätzliches Gewicht.

Neben diesen Überlegungen, die gegen die Zulässigkeit vorvertraglicher medizinischer und insbesondere genetischer Untersuchungen sprechen, gibt es aber auch Besonderheiten, die zu Gunsten des Informationsinteresses der Versicherung bzw. des Arbeitgebers zu berücksichtigen sind.
Im Versicherungsrecht ergibt sich hinsichtlich der Bewertung der Bedeutung der Untersuchungsergebnisse für die wirtschaftlichen Erfolgsaussichten des Vertrages das spezielle Problem, daß das Verbot vorvertraglicher Untersuchungen im Recht der privaten Kranken-, Lebens- und Berufsunfähigkeitsversicherung die Gefahr der adversen Selektion[68] mit sich brächte.[69] Diese Gefahr besteht in dem Risiko, daß die Antragsteller in eigener Regie Untersuchungen ihrer Gesundheit und genetischen Disposition durchführen lassen und sich nur dann zu einer Versicherung bzw. zu einer besonders hohen Versicherungssum-

[61] Herdegen, JZ 2000, 633, 635.
[62] Spranger, VersR 2000, 815, 816.
[63] Berberich, S. 63.
[64] Berberich, S. 64.
[65] Berberich, S. 63 f.; Taupitz, S. 26.
[66] Berberich, S. 63 f.
[67] Taupitz, S. 27.
[68] Auch als „Antiselektion" oder „Gegenauslese" bezeichnet, vgl. Schöffski, ZVersWiss. 1999, 265, 274.
[69] Schöffski, ZVersWiss. 1999, 265, 274.

me entschließen, wenn der (baldige) Eintritt des Versicherungsfalls wahrscheinlich ist.[70] Je einfacher, billiger und anonymer solche Tests sich durchführen lassen, desto wahrscheinlicher wird ein entsprechendes Verhalten der Kunden privater Versicherungen.[71] Die Folge wäre für die Versicherung, wenn sie sich nicht durch vorvertragliche Informationserhebungen schützen darf, eine Anhäufung „schlechter Risiken", die mangels Kenntnis seitens der Versicherung zu normalen Konditionen versichert werden.[72] Bei einer verbreiteten Antiselektion seitens der Kunden wäre die wirtschaftliche Funktionsfähigkeit des privaten Versicherungswesens durch ein Informationserhebungsverbot deshalb ernsthaft bedroht.[73] Insoweit ist aber zu überlegen, ob dieser Gefahr durch die Nachfrage nach Testergebnissen, die dem Antragsteller bekannt sind, ausreichend begegnet werden kann. Die Versicherung hätte dann jedoch im Falle einer Anfechtung das Problem, die Kenntnis des Versicherungsnehmers wegen der vorherigen Untersuchung nachweisen zu müssen.
Im Arbeitsrecht ist in Erwägung zu ziehen, ob die Untersuchung nicht lediglich zu Gunsten der Interessen des Stellenbewerbers an der Wahrung seiner Gesundheit erfolgt.[74] Insbesondere können bestimmte Arbeitsplätze beim Vorliegen von Vorerkrankungen oder bestimmten genetischen Dispositionen für die Gesundheit des Arbeitnehmers gefährlich sein.[75] In dieser Situation kann eine entsprechende vorvertragliche Untersuchung des Stellenbewerbers kaum pflichtwidrig sein.

Die Besonderheiten bei der Interessenlage bei vorvertraglichen Untersuchungen führt deswegen weder dazu, daß die Inhaltskontrolle stets negativ ausfällt, noch dazu, daß ein entsprechendes vorvertragliches Informationsverlangen stets zulässig ist. Das gilt auch für den Spezialfall genetischer Untersuchungen.[76] Insgesamt sprechen die Besonderheiten bei vorvertraglichen Untersuchungen aber eher gegen die Zulässigkeit des Verlangens einer solchen Untersuchung. Die Interessenabwägung fällt demnach häufiger als bei vorvertraglichen Fragen gegen das Informationsinteresse aus. Das vorvertragliche Verlangen einer Untersuchung verstößt dann gegen § 242 BGB bzw. gegen § 4 I BDSG.

---

[70] Schöffski, ZVersWiss. 1999, 265, 274.
[71] Vgl. Taupitz, S. 40.
[72] Schöffski, ZVersWiss. 1999, 265, 274.
[73] Schöffski, ZVersWiss. 1999, 265, 274 f.
[74] Roos, S. 67; Wiese, S. 38.
[75] Roos, S. 67; Wiese, S. 38.
[76] Gegen eine „formelhafte Ablehnung" vorvertraglicher Untersuchungen nach bestimmten diagnostischen Verfahren auch Herdegen, JZ 2000, 633, 635; für ein grundsätzliches Verbot von Genomanalysen durch private Krankenversicherungen und ihre ausnahmsweise Zulässigkeit, wenn sie aufgrund konkreter Anhaltspunkte angezeigt ist, um eine bestehende oder unmittelbar bevorstehende Krankheit aufzudecken Hofmann, Genomanalyse, S. 197 f.

d) Rechtswidrigkeit der Untersuchung bei Fehlvorstellungen des Betroffenen
Während derjenige, der eine vorvertragliche Frage beantwortet, eigentlich stets weiß, was er tut und sich demnach seiner informationellen Verfügungsbefugnis *bewußt* begibt, können bei der Zustimmung zu einer vorvertraglichen Untersuchung Fehlvorstellungen eine Rolle spielen. Insbesondere kann der Stellenbewerber oder der Antragsteller, der eine Blutprobe abgibt, sich falsche Vorstellungen darüber machen, was daran eigentlich untersucht werden soll. Noch eindeutiger liegt der Fall, wenn der Bewerber gar nicht weiß, daß er untersucht wird, etwa durch die graphologische Untersuchung handschriftlicher Bewerbungsunterlagen. Dann liegt eine Zustimmung in Wirklichkeit überhaupt nicht vor.
Bei Fehlvorstellungen über die Zustimmung oder dem völligen Fehlen einer Zustimmung kommt eine Richtigkeitsgewähr nicht zustande und eine „freie Entscheidung" iSv. § 4 a I BDSG scheidet aus.
Die Beeinträchtigung der Freiheit des Betroffenen durch Fehlvorstellungen in bezug auf eine vorvertragliche Untersuchung ist dabei anders zu behandeln, als die Freiheitsbeeinträchtigung durch Zwangslagen. Denn während derjenige, der eine vorvertragliche Untersuchung begehrt, die Zwangslage des Befragten im Hinblick auf den Vertragsschluß nicht herbeiführt und auch nicht ändern kann, trifft ihn für Fehlvorstellungen des Betroffenen hinsichtlich der Untersuchung eine Verantwortlichkeit. Wenn er durch Untersuchungen in eigener Regie Informationen über den Vertragspartner erheben will, liegt es nämlich an ihm, den Betroffenen hinreichend aufzuklären und so eine wirksame Einwilligung herbeizuführen. Unterläßt der Untersuchende eine solche Aufklärung, dann ist die Untersuchung schon deswegen rechtswidrig. Deshalb führen Fehlvorstellungen des Betroffenen bei der Untersuchung nicht zum Einstieg in die Inhaltskontrolle des vorvertraglichen informationellen Interessenausgleichs, sondern sie bewirken schon für sich genommen die Rechtswidrigkeit der vorvertraglichen Untersuchung.[77]

e) Ergebnis zu den vorvertraglichen Untersuchungen
Das Verlangen nach einer vorvertraglichen Untersuchung des Verhandlungspartners verstößt nicht per se gegen vorvertragliche Pflichten. Im Arbeitsrecht und bei einem allgemeinen vorvertraglichen Untersuchungsverlangen ist der Verstoß gegen § 242 BGB bzw. § 4 I BDSG im Wege einer Interessenabwägung zu ermitteln. Diese Interessenabwägung würde insbesondere bei genetischen Tests durch Versicherungen jedenfalls zur Zeit eher zu Ungunsten des Informationsinteresses der Versicherung ausfallen, so daß das entsprechende Untersuchungsverlangen unzulässig wäre.[78]

---

[77] Im Ergebnis ebenso MK-Rixecker, § 12 Anh. Rn. 83.
[78] Wegen der Selbstverpflichtung der deutschen Versicherer (s.o., unter 1. mit Fn. 45) ist praktisch gesehen mit solchen Tests zur Zeit auch nicht zu rechnen.

Anders als bei einer unzulässigen Befragung hat der Betroffene bei einem unzulässigen Untersuchungsverlangen nicht die Möglichkeit, im Wege einer Lüge zu reagieren. Er kann die Ergebnisse einer medizinischen Untersuchung meistens auch nicht verfälschen. Insoweit müßte also ein wirksames Schutzinstrument gegenüber unzulässigen vorvertraglichen Untersuchungen erst noch gefunden werden.[79]

2. Bedeutung der Ergebnisse für Beendigungstatbestände außerhalb der §§ 123 I Alt. 1 iVm. 142 BGB

Wenn die Anfechtbarkeit nach § 123 I Alt. 1 BGB wegen einer Bindung der Vertragsfreiheit oder bei überzogenen Befragungen in den Konstellationen der Inhaltskontrolle (allgemeine vorvertragliche Fragenkataloge, Befragungen bei Schwächelagen iSd. § 138 II BGB, Arbeitgeber- und Wohnraumvermieterfragen) ausscheidet, darf der Getäuschte das Rechtsverhältnis auch nicht durch Anfechtung nach § 119 II BGB, Rücktritt nach den §§ 17 I iVm. 16 I VVG bzw. §§ 16 II S. 1 iVm. 16 I VVG oder durch Ausübung eines außerordentlichen Kündigungsrechts beenden. Häufig mag zwar der Anschein gegeben sein, daß diese Rechte zur Beendigung parallel bestehen. In Wirklichkeit scheitert die Beendigung des Vertrags nach diesen Regelungen aber aus den gleichen Gründen, wie die Anfechtbarkeit wegen arglistiger Täuschung. Ebenso wie § 123 I Alt. 1 BGB schützen das Anfechtungsrecht des § 119 II BGB und die Rücktrittsrechte aus den §§ 17 I iVm. 16 I VVG bzw. §§ 16 II S. 1 iVm. 16 I VVG die Vertragsfreiheit. Deshalb scheitern sie, soweit die Berücksichtigung des Täuschungs- und Irrtumsgegenstands durch Diskriminierungsverbote bzw. wegen einer Selbstbindung des Getäuschten gesperrt sind. Bezüglich der Rücktrittsrechte des VVG ist dies durch eine teleologische Auslegung des Tatbestandsmerkmals der Erheblichkeit[80] des Umstands, der verschwiegen bzw. falsch angegeben worden ist zu erreichen. § 119 II BGB ist für diese Fälle teleologisch zu reduzieren.

Bei unangemessenen Befragungen in den Konstellationen der Inhaltskontrolle ergibt sich die Einschränkung hinsichtlich der Rücktrittsrechte des VVG wiederum durch eine am Schutzzweck der §§ 166 f. VVG orientierte Auslegung des Tatbestandmerkmals der Erheblichkeit. In diesen Fällen ist auch ein evtl.

---

[79] Bezüglich vorvertraglicher Gentests von Arbeitgebern und Versicherungen plädiert MK-Rixecker, § 12 Anh. Rn. 83 für kollektiv- oder aufsichtsrechtliche Ergänzungen des Persönlichkeitsschutzes.

[80] Gemäß § 16 I S. 3 VVG ist ein „Umstand, nach welchem der Versicherer ausdrücklich und schriftlich gefragt hat" im Zweifel erheblich. Unter Berücksichtigung des Schutzzwecks der §§ 16 f. VVG zeigt sich aber, daß ein solcher Zweifel nicht besteht, wenn der entsprechende Umstand bei der Entscheidung über den Vertragsschluß schon von Rechts wegen keine Rolle spielen darf. Solche Umstände sind nicht „erheblich".

Anfechtungsrecht aus § 119 II BGB durch eigenes unredliches Verhalten des Getäuschten erworben, so daß § 242 BGB der Rechtsausübung entgegensteht.
Bei Dauerschuldverhältnissen kann ein außerordentliches Kündigungsrecht zwar grundsätzlich aus einer vorvertraglichen Täuschung folgen, weil dem Getäuschten nach Treu und Glauben die Fortsetzung des Rechtsverhältnisses nicht zugemutet werden kann.[81] Wenn aber die Täuschung lediglich Reaktion auf eine unzulässige[82] Befragung war, folgt ein solcher Kündigungsgrund nicht aus Treu und Glauben.

II. Wünschenswertes Tätigwerden des Gesetzgebers

Aus Gründen der Rechtssicherheit könnte es angezeigt erscheinen, die Ergebnisse dieser Untersuchung durch neue gesetzliche Regelungen eigens festzuschreiben. Zu denken wäre etwa an die Einführung eines ausdrücklichen Ausnahmetatbestands im Rahmen des § 123 I Alt. 1 BGB für die Fälle, in denen die Vertragsfreiheit des Getäuschten schon wegen rechtlichen Bindungen (Diskriminierungsverboten oder Selbstbindungen) fehlt. Auch ließen sich für die Konstellationen allgemeiner vorvertraglicher Fragenkataloge, der Ausnutzung von Schwächelagen des Befragten iSd. § 138 II BGB, des Arbeitsrechts und des Wohnraummietrechts die Verpflichtung des Fragenden auf einen objektiven Gerechtigkeitsmaßstab durch entsprechende gesetzliche Regelungen verdeutlichen.
Trotz des positiven Effekts, den solche Regelungen für das rechtliche Bewußtsein der Teilnehmer am Rechtsverkehr hätten, dürfen die Vorteile entsprechender gesetzlicher Regelungen nicht überschätzt werden. Das liegt insbesondere hinsichtlich einer Regelung der Grenzen einer zulässigen Befragung bei allgemeinen vorvertraglichen Fragenkatalogen, der Ausnutzung von Schwächelagen des Befragten iSd. § 138 II BGB, dem Arbeitsrecht und dem Wohnraummietrecht auf der Hand. Da die inhaltlichen Anforderungen an einen hinreichend gerechten informationellen Interessenausgleich sich nur anhand einer *konkreten* Abwägung der beteiligten Interessen bestimmen lassen, ist der genaue Inhalt der Verpflichtung des fragenden Teils keiner gesetzlichen Regelung, die notwendig abstrakt wäre, zugänglich. Als Rechtsfolge einer gesetzlichen Regelung könnte deswegen nur die Verpflichtung auf die Angemessenheit der vorvertraglichen Befragung und evtl. noch die wesentlichen Abwägungskriterien bei der Bestimmung dieser Angemessenheit (Intimität und Sensibilität der Daten, geplante oder mögliche Verwendung der Daten, objektive Vertragserheblichkeit des erfragten Umstands) angegeben werden. Das Aufstellen von Katalogen grundsätzlich unzulässiger Fragen, vergleichbar den Katalogen der §§ 308 f. BGB erscheint hingegen angesichts der starken Abhängigkeit der in-

---

81 Palandt-Putzo, § 626 Rn. 42.

82 Weil insoweit eine Bindung der Vertragsfreiheit besteht bzw. weil in den Fällen der Inhaltskontrolle eine unzulässig überzogene Frage gestellt wurde.

haltlichen Anforderungen von den Umständen des Einzelfalls problematisch. Als gesetzliche Regelungen ließen sich demnach nur ähnlich offene Tatbestände wie § 28 I Nr. 1 BDSG aufstellen. Dadurch wäre der Rechtssicherheit aber nicht entscheidend gedient.

Eine Ergänzung der Regelung des § 123 I Alt. 1 BGB durch die Formulierung einer ausdrücklichen Ausnahme für den Fall einer rechtlichen Bindung der Vertragsfreiheit des Getäuschten hätte den Nachteil, daß die bisher klare und gut verständliche Regelung dadurch schwerfällig und kompliziert würde. Da sich das Ergebnis im Wege der teleologischen Reduktion des § 123 I Alt. 1 BGB gut begründen läßt, fragt sich, ob eine solche Aufblähung des Normtextes hingenommen werden sollte.

Zu bedenken ist auch, daß jede Änderung des geschriebenen Rechts mit der Gefahr von unklaren oder fehlerhaften Formulierungen verbunden ist und einen Rattenschwanz an Mißverständnissen nach sich ziehen kann. Die leidigen Erfahrungen, die zur Zeit mit den Folgen des Novellierungseifers des Gesetzgebers gemacht werden,[83] legen jedenfalls keinen vorschnellen Ruf nach dem Gesetzgeber, sondern eher die Mahnung zur Zurückhaltung nahe.

[83] Insbesondere mit den jüngsten Novellierungen des Schuldrechts und der ZPO.

Literaturverzeichnis

Adam, Roman — Die Einstellung des Arbeitnehmers unter besonderer Berücksichtigung des öffentlichen Dienstes, ZTR 2003, S. 158 - 166

Adams, Michael — Ökonomische Begründung des AGB-Gesetzes, BB 1989, S. 781 - 788

Adomeit, Klaus — Wahrnehmung berechtigter Interessen und Notwehrrecht – Zur Dogmatik zivilrechtlicher Rechtfertigungsgründe, insbesondere bei Eingriffen in Persönlichkeitsrechte und Unternehmerrechte (Äußerungsdelikte), JZ 1970, S. 495 - 500

Adomeit, Klaus — Gestörte Vertragsparität – ein Trugbild, NJW 1994, S. 2467 - 2469

Adomeit, Klaus — Diskriminierung – Inflation eines Begriffs, NJW 2002, S. 1622 - 1623

Alternativkommentar — Kommentar zum Bürgerlichen Gesetzbuch in sechs Bänden, Gesamthrsg.: Wassermann, Rudolf, Band 1. Allgemeiner Teil, bearb. Von Damm, Reinhard; Hart, Dieter; Kohl, Helmut; Ott, Claus, Neuwied 1987, *zit.*: AK-BGB-Bearb.

Arzt, Gunther — Notwehr gegen Erpressung, MDR 1965, S. 344 -345

Arzt, Gunther — Zwischen Nötigung und Wucher, in: Festschrift für Karl Lackner zum 70. Geburtstag am 18. Februar 1987, Hrsg.: Küper, Wilfried; Puppe, Ingeborg; Tenckhoff, Jörg, Berlin 1987, S. 641 - 663, *zit.:* Arzt, FS für Lackner

Auernhammer, Herbert — Bundesdatenschutzgesetz, Kommentar, 3. Aufl., München 1993

Aulehner, Josef — 10 Jahre „Volkszählungs"-Urteil - Rechtsgut und Schutzbereich des Rechts auf informationelle Selbstbestimmung, CR 1993, S. 446 - 455

Baston-Vogt, Marion — Der Sachliche Schutzbereich des zivilrechtlichen allgemeinen Persönlichkeitsrechts, Tübingen 1997

Baer, Susanne	„Ende der Privatautonomie“ oder grundrechtlich fundierte Rechtsetzung – Die deutsche Debatte um das Antidiskriminierungsrecht, ZRP 2002, S. 290 - 294
Bamberger, Heinz Georg; Roth, Herbert	Kommentar zum Bürgerlichen Gesetzbuch, Band 1 (§§ 1 - 610 BGB), München 2003, Band 2 (§§ 611 - 1296, ErbbauVO, WEG), München 2003, *zit.*: Bamberger/Roth-Bearbeiter
Bauer, Jobst-Hubertus	Europäische Antidiskriminierungsrichtlinien und ihr Einfluß auf das deutsche Arbeitsrecht, NJW 2001, S. 2672 - 2677
Bauer, Jobst-Hubertus; Baeck, Ulrich; Merten, Frank	Scientology – Fragerecht des Arbeitgebers und Kündigungsmöglichkeiten, DB 1997, S. 2534 - 2539
Berberich, Kerstin	Zur Zulässigkeit genetischer Tests in der Lebens- und privaten Krankenversicherung, Karlsruhe 1998
Bergmann, Lutz; Möhrle, Roland; Herb, Armin	Datenschutzrecht : Handkommentar zum Bundesdatenschutzgesetz, den Datenschutzgesetzen der Länder und Kirchen sowie zum bereichsspezifischen Datenschutz, 1. Aufl. Stuttgart usw., Stand: 15. Ergänzungslieferung, März 1994, *zit.*: Bergmann/Möhrle/Herb
Bernd, Michael	Gentest – Versicherer in der Verantwortung, Selbstverpflichtung zum Verzicht, VW 2001, S. 1940 - 1942
Bezzenberger, Tilman	Ethnische Diskriminierung, Gleichheit und Sittenordnung im bürgerlichen Recht, AcP 196 (1996), S. 395 - 434
Boemke, Burkhard	Kontrahierungszwang im Arbeitsrecht wegen Grundrechtsverletzung?, NJW 1993, S. 2083 - 2085
Börner, Andreas	Die „Heilung“ von AGB durch die Berücksichtigung vertragsabschlußbegleitender Umstände nach § 24 a Nr. 3 AGBG, JZ 1997, S. 595 - 601
Borgaes, Hans-Udo	Der Informationsschutz des Arbeitsplatzbewerbers : eine juristische und rechtspolitische Studie zu den Grenzen der Bewerberauswahl bei Einstellungen, Köln 1985

Berliner Kommentar zum Versicherungsvertragsgesetz	Kommentar zum deutschen und österreichischem VVG, Hrsg.: Honsell, Heinrich, Berlin 1998, *zit.*: BK-Bearbeiter
Bork, Reinhard	Allgemeiner Teil des Bürgerlichen Gesetzbuchs, Tübingen 2001, *zit.*: Bork, BGB AT
Brandenburg, Hans Friedrich	Die teleologische Reduktion, Göttingen 1983
Braun, Johannes	Forum: Übrigens – Deutschland wird wieder totalitär, JuS 2002, S. 424 - 425
Breidenbach, Stephan	Die Voraussetzungen von Informationspflichten beim Vertragsschluß, München 1989
Breitfeld, Anja	Berufsfreiheit und Eigentumsgarantie als Schranke des Rechts auf informationelle Selbstbestimmung: verfassungsrechtliche Vorgaben für die zivilrechtliche Informationsordnung; Berlin 1992
Brossette, Josef	Der Wert der Wahrheit im Schatten des Rechts auf informationelle Selbstbestimmung: ein Beitrag zum zivilrechtlichen Ehren-, Persönlichkeits- und Datenschutz; Berlin 1991
Brox, Hans; Rüthers, Bernd	Arbeitsrecht, 15. Aufl., Stuttgart 2002, *zit.*: Brox/Rüthers
Bub, Wolf-Rüdiger; Treier, Gerhard	Handbuch der Geschäfts- und Wohnraummiete, 3. Aufl., München 1999, *zit.*: Bub/Treier
Burgsdorff, Christoph von	Die Umsetzung der EG-Datenschutzrichtlinie im nichtöffentlichen Bereich, Frankfurt am Main 2003
Bülck, Hartwig	Vom Kontrahierungszwang zur Abschlußpflicht, Heide in Holstein 1940
Der Bundesbeauftragte für den Datenschutz (Jacob, Joachim)	Tätigkeitsbericht 2001 - 2002 - 19. Tätigkeitsbericht -, Berlin 2003, *zit.*: Der Bundesbeauftragte für den Datenschutz, Tätigkeitsbericht 2001-2002
Busche, Jan	Privatautonomie und Kontrahierungszwang, Tübingen 1999

Bydlinski, Franz Zu den dogmatischen Grundfragen des Kontrahierungszwangs, AcP 180 (1980), S. 1 - 46

Bydlinski, Franz Kontrahierungszwang und Anwendung allgemeinen Zivilrechts, JZ 1980, S. 378 - 385

Bydlinski, Franz Juristische Methodenlehre und Rechtsbegriff, 2. Aufl., Wien 1991

Canaris, Claus-Wilhelm Die Feststellung von Lücken im Gesetz, Berlin 1964, *zit.*: Canaris, Die Feststellung von Lücken

Canaris, Claus-Wilhelm Die Vertrauenshaftung im deutschen Privatrecht, München 1971, *zit.*: Canaris, Vertrauenshaftung

Canaris, Claus-Wilhelm Grundrechte und Privatrecht, AcP 184 (1984), S. 201 - 246

Canaris, Claus-Wilhelm Grundrechtswirkungen und Verhältnismäßigkeitsprinzip in der richterlichen Anwendung und Fortbildung des Privatrechts, JuS 1989, S. 160 - 172

Canaris, Claus-Wilhelm Verfassungs- und europarechtliche Aspekte der Vertragsfreiheit in der Privatrechtsgesellschaft, in: Wege und Verfahren des Verfasungslebens, Festschrift für Peter Lerche zum 65. Geburtstag, Hrsg.: Peter Badura und Rupert Scholz, München 1993, S. 873 - 891, *zit.*: Canaris, FS für Lerche

Canaris, Claus-Wilhelm Grundrechte und Privatrecht: eine Zwischenbilanz, Berlin, New York 1999, *zit.*: Canaris, Grundrechte und Privatrecht

Canaris, Claus-Wilhelm Das Recht auf Meinungsfreiheit gemäß Art. 5 Abs. 1 als Grundlage eines arbeitsrechtlichen Kontrahierungszwangs, in: Freiheit und Eigentum, Festschrift für Walter Leisner zum 70. Geburtstag, Hrsg.: Isensee, Josef; Lechler, Helmut, Berlin 1999, S. 413 - 436, *zit.*: Canaris, FS für Leisner

Coester-Waltjen, Dagmar Die Inhaltskontrolle von Verträgen außerhalb des AGBG, AcP 190 (1990), S. 1 - 33

Damm, Reinhard Europäisches Verbrauchervertragsrecht und AGB-Recht, JZ 1994, S. 161 - 178

Dammann, Ulrich; Simitis, Spiros EG-Datenschutzrichtlinie: Kommentar, Baden-Baden 1997, *zit.*: Dammann/Simitis

Däubler, Wolfgang Gläserne Belegschaften? Datenschutz in Betrieb und Dienststelle, 4. Aufl., Frankfurt am Main 2002, *zit.*: Däubler, Gläserne Belegschaften

Däubler, Wolfgang Erhebung von Arbeitnehmerdaten, CR 1994, S. 101 - 110

Däubler, Wolfgang Ein Gesetz über den Arbeitnehmerdatenschutz, RDV 1999, S. 243 - 250

Däubler, Wolfgang Gläserne Belegschaften? Die Verwendung von Gendaten im Arbeitsverhältnis, RDV 2003, S.7 - 10

Degener, Udo Das Fragerecht des Arbeitgebers gegenüber Bewerbern, Berlin 1975

Degenhart, Christoph Die allgemeine Handlungsfreiheit des Art. 2 I GG, JuS 1990, S. 161 - 169

Degenhart, Christoph Das allgemeine Persönlichkeitsrecht, Art. 2 I i.V.m. Art. 1 I GG, JuS 1992, S. 361 - 368

Deutsch, Erwin Medizinische Genetik und Genanalyse – Rechtliche Probleme, VersR 1994, S. 1 - 5

Dieterich, Thomas Grundgesetz und Privatautonomie im Arbeitsrecht, RdA 1995, S. 129 - 136

Dörr, Erwin; Schmidt, Dietmar Neues Bundesdatenschutzgesetz: Handkommentar, 2. Aufl. Köln 1992, *zit.*: Dörr/Schmidt

Drexl, Josef Die wirtschaftliche Selbstbestimmung des Verbrauchers: eine Studie zum Privat- und Wirtschaftsrecht unter Berücksichtigung gemeinschaftsrechtlicher Bezüge, Tübingen 1998

Dütz, Wilhelm Arbeitsrecht, 7. Aufl., München 2002, *zit.*: Dütz, ArbR

Düwell, Franz Josef Neu geregelt: Die Stellung der Schwerbehinderten im Arbeitsrecht, BB 2001, S. 1527 - 1531

Duhr, Elisabeth; Naujok, Helga; Peter, Martina; Seiffert, Evelyn Neues Datenschutzrecht für die Wirtschaft - Erläuterungen und praktische Hinweise zu § 1 bis § 11 BDSG, DuD 2002, S. 5 - 36

Duhr, Elisabeth, Naujok, Helga; Danker, Birgit; Seiffert, Evelyn Neues Datenschutzrecht für die Wirtschaft - Erläuterungen und praktische Hinweise zu § 27 ff. bis 46 BDSG, DuD 2003, S. 1 - 28

Ehmann, Eugen; Helfrich, Marcus EG-Datenschutzrichtlinie: Kurzkommentar; Köln 1999, *zit.*: Ehmann/Helfrich

Ehmann, Horst Informationsschutz und Informationsverkehr im Zivilrecht, AcP 188 (1988), S. 230 - 380

Ehmann, Horst Neue Reformvorstellungen zum Datenschutzrecht - Die neuesten Regelungsvorschläge im nicht-öffentlichen Bereich und ihre Grundlagen, RDV 1989, S. 64 - 77

Ehmann, Horst Prinzipien des deutschen Datenschutzrechts – unter Berücksichtigung der Datenschutz-Richtlinie der EG vom 24. 10. 1995 – (2. Teil), RDV 1999, S. 12 - 23

Ehmann, Horst Zur Struktur des Allgemeinen Persönlichkeitsrechts, JuS 1997, S. 193 - 203

Ehrich, Christian Fragerecht des Arbeitgebers bei Einstellungen und Folgen der Falschbeantwortung, DB 2000, S. 421 - 427

Eichenhofer, Eberhard Die sozialpolitische Inpflichtnahme von Privatrecht, JuS 1996, S. 857 - 865

Emmerich, Volker Dissonante Begleitmusik zum In-Kraft-Treten des „neuen Mietrechts“, NZM 2001, S. 782 - 783

Enneccerus, Ludwig; Nipperdey, Carl Allgemeiner Teil des Bürgerlichen Rechts, Ein Lehrbuch, - Teil 1, 15. Aufl., Tübingen 1959, - Teil 2, 15. Aufl., Tübingen 1960, *zit.:* Enneccerus/Nipperdey, BGB AT 1 bzw. 2

Erfurter Kommentar zum Arbeitsrecht Hrsg.: Dieterich, Thomas; Hanau, Peter; Schaub, Günther; 3. Aufl., München 2003, *zit.*: ErfK-Bearbeiter

Erman, Walter; Westermann, Harm Peter Handkommentar zum Bürgerlichen Gesetzbuch, 1. Band: §§ 1 - 853, 10. Aufl., Münster 2000, *zit.*: Erman-Bearbeiter

Fastrich, Lorenz Richterliche Inhaltskontrolle im Privatrecht, München 1992, *zit.*: Fastrich, Inhaltskontrolle

Fastrich, Lorenz Inhaltskontrolle im Arbeitsrecht nach der Bürgschaftsentscheidung des Bundesverfassungsgericht vom 19.10.1993, RdA 1997, S. 65 - 80

Fikentscher, Wolfgang Die Geschäftsgrundlage als Frage des Vertragsrisikos, München 1971, *zit.*: Fikentscher, Geschäftsgrundlage

Fitting, Karl; Kaiser, Heinrich; Heither, Friedrich; Engels, Gerd; Schmidt, Ingrid Betriebsverfassungsgesetz : Handkommentar, 21. Aufl., München 2002, *zit.*: Fitting/Kaiser/Heither/Engels

Fleck, Ulrike Brauchen wir ein Arbeitnehmerdatenschutzgesetz?, BB 2003, S. 306 - 310

Fleischer, Holger Konkurrenzprobleme um die culpa in contrahendo: Fahrlässige Irreführung versus arglistige Täuschung – Zugleich eine Besprechung von BGH, Urteil vom 26. 9. 1997 – V ZR 29/96, NJW 1998, 302 [= VerR 1998, 905], AcP 200 (2000), S. 91 - 120

Fleischer, Holger Informationsasymmetrie im Vertragsrecht: eine rechtsvergleichende und interdisziplinäre Abhandlung zu Reichweite und Grenzen vertragsschlußbezogener Aufklärungspflichten, München 2001, *zit.*: Fleischer, Informationsasymmetrie

Flume, Werner Allgemeiner Teil des Bürgerlichen Rechts, Band 2: Das Rechtsgeschäft, 4. Aufl., Berlin 1992, *zit.*: Flume, BGB AT

Franzen, Martin Die Novellierung des Bundesdatenschutzgesetzes unf ihre Bedeutung für die Privatwirtschaft, DB 2001, S. 1867 - 1873

Franzen, Martin Die Zulässigkeit der Erhebung und Speicherung von Gesundheitsdaten der Arbeitsnehmer nach dem novellierten BDSG, RDV 2003, S. 1- 6

Gallwas, Hans-Ulrich Der allgemeine Konflikt zwischen dem Recht auf informationelle Selbstbestimmung und der Informationsfreiheit, NJW 1992, S. 2785 - 2790

Geis, Max-Emmanuel Der Kernbereich des Persönlichkeitsrechts - Ein Plädoyer für die „Sphärentheorie", JZ 1991, S. 112 - 117

Geißler, Markus Die Privatautonomie im Spannungsfeld sozialer Gerechtigkeit, JuS 1991, S. 617 - 623

Gernhuber, Joachim Das Schuldverhältnis. Begründung und Änderung, Pflichten und Strukturen, Drittwirkungen, Tübingen 1989, *zit.*: Gernhuber, Das Schuldverhältnis

Götz, Albrecht; Tolzmann, Gudrun Bundeszentralregistergesetz : Kommentar, 4. Aufl. Berlin, Köln 2000

Gola, Peter Die Frage nach dem Verhinderungsfall – ein Versuch zur Umgehung unzulässiger Datenerhebungen?, RDV 2000, S. 202 - 207

Gola, Peter Die Erhebung und Verarbeitung „besonderer Arten personenbezogener Daten" im Arbeitsverhältnis, RDV 2001, S. 125 - 127

Gola, Peter; Jaspers, Andreas Das neue BDSG im Überblick : Erläuterungen und Schaubilder für die Datenschutzpraxis, Frechen 2001, *zit.*: Gola/Jaspers

Gola, Peter; Klug, Christoph Die Entwicklung des Datenschutzrechts in den Jahren 2002/2003, NJW 2003, S. 2420 - 2428

Gola, Peter; Schomerus, Rudolf Bundesdatenschutzgesetz (BDSG), 7. Aufl., München 2002, *zit.*: Gola/Schomerus

Bundesdatenschutzgesetz (BDSG), 6. Aufl., München 1997 zusammen mit Hans-Joachim Ordemann, *zit.:* Gola/Ordemann/Schomerus (6. Aufl.)

Gounalakis, Georgios; Mand, Elmar Die neue EG-Datenschutzrichtlinie - Grundlagen einer Umsetzung in nationales Recht (I), CR 1997, S. 431 - 438

Grobys, Marcel Wir brauchen ein Arbeitnehmerdatenschutzgesetz!, BB 2003, S. 682 - 683

Gumpert, Jobst Keine Kündigung wegen Nichtangabe von nicht einschlägigen Vorstrafen, BB 1970, S. 803 - 805

Haft, Fritjof	Strafrecht, Besonderer Teil: Die wichtigsten Tatbestände des Besonderen Teils des Strafgesetzbuches, 7. Aufl., München 1997, *zit.*: Haft, Strafrecht BT
Hanau, Peter; Adomeit, Klaus	Arbeitsrecht, 12. Aufl., Neuwied 2000, *zit.*: Hanau/Adomeit
Handbuch des Staatsrechts	Hrsg.: Isensee, Josef; Kirchhof, Paul, Band VI – Freiheitsrechte, 2. Aufl., Heidelberg 2001, *zit.*: Handb. StaatsR.-Bearbeiter
Heinrich, Christian	Formale Freiheit und materiale Gerechtigkeit, Tübingen 2000, *zit.*: Heinrich, Formale Freiheit
Herdegen, Matthias	Die Erforschung des Humangenoms als Herausforderung für das Recht, JZ 2000, S. 633 - 641
Hesse, Hans Albrecht; Kauffmann, Peter	Die Schutzpflicht in der Privatrechtsprechung, JZ 1995, S. 219 - 223
Hesse, Konrad	Grundzüge des Verfassungsrechts der Bundesrepublik Deutschland, 20. Aufl., Heidelberg 1995, *zit.*: Hesse, Verfassungsrecht
Hille, Hans-Eduard	Zur Anfechtung des Mietvertrages wegen arglistiger Täuschung und zu den vorvertraglichen Informationspflichten des Mieters, WuM 1984, S. 292 - 295
Högenauer, Nikolaus	Die europäischen Richtlinien gegen Diskriminierung im Arbeitsrecht : Analyse, Umsetzung und Auswirkung der Richtlinien 2000/43/EG und 2000/78/EG im deutschen Arbeitsrecht, Hamburg 2002
Hönn, Günther	Zur Problematik der Privatautonomie, Jura 1984, S. 57 - 74
Hofmann, Constantin	Rechtsfragen der Genomanalyse, Frankfurt am Main 1999, *zit.*: Hofmann, Genomanalyse
Hofmann, Paul	Zur Offenbarungspflicht des Arbeitnehmers, ZfA 1975, S. 1 - 64
Honsell, Heinrich	Privatautonomie und Wohnungsmiete, AcP 186 (1986), S. 115 - 186

Hornung-Draus, Renate Eckpunkte einer geplanten EU-Richtlinie zum Schutz von personenbezogenen Daten von Arbeitnehmern, RDV 2002, S. 34 - 35

Howe, Peter Zivilrechtlicher Eingriff und Interessenabwägung beim Persönlichkeitsrecht auf Wahrung der Privaten Geheimsphäre - Ein Beitrag zur Rechtsdogmatik, Berlin 1990

Hommelhoff, Peter; Wiedemann, Kai-Udo Allgemeine Geschäftsbedingungen gegenüber Kaufleuten und unausgehandelte Klauseln in Verbraucherverträgen, ZIP 1993, S. 562 - 572

Hromadka, Wolfgang Inhaltskontrolle von Arbeitsverträgen, in: Richterliches Arbeitsrecht, Festschrift für Thomas Dieterich zum 65. Geburtstag, Hrsg.: Hanau, Peter; Heither, Firedrich; Kühling, Jürgen, München 1999, S. 251 - 278

Hromadka, Wolfgang; Maschmann, Frank Arbeitsrecht. Band 1: Individualarbeitsrecht, 2. Aufl., Berlin 2002, *zit.*: Hromadka/Maschmann

Hubmann, Heinrich Das Persönlichkeitsrecht, 2. Aufl., Köln, Graz 1967, *zit.*: Hubmann, Persönlichkeitsrecht

Hubmann, Heinrich Die Methode der Abwägung, in: Festschrift für Ludwig Schnorr von Carolsfeld zum 70. Geburtstag am 26. Januar 1973, Hrsg.: Hubmann, Heinrich; Hübner, Heinz, Köln 1972, *zit.*: Hubmann, FS für von Carolsfeld

Hümmerich, Klaus Wonach darf der Arbeitnehmer bei der Einstellung gefragt werden?, BB 1979, S. 428 - 431

Hufen, Friedhelm Das Volkszählungsurteil des Bundesverfassungsgerichts und das Grundrecht auf informationelle Selbstbestimmung - ein juristische Antwort auf „1984“?, JZ 1984, S. 1072 - 1078

Jacob, Joachim „Ist die Novellierung des BDSG gescheitert?“ – Perspektiven im Hinblick auf den globalen Datenverkehr, RDV 1999, S. 1 - 5

Jacob, Joachim Perspektiven des neuen Datenschutzrechts – Zur Zukunft des Bundesdatenschutzgesetzes, DuD 2001, S. 5 - 11

Jakobs, Günther Nötigung durch Drohung als Freiheitsdelikt, in: Einheit und Vielfalt des Strafrechts, Festschrift für Karl Peters zum 70. Geburtstag am 23. Januar 1974, Hrsg.: Baumann, Jürgen; Tiedemann, Klaus, Tübingen 1974, S. 69 - 89 *zit.*: Jakobs, FS für Lackner

Jakobs, Heinrich; Schubert, Werner Die Beratungen des BGB, §§ 1-240, 1. Teilband, Berlin 1985, *zit.*: Jakobs/Schubert

Jarass, Hans Das allgemeine Persönlichkeitsrecht im Grundgesetz, NJW 1989, S. 857 - 862

Jarass, Hans; Pieroth, Bodo Grundgesetz für die Bundesrepublik Deutschland: Kommentar, 6. Aufl., München 2002, *zit.*: Jarass/Pieroth

Jauernig, Othmar Bürgerliches Gesetzbuch, 10. Aufl., München 2003, *zit.*: Jauernig-Bearbeiter

Jescheck, Hans-Heinrich Lehrbuch des Strafrechts, Allgemeiner Teil, 5. Aufl. Berlin 1996, *zit.*: Jescheck, Strafrecht AT

Kilian, Wolfgang AcP 180 (1980), Kontrahierungszwang und Zivilrechtssystem, S. 47 - 83

Kilian, Wolfgang Informationelle Selbstbestimmung und Marktprozesse, CR 2002, S. 921 -929

Klein, Rolf Ausforschung von Stellenbewerbern durch Fragebogen und psychologische Tests, AuR 1978, S. 266 - 273

Klug, Christoph Globaler Arbeitnehmerdatenschutz – Ausstrahlungswirkung der EG-Datenschutzrichtlinie auf Drittländer am Beispiel der USA, RDV 1999, S. 109 - 115

Klug, Christoph Die Vorabkontrolle – Eine neue Aufgabe für betriebliche und behördlichen Datenschutzbeauftragte, RDV 2001, S. 12 - 20

Koenig, Christian; Haratsch, Andreas Europarecht, 2. Aufl, Tübingen 1998, *zit.*: Koenig/Haratsch

Kötz, Hein Welche gesetzgeberischen Maßnahmen empfehlen sich zum Schutze des Endverbrauchers gegenüber Allgemeinen Geschäftsbedingungen und Formularverträgen, in: Verhandlungen des 50. Deutschen Juristentages, Bd. I

(Gutachten), München 1974, A 1 - A 100, *zit.*: Kötz, Gutachten

Kötz, Hein Der Schutzzweck der AGB-Kontrolle – Eine rechtsökonomische Skizze, JuS 2003, 209 - 214

Kratzsch, Dietrich Der „Angriff" – ein Schlüssel des Notwehrrechts, StV 1987, S. 224 - 229

Krause, Peter Die Rechtsprechung des Bundesverfassungsgerichts zum Privatrecht, – Teil 1: JZ 1984, S. 656 - 663, – Teil 2: JZ 1984, S. 711 - 719

Krause, Peter Das Recht auf informationelle Selbstbestimmung – BVerfGE 65, 1, JuS 1984, 268 - 275

Kühl, Kristian Angriff und Verteidigung bei der Notwehr, – Teil I: Jura 1993, S. 57 - 69, – Teil II: Jura 1993, S. 118 - 126

Kühner, Rolf Das Recht auf Zugang zu Gaststätten und das Verbot der Rassendiskriminierung, NJW 1986, S. 1397 - 1402

Kunig, Philip Der Grundsatz informationeller Selbstbestimmung, Jura 1993, S. 595 - 604

Kuznik, Reinhart Das vorvertragliche Informationsbedürfnis des Arbeitgebers und die Rechtsstellung des Bewerbers bei Anwendung psychologischer Testverfahren zur Eignungsfeststellung, Frankfurt a. M. 1982

Lackner, Karl; Kühl, Kristian Strafgesetzbuch mit Erläuterungen, 23. Aufl., München 1999, *zit.*: Lackner/Kühl

Lammel, Siegbert Heidelberger Kommentar zum Wohnraummietrecht, 2. Aufl., Heidelberg 2002

Langenbucher, Katja Die Entwicklung un Auslegung von Richterrecht – Eine methodologische Untersuchung zur richterlichen Rechtsfortbildung im deutschen Zivilrecht, München 1996

Langenfeld, Gerrit Vertragsgestaltung – Methode – Verfahren – Vertragstypen, 2. Aufl., München 1997, *zit.*: Langenfeld, Vertragsgestaltung

Langer, Margit Informationsfreiheit als Grenze informationeller Selbstbestimmung: verfassungsrechtliche Vorgaben der privatrechtlichen Informationsordnung; Berlin 1991

Larenz, Karl Das „allgemeine Persönlichkeitsrecht“ im Recht der unerlaubten Handlungen, NJW 1955, S. 521 - 525

Larenz, Karl Anmerkung zu BAG, Urteil vom 22.9.1961 – 1 AZR 241/60, AP Nr. 15 zu § 123 BGB, Bl. 1255 - 1256

Larenz, Karl Methodische Aspekte der „Güterabwägung“, Festschrift für Ernst Klingmüller zum 60. Geburtstag, Hrsg.: Hauss, Fritz Hauss; Schmidt, Reimer, Karlsruhe, 1974, S. 235 - 248, *zit.*: Larenz, FS für Klingmüller

Larenz, Karl Lehrbuch des Schuldrechts, I. Band: Allgemeiner Teil, 14. Aufl., München 1987, *zit.:* Larenz, SchuldR.I

Larenz, Karl; Canaris, Claus-Wilhelm Methodenlehre der Rechtswissenschaft, 3. Aufl., Berlin 1995, *zit.* Larenz/Canaris

Larenz, Karl; Wolf, Manfred Allgemeiner Teil des bürgerlichen Rechts, 8. Aufl., München 1997, *zit.:* Larenz/Wolf, BGB AT

Lau, Heinrich Zur Zulässigkeit von Mietinteressenten-Fragebogen, WuM 1978, S. 61 - 63

Leipold, Dieter Einstellungsfragebögen und das Recht auf Arbeit, AUR 1971, S. 161 - 167

Leipziger Kommentar zum Strafgesetzbuch Hrsg.: Jescheck, Hans-Heinrich; Ruß, Wolfgang; Willms, Günther, 5. Band: §§ 185 - 262 StGB, 10. Aufl., Berlin 1989, *zit.* LK-Bearbeiter

Lieb, Manfred Sonderprivatrecht für Ungleichgewichtslagen? Überlegungen zum Anwendungsbereich der sogenannten Inhaltskontrolle privatrechtlicher Verträge, AcP 178 (1978), S. 196 - 226

Lindacher, Walter Richterliche Inhaltskontrolle Allgemeiner Geschäftsbedingungen und Schutzbedürftigkeit des Kunden, BB 1972, S. 296 - 299

Linnenkohl, Karl — Das Recht auf informationelle Selbstbestimmung und die Drittwirkungsproblematik im Arbeitsrecht, BB 1988, S. 57 - 63

Löffler, Martin; Ricker, Reinhart — Handbuch des Presserechts, 4. Aufl., München 2000, *zit.:* Löffler/Ricker

Löwisch, Manfred — Arbeitsrecht, 6. Aufl., Düsseldorf 2002, *zit.*: Löwisch, ArbR

Lohse, Volker — „Türken ist der Zutritt verboten" - Volksverhetzung durch Zugangsverweigerung, NJW 1985, S. 1677 - 1681

Lorenz, Egon — Zur Berücksichtigung genetischer Tests und ihrer Ergebnisse beim Abschluß von Personenversicherungsverträgen, VersR 1999, S. 1309 - 1315

Lorenz, Stephan — Der Schutz vor dem unerwünschten Vertrag – Eine Untersuchung von Möglichkeiten und Grenzen der Abschlußkontrolle im geltenden Recht, München 1997, *zit.*: Lorenz, Unerwünschter Vertrag

Lübtow, Ulrich von — Zur Anfechtung von Willenserklärungen wegen arglistiger Täuschung, in: Entwicklungstendenzen im Wirtschafts- und Unternehmensrecht, Festschrift für Horst Bartholomeyczik zum 70. Geburtstag, Hrsg.: Harms, Wolfgang; Heckelmann, Dieter; Knöpfle, Robert; Teichmann, Arndt, Berlin, 1973, S. 249 - 278

Mangoldt, Hermann von; Klein, Friedrich; Starck, Christian — Das Bonner Grundgesetz - Kommentar, Band 1: Präambel, Art. 1 bis 19, 4. Aufl., München 1999, *zit.*: v. Mangoldt/Klein/Starck-Bearbeiter

Martins, Leonardo — Die Grundrechtskollision - Grundrechtskonkretisierung am Beispiel des § 41 I BDSG, Diss. iur. Humboldt-Universität zu Berlin, 2001

Maunz, Theodor; Dürig, Günther — Grundgesetz Kommentar, Stand: 36. Ergänzungslieferung zur 1. Aufl., Okt. 1999, *zit.*: Maunz/Dürig

Medicus, Dieter — Schutzbedürfnisse (insbesondere Verbraucherschutz) und das Privatrecht, JuS 1996, S. 761 - 767

Medicus, Dieter	Bürgerliches Recht : eine nach Anspruchsgrundlagen geordnete Darstellung zur Examensvorbereitung, 19. Aufl., München 2002, *zit.*: Medicus, Bürgerliches Recht
Medicus, Dieter	Allgemeiner Teil des BGB, 8. Aufl., Heidelberg 2002, *zit.*: Medicus, BGB AT
Medicus, Dieter	Schuldrecht : ein Studienbuch, 1. Allgemeiner Teil, 13. Aufl., München 2002, *zit.*: Medicus, SchuldR. I
Menzel, Hans-Joachim	Genomanalyse im Arbeitsverhältnis und Datenschutz, NJW 1989, S. 2041 - 2043
Messingschlager, Thomas	„Sind Sie schwerbehindert?" – Das Ende einer (un)beliebten Frage, NZA 2003, S. 301- 305
Molitor, Erich	Zur Theorie des Vertragszwangs, Iherings Jahrbücher 73 (1923), S. 1 - 32
Moritz, Heinz Peter	Fragerecht des Arbeitgebers sowie Auskunfts- und/oder Offenbarungspflicht des Arbeitnehmers bei der Anbahnung von Arbeitsverhältnissen?, NZA 1987, S. 329 - 336
Münch, Ingo von; Kunig, Philip	Grundgesetz-Kommentar, Band 1 (Präambel bis Art. 19), 5. Aufl., München 2000, *zit.*: v. Münch/Kunig-Bearbeiter
Münchener Handbuch zum Arbeitsrecht	Hrsg.: Richardi, Reinhard; Wlotzke, Otfried, Band 1: Individualarbeitsrecht I, 2. Aufl., München 2000, Band 3: Kollektives Arbeitsrecht, 2. Aufl., München 2000, *zit.:* MünchHandb. ArbR. I bzw. III-Bearbeiter
Münchener Kommentar	Kommentar zum Bürgerlichen Gesetzbuch, Hrsg.: Rebmann, Kurt; Säcker, Jürgen, Band 1: Allgemeiner Teil, §§ 1 - 240, AGB-Gesetz, 4. Aufl., München 2001, Band 2: Schuldrecht Allgemeiner Teil, §§ 241 - 432 , 4. Aufl., München 2001, Band 3: Schuldrecht, Besonderer Teil I, §§ 433 - 606, 3. Aufl., München 1995, Band 1 (Altaufl.): §§ 1 - 240 BGB, AGB-Gesetz, 3. Aufl., München 1993, *zit.:* MK-Bearbeiter bzw. MK-Bearbeiter (3. Aufl.)

Mugdan, Benno Die gesamten Materialien zum Bürgerlichen Gesetzbuch für das Deutsche Reich,
I. Band: Einführungsgesetz und Allgemeiner Teil, Berlin 1899,
II. Band: Recht der Schuldverhältnisse, Berlin 1899,
zit.: Mugdan I bzw. II

Musielak, Hans-Joachim Grundkurs BGB, 7. Aufl., München 2002

Neumann-Duesberg, Horst Fragebogen als Persönlichkeitsrechtsverletzung und Lüge als Notwehr, UFITA 36 (1962), S. 101 - 115

Neumann-Duesberg, Horst Rechtswidrigkeitserfordernis und Rechtswidrigkeitsausschluß (Notwehr) im Täuschungstatbestand des § 123 BGB, JR 1967, S. 1 - 4

Neuner, Jörg Diskriminierungsschutz durch Privatrecht, JZ 2003, S. 57 - 66

Nickel, Rainer Handlungsaufträge zur Bekämpfung von ethnischen Diskriminierungen in der neuen Gleichbehandlungsrichtlinie 2000/43/EG, NJW 2001, S. 2668 - 2672

Nikisch, Arthur Arbeitsrecht, I. Band: Allgemeine Lehren und Arbeitsvertragsrecht, 3. Aufl., Tübingen 1961

Nipperdey, Hans Carl Kontrahierungszwang und diktierter Vertrag, Jena 1920, *zit.*: Nipperdey, Kontrahierungszwang

Palandt, Otto Bürgerliches Gesetzbuch; Kommentar, 62. Aufl., München 2003, *zit.:* Palandt-Bearbeiter

Pawlowski, Hans Martin Methodenlehre für Juristen, 3. Aufl., Heidelberg 1999, *zit.:* Pawlowski, Methodenlehre

Pawlowski, Hans Martin Allgemeiner Teil des BGB, 6. Aufl., Heidelberg 2000 *zit.*. Pawlowski, BGB AT

Pelke, Bernhard Die strafrechtliche Bedeutung der Merkmale „Übel" und „Vorteil" – Zur Abgrenzung der Nötigungsdelikte von den Bestechungsdelikten und dem Wucher, München 1990

Pellegrini, Bruno Die Anfechtung des Arbeitsvertrages wegen Willensmängeln, Bern 1983

Picker, Eduard Antidiskriminierung als Zivilrechtsprogramm?, JZ 2003, S. 540 - 545

Pieroth, Bodo; Schlink, Bernhard Grundrechte - Staatsrecht II, 18. Aufl., Heidelberg 2002, *zit.*: Pieroth/Schlink

Präve, Peter Das Recht des Versicherungsnehmers auf geninformationelle Selbstbestimmung, VersR 1992, S. 279 - 284

Preis, Ulrich Grundfragen der Vertragsgestaltung im Arbeitsrecht, Neuwied 1993, *zit.:* Preis, Vertragsgestaltung

Prölss, Erich R.; Martin, Anton Versicherungsvertragsgesetz : Kommentar zu VVG und EGVVG sowie Kommentierung wichtiger Versicherungsbedingungen - unter Berücksichtigung des ÖVVG und der österreichischen Rechtsprechung, 26. Aufl., München 1998, *zit.*: Prölss/Martin-Bearbeiter

Reitemeier, Wiebke Täuschungen vor Abschluß von Arbeitsverträgen – Zum Verhältnis zwischen dem Straftatbestand des Betruges und dem Anfechtungsrecht wegen arglistiger Täuschung (§§ 263 Abs. 1 StGB, 123 Abs. 1 Alt. 1 BGB), Frankfurt a. M. 2001

Rengier, Rudolf Strafrecht – Besonderer Teil, Band II: Delikte gegen die Person und Allgemeinheit, 4. Aufl., München 2002, *zit.*: Rengier, Strafrecht BT II

RGRK Das Bürgerliche Gesetzbuch: mit besonderer Berücksichtigung der Rechtsprechung des Reichsgerichts und des Bundesgerichtshofs ; Kommentar, Hrsg.: Mitglieder des Bundesgerichtshofes, Bearb.: Johannsen, Kurt Herbert; Kregel, Wilhelm; Krüger-Nieland, Gerda; Steffen, Erich, Band I: §§ 1 - 240, 12. Aufl., Berlin, New York 1982, *zit.:* RGRK-Bearbeiter

Rittner, Fritz Über das Verhältnis von Vertrag und Wettbewerb, AcP 188 (1988), S. 101 - 139

Röthel, Anne Verfassungsprivatrecht aus Richterhand? – Verfasungsbindung und Gesetzesbindung der Zivilgerichtsbarkeit, JuS 2001, S. 424 - 429

Rohlf, Dietwalt — Der grundrechtliche Schutz der Privatsphäre : Zugleich ein Beitrag zur Dogmatik des Art. 2 I GG, Berlin 1980

Rolfs, Christian; Paschke, Derk — Die Pflichten des Arbeitgebers und die Rechte schwerbehinderter Arbeitnehmer nach § 81 SGB IX, BB 2002, S. 1260 - 1264

Roos, Bernd — Die genetische Analyse von Stellenbewerbern und das vorvertragliche Informationsstreben des Arbeitgebers, Sinzheim 1999

Rosenbaum, Christian — Der grundrechtliche Schutz vor Informationseingriffen, Jura 1988, S. 178 - 185

Roßnagel, Alexander; Pfitzmann, Andreas; Garstka, Hansjürgen — Modernisierung des Datenschutzrechts, DuD 2001, S. 253 -263

Roßnagel, Alexander — Handbuch Datenschutzrecht – Die neuen Grundlagen für Wirtschaft und Verwaltung, München 2003, *zit.:* Roßnagel-Bearbeiter

Roxin, Claus — Verwerflichkeit und Sittenwidrigkeit als unrechtsbegründende Merkmale im Strafrecht, JuS 1964, S. 373 - 381

Roxin, Claus — Anmerkung zu dem Beschluß des BGH v. 13.1.1983 – 1 StR 737/81, JR 1983, S. 333 - 337

Roxin, Claus — Strafrecht Allgemeiner Teil, Band I: Grundlagen – Der Aufbau der Verbrechenslehre; 3. Aufl., München 1997, *zit.*: Roxin, Strafrecht AT

Rudolph, Roger — Stellenbewerbung und Datenschutz, Bern 1997

Sachs, Michael — Grundgesetz, Kommentar, 3. Aufl., München 2003, *zit.*: Sachs-Bearbeiter

Säcker, Franz-Jürgen — „Vernunft statt Freiheit!“ – Die Tugendrepublik der neuen Jakobiner – Referentenentwurf eines privatrechtlichen Diskriminierungsgesetzes, ZRP 2002, S. 286 - 290

Schaub, Günther — Ist die Frage nach der Schwerbehinderung zulässig?, NZA 2003, 299 - 301.

Schiek, Dagmar Diskriminierungsschutz im Vertragsrecht, Baden-Baden 1999

Schlechtriem, Peter Inhalt und systematischer Standort des Allgemeinen Persönlichkeitsrechts, DRiZ 1975, S. 65 - 70

Schlink, Bernhard Das Recht der informationellen Selbstbestimmung, Der Staat 25 (1986), S. 233 - 250

Schlechtriem, Peter Inhalt und systematischer Standort des allgemeinen Persönlichkeitsrechts, DRiZ 1975, S. 65 - 70

Schlosser, Peter; Coester-Waltjen, Dagmar; Grabam Hans-Ulrich Kommentar zum Gesetz zur Regelung des Rechts der Allgemeinen Geschäftsbedingungen, Bielefeld 1977

Schmalz, Dieter Methodenlehre für das juristische Studium, 3. Aufl., Baden-Baden 1992, *zit.*: Schmalz, Methodenlehre

Schmalz, Dieter Grundrechte, 3. Aufl., Baden-Baden 1997, *zit.*: Schmalz, Grundrechte

Schmidt, Michael Zur Anfechtung von Wohnraummietverträgen, DWW 1985, S. 302 - 303

Schmidt-Futterer, Wolfgang; Blank, Hubert Wohnraumschutzgesetze : Kündigung, Mieterhöhung, Mietwucher, Schweckentfremdung; Kommentar, 6. Aufl., München 1988, *zit.*: Schmidt-Futterer/Blank

Schmidt-Rimpler, Walter Grundfragen einer Erneuerung des Vertragsrechts, AcP 147 (1941), S. 130 - 197

Schmidt-Rimpler, Walter Zum Vertragsproblem, in: Funktionswandel der Privatrechtsinstitutionen, Festschrift für Ludwig Raiser zum 70. Geburtstag, Hrsg.: Fritz Bauer, Josef Esser, Friedrich Kübler, Ernst Steindorff, Tübingen 1974, S. 1 - 26

Schnapp, Friedrich; Kaltenborn, Markus Grundrechtsbindung nichtstaatlicher Institutionen, JuS 2000, S. 939 - 943

Schneider-Danwitz, Klaus Datenschutz gegen private Branchenwarndienste : zur Auslegung des Bundesdatenschutzgesetzes und zur Drittwirkung der Grundrechte im Konflikt zwischen Informations- und Geheimhaltungsinteresse, Diss. iur. Freie Universtiät Berlin 1994

Schöffski, Oliver	Genomanalyse: Fluch oder Segen für die Versicherungswirtschaft?, ZVersWiss., Bd. 2/3, 1999, S. 265 - 295
Schroeder, Friedrich-Christian	Nötigung und Erpressung durch Forderung von Gegenleistung, JZ 1983, S. 284 - 288
Schönke, Adolf; Schröder, Horst	Strafgesetzbuch: Kommentar, 25. Aufl., München 1997, *zit.*: Schönke/Schröder-Bearbeiter
Schubarth, Martin	Anmerkung zu BGHSt 31, 195, NStZ 1983, S. 312 - 314
Siebert, Wolfgang	Privatrecht im Bereich der öffentlichen Verwaltung, in: Festschrift für Hans Niedermeier zum 70. Geburtstag am 30. Nov. 1953, Hrsg.: Fakultät zu Göttingen, Göttingen 1953, S. 215 - 217
Simitis, Spiros	Die informationelle Selbstbestimmung – Grundbedingung einer verfassungskonformen Informationsordnung, NJW 1984, S. 398 - 405
Simitis, Spiros	Auf dem Weg zu einem neuen Datenschutzkonzept – Die zweite Novellierungsstufe des BDSG, DuD 2000, S. 714 - 726
Simitis, Spiros	Kommentar zum Bundesdatenschutzgesetz, 5. Aufl., Baden Baden 2003, *zit.*: Simitis-Bearbeiter
Simitis, Spiros; Dammann, Ulrich; Geiger, Hansjörg; Mallmann, Otto; Walz, Stefan	Kommentar zum Bundesdatenschutzgesetz, 4. Aufl., Baden-Baden 1992; Stand: 29. Ergänzungslieferung Dezember 1998, *zit.*: Simitis/Dammann/Geiger/Mallmann/Walz (4. Aufl.)
Simon, Jürgen	Vorvertragliche Auskunftspflichten von Mietbewerbern, 1. Teil: Grundsätzliche Überlegungen zur Zulässigkeit von Fragen –, JA 1985, S. 450 - 453, 2. Teil: Die Anwendung einzelner Rechtsgrundsätze auf die Zulässigkeit von Fragen –, JA 1985, S. 572 - 576
Soergel, Hans Theodor	Bürgerliches Gesetzbuch mit Einführungsgesetz und Nebengesetzen; Kommentar, Band 1: Allgemeiner Teil (§§ 1-103), 13 Aufl., Stuttgart, Berlin, Köln 2001, Band 2: Allgemeiner Teil (§§ 104-240), 13. Aufl., Stuttgart, Berlin, Köln 1999,

Band 2 (Altaufl.): Schuldrecht I (§§ 241-432), 12. Aufl., Stuttgart, Berlin, Köln 1990,
Band 3: Schuldrecht II (§§ 433-515), AGB-Gesetz, AbZG, EAG, EKG, UN-KaufAbk., 12. Aufl., Stuttgart, Berlin, Köln 1991,
Band 4/1: Schuldrecht III/1 (§§ 516 - 615) Gesetze zur Regelung der Mitehöhe, Verbraucherkreditgesetz, 12. Aufl., Stuttgart, Berlin, Köln 1998 ,
Band 5/2: Schuldrecht IV/2 (§§ 823-853), Produkthaftungsgesetz, Umwelthaftungsgesetz, 12. Aufl., Stuttgart, Berlin, Köln 1998,
zit.: Soergel-Bearbeiter (Band 2 der Altaufl. nur verwendet, soweit §§ nicht in Band 2 der Neuaufl. enthalten)

Spranger, Tade Matthias Prädiktive genetische Tests und genetische Diskriminierung im Versicherungswesen, VersR 2000, S. 815 - 821

Sutschet, Holger Über Informationsverbote zur Wissensgesellschaft?! – Kritische Stellungnahme zum Reformentwurf des Bundesdatenschutzgesetzes vom 6. 7. 1999 –, RDV 2000, S. 107 - 115

Stampe, E. Aus einem Freirechtslehrbuch. III. Grundriß der Wertbewegungslehre, AcP 108 (1911), S. 42 - 177

Staudinger, Julius von Kommentar zum Bürgerlichen Gesetzbuch mit Einführungsgesetz und Nebengesetzen, 13. Bearbeitung; Berlin, Erscheinungsjahr jeweils angegeben, *zit.:* Staudinger-Bearbeiter (Erscheinungsjahr)

Staudinger, Julius von Kommentar zum Bürgerlichen Gesetzbuch mit Einführungsgesetz und Nebengesetzen, Erstes Buch, Allgemeiner Teil, §§ 90 - 240, 12. Aufl, Berlin 1980, *zit.:* Staudinger-Bearbeiter

Steindorff, Ernst Persönlichkeitsschutz im Zivilrecht, Heidelberg 1983

Steinbuch, Karl Über den Wert von Informationen, GRUR 1987, S. 579 - 584

Suppert, Hartmut Studien zur Notwehr und notwehrähnlicher Lage, Bonn 1973

Sutschet, Holger Über Informationsverbote zur Wissensgesellschaft? Kritische Stellungnahme zum Reformentwurf des Bundesdatenschutzgesetzes vom 6. 7. 1999, RDV 2000, S. 197 - 115

Systematischer Kommentar zum Strafgesetzbuch Hrsg.: Rudolphi, Hans-Joachim, 7. Aufl., Neuwied, Stand: 36. Ergänzungslieferg., April 2001), Band 2: Besonderer Teil, §§ 201 - 266 b, *zit.*: SK-Bearbeiter

Taupitz, Jochen Genetische Diagnostik und Versicherungsrecht, Karlsruhe 2000

Tauss, Jörg; Özdemir, Cem Umfassende Modernisierung des Datenschutzrechts in zwei Stufen, RDV 2000, S. 143 - 146

Teichmann, Arndt Nebenpflichten aus Treu und Glauben – Teil 2: Vertragliche und „nachvertragliche" Leistungspflichten, JA 1984, S. 709 - 714

Tilmann, Winfried Zur Rechtsstellung des Verbrauchers bei Wettbewerbsdelikten, ZHR 141 (1977), S. 32 - 80

Thüsing, Gregor; Lambrich, Thomas Das Fragerecht des Arbeitgebers - Aktuelle Probleme zu einem klassischen Thema, BB 2002, S. 1146 - 1147

Tinnefeld, Marie-Theres Persönlichkeitsrecht und Modalitäten der Datenerhebung im Bundesdatenschutzgesetz, NJW 1993, S. 1117 - 1119

Tinnefeld, Marie-Theres; Ehmann, Eugen Einführung in das Datenschutzrecht, 3. Aufl., München 1998, *zit.*: Tinnefeld/Ehmann

Tröndle, Herbert; Fischer, Thomas Strafgesetzbuch und Nebengesetze, Kommentar, 49. Aufl., München 1999, *zit.*: Tröndle/Fischer

Ulmer, Peter; Brandner, Hans Erich; Hensen, Horst-Dieter; Schmidt, Harry AGB-Gesetz: Kommentar zum Gesetz zur Regelung des Rechts der Allgemeinen Geschäftsbedingungen, 9. Aufl., Köln 2001, *zit.*: Ulmer/Brandner/Hensen-Bearbeiter

Voit, Wolfgang Zum Stellenwert der Privatautonomie als eines von mehreren Begründungselementen nichtdeliktischer Ansprüche, in: Jahrbuch Junger Zivilrechtswissenschaftler 1992, Rechtsfortbildung jenseits klassischer Methodik, Privatautonomie zwischen Status und Kontrakt, Privatrecht und Europa 1992, Hrsg.: Breidenbach, Stephan; Grundmann, Stefan; Mülbert, Peter O.; Singer, Reinhard, Stuttgart 1993, S. 89 - 114

Vultejus, Ulrich Informationelle Selbstbestimmung auch bei Genen, ZRP 2002, S. 70 - 71

Wackerbarth, Ulrich Unternehmer, Verbraucher und die Rechtfertigung der Inhaltskontrolle vorformulierter Verträge, AcP 200 (2000), S. 45 - 90

Weichert, Thilo Datenschutz – rund um Wohnung und Miete, WuM 1993, S. 723 - 729

Weichert, Thilo Verhängnisvolle Datenschutzselbstauskünfte, CR 1995, S. 361 - 364

Weichert, Thilo Lebensversicherungen für Homosexuelle, VersR 1997, S. 1465 - 1467

Weichert, Thilo Datenschutz als Verbraucherschutz, DuD 2001, S. 264 - 270

Weichert, Thilo Die Ökonomisierung des Rechts auf informationelle Selbstbestimmung, NJW 2001, S. 1463 - 1469

Wiedemann, Herbert; Thüsing, Gregor Fragen zum Entwurf eines zivilrechtlichen Antidiskriminierungsgesetzes, DB 2002, S. 463 - 470

Wiese, Günther Genetische Analysen und Rechtsordnung, Neuwied 1999

Wilburg, Walter Entwicklung eines beweglichen Systems im bürgerlichen Recht, Rede zur Inauguration als Rector magnificus der Karl-Franzen-Universität Graz am 22. 11. 1950, 1951

Wohlgemuth, Hans H. Datenschutz für Arbeitnehmer : eine systematische Darstellung, 2. Aufl., Neuwied 1988, *zit.*: Wohlgemuth, Datenschutz für Arbeitnehmer

Wohlgemuth, Hans H. Datenschutzrecht : Die Rechtslage nach dem am 1. 6. 1991 in Kraft getretenen neuen Bundesdatenschutzgesetz ; eine Einführung mit praktischen Fällen, 2. Aufl., Berlin 1993 , *zit.*: Wohlgemuth, Datenschutzrecht

Wohlgemuth, Hans H. Auswirkungen der EG-Datenschutzrichtlinie auf den Arbeitnehmer-Datenschutz, BB 1996, S. 690 - 695

Wolf, Manfred	Rechtsgeschäftliche Entscheidungsfreiheit und vertraglicher Interessenausgleich, Tübingen 1970, *zit.*: Wolf, Rechtsgeschäftliche Entscheidungsfreiheit
Wolf, Manfred	Inhaltskontrolle von Arbeitsverträgen – am Beispiel der Befristung einzelner Arbeitsbedingungen, RdA 1988, S. 270 - 276
Wolf, Manfred; Horn, Norbert; Lindacher, Walter	AGB-Gesetz: Gesetz zur Regelung des Rechts der Allgemeinen Geschäftsbedingungen, Kommentar, 4. Aufl., München 1999 , *zit.*: Wolf/Horn/Lindacher-Bearbeiter
Zöllner, Wolfgang	Die politische Rolle des Privatrechts, JuS 1988, S. 329 - 336
Zöllner, Wolfgang	Immanente Grenzen arbeitsvertraglicher Regelungen, RdA 1989, S. 152 - 162
Zopfs, Jan	Drohen mit einem Unterlassen?, JA 1998, S. 813 - 820

Christoph von Burgsdorff

Die Umsetzung der EG-Datenschutzrichtlinie im nicht-öffentlichen Bereich

Möglichkeit einer zukunftsorientierten Konzeption des Datenschutzes in der Privatwirtschaft unter besonderer Berücksichtigung des BDSG

Frankfurt am Main, Berlin, Bern, Bruxelles, New York, Oxford, Wien, 2003.
XIX, 236 S.
Schriften zum internationalen und zum öffentlichen Recht.
Herausgegeben von Gilbert Gornig. Bd. 51
ISBN 3-631-50710-0 · br. € 45.50*

Aufgrund der rechtlichen Vorgaben der EG-Datenschutzrichtlinie, der sich ständig verändernden technologischen Rahmenbedingungen der Datenverarbeitung und der Internationalisierung des Datenverkehrs war die Novellierung des BDSG dringend erforderlich. Ob das BDSG 2001 den hohen Erwartungen und den europarechtlichen Vorgaben gerecht wird, ist Gegenstand dieser Arbeit. Nach der Darstellung der technologischen Entwicklungen als Maßstab für eine Neuorientierung des Datenschutzrechts und einer Auseinandersetzung mit den Inhalten der EG-Datenschutzrichtlinie werden die Defizite des BDSG 90 den Neuregelungen des BDSG 2001 gegenübergestellt. In einem Ausblick wird eine darüber hinausgehende Neukodifikation des Datenschutzes entwickelt, die auch die Möglichkeiten eines Informationsgesetzbuchs als zukunftsfähige Lösung beschreibt.

Aus dem Inhalt: Inhalt der EG-Datenschutzrichtlinie · Gefahren der Informations- und Kommunikationstechnologien für den Datenschutz · Rechtliche und technische Lösungsansätze · Defizite des BDSG 90 · Das Verhältnis von BDSG zu TKG und TDDSG · Das BDSG 2001 · Die Zweite Stufe der BDSG-Novelle